CB009870

Prática da Medicina Tradicional Chinesa

FICHA CATALOGRÁFICA

Prática da Medicina Tradicional Chinesa

Professor Xie Zhufan

Tradução
Dra. Luciane M. D. Farber

Ícone
editora

实用中医学

SUMÁRIO

PREFÁCIO

O Professor Xie Zhufan é o principal especialista na área de Integração das Medicinas Ocidental e Oriental. É formado pela Escola Médica da Universidade de Pequim, atual Beijing. Desde então, tem trabalhado no primeiro hospital conveniado com a Faculdade como médico visitante, palestrante, professor associado e professor do Departamento de Medicina Interna (Ocidental). Em 1955, 1958-59 e 1969-70, recebeu um treinamento, ora em período integral, ora parcial, no serviço de Medicina Tradicional Chinesa (MTC), e dedicou-se à integração entre a MTC e a Medicina Ocidental. Em 1970, foi nomeado catedrático do Departamento de Medicina Tradicional Chinesa e, posteriormente, diretor do Instituto de Integração das Medicinas Chinesa e Ocidental. Atualmente, é diretor honorário do Instituto. O Professor Xie é freqüentemente convidado para ensinar Medicina Chinesa no exterior. Também trabalha para a Organização Mundial de Saúde na área de pesquisa e promoção da Medicina tradicional.

Com a proposta de apresentar a Medicina Chinesa aos médicos ocidentais e amigos estrangeiros sob a visão médica, mas sem a linguagem chinesa, escreveu *Medicina Chinesa Prática*, com base em décadas de experiência clínica e acadêmica e em sua própria compreensão das teorias da Medicina Tradicional Chinesa. Este livro tem um alto valor acadêmico e será muito útil para as pessoas no exterior, principalmente para os médicos que desejam entender a Medicina Chinesa, e facilitará sua apresentação para todo o mundo.

A Medicina Tradicional Chinesa é conhecida como a cristalização da sabedoria que os chineses alcançaram em seus longos esforços no tratamento das patologias. Por milhares de anos, esse sistema de Medicina tem contribuído indelevelmente para a prosperidade da nação chinesa. Atualmente, isto representa a vantagem e a característica distintiva no cuidado com a saúde chinesa em coordenação com a Medicina moderna. Ao mesmo tempo, a Medicina Tradicional Chinesa também apresenta um impacto notável sobre a saúde da humanidade e a cultura mundial.

A MTC estabeleceu-se nos conceitos básicos da interconexão entre o homem e a Natureza, a interação do corpo humano com a mente e a manutenção do equilíbrio dinâmico das atividades da vida sob as influências do meio ambiente interno e externo. À luz desses conceitos, a MTC iniciou seus estudos sobre o corpo humano sob o aspecto funcional. Um sistema teórico único, além de técnicas e medidas ricas e efetivas que foram desenvolvidas para o controle e a prevenção de patologias e proteção da saúde. A MTC, equilibrada e aperfeiçoada com a prática através de milhares de anos, tornou-se um aspecto importante da ciência médica.

Concomitante às mudanças no espectro das patologias humanas e ao conceito de saúde, assim como a idade da população, a MTC adquire mais e mais aceitação e exibe suas vantagens especiais. Isto é caracterizado pelo ponto de vista da prevenção – "para prevenir patologias e evitar complicações após ter se estabelecido", o modelo médico de ambiente biopsicossocial, o sistema único de diagnóstico e tratamento individualizado de acordo com as condições climáticas e sazonais, localidade geográfica e constituição do paciente. As técnicas curativas, tais como fitoterapia, acupuntura, Tui-ná (manipulação e massagem) e dieta, assim como a teoria da manutenção da boa saúde – "integração entre o homem e a Natureza, harmonização entre o homem e a Natureza, combinação da ação com a estabilidade" – são atrações especiais no meio médico ao redor do mundo. Até agora, as mudanças acadêmicas na área da MTC têm sido desenvolvidas entre a China e mais de 130 países e regiões, não somente entre os chineses no exterior, mas também por meio de pessoas sem descendência cultural oriental. Muitos ocidentais querem aprender a Medicina Chinesa, mas as barreiras culturais e lingüísticas são grandes obstáculos. Portanto, há uma necessidade urgente de se estabelecer um elo de comunicação, principalmente por meio daqueles que têm não só um entendimento extenso de ambas as culturas, oriental e ocidental, como também um bom conhecimento de Medicina Chinesa para poder apresentar a MTC ao mundo.

Ao levar em consideração as diferenças culturais entre o Ocidente e o Oriente, o professor Xie Zhufan escreveu *Medicina Tradicional Chinesa Prática* para suprir as necessidades dos médicos ocidentais que não detêm o conhecimento sobre a Medicina Chinesa e que a desejam estudar. O livro explica o conceito de maneira simples. Contempla as teorias básicas e as principais medidas terapêuticas, como, por exemplo, a fitoterapia e a acupuntura. As patologias discutidas são limitadas àquelas em que a Medicina Ocidental é pouco efetiva ou cujo tratamento possui uma série de efeitos colaterais e nas quais a Medicina Chinesa obtém resultados mais satisfatórios. Os métodos terapêuticos foram cuidadosamente selecionados; são práticos e de fácil aplicação, indicando os aspectos característicos da Medicina Tradicional Chinesa: simplicidade e efetividade. Este livro não somente inclui o conhecimento básico da Medicina Tradicional Chinesa como também o conhecimento e a experiência do próprio professor Xie.

Aprecio imensamente os esforços do professor Xie para promover o desenvolvimento da Medicina Chinesa e espero que os estudiosos prestem mais atenção ao estudar a MTC, para propiciar o seu progresso.

Professor She Jing
Vice-ministro da Saúde e diretor-geral da Administração Estadual de Medicina Tradicional Chinesa, República Popular da China, presidente da Associação Chinesa de MTC.

PRÓLOGO

A MTC tem uma história de pelo menos 2.500 anos, desde que *Huangdi's Canon of Medicine* surgiu. Há um século, a Medicina Ocidental foi apresentada à China, e na primeira metade do século XX foram feitos esforços oficiais para popularizá-la, principalmente nas cidades. Porém, a MTC não foi levada para dentro desse sistema moderno. Nas áreas rurais, a MTC continuou sendo o principal método de prevenção e tratamento das patologias, e mesmo nas áreas urbanas, muitas pessoas preferiram continuar fazendo suas consultas com médicos da Medicina Tradicional Chinesa. Após a fundação da República Popular da China em 1949, o governo elaborou uma série de programas sobre a Medicina tradicional, incluindo a promoção da unificação entre os médicos treinados na Medicina Ocidental e na Medicina Chinesa, destacando a importância de ambas, clamando pela integração dos dois sistemas e lutando para herdar e desenvolver o uso da Medicina Tradicional Chinesa. Neste contexto, hospitais, faculdades e institutos de MTC foram criados e vários meios têm sido disponibilizados para que os médicos formados em Medicina Ocidental possam aprender a MTC, e pesquisas feitas a partir da integração das Medicinas Ocidental e Tradicional Chinesa têm sido amplamente elaboradas. Portanto, a MTC tem sido não só preservada, mas também amplamente desenvolvida. Nos últimos anos, nos meios médicos internacionais, tem-se prestado cada vez mais atenção à MTC; muitos pacientes de outros países têm recebido tratamento segundo a MTC e médicos têm demonstrado interesse em aprender esse sistema único de Medicina. Em muitos países, a prática da MTC tem sido formalmente reconhecida.

A MTC difere nitidamente da Medicina Ocidental. A primeira é uma síntese da observação cuidadosa e da experiência clínica acumulada por milhares de anos, abordada à luz da Filosofia chinesa tradicional. A última é desenvolvida com base na Biologia, Química e Física moderna e por meio de experiências científicas. O número de livros sobre MTC é enorme, e a maioria deles, principalmente os trabalhos clássicos, foi escrita em língua chinesa antiga. Isto causa uma grande dificuldade no aprendizado sistemático da MTC, até mesmo para os estudantes de Medicina Chinesa. Alguns destes livros foram traduzidos para o inglês e mesmo assim permanece a dificuldade para os médicos do mundo ocidental de a compreenderem devido à diferença cultural existente. Portanto, há uma necessidade urgente de publicação de livros concisos que introduzam um conhecimento essencial sobre a MTC às pessoas do Ocidente de uma maneira fácil de ser compreendida.

O autor deste livro, doutor Xie Zhufan, foi treinado originalmente no Ocidente e era professor do Departamento de Medicina Interna da Universidade de Medicina de Beijing. Após o estudo sistemático da MTC, tem se empenhado em pesquisar a integração das Medicinas Ocidental e Chinesa por mais de três décadas. Foi nomeado catedrático do Departamento de MTC em 1970 e hoje é diretor do Instituto de Integração das Medicinas Ocidental e Chinesa na Universidade de Medicina de Beijing desde 1980. No período entre 1980-1981, foi convidado a dar palestras sobre MTC nos EUA, em algumas faculdades famosas de Medicina, tais como Faculdade de Medicina de Harvard e Faculdade de Medicina da Universidade da Califórnia, em Los Angeles, UCLA. Desde então, tem sido muitas vezes convidado para ir aos EUA para dar palestras sobre MTC e sua pesquisa moderna. Além disso, foi consultor temporário da OMS (Organização Mundial de Saúde) e diretor médico interno em quatro ocasiões. Durante dois desses encontros, foi convidado para auxiliar na realização dos workshops regionais sobre treinamento em Medicina tradicional em Manila, em 1986, e para dar consultoria à OMS sobre o ensino da acupuntura em Milão, em 1995. Portanto, tem não só um bom conhecimento de MTC e seus achados da pesquisa moderna, como também possui vasta experiência em lecionar no exterior.

Este livro tem as seguintes características peculiares: todos os conceitos da MTC são descritos de maneira fiel aos trabalhos clássicos chineses e são facilmente compreendidos por meio da explanação sobre sua formação, e expõe a razão fundamental da Filosofia chinesa antiga.

Esta obra é dividida em quatro partes: Na primeira parte, os princípios e fundamentos da MTC são descritos de maneira precisa e concisa, incluindo a base filosófica, os conceitos fundamentais, as causas e os mecanismos de adoecimento e o método único de diagnóstico da MTC. Na segunda parte, há discussões sobre matéria médica, fórmulas fitoterápicas e os medicamentos patenteados e como sua farmacologia moderna constitui a porção principal das terapêuticas da MTC. A discussão sobre as fórmulas e medicamentos patenteados foi cuidadosamente selecionada por seu valor prático. A terceira parte contém o conhecimento básico e os princípios e técnicas do tratamento por acupuntura. Embora a MTC abranja numerosas patologias, a possibilidade de prescrições no tratamento é incontável. A quarta parte abrange somente um número limitado de patologias que podem ser tratadas com eficácia por meio de fitoterapia e/ ou acupuntura. O tratamento ocidental encontra dificuldades freqüentes para a maioria das patologias, enquanto que o tratamento por meio da MTC pode ajudar um número maior de pacientes. Em resumo, a proposta deste livro não consiste em suscitar interesse pela busca de novidades, mas, em vez disso, proporcionar tratamentos alternativos ou complementares que sejam eficazes na prática médica ocidental

Naturalmente, a tradição da MTC é extremamente rica e sua pesquisa moderna tem sido revelada. Muitas possibilidades existem no estudo desse sistema tradicional de Medicina. Ainda, este livro é recomendado aos médicos de todo o mundo como um texto elementar no aprendizado da MTC.

Peng Rui-Cong, M. D.
Professor de Saúde Pública
Ex-reitor da Universidade de Medicina de Beijing.

PARTE 1

OS PRINCÍPIOS E FUNDAMENTOS
DA MEDICINA TRADICIONAL CHINESA

CAPÍTULO 1

BASES FILOSÓFICAS DA
MEDICINA TRADICIONAL CHINESA
Teorias sobre o Qi, o Yin e Yang
e os Cinco Elementos

A MTC é um componente sensacional da cultura chinesa. Caracterizada por um sistema teórico único e enriquecido pela experiência prática através de milhares de anos, a MTC ainda detém uma grande vitalidade. Isto parece ser um milagre na História mundial da Medicina. Como pôde acontecer? Há muitas razões: a mais crucial é o ponto de vista dialético do pensamento filosófico chinês antigo que proporciona a base teórica para o fundamento e o desenvolvimento da Medicina Tradicional Chinesa. As conquistas da MTC, por sua vez, estimularam posteriores pensamentos filosóficos, formando, assim, um círculo benéfico. Na verdade, a MTC não é uma coleção de experiências esparsas. A maioria delas tem sido somada formando um sistema teórico, tanto médico quanto filosófico. As bases filosóficas que deram o maior impulso ao desenvolvimento da Medicina Tradicional Chinesa foram as teorias do *Qi* Essencial, Yin e Yang e Cinco Elementos.

A TEORIA DO *QI* ESSENCIAL

Originalmente, *Qi* não era um conceito filosófico. Significava "ar", como era usualmente usado na linguagem popular chinesa. Esse significado estendeu-se para o campo filosófico servindo como um símbolo para a substância essencial da qual se pensava que o universo era constituído. Acreditava-se que isso era invisível, adquirindo a forma de partículas, que se moviam e se transformavam constantemente, dando origem à energia e às atividades. De acordo com a Filosofia chinesa antiga, o universo origina-se do Taiji, sinônimo de *Qi* original ou primitivo. Sua parte essencial, ou o *Qi* Essencial, era tido como o elemento básico de que o universo era composto, e todas as coisas do mundo eram produzidas por meio dos movimentos e mudanças do *Qi*.

Isso é afirmado em *The Canon of Medicine* (*Huangdi's Internal Classic*): "A vida humana origina-se do *Qi* do Céu e da Terra e desenvolve-se de acordo com a ordem natural das quatro estações". Isso significa dizer que a vida humana é dotada do *Qi* da Natureza. *Qi* é a matéria básica com a qual as atividades da vida são mantidas. As várias ações e mudanças do *Qi* acompanhadas pela transformação da energia são características fundamentais das atividades da vida. Sem as ações e mudanças do *Qi* não haveria atividades da vida.

É importante notar que, na Medicina Chinesa, todas as atividades da vida, incluindo as atividades mentais, como pensamento, desejos, emoções, são baseadas nas ações e mudanças do *Qi*. Desde que o *Qi* é matéria, sua teoria é um tipo de materialismo pelo qual se explicam as atividades mentais em termos de questão objetiva. Além disso, os seres humanos são derivados do *Qi* da Natureza, então a matéria do mundo é primária e existe independente da mente, enquanto o ser humano é simplesmente uma parte da Natureza. Baseado nesta visão, a Medicina Chinesa enfatiza que todas as atividades psicológicas estão em conformidade com as mudanças do meio ambiente natural e, portanto, para preservar a saúde deve-se manter a harmonia segundo as leis da Natureza.

Desde que o *Qi* é invisível e age como uma força motora de todos os tipos de atividades da vida, a palavra *Qi* em chinês é freqüentemente traduzida para o inglês como "energia vital". Isso, porém, refere-se somente ao *Qi* em seu sentido estrito (psicológico), e a palavra "energia" é compreendida do ponto de vista da Física moderna, ou seja, matéria e energia são vistas como equivalentes, sendo mutuamente transformadas uma na outra.

Na verdade, *Qi* na Medicina Chinesa, pode ser classificado em duas principais categorias: o *Qi* normal ou verdadeiro e o *Qi* patogênico ou nocivo. O *Qi* verdadeiro dos seres humanos vem de três fontes: *Qi* primordial, *Qi* da Essência dos alimentos e *Qi* do ar. *Qi* primordial é aquele herdado dos pais, enquanto que o *Qi* da Essência dos alimentos e o *Qi* do ar são adquiridos. *Qi* verdadeiro inclui toda matéria e energia essencial das atividades da vida assim como a resistência do corpo contra as patologias.

O *Qi* patogênico é prejudicial à saúde. Isso inclui vários agentes ou fatores patogênicos, como por exemplo, mudanças atmosféricas anormais, tais como vento, frio, calor, umidade ou secura. São todos considerados *Qi* patogênico, acontecem de maneira intempestiva ou em excesso.

Neste contexto, a patologia é definida como um processo de luta entre o *Qi* verdadeiro e o *Qi* patogênico. "Entre esses dois tipos de *Qi*, a ênfase é sempre colocada no primeiro, como afirma o *The Canon of Medicine*: "Se o *Qi* verdadeiro prevalece, o ataque ao *Qi* patogênico nunca ocorre".

Com relação ao *Qi* verdadeiro e o significado clínico de suas várias partes, há uma discussão detalhada no Capítulo II.

A TEORIA DO YIN E YANG

Outro aspecto filosófico da Medicina Tradicional Chinesa é a dialética. Isso está expresso na teoria do Yin e Yang. Yin e Yang são dois termos topográficos que designam as partes nebulosa e ensolarada da colina, respectivamente. Desde que todas as coisas têm dois lados quando estão sob o Sol, a luz e o escuro por analogia, Yin e Yang representa dois lados opostos de um objeto ou fenômeno. De acordo com esta teoria, todas as coisas ou fenômenos do mundo contêm os dois aspectos: Yin e Yang, que convivem em conflito e, ao mesmo tempo, são interdependentes. Ainda, essa teoria pode ser entendida como a lei da unidade dos opostos.

A teoria do Yin e Yang como uma forma dialética do pensamento pode ser aplicada a qualquer campo da Medicina. Não há conflito entre as teorias do *Qi* e do Yin e

Yang. Na verdade, *Qi*, como o elemento básico de que o universo é constituído, pode ser dividido em dois: Yin *Qi* e Yang *Qi*. Yin *Qi* refere-se, principalmente, ao aspecto material do elemento, e Yang *Qi*, o dinâmico. *The Canon of Medicine* afirma que "o Yin *Qi* cristalino ascende para formar o Céu, enquanto que o Yin *Qi* turvo descende para formar a Terra".

A quintessência da teoria do Yin e Yang é a lei da unidade dos opostos, cujo significado mantém um equilíbrio dinâmico. Na verdade, esta lei pode também ser aplicada à Fisiologia moderna em vários níveis: nos sistemas, organismos, células e até mesmo moléculas. Por exemplo, na estimulação ou inibição do Sistema Nervoso, as funções simpáticas ou parassimpáticas, as ações de acetilcolina ou noradrenalina estão todas em oposição, e entre cada par de opostos um equilíbrio dinâmico deve ser mantido para as atividades nervosas normais. No sistema endócrino há estrogênio e testosterona em oposição, nos rins há diurese e antidiurese, secreção renal tubular e reabsorção; no sistema muscular há contração e relaxamento, na temperatura do organismo há termogênese e termólise, no metabolismo da glicose há insulina e glucagon, no sistema sanguíneo há coagulação e anticoagulação, nos fluidos corporais há componentes ácidos e básicos, e assim por diante. Todos os opostos devem ser mantidos em equilíbrio. Pode-se concluir que a manutenção do equilíbrio dinâmico por meio da unidade dos vários opostos é uma lei geral das atividades.

A Fisiologia moderna tem demonstrado que a homeostase, o metabolismo e a adaptabilidade são três características das atividades da vida. Na Medicina Chinesa, essas três características são bem discutidas, mas expressas de diferentes maneiras: equilíbrio dinâmico do Yin e Yang dentro da homeostase do corpo, aumento ou diminuição do Yin e Yang ou transformação do Yin e Yang no metabolismo e a capacidade de adaptabilidade entre os seres humanos e o meio ambiente. Se o Yin e Yang é comparado à Psicologia moderna desta forma, será fácil encontrar a racionalidade dessa teoria antiga de acordo com uma perspectiva moderna. Naturalmente, há grandes diferenças. A principal diferença é que a teoria chinesa é macrocósmica, enquanto que a teoria ocidental é microcósmica. Esta última tem muitas vantagens. Quanto mais ela se aprofunda, mais precisão e detalhes oferece ao conhecimento. Porém, há uma tendência maior em se dar mais atenção a uma parte do corpo do que a seu todo. O conhecimento adquirido por meio da observação macrocósmica na Medicina Chinesa é, muitas vezes, vaga, mas, devido ao acúmulo de experiência adquirida durante milhares de anos, há uma riqueza de conhecimentos úteis que são negligenciados pela Medicina Ocidental e seu ponto de vista microcósmico. Essa é a razão pela qual a integração das vantagens da Medicina Chinesa com a Medicina Ocidental pode promover o desenvolvimento da Medicina mundial como um todo.

I. O Principal Aspecto da Teoria Yin e Yang

1. Oposição do Yin e Yang

A teoria do Yin e Yang afirma que tudo no mundo tem dois lados opostos, isto é, Yin e Yang. Os aspectos Yin e Yang dentro de qualquer fenômeno restringem-se mutuamente por meio da oposição. Observe o organismo humano como exemplo.

Catabolismo (metabolismo destrutivo) e anabolismo (metabolismo construtivo) são dois aspectos do metabolismo. O primeiro pode pertencer ao Yang e o último ao Yin. Eles estão, aparentemente, em oposição, mas são mantidos em equilíbrio dinâmico de maneira a garantir um metabolismo normal.

2. Interdependência do Yin e Yang

Yin e Yang opõem-se um ao outro, mas são, ao mesmo tempo, interdependentes. Se não houver anabolismo não há catabolismo, e sem catabolismo não haverá anabolismo. Em outras palavras, se nenhum tecido vivo puder ser formado por meio do anabolismo, o corpo humano deixará de existir, e se nenhuma energia puder ser modificada por meio de tecido vivo, o corpo humano morrerá. Portanto, a teoria Yin e Yang diz que o Yang existe com o Yin como seu pré-requisito, e o Yin existe com o Yang como seu pré-requisito.

3. Suporte da relação de interconsumo do Yin e Yang (aumento e diminuição do Yin e Yang)

O equilíbrio entre o Yin e o Yang não é estático, mas dinâmico. Anabolismo e catabolismo nem sempre se processam na mesma velocidade nem no mesmo grau. Durante as atividades diurnas há mais catabolismo que anabolismo, enquanto que durante o descanso ou o sono há mais anabolismo que catabolismo. Assim, há um aumento de materiais à noite juntamente com a diminuição de suas atividades, e há um aumento das atividades diurnas acompanhadas pela diminuição de seu material básico. Dessas duas oposições de uma entidade única, o aumento ou excesso de um está geralmente associado à diminuição ou deficiência de outro. Como declara o *The Canon of Medicine*, "o consumo do Yin leva ao aumento do Yang e o consumo do Yang leva ao aumento do Yin", e todo o processo é denominado "aumento-diminuição do Yin e Yang". Em condições normais, aumento-diminuição do Yin e Yang é um estado de equilíbrio relativo. Se isso for além dos limites fisiológicos, o equilíbrio Yin e Yang será alterado, resultando em patologia.

4. A intertransformação do Yin e Yang

Durante o metabolismo há uma intertransformação do tecido vivo para a construção e energia das atividades funcionais. Geralmente, a intertransformação ocorre dentro de uma gama limitada, formando um equilíbrio dinâmico. Porém, em certas circunstâncias, tanto o Yin quanto o Yang podem se transformar em seu oposto. Numa patologia febril aguda há um aumento anormal do catabolismo para produzir a febre alta. Após uma febre alta persistente ocorre a exaustão, com a queda repentina da temperatura do corpo, palidez, membros frios e sudorese profusa. Este é um exemplo comum para demonstrar a transformação do Yang (excesso de energia com a Síndrome de Calor) em Yin (exaustão da energia com a Síndrome de Frio).

5. Divisibilidade infinita do Yin e Yang

A divisibilidade do Yin e Yang é infinita. Como declara o *The Canon of Medicine*, "Yin e Yang podem ser contados em dezenas e estendidos em centenas, milhares ou infinito". Por exemplo, dia e noite podem ser divididos em Yin e Yang, que dia é Yang e noite é Yin. Cada qual pode ser dividido em Yin e Yang: manhã é Yang dentro do Yang, ao passo que tarde é Yin dentro do Yang, o período do crepúsculo até meia-noite é Yin dentro do Yin, ao passo que o período de horas pequenas é Yang dentro do Yin. Se tomarmos o metabolismo como exemplo, a divisibilidade do Yin e Yang é mais explícita. Tanto o catabolismo quanto o anabolismo podem ser divididos em processos opostos, e cada processo pode ser posteriormente dividido em aspectos opostos. Nutrientes (Yin) e energia (Yang) são um par de opostos. Uma parte da energia liberada no catabolismo transforma-se em calor para manter a temperatura do corpo (Yang dentro do Yin) e o restante é estocado como trifosfato de adenosina (ATP) (Yin dentro do Yang). A energia liberada do ATP é, depois, dividida em duas partes: uma é utilizada para os movimentos musculares como energia mecânica (pertencente ao Yang) e a outra é estocada com creatina-fosfato (pertencente ao Yin).

II. As Aplicações da Teoria Yin e Yang na Medicina

A teoria Yin e Yang, como forma dialética de pensamento pode ser aplicada a qualquer campo da Medicina. Todas as atividades da vida, incluindo os processos fisiológicos e patológicos, podem ser explicados pela oposição e transformação do Yin e Yang. O equilíbrio dinâmico do Yin e do Yang reflete as atividades fisiológicas normais, ao passo que a ruptura do equilíbrio Yin e Yang leva às patologias. Qualquer tratamento é focado na restauração do equilíbrio dinâmico normal do Yin e Yang. Como Zhang Jingyue declarou em seu famoso *The Complete Works of Jingyue* (1624): "embora a Medicina seja complicada, isso pode ser resumido em uma expressão, ou seja, Yin e Yang".

1. Yin e Yang e a estrutura orgânica

Quando a teoria do Yin e Yang é aplicada para explicar a estrutura orgânica do corpo humano, a premissa implícita é que o corpo humano deve ser visto como um todo orgânico. Como todo o corpo é envolvido, a porção externa pertence ao Yang, ao passo que o interior pertence ao Yin; a parte dorsal pertence ao Yang, enquanto que a parte ventral pertence ao Yin; a porção superior pertence ao Yang, enquanto que a porção inferior pertence ao Yin. Entre os *Zang Fu*, os órgãos *Zang* pertencem ao Yin, ao passo que os órgãos *Fu* pertencem ao Yang. Entre os órgãos *Zang*, o coração e o pulmão, situados na parte superior do corpo (cavidade torácica), pertencem ao Yang, enquanto que o fígado, baço e rins, situados na parte inferior do corpo (cavidade abdominal), pertencem ao Yin. Ao considerar cada órgão, pode-se dividi-lo posteriormente em Yin e Yang[1]; por exemplo, o coração pode ser dividido em coração Yin e coração Yang, os rins podem ser divididos em rim Yin e rim Yang.

2. Yin e Yang e as funções fisiológicas

Todas as atividades normais da vida estão baseadas no equilíbrio dinâmico entre Yin e Yang, que se opõem um ao outro e, ao mesmo tempo, unem-se de modo coordenado. No que diz respeito às funções e à matéria, as funções pertencem ao Yang, ao passo que a matéria pertence ao Yin. Todas as atividades fisiológicas possuem base material, sem os movimentos materiais não haveria funções fisiológicas. Por outro lado,

---

1. Yin e Yang dos órgãos *Zang Fu* denotam os aspectos material e funcional daquele órgão, respectivamente. Neste contexto, o Yin refere-se à matéria essencial, como essência vital, nutrientes, fluidos e sangue, e Yang inclui várias atividades funcionais, como a energia do calor.

as atividades fisiológicas proporcionam o metabolismo material. Porém, a interconexão entre a função e a matéria é justamente o suporte da relação de interdependência e interconsumo do Yin e Yang.

3. Yin e Yang e mudanças patológicas

O equilíbrio dinâmico entre o Yin e o Yang garante a saúde. Quando o equilíbrio é afetado, a patologia surge. A ruptura do equilíbrio normal do Yin e Yang está relacionada tanto a fatores patogênicos quanto antipatogênicos. Há dois tipos de fatores patogênicos: fatores patogênicos Yin e fatores patogênicos Yang. Por exemplo, frio e umidade são fatores patogênicos Yin, enquanto que, secura, calor e fogo são fatores patogênicos Yang. Os fatores antipatogênicos também incluem Yin e Yang, por exemplo, os aspectos material e funcional. Quando o fator patogênico Yin causa a patologia, isto pode conduzir a uma preponderância de Yin que danifica o Yang e origina a Síndrome de Frio. Quando os fatores patogênicos Yang causam uma patologia, isto pode conduzir ao excesso de Yang, que pode aumentar a Síndrome de Calor e consumir o Yin. (Como declara o *The Canon of Medicine*, "Yin em excesso consome o Yang e o Yang em excesso consome o Yin". "Yin em excesso causa a Síndrome de Frio e o Yang em excesso causa a Síndrome de Calor").

Se a patologia é decorrente da deficiência de fatores antipatogênicos há Síndrome de Deficiência. De acordo com os princípios do equilíbrio entre o Yin e o Yang, a deficiência de Yin conduz à preponderância relativa do Yang, o que aumenta o calor interno, ao passo que a deficiência de Yang conduz à preponderância relativa de Yin, o que aumenta o calor externo.

Em casos avançados, porém, tanto a deficiência de Yin quanto de Yang pode conduzir ao consumo um do outro, conhecido respectivamente como "obstrução do Yin afetando o Yang" e "obstrução do Yang afetando o Yin".

4. Yin e Yang e diagnóstico

Uma vez que as patologias ou síndromes podem ser classificadas em Yin e Yang de acordo com sua natureza e que a causa básica da ocorrência e do desenvolvimento da patologia é o desequilíbrio entre o Yin e o Yang, a chave para um diagnóstico seguro consiste na diferenciação correta na natureza da patologia Yin e Yang, assim como a determinação da condição do desequilíbrio Yin e Yang. Desta forma, as condições clínicas complicadas podem ser simplificadas e um diagnóstico seguro pode ser feito.

5. Yin e Yang e tratamento

O tratamento na Medicina Chinesa está sempre focado na restauração do equilíbrio normal do Yin e do Yang. Os princípios terapêuticos seguintes decorrentes da teoria do Yin e Yang são da maior importância.

"Complete o que está em deficiência", "reduza o que está em excesso", "trate o frio com medidas quentes" e "trate o calor com medidas frias" são regras gerais de tratamento para a restauração do equilíbrio normal do Yin e Yang.

Uma patologia aguda decorrente da invasão de fatores patogênicos exógenos está, geralmente, em excesso em sua natureza, se o paciente estiver saudável. Neste caso, o tratamento consiste em eliminar ou reduzir os fatores patogênicos. Para fatores patogênicos de natureza Yin (tais como frio), medidas Yang (tais como terapia de aquecimento) devem ser utilizadas, e para fatores patogênicos de natureza Yang, medidas Yin (tais como terapia de resfriamento) são apropriadas.

Nas Síndromes de Deficiência, medidas de complemento ou tonificação são indicadas. Deficiência de Yin está, geralmente, acompanhada da preponderância relativa de Yang, e a deficiência de Yang é acompanhada da preponderância relativa de Yin. O tratamento deve consistir no complemento do Yin e tonificação do Yang, respectivamente. Se a deficiência for avaliada corretamente, a preponderância relativa desaparecerá naturalmente. Nos casos complicados, porém, o tratamento pode ser complexo. Algumas vezes, é necessário "tratar o aspecto Yang da patologia de natureza Yin" e "tratar os aspectos Yin da patologia de natureza Yang", por exemplo, reduzir o Yang para aliviar a tontura e a cefaléia nos pacientes hipertensos que sofrem de deficiência Yin com preponderância relativa do Yang e tonificar os fluidos Yin nos casos de febre alta (Yang-calor) que consome os fluidos do corpo. Na acupuntura, não é incomum puncionar os pontos dos meridianos Yang para desarmonias do meridiano Yin e vice-versa.

A TEORIA DOS CINCO ELEMENTOS

A Teoria dos Cinco Elementos também pertence ao materialismo filosófico. Esta teoria assegura que o mundo natural é feito de cinco elementos denominados Madeira, Fogo, Terra, Metal e Água. Os chineses antigos reconheciam que cada elemento tinha suas próprias qualidades: Madeira (árvore) tende a se dispersar livremente, Metal é o material para produzir armas, Fogo tende a queimar em ascendência, Terra produz a miríade das coisas e a Água tende a fluir em descendência. De acordo com esta doutrina, todas as coisas podem ser classificadas em cinco categorias de acordo com suas propriedades e ações, sendo que cada categoria pertence a um dos cinco elementos. Além disso, há várias interconexões entre os cinco elementos, fazendo do mundo uma entidade integrada. Aplicando-se isso à Medicina, um sistema teórico das patologias e fisiologias foi então formado, contendo como núcleo os cinco órgãos *Zang*, ou seja, fígado, coração, baço, pulmão e rim. A correlação entre os órgãos *Zang* e os outros órgãos e tecidos, assim como vários fenômenos fisiológicos e patológicos, podem ser explicados com base no inter-relacionamento dos cinco elementos.

I. A Classificação das Coisas de Acordo com os Cinco Elementos

Para categorizar os fenômenos fisiológicos dentro de um sistema por meio de analogia e dedução, os chineses antigos classificaram-nos em cinco categorias, cada qual apresentando propriedades e ações similares a cada um dos cinco elementos. Por exemplo, o fígado corresponde à Madeira porque promove a dispersão do *Qi* e do sangue, assim como a árvore se dispersa livremente. Árvores produzem folhas verdes, então o verde corresponde à Madeira. Um fruto imaturo é de cor verde, sendo geralmente ácido, então, a acidez está relacionada à Madeira. As árvores germinam na primavera e o tempo na primavera não é quente nem frio, mas freqüentemente tem vento. Então, a primavera é a estação que pertence à Madeira, e o vento também está relacionado a ela. Os olhos e os tendões pertencem à Madeira porque a condição do fígado pode se refletir nos olhos e o fígado controla os tendões. A raiva é capaz de desequilibrar o fígado, e os pacientes com patologias do fígado são, geralmente, nervosos. Porém, dentre as várias emoções, a raiva é classificada na categoria da Madeira. Tais classificações são listadas na tabela a seguir:

Natureza				
Gosto	Cor	Fator atmosférico	Estação	Elementos
Ácido	Verde (Azul)	Vento	Primavera	Madeira
Amargo	Vermelho	Calor	Verão	Fogo
Doce	Amarelo	Úmido	Fim do verão	Terra
Pungente	Branco	Secura	Outono	Metal
Salgado	Preto	Frio	Inverno	Água

Corpo Humano				
Órgãos *Zang*	Órgãos *Fu*	Órgãos dos Sentidos	Tecido	Emoção
Fígado	Vesícula Biliar	Olho	Tendão	Raiva
Coração	Intestino Delgado	Língua	Vasos Sanguíneos	Alegria
Baço	Estômago	Boca	Músculos	Preocupação
Pulmão	Intestino Grosso	Nariz	Pele e Cabelo	Tristeza
Rim	Bexiga	Orelha	Ossos	Medo

Acredita-se que deve haver um relacionamento próximo entre as coisas e os fenômenos classificados na mesma categoria. Gosto ácido, cor verde, tempo, ventos, a estação da primavera, fígado, vesícula biliar, olhos e tendões do corpo humano, todos correspondem à Madeira, então devem estar intimamente relacionados um ao outro. O mesmo se aplica às outras quatro categorias. Porém, a classificação das coisas e dos fenômenos proporciona a base da conformidade do homem com a Natureza.

II. Correlação dos Cinco Elementos

De acordo com a teoria dos cinco elementos, a correlação não fica restrita às coisas e fenômenos, mas também existe entre os de diferentes categorias. O inter-relacionamento dos cinco elementos inclui geração (produção), interação, superioridade e neutralidade. A seqüência de nutrição ou produção é Madeira → Fogo → Terra → Metal → Água → Madeira; a seqüência do controle ou avaliação é: Madeira → Terra → Água → Fogo → Metal → Madeira. A seqüência de superioridade é a mesma do controle e a de oposição é oposta à de controle, ou seja, Madeira → Metal → Fogo → Água → Terra → Madeira.

A interação e a geração são dois aspectos inseparáveis dos cinco elementos, sendo que ambas se opõem e cooperam uma com a outra formando, assim, um equilíbrio e uma coordenação durante o desenvolvimento e a mudança de qualquer evento ou coisa. Porém, cada elemento interpreta um papel de "provedor" (ou "geração") e, ao mesmo tempo, de "provido" (ou "ser gerado"), e também o papel de "controlador" e ao mesmo tempo "controlado". Por exemplo, Madeira gera Fogo e é gerado por Água; ele controla Terra, mas é controlado por Metal. A relação de geração dos cinco elementos também é conhecida como relacionamento "mãe-filho", em que cada elemento será o filho daquele que o gera e a "mãe" daquele que é gerado. Por exemplo, Madeira é mãe de Fogo e filho de Água.

III. A Aplicação da Teoria dos Cinco Elementos na Medicina

Aplicado à Medicina Chinesa, o inter-relacionamento dos cinco elementos explica a correlação entre as várias partes do corpo humano, assim como a correlação entre o corpo humano e o meio ambiente. Eles são particularmente úteis para explicar a patogênese das condições fisiológicas e patológicas. Seguem-se alguns exemplos:

Água nutre Madeira. Isso denota, metaforicamente, que o fígado saudável necessita de nutrição adequada do Yin do rim. Se o Yin do rim é insuficiente, geralmente há uma deficiência do Yin do fígado acompanhada de um Yang preponderante também do fígado, manifestado por meio de tontura, zumbido e visão turva. Neste último caso, a patogênese é atribuída ao "fracasso da Água para nutrir a Madeira" e o tratamento será "tonificar a Água para nutrir a Madeira", ou seja, tonificar o Yin do rim como a principal medida terapêutica.

Madeira controla Terra. Isso explica a relação fisiológica entre o fígado (Madeira) e o baço e o estômago (Terra). Porém, se o fígado está doente (deprimido ou estagnado), isso pode agir sobre o baço e o estômago excessivamente, causando uma disfunção neste último. Isto é chamado de "controle reverso da Madeira sobre a Terra".

Terra gera Metal. Fisiologicamente, o baço (Terra) transforma os nutrientes dos alimentos e transporta-os para o pulmão (Metal). Esta regra pode ser usada no tratamento da patologia debilitante crônica dos pulmões. No tratamento dessa patologia, a tonificação do baço geralmente possui um papel importante. Isso é conhecido como "tonificar Terra para fortalecer Metal".

No que diz respeito ao relacionamento "mãe-filho", se o fígado for o órgão "mãe", então o coração será o órgão "filho". A deficiência do sangue do coração pode envolver o fígado causando deficiência sanguínea, tanto no coração quanto no fígado. A hiperatividade do coração pode induzir à hiperatividade do fígado, que resulta na hiperatividade de ambos, coração e fígado. Os dois exemplos acima ilustram as condições definidas como "o órgão filho doente afeta seu órgão mãe".

Intimamente ligado ao relacionamento "mãe-filho" está o princípio de tratamento seguinte, que é particularmente útil na terapia por acupuntura. "Tonifique a mãe nas condições de deficiência e reduza o filho nas condições de excesso". Este princípio é baseado no relacionamento de geração entre os cinco elementos. Durante a terapia por acupuntura, se a síndrome for de natureza de deficiência, pontos do meridiano mãe são, geralmente, selecionados para tonificação. Por exemplo, em um paciente com deficiência de Yin no fígado, a manipulação por tonificação no Yang (R10) é freqüentemente aplicada, porque o Yang é o ponto mar do meridiano do rim. Se a síndrome for de natureza de excesso, pontos do meridiano filho são geralmente selecionados para sedação. Por exemplo, em uma paciente com Fogo exuberante no fígado, a manipulação por sedação do Shao *Fu* (C8) é freqüentemente útil, porque Shao *Fu* é o ponto nascente do meridiano do coração. Naturalmente, em ambos os exemplos, os pontos do meridiano do fígado, em si, podem também ser selecionados.

Conforme a Medicina Chinesa foi se desenvolvendo e se tornando mais sofisticada, as regras e seqüências originais do relacionamento entre os cinco elementos mostraram não ser mais adequadas para explicar todas as mudanças fisiológicas e patológicas. Portanto, algumas modificações foram feitas na teoria. Por exemplo, as ações em descendência dos pulmões (descender a Essência e o *Qi* para controlar a passagem de Água, etc.) são úteis aos rins, mas este também auxilia os pulmões na inspiração. (A insuficiência da função dos rins pode conduzir à dispnéia caracterizada pela inspiração curta e expiração longa). De acordo com a teoria dos cinco elementos, apenas dizemos "Metal gera Água", mas, clinicamente, geralmente falamos que "Metal e Água geram-se um ao outro".

Outro problema é a terminologia. Água e Fogo são dois dos cinco elementos, mas também são usados na etiologia como fatores patogênicos e nos diagnósticos como denominação de síndromes. Particularmente, a palavra "Fogo" é muito enganosa. Mesmo nas condições fisiológicas, Fogo, por exemplo, sendo a energia de calor necessária para todas as atividades da vida, principalmente para as funções de digestão, absorção e assimilação do baço, é produzido pelos rins. Isto é denominado "Fogo Vital", um equivalente para o "Yang do rim". Embora Fogo (coração) gere Terra (baço) por meio da circulação sanguínea, ao dizermos que "Fogo gera Terra" geralmente queremos dizer que o Fogo Vital aquece a função digestiva do baço. Na diarréia crônica acompanhada de edema e intolerância ao frio, o diagnóstico consiste em "Fogo falha para nutrir Terra", e o tratamento é "tonificação de Fogo para gerar Terra". Nestas afirmações, a palavra "Fogo" refere-se ao Fogo Vital, ou seja, o Yang do rim. Em outros exemplos, porém, Fogo ainda denota o coração. "Coordenação de Água e Fogo" explica o relacionamento fisiológico entre os rins e o coração. Se o Yin do rim (Água) é insuficiente para checar a atividade do coração (Fogo), pode ocorrer "a não coordenação de Água e Fogo", marcada por agitação e insônia.

A confusão na terminologia teve origem no processo complicado de desenvolvimento da Medicina Chinesa. A teoria dos cinco elementos foi formada há milhares de anos e sua aplicação na Medicina foi inicialmente registrada em *The Canon of Medicine*, um produto do período dos Estados em Guerra (475-221 a.C.). A teoria do Fogo Vital foi proposta pelos médicos de destaque do século XVI. Desde então, os rins são tidos como o "órgão de Água e de Fogo"; Água refere-se ao seu aspecto Yin, e Fogo a seu aspecto Yang. Esta doutrina envolve Yin, Yang, Água e Fogo dentro de um órgão interno. Embora relacionada à teoria dos cinco elementos, isso não pode ser colocado em pé de igualdade com a teoria do Fogo Vital.

Porém, tem havido controvérsias referentes à validade da teoria dos cinco elementos. A objeção principal consiste a sua classificação dentro das cinco categorias. Por exemplo, as divisões ordinárias do ano de acordo com o tempo na zona temperada são as quatro estações (primavera, verão, outono e inverno), mas na zona dos trópicos há somente duas estações (seco e chuvoso). A razão de se adicionar o fim do verão para que o número de estações se tornasse cinco é mal explicada. Porém, a quintessência desta teoria não significa que o número cinco deve ser mantido sacrossanto, mas sim, que o relacionamento regulador mútuo entre os tipos diferentes de matéria deve ser reconhecido. As relações de geração (produção) e interação (controle) entre os sistemas e órgãos diferentes, até certo ponto, são comparáveis à teoria do controle de retroalimentação na Medicina Ocidental, mas sua aplicação na explanação sobre os fenômenos fisiológicos e mudanças patológicas possui um espectro muito mais abrangente que o mecanismo de retroalimentação. Eles podem ser tomados como regras básicas de auto-ajuste do corpo humano em vários níveis. Na verdade, na Fisiologia moderna o significado de controle de retroalimentação não está mais limitado à pesquisa do ajuste neuro-humoral, mas também aplicada à pesquisa sobre imunologia e Biologia molecular, informação genética e ajuste de genes. Em poucas palavras, a teoria dos cinco elementos pode ser considerada regra geral de correlação e coordenação entre as várias partes do corpo humano e suas funções, embora as descrições detalhadas não sejam precisas.

CAPÍTULO 2

AS SUBSTÂNCIAS FUNDAMENTAIS PARA AS ATIVIDADES DA VIDA
Essência Vital, *Qi*, Fluidos e Sangue

Todas as atividades possuem sua base material. As substâncias fundamentais essenciais para as atividades vitais nos seres humanos são: essência vital, *Qi*, fluidos e sangue.

Jing (Essência Vital)

O caractere chinês é polissêmico. Quando utilizado como adjetivo, significa "refinado", e quando utilizado como substantivo significa "essência". Na Medicina Tradicional Chinesa, isso pode ser usado com um significado amplo ou restrito. Em um significado amplo, refere-se à substância fundamental que produz o corpo e as sementes da vida, ou seja, esperma e óvulo; também é denominada essência reprodutiva. Em ambos os casos, esta é sua base material da vida e pode, portanto, ser genericamente denominada de essência da vida ou essência vital.

I. Classificação da Essência da Vida

De acordo com sua fonte, a essência vital pode ser classificada em congênita ou adquirida. A essência congênita é inata. Isto origina-se da conjugação da essência reprodutiva dos pais e serve como substância básica para a construção do corpo humano e iniciação das atividades da vida. A essência adquirida surge da alimentação. Após a digestão, a essência da alimentação (nutrientes) é assimilada e transformada em essência vital, que é distribuída para todos os órgãos e tecidos do corpo.

II. Funções da Essência Vital

1. Função reprodutiva: a essência reprodutiva está no comando da reprodução e transforma-se em essência congênita dos descendentes.

2. Promoção do crescimento e do desenvolvimento: a essência vital serve como motivo e substância construtiva para o crescimento e desenvolvimento.

3. Resistência a patógenos externos: o *Qi* defensivo é transformado em essência vital. Quando a pessoa está cheia de essência vital, a resistência do organismo é maior.

4. Nutrição do cérebro e da medula: medula, incluindo a medula óssea e medula espinhal, é transformada em essência vital, e o cérebro é considerado o "Mar da Medula". Ambos, cérebro e medula, necessitam da nutrição da essência vital.

5. Função hematopoiética: a essência vital pode ser transformada em sangue e promove a formação do mesmo por meio da nutrição da medula óssea.

III. Diferença entre a Essência Vital e o *Qi*

Ambos, *Jing* e *Qi*, significam a substância essencial que constitui o corpo humano e serve como base material para as atividades da vida. Porém, *Jing* é visível, puramente substancial e, portanto, pertence ao Yin. *Qi* é invisível e só pode ser percebido por meio das suas ações e, portanto, pertence ao Yang. Neste contexto, seria apropriado traduzi-lo como "essência vital" e "energia vital", respectivamente.

IV. Correlação entre a Essência Vital e o *Qi*

Jing (essência vital) pode se transformar em *Qi* (essência vital) e *Qi* pode gerar *Jing*. Eles são mutuamente dependentes e modificáveis, portanto, são freqüentemente referidos como *Jing Qi*. Uma vez que o *Jing* é armazenado nos rins, o Yin do rim refere-se principalmente ao *Jing*, e *Jing* e *Qi* dos rins implicam Yin e Yang dos rins, respectivamente.

Qi

Neste capítulo, o *Qi* é discutido somente no aspecto fisiológico. O *Qi* fisiológico proporciona a energia para todos os tipos de atividades da vida do ser humano, sendo freqüentemente traduzido como "Energia Vital".

O *Qi* fisiológico do organismo surge de três fontes: (1) *Qi* congênito ou *Qi* inato, sendo derivado da essência reprodutiva dos parentes e armazenado nos rins, servindo como poder da iniciação que forma uma nova vida e interpreta seu papel em todo o processo das atividades sucessivas da vida; (2) os nutrientes derivam da alimentação, também denominados "Essência *Qi* dos alimentos e líquidos", obtidos por meio da digestão e da absorção pelo estômago e baço, e distribuídos por este último; (3) o *Qi* puro da Natureza, ou seja, o ar fresco (oxigênio) inalado pelos pulmões. Estes dois últimos pertencem ao *Qi* adquirido. O *Qi* inato e o *Qi* adquirido são mutuamente dependentes e complementares. Sem a tonificação e a alimentação incessantes do *Qi* adquirido, o *Qi* inato ficaria exausto. Sem a ação do *Qi* inato, não haveria geração nem metabolismo do *Qi* adquirido. A combinação do *Qi* inato com o adquirido forma o *Qi* fisiológico, que é tradicionalmente denominado de "*Qi* verdadeiro", "*Qi* normal" ou simplesmente "*Qi*".

I. Funções Fisiológicas do *Qi*

O *Nei Jing* (*Classified Canon*) afirma que "toda a vida humana depende do *Qi*". Fisiologicamente, o *Qi* apresenta as seguintes funções:

1. Função dinâmica (propulsora)

O *Qi* serve de força dinâmica que promove o crescimento e o desenvolvimento do corpo humano, as atividades fisiológicas de vários órgãos e tecidos, formação e circulação do sangue, e formação, distribuição e excreção dos fluidos. Se o *Qi* for insuficiente, crescimento e desenvolvimento serão retardados, as funções dos órgãos e tecidos diminuirão e a formação, circulação e distribuição do sangue e dos fluidos serão prejudicados.

2. Função de aquecer

O *Qi* proporciona a energia quente para manter a temperatura do organismo e garantir as atividades normais de órgãos e tecidos. Se a função de aquecimento for insuficiente, como na deficiência de Yang *Qi*, haverá aversão ao frio e membros frios em associação à diminuição de várias funções dos órgãos e tecidos.

3. Função protetora

O *Qi* protege o organismo humano contra os ataques dos patógenos exógenos. Como afirma *The Canon of Medicine*, "se um patógeno exógeno invade o organismo, o *Qi* deve estar insuficiente". O *Qi* é o responsável pelo fechamento dos poros para impedir a invasão dos patógenos exógenos. Se o patógeno já houver entrado, o *Qi* terá a habilidade de lutar contra ele e expulsá-lo para fora do corpo humano.

4. Função de manutenção

O *Qi* mantém os órgãos internos em seus próprios lugares, assegura o fluxo sanguíneo dentro dos vasos e impede a perda excessiva de vários fluidos sanguíneos (incluindo sudorese, urina, saliva e fluido seminal). O enfraquecimento da função de manutenção do *Qi* poderá resultar em perda anormal de sangue e fluidos corporais, como hemorragia crônica, sudorese espontânea, poliúria ou incontinência urinária, salivação, diarréia líquida e ejaculação precoce ou espermatorréia.

5. Função de transformação (metabolismo)

A ação do *Qi* está intimamente relacionada a todos os tipos de metabolismo, incluindo a transformação mútua do *Qi*, sangue, fluidos e essência. A função de transformação do *Qi* está particularmente conectada ao metabolismo da água. Uma vez que o metabolismo da água envolve as funções do *Qi* dos pulmões, baço, rins – órgãos situados nos aquecedores superior, médio e inferior (cavidades corpóreas) respectivamente –, o processo de metabolismo da água também é chamado de função da transformação do Triplo Aquecedor. O impedimento desta função sempre se manifesta por meio do acúmulo de água no organismo, principalmente edema.

II. Classificação e Distribuição do *Qi*

O *Qi* (*Qi* verdadeiro) do corpo humano pode ser genericamente classificado como *Qi* inato e *Qi* adquirido. De acordo com sua função e distribuição, eles podem ser classificados como se segue:

1. *Qi* primordial (*Yuan Qi*)

O *Yuan Qi* ou *Qi* primordial é inato, derivado da essência reprodutiva dos pais, servindo como substância fundamental principal e força iniciadora das atividades da vida. É estocado nos rins, constantemente nutrido pela essência da alimentação e distribuído pelos outros órgãos do *Zang Fu* para assegurar suas funções. Quando a pessoa cresce, uma parte do *Qi* primordial nos rins transforma-se em *Qi* reprodutivo e torna-se o *Qi* inato dos descendentes. A deficiência do *Qi* primordial resulta no crescimento e desenvolvimento tardios e diminuição das funções dos órgãos *Zang Fu*.

2. Qi torácico (*Zong Qi*)

Zong Qi ou *Qi* torácico refere-se ao *Qi* armazenado no tórax. É formado nos pulmões por meio da combinação do *Qi* Essencial derivado dos alimentos e do ar fresco (oxigênio) da Natureza. Então, as funções do estômago e do baço na digestão, absorção e transporte e a função dos pulmões na respiração determinam diretamente a condição do *Qi* torácico. O *Qi* torácico assim formado acumula-se no tórax e dissemina-se pela garganta e pelo coração. As funções principais do *Qi* torácico são: (1) suprir a energia da respiração e da voz; (2) promover o batimento cardíaco e regularizar a taxa e o ritmo cardíacos para a circulação sanguínea. A deficiência do *Qi* torácico é manifestada pelas desarmonias do coração e do pulmão, tais como respiração fraca, voz debilitada, arritmia e circulação sanguínea lenta.

3. Qi nutritivo (*Ying Qi*)

O *Ying Qi* ou *Qi* nutritivo é derivado da parte essencial dos alimentos digeridos e assimilados pelo estômago e baço. As partículas refinadas da essência dos alimentos são levadas para dentro dos vasos sanguíneos, transformando-se em *Qi* nutritivo, que circula por todo o corpo por meio dos vasos do pulmão e dos outros vasos. Visto que o *Qi* nutritivo circula junto com o sangue, eles são coletivamente denominados Ying-sangue. As funções principais do *Qi* nutritivo são: (1) prover nutrientes para todos os órgãos e tecidos; (2) servir como componente na formação do sangue.

4. *Qi* defensivo (*Wei Qi*)

O *Wei Qi* ou *Qi* defensivo também é derivado da parte essencial do alimento. Sendo transportado para os pulmões por meio do baço, algumas partes da essência dos alimentos transformam-se em *Qi* defensivo, que se dispersa por todo o corpo, particularmente na parte externa. Ao contrário do *Qi* nutritivo, o *Qi* defensivo move-se para fora dos vasos. Suas principais funções são: (1) proteger a parte externa do corpo contra o ataque dos patógenos exógenos; (2) aquecer e nutrir os órgãos internos, músculos esqueléticos e superfície corpórea; (3) controlar a sudorese por meio da regulação da secreção do suor para manter a temperatura do corpo estável. Além disso, o *Qi* defensivo está relacionado ao sono. Quando ele vai para o interior do corpo, o sono aparece, e quando se move para a superfície do corpo, acordamos. A deficiência do *Qi* defensivo resulta, freqüentemente, na debilidade constitucional, vulnerabilidade às invasões exógenas, sensação cutânea anormal e sudorese espontânea. A circulação do *Qi* defensivo pode causar alterações do sono, tanto insônia – no caso de o *Qi* defensivo fluir para a parte externa do corpo por um longo tempo – quanto sonolência, se ele se mover para o interior do corpo por tempo prolongado.

Tanto o *Qi* defensivo quanto o nutritivo derivam da essência dos alimentos, mas há diferenças entre eles. O *Qi* defensivo flui para o exterior dos vasos sanguíneos, protegendo principalmente a parte externa do corpo; o *Qi* nutritivo circula dentro dos vasos sanguíneos, nutrindo, principalmente, o sangue e os órgãos internos. Porém, o *Qi* defensivo pertence ao Yang, ao passo que o *Qi* nutritivo pertence ao Yin. Entre eles, o equilíbrio Yin e Yang deve ser mantido. Tanto o *Qi* defensivo forte com o *Qi* nutritivo debilitado quanto o *Qi* nutritivo forte com o *Qi* defensivo debilitado são anormais. O desequilíbrio entre o *Qi* nutritivo e o *Qi* defensivo é manifestado por meio de calafrios e febre acompanhados de anidrose ou sudorese excessiva.

5. Qi dos órgãos *Zang Fu*

O *Qi* verdadeiro distribuído para cada órgão *Zang Fu* torna-se o *Qi* daquele órgão, proporcionando energia para as atividades funcionais correspondentes. Por exemplo, o

Qi do coração é a força dinâmica da circulação sanguínea e atividades mentais. O *Qi* do pulmão proporciona energia para a respiração e para a voz, o *Qi* do estômago encarrega-se da digestão dos alimentos e envia o conteúdo gástrico em movimento descendente.

6. Qi do sistema dos meridianos

Este é o *Qi* verdadeiro responsável pelas atividades funcionais do sistema dos meridianos. O *Qi* de certo meridiano está intimamente relacionado ao *Qi* do órgão *Zang Fu* correspondente. Por exemplo, o *Qi* do meridiano do intestino grosso está diretamente relacionado ao *Qi* do intestino grosso.

Sangue

Na Medicina Tradicional Chinesa, o sangue é definido como o líquido vermelho que circula nos vasos sanguíneos por todo o corpo para nutrir e hidratar os órgãos e tecidos. Então, o significado é o mesmo que na Medicina Ocidental. Porém, com relação à produção, circulação e funções sanguíneas, a Medicina Tradicional Chinesa tem seu próprio ponto de vista sobre determinados aspectos.

I. Produção de Sangue

Os principais fatores relacionados à produção de sangue são a essência dos alimentos e a essência vital.

1. A essência dos alimentos é derivada dos alimentos por meio do estômago e baço. Na época do *The Canon of Medicine*, o relacionamento entre a absorção da essência do sangue e a produção do sangue já era conhecida: "O estômago e o baço absorvem os nutrientes dos alimentos, extraem a parte fluida e transformam-na em um líquido vermelho denominado sangue". Então, sempre se diz que o baço e o estômago são as fontes de geração do sangue.

O sangue contém o *Qi* nutritivo. Este último é composto de essência nutritiva e ar fresco (oxigênio) inalado pelos pulmões. Então, os pulmões são, também, envolvidos na produção de sangue. "O estômago e o baço assimilam os nutrientes e despejam-nos nos vasos dos pulmões para produzir sangue".

2. A essência vital também é uma das substâncias básicas para a produção de sangue. É armazenada nos rins e pode ser transformada em medula óssea. "Quando a medula óssea é firme, então há *Qi* e sangue". Além disso, a essência vital dos rins transportada para o fígado pode, também, ser transformada em sangue no fígado.

Então, sempre se diz que a essência vital e o sangue têm a mesma fonte1.

A partir da discussão acima, podemos observar que a essência dos alimentos e a essência vital são os principais fatores de produção de sangue, e o estômago, baço, pulmões, rins e fígado estão todos envolvidos nesse processo.

Comparada à teoria moderna da hematopoese, a descrição tradicional chinesa, embora aproximadamente similar, é obviamente grosseira. Porém, de acordo com a consideração teórica acima, uma grande quantidade de experiência tem sido acumulada

---

1. N. T. - A MTC não diferencia a medula óssea da medula espinhal.

no tratamento da anemia. Estudos recentes têm demonstrado que os fitoterápicos revigoram o baço, e aqueles que reforçam os rins podem ter bons efeitos no tratamento da anemia nutricional e anemia aplástica, respectivamente.

II. Circulação do Sangue

O conceito de circulação sanguínea está claramente expresso no *The Canon of Medicine*. "O sangue flui constantemente nos vasos, sem cessar". "Os vasos sanguíneos estão unidos entre si como se formassem um infindável anel". A circulação sanguínea normal depende das funções de freio e propulsão do *Qi*. Os seguintes órgãos *Zang* estão envolvidos:

1. "O coração regula a circulação sanguínea". O *Qi* do coração dirige o fluxo sanguíneo por meio dos batimentos cardíacos.

2. "Todos os vasos sanguíneos levam ao pulmão". Não só livra o sangue do ar viciado, como ajuda os pulmões a absorver o ar fresco. O *Qi* torácico formado pelos pulmões também ajuda o coração a impelir o fluxo sanguíneo.

3. "O fígado armazena o sangue". Por meio desse armazenamento de sangue, o fígado regula a circulação do volume de sangue.

4. "O baço mantém o fluxo sanguíneo dentro dos vasos", de modo que o sangue não escapa espontaneamente dos vasos quando o baço está funcionando regularmente.

Todos estes fatores relacionados à circulação sanguínea são importantes na prática clínica. Por exemplo, a insuficiência de *Qi* do coração é sempre acompanhada de fluxo sanguíneo deficiente (estase do sangue), fracasso do fígado para armazenar o sangue que pode resultar em hemorragia excessiva, como hematêmese, e o fracasso do baço em manter o fluxo sanguíneo dentro dos vasos sempre conduz à enterorragia crônica ou hemorragia uterina.

III. Funções do Sangue

1. Funções de nutrição e hidratação.

"Podemos ver enquanto o fígado recebe sangue, podemos andar enquanto os pés recebem sangue, podemos segurar coisas com as mãos enquanto elas recebem sangue, e podemos pegar com os dedos enquanto eles recebem sangue." Todas as partes do corpo, incluindo os órgãos internos, órgãos dos sentidos, tronco e membros, só podem trabalhar enquanto for fornecido sangue suficiente. Além disso, a função nutriente do sangue é manifestada por meio da compleição rosada, músculos espessos e robustos, pele e cabelo macios e lustrosos. O suprimento inadequado de sangue com a redução da função nutricional pode ser manifestada por meio de tontura, visão turva, compleição pálida ou amarelada, cabelos grisalhos e secos, pele seca, paralisia dos membros e inabilidade nos movimentos, além da diminuição das funções dos órgãos *Zang Fu*.

2. Servir como base material da atividade mental

"O sangue supre a energia das funções mentais". Esta conclusão é baseada nas observações clínicas. As atividades mentais normais necessitam de um suprimento adequado de sangue. A deficiência de sangue ou disfunção circulatória pode apresentar manifestações mentais, como insônia e sono com distúrbios de sonhos devidos à deficiência de sangue no coração e no fígado, e agitação ou mesmo perda da consciência, decorrente da grande perda de sangue.

IV. Correlação entre o *Qi* e o Sangue

O *Qi* e o sangue estão intimamente relacionados um ao outro, principalmente na produção, circulação e distribuição. Esta correlação é geralmente expressa como "*Qi* é o comandante do sangue e o sangue é a mãe do *Qi*".

1. "*Qi* é o comandante do sangue": isso implica três aspectos: *Qi* é a força dinâmica da produção de sangue. O processo de formação sanguínea, incluindo a absorção das partes essenciais dos alimentos, transformação da essência dos alimentos em energia nutritiva e fluidos corporais e formação do sangue a partir da energia e fluidos nutritivos são decorrentes das funções do *Qi*. O *Qi* forte leva à produção abundante de sangue, ao passo que o *Qi* insuficiente resulta na deficiência de sangue. É por isso que a tonificação do *Qi* é geralmente necessária para o tratamento de deficiência de sangue.

O *Qi* também é a força dinâmica da circulação sanguínea. O *Qi* do coração direciona o fluxo sanguíneo para os vasos. O *Qi* do pulmão e o *Qi* do fígado também tomam parte na propulsão e regulação da circulação sanguínea. Então, na Medicina Tradicional Chinesa há um ditado que diz: "*Qi* em movimento mantém a circulação sanguínea".

O *Qi* controla a circulação mantendo o fluxo sanguíneo dentro dos vasos. Vários tipos de hemorragia crônica podem ser atribuídos à deficiência do *Qi* e, nestes casos, a tonificação do *Qi* é de grande importância para impedir o sangramento.

2. "O sangue é a mãe do *Qi*": isso implica os dois pontos seguintes: Primeiro, o sangue carrega o *Qi*. O *Qi* pode existir no corpo humano somente quando está atrelado ao sangue ou aos fluidos corporais. Se o *Qi* perder seu rumo, ele se dispersará e fugirá. Então, uma grande perda de sangue pode conduzir ao choque (esgotamento do *Qi*).

Segundo, o sangue suplementa constantemente o *Qi* com energia dos alimentos. Então, a deficiência de sangue pode, também, resultar em deficiência do *Qi* .

Fluidos Corporais

Jin Ye[2] é um termo genérico para todos os fluidos corporais normais. Isto inclui os fluidos existentes dentro dos vários tecidos e órgãos, secreções normais (tais como suco gástrico, fluidos intestinais, saliva, lágrimas, muco e suor) e, também, os metabolitos dos fluidos (urina). Todos eles surgem dos alimentos e dos líquidos.

I. Formação, Distribuição e Excreção dos Fluidos Corporais

"Todo o processo metabólico dos fluidos corporais é brevemente descrito no *The Canon of Medicine* como se segue: "Após o líquido entrar no estômago, ele é absorvido e transmitido para o baço". O baço dissemina o fluido essencial e o envia aos pulmões, os

---

2. Na Medicina Tradicional Chinesa, tanto o *Jin* quanto o *Ye* referem-se aos fluidos corporais, mas eles apresentam poucas diferenças. *Jin* é o fluido fino que permeia a pele e os músculos. *Ye* é o fluido espesso que preenche as articulações, órgãos dos sentidos (tais como muco e lágrimas) e a cavidade crânio-espinhal (fluido cefalorraquidiano).

quais, por sua vez, regulam a passagem de água e enviam os fluidos em descendência, até que seja introduzido na bexiga. Assim, o fluido essencial é distribuído por todo o corpo e flui em todos os vasos dos órgãos e tecidos".

Na verdade, de acordo com a teoria da Medicina Tradicional Chinesa, em relação aos órgãos *Zang Fu*, o estômago, intestinos, baço, pulmão, rins, bexiga e fígado todos estão relacionados ao metabolismo da água. Uma vez no estômago, alimentos e líquidos são parcialmente digeridos e enviados ao intestino delgado, e então, ao intestino grosso. No intestino, o fluido essencial é absorvido e, depois, transportado pelo baço ao coração e pulmões. O resíduo dos alimentos, que geralmente contém uma pequena quantidade de água, é eliminado por meio das fezes. O fluido essencial é disseminado do coração e dos pulmões por todo o corpo para nutrir e hidratar vários órgãos e tecidos. O fluido que vem da pele pode ser eliminado por meio do suor sob o controle do *Qi* defensivo. Por meio de sua ação descendente, os pulmões regulam o canal das águas e enviam parte dos fluidos corporais em descendência para os rins. Controlado pela "válvula-canal" dos rins, os fluidos excedentes são enviados à bexiga e eliminados pela urina. As funções de regulação e promoção de fluxo livre do fígado também auxiliam os fluidos corporais a circularem normalmente.

O metabolismo dos fluidos corporais é regulado de acordo com as condições fisiológicas e mudanças do tempo. Por exemplo: com menos ingestão de fluidos, há menos urina e com mais ingestão de fluidos, há mais urina; na estação quente há mais sudorese, na fria, menos. Assim, o equilíbrio dinâmico Yin e Yang é mantido.

II. Funções dos Fluidos Corporais

Em termos genéricos, as funções dos fluidos corporais são umedecer e nutrir, mas diferentes fluidos podem apresentar funções diferentes. Como componentes básicos do sangue, os fluidos em circulação nutrem os órgãos e tecidos por todo o organismo. O fluido ralo que permeia a pele e os músculos é, principalmente, para hidratação; o fluido espesso que preenche as articulações, órgãos dos sentidos (por exemplo, músculos e lágrimas) e a cavidade crânio-espinhal (fluidos cefalorraquidiano) não somente hidrata, como também protege os órgãos e tecidos correspondentes.

III. Patologia do Metabolismo dos Fluidos

Os dois tipos principais de obstrução do metabolismo do fluido são o consumo dos fluidos corporais e a retenção de água.

O consumo dos fluidos corporais é freqüentemente causado por febre alta, sudorese profusa (ou seja, decorrente do clima quente ou mau uso de diaforéticos), vômito severo ou diarréia (ou seja, devido à contaminação dos alimentos) e poliúria (como diabetes).

No processo do metabolismo dos fluidos, o baço transporta-os até os pulmões, estes o distribuem e enviam-no em descendência pelo canal das águas, e o rim regula a excreção de urina por meio do controle da "válvula-canal". A disfunção de um desses três órgãos *Zang* pode causar retenção de água, manifestada pelo edema. Além disso, a disfunção do fígado pode ter um papel auxiliar na retenção de água.

IV. Correlação entre o *Qi* e os Fluidos Corporais

O *Qi* pertence ao Yang, ao passo que os fluidos pertencem ao Yin. Ambos originam-se da parte essencial dos alimentos e líquidos. Eles estão intimamente relacionados no processo de formação e distribuição.

1. *Qi* promove a formação dos fluidos corporais.

O *Qi* promove a energia para as atividades funcionais do estômago e baço, incluindo a absorção das substâncias essenciais dos alimentos e líquidos e a transformação das substâncias essenciais em fluidos corporais.

2. *Qi* facilita o fluxo do fluido.

O *Qi* promove a força dinâmica para a distribuição e eliminação dos fluidos corporais. Se o movimento do *Qi* estagnar, a distribuição e a eliminação dos fluidos será prejudicada ("fracasso do *Qi* para mover os fluidos"). Por outro lado, se o fluido estagnar e acumular-se em uma certa parte do corpo, isso pode interferir com o fluxo do *Qi*, resultando em estagnação do *Qi* ("retenção do fluido com estagnação do *Qi*").

3. *Qi* controla a eliminação dos fluidos.

A secreção tanto de urina quanto de suor é controlada pelo *Qi*. A deficiência do *Qi* pode conduzir à poliúria e à sudorese profusa.

4. Fluidos funcionam como carregadores do *Qi*.

O *Qi*, particularmente o defensivo, está atrelado aos fluidos corporais. Juntamente com a grande perda dos fluidos, o *Qi* pode ficar exausto (colapso decorrente da desidratação).

CAPÍTULO 3

ESTRUTURA E FUNÇÕES DO CORPO HUMANO
Manifestações dos Órgãos *Zang Fu*

Há cerca de dois mil anos, foram feitas autopsias na China. A descrição do exame *post mortem* no *The Canon of Medicine* diz "um homem desenvolvido pode ser medido pelo exterior de sua pele e do músculo, e após a morte o corpo pode ser dissecado para o exame da firmeza dos órgãos *Zang*, o tamanho dos órgãos *Fu* e o volume de alimentos contido, tamanho dos vasos, turvação da visão, conteúdo do *Qi* e verificar se os meridianos são abundantes em sangue, mas deficientes em *Qi*, deficientes de sangue mas abundantes em *Qi*, abundantes de sangue e de *Qi* ou deficiente de ambos. Todas essas mudanças podem ser estimadas aproximadamente". Muitas descrições anatômicas registradas no *The Canon of Medicine* são basicamente corretas do ponto de vista da Anatomia moderna. Por exemplo, está registrado que a razão entre o esôfago e o intestino mede 1:35, medida que está muito próxima do 1:37 da Anatomia moderna. Com base na Anatomia, a circulação sanguínea é descrita: "O coração governa o sangue que flui nos vasos", e "o sangue flui em descendência incessantemente em um circuito completo". Porém, devido à influência da Filosofia natural e da dialética dos chineses antigos, e também devido à falta da ciência e da tecnologia moderna, o desenvolvimento da MTC não foi baseado no progresso da Anatomia. Pelo contrário, a Anatomia foi negligenciada por muitas gerações após o sistema único de Medicina da China ter sido estabelecido com base no aspecto holístico. De acordo com o ponto de vista holístico, a MTC enfatizou as relações e interações externas e internas complicadas e estudou as regras das atividades fisiológicas e do processo patológico sob a perspectiva de que o corpo humano e seu ambiente são considerados como um todo orgânico. Embora o *Qi* Essencial seja considerado uma substância fundamental que constitui o corpo humano e mantém as atividades da vida, não é considerado um tipo de partícula substancial com forma definida. Sua existência é simplesmente refletida em uma série de movimentos e mudanças constantes na formação material do corpo humano e suas atividades. Porém, o conhecimento do *Qi* Essencial não conduziu aos estudos morfológicos do corpo humano, mas estimulou os estudos sobre a inter-relação e a regulação mútua dos órgãos diferentes, assim como a interação e o equilíbrio dinâmico entre o corpo humano e seu ambiente externo. A teoria das manifestações dos órgãos foi, então, estabelecida para explicar a estrutura e funções do corpo humano.

É denominada teoria das manifestações do órgão porque o conhecimento das funções dos vários órgãos não foi obtido por meio de estudos experimentais como na Fisiologia moderna. Na MTC, acredita-se que tudo o que acontece no interior do corpo deve ser manifestação do exterior. Assim, por meio da observação das manifestações externas de pessoas saudáveis, o estado funcional normal e anormal dos seres humanos pode ser reconhecido e compreendido. A teoria da manifestação dos órgãos é o resumo da observação das funções fisiológicas e mudanças patológicas de vários órgãos e tecidos, principalmente da correlação entre os órgãos e tecidos em ambos os estados, normal e anormal.

A teoria das manifestações dos órgãos também é denominada teoria *Zang Fu*. *Zang Fu* é o nome coletivo de todos os órgãos internos. Há cinco órgãos (*Zang*): coração, pulmões, baço, fígado e rins, e há seis vísceras (*Fu*): vesícula biliar, estômago, intestino delgado, intestino grosso, bexiga e triplo aquecedor. Além disso, há órgãos extraordinários: cérebro, medula, ossos, vasos e útero (também a vesícula biliar). Os órgãos *Zang* são, principalmente, órgãos sólidos, caracterizados funcionalmente pela transformação, produção e armazenamento de substâncias essenciais, mas não pela excreção, e os órgãos *Fu* são ocos, caracterizados funcionalmente pelo transporte e digestão dos alimentos e líquidos e eliminação dos metabolitos. Os órgãos extraordinários também armazenam substâncias essenciais, mas são diferentes dos órgãos *Zang* em outros aspectos. A vesícula biliar é considerada tanto uma víscera *Fu* quanto um órgão extraordinário porque armazena a bile (reconhecida como um tipo de essência refinada) e também a elimina.

Essência vital, *Qi*, fluidos e sangue, substâncias fundamentais para a construção do corpo e das atividades da vida também estão incluídos na teoria da manifestação dos órgãos. Já foram abordados no Capítulo 2.

Algumas características únicas da teoria das manifestações do órgão são as seguintes:

1. Os cinco órgãos *Zang* são considerados o núcleo da estrutura e da função do corpo humano. Cada órgão *Zang* está intimamente relacionado (relação interior-exterior[1]) ao órgão *Fu* correspondente pelos meridianos, e também estão relacionados a certos órgãos dos sentidos e tecidos. As funções dos órgãos *Zang* são coordenadas entre si por meio da promoção e restrição mútuas e estão intimamente conectadas às condições psíquicas e emocionais, assim como às condições do ambiente natural, de maneira que o equilíbrio e a estabilidade são mantidos no ambiente interno, e também entre o corpo humano e o ambiente externo.

2. Os órgãos *Zang*, embora conhecidos como a base da Anatomia, não estão restritos às entidades anatômicas. Podem ser considerados sistemas funcionais. Por exemplo, os rins armazenam a essência vital, governam o crescimento, desenvolvimento e reprodução, regulam o metabolismo da água, auxiliam os pulmões a receber ar, produzem a medula, dominam os ossos, tonificam o cérebro, têm sua saúde refletida no cabelo, as orelhas como janela, controla as funções urinária e defecatória e estão interna e externamente relacionados à bexiga. Portanto, os rins, bexiga, ossos, medula, cérebro, cabelo, ouvidos, órgãos genitais e ânus formam o sistema dos rins. Funcionalmente,

---

1. Todos os órgãos *Zang Fu* situam-se dentro do corpo humano, mas os órgãos *Fu* usualmente comunicam-se com o lado externo, enquanto os órgãos *Zang* não estabelecem essa conexão. Os órgãos *Zang* situam-se mais profundamente no interior que os órgãos *Fu*, e um *Zang* intimamente relacionado a seu *Fu*; por exemplo, os rins e a bexiga estão interior-exteriormente relacionados.

os rins, na MTC, incluem os sistemas urogenital, esquelético e endócrino e parte do Sistema Nervoso na Medicina moderna ocidental.

3. O conhecimento das funções dos órgãos *Zang Fu* não deriva somente da observação das pessoas saudáveis, mas também das doentes. Por exemplo, obstrução do estômago, intestinos, vesícula biliar e bexiga causam, geralmente, patologias sérias, e ao remover a obstrução, cura-se a patologia. Assim, conclui-se que "os órgãos *Fu* funcionam bem quando estão desobstruídos". A disfunção do estômago manifesta-se freqüentemente por meio de náusea, vômito e regurgitação ácida, e a disfunção do baço é marcada pela diarréia, com alimentos não digeridos.

Assim, "o estômago tem a função de enviar seu conteúdo em descendência" e o "baço envia a essência dos alimentos em ascendência". Portanto, a teoria das manifestações dos órgãos é uma combinação anatômica, fisiológica e patológica, sendo muito útil na prática médica.

OS CINCO ÓRGÃOS *ZANG*

O Coração

O coração é a casa da mente, o dominador da circulação sanguínea e a fonte do Sistema Vascular. "É coberto pelo pericárdio para sua proteção, sendo conhecido como o "órgão monarca" e o "dominador supremo de todos os órgãos *Zang Fu*". O coração possui sua manifestação externa na face e uma conexão direta com o intestino delgado por meio dos meridianos. Além disso, o coração tem sua janela na língua, denotando que a condição do coração está geralmente refletida na língua. Assim, o sistema do coração consiste no próprio coração, intestino delgado, vasos sanguíneos, face e língua. De acordo com a teoria dos Cinco Elementos, o coração corresponde a Fogo.

Descrição Anatômica

O coração é descrito no *The Canon of Medicine* e no *Classic of Difficulties* (primeiro ou segundo século a. C) como um órgão "situado no tórax", com "seu ápice conectando o diafragma e os pulmões, e sua batida pode ser vista ou sentida sob o mamilo esquerdo, servindo como fonte do batimento do pulso". "Dentro do coração há sete espaços ocos"[2] e "ao redor do coração há o pericárdio". "O coração parece um broto de lótus, abaixo do pulmão e acima do fígado" (*Yi Xue Ru Men* ou *The ABC of Medicine*, 1575). A partir da descrição acima, o coração na Medicina Chinesa refere-se, aparentemente, ao mesmo órgão da Medicina Ocidental.

Fisiologia e Patologia

As principais funções fisiológicas do coração são dominar o sangue e os vasos e abrigar a mente.

---

2. Os sete espaços ocos referem-se às duas cavidades ventriculares e duas cavidades auriculares, os orifícios da aorta, artéria pulmonar e veia cava.

1. Regente do sangue e dos vasos. Os batimentos do coração direcionam o sangue para a circulação contínua por meio dos vasos para nutrir todas as partes do corpo. Este conceito é similar ao da Medicina Ocidental. Para cumprir esta função fisiológica, dois fatores básicos são necessários: o sangue no coração e vasos ("sangue do coração") e a força dinâmica que direciona o sangue para circular ("*Qi* do coração"). Batimentos cardíacos normais dependem do *Qi* adequado do coração. Somente quando o *Qi* do coração for abundante o batimento cardíaco terá taxa, ritmo e força normais, mantendo-se a circulação sanguínea normal. Por outro lado, a circulação sanguínea também depende de um volume suficiente de sangue no coração (circulação sanguínea no coração e vasos). Se o *Qi* do coração for insuficiente, haverá palpitação, dispnéia e pulso debilitado. Nos casos mais severos, o fluxo sanguíneo ficará prejudicado, manifestado pela compleição escura, lábios e língua cianóticos, dor precordial e pulso rápido e irregular ou hesitante.

2. Abrigo a mente. O coração governa as atividades mentais, incluindo espírito, consciência, pensamento, expressões e comportamento. De acordo com estas funções, o "coração" na Medicina Chinesa de fato refere-se à parte do Sistema Nervoso Central, particularmente o córtex cerebral. Embora este conceito pareça ser inteiramente diferente daquele da Medicina Ocidental, um conceito similar existiu, certa vez, no mundo ocidental. Mesmo atualmente, similaridades podem ser encontradas na língua inglesa; por exemplo, *take heart* significa "seja confiante", *heart-break* significa "coração partido", *harten* significa alegria e *know by heart* significa "saber de cor".

Na Medicina Chinesa, não somente o coração, mas todos os órgãos *Zang*, dividem os encargos das atividades mentais tanto quanto as emoções. Este é um dos aspectos holísticos da Medicina Chinesa, ou seja, todas as atividades mentais são reflexos das funções fisiológicas dos órgãos *Zang Fu*. As atividades mentais e as emoções relacionadas a cada órgão *Zang* estão descritas na Tabela 3-1.

Tabela 3-1 – Atribuições das atividades mentais e emoções dos órgãos *Zang*

Órgão *Zang*	Atividades Mentais	Emoções
Coração	*Shen* (clareza mental, consciência)	Alegria
Fígado	*Hun* (alma, coragem)	Raiva
Pulmão	*Po* (vigor mental, vivência)	Tristeza e dor
Baço	*Yi* (idéia, pensamento com propósito)	Preocupação
Rim	*Zhi* (vontade e lembrança)	Medo e pavor

Entre todos os órgãos *Zang Fu*, o coração é o "dominador supremo". O *Nei Jing* (*Classified Canon of Medicine*, 1624) afirma: "Como o coração é o dominador de todos os órgãos *Zang Fu*, as atividades mentais incluem *Hun* (alma e coragem), *po* (vigor mental e vivacidade), *yi* (idéia e pensamento com propósito) e *zhi* (vontade e lembrança), que, embora pertencente a outros órgãos, são todos controlados pelo coração.

Para tristeza no coração, o pulmão responde; para preocupação no coração, o baço responde; para raiva no coração, o fígado responde; para medo no coração, o rim responde. "Isto explica a relação do coração com os outros órgãos *Zang* em termos de aspectos mental e emocional. Portanto, pode-se concluir que o coração tem o papel mais importante da atividade nervosa.

Por que essas importantes atividades nervosas atribuídas ao coração não podem ser explicadas pela semântica? Ao contrário, a semântica somente reflete o conhecimento médico neste caso. Dentre todas as funções físicas, a circulação sanguínea é a mais importante. Uma vez que a circulação sanguínea é interrompida, todas as outras funções também são interrompidas. Dentre todas as atividades mentais, *Shen* é a mais importante. *Shen* significa a manifestação abrangente das atividades da vida, especialmente a clareza mental, consciência e pensamento. Há uma relação íntima entre a circulação sanguínea e o *Shen*. "Sangue fornece energia para as atividades mentais". "Somente quando a circulação sanguínea for normal o *Shen* estará em ordem". Portanto, como "dominador supremo", o coração não somente regula todas as atividades físicas dos outros órgãos *Zang*, mas também todas as atividades mentais relacionadas aos órgãos *Zang*.

As funções do coração e suas significâncias fisiológica e patológica estão resumidas na Tabela 3-2.

3. Relações com os órgãos dos sentidos e os tecidos

(1) O coração e os vasos

Como foi mencionado acima, o coração domina os vasos. O Sistema Vascular está diretamente conectado ao coração, e o sangue que circula dentro dos vasos é direcionado pelo *Qi* do coração.

(2) O coração e a face (compleição)

A coloração e o brilho da face dependem principalmente da circulação sanguínea. Uma compleição normal reflete uma condição normal do coração. A face fica pálida se o *Qi* do coração ou a circulação sanguínea for insuficiente, e torna-se cianótica se a circulação sanguínea estagnar. Se houver Fogo no coração haverá rubor.

(3) O coração e a língua

"A língua é a janela do coração". A cor normal da língua depende de uma circulação sanguínea normal. Além disso, a língua é um órgão móvel na boca, usado para falar e provar.

Tabela 3-2 – Funções do coração

	Significância Fisiológica	Significância Patológica
Regente do sangue e os vasos	Fazer o sangue circular nos vasos para transportar nutrientes	Deficiência do *Qi* do coração: palidez, pulso debilitado, estagnação do *Qi* do coração e do sangue: compleição escura, lábios e língua cianóticos, dor precordial e arritmia
Casa da mente	Manter as atividades mentais normais	Consciência prejudicada, pensamento caótico e reações lentas

A inspeção da língua fornece informação sobre as condições do coração. Quando o coração funciona normalmente, a língua apresenta uma cor vermelha normal, lustrosa, moderadamente úmida, flexível, ágil, sensível ao sabor e fluente na fala. As desarmonias do coração são freqüentemente refletidas na língua. Quando o *Qi* do coração ou sangue é insuficiente, a língua torna-se pálida. O Fogo excessivo no coração resulta na vermelhidão na ponta da língua acompanhada de ulceração. A estase de sangue do coração é manifestada na cor púrpura da língua ou pontos púrpura sobre a língua. A disfunção mental pode ser acompanhada de rigidez da língua ou afasia.

As relações do coração com os órgãos dos sentidos e os tecidos e suas significâncias fisiológica e patológica estão resumidas na Tabela 3-3.

4. As relações com as emoções

O coração está particularmente vinculado à alegria. De forma genérica. A alegria é uma resposta emocional aos estímulos benéficos, vantajosos para as atividades fisiológicas do coração. Porém, a alegria excessiva pode ser prejudicial. Por outro lado, as desarmonias do coração como a casa da mente podem ser manifestadas pelo riso incessante. Além disso, como "dominador supremo de todos os órgãos *Zang Fu*", qualquer tipo de distúrbio emocional não só pode prejudicar o órgão *Zang Fu* correspondente como também dificultar as atividades mentais normais controladas pelo coração.

5. As relações com os fluidos

Ambos, sudorese e a parte líquida do sangue originam-se dos fluidos assimilados dos alimentos e líquidos. Então, diz-se que a sudorese e o sangue têm a mesma fonte. Uma vez que o sangue é dominado pelo coração e a sudorese surge da parte líquida do sangue, também se diz que "a sudorese é o fluido do coração". A relação íntima entre a sudorese e o sangue existe não somente nas condições fisiológicas, mas também nas mudanças patológicas. A sudorese excessiva pode causar a perda dos fluidos e a retenção do volume de sangue prejudicando o *Qi* do coração e o sangue, manifestado por meio de palpitação ou mesmo colapsos. Por outro lado, a deficiência do *Qi* do coração freqüentemente leva à sudorese espontânea (sudorese diurna, sem conexão com o esforço físico, ambiente quente ou roupas grossas), e a deficiência de Yin é manifestada pela sudorese noturna (sudorese durante o sono).

[Apêndice] O Pericárdio

O pericárdio é um saco membranoso que circunda o coração. Sua função consiste em protegê-lo. Na teoria das manifestações *Zang Fu*, o pericárdio não é um órgão *Zang*, mas simplesmente um órgão conectado ao coração. Acredita-se que o coração, sendo o local onde as atividades ocorrem e servindo como um dominador supremo de todos os órgãos *Zang Fu*, quase não pode ser invadido por patógenos exógenos. Se o coração for invadido, as atividades mentais cessarão e a vida se interromperá imediatamente. Porém, acredita-se que, nas patologias febris com disfunção mental, tais como delírio ou perda da consciência, o pericárdio é atacado pelo calor patógeno ("invasão do pericárdio pelo calor").

Tabela 3-3 – Relações do coração com os órgãos dos sentidos e os tecidos

	Significância Fisiológica	Significância Patológica
Vasos sanguíneos (dominados pelo coração)	O coração está diretamente relacionado aos vasos sanguíneos.	Patologia da circulação sanguínea.
Face (refletindo o brilho do coração)	Compleição lustrosa reflete funções normais do coração tanto no domínio do sangue quanto na casa da mente.	Compleição pálida e sem brilho decorrente da deficiência de *Qi* do coração e do sangue, cianose decorrente da estase de sangue.
Língua (como a janela do coração)	Uma vermelhidão normal, língua úmida com movimentos livres, gosto normal e fala fluente indicam abundância do *Qi* e do sangue do coração.	A cor anormal da língua na disfunção circulatória, movimentos anormais da língua decorrentes das alterações mentais (ou neurológicas).

Os Pulmões

Os pulmões, na Medicina Tradicional Chinesa, têm uma conotação mais ampla do que na Medicina Ocidental. Incluem um sistema respiratório completo e mesmo outras funções além desta. Eles dominam o *Qi*, administram a respiração, comandam a integridade da superfície corporal e regulam o canal das águas. Os pulmões estão intimamente relacionados à superfície do corpo e apresentam sua abertura corporal específica no nariz, e conexão direta com o intestino grosso por meio dos meridianos. Assim, o sistema do pulmão consiste nos próprios pulmões, intestino grosso, pele, pêlos corporais (parte superficial do corpo) e nariz. De acordo com a teoria dos Cinco Elementos, os pulmões correspondem a Metal.

Descrição Anatômica

Dentre os órgãos *Zang Fu*, "somente os pulmões e o coração estão situados acima do diafragma" (*The Canon of Difficulties: the 32nd problem*), "formando uma tampa no topo dos outros órgãos *Zang Fu*". (*The Canon of Medicine*) "Os pulmões são órgãos com aparência de favo de mel, mas suas células não possuem abertura por baixo. Tornam-se cheios durante a inspiração e encolhem durante a expiração." (*Yi Zong Bi Du* ou *Essentials of Medicine*, 1637) Aparentemente, os pulmões, na Medicina Chinesa, são os mesmos órgãos da Medicina Ocidental.

Fisiologia e Patologia

As principais funções dos pulmões são o domínio do *Qi* (respiração) e regulação da passagem de água.

1. Domínio do *Qi*

Os pulmões dominam o *Qi* em dois aspectos. Um aspecto consiste no fato de que os pulmões são encarregados da respiração – inspirar o *Qi* fresco (ar contendo oxigênio) e expirar o *Qi* viciado (ar contendo dióxido de carbono). É nos pulmões que a troca de ar ocorre. Portanto, os movimentos do *Qi* nos pulmões incluem a ascendência, descendência, entrada e saída. Por meio desses movimentos do *Qi* em diferentes direções, os pulmões regulam o movimento do *Qi* em geral. No processo de respiração, a passagem de ar deve ser mantida aberta e desobstruída. Se algum fator patogênico impedir o fluxo de ar durante a respiração, haverá tosse e dispnéia devido à "inversão ascendente do *Qi* do pulmão". Deve-se observar que os pulmões precisam do auxílio dos rins na respiração. Algumas alterações respiratórias crônicas, tais como tosse e dispnéia no enfisema e asma crônica são freqüentemente atribuídas à função prejudicada de ambos, pulmões e rins.

O outro aspecto consiste no papel dos pulmões na formação do *Qi*, especialmente o *Qi* peitoral, que é formado pela combinação do *Qi* essencial dos alimentos com o ar fresco (oxigênio) inalado pelos pulmões. O *Qi* formado nos pulmões é coletado no tórax. Isso proporciona energia para a respiração e a voz por um lado e auxilia o *Qi* do coração para promover a circulação sanguínea por outro. Com o funcionamento normal dos pulmões dominando o *Qi*, o *Qi* abundante pode prover todos os órgãos *Zang Fu*. A patologia desta função resulta na formação insuficiente do *Qi* peitoral e movimentos desordenados do *Qi* em geral, manifestadas pela dispnéia, voz fraca, lassidão e ausência de energia.

2. Regulando o canal das águas

Este é um dos pontos únicos na Medicina Chinesa. Os pulmões são tidos como parte da regulação do metabolismo da água. Eles dispersam os fluidos para a superfície do corpo, os poros, por meio da sudorese. Também enviam fluidos constantemente em descendência para os rins que os elimina pela urina. Esta última função é conhecida como "regulação do canal das águas". Se esta função for prejudicada, os fluidos serão retidos, transformando-se em muco nos pulmões ou acúmulo nos tecidos, resultando em edema, especialmente na parte superior do corpo.

A função dos pulmões na regulação das águas é uma conclusão tirada a partir de observações clínicas. O edema manifestado na parte superior do corpo (por ex., nefrite aguda) é freqüentemente associado a sintomas respiratórios e podem ser aliviados com fitoterápicos comumente utilizados para tratamento de patologias respiratórias (tais como *Herba Ephedrae*).

As funções dos pulmões e suas significâncias fisiológica e patológica estão resumidas na Tabela 3-4.

3. As relações com os órgãos dos sentidos e tecidos

(1) Os pulmões e a superfície do corpo

A superfície do corpo inclui a pele, pêlos corporais e poros. Eles protegem o corpo contra as invasões exógenas. O *Qi* defensivo é decorrente do *Qi* peitoral e disseminado na superfície do corpo pelos pulmões. O *Qi* do pulmão saudável fortalece o *Qi* defensivo, aumentando a resistência do corpo contra o ataque dos patógenos exógenos. O *Qi* defensivo também controla a abertura e o fechamento dos poros. Se o *Qi* dos pulmões for insuficiente, a resistência do corpo se debilita, acompanhada de sudorese excessiva e vulnerabilidade ao frio.

Tabela 3-4. Funções dos pulmões

	Significância Fisiológica	Significância Patológica
Domínio do *Qi*	Respiração normal e formação do *Qi* peitoral.	Respiração prejudicada: tosse e dispnéia, insuficiência do *Qi* peitoral: dispnéia e voz debilitada.
Regulação do canal das águas	Um dos pontos- chave do metabolismo da água.	Edema, quando os pulmões falham para regular o canal das águas.

(2) Os pulmões e o nariz

"O nariz é abertura específica (ou janela) dos pulmões. Pelo nariz passa a respiração. A sensação de olfato também é uma das funções dos pulmões. Se a função dos pulmões vai bem, a respiração passa suavemente pelo nariz e o sentido do olfato torna-se apurado. Obstrução nasal, espirro, coriza ou secura do nariz e sensação de olfato prejudicada indicam que os pulmões estão doentes".

(3) Os pulmões e a laringe

A laringe não é somente a passagem para a respiração, mas também o órgão da voz. Se os pulmões estão sadios, a voz está normal. A voz debilitada, rouquidão e afonia indicam disfunção nos pulmões.

As relações dos pulmões com outros órgãos e tecidos e suas significâncias fisiológica e patológica estão sintetizadas na Tabela 3-5.

Tabela 3-5. As relações dos pulmões com os órgãos dos sentidos e os tecidos

	Significância Fisiológica	Significância Patológica
Pele e cabelo (regidos pelos pulmões)	*Qi* defensivo superficial decorrente do *Qi* peitoral nos pulmões protege o corpo contra as invasões exógenas	*Qi* dos pulmões debilitado abaixa a resistência do corpo causando sudorese espontânea e vulnerabilidade ao frio
Laringe (governada pelo *Qi* dos pulmões)	Com o pulmão sadio a voz é normal	Deficiência do *Qi* do pulmão: voz debilitada ou afonia, obstrução do *Qi* do pulmão: rouquidão
Nariz (como a janela dos pulmões).	Respiração e função normal do olfato ocorrem quando o pulmão está sadio	Distúrbio da função dos pulmões: obstrução nasal e coriza prejudicam o olfato.

4. As relações com as emoções

Acredita-se que a tristeza consome o *Qi*. Uma vez que os pulmões dominam o *Qi*, eles são particularmente vulneráveis à tristeza. Além disso, o indivíduo com patologia crônica dos pulmões (por exemplo, tuberculose) sente freqüentemente tristeza e pessimismo.

5. As relações com os fluidos

Dentre os fluidos, o muco nasal secretado para hidratar as narinas é especificamente relacionado aos pulmões. Nas invasões Vento-Frio dos pulmões há secreção excessiva do muco nasal fino, e nas invasões Vento-Calor dos pulmões há eliminação do muco nasal purulento.

O Baço

O baço e o estômago digerem os alimentos e assimilam e distribuem os nutrientes para as atividades da vida. Portanto, acredita-se que o "baço e o estômago proporcionam o material básico da estrutura adquirida", servindo como "fonte dos nutrientes para a produção do *Qi* e do sangue". O baço está intimamente relacionado ao estômago, nutre os músculos e apresenta sua própria manifestação nos lábios e sua janela na boca. Assim, o sistema do baço consiste no próprio baço, estômago, músculos, lábios e boca. De acordo com a teoria dos Cinco Elementos, o baço corresponde a Terra.

Descrição Anatômica

Os registros sobre a localização e morfologia do baço na literatura sobre Medicina Chinesa pode ser sintetizados da seguinte forma: "sob o diafragma há o estômago, que recebe os alimentos e os digere. À esquerda do estômago está o baço, que é cercado pela mesma membrana do estômago". (*Yi Guan* ou *Key Link of Medicine*, 1687) "O baço tem uma forma plana e retangular com um anexo de gordura". (*Canon of Difficulties: the 42ⁿᵈ Problem*) "Isto se parece a um casco de cavalo ou uma foice". (*Yi Xue Ru Men* ou *The ABC of Medicine*, 1575) De acordo com estas descrições, o baço na Medicina Chinesa refere-se ao que na Medicina Ocidental seria o baço juntamente com o pâncreas. Sua fisiologia e patologia, porém, não podem ser cobertas com o baço e o pâncreas no sentido ocidental.

Fisiologia e Patologia

As principais funções fisiológicas do baço são: (1) domínio da transformação e do transporte, (2) tonificação do *Qi* e geração de sangue, (3) controle do fluxo sanguíneo (manter o fluxo sanguíneo dentro dos vasos sanguíneos) e (4) envio da essência em ascendência.

1. Domínio da transformação e do transporte

O baço interpreta o papel principal no processo de digestão e assimilação. O estômago digere parcialmente os alimentos ingeridos e envia seu conteúdo ao intestino. O baço, a seguir, digere os alimentos e transforma-os em essência dos alimentos (nutrientes), absorve-os e transporta para coração e pulmão para nutrir o corpo inteiro. As atividades de todos os órgãos e tecidos precisam da essência dos alimentos proporcionados pelo baço. A geração do *Qi* e do sangue também depende do fornecimento de essência dos alimentos pelo baço. Uma vez que o baço apresenta tal função vital, é considerado a ponte das substâncias essenciais para o crescimento e desenvolvimento, formando a base para a estrutura adquirida do indivíduo.

Se a função do baço de transformar e transportar for prejudicada, haverá anorexia, distensão abdominal, aumento da freqüência intestinal e mesmo lassidão, emagrecimento ou outras manifestações de deficiência do *Qi* e do sangue.

As funções de transporte e transformação do baço também incluem a absorção e distribuição do fluido. No processo de metabolismo da água, o baço assimila o fluido e transporta-o por todo o corpo. O baço não somente providencia o fluido para os órgãos e tecidos, como também remove o fluido excedente deles.

Se a função do baço estiver em desordem, haverá acúmulo de água/umidade no corpo manifestada pela expectoração profusa ou edema. Isto é freqüentemente descrito como "a produção da umidade devido à função insuficiente do baço", "o baço como a fonte da formação do muco" ou "edema devido à insuficiência do baço".

2. Tonificação do *Qi* e geração do Sangue

O *Qi* verdadeiro é a força dinâmica de todos os tipos de atividades da vida. É composto pelo *Qi* inato originado do estoque de essência nos rins e *Qi* adquirido decorre da essência dos alimentos assimilados pelo baço e ar fresco (oxigênio) inalado pelos pulmões. Porém, um baço sadio proporciona material para a produção do *Qi*, ao passo que um baço debilitado conduz freqüentemente à deficiência do *Qi*. Se o *Qi* verdadeiro é abundante, o funcionamento normal dos órgãos *Zang Fu* está garantido; se for insuficiente, várias funções dos órgãos poderão ser prejudicadas. Clinicamente, se um paciente com deficiência do *Qi* apresentar manifestações de insuficiência na função do baço, o fracasso deste para tonificar o *Qi* é usualmente considerado causa, e a combinação do uso de tonificação do *Qi* e do baço será o tratamento. Uma vez que o baço apresenta a função do tonificação do *Qi*, mesmo na deficiência do *Qi* dos outros órgãos, por exemplo, deficiência dos pulmões, a terapia para revigorar o baço também será útil.

A essência dos alimentos assimilada pelo baço também proporciona a base material para a geração do sangue. Na MTC, o baço é tido como um órgão importante para a hematopoese. A tonificação do baço também é uma medida efetiva no tratamento da anemia.

3. Controle do fluxo sanguíneo (manter a circulação do sangue dentro dos vasos sanguíneos)

No processo de circulação sanguínea, o coração, o fígado e o baço são as principais conexões. O *Qi* do coração serve como a força dinâmica da circulação sanguínea, o fígado regula o volume de circulação do sangue e torna o fluxo sanguíneo livre, e o *Qi* do baço apresenta a função de manter o fluxo sanguíneo dentro dos vasos sanguíneos. Se o baço falhar para impedir a circulação sanguínea de extravasar, ocorre hemorragia crônica, freqüentemente como hemorragia subcutânea, enterorragia ou hemorragia uterina.

4. O envio da essência em ascendência: o *Qi* do baço é caracterizado por sua ação ascendente. Ele envia a essência dos alimentos para os pulmões e coração. Esta é a parte da função do baço no transporte e na transformação. Além disso, o *Qi* do baço também se apresenta como suporte das vísceras, para mantê-las no lugar certo. Se o *Qi* do baço estiver debilitado, o deslocamento em descendência das vísceras poderá ocorrer, como gastroptose, prolapso do útero ou prolapso do reto.

A função do baço e suas significâncias fisiológica e patológica estão sintetizadas na Tabela 3-6.

Relação com os Órgãos dos Sentidos e Tecidos

(1) O baço e os músculos

Na Medicina Chinesa, os músculos consistem em duas partes: músculos e tendão. Os músculos são elementos somáticos que dão ao corpo seu formato característico e força física. Uma vez que parte destes músculos precisa particularmente de suprimentos de nutrientes, eles apresentam uma relação especial com o baço. O tendão é responsável pelos movimentos do corpo e membros, e é controlado pelo fígado. Entretanto, debilidade, emagrecimento, fraqueza e mesmo atrofia muscular são atribuídos geralmente ao fracasso do baço em transportar e transformar a essência dos alimentos, ao passo que os movimentos musculares anormais, tais como tremores, contrações ou convulsão são geralmente atribuídos à disfunção do fígado.

Tabela 3-6 – Funções do baço

	Significância Fisiológica	Significância Patológica
Domínio da transformação e do transporte	Digestão normal, absorção e distribuição de nutrientes. Uma das maiores conexões do metabolismo da água. Tonificação do Qi e do sangue	Alterações na digestão e assimilação: anorexia, distensão abdominal, aumento da freqüência intestinal, compleição pálida e emagrecimento. Alterações no metabolismo da água: retenção do muco, edema, diarréia. Deficiência do Qi e do sangue, geração do sangue
Controle do fluxo sanguíneo	Manutenção do fluxo sanguíneo dentro dos vasos	Fracasso do baço para controlar o sangue: hemorragia crônica
Envio da essência em ascendência	Transporte da essência dos alimentos para os pulmões e coração	Ausência de produção do Qi e do sangue: deficiência do Qi e do sangue. Submersão do Qi do baço: queda das vísceras, diarréia prolongada

(2) O baço e os lábios

A coloração e o brilho dos lábios refletem a condição do Qi e do sangue. Uma vez que o Qi e o sangue são derivados da essência dos alimentos absorvidos pelo baço, lábios vermelhos, úmidos e lustrosos demonstram um funcionamento normal do baço, e lábios pálidos indicam freqüentemente uma função prejudicada desse órgão. Isso é expresso como "o baço tem seu brilho refletido nos lábios".

(3) O baço e a boca

"A boca é a janela do baço". Aqui, por "boca" entende-se o sentido do paladar. Paladar normal com bom apetite refletem um baço sadio. "O Qi do baço vai para a boca". Quando as funções do baço estão em harmonia, gostos diferente dos alimentos podem ser claramente sentidos". Quando o baço está debilitado, todos os alimentos tornam-se insípidos e perde-se o apetite.

As relações do baço com os órgãos dos sentidos e com os tecidos e suas significâncias fisiológica e patológica estão sintetizadas na Tabela 3-7.

4. As relações com as emoções

Todas as emoções podem influenciar as funções do baço, mas a preocupação é considerada a mais proeminente delas. Preocupação e ansiedade geralmente prejudicam o fluxo do Qi do baço, prejudicando o apetite.

5. As relações com os fluidos

Dentre os fluidos, a saliva fina que é eliminada pela boca é tida como o fluido do baço. Isso hidrata a boca e protege a mucosa. Sua secreção aumenta durante a ingestão de alimentos para auxiliar a digestão e facilitar e deglutição. Geralmente, a saliva não sai da boca, mas isso ocorre quando há desarmonia entre o baço e o estômago.

Tabela 3-7 – As relações do baço com os órgãos dos sentidos e os tecidos

	Significância Fisiológica	Significância Patológica
Músculos (dominados pelo baço)	Músculos bem desenvolvidos com boa força indicam *Qi* do baço saudável	Músculos debilitados e flácidos, emagrecimento, lassidão, ausência de recuperação na insuficiência do baço
Lábios (refletem o brilho do baço)	Lábios vermelhos, úmidos e lustrosos refletem um baço sadio	Lábios pálidos na debilidade do baço
Boca (como a janela do baço)	Paladar normal com apetite normal indica *Qi* abundante no baço	Anorexia e falta de paladar na debilidade do baço

O Fígado

O fígado é a casa da alma e o local onde o sangue é armazenado. Sua função principal consiste em regular e manter livre o fluxo do *Qi* e do sangue. Esta função também envolve a secreção da bile tanto quanto a digestão dos alimentos e a absorção dos nutrientes pelo baço e estômago. O fígado está diretamente conectado à vesícula biliar, controla os tendões para os movimentos do corpo e apresenta sua manifestação externa nas unhas e sua janela nos olhos. Assim, o sistema do fígado consiste no próprio fígado, vesícula biliar, tendões, unhas e olhos. De acordo com a teoria dos Cinco Elementos, o fígado corresponde a Madeira.

Descrição anatômica

"O fígado enquanto um órgão *Zang* está situado na parte superior direita do abdome, na frente do rim direito". (*Shisi Jing Fahui* ou *Exposition of the Fourteen Meridians*, 1341) "O fígado pode, geralmente, ser dividido em lobos direito e esquerdo, posteriormente divididos em lóbulos". (*Nan Jing Zhu* ou *Collection of Annotations on the Classic of Difficulties*) "O fígado está sob o diafragma" e "a vesícula biliar está conectada ao fígado". (*Yi Guan* ou *Key Link of Medicine*, 1687). De acordo com as descrições anatômicas, o fígado na Medicina Chinesa refere-se ao órgão de mesmo nome na Medicina Ocidental.

Fisiologia e patologia

As funções fisiológicas principais do fígado consistem em armazenar o sangue e regular e promover o fluxo livre do *Qi*.

1. Armazenamento do sangue

O fígado estoca o sangue e regulariza seu volume de circulação. "o sangue retorna ao fígado quando o indivíduo está deitado e circula nos vasos quando ele está em movimento". "Com o abastecimento de sangue, o indivíduo é capaz de ver, andar, segurar as coisas com as mãos e pegar as coisas com os dedos". Isso ajusta-se, aproximadamente, ao conceito moderno ocidental. Porém, a função de armazenamento de sangue do fígado vai além da regularização do volume de circulação do sangue.

A dificuldade do fígado em estocar o sangue pode originar dois tipos de desarmonias: uma delas é o armazenamento inadequado de sangue no fígado e o outro é a eliminação de sangue dos vasos. "Quando o sangue armazenado no fígado for inadequado (deficiência do sangue do fígado), sangue suficiente não pode ser fornecido para as necessidades dos órgãos e tecidos". Se os olhos estiverem envolvidos, haverá visão borrada ou cegueira noturna; se os tendões dos membros estiverem envolvidos, haverá contração muscular, parestesia dos membros ou movimentos anormais, tais como tremores, contrações e até mesmo convulsão. Se a deficiência do sangue do fígado ocorrer na mulher em idade fértil, haverá oligomenorréia ou mesmo amenorréia.

A eliminação do sangue dos vasos devido ao distúrbio do fígado no armazenamento de sangue é chamada de "fracasso do fígado para armazenar sangue". Poderá ocorrer hematêmese, epistaxe ou menorragia. Em casos típicos, a hemorragia ocorre após um acesso de raiva.

2. Regularização e promoção do fluxo livre do *Qi*

O *Qi* proporciona energia para várias atividades funcionais. Primeiro, o fluxo suave do *Qi* é pré-requisito para a manutenção de uma circulação sanguínea normal. Então, esta função do fígado pode, também, ser chamada de regularização e promoção do fluxo livre do *Qi* e do sangue. Esta função tem um papel importante nos seguintes casos:

(1) Regularidade das atividades psíquicas e emocionais

Embora as atividades psíquicas e emocionais sejam dominadas pelo coração, também estão intimamente relacionadas ao fígado. O *The Canon of Medicine* afirma: "O fígado está no comando do planejamento e do relacionamento". Com a função normal do fígado na regularização e promoção do fluxo livre do *Qi*, o *Qi* do fígado não é nem excessivo nem reduzido. Sob tais condições, o indivíduo terá tranqüilidade mental, clareza de raciocínio e rapidez de pensamento. A disfunção do fígado com a estagnação do fluxo do *Qi* resulta, freqüentemente, em depressão, ao passo que a função exacerbada do fígado conduz, geralmente, a irritabilidade e irascibilidade e, em alguns casos, até mesmo a mania.

(2) Promoção da digestão e da assimilação

O fígado proporciona as funções de digestão e absorção do estômago e do baço por meio da regularização do movimento de *Qi* e da secreção da bile. Ao coordenar as funções descendentes do estômago e ascendentes do baço, garante a digestão e a absorção normais. A disfunção do fígado pode tanto prejudicar a função descendente do estômago, resultando em náusea, vômito, eructação, anorexia, distensão epigástrica e constipação ("desarmonia do fígado e do estômago"), quanto obstrução da função ascendente do baço, manifestada pela distensão e aumento da freqüência intestinal ("desarmonia do fígado e do baço").

A bile é produzida pelo fígado e armazenada na vesícula biliar. "Após a refeição, os alimentos enchem o intestino delgado e estimulam a vesícula biliar, de modo que a bile é eliminada dentro do intestino para facilitar a digestão e o transporte do conteúdo intestinal". (*Yi Yuan* ou *Key Link of Medicine*, 1687).

Tabela 3-8 – Funções do fígado

	Significância Fisiológica	Significância Patológica
Armazenamento de sangue	1. Para regular o volume da circulação sanguínea 2. Para prevenir a hemorragia	Deficiência do sangue do fígado: insuficiência de abastecimento de sangue para os tendões e olhos. Fracasso do fígado no armazenamento de sangue: hematêmese, hemorragia uterina excessiva
Suavidade e regularidade do fluxo do *Qi*	1. Para regular as atividades psíquicas e emocionais: acalmar a mente quando o fígado funciona normalmente. 2. Para promover a digestão e a absorção por meio da secreção da bile e da regularização do *Qi* do estômago e do baço. 3. Para manter o fluxo normal do *Qi* e do sangue. 4. Para auxiliar o metabolismo normal da água. 5. Para regular o fluxo e o Vaso da Concepção: menstruação, gravidez e parto normais	Mudanças psíquicas e emocionais irritabilidade, irascibilidade ou depressão. Desarmonia entre o fígado e o estômago (ou baço): digestão e absorção prejudicadas. Fluxo obstruído do *Qi* e do sangue: estagnação do *Qi* e estase de sangue. Disfunção do metabolismo da água: acúmulo de muco e edema. Distúrbio do fluxo e do Vaso da Concepção: várias alterações ginecológicas e obstétricas

(3) A manutenção do movimento normal do *Qi* e do sangue

O fígado é diretamente responsável pelo movimento normal do *Qi*. "*Qi* em movimento mantém a circulação sanguínea". O *Qi* do coração promove a circulação sanguínea, o *Qi* dos pulmões auxilia o coração na circulação sanguínea e o *Qi* do baço controla o fluxo dentro dos vasos sanguíneos: todas estas funções requerem uma condição de regularização e promoção do fluxo livre do *Qi* pelo fígado. Se a função do fígado de manutenção do movimento normal do *Qi* estiver em disfunção, a estagnação do *Qi* ocorrerá, manifestada por distensão e dor no tórax, mamas ou baixo ventre. A estagnação do *Qi* pode, além disso, conduzir à estase do sangue manifestada por dores em pontadas, formação de massas e várias alterações de sangue.

(4) Auxílio no metabolismo da água

O metabolismo da água é feito por meio dos pulmões, baço e rins, mas o fígado também tem um papel auxiliar por meio da regularização do *Qi* do Triplo Aquecedor[3] e facilita o fluxo suave da água.

---

3. "O Triplo Aquecedor pode ser comparado às comunicações das águas, controlando a circulação dos fluidos do corpo". Uma vez que os pulmões estão situados no Aquecedor Superior, o baço no Aquecedor Médio e os rins no Aquecedor Inferior, esta função do Triplo Aquecedor de fato refere-se às funções abrangentes dos pulmões, baço e rins no metabolismo da água.

(5) Regularização do Vaso Governador e do Vaso da Concepção

O Vaso Governador e o Vaso da Concepção têm um papel especial na fisiologia feminina. Ambos comunicam-se com o meridiano do fígado e suas funções são reguladas por este órgão. Quando as funções do fígado estão em ordem, menstruação, gravidez e o parto serão normais. A disfunção nas funções de suavizar e regular o *Qi* podem causar alterações menstruais, leucorréia anormal, alterações durante a gravidez e infertilidade.

As funções do fígado e suas significâncias fisiológica e patológica estão sintetizadas na Tabela 3-8.

3. As relações com os órgãos dos sentidos e dos tecidos

(1) O fígado e os tendões

Os tendões são cordas fibrosas por meio dos quais os músculos são ligados aos ossos e outras estruturas. Uma vez que o movimento é induzido pela contração e relaxamento musculares obtidos por meio dos tendões, acredita-se, na MTC, que os tendões estão no comando do movimento, enquanto que os músculos fornecem a força. Quando o sangue do fígado é abundante, sangue suficiente é fornecido pelos tendões, de modo maneira que o corpo e os membros podem se mover livre e rapidamente. O declínio do sangue do fígado nos idosos causa dificuldade e lentidão no movimento. Nas condições patológicas, a insuficiência do sangue do fígado prejudica o suprimento de sangue nos tendões. Isto pode conduzir a tremores, parestesia e contração das extremidades, ou mesmo contração e convulsão.

(2) O fígado e as unhas

"O brilho do fígado é refletido nas unhas". Na MTC, as unhas são tidas como "o fechamento tardio da fontanela dos tendões", que também necessitam dos nutrientes do sangue do fígado. Uma vez que a condição do fígado determina o brilho das unhas, unhas lustrosas significam fígado sadio. Se o sangue do fígado for insuficiente, as unhas ficarão finas, moles, fracas ou mesmo deformadas e lascadas.

(3) O fígado e os olhos

Embora o olho esteja relacionado a todos os órgãos *Zang Fu*, há uma relação especial entre o fígado e os olhos porque o meridiano do fígado se liga aos conectores[4] do fígado e dos olhos e a visão depende da função suavizadora e regularizadora do fígado e da nutrição do sangue do fígado. Acredita-se que os olhos sejam a janela do fígado. Quando este órgão está normal, a visão é aguda e os olhos são brilhantes. As desarmonias do fígado apresentam, freqüentemente, manifestações nos olhos, por exemplo, secura, visão borrada ou cegueira noturna quando o sangue do fígado está insuficiente, conjuntivite quando o Vento-Calor ataca o meridiano do fígado, inflamação nos olhos ou ceratite quando o Fogo do fígado ascende, desvio nos olhos quando o Vento no fígado se movimenta e descoloração amarelada da esclera quando a Umidade-Calor se acumula no fígado e na vesícula biliar.

As relações do fígado com os órgãos dos sentidos e os tecidos e suas significâncias fisiológica e patológica estão sintetizadas na Tabela 3-9.

---

4. O "conector dos olhos" consiste nos vasos sanguíneos oftálmicos e no nervo ótico.

Tabela 3-9 – As relações do fígado com os órgãos dos sentidos e os tecidos

	Significância Fisiológica	Significância Patológica
Tendões (dominados pelo fígado)	Movimentos livres e normais do corpo e membros indicam sangue abundante do fígado	Distúrbios motores decorrentes da deficiência do Yin-sangue do fígado (tremores, mioclonias, contrações ou mesmo convulsão)
Unhas (refletem o brilho do fígado)	Unhas macias e lustrosas refletem um fígado sadio	Unhas finas, moles, fracas, deformadas ou lascadas decorrem da deficiência do sangue do fígado
Olhos (como janelas do fígado)	Visão aguda indica sangue abundante do fígado	Secura dos olhos com visão borrada devido à deficiência do Yin-sangue do fígado, inflamação do olho quando o Fogo do fígado se atiça, desvio dos olhos quando o Vento do fígado se movimenta

4. As relações com as emoções

O fígado, particularmente, está relacionado com a raiva. A raiva é um sentimento forte que surge quando alguém é insultado ou percebe alguma injustiça. Este sentimento, freqüentemente, faz as pessoas quererem brigar ou discutir, e isso perturba o movimento normal do *Qi*, causando sua inversão ascendente e também a do sangue. Um ataque de fúria pode prejudicar o fígado, e o aumento excessivo do *Qi* do fígado pode, algumas vezes, resultar na hematêmese ou mesmo na perda repentina da consciência. Além disso, alguém com deficiência do Yin do fígado ou sangue é irritável ou irascível. "Isto dificulta o tratamento daquele que se enfurece facilmente. O único caminho é suavizar o fígado". (*Za Bing Yuan Liu Xi Zhu* ou *Analysis of the Sources of Miscellaneous Diseases*, 1773)

5. As relações com os fluidos

Entre os fluidos corporais, as lágrimas são as mais intimamente relacionadas com o fígado, como "os olhos são as janelas do fígado". A secura dos olhos originada na deficiência do sangue do fígado é, de fato, decorrente da secreção insuficiente das lágrimas. Quando o meridiano do fígado é atacado pelo Vento-Calor, freqüentemente, torna-se muco purulento, com lacrimejamento excessivo induzido pela irritação do Vento.

Os Rins

A função dos rins na Medicina Chinesa não é confinada à secreção da urina. Eles armazenam *Jing* (essência vital), que serve como fonte da vida e, portanto, é o "fundamento congênito" do corpo humano. Isso fornece a essência vital para todos os órgãos, e também governa o Fogo Vital, que aquece o corpo, promove o crescimento e o desenvolvimento e ativa o funcionamento de todos os outros órgãos. Os rins representam, provavelmente, o termo mais confusos na Medicina Chinesa, ou, no mínimo, tão confuso quando o baço. Além dos próprios rins, o sistema dos rins inclui a bexiga, medula, cérebro, cabelo, orelha, genitais e ânus. De acordo com a teoria dos Cinco Elementos, os rins correspondem a Água.

Descrição Anatômica

"A região lombar é a casa dos rins". (*The Canon of Medicine*) "Cada um apresenta o formato de um feijão localizado em oposição um ao outro, laterais à espinha". (*Yi Guan* ou *Key Link of Medicine*, 1687) Aparentemente, os rins na Medicina Chinesa referem-se ao mesmo órgão da Medicina Ocidental, mas a primeira inclui, provavelmente, a glândula supra-renal também.

Fisiologia e Patologia

As funções fisiológicas principais dos rins consistem em estocar *Jing* (essência vital), produzir medula, dominar o Fogo Vital, dominar o metabolismo da água e auxiliar a inspiração do ar.

1. Armazenar o *Jing* (essência vital)

Jing é um termo genérico para as substâncias estruturais básicas. O embrião é formado pela conjugação do *Jing* dos pais (esperma e óvulo, ambos os quais são denominados essência reprodutiva) e depende dos nutrientes fornecidos pela mãe para seu desenvolvimento. O *Jing* herdado dos pais é estocado nos rins. Após o nascimento, as substâncias básicas estruturais devem ser adquiridas posteriormente, dos alimentos, por meio dos metabolismos nos vários órgãos *Zang Fu*. Elas também são estocadas nos rins e abastecem todos os órgãos *Zang Fu* sempre que necessário. Assim, os rins armazenam dois tipos de essência vital: a congênita (ou herdada) e a adquirida.

A essência vital estocada nos rins apresenta as seguintes funções:

(1) Reprodução, crescimento e desenvolvimento

Jing é a fonte da reprodução. Uma nova vida humana começa após a fusão da essência reprodutiva dos pais (esperma e óvulo). Após o nascimento, a essência congênita é estocada nos rins e é continuamente nutrida pela essência adquirida dos alimentos, tornando possível o crescimento e o desenvolvimento do ser humano. A relação da função dos rins com o crescimento, o desenvolvimento e a reprodução é descrita no *The Canon of Medicine* como se segue:

"Nas mulheres, aos 7 anos de idade o *Qi* dos rins torna-se completo, seus dentes permanentes aparecem e seus cabelos crescem. Aos 14 anos, a essência que estimula a sexualidade surge, com a maturação da essência reprodutiva; o Vaso da Concepção se abre e o Vaso Governador enche-se de sangue. Assim, a menstruação começa e a gravidez torna-se possível. Aos 21 anos de idade, o *Qi* dos rins encontra-se em equilíbrio Yin e Yang[5], o dente do siso aparece e seu corpo está desenvolvido completamente. Aos 28 anos, os tendões e ossos estão firmes e o cabelo cresce ao extremo e o corpo chega ao auge de seu desenvolvimento. Aos 35 anos, os meridianos do estômago e do intestino grosso começam a se esgotar[6], as rugas faciais aparecem e o cabelo torna-se ralo. Aos 42 anos, todos os meridianos Yang relacionados à face estão esgotados, a face

---

5. O *Qi* pode ser dividido em Yin *Qi* e Yang *Qi*. Nos filhos, o Yang *Qi* é exuberante e diz-se que possuem uma "constituição de Yang puro". Nos adultos, o Yin *Qi* e o Yang *Qi* devem ser mantidos em equilíbrio, mas, nas pessoas idosas, o Yang *Qi* está, geralmente, em declínio. Essas são as mudanças fisiológicas que ocorrem com a idade.

6. Os meridianos Yang Ming das mãos e dos pés (Meridianos do intestino grosso e estômago) estão conectados com a face para fornecer alimentação.

fica toda enrugada e os cabelos tornam-se grisalhos. Aos 49 anos, o Vaso da Concepção está vazio, o Vaso Governador está esgotado, a essência reprodutiva está exaurida, a menstruação cessa e a mulher não pode mais conceber.

"Nos homens, aos 8 anos de idade, o *Qi* dos rins torna-se repleto, os cabelos crescem e os dentes permanentes surgem. Aos dezesseis anos de idade, o *Qi* dos rins está completo, a essência que estimula a sexualidade surge com a secreção seminal, relações sexuais e reprodução são possíveis. Aos 24 anos, o *Qi* dos rins está em equilíbrio Yin e Yang, o dente do siso cresce e seu corpo está completamente desenvolvido. Aos 32 anos, os tendões e os ossos estão firmes e os músculos estão desenvolvidos. Aos 40 anos, o *Qi* dos rins começa a declinar, o cabelo torna-se ralo e a perda dos dentes se inicia. Aos 48 anos, o Yang *Qi* da cabeça começa a se esgotar, a face torna-se enrugada e o cabelo começa a ficar grisalho. Aos 56 anos, o *Qi* do fígado se enfraquece e os tendões tornam-se rígidos, a essência que estimula a sexualidade torna-se exaurida, o esperma diminui e, com o enfraquecimento dos rins, o corpo se deteriora. Aos 64 anos há perda dos cabelos e dos dentes. Os rins estocam o excesso de essência de todos os órgãos. Mas agora, os órgãos estão enfraquecidos com a idade e suas essências tornam-se exauridas, os tendões e os ossos tornam-se frágeis e duros e os movimentos ficam prejudicados. Uma vez que a reserva dos rins se esgota, não há mais essência reprodutiva para conceber".

Portanto, os rins controlam o desenvolvimento, a maturidade e a reprodução, assim como o envelhecimento por meio de sua função de armazenar a essência vital (*Jing*). Os vários distúrbios e problemas reprodutivos (tais como a impotência ou a esterilidade) são, geralmente, atribuídos à disfunção ou hipofunção dos rins. A senilidade prematura pode ser prevenida por meio do uso de tônico para os rins.

(2) A produção da medula, domínio dos ossos e nutrição do cérebro

Estas funções estão intimamente relacionadas com a essência vital (*Jing*) estocada nos rins. A medula inclui a medula óssea e a espinhal. Ambas são produzidas pela essência dos rins. A medula óssea preenche e nutre os ossos, então a condição dos ossos é determinada pela função dos rins de armazenar a essência vital. A deficiência da essência dos rins é uma causa comum do desenvolvimento esquelético defeituoso nos filhos e outras alterações envolvendo a solidez óssea, tais como a osteomalacia e a osteoporose.

A parte superior da medula espinhal está conectada com o cérebro. Na MTC, o cérebro também é chamado de "mar da medula" ou tido como parte dela. Quando os rins funcionam bem, com armazenamento abundante da essência vital (*Jing*), as atividades do cérebro são normais, cheias de entusiasmo e vigor, rapidez de raciocínio, habilidade nas reações, acuidade na audição e na visão. Se a essência dos rins for insuficiente, o paciente perde vigor e sofre de tontura, zumbidos, perda de memória, dores lombares e debilidade nos membros inferiores.

(3) A transformação da essência em sangue

"Se a medula óssea é sadia, tanto o *Qi* quanto o sangue são produzidos". A medula óssea é formada a partir da essência dos rins. Então, os rins também estão relacionados com a geração do sangue. Clinicamente, a tonificação dos rins e o preenchimento de suas essências são terapias efetivas para a anemia aplástica e anemia de outras patologias hematológicas.

2. Governo do Fogo Vital

O Fogo Vital refere-se à energia de calor distribuída por todo o corpo para ativar as funções dos órgãos e tecidos, mantendo a temperatura corporal e promovendo o desenvolvimento nos mais jovens. Quando o Fogo Vital é deficiente, a manifestação mais comum é aversão ao frio com membros frios. Dentre todas as vísceras, o baço precisa de um suprimento particular de Fogo Vital, já que o processo de digestão é figurativamente descrito como "cozinhando" os alimentos. O declínio do Fogo Vital, portanto, pode conduzir às alterações digestivas caracterizadas pela diarréia com alimentos não digeridos nas fezes. Devido às mudanças do ritmo circadiano do Yin e Yang, com o menor Yang durante a madrugada, diarréia devido ao declínio do Fogo Vital geralmente ocorre diariamente antes do amanhecer.

O Fogo Vital também é a força motora da função sexual. Esta parte do Fogo Vital tem o nome específico de Fogo Ministerial para diferenciá-lo do Fogo Vital com outras ações. Se o Fogo Ministerial for insuficiente, haverá hipossexualidade, frigidez ou impotência, ejaculação precoce e espermatorréia. Por outro lado, o Fogo Ministerial pode, também, estar em excesso relativo, geralmente devido à deficiência do Yin do rim. Neste caso, há hipersexualidade e polução noturna.

Tabela 3-10 – Função dos rins

	Significância Fisiológica	Significância Patológica
Armazenamento da essência	1. Promoção da reprodução. 2. Promoção do desenvolvimento. 3. Produção da medula óssea e da medula espinhal e a nutrição do cérebro. 4. Transformação da essência em sangue	Diminuição da função reprodutiva: esterilidade; retardamento do desenvolvimento, senilidade prematura; desenvolvimento esquelético defeituoso. Alterações da função cerebral: por ex., perda de memória
Governo do Fogo Vital	1. Suprimento da energia de calor para aquecer o corpo e ativar os órgãos *Zang Fu*. 2. Serve como força motora da sexualidade (Fogo Ministerial)	Insuficiência vital do Fogo: aversão ao frio, membros frios, diarréia antes do amanhecer. Insuficiência do Fogo Ministerial: hipersexualidade
Domínio do metabolismo da água	Manutenção normal da água	Desequilíbrio do metabolismo da água: oligúria com edema ou poliúria.
Auxiliar na respiração	Ajuda os pulmões a manter a respiração normal.	Fracasso dos rins para receber ar: dispnéia com expiração prolongada

3. Domínio do metabolismo da água

O metabolismo da água inclui os dois processos principais: distribuição dos fluidos por todo o corpo para nutrir os órgãos e os tecidos e a excreção dos fluidos impuros (dejetos) após a utilização e o metabolismo. Os rins estão envolvidos em ambos os processos. Embora os fluidos derivados dos alimentos e líquidos sejam assimilados e transportados pelo baço e distribuídos pelos pulmões, essas funções dependem da ação de aquecimento do Fogo Vital governado pelos rins, denominada "vaporização" pelos rins, metaforicamente. Quando o fluido é enviado em descendência para os rins, é separado em duas partes: o claro (útil) e o turvo (dejeto). A parte clara é retida, ao passo que a parte turva flui para dentro da bexiga, sendo eliminada na forma de urina. Figurativamente, os rins trabalham como uma comporta, regulando o volume do fluido do corpo por meio da abertura e do fechamento apropriado. Geralmente, a abertura e o fechamento da comporta estão coordenados, mantendo o volume de fluidos do corpo relativamente estável. Se a função dos rins de regular o metabolismo da água for prejudicada, poderão ocorrer alterações do metabolismo da água. O fechamento excessivo com abertura insuficiente pode resultar em oliguria e edema, ao passo que a abertura excessiva com fechamento insuficiente pode conduzir a poliúria.

4. Auxiliar na inspiração

Os rins auxiliam os pulmões a inalar para realizar a troca normal de gases. Este conceito está baseado nos seguintes fatos: dispnéia com expiração prolongada e inspiração reduzida, considerada "fracasso dos rins para receber ar" pode ser tratada com tônicos para os rins. Durante a prática do Qigong, somente quando a sensação do *Qi* descende para a parte inferior do abdome, o estado do Qigong pode ser alcançado.

As funções dos rins e suas significâncias fisiológica e patológica estão sintetizadas na Tabela 3-10.

5. As relações com os órgãos dos sentidos e dos tecidos

(1) Os rins e os ossos

Ver acima: "produção de medula, domínio dos ossos e nutrição do cérebro".

(2) Os rins e as orelhas

As orelhas podem ser consideradas as janelas dos rins. Rins saudáveis asseguram audição boa, ao passo que a disfunção dos rins é, freqüentemente, acompanhada por audição prejudicada e zumbido. A surdez nos mais idosos desenvolve-se junto com o declínio do *Qi* dos rins.

(3) Os rins, os órgãos genitais e o ânus

Os órgãos genitais (incluindo a uretra) e o ânus estão, também, relacionados aos rins. O órgão genital apresenta a função de micção de urina e de órgão sexual ao mesmo tempo. O ânus consiste na abertura pela qual as fezes são eliminadas do corpo. Uma vez que a disfunção dos rins pode conduzir a distúrbios sexuais, urina anormal e diarréia, os genitais e o ânus são considerados as aberturas específicas dos rins.

As relações dos rins com os órgãos dos sentidos e os tecidos e suas significâncias fisiológica e patológica estão sintetizadas na Tabela 3-11.

6. As relações com as emoções

O medo e o pavor são tidos como as emoções mais intimamente relacionadas aos rins. Isso provavelmente porque o pavor pode causar a incontinência de urina e fezes.

Tabela 3-11 – As relações dos rins com os órgãos dos sentidos e os tecidos

	Significância Fisiológica	Significância Patológica
Osso	Ossos bem desenvolvidos e dentes firmes	Desenvolvimento esquelético defeituoso e perda de dentes
Cabelo	Denso e lustroso	Debilidade ou perda dos cabelos
Orelha	Audição aguda	Zumbido e surdez
Genitais e ânus	Habilidade sexual normal, micção e movimentos peristálticos	Distúrbios sexuais, alterações de micção, diarréia ou constipação

7. As relações com os fluidos

Dentre os fluidos, a saliva tem uma relação especial com os rins. Aqui, a saliva refere-se ao líquido espesso natural presente na boca. O fluido fino que escorre da boca está relacionado ao baço. Na MTC, acredita-se que saliva não somente hidrata, digere alimentos, limpa e protege a boca, mas também nutre a essência dos rins conforme é transformada pela última. Esta é a razão pela qual durante o Qigong e muitos outros exercícios de preservação da saúde, a saliva deve ser engolida.

OS SEIS ÓRGÃOS FU

Os seis órgãos Fu são: vesícula biliar, estômago, intestino delgado, intestino grosso, bexiga e triplo aquecedor. A característica mais comum de suas atividades funcionais consiste em digerir os alimentos ou metabolitos. Então, suas funções são caracterizadas pela descendência e asseguradas pela "abertura sem obstrução". Com exceção do triplo aquecedor, todos os outros órgãos Fu apresentam a mesma descrição anatômica como na Medicina Ocidental. Suas funções, embora muito similares às descritas na moderna Fisiologia ocidental, ainda apresenta algumas particularidades que necessitam de discussão.

A Vesícula Biliar

A vesícula biliar armazena a bile e a envia para o intestino para auxiliar na digestão. Se a excreção da bile pela vesícula biliar for prejudicada, a digestão feita pelo estômago e pelo baço pode ser perturbada, manifestado por anorexia, distensão abdominal e diarréia. Se a passagem da bile for obstruída, manchas na pele e na esclera decorrentes do excesso de fluxo da bile resultarão em icterícia.

Além da excreção da bile, a vesícula biliar também está envolvida com as atividades mentais. Acredita-se que a vesícula biliar está, particularmente, relacionada com a resolução e a coragem. Este conceito tem tido uma profunda influência sobre a cultura chinesa. Mesmo atualmente, um covarde é geralmente chamado de "alguém com uma vesícula biliar pequena" na língua chinesa. Clinicamente, a insônia com pesadelos e a suscetibilidade para levar sustos podem ser diagnosticadas como "debilidade do *Qi* da vesícula biliar", e ser tratadas de acordo.

O Estômago

O estômago recebe e armazena, temporariamente, alimentos e líquidos, então, este órgão também é conhecido como "mar de alimentos e líquidos". O alimento é, principalmente, digerido no estômago e transformando em quimo, que é enviado em descendência para o intestino delgado. As patologias do estômago com o distúrbio na função de receber são, geralmente, manifestadas por anorexia e distensão gástrica. Se a digestão for prejudicada, alimentos não digeridos ficarão retidos no estômago, causando dor epigástrica com eructação pútrida.

A correlação do estômago com o baço protege o processo inteiro da digestão, absorção e distribuição dos nutrientes, e o abastecimento do material básico para a constituição adquirida. Então, "a origem da constituição adquirida" é, freqüentemente, atribuída ao baço e ao estômago, em vez de somente ao baço.

A função do estômago de enviar os alimentos em descendência para o intestino também é importante. Os distúrbios da função descendente do estômago resultará na inversão ascendente do *Qi* do estômago, manifestada por náusea e vômito. Neste contexto, deve-se observar que "estômago" significa, às vezes, todo o trato gastrintestinal, em vez de somente o estômago, porque o trânsito descendente do conteúdo intestinal também é atribuído à ação do *Qi* do estômago. O acúmulo de calor patogênico no estômago e no intestino resulta em febre alta, sede severa, sudorese profusa, constipação ou eliminação de massa fecal rígida, e dor abdominal é diagnosticada como excesso no estômago, em vez de "excesso no estômago e intestinos".

A Medicina Tradicional Chinesa presta muita atenção ao *Qi* do estômago. O *Qi* do estômago é a raiz da vida humana". Se o *Qi* do estômago for forte, os órgãos *Zang* poderão manter suas atividades normais. Se o *Qi* do estômago for fraco, todos os órgãos *Zang* declinarão. E se o *Qi* do estômago se dissipar, a vida cessará.

O Intestino Delgado

O intestino delgado recebe parcialmente os alimentos digeridos e os líquidos do estômago para uma digestão posterior e para a separação do claro (nutrientes) do turvo (dejetos). Os nutrientes são absorvidos e depois transportados e transformados pelo baço. O dejetos contêm duas partes: dejetos alimentares e água excedente. Os dejetos alimentares são transmitidos para o intestino grosso e eliminados pelo ânus como bolo fecal. A água excedente é enviada para rins e bexiga e eliminada na urina. Esta descrição é diferente do conceito moderno da Medicina Chinesa, mas possui valor prático. Em alguns casos de diarréia acompanhada de oliguria, o aumento do conteúdo de água nas fezes e a diminuição do volume da urina decorre da função prejudicada do intestino delgado de enviar a água excedente para os rins e a bexiga, e o tratamento adequado é o uso de diuréticos.

O intestino delgado apresenta seu meridiano conectado com o meridiano do coração e, portanto, intimamente relacionado com o coração, fisiológica e patologicamente. Algumas alterações do coração, como Fogo excessivo, podem envolver o intestino delgado, resultando em hematúria e sensação de queimação durante a micção.

O Intestino Grosso

A principal função do intestino grosso consiste em eliminar dejetos alimentares e formar o bolo fecal. Ele transmite o dejeto enviado em descendência do intestino delgado, absorve parte dos fluidos e finalmente elimina esse material nas fezes. Então, é chamado de "órgão de transmissão".

A disfunção do intestino grosso é freqüentemente manifestada pelo trânsito desordenado de seu conteúdo ou da absorção prejudicada do fluido. No primeiro caso, pode haver constipação ou diarréia. No último caso, diarréia com ruídos hidroaéreos ocorre freqüentemente.

A Bexiga

A principal função da bexiga consiste em armazenar a urina temporariamente e eliminá-la do corpo. A bexiga está interna e externamente relacionada aos rins não só por causa de sua conexão anatômica, mas também por causa da conexão por meio dos meridianos. A função da bexiga depende da ação do *Qi* dos rins e pode ser considerada parte da função deles. Se o *Qi* dos rins estiver debilitado, haverá dificuldade na micção ou mesmo retenção de urina. Se o *Qi* dos rins falhar em reter a urina haverá gotejamento ou incontinência urinária. Todos estes distúrbios da urina são diagnosticados como disfunção dos rins e devem ser tratados a partir dos rins, em vez da bexiga. Somente quando a bexiga for invadida por patógenos exógenos, tais como Umidade-Calor, deve ser tratada diretamente.

O Triplo Aquecedor

O triplo aquecedor é um termo único utilizado na MTC. É composto dos aquecedores superior, médio e inferior, sendo considerado um dos órgãos Fu. Tem havido argumentos referentes à descrição anatômica do triplo aquecedor e tem-se dito que ele não é uma entidade anatômica, mas somente um sistema funcional. Considerando-se o conhecimento atual da Medicina Chinesa, o triplo aquecedor refere-se às cavidades do corpo; por exemplo, aquecedores superior, médio e inferior referem-se, respectivamente, a cavidade torácica, cavidade abdominal superior e cavidade abdominal inferior. Como um sistema funcional, está encarregado do metabolismo da água e do *Qi* (energia).

"O triplo aquecedor é como um spray", porque o coração e os pulmões abrigados nele dispersam o *Qi* e o sangue por todo o corpo e envia os fluidos em descendência para os rins.

"O aquecedor médio assemelha-se a um tanque de fermentação" porque o estômago e o baço abrigados nele decompõem e digerem os alimentos.

"O aquecedor inferior trabalha como um esgoto" porque os rins, a bexiga e o intestino grosso eliminam os dejetos e a água excedente.

Portanto, o triplo aquecedor serve como um container ou passagem pela qual os alimentos e os líquidos são digeridos, as substâncias essenciais são distribuídas e os detritos são eliminados. Uma vez que a distribuição do *Qi* e dos fluidos é a conexão-chave no processo do *Qi* (energia) e do metabolismo dos fluidos, o triplo aquecedor implica, freqüentemente, passagem do *Qi* e dos fluidos. Os meridianos são a passagem do *Qi*, mas eles são diferentes do triplo aquecedor. O sistema de meridianos somente conecta os órgãos internos e a superfície do corpo e os órgãos internos entre si. O triplo aquecedor, porém, governa o *Qi* em geral, incluindo o *Qi* de todos os órgãos e tecidos, e também o *Qi* dos meridianos.

A distribuição dos fluidos está intimamente relacionada ao fluxo do *Qi*. Sem o movimento do *Qi* não haverá movimentos dos fluidos. Além disso, o *Qi* não pode existir independentemente; o sangue e os fluidos são os carregadores do *Qi*. Porém, a distribuição do *Qi* e dos fluidos são dois aspectos da mesma função do triplo aquecedor. A disfunção mais comum do triplo aquecedor consiste no distúrbio do metabolismo da água. Vários tipos de retenção de água e de formação de edema decorrem de diferentes mecanismos – fracasso dos pulmões de enviar os fluidos em descendência, insuficiência do baço para transportar os fluidos e debilidade dos rins para secretar urina são coletivamente denominados "disfunção do triplo aquecedor".

OS ÓRGÃOS EXTRAORDINÁRIOS

Os órgãos extraordinários incluem cérebro, medula, ossos, vasos sanguíneos, vesícula biliar e útero. São denominados assim porque são considerados semelhantes aos órgãos Fu na forma e aos órgãos Zang na função.

O Cérebro

Na China antiga, a função do cérebro não era claramente conhecida. Embora haja algumas afirmações referentes ao cérebro no *The Canon of Medicine*, tais como "Inteligência que vem da cabeça" e "se o mar da medula está debilitado haverá tontura ou vertigem, zumbido, perda de visão e lassidão", as atividades mentais foram atribuídas aos órgãos *Zang Fu*, principalmente o coração. Posteriormente, reconheceu-se que o cérebro está encarregado das atividades psíquicas como pensamento, memória e emoção. "O cérebro é o mar onde as atividades mentais ocorrem". (*Ben Cao Gang Mu* ou *Compendium of Materia Medica*, 1590) "A inteligência e a memória dependem da função do cérebro, mas não do coração". (*Yi Lin Gai Cuo* ou *Errors in Medicine Corrected*, 1830) Porém, uma vez que a teoria da MTC é auto-explicável e os órgãos *Zang Fu* implicam, realmente, sistemas funcionais mais do que entidades anatômicas, não é muito importante se o órgão encarregado das atividades psíquicas é denominado cérebro ou coração. Além disso, de acordo com a teoria das manifestações *Zang Fu*, as diferentes funções do cérebro são atribuídas aos diferentes órgãos *Zang Fu*, por exemplo, consciência para o coração, memória para os rins, consideração para o fígado. Essas conclusões não foram adquiridas pela imaginação, mas, principalmente, pela observação diária da vida e do efeito terapêutico. Por exemplo, algumas pessoas nascem inteligentes e outras não. Isto está, aparentemente, relacionado com a hereditariedade.

Como os fatores inatos (genéticos) estão associados à essência reprodutiva (células germinativas) estocada nos rins (sistema urogenital), a essência dos rins tem sido considerada "a base da constituição inata". No processo de envelhecimento com o declínio da habilidade reprodutiva, a memória começa a falhar e o pensamento e a ação tornam-se mais lentos. Estes fatos reforçam a atribuição de algumas funções do cérebro aos rins. Além disso, o tratamento de tonificação dos rins apresenta algum efeito na prevenção e no progresso das funções cerebrais prejudicadas.

Exemplos similares podem, também, ser listados para demonstrar o relacionamento de algumas funções cerebrais dos órgãos *Zang Fu*. Porém, se os conceitos básicos sobre a psique e atividades mentais e nervosas modificaram-se a partir das funções dos vários órgãos *Zang Fu* nas funções do cérebro, toda a teoria da MTC deveria ter se modificado de acordo com isso. Esta grande mudança causaria uma imensa confusão entre os praticantes da MTC. Além disso, a maioria das terapias efetivas para as condições neurológicas e psíquicas dificilmente poderia ser aplicada na prática clínica. Naturalmente, isso não significa que a teoria da MTC deveria ser sempre a mesma e que não deveria haver mudanças. A nova sistematização e promoção das teorias da Medicina Chinesa somente pode ser alcançada após um estudo completo de todas as vantagens que a ciência moderna traz.

A Medula

A medula é a substância macia e gordurosa que preenche os espaços ocos dos ossos, canal vertebral e crânio. Como foi afirmado acima, a medula na Medicina Chinesa inclui medula óssea, medula espinhal e até mesmo o cérebro ("Mar da Medula"). Acredita-se que todos eles são transformados e nutridos pela essência dos rins. A deficiência da essência dos rins pode conduzir ao retardamento do desenvolvimento nos filhos manifestado por fechamento atrasado da fontanela, estatura baixa, intelecto debilitado e ações lentas e, também, podem resultar em astenia cerebral nos adultos manifestada por tontura, zumbido, visão deficiente, debilidade na região lombar e pernas e perda de memória.

A medula óssea nutre os ossos. Ossos firmes precisam de um suprimento suficiente de medula e, portanto, a deficiência da essência dos rins pode prejudicar a firmeza dos ossos.

"Se a medula óssea é sadia, o *Qi* e o sangue são produzidos normalmente". (*The Canon of Medicine*) A disfunção da medula óssea pode causar deficiência do sangue, e tonificar a essência dos rins é útil no tratamento de certos tipos de anemia.

Os Ossos

Os ossos formam a estrutura do corpo e o sustentam. São também responsáveis pelos movimentos do corpo. A condição dos ossos está intimamente relacionada com a essência dos rins, como foi mencionado acima. Uma pessoa com deficiência na essência dos rins não consegue ficar parada no mesmo lugar durante muito tempo ou andar com passos muito vigorosos.

Os Vasos Sanguíneos

Num sentido mais estrito, "os vasos são os condutos do sangue" (*The Canon of Medicine*). Mas o *Qi* e o sangue não podem ser totalmente separados: o sangue é o carregador do *Qi* e sua circulação depende do movimento do *Qi*. Então, diz-se que os vasos sanguíneos são os tubos pelos quais o *Qi* e o sangue circulam.

Agora, uma questão deve ser levantada: já que ambos, vasos sanguíneos e meridianos, são tidos como condutos por meio dos quais *Qi* e sangue fluem, qual a diferença entre eles? Na Medicina Chinesa há várias expressões relacionadas: *Xue-Mai* vasos sanguíneos, *Jing-Mai* vasos cardinais (meridianos), *Luo-Mai* ramos dos vasos cardinais (colaterais), e *Sun-Mai* subdivisões de pequenas ramificações de vasos ou capilares. A partir da terminologia, o Sistema Vascular e o Sistema Meridiano quase não podem serem diferenciados. Em inglês, a palavra "meridian" (ou antigamente canal) é a tradução de um caractere chinês (*Jing*) que se refere, de fato, a (*Jing-Mai*) em simplificação e significa os vasos Cardinais que correm verticalmente.

Similarmente, o nome completo dos doze meridianos deve ser "os doze vasos cardinais ou longitudinais". Na verdade, mesmo na tradução para o inglês, a palavra "vaso" também está restrita aos oito meridianos extras, que incluem o Vaso Governador e o Vaso da Concepção.

É difícil identificar a diferença anatômica entre o Sistema Vascular e o Sistema Meridiano, pois muitos conceitos da Medicina Chinesa não estão baseados em Anatomia. Funcionalmente, há diferença entre os dois sistemas. Os vasos sanguíneos são utilizados para transportar sangue (que carrega nutrientes e energia vital) para várias partes do corpo, ao passo que os meridianos são utilizados para conectar os órgãos internos aos órgãos superficiais e tecidos, e também conectar diferentes órgãos internos para fazer do corpo humano um todo integral. A última função pode ser desempenhada pelo Sistema Vascular, mas não pode ser totalmente realizada por este. Porém, muitos pesquisadores modernos têm buscado a base anatômica do sistema de meridianos a partir da estrutura corporal conhecida (vasos sanguíneos, vasos linfáticos e Sistema Nervoso) ou mesmo tentado descobrir alguma estrutura nova desconhecida da Anatomia moderna. Porém, nenhuma conclusão pode ser tirada sobre este assunto.

O Útero

O útero é um órgão feminino que carrega e nutre o feto antes do nascimento. É, também, o órgão encarregado da menstruação. Suas funções estão intimamente relacionadas com o Vaso Governador e o Vaso da Concepção, além do fígado, rins, coração e baço.

O útero torna-se maduro quando o *Qi* dos rins está repleto, aproximadamente por volta dos quatorze anos, de acordo com *The Canon of Medicine*. "Ambos, o Vaso Governador e Vaso da Concepção, originam-se do útero". O Vaso da Concepção, ao encontrar os três meridianos Yin dos pés, regula todos os meridianos Yin do corpo, sendo denominado o "Mar dos meridianos Yin". O Vaso Governador, correndo em paralelo ao Vaso Governador, regula o *Qi* e o sangue dos doze meridianos, sendo denominado o "Mar do sangue". Quando o sangue está abundante nos doze meridianos, ele flui dentro do Vaso Governador e do Vaso da Concepção e alcança o útero, formando a menstruação, que é regulada pelos doze vasos. Na infância, quando o *Qi* dos rins não está repleto, o Vaso da Concepção não está aberto e o Vaso Governador está deficiente de sangue, de modo que não há menstruação. Por volta dos cinqüenta anos, a o *Qi* dos rins declina, resultando na insuficiência de abastecimento do Vaso Governador e do Vaso da Concepção. Patologicamente, as alterações do Vaso Governador e da Concepção são manifestadas por menstruação irregular, sangramento uterino anormal, amenorréia, infertilidade e abortamento.

O componente principal da menstruação é o sangue. O coração rege o sangue, o fígado estoca o sangue, o baço controla o sangue e os rins transformam sua essência em sangue. A função de qualquer órgão Zang pode influenciar a menstruação. O fracasso do fígado em estocar o sangue ou a debilidade do baço em controlar o sangue geralmente resulta em fluxo menstrual excessivo com ciclos mais curtos e períodos prolongados, ou mesmo hemorragia uterina anormal fora do período. A função debilitada do baço pode prejudicar a produção de sangue aumentando a insuficiência de sangue do coração, resultando em oligomenorréia ou mesmo amenorréia. A depressão que danifica o fígado causa estagnação do fluxo do *Qi* e pode conduzir a alterações menstruais.

AS RELAÇÕES ENTRE OS ÓRGÃOS *ZANG FU*

O corpo humano é considerado um todo orgânico integral. Todos os seus componentes, incluindo órgãos e tecidos, devem funcionar harmonicamente. Fisiologicamente, eles estão mutuamente conectados, dependentes e limitados. Patologicamente, influenciam-se mutuamente e transmitem patologias de acordo com determinadas regras.

As Relações dos Órgãos *Zang* entre si

I. O Coração e os Pulmões

Ambos, coração e pulmões, estão situados no aquecedor superior. O coração rege o sangue e os pulmões dominam o *Qi*. Então, o relacionamento entre o coração e os pulmões é, de fato, a relação entre o *Qi* e o sangue. O coração bombeia sangue e o faz circular, mas a circulação também é dirigida e regulada pelo *Qi* dos pulmões. Por outro lado, o *Qi* é distribuído por todo o corpo por estar anexo ao sangue. Sem a direção do *Qi*, o sangue estaria estagnado: sem o sangue como carregador do *Qi*, este pereceria. Portanto, as expressões seguintes são muito usadas na Medicina Chinesa: "*Qi* é o comandante do sangue" e "o sangue é a mãe do *Qi*", "*Qi* em movimento mantém a circulação do sangue" e "a estagnação do *Qi* causa a estase de sangue".

Patologicamente, as condições seguintes são freqüentemente encontradas: debilidade do *Qi* dos pulmões resulta em estase de sangue do coração, a deficiência do *Qi* do coração conduz à disfunção dos pulmões, a deficiência do *Qi* do coração e dos pulmões provoca a estase de sangue.

II. O Coração e o Baço

O coração rege o sangue e o baço gera e controla o sangue (mantém o sangue fluindo dentro dos vasos sanguíneos). Então, a relação entre o coração e o baço é refletida, principalmente, na geração e no fluxo do sangue. Fisiologicamente, se o baço funciona bem, com a absorção adequada da essência dos alimentos que são transformados em sangue, então o sangue do coração é abundante. Por outro lado, quando o sangue do coração está abundante, o baço está bem nutrido e funciona normalmente. O fluxo de sangue normal depende da direção do *Qi* do coração circulando por todo o corpo e, também, sob o controle do *Qi* do baço, que mantém o fluxo de sangue dentro dos vasos sangüíneos.

A patologia do baço pode envolver o coração: debilidade do baço conduz à geração inadequada de sangue e, portanto, deficiência do sangue do coração. Patologias do coração, por sua vez, podem envolver o baço: quando o sangue do coração é consumido, o baço terá uma nutrição insuficiente conduzindo à deficiência do *Qi* do baço. Não interessa se a deficiência do *Qi* do baço conduz à deficiência do sangue do coração ou se a deficiência do sangue do coração resulta na deficiência do *Qi* do baço: "a deficiência de ambos, coração e baço, aparecerá".

III. O Coração e o Fígado

A relação entre o coração e o fígado está refletida no suprimento de sangue e nas atividades mentais.

O fígado estoca o sangue. Se o sangue do coração é abundante, algum sangue pode ser estocado no fígado para regular o volume de circulação do sangue. O sangue pertence ao Yin. O suprimento de sangue adequado nutre o fígado e retém a atividade do Yang do fígado. Além disso, um fígado bem nutrido geralmente apresenta a função normal de suavizar e regular o fluxo do *Qi* e do sangue. Então, por sua vez, auxilia o coração a promover a circulação de sangue.

Quanto às atividades mentais, o coração as governa e o fígado suaviza o fluxo do *Qi* e do sangue, regulando as atividades emocionais e psíquicas. Se as funções de ambos os órgãos estiverem bem coordenadas, as atividades mentais normais podem ser mantidas.

Patologicamente, as influências mútuas do coração e do fígado estão refletidas na deficiência de sangue e nas alterações mentais. A insuficiência de sangue do fígado pode conduzir ao consumo de sangue no coração e a insuficiência de sangue no coração pode resultar no consumo de sangue no fígado. Em ambos os casos, palidez, insônia e palpitação podem ocorrer, indicando a deficiência de sangue no coração, e tontura, parestesia dos membros, unhas fracas, oligomenorréia, indicando deficiência de sangue no fígado. A deficiência de sangue no coração e no fígado pode influenciar as atividades mentais, provocando depressão com insônia e irritabilidade. Além disso, a deficiência de sangue Yin pode vir acompanhada de preponderância relativa de Fogo Yang. A preponderância de Fogo no coração e no fígado é uma das bases patogênicas da mania.

IV. O Coração e os Rins

1. Coordenação entre o coração e os rins: o coração controla o Fogo (pertencente ao Yang) e os rins regularizam a água (pertencente ao Yin). Geralmente, o Fogo no

coração desce para aquecer os rins e a água dos rins ascende para irrigar o coração. Assim, o equilíbrio Yin e Yang entre o coração e os rins é mantido. "Isso é chamado de "coordenação do coração e dos rins", e também "coordenação do Fogo e da Água".

Se esta relação equilibrada se romper, haverá uma série de sintomas de Fogo no coração junto com a deficiência do Yin dos rins. Isso é chamado de "desequilíbrio do coração e dos rins".

2. Transformação mútua da essência vital e do sangue: o coração rege o sangue e os rins estocam a essência vital. Ambos, a essência vital e o sangue, são substâncias essenciais para a manutenção das atividades da vida. A essência vital gera o sangue, e o sangue nutre a essência vital. Acredita-se que a essência vital pode ser transformada em sangue e vice-versa.

Patologicamente, os pacientes com deficiência de sangue apresentam, freqüentemente, manifestações de deficiência de sangue do coração e da essência dos rins.

3. A dependência mútua da essência vital e das atividades mentais: *Jing* (essência vital) é a base material do *Shen* (atividades mentais, especialmente consciência, expressão e concentração), e as atividades mentais são as manifestações da essência vital. O coração governa as atividades mentais e os rins estocam a essência vital. As atividades mentais normais dependem de coração e rins saudáveis.

Clinicamente, tanto o consumo de sangue do coração quanto a deficiência da essência dos rins podem se manifestar como sintomas mentais, como insônia, alterações de sonos e amnésia.

V. Os Pulmões e o Baço

O baço é a fonte de geração do *Qi* dos pulmões que, no comando da respiração, domina o *Qi*. Ele transporta os fluidos para coração e pulmões, e estes dispersam os fluidos por todo o corpo e enviam-nos em descendência para o Sistema Urinário. Assim, esses dois órgãos Zang apresentam uma relação íntima na formação do *Qi* e na distribuição dos fluidos.

Normalmente, o ar fresco (oxigênio) inalado pelos pulmões e a essência dos alimentos e líquidos transportados em ascendência pelo baço combinam-se, formando o *Qi* adquirido. A essência dos alimentos e líquidos assimilados pelo baço é distribuída por todo o corpo por meio da ação dispersora dos pulmões. Por outro lado, as atividades dos pulmões necessitam da essência dos alimentos e dos líquidos proporcionados pelo baço. Então, diz-se que o baço auxilia os pulmões a completar o *Qi*.

No metabolismo da água, o baço envia os fluidos em ascendência e os pulmões dispersam os fluidos por todo o corpo e enviam-nos em descendência pelo canal das águas. Então, a combinação harmônica do baço e dos pulmões é uma conexão importante no processo do metabolismo da água.

Patologicamente, a deficiência prolongada do *Qi* do pulmão conduzirá à deficiência do *Qi* do baço, e a debilidade do baço geralmente diminui a resistência dos pulmões contra os patógenos. Como um princípio de tratamento, a debilidade dos pulmões deve ser tratada com tonificação do baço. Isso é chamado de "tonificação de Terra (o baço) para fortalecer Metal (os pulmões)".

A insuficiência do baço na transformação e no transporte pode causar retenção dos fluidos, formando um muco úmido que invade os pulmões e resulta na tosse crônica e expectoração. Então, na MTC, a expectoração nas patologias respiratórias crônicas é explicada de uma maneira peculiar: "O baço é a fonte de produção de muco, ao passo que os pulmões são os órgãos que o estocam".

VI. Os Pulmões e o Fígado

A ação do fígado é caracterizada por ascensão e a ação dos pulmões por descendência. As ações harmônicas destes dois órgãos asseguram um movimento normal do *Qi* e do sangue. A hiperatividade (Fogo) no fígado pode prejudicar a função descendente normal para os pulmões, resultando em tosse paroxística, algumas vezes acompanhada por hemoptise. Isso também é chamado de "Fogo de Madeira (o fígado) invadindo Metal (os pulmões)".

VII. Os Pulmões e os Rins

Os pulmões, que regulam o canal das águas, são "a fonte superior do fluxo da água", e os rins são os órgãos encarregados do metabolismo da água. Os pulmões dominam a respiração e os rins auxiliam os pulmões a receber o ar. Então, esses dois órgãos cooperam no metabolismo da água e na respiração.

Patologicamente, a disfunção dos pulmões em enviar em descendência os fluidos por meio do canal das águas prejudicará a função dos rins de regular o metabolismo da água, causando retenção de água e edema. Se os rins falham para receber o ar, a respiração será prejudicada, surgindo dispnéia com expiração prolongada e inspiração encurtada.

VIII. O Fígado e o Baço

O fígado e o baço funcionam harmonicamente na digestão e na circulação sanguínea. A função suavizante do fígado facilita a secreção da bile e garante a função normal do baço na digestão, absorção e transporte. Por outro lado, o fígado necessita ser nutrido pelo baço. Além disso, o fígado estoca o sangue e suaviza o fluxo do sangue e o baço gera o sangue e controla a circulação sanguínea para prevenir o extravasamento de sangue dos vasos. Então, esses dois órgãos também agem em coordenação com a circulação sanguínea.

Se a função do fígado estiver diminuída, as funções digestivas do estômago e do baço ficarão prejudicadas. Isso é chamado de "Madeira alterada (o fígado) invadindo Terra (o baço)".

Quando o baço estiver debilitado, a umidade pode ser retida. Se a umidade prejudicar a função do fígado, principalmente a secreção da bile, pode ocorrer icterícia.

A debilidade do baço impede a geração do sangue ou o fluxo sanguíneo normal dentro dos vasos sanguíneos. A geração prejudicada do sangue ou a perda excessiva de sangue pode conduzir a insuficiência de sangue no fígado.

IX. O Fígado e os Rins

A relação entre o fígado e os rins é muito próxima. Há até um ditado: "O fígado e os rins têm a mesma fonte". Isso acontece, principalmente, porque o fígado estoca o sangue e os rins armazenam a essência vital, e a essência vital e o sangue têm a mesma origem, já que eles podem se transformar um no outro. Além disso, o fígado necessita de um suprimento adequado do Yin dos rins (essência vital) para se nutrir, de maneira que o equilíbrio normal do Yin e Yang pode ser mantido no fígado. O fígado e os rins também atuam em coordenação nas funções sexual e reprodutiva. Isso não só porque eles proporcionam o material (essência vital e sangue) para a menstruação nas mulheres e a eliminação seminal nos homens, mas também porque ambos, o fígado e os rins, governam o Fogo Ministerial[7] que consiste na força motora da função sexual.

Patologicamente, a deficiência do Yin dos rins (essência vital) é, freqüentemente, acompanhada de deficiência do Yin do fígado. Isso conduz ao excesso relativo do Yang do fígado, manifestado por tontura, cefaléia, irritabilidade e zumbido. Nos casos mais severos, podem ocorrer até mesmo contorções ou convulsão. Por outro lado, o Fogo do fígado pode, também, envolver os rins, resultando no consumo do Yin dos rins ou hiperatividade do Fogo Ministerial manifestada por emissão noturna e aumento da hiperestesia sexual.

X. O Baço e os Rins

"Os rins são a "raiz" da constituição congênita e o baço a raiz da constituição adquirida", proporcionando a base material para a geração do Qi e do sangue. Os rins controlam a excreção da água e o baço controla o transporte dos fluidos. Portanto, estes dois órgãos colaboram na promoção da constituição e na realização do metabolismo da água.

Geralmente, a digestão e a absorção dos alimentos pelo baço necessitam da ação aquecedora do Yang dos rins. Além disso, a essência congênita estocada nos rins deve ser constantemente nutrida pela essência adquirida do baço.

No processo do metabolismo da água, o transporte dos fluidos pelo baço também necessita da ação aquecedora e vaporizadora do Yang dos rins. Os rins governam a eliminação da água por meio da abertura e do fechamento da comporta, que, por sua vez, é influenciada pelo Qi do baço. Isso é chamado de "Terra controlando Água".

Se o Yang dos rins for insuficiente, a função do baço ficará prejudicada. A condição típica é a diarréia que ocorre diariamente antes do amanhecer. Se a ação do baço de controlar a água for insuficiente, a água fluirá dos rins causando edema e ascite.

As Relações entre os Órgãos *Zang* e os Órgãos *Fu*

Os órgãos *Zang* pertencem ao Yin e os órgãos *Fu* pertencem ao Yang. A relação entre os órgãos *Zang* e *Fu* refere-se, de fato, à coordenação do Yin e do Yang. Cada órgão *Zang* tem um órgão *Fu* como seu parceiro diretamente conectado pelos meridianos e funcionando coordenadamente. Uma vez que os órgãos *Zang* estão situados no interior do corpo sem conexão direta com o exterior, enquanto que os órgãos *Fu* são situados mais no exterior, eliminando seu conteúdo para fora do

---

7. Acredita-se que o Fogo Ministerial que se origina nos rins hospeda-se no fígado, na vesícula biliar e no triplo aquecedor.

corpo, então cada órgão *Zang* e cada órgão *Fu* coordenados relacionam-se interna e externamente. Os órgãos *Zang Fu* relacionados interna e externamente são: coração e intestino delgado, pulmões e intestino grosso, baço e estômago, fígado e vesícula biliar, rins e bexiga. Além da conexão direta por meio dos meridianos, alguns deles têm conexões anatômicas. Deve-se notar que cada par de órgãos *Zang Fu* relacionados interna e externamente funcionam em uma coordenação fisiológica e influenciam um ao outro nas condições patológicas. Mas, isso não exclui as relações entre os outros órgãos *Zang Fu*.

I. O Coração e o Intestino Delgado

O coração e o intestino delgado não têm uma conexão anatômica. Suas conexões são alcançadas por meio dos meridianos, já que o meridiano do coração origina-se no coração, sendo conectado com o intestino delgado, e o meridiano do intestino delgado está conectado com o coração. A significância clínica da relação interior-exterior está refletida em algumas condições patológicas, por exemplo, Fogo do coração pode mover-se em descendência para o intestino delgado, causando distúrbio neste último; o calor do intestino delgado pode mover-se em ascendência para o coração, prejudicando a função deste último.

II. Os Pulmões e o Intestino Grosso

Os pulmões e o intestino grosso também estão conectados por seus meridianos. Eles têm uma relação íntima nas atividades funcionais. Os pulmões regulam o canal das águas e o intestino grosso absorve líquidos. Ambos participam do controle do metabolismo da água. Se os pulmões funcionam normalmente, não haverá nem retenção de água nem consumo dos fluidos no intestino grosso e fezes normais serão eliminadas. Além do mais, o trânsito do conteúdo intestinal pelo intestino grosso depende da ação descendente do *Qi* dos pulmões. Se o *Qi* dos pulmões estiver debilitado, a função de transmissão do intestino grosso será prejudicada resultando em constipação, que pode ser tratada efetivamente por meio da tonificação do *Qi* dos pulmões. Por outro lado, se o trânsito do conteúdo intestinal estiver impedido pelo excesso de calor no próprio intestino grosso, a descendência do *Qi* dos pulmões pode ser prejudicada, conduzindo a dispnéia e rigidez torácica. Neste caso, o uso de catárticos pode aliviar a disfunção respiratória.

III. O Baço e o Estômago

O baço e o estômago coordenam a digestão e a assimilação. Ambos são considerados a "raiz da constituição adquirida" e a "fonte da geração do *Qi* e do sangue". Na verdade, as características estão em oposição: o estômago "recebe" os alimentos, ao passo que o baço "distribui" a essência dos alimentos; o estômago "envia em descendência" o turvo (preliminarmente alimentos digeridos), enquanto que o baço "envia em ascendência" o límpido (nutrientes); o estômago é intolerante à secura, ao passo que o baço é intolerante à umidade. Precisamente por causa de suas propriedades funcionais contrárias, o estômago e o baço complementam-se e controlam-se mutuamente, de maneira que suas atividades fisiológicas possam ser mantidas em harmonia. Essa é a regra geral na coordenação dos dois órgãos, e a relação entre o estômago e o baço ilustra isso.

Patologicamente, o estômago e o baço influenciam-se mutuamente e em muitas alterações digestivas ambos são envolvidos. Na fitoterapia, os fitoterápicos tonificantes do estômago e do baço são sempre usados em combinação.

IV. O Baço e a Vesícula Biliar

O fígado secreta a bile como parte de sua função suavizante e a vesícula biliar estoca e elimina a bile. A coordenação dos dois órgãos tem um papel importante na digestão. Além disso, ambos os órgãos são relacionados às atividades psíquicas, principalmente para dar coragem e segurança.

Patologicamente, o fígado e a vesícula biliar influenciam-se um ao outro. Por exemplo, a Umidade-Calor invade ambos os órgãos, causando icterícia e gosto amargo na boca (sintomas da vesícula biliar) em conjunto com dor no hipocôndrio e distensão (estagnação do *Qi* do fígado).

V. Os Rins e a Bexiga

Os rins secretam a urina e a bexiga estoca-a e elimina. A função da bexiga é, de fato, controlada pelos rins e pode ser tida como parte da função destes. Principalmente na função reduzida da bexiga o tratamento é, geralmente, a tonificação dos rins.

CAPÍTULO 4

CAUSAS DAS PATOLOGIAS E DOS FATORES PATOGÊNICOS

Na MTC, as patologias são definidas como o processo de luta do Qi normal ou verdadeiro (resistência do organismo) contra o Qi patogênico (fatores patogênicos). Entre esses dois aspectos opostos, o primeiro é sempre enfatizado. Como declara o *The Canon of Medicine*, "se o Qi verdadeiro prevalece, o ataque do Qi patogênico nunca o supera". "Se o Qi patogênico invade o corpo, o Qi verdadeiro deve ser insuficiente". A ênfase sobre o Qi verdadeiro não significa que o Qi patogênico pode se negligenciado. Em alguns casos agudos, o Qi patogênico tem um papel determinante na ocorrência de uma patologia. Porém, há duas regras gerais de tratamento: uma consiste em fortalecer o Qi verdadeiro (resistência do corpo) e a outra consiste em dissipar o Qi patogênico (fatores patogênicos). Essas duas regras acima são sempre expressadas de um modo mais completo: "fortalecer o Qi verdadeiro de maneira a eliminar o Qi patogênico" e "dissipar o Qi patogênico de maneira a fortalecer o Qi verdadeiro". Isso indica que qualquer processo patológico deve envolver estes dois aspectos opostos: o Qi verdadeiro e o Qi patogênico.

Nesta conexão, podemos discutir agora as Síndromes de Deficiência. Na Medicina Chinesa, há um número de patologias ou síndromes caracterizadas por insuficiência da energia vital, atividades funcionais reduzidas ou deficiência das substâncias essenciais. São denominadas Síndromes de Deficiência. Ao se diagnosticar tais síndromes, provavelmente nenhum Qi patogênico é mencionado, a não ser que haja uma complicação posterior por causa de um ataque aparente do Qi patogênico. Porém, em uma Síndrome de Deficiência que não seja complicada, o Qi patogênico existe, embora somente em um sentido relativo. A teoria médica chinesa realça a adaptabilidade do corpo humano ao meio ambiente. Se o sistema funcional do corpo humano estiver em um estado de insuficiência, um acontecimento normal que ocorra no meio ambiente pode tornar-se um fator patogênico. Por exemplo, para uma pessoa com função deficiente do baço, uma dieta normal pode causar indigestão; para uma pessoa com deficiência do Qi do coração, atividades físicas moderadas conduzirão a dispnéia e palpitação; para uma pessoa com deficiência do Qi do pulmão, a mudança rápida de tempo pode provocar uma gripe. A dieta normal, atividades físicas moderadas e mudanças bruscas de tempo, certamente, não causam mal à saúde das pessoas, mas podem surtir esse efeito se houver uma dieta imprópria, excesso de trabalho e mudanças rápidas de temperatura em pessoas que têm condições de deficiência.

CAUSAS DA PATOLOGIA

De acordo com a discussão citada, as causas da patologia podem ser generica-mente divididas em duas categorias: invasão dos fatores patogênicos (*Qi* patogênico) e redução da resistência corporal (*Qi* verdadeiro). Genericamente, a patologia resulta nas três condições seguintes: (1) O fator patogênico é tão forte que penetra no corpo humano mesmo se o *Qi* verdadeiro estiver normal. (2) O *Qi* verdadeiro é tão debilitado que qualquer fator insignificante para uma pessoa normal pode tornar-se patogênico e causar uma patologia. (3) O *Qi* verdadeiro está debilitado e o fator patogênico é forte, de modo que a patologia é inevitável. Para concluir, a causa da patologia é sempre uma impossibilidade do *Qi* verdadeiro de impedir o ataque dos fatores patogênicos. Este conceito é de importância crucial no tratamento e na prevenção da patologia.

Outra questão importante é a causa da insuficiência do *Qi* verdadeiro. Esse *Qi* verdadeiro apresenta duas naturezas: inata (pré-natal) e adquirida (pós-natal). Antes de tudo, um defeito inerente pode causar insuficiência do *Qi* verdadeiro. Mas, na maioria dos casos, o *Qi* verdadeiro é prejudicado no pós-natal por vários fatores patogênicos. Por exemplo, uma dieta imprópria prolongada prejudica a função do baço, conduzindo à deficiência do *Qi* do baço; o excesso de relações sexuais consome a essência vital, resultando em deficiência do Yin dos rins. Portanto, os fatores patogênicos descritos abaixo causam condições de deficiência mesmo se não estiverem mais presentes.

Costumeiramente, os fatores patogênicos são classificados em duas categorias: externa ou exógena e interna ou endógena. Os fatores patogênicos exógenos referem-se, principalmente, às mudanças climáticas anormais e vários agentes infecciosos. As patologias causadas por esses fatores são coletivamente chamadas de "invasões exógenas". Os fatores patogênicos endógenos referem-se, principalmente, às emoções. As patologias causadas pelas mudanças emocionais excessivas ou persistentes são cha-madas de "feridas endógenas". Há outros fatores patogênicos, tais como trauma, dieta imprópria, excesso de trabalho, estresse mental e excesso de relações sexuais. Esses fatores são denominados não-exógenos e não-endógenos, mas, na verdade, também são exógenos ou endógenos. De maneira geral, a maioria dos casos de patologia exógena é aguda e infecciosa, e a maioria das agressões endógena, incluindo as causadas pelo excesso de trabalho, estresse mental e excesso de relações sexuais são crônicas, e não infecciosas. Mas há exceções, por exemplo: alguns casos de invasões exógenas podem ser crônicos, como as encontradas nas patologias infecciosas crônicas, e algumas agres-sões endógenas podem ser agudas, como aquelas que apresentam um desequilíbrio repentino do Yin e Yang durante um acesso de descontrole emocional.

FATORES PATOGÊNICOS

Os Seis Patógenos Exógenos

Os seis fatores patógenos exógenos referem-se, principalmente, às mudanças climáticas em excesso ou fora de hora. Eles são: Vento, Frio, Calor de verão, Umidade,

Secura e Fogo. A ocorrência deles é normalmente sazonal. Já que a maioria das patologias infecciosas é marcada pela epidemiologia sazonal, os fatores exógenos causados pelos seis patógenos exógenos também incluem as patologias infecciosas.

O clima muda sempre de tempos em tempos e o homem está adaptado a isso. Mas, se o clima se torna muito quente ou muito frio ou muda repentinamente, o indivíduo pode ficar doente devido a sua inadaptabilidade. Portanto, não há demarcação clara entre as mudanças climáticas normais ou anormais ou patogênicas ou não patogênicas. *The Canon of Medicine* afirma que um fator patogênico, tal como vento, chuva, frio ou calor é incapaz de causar obstrução, a não ser que haja insuficiência do *Qi* verdadeiro. "Isso porque as pessoas com boa resistência, mesmo que ocorra uma tempestade ou vento forte, não ficarão doentes". A mudança climática violenta e repentina não prejudicará indivíduos que tenham uma constituição forte, ao passo que aqueles com a constituição debilitada podem ficar doentes até mesmo com a mudança climática leve. Portanto, um médico não pode determinar a causa de uma patologia exógena por meio da simples observação das mudanças climáticas. Além disso, devido às limitações da ciência natural e da tecnologia nos tempos antigos, não havia meios laboratoriais de se descobrir os patógenos que causavam a patologia exógena, embora esta última inclua muitas infecções virais e bacterianas.

Neste contexto, duas questões devem ser, inicialmente, respondidas: (1) Qual a racionalidade da hipótese dos seis patógenos exógenos? (2) Na clínica médica, como podem ser determinados os fatores patogênicos nos pacientes com invasões exógenas?

Dedução por Analogia

A dedução por analogia era um meio comum de raciocínio na China antiga. A teoria dos Cinco Elementos na MTC é, de fato, baseada na analogia. Também é verdade a hipótese das causas das doenças, especialmente no conhecimento sobre os seis patógenos exógenos. Alguns pacientes que sofrem "ataques de vento"* apresentam, de fato, histórico de contato com correntes de vento, mas a maioria dos pacientes com Síndrome de Vento não tem esse histórico. O vento era tido como um dos fatores patogênicos por causa das similaridades entre os sintomas e o vento natural. Uma vez que o vento balança os ramos de uma árvore inclinando-os, a paralisia de Bell, caracterizada pela torção nos lados da face, costuma ser diagnosticada como Síndrome de Vento e acredita-se que seja causada pelo vento patogênico. Dentre os fenômenos naturais comuns, o vento é o mais provável de começar repentinamente e acalmar-se rapidamente. Por causa disso, as condições patológicas caracterizadas pelo início e término abruptos são consideradas Síndromes de Vento. Uma vez que as coisas podem ser movidas pelas rajadas de vento, as mudanças patológicas marcadas pelas características migratórias (por ex., artrite reumatóide aguda) também são atribuídas ao vento.

O raciocínio por analogia pode proporcionar um brilhante insight, mas não é uma linha lógica de pensamento. Uma dedução extraída de uma analogia necessita, sempre, de evidências adicionais para prová-la. Na MTC, o mais forte argumento para

---

* N. do T.: Na Medicina Chinesa o "ataque de Vento" corresponde ao acidente vascular cerebral.

as hipóteses da causa da patologia são os resultados do tratamento clínico, ou seja, todas as patologias acima mencionadas podem ser efetivamente tratadas pelos remédios que "dispersam o vento". Porém, pode-se concluir que todas essas condições patológicas devem ter um patógeno comum, ou um fator patogênico. Isso é mais importante do que argüir se o fator deve ser chamado de Vento ou não.

Determinação Clínica dos Fatores Patogênicos Exógenos

Nas agressões internas, o fator causal pode ser freqüentemente determinado pelo histórico da condição, levando em consideração fatores como excesso de trabalho ou aborrecimentos. Para as patologias exógenas, o histórico não ajuda muito. Por exemplo, a maioria dos pacientes com Síndrome de Vento não tem histórico de contato com correntes de vento. O caminho normal na determinação de um fator patogênico consiste em analisar os sintomas e os sinais. Isto é, de fato, parte do processo diagnóstico conhecido como diferenciação etiológica das síndromes. Em outras palavras, a determinação do fator patogênico e a diferenciação etiológica da síndrome na patologia exógena são praticamente a mesma abordagem. Na Medicina Ocidental moderna, uma vez localizado o patógeno, o diagnóstico etiológico pode ser averiguado. Mas, na MTC, o caminho reverso pode ser mais apropriado na maioria dos casos, isto é, uma vez que a diferenciação da síndrome é determinada, o fator patogênico pode ser reconhecido. Por exemplo, a artrite reumatóide: teoricamente, ela é causada pelo ataque combinado de vento, frio e umidade patogênicos, mas em um caso individual, um dos fatores patogênicos pode determinar um papel maior. Em alguns casos, principalmente naqueles com exacerbação aguda, o calor pode ser um fator patogênico. Se múltiplas articulações estão envolvidas, como na artralgia migratória acompanhada pela aversão ao vento e febre, o diagnóstico é a artrite-vento. Neste caso, o vento deve ser considerado um fator patogênico e a terapia "dispersora de vento" deve ser aplicada. Se a dor na articulação é severa e fixa, agravada pela exposição ao frio, aliviada pela aplicação de calor e não acompanhada de dor ou vermelhidão local, o diagnóstico é artrite-frio, o frio é considerado o maior fator patogênico e a terapia dispersora de frio é o principal tratamento. Se a dor na articulação é acompanhada por edema local e uma sensação de peso, com a língua do paciente apresentando uma cobertura oleosa e esbranquiçada, o diagnóstico é artrite-umidade. Neste caso, a umidade é considerada o fator patogênico maior e a terapia para eliminar a umidade deve ser aplicada. Se há exacerbação aguda da artrite com dor na articulação, vermelhidão e dor acompanhada de febre, sede, língua com saburra (ou cobertura) amarelada e pulso rápido, o diagnóstico é artrite-calor e o principal fator patogênico é o calor. A partir dos exemplos acima, nota-se nitidamente que o fator patogênico é determinado pela identificação da síndrome ou pelo padrão desta. Os termos utilizados para determinar os fatores patogênicos são os mesmos usados para as síndromes.

Os Seis Patógenos Endógenos

Outro tema intrigante consiste no fato de que algumas agressões endógenas podem ter sintomas ou sinais similares aos fenômenos naturais descritos acima, e termos como Vento, Calor, Umidade, Secura e Fogo são usados para determinar tanto as síndromes quando os fatores patogênicos. Como fatores patogênicos, não são exógenos e não apresentam relação direta com o clima. Na maioria dos casos, são produtos de outros processos mórbidos e, por sua vez, originam mudanças patológicas adicionais. Por exemplo, estresse prolongado pode consumir o Yin do fígado com preponderância Yang (como na hipertensão). Quando a preponderância Yang alcança um nível alto, pode haver crises de vertigem. Durante a crise, o paciente sente que sua cabeça está girando e que as coisas ao seu redor estão se movendo. Uma vez que os sintomas possuem características de vento, também constituem uma condição patológica que é chamada de Síndrome de Vento. Nestes casos, o vento não se origina no exterior, mas consiste em um produto do Yang altamente preponderante e, daí, endógeno. Para diferenciá-lo do vento patogênico do exterior, é chamado de Vento endógeno. Além do Vento endógeno, há frio, calor, umidade, secura e Fogo endógenos.

O Vento endógeno é diferente do Vento exógeno. Porque os chineses antigos não usavam termos diferentes para evitar confusão? Inicialmente, em algumas patologias endógenas os fatores patogênicos eram tidos como exógenos. Por exemplo, o acidente vascular cerebral era tido como uma patologia originada no Vento exógeno e foi, assim, chamado de "ataque de Vento". Posteriormente, descobriu-se que os acidentes vasculares cerebrais não estavam relacionados com o Vento exógeno, mas os médicos chineses, assim como os chineses em geral, continuaram usando o mesmo nome. Isso não só porque estavam acostumados à terminologia; os achados clínicos também podem ter desempenhado um papel nisso. O princípio geral no tratamento da Síndrome de Vento consiste em livrar-se do vento patogênico. Após inúmeras tentativas, um foi descoberto grande número de fitoterápicos, que possuem o efeito de eliminar ambos, Vento exógeno (no tratamento Vento exterior, rachadura cutânea por vento, atrite por vento e edema por vento) e Vento endógeno (no tratamento de convulsão, vertigem e alguns sintomas premonitórios de apoplexia, tais como parestesia dos membros). Isso é verdade para os outros patógenos, também. Os fitoterápicos prescritos para eliminar a Umidade exógena e a endógena e para aliviar a Secura exógena e endógena são quase sempre os mesmos.

Em resumo, embora os seis patógenos decorrentes das mudanças climáticas sejam tidos como fatores patogênicos de invasões exógenas, na verdade servem de guias para a classificação das síndromes, e a identificação das síndromes correspondentes é mais significante do que a determinação dos fatores patogênicos em si mesmos. Além disso, muitas síndromes que não são causadas por fatores patogênicos exógenos também são classificados sob os seis títulos. Portanto, é apropriado discutir os fatores patogênicos com suas síndromes correspondentes e a diferenciação entre as condições exógenas e endógenas.

I. Vento e Síndromes de Vento

1. As propriedades do vento e as características das Síndromes de Vento

Vento é ar em movimento. Geralmente aparece e some abruptamente, faz as coisas se moverem, balança os galhos das árvores e sopra mais forte nos topos das montanhas do que nas planícies. Sintomas ou patologias com características similares ao vento são tidas como resultantes do vento e são agrupados sob o título de Síndromes de Vento.

(1) Sintomas ou patologias com surgimento repentino e desaparecimento rápido, ou seja, casos leves de infecção respiratória superior ou rinite alérgica com espirros e coriza, que aparecem rapidamente ("Vento exterior"), urticária ("rachadura cutânea por Vento") e edema neurovascular.

(2) Patologias com lesões que se movem de um lugar para o outro, como artrite reumatóide com dores nas articulações migratórias ("artrite por Vento") e prurido cutâneo sem local fixo.

(3) Patologias generalizadas com sintomas marcantes na cabeça e na face, por exemplo, nefrite aguda com edema palpebral ("edema por Vento").

(4) Sintomas ou patologias caracterizadas por início repentino de movimentos involuntários anormais ou sensação de movimentos anormais, isto é, patologias marcadas por tremores, torções, convulsão ou vertigens, apoplexia com início repentino de hemiplegia ("ataque de Vento") e paralisia facial.

2. Diferenciação entre os Ventos exógeno e endógeno

As condições acima podem ser classificadas em duas categorias: Síndromes de Vento exógeno (tais como resfriado, artrite reumatóide aguda e reações alérgicas) e Síndromes de Vento endógeno (tais como convulsão, vertigens e acidente vascular cerebral). No que diz respeito à paralisia, pode ser causada por Vento exógeno, como a paralisia de Bell, ou por Vento endógeno, como o acidente vascular cerebral.

O Vento exógeno como fator patogênico surge externo ao corpo humano em uma estação climática. Geralmente, invade o trato respiratório superior (como na rinite alérgica), a pele (como no prurido cutâneo) e os meridianos (como na artrite migratória e paralisia de Bell).

O Vento endógeno origina-se dentro do corpo humano, sendo decorrente, geralmente, da disfunção do fígado. O fígado controla os tendões (os movimentos dos membros). A disfunção do fígado pode levar ao distúrbio do movimento em alguma parte do corpo, tais como hemiplegia e movimentos involuntários dos membros. A preponderância do Yang do fígado pode causar vertigem ou mesmo desmaios. Como declara o *The Canon of Medicine*, as "Síndromes de Vento caracterizadas por convulsões e vertigens, são, na maior parte, decorrentes de alguma disfunção do fígado".

Porém, a diferenciação dos Ventos exógeno e endógeno depende, principalmente, de qual órgão está envolvido. O envolvimento dos pulmões (incluindo a superfície corporal) e dos meridianos indicam Vento exógeno, ao passo que o envolvimento dos outros órgãos internos, particularmente o fígado, sugere Vento endógeno.

II. Frio e Síndromes de Frio

1. As propriedades do frio e as características da Síndrome de Frio

O frio é uma mudança climática comum no inverno, mas pode ocorrer em qualquer estação do ano. Na Medicina Chinesa, as seguintes propriedades do frio são realçadas: o frio faz as coisas se contraírem e congelarem, dando condições de prejudicar o Yang

Qi (consome a energia do calor). Os sintomas agrupados sob o título da Síndrome de Frio são:

(1) Frio com membros frios. O calafrio, uma sensação desconfortável de frio, é subjetivo, ao passo que os membros frios podem ser detectados por outros. A sensação de frio pode ser generalizada por todo o corpo ou localizada em uma parte dele, como costas, abdome ou articulação.

(2) Rigidez da articulação (ou das articulações) com contratura. Está sempre associada com dor, como na artrite reumatóide e em outras artropatias.

(3) Estagnação do *Qi* e do sangue decorrente do efeito congelante do frio, manifestada por dor severa agravada por exposição ao frio e aliviada com o calor.

2. Diferenciação entre os frios exógenos e endógenos.

Os sintomas de frio acima podem resultar tanto do Frio exógeno quanto do Frio endógeno. A diferenciação geralmente é fácil de ser feita, porque o Frio exógeno causa uma patologia aguda que envolve a parte superficial do corpo, como no frio comum ou estágios precoces de outras infecções, ao passo que o Frio endógeno é sempre decorrente da deficiência de Yang após um período de desarmonia dos órgãos *Zang Fu*, principalmente os rins. Dentre os órgãos *Zang Fu*, o baço e o estômago podem ser diretamente afetados pelo Frio exógeno, resultando em dor abdominal com vômito e diarréia; mas um início agudo é útil para a diferenciação entre a patologia exógena e o Frio endógeno. A artrite crônica agravada pelo clima frio não é muito difícil de ser vista. Neste caso, o Frio exógeno deve ser considerado, mas se a patologia é prolongada, a desarmonia de alguns órgãos *Zang Fu*, principalmente os rins, é inevitável.

O sintoma mais comum de Síndrome de Frio é o calafrio. O calafrio, em uma Síndrome de Frio Exógeno, principalmente se ocorrer no início de uma patologia infecciosa, não pode ser aliviado com o uso de roupas pesadas e ambiente aquecido, ao passo que o calafrio resultante do metabolismo do calor decrescente nas Síndromes de Frio endógeno pode ser facilmente aliviado com a aplicação de calor.

III. Umidade e Síndromes de Umidade

1. Propriedades da umidade e características da Síndrome de Umidade

A umidade da atmosfera e o meio ambiente úmido podem causar patologias, porém, mais freqüentemente as Síndromes de Umidade são endógenas devido à disfunção dos órgãos *Zang Fu*, especialmente o baço, que produz umidade dentro do corpo. Como um fator patogênico, a umidade pode causar sintomas ou patologias que possuam essas características, ou, pode-se dizer que os sintomas ou patologias com essas características são atribuídos à umidade. Os sintomas ou patologias seguintes indicam Síndromes de Umidade.

(1) Patologias persistentes com outras manifestações indicam a presença de umidade. Como a umidade torna as coisas pegajosas, em uma patologia causada por umidade, o paciente acha difícil livrar-se do fator patogênico e o tratamento da patologia é prolongado.

(2) A alteração da função do baço. Acredita-se que o baço é intolerante à umidade. A umidade está apta a prejudicar as funções de transporte e transformação do baço resultando em anorexia, diarréia ou edema.

(3) Peso na cabeça (como se ela estivesse amarrada firmemente), corpo e membros: sintoma patognomônico da patologia da umidade.

(4) Mudanças patológicas caracterizadas por eliminação turva, tais como leucorréia, urina turva e exsudação das lesões da pele.

(5) Sintomas devidos à obstrução do fluxo normal do *Qi*, tais como sensação de inchaço no tórax, dispnéia, tosse com expectoração quando os pulmões são afetados pela umidade, distensão epigástrica ou abdominal, anorexia, náusea, vômito e diarréia quando a umidade é acumulada no baço e no estômago.

2. Diferenciação entre Umidade exógena e endógena

A diferenciação entre as Síndromes de Umidade exógena e endógena não é sempre fácil. É de bom senso diagnosticar um caso de patologia exógena se a síndrome apresenta um início agudo após exposição à umidade (por exemplo, ficar na chuva) com sintomas que envolvem o exterior do corpo, tais como febre e calafrio, cefaléia, como se a cabeça estivesse firmemente amarrada, e dor e edema com uma sensação de peso nas articulações. Porém, se os órgãos *Zang Fu* estão envolvidos, a diferenciação pode tornar-se difícil. De modo geral, as Síndromes de Umidade exógenas são mais ou menos agudas, com sintomas de umidade que ocorrem antes de outras manifestações de disfunção dos órgãos *Zang Fu*, ao passo que as Síndromes de Umidade endógena são geralmente crônicas, com sintomas de umidade que ocorrem após a presença de outras manifestações que indicam a disfunção dos órgãos *Zang Fu*.

IV. Secura e Síndromes de Secura

1. Propriedades da secura e características das Síndromes de Secura

Ataques de secura geralmente ocorrem nas estações secas. Têm a capacidade de prejudicar os fluidos corporais, resultando em uma série de sintomas de secura, particularmente nos pulmões, manifestada por nariz, garganta e tosse secos.

A deficiência dos fluidos corporais decorre de outras causas, tais como insuficiência de ingestão de fluidos, vômito profuso, diarréia severa, transpiração excessiva, hemorragia maciça, febre alta, doenças debilitantes crônicas, e a administração excessiva de drogas aquecedoras e dessecantes também causam uma Síndrome de Secura endógena, mas não exógena.

2. Diferenciação entre as Securas exógenas e endógenas

A Síndrome de Secura exógena ocorre no clima seco, caracterizada por secura do trato respiratório superior, que é diretamente exposto a ambiente seco.

Em uma Síndrome de Secura endógena não é difícil identificar a causa da deficiência de fluidos, já que isso decorre da ingestão insuficiente ou perda excessiva. As manifestações clínicas não estão confinadas ao trato respiratório, mas são geralmente generalizadas, tais como pele enrugada e constipação, boca e lábios secos e sede.

V. Calor de Verão e Síndromes de Calor de Verão

Calor de Verão é um fator exclusivamente climático (exógeno) que afeta o corpo humano. Causa hipertermia ou insolação manifestada por irritabilidade, confusão mental, sede e febre alta. Nos casos severos, devido à exaustão dos fluidos corporais e do *Qi*, haverá perda de consciência e membros frios.

No calor, o clima quente é geralmente associado a umidade elevada. Não é raro encontrar patologias por calor de verão juntamente com umidade. A síndrome consiste em febre e sede, acompanhadas por uma sensação de peso nos membros, inchaço no tórax, náusea e aumento da freqüência intestinal.

VI. Fogo[1] (ou Calor) e Síndromes de Fogo (ou Calor)

O Fogo e o Calor pertencem à mesma categoria de fatores patogênicos. Eles diferem principalmente em grau. Calor como fator patogênico decorrente do clima é chamado de Calor de verão, como já abordado acima. De acordo com o modo tradicional do pensamento na Medicina Chinesa, síndrome com manifestações similares ao calor ou Fogo no mundo natural é chamada de Síndrome de Calor ou de Fogo. Certamente, as Síndromes de Calor e Fogo não se referem a insolação ou queimadura. Na verdade, constituem um número de patologias ou mudanças patológicas causadas por patógenos microbianos. Devido à ausência de técnicas científicas modernas, os médicos chineses antigos só podiam presumir a existência de fatores patogênicos que causavam patologias infecciosas ou inflamatórias, mas não eram capazes de identificar os patógenos microbianos individuais, de modo que esses patógenos são coletivamente denominados Calor ou Fogo.

1. Propriedades do Fogo (ou Calor) e características das Síndromes de Fogo (ou Calor)

(1) Calor consiste em temperatura alta e Fogo em calor intenso. Então, a característica mais comum do Calor ou Fogo é a temperatura corporal alta, tanto no aspecto geral quanto local. No caso do Fogo, o calor é acompanhado por vermelhidão.

(2) O Fogo tende a queimar em ascendência. Clinicamente, o Fogo ou o calor intenso pode perturbar as atividades mentais, causando insônia, irritabilidade, delírio ou consciência afetada.

(3) O Fogo ou o calor evapora os fluidos. Clinicamente, uma Síndrome de Fogo ou Calor é sempre acompanhada do consumo dos fluidos corporais manifestada por sede, secura da garganta e da língua, micção de urina concentrada ou insuficiente e constipação.

(4) O Calor extremo cria o Vento. As convulsões podem ocorrer durante a febre alta. Além disso, o Fogo ou o Calor pode danificar os vasos sanguíneos, resultando em hemorragia.

---

1. A palavra "Fogo" na MTC apresenta muitas conotações. Outros fatores patogênicos – Vento, Frio, Umidade, Secura e Calor podem apresentar duplo significado. São os nomes dos fatores patogênicos e também os nomes das síndromes que imitam os fenômenos naturais correspondentes. São utilizados somente no sentido patológico. Mas a palavra "Fogo" tem os dois sentidos, fisiológico e patológico. Mesmo em seu sentido fisiológico, "Fogo" apresenta um duplo significado: refere-se ao Calor na teoria dos Cinco Elementos e também ao Yang do rim como o Fogo no portão vital. Este último é mais significativo, provavelmente, que o anterior. Quando dizemos "Fogo gera Terra", queremos dizer que o Fogo vital, e não o Calor (Fogo), promove a função do baço (Terra). Na terminologia das condições patológicas, a palavra "Fogo" pode ser utilizada em seu sentido patológico ou fisiológico. Na síndrome "declínio do Fogo vital", o Fogo está no aspecto fisiológico, mas em *Liu-Huo* ou "fluindo Fogo", o termo médico chinês para erisipelas na perna, ou em síndromes como "combustão do Fogo do coração", o Fogo está no sentido patológico. Portanto, a palavra "Fogo" apresenta muitos significados diferentes além do fator patogênico. Seu significado real só pode ser extraído do contexto.

2. Diferenciação entre o Fogo exógeno e o endógeno (ou Calor)

As invasões exógenas decorrentes do Calor ou Fogo são freqüentemente caracterizadas por febre alta ou inflamação aguda, acompanhada de sede, rubor facial, vermelhidão nos olhos, lábios secos, saburra na língua de cor amarela e seca e pulso rápido e cheio. Tal condição é chamada de "Calor ou Fogo do tipo excesso" (ou "excesso de Calor" ou "excesso de Fogo").

As Síndromes de Calor endógeno ou Fogo derivadas da desarmonia do *Qi* e do sangue ou do consumo da essência geralmente apresentam um início gradual e um ritmo prolongado. Há somente febre baixa com uma sensação de calor no tórax, palmas das mãos e solas dos pés acompanhadas de rubor malar, sudorese noturna, língua sem saburra e pulso filiforme e rápido. Tais síndromes são chamadas de "Calor ou Fogo do tipo deficiência" (ou deficiência de Calor ou de Fogo).

Porém, o excesso de Fogo pode ocorrer também nas patologias endógenas, principalmente quando o fígado ou o coração é perturbado por influências emocionais ou estresse mental.

Apêndice: Patógenos Tóxicos

O conceito de patógenos tóxicos foi desenvolvido após a hipótese dos seis patógenos exógenos. Nos casos severos de Calor e Fogo e, algumas vezes, nas agressões da Umidade, os pacientes estavam tão gravemente doentes que o tratamento comum utilizado para remover aqueles fatores patogênicos não ajudava muito. Isso sugeria uma virulência alta dos patógenos. Acreditava-se que os patógenos continham certas substâncias tóxicas e eram, assim, denominados Calor, Fogo e Umidade tóxica. Depois de repetidos erros e acertos, descobriu-se que os fitoterápicos denominados "desintoxicantes de calor" eram efetivos para tratar esses patógenos tóxicos.

É interessante observar que a pesquisa moderna tem descoberto que alguns desintoxicantes de calor apresentam, realmente, propriedades que neutralizam as toxinas bacterianas (incluindo endotoxinas) experimentalmente e apresentam um efeito terapêutico para a toxemia nas infecções bacterianas graves.

Patógenos Pestilentos

Patógenos pestilentos são aqueles que causam infecções epidêmicas ou fulminantes tais como peste, cólera, difteria, encefalite epidêmica, meningite epidêmica, escarlatina, caxumba e disenteria fulminante.

As Sete Emoções

Emoções são sentimentos ou reações mentais aos estímulos. Geralmente, não causam patologias. Somente quando uma emoção repentina, violenta ou prolongada excede a gama normal das atividades fisiológicas é que há perturbação do *Qi* e do equilíbrio entre o Yang e o Yin, e a coordenação harmoniosa do *Qi* e do sangue fica prejudicada e as patologias aparecem.

Na Medicina Chinesa, as emoções são classificadas nas sete categorias seguintes, a saber, Alegria, Fúria, Preocupação, Ansiedade, Medo e Pavor. Podem, além disso, fundir-se em cinco: Alegria, Raiva, Ansiedade, Tristeza e Medo, relacionados ao coração, fígado, baço, pulmões e rins, respectivamente. *The Canon of Medicine* afirma que "a Raiva danifica o fígado", "Alegria excessiva prejudica o coração", "Ansiedade prejudica o baço", "Tristeza danifica os pulmões" e "Medo danifica os rins". As emoções danificam os órgãos internos devido aos distúrbios do *Qi*. "A Alegria excessiva torna o *Qi* do coração lento", "A Raiva torna o fluxo do *Qi* reversamente em ascendência", "A Ansiedade torna o *Qi* do baço diminuído", "A Tristeza consome o *Qi* dos pulmões", e "O Medo faz o *Qi* dos rins afundar". Portanto, emoções diferentes podem causar diferentes distúrbios do *Qi*, resultando em desarmonias nos diferentes órgãos *Zang Fu*.

Na prática clínica, porém, as relações entre as emoções e os órgãos *Zang Fu* correspondentes não são absolutas e exclusivas. A partir de um ponto de vista holístico, qualquer mudança emocional excessiva pode exercer um impacto sobre os múltiplos órgãos internos. "Isso é enfatizado no *The Canon of Medicine*: "O coração é o dominador de todos os órgãos *Zang Fu* [...] Emoções como tristeza, preocupação e ansiedade são sentimentos provocados no coração, mas que interferirão em todos os órgãos *Zang Fu*."

Dentre os cinco órgãos *Zang*, o coração controla o sangue e abriga a mente, o fígado estoca o sangue e regula o fluxo do *Qi*, e o baço, situado no aquecedor médio, serve de pivô da ascendência e descendência do *Qi*, assim como de fonte da formação do *Qi* e do sangue. Uma vez que as emoções causam patologias devido ao distúrbio da coordenação harmoniosa do *Qi* e do sangue, as desarmonias internas causadas pelas emoções envolvem, freqüentemente, o coração, o fígado e o baço. Por exemplo, preocupação e ansiedade geralmente causam uma condição de deficiência tanto no coração quanto no baço, manifestada por insônia, sono com distúrbios de sonhos, anorexia, distensão abdominal, aumento da freqüência intestinal e lassidão. A raiva é capaz de danificar o fígado, causando estagnação do *Qi* ao longo do meridiano do fígado, manifestada por distensão no hipocôndrio e freqüentes suspiros. Se o *Qi* estagnado conduzir também à estase de sangue, haverá dor no hipocôndrio e formação de massa abdominal ou dismenorréia e outras alterações menstruais nas mulheres.

Além do distúrbio do *Qi* e do sangue, as mudanças patológicas causadas pelas emoções podem ser transformadas em Fogo, tais como Fogo excessivo no coração e combustão ascendente do Fogo do fígado. Estas síndromes serão abordadas em detalhes no Capítulo 6 sob o título da " A Diferenciação das Síndromes".

Um ponto que vale ser enfatizado é que na Medicina Chinesa as emoções são consideradas fatores patogênicos, mas não os estímulos que conduzem às reações emocionais. Isso é de grande significância para a prevenção das patologias. Para evitar os efeitos prejudiciais das emoções não se aconselha fugir da realidade, mas cultivar o bom caráter e exercitar o autocontrole para distrair a mente das emoções desagradáveis.

Dieta Inadequada

A ingestão inadequada de alimentos com raiva excessiva e excessos na ingestão é uma causa comum de disfunção do baço e do estômago. Entregar-se, constantemente, a uma dieta rica e gordurosa pode produzir Calor interno, tornando o indivíduo apto a contrair infecções patogênicas. Alimentos contaminados causam patologias gastrintestinais.

A preferência por certos alimentos também pode ser prejudicial à saúde. Por exemplo, a preferência por alimentos extremamente frios pode prejudicar o Yang do baço e do estômago, causando formação de Frio-Umidade endógena, manifestada por diarréia crônica e dor abdominal. A preferência por alimentos quentes e condimentados pode causar um acúmulo de Calor no estômago e intestinos, provocando sede, distensão epigástrica, dor abdominal, constipação ou hemorróidas.

A preferência por determinados sabores pode, também, ser evitada. Acredita-se que cada tipo de sabor apresenta uma afinidade para determinado órgão *Zang*, a saber, azedo para o fígado, amargo para o coração, doce para o baço, pungente para os pulmões e salgado para os rins. A preferência prolongada por determinados sabores pode causar funcionamento excessivo ao órgão correspondente, resultando em alterações. Por exemplo, a preferência por doces pode causar obstrução no baço e no estômago, causando regurgitação ácida.

Fadiga e Ausência de Exercícios Físicos

O estresse e a tensão excessiva, principalmente por um longo período, podem causar várias patologias. Por exemplo, a tensão e o aborrecimento podem danificar o coração e o baço, provocando amnésia, insônia, sono com distúrbios de sonhos, anorexia, distensão abdominal e aumento da freqüência intestinal.

A ausência de exercícios físicos também é prejudicial para a saúde. *The Canon of Medicine* afirma que: "deitar-se na cama durante todo o dia prejudica o *Qi*". Isso provoca a debilidade da força, com as funções de baço e estômago prejudicadas, ou resulta em obesidade com palpitação e dispnéia mesmo durante exercício moderado.

Sexo Excessivo

A essência vital é considerada a mais valiosa substância na construção do corpo humano e na manutenção das atividades da vida. Ela é estocada nos rins e, portanto, chamada de essência dos rins. A essência reprodutiva é uma porção importante da essência dos rins. O sexo excessivo pode consumir a essência dos rins, provocando alterações sexuais tais como hipossexualidade, impotência e ejaculação precoce, debilidade generalizada, apatia, tontura e zumbido auditivo.

Muco e Retenção dos Fluidos

Tanto o muco quanto a retenção de líquidos são produtos patológicos do metabolismo prejudicado da água. Sua formação está intimamente relacionada à disfunção dos pulmões, baço e rins. O acúmulo de uma quantidade excessiva de água nos tecidos subcutâneos e nas cavidades torácicas e abdominais origina edema, hidrotórax e ascite, respectivamente.

Se o fluido excessivo se acumula em uma determinada parte do corpo e condensa, forma-se o muco. O muco afeta os pulmões e causa tosse, asma e expectoração do muco. Além disso, o muco pode produzir uma variedade de síndromes ou patologias, além das alterações respiratórias. Retido no coração, perturba a função mental normal e conduz à consciência prejudicada ou epilepsia, e em combinação com o Fogo causa mania. Retido no estômago, origina náusea, vômito e plenitude no epigástrio. Retido nos meridianos, bloqueia o fluxo normal de *Qi* e de sangue, causando parestesia nos membros nos casos suaves e paralisia nos mais graves. Retido subcutaneamente, transforma-se em massas ou nódulos, como nódulos linfáticos edemaciados. As patologias acima mencionadas parecem não ter relação uma com as outras, mas são todas atribuídas ao muco e agrupadas sob a categoria de Síndromes de Muco. Isto teve várias explanações nos livros antigos, como "patologias raras são principalmente decorrentes do muco", "muco é turvo e espesso, de modo que pode impedir o fluxo normal do *Qi* em vários órgãos internos". Porém, a explanação mais convincente encontra-se, provavelmente, no efeito terapêutico, a saber, várias Síndromes de Muco podem ser todas tratadas com a terapia dispersora de muco.

Estase de Sangue

A estase de sangue refere-se ao sangue extravasado ou retido dentro do vaso sanguíneo quando a circulação está prejudicada. É um produto patológico, mas, por sua vez, serve como fator patogênico que causa uma grande variedade de mudanças patológicas.

1. Formação do sangue estagnado:

(1) Trauma. O termo "sangue estagnado" era inicialmente usado na traumatologia para indicar extravasamento com equimose, já que o sangue extravasado interrompe o fluxo.

(2) Alterações do *Qi*. O *Qi* é uma força dinâmica do fluxo do sangue. Tanto a estagnação do *Qi* quanto a deficiência podem causar a parada do fluxo sanguíneo (estase de sangue).

(3) Frio e Calor patogênicos. A ação de congelamento pelo frio é uma causa comum de formação de sangue estagnado. O calor patogênico que invade diretamente o sangue pode induzir à coagulação do sangue.

2. Características clínicas das mudanças patológicas causadas pela estase de sangue

As mudanças patológicas causadas pela estase de sangue apresentam manifestações diferentes de acordo com a localização. Por exemplo, se o vaso sanguíneo estiver envolvido, ocorre dor precordial com palpitação cardíaca e uma sensação de inchaço no tórax; se o estômago estiver envolvido, há dor epigástrica com vômito com sangue e passagem de sangue ou fezes; se o útero estiver envolvido, dismenorréia e outras alterações menstruais são encontradas. De modo geral, as mudanças patológicas causadas pela estase de sangue apresentam as seguintes características clínicas:

(1) Dor. Há uma máxima na Medicina Chinesa: "Quando há obstrução, há dor". A estase de sangue é resultado do fluxo obstruído do sangue e pode induzir, ainda, uma obstrução do fluxo sanguíneo. Então, a dor é uma característica comum. A dor causada pelo sangue estagnado é, geralmente, dor com características de pontada ou agulhada, fixa em um local e acompanhada de algia local.

(2) Formação de tumores. A estase prolongada do sangue pode induzir a formação de tumores. A massa formada na gravidez ectópica é um exemplo típico. Hepatomegalia, esplenomegalia e mioma uterino são, acredita-se, todos causados pela estase prolongada do sangue ou associados a ela.

(3) Descoloração púrpura.

(4) Hemorragia. O bloqueio do fluxo do sangue pode induzir o vazamento do sangue dos vasos sanguíneos, resultando em hemorragia. O sangramento é, geralmente, de cor escura misturado com coágulos sanguíneos.

CAPÍTULO 5

MÉTODOS DE EXAME

O registro do histórico da situação e o exame clínico são os principais métodos de coleta de dados para a elaboração do diagnóstico. Na MTC, o primeiro é chamado de "investigação" e o exame clínico inclui inspeção, ausculta, olfato e palpitação. Geralmente, a inspeção ocorre primeiro, no exame, porque tem início assim que o médico olha para o paciente. Embora os métodos de exames utilizados na Medicina Chinesa sejam muito similares aos usados na Medicina Ocidental, há muitas diferenças na escolha dos pontos-chave e na consideração de seu significado clínico. Por exemplo, perguntar ao paciente se ele quer beber quando sente sede raramente acontece com o médico praticante da Medicina Ocidental, mas é uma pergunta importante na Medicina Chinesa. Na Medicina Ocidental, a medida do pulso é realizada principalmente no exame do Sistema Cardiovascular, mas na Medicina Chinesa é usado para obter informações sobre todos os órgãos *Zang Fu*. Neste capítulo, somente os pontos específicos para o exame de diagnóstico na Medicina Chinesa serão abordados com detalhes.

INSPEÇÃO

I. Inspeção do *Shen* (Vitalidade)

Shen é uma manifestação genérica das atividades da vida. Aqui, é traduzido como vitalidade. Clinicamente, a condição de vitalidade pode ser determinada pelo exame abrangente da compleição, expressão, postura, fala e consciência. A expressão dos olhos do indivíduo fornece, geralmente, a mais importante informação sobre a condição da vitalidade, porque acredita-se que a essência vital e a energia de todos os órgãos *Zang Fu* encontram-se dentro dos olhos.

De um modo geral, a condição da vitalidade pode ser classificada em três níveis: cheio de vitalidade, falta de vitalidade e falsa vitalidade.

1. Cheio de vitalidade: se o paciente está consciente, com os olhos brilhando com vigor radiante e movimentando-se livremente, fala nítida com respostas rápidas e comportamento natural e ágil, ele está cheio de vitalidade sem deterioração grave dos órgãos *Zang Fu*, e o prognóstico, geralmente, é bom.

2. Falta de vitalidade: o paciente com falta de vitalidade é apático, com olhar lento, reações vagarosas, respiração debilitada ou mesmo delírio. Isso indica que o paciente está gravemente debilitado, com prognóstico pobre.

3. Falsa manifestação da vitalidade: um paciente com debilidade crítica pode apresentar um repente de atividade no instante antes da morte. Isso é habitualmente chamado de "flash de lucidez do moribundo".

II. Inspeção da Compleição

A cor natural e lustrosa da pele, principalmente da face, deve ser cuidadosamente averiguada. O brilho da pele reflete a condição geral dos órgãos internos. Uma face enrugada e emagrecida sugere a deterioração da essência vital e da energia. A mudança da cor da pele proporciona a informação sobre o processo patológico e sobre o órgão envolvido.

1. Palidez: a face pálida ou quase sem coloração é freqüentemente observada em pacientes com deficiência de *Qi* ou perda de sangue. A palidez indica suprimento inadequado de sangue. Como o *Qi* direciona o fluxo sanguíneo, a deficiência do *Qi* conduz à ineficiência do suprimento de sangue na face e resulta na palidez, da mesma forma que a deficiência de sangue faz. Mas, há diferença entre as compleições das duas condições: na deficiência de sangue, a face apresenta aspecto pálido e amarelado, ao passo que a deficiência de *Qi* na face tem aspecto pálido e brilhoso.

2. Aspecto amarelado: a aparência amarelada da pele e da esclera é um sinal de icterícia. Isso ocorre geralmente devido à obstrução do baço ou fígado e vesícula biliar pela Umidade. A aparência amarelada brilhante indica Calor-Umidade, e a aparência amarelada opaca indica Frio-Umidade. A compleição amarelada sem a descoloração da esclera não é sinal de icterícia. Ela sugere função diminuída do baço.

3. Coloração vermelha: rubor facial indica presença de Calor. Isso ocorre em ambos os casos: nas condições de excesso e deficiência. Se o Calor é do tipo excesso, a face inteira fica ruborizada; se o calor é do tipo deficiência, haverá somente rubor malar à tarde. Este último geralmente aparece com uma patologia debilitante crônica.

4. Coloração azul: a descoloração azulada da pele é freqüentemente observada nas Síndromes de Frio, dor severa, estase de sangue e convulsão. Em todos os casos, a descoloração azulada ocorre devido ao retardamento do fluxo sanguíneo.

5. Cor escura: a cor escura da pele ou da compleição é geralmente observada nos casos crônicos e severos de estase de sangue e Síndrome de Deficiência de Frio devido ao declínio do Yang dos rins. No primeiro, a pele não somente é escura, como também enrugada e seca. Na última, a cor escura pode envolver todo o corpo ou aparecer principalmente ao redor dos olhos.

III. Inspeção da Estrutura Física e dos Gestos

Uma pessoa bem desenvolvida e bem nutrida, com músculos fortes, geralmente apresenta uma boa constituição. O desenvolvimento pobre com físico debilitado indica uma constituição fraca. Mas, uma pessoa obesa com músculos flácidos, dispnéia e pouca força "está com o físico completo, mas com ausência de energia", e sofre, com freqüência, de deficiência do *Qi* ou insuficiência do baço. Emagrecimento com pele pálida, seca e caída é um sinal de deficiência de Yin e sangue.

Algumas alterações podem ser reconhecidas imediatamente por meio da observação da postura do paciente, modo de andar e movimentos. Se um paciente deitado na cama move-se agitadamente e não gosta de se cobrir, então ele sofre, provavelmente, de Síndrome de Excesso de Calor. Se o paciente está deitado na cama, parado, e prefere se cobrir muito, provavelmente apresenta uma Síndrome de Deficiência de Frio. Pacientes com tosse e dispnéia, sentados com a cabeça virada para cima sugerem uma Síndrome de Excesso nos pulmões com acúmulo de muco; sentados com a cabeça virada para baixo indica, freqüentemente, uma Síndrome de Deficiência dos pulmões ou fracasso dos rins no auxílio aos pulmões na respiração. A hemiplegia decorrente do acidente vascular cerebral, o balançar da cabeça devido ao vento do fígado, o edema das articulações com dificuldade de locomoção resultante da artrite e a perda normal do poder de locomoção devido à paralisia podem ser descobertos por meio da inspeção.

IV. Inspeção da Cabeça

1. Cabelo: cabelo espesso e brilhante indica abundância do *Qi* dos rins. Cabelos murchos e ralos é um sinal de deficiência da essência vital e do sangue. Cabelos que se tornam grisalhos precocemente podem ser devidos à deficiência do *Qi* dos rins se este aspecto grisalho for acompanhado de sintomas de deficiência dos rins, ou devido ao estresse mental com obstrução do sangue se este aspecto grisalho for acompanhado de sintomas de deficiência do coração.

2. Os olhos: embora os olhos sejam considerados as janelas do fígado, estão, de fato, relacionados com todos os órgãos internos. Como afirma o *The Canon of Medicine*, "a essência vital e o *Qi* de todos os órgãos *Zang Fu* despejam-se dentro dos olhos e tornam-se a essência vital deles". Portanto, a vitalidade é refletida na expressão dos olhos e a informação sobre as mudanças dos órgãos internos do indivíduo também pode ser obtida pela inspeção dos olhos.

De acordo com a hipótese dos Cinco *Orbiculi*, os olhos podem ser divididos em cinco partes: pálpebras, canto, branco dos olhos, preto dos olhos e pupila refletem, respectivamente, a condição do baço, coração, pulmões, fígado e rins. A vermelhidão do canto é atribuída ao Fogo do coração, a vermelhidão do branco dos olhos é atribuída ao Fogo do pulmão, vermelhidão, edema e inflamação das pálpebras são atribuídos ao Fogo do baço, edema e vermelhidão de todo o globo ocular são atribuídos ao Fogo do fígado, e catarata com obstrução da visão indica deficiência dos rins.

3. Ouvidos: uma hélix bem formada e espessa indica abundância do *Qi* dos rins, ao passo que a hélix fina e pequena pode indicar deficiência do *Qi* dos rins. A hélix enrugada é sinal de consumo extremo do Yin dos rins, e a atrofia da hélix é um sinal da exaustão do *Qi* em um caso crítico. Hélix enrugada e seca é observada nos casos crônicos de estase de sangue.

4. Nariz: a descoloração do nariz pode dar pistas úteis para um diagnóstico. A descoloração azulada é freqüentemente observada nos casos severos de dor abdominal, a descoloração amarelada indica a presença de Calor-Umidade, palidez do nariz pode ser por perda de sangue, nariz avermelhado é sinal de Calor no baço e pulmões, coloração cinza do nariz sugere retenção de líquidos.

5. Lábios, dentes e gengivas: uma pessoa normal apresenta lábios brilhantes que indicam abundância de *Qi* do estômago e harmonia entre o *Qi* e o sangue. Lábios pálidos são normalmente observados em pacientes com deficiência de sangue ou deficiência de ambos, sangue e *Qi*. Lábios vermelho-escuro e secos são causados por Calor e lábios rachados pelo consumo dos fluidos corporais. Lábios cianóticos sugerem Frio ou estase de sangue.

Os dentes são considerados miudezas dos ossos. Como os rins estão no comando dos ossos, os dentes podem refletir a condição dos rins. Dentes limpos, brancos e brilhantes indicam abundância do *Qi* dos rins e dos fluidos corporais. Dentes amarelados e secos, na patologia febril, sugerem Calor exuberante com obstrução dos fluidos corporais. Se os dentes são secos como ossos sem vida, o Yin dos rins está exaurido. Ranger os dentes durante o sono ocorre, na maior parte das vezes, devido ao Calor interno e à retenção de alimentos mal-digeridos. Gengivas edemaciadas e macias com ou sem hemorragia indicam Calor excessivo no estômago. Mas, a hemorragia que ocorre em gengivas sem dor nem inflamação decorre, freqüentemente, de deficiência do *Qi* ou deficiência do Yin dos rins com Fogo endógeno.

V. Inspeção da Língua

A inspeção da língua é um dos métodos mais importantes de diagnóstico na Medicina Chinesa. A língua reflete a condição dos órgãos internos, e sua saburra fornece informações sobre fatores patogênicos bem como do *Qi* do estômago. Recentemente, a observação da veia sublingual também foi incluída na inspeção da língua.

Divisão da língua: a língua é normalmente dividida nas seguintes partes: ponta, meio, raiz e bordas, que revelam mudanças patogênicas do coração e pulmão, baço e estômago, fígado e vesícula biliar e rins e bexiga, respectivamente. Por exemplo, a ponta da língua escarlate sugere Fogo exuberante no coração, bordas vermelhas e brilhantes indicam Calor no fígado e na vesícula biliar, retenção de alimentos mal-digeridos no estômago causa saburra espessa e oleosa particularmente proeminente na parte central da língua.

(I) Observação do Corpo da Língua

1. Cor

A cor normal da língua é vermelha clara e umedecida. As mudanças seguintes na coloração da língua são freqüentemente observadas nas condições patológicas.

(1) Língua pálida: a língua menos vermelha do que o normal decorre, freqüentemente, da deficiência do sangue, *Qi* ou Yang. Como o fluxo do sangue é dirigido pelo *Qi*, na deficiência do *Qi* ou Yang o suprimento de sangue na língua é inadequado, de maneira que se torna pálida, como na deficiência de sangue. A língua pálida decorrente da deficiência de sangue normalmente não é acompanhada de mudança da na forma ou tamanho. Na deficiência do *Qi*, a língua não somente é pálida, como também aumentada de volume e flácida devido ao edema do tecido. Na deficiência de Yang, que é geralmente acompanhada pela Síndrome de Frio, a língua é pálida e mais úmida do que o normal.

(2) Língua avermelhada: a língua mais vermelha do que o normal indica calor patogênico tanto do tipo excesso quanto do tipo deficiência. A língua avermelhada decorrente da Síndrome de Calor do tipo excesso é geralmente acompanhada de saburra amarela, enquanto que a Síndrome de Calor do tipo deficiência apresenta uma saburra fina ou parecida com a pele e com fissuras. De acordo com os estudos modernos, uma língua avermelhada decorre, na maior parte das vezes, de metabolismo acelerado com dilação dos capilares e fluxo sanguíneo aumentado.

(3) Língua escarlate: a vermelhidão profunda da língua indica calor intenso. Nas patologias febris exógenas, a língua escarlate acompanhada de saburra amarela indica que o sistema Yin está envolvido. De acordo com os estudos modernos, isso decorre não só do metabolismo acelerado com dilação dos capilares, como também está relacionado ao aumento das papilas fungiformes, que contêm mais laços capilares com fluxo sanguíneo acelerado causado pelas toxinas em uma infecção grave.

A língua escarlate é, também, freqüentemente encontrada na deficiência Yin com Calor endógeno, mas neste caso a língua é seca e enrugada, sem saburra ou com saburra escassa. Isso decorre do metabolismo acelerado, acompanhado de atrofia e degeneração das glândulas salivares menores.

(4) Língua púrpura: púrpura indica estase de sangue, Calor ou Frio extremos. A cor púrpura costuma cobrir toda a língua, ou só as bordas ou a ponta. Não raro é acompanhada de pontos roxos, equimose e varicose da veia sublingual. Clinicamente, a língua púrpura é observada em pacientes com patologias do fígado, da vesícula biliar, do coração e tumores malignos. De acordo com os estudos modernos, isso decorre principalmente da congestão venosa, fluxo sanguíneo lento e hipóxia. A congestão da veia cava ou portal desacelera o fluxo sanguíneo e a troca de gases dos tecidos, de modo que a hemoglobina oxidada diminui e a hemoglobina reduzida é aumentada, tornando o sangue escuro e a língua púrpura. A língua púrpura é geralmente acompanhada de distúrbios microcirculatórios severos, tais como aumento dos vasos pequenos com fluxo sanguíneo lento, agregação das células de sangue e até mesmo extravasamento. Na hipóxia, o sangue apresenta coloração acentuadamente escura. Foi demonstrado, por meio de experimentos com animais, que a coloração da língua é geralmente proporcional ao grau da hipóxia. Quanto maior o grau de hipóxia, maior a coloração púrpura da língua. Revelou-se, também, que os pacientes com língua púrpura apresentam, geralmente, fragilidade capilar elevada, aumento da agregação plaquetária, viscosidade sanguínea alta e outras mudanças hematológicas. Em pacientes com câncer, a quimioterapia bem-sucedida geralmente conduz à diminuição considerável da coloração púrpura, assim como dos índices hematológicos. Portanto, a observação da língua pode servir como um indicador para a avaliação do efeito terapêutico no tratamento do câncer.

2. O formato da língua

(1) Volume aumentado da língua: a língua aumentada e flácida é geralmente pálida e acompanhada de marcas de dentes nas bordas, indicando deficiência do *Qi* do baço ou Yang dos rins. Isso é freqüentemente causado pela diminuição da proteína plasmática com edema do tecido. Distúrbios no metabolismo da água com edema podem também resultar em língua aumentada. A língua aumentada é pressionada contra os dentes, de modo que se formam marcas nas bordas.

A língua edemaciada, avermelhada e dolorida decorre de sua própria inflamação.

(2) Língua fina: a língua fina é menor e mais fina do que a normal. Se a coloração for pálida, indica deficiência de *Qi* e sangue. A língua fina, seca e de cor vermelho-escuro é uma manifestação de deficiência do Yin com Fogo hiperativo. Pesquisas atuais têm

demonstrado que a língua fina está relacionada ao suprimento inadequado de sangue ou ausência de fluidos corporais.

(3) Língua enrugada: uma língua seca e enrugada indica consumo de fluidos corporais. Se for de coloração vermelha escura, os fluidos corporais são consumidos pelo Calor excessivo. Pesquisas atuais têm demonstrado que o enrugamento da língua ocorre devido à diminuição da secreção da saliva ou conteúdo insuficiente de água na saliva, e isso pode ser considerado uma manifestação precoce de desidratação de causas diversas.

(4) Língua rachada: listras irregulares ou rachaduras na língua indicam consumo de fluidos corporais por Calor excessivo se a coloração da língua for vermelha escura. Nos casos mais graves, as rachaduras aparecem, geralmente, sobre a língua enrugada. Também indicam deficiência de sangue se a língua for pálida. Porém, língua rachada pode estar presente em uma pessoa normal. Neste caso, as rachaduras não são profundas e permanecem na língua sem modificações. A formação das listras ou rachaduras está relacionada à atrofia da mucosa da língua ou fusão das papilas linguais.

(5) Língua espinhosa: as papilas fungiformes sobre a superfície da língua tornam-se edemaciadas com aspectos de espinhos. Uma língua vermelha e espinhosa indica acúmulo de Calor patogênico no interior do corpo. Quanto mais severo o Calor patogênico mais edemaciados e profusos serão os espinhos. A língua espinhosa é formada pela atrofia dos botões linguais e pela esfoliação das células cornificadas. Em tais casos, as papilas fungiformes aumentam muito em número.

3. Movimento da língua

(1) Língua torta: a língua virada para um lado quando é colocada para fora é freqüentemente observada na apoplexia.

(2) Língua rígida: a língua rígida não tem flexibilidade e apresenta dificuldade para se projetar, com retrações e encolhimentos. As patologias febris exógenas indicam invasão do pericárdio por Calor, retenção de muco turvo no interior ou Calor patogênico excessivo que consome os fluidos corporais. As patologias não febris indicam sinal de apoplexia.

(3) Língua flácida: uma língua flácida apresenta debilidade de movimento e indica freqüentemente deficiência do *Qi* e do sangue, se for de coloração pálida. A língua pálida e vermelha escura pode ser observada no consumo extremo dos fluidos Yin.

(4) Língua trêmula: o tremor na língua é freqüentemente observado no Vento endógeno ou intoxicação por álcool. Se a língua é pálida, o tremor decorre, geralmente, da deficiência do *Qi* e do sangue com Vento endógeno devido à deficiência de sangue. Se a língua é vermelha escura, o tremor é resultante do Vento do fígado ou Vento produzido por Calor extremo. Se a língua é vermelha púrpura e o tremor só ocorre quando é colocada para fora, sugere intoxicação por álcool.

(II) Observação da saburra da língua

Ao observar a saburra da língua, deve-se dar atenção a sua espessura e coloração. Uma pessoa saudável apresenta uma camada fina de saburra esbranquiçada, moderadamente úmida. Quanto mais espessa a saburra, mais profundos os fatores patogênicos. A coloração da saburra da língua indica a natureza dos fatores patogênicos

– branca para Frio e amarela para Calor. Além disso, a formação da coberta da língua está relacionada à função do estômago. Nenhuma saburra será produzida se o Qi e o Yin do estômago estiverem exauridos. Portanto, a observação da saburra da língua pode fornecer informação sobre a natureza e a localização dos fatores patogênicos, bem como a condição do Qi e do Yin do estômago.

De acordo com os estudos modernos, a aparência da saburra da língua depende das mudanças funcionais e estruturais das papilas filiformes e fungiformes da língua.

1. Qualidade da saburra da língua

(1) Saburra espessa *versus* saburra fina: a saburra da língua é considerada fina se o corpo da língua puder ser visto, e espessa se não puder ser claramente visto. A espessura da saburra geralmente fornece informações importantes sobre a severidade dos fatores patogênicos e a progressão das condições patológicas. No caso da patologia exógena no início do estágio, quando o fator patogênico somente invadir a porção superficial do corpo, a saburra geralmente é fina. Junto com o aprofundamento do fator patogênico a saburra da língua torna-se espessa. A retenção de umidade, muco ou alimentos no interior também produz uma saburra espessa da língua. De modo geral, o engrossamento da saburra indica eliminação do fator patogênico e, portanto, alivia a condição patogênica. Porém, o desaparecimento repentino e total da saburra pode indicar alguma coisa diferente.

(2) Saburra úmida *versus* saburra seca: a umidade da saburra da língua fornece informações sobre a condição dos fluidos corporais. Uma saburra normal da língua é úmida e brilhante, mas não escorregadia. A saburra seca da língua indica o consumo dos fluidos corporais. Se a superfície da língua é excessivamente úmida, a saburra tem aparência escorregadia, e isso decorre, geralmente, do surgimento de água e umidade.

(3) Saburra pegajosa e flocada: a saburra é pegajosa se coberta por uma camada turva de uma substância oleosa fina difícil de ser removida. Uma saburra pegajosa é freqüentemente observada na retenção de umidade e muco e na retenção de alimentos. Uma saburra flocada é áspera, frouxa e espessa, parecida com uma camada de coalhada e facilmente removida. Isso reflete retenção de alimentos não digeridos no estômago.

(4) Saburra da língua descascando: a língua com aspecto de mapa é conhecida como língua geográfica. Isso indica consumo de Qi e Yin do estômago ou parasitose intestinal. A língua geográfica, porém, pode ter pouca significância clínica se já estiver presente por muitos anos sem nenhuma mudança. Se a língua descasca toda a saburra, deixando sua superfície com aspecto de espelho, é conhecida como língua lustrosa. A língua lustrosa é um sinal de exaustão do Yin do estômago e de dano severo do Qi do estômago, principalmente quando o descascamento aparece repentinamente no desenvolvimento da patologia.

2. Coloração da saburra da língua

(1) Saburra branca: uma saburra branca e fina é normal. Nas condições patológicas, a saburra branca indica frio. Uma saburra branca e fina é observada na Síndrome de Frio Endógeno, ao passo que a saburra branca e espessa ocorre na Síndrome de Frio

Exógeno. Se a saburra branca e espessa é oleosa, indica umidade/muco. Uma vez que a saburra reflete a existência de fatores patogênicos, se a Síndrome de Frio Endógeno é do tipo deficiente, a saburra da língua é branca e fina.

(2) Saburra amarela: uma saburra amarela geralmente indica Calor no interior do corpo. Quanto mais escuro o amarelo, mais severo o Calor patogênico. Calor intenso com obstrução dos fluidos corporais produz uma saburra amarela e seca. O acúmulo de Umidade-Calor é freqüentemente, refletido por meio da saburra amarela e oleosa.

(3) Saburra cinza: uma saburra cinza indica uma síndrome interior que envolve tanto Calor quanto Frio-Umidade. Se a saburra cinza for tingida de amarelo e seca, isso significa Calor excessivo e consumo dos fluidos corporais. Saburra esbranquiçada e úmida implica retenção de Frio-Umidade, muco ou fluido dentro do corpo.

(4) Saburra preta: uma saburra preta é, freqüentemente, a conseqüência da piora da saburra cinza. Está geralmente presente em estágios severos da patologia e indica Calor extremo ou Frio excessivo no interior do corpo. Se a saburra preta for amarelada e seca, com possíveis espinhos, isso significa Calor extremo com consumo dos fluidos corporais. Uma saburra preta, pálida e escorregadia implica frio excessivo devido à deficiência de Yang.

De acordo com os estudos modernos, a formação de uma saburra branca e espessa decorre, principalmente, de mudanças da papila filiforme. Nas pessoas saudáveis, as substâncias estranhas entre as papilas filiformes e epitélio esfoliado e queratinizado são varridas pela saliva, alimentos ou líquidos. A saburra da língua é, portanto, fina e branca. Nos pacientes em que a "autolimpeza" da língua é obstruída por causa da ingestão decrescente de alimentos e líquidos, secreção inadequada da saliva e pouca mastigação para o mecanismo de remoção da saburra da língua, há prolongação das papilas filiformes com acúmulo de detritos, formando uma saburra espessa e branca.

Se as papilas filiformes hiperqueratinizadas estão aumentadas, misturadas com epitélio esfoliado, leucócitos, bactérias e fungos e acumuladas sobre uma saburra espessa e branca, esta será oleosa.

Uma saburra amarela da língua é freqüentemente observada nas inflamações com febre ou indigestão grave. Nos casos de inflamação, há aumento de queratinização e ramificação das papilas filiformes com acúmulo de uma grande quantidade de bactérias e exsudato inflamatório. Diversas bactérias patogênicas podem ser cultivadas na saburra amarela. Portanto, ela é formada pelo exsudato inflamatório, acúmulo de células inflamadas e crescimento de certas espécies de bactérias. Nas patologias digestivas há, geralmente, queratinização nítida e generalizada das papilas sobre as quais uma camada absorvida e precipitada de conteúdo gástrico regurgitado forma a saburra amarela. A espessura da saburra é diretamente proporcional à quantidade de substâncias regurgitadas e à severidade do distúrbio digestivo.

AUSCULTAÇÃO

Auscultação, na Medicina Chinesa, inclui, principalmente, ouvir a voz do paciente e os sons da respiração, tosse, eructação e soluço.

I. A Voz

Algumas pistas para o diagnóstico podem ser obtidas por meio da escuta da voz do paciente. Um paciente com uma Síndrome de Deficiência de Frio fala, geralmente, com a voz debilitada. Rouquidão pode decorrer do ataque aos pulmões pelos patógenos exógenos ou devido à deficiência dos fluidos corporais.

II. Respiração

1. Respiração astênica: a fraqueza na respiração é geralmente decorrente da deficiência do *Qi*.

2. Respiração áspera: uma respiração enérgica e áspera é geralmente decorrente da presença do calor excessivo.

3. Respiração curta: a respiração é curta e rápida, mas não devido a atividades físicas. Isso é devido, com freqüência, à deficiência do *Qi* do pulmão, mas também pode ocorrer nos casos de excesso de retenção de líquidos no tórax ou estagnação do *Qi* no epigástrio ou abdome.

4. Dispnéia sem chiado: a dificuldade na respiração pode ser acompanhada de alargamento das narinas e retesamento das partes moles do pescoço, mas sem chiado. Isso pode ocorrer tanto nas condições de deficiência (deficiência do pulmão ou *Qi* dos rins) ou nas condições de excesso (excesso de calor nos pulmões). Nos casos de deficiência, a respiração tem som debilitado, ao passo que nos casos de excesso o som da respiração é alto e áspero.

5. Dispnéia com chiado (asma): a dispnéia produz um som de chiado, como durante um ataque agudo de asma, principalmente por causa da invasão dos patógenos exógenos em pessoas com retenção insidiosa de muco.

III. Tosse

Uma tosse com som abafado é, freqüentemente, devido ao Frio-Umidade. A tosse com som claro indica Calor-Secura, principalmente quando a tosse não está associada a expectoração. Tosse com som fraco e respiração curta é sinal de deficiência de *Qi* do pulmão. Na tosse da coqueluche há uma série de tosses curtas com intensidade progressiva, e após uma inspiração profunda, um som arfado, como o choro de uma garça. (A tosse da coqueluche também é chamada de "tosse da garça" na Medicina Chinesa.)

IV. Eructação e Soluço

Ambos são sintomas que indicam fluxo reverso do *Qi* do estômago. Soluço associado a um som agudo, curto e alto decorre, geralmente, do excesso de Calor; soluço com som baixo, prolongado e debilitado indica deficiência por Frio. Soluço persistente que ocorre no caso crônico pode ser um sinal de deterioração do *Qi* do estômago, com um prognóstico ruim. Eructação geralmente ocorre após uma refeição pesada que resulta em indigestão, desarmonia do fígado e do estômago ou função diminuída do estômago.

V. Suspiro

Suspiro freqüente é um sintoma de estagnação do *Qi* do fígado causado por distúrbios emocionais, principalmente depressão.

OLFATO

Sentir o odor do paciente, seu comportamento e suas secreções e excreções pode ser uma referência para o diagnóstico. O odor azedo da boca do paciente é um sinal de indigestão. Respiração com mau odor indica a presença de Calor nos pulmões ou estômago. O odor repugnante é sempre proporcionado pela eliminação cancerosa.

INTERROGATÓRIO

Os médicos chineses, tradicionalmente, utilizam um padrão de interrogatório para obter o histórico do paciente. Este padrão de interrogatório foi, inicialmente, recomendado por Zhang Jiebin (1563-1640) e revisado por Chen Xiuyuan (1753-1823). É chamado de "dez questões". Na verdade, são questões sobre dez aspectos: 1. calafrio e febre; 2. sudorese; 3. cefaléia e dores no corpo; 4. micção e evacuação; 5. apetite; 6. sensação no tórax e no abdome; 7. audição; 8. sede; 9. patologias antigas; e 10. causa da patologia atual. Além disso, devem ser feitas perguntas sobre a eficácia da medicação ingerida e, para as mulheres, sobre a menstruação.

I. Interrogatório sobre Calafrio e Febre

Ambos referem-se a sintomas subjetivos na MTC. Se o paciente reclama de calafrio e febre, os seguintes pontos devem ser esclarecidos: (1) Ocorrência de ambos ou de calafrio ou febre, isoladamente; (2) Severidade do calafrio e da febre; (3) Tempo da ocorrência; (4) Tempo de persistência; (5) Sintomas concomitantes.

1. Calafrio junto com a febre

No início de uma patologia exógena, o calafrio e a febre são as manifestações principais da Síndrome Interior. Na Síndrome Interior de Vento-Frio, o calafrio é mais severo do que a febre, ao passo que na Síndrome Vento-Calor, o calor é mais severo que o calafrio. O calafrio é uma patologia exógena caracterizada por sensação persistente de frio no paciente, mesmo que use mais roupas e se aqueça em uma fonte de calor.

2. Calafrio sem febre

Calafrio sem febre é geralmente devido à deficiência por frio nos pacientes com deficiência de Yang. A sensação de frio é aliviada quando o paciente usa mais vestimentas e se aquece junto a uma fonte de calor.

3. Febre sem calafrio

Febre sem calafrio indica Calor no interior e pode ser dividida nos seguintes padrões:

(1) Febre alta: febre alta persistente com desejo pelo frio e aversão ao calor indicam Síndrome de Excesso de Calor. Geralmente, a febre é acompanhada de sudorese e sede.

(2) Febre em ondas: a febre aparece em horas determinadas do dia, geralmente à tarde, de modo que surge e desaparece como uma onda. A febre em ondas é dividida em três padrões:

Febre em ondas devido à deficiência do Yin: é caracterizada pela sensação de calor no tórax, palmas das mãos e solas dos pés, freqüentemente acompanhada de sudorese noturna, rubor malar, garganta seca e língua avermelhada com apenas uma saburra fina.

Febre em onda devido à Umidade-Calor: a febre aparece às tardes, sendo caracterizada por seu retrocesso, a saber, o calor na pele do paciente pode somente ser sentido pelo médico após a palpação prolongada. Neste caso, acredita-se que a febre é obscurecida pela Umidade patogênica.

Febre em ondas na patologia Yang Ming[1]: a febre aparece no final da tarde, acompanhada de dor abdominal e pontos dolorosos à pressão, constipação, pulso profundo e forte, língua espinhosa com saburra amarela e seca. Este tipo de febre é causado por acúmulo de calor patogênico no estômago e no intestino grosso.

(3) Febre baixa: febre baixa prolongada pode ser decorrente de deficiência de Yin, deficiência de Qi ou depressão. Deficiência de Yin sempre conduz à preponderância relativa do Yang, resultando em febre e outras manifestações como às descritas acima. A deficiência de Qi pode, também, ser a causa persistente da febre baixa quando o Yang Qi não pode ser normalmente distribuído por todo o corpo, sendo retido na porção superficial. A febre baixa decorrente da deficiência do Qi é agravada pelo trabalho físico e acompanhada de sudorese espontânea e lassidão. Ocasionalmente, a deficiência de Qi pode causar, também, febre alta.

(4) Períodos alternados de calafrio e febre: se os períodos não ocorrem em horas determinadas, sendo acompanhados de sensação de plenitude e sufoco nas regiões torácica e subcostal, gosto amargo na boca, secura na garganta, anorexia e pulso em corda, isso indica uma síndrome metade Interior e metade Exterior, ou seja, os patógenos exógenos invadem, mas não alcançam o interior do corpo, de modo que o Qi verdadeiro luta contra o Qi patogênico entre o interior e o exterior. Se o período surge em horas determinadas ou mesmo de dois em dois ou três em três dias, isso caracteriza outro tipo de síndrome metade Exterior e metade Interior, como se observa na malária.

II. Interrogatório sobre a Sudorese

1. Sudorese na Síndrome Interior

Na Síndrome Interior, as perguntas sobre a sudorese podem fornecer informações sobre as características do patógeno e da condição do Qi defensivo.

(1) Síndrome Interior sem sudorese acompanhada mais por calafrios que febre, cefaléia e pulso flutuante e tenso. É uma síndrome de ataque de Vento-Frio.

(2) Síndrome Interior com sudorese: se for acompanhada por aversão ao frio e pulso flutuante e relaxado, é uma Síndrome Interior de Deficiência (deficiência de Qi defensivo); se for acompanhada de febre moderada com calafrio leve, cefaléia, dor de garganta e pulso flutuante e rápido, é uma Síndrome de Vento-Calor.

2. Sudorese na Síndrome Interior

(1) sudorese espontânea: sudorese espontânea diurna que não é causada por atividade física ou excesso de roupas, freqüentemente acompanhada de lassidão ou fraqueza, é um sinal de deficiência de Qi. Se acompanhada de sintomas associados ao

---

1. O meridiano Yang Ming da mão é o meridiano do intestino grosso, e o Yang Ming do pé é o meridiano do estômago. Portanto, Yang Ming refere-se tanto ao intestino grosso quanto ao estômago. Além disso, o estômago pode não se limitar à porção digestiva abaixo do esôfago e às vezes refere-se a todo o trato gastrintestinal.

frio, como aversão ao frio e membros frios, a sudorese espontânea ocorre por causa da deficiência de Yang.

(2) Sudorese noturna: a sudorese que ocorre durante o sono e se interrompe imediatamente após o paciente acordar é freqüentemente decorrente de deficiência de Yin. Pode estar acompanhada de febre em onda e rubor malar. Seu mecanismo é explicado da seguinte forma: durante o sono, quando o *Qi* defensivo superficial vai para o interior, de maneira que os poros não podem se fechar firmemente, o Calor endógeno decorrente da deficiência de Yin "evapora" os fluidos corporais e os elimina como suor. Quando o paciente acorda, o *Qi* defensivo que controla os poros retorna à superfície e a sudorese cessa.

(3) Sudorese profusa: isso pode ocorrer nos casos de excesso de Calor com febre alta, rubor facial, sede intensa e pulso muito aumentado. Em tal caso, o fluido é "evaporado" pelo Calor intenso que surge do interior para as superfícies, sendo eliminado como suor. Mas, se o paciente apresenta sudorese fria e profusa acompanhada de palidez, membros frios e pulso com percepção debilitada, pode surgir colapso ou choque.

3. Sudorese localizada

Em alguns pacientes, a sudorese anormal está localizada na cabeça, em um lado do corpo, nas palmas ou nas solas. A sudorese confinada na cabeça ocorre, freqüentemente, por presença de Calor patogênico no triplo aquecedor ou acúmulo de Umidade-Calor no aquecedor médio. Se a sudorese na cabeça ocorre após a recuperação de uma patologia grave ou em um paciente idoso com dispnéia, isso indica um estado de deficiência. Se isso ocorre repentinamente em um estágio tardio de uma patologia grave, pode ser sinal de um colapso iminente. A sudorese em um lado do corpo ou, de maneira mais precisa, a ausência de sudorese no outro lado do corpo, como se observa na hemiplegia, decorre da obstrução dos meridianos e colaterais, resultando em anidrose. A hiperidrose nas palmas das mãos e solas é freqüentemente relacionada à disfunção do baço no transporte dos fluidos, de modo que os fluidos extras alcançam as palmas e as solas e são eliminados como suor.

III. Interrogatório sobre Cefaléia e Dores no Corpo

1. Cefaléia

O meridiano afetado pode ser identificado de acordo com a localização da cefaléia. A cefaléia frontal está relacionada com o meridiano Yang Ming do pé (estômago), cefaléia temporal está relacionada com o meridiano ShaoYang do pé (vesícula biliar), cefaléia occipital está relacionada com o meridiano TaiYang do pé (bexiga) e a cefaléia no vértice está relacionada com o meridiano JueYin do pé (fígado).

As propriedades da síndrome podem ser determinadas de acordo com as características da cefaléia. Em um ataque agudo, severo e contínuo com duração curta, a cefaléia é, geralmente, decorrente de patologia exógena e pertence à Síndrome de Excesso. Se a cefaléia envolve a nuca e o paciente é avesso ao vento, o fator patogênico é, na maior parte das vezes, parecido com o Vento-Frio. Se o paciente é avesso ao calor e apresenta rubor facial e olhos avermelhados, ele está afetado, provavelmente, por Vento-Calor. A cefaléia acompanhada de sensação na cabeça, com se tivesse uma faixa apertada, é um sintoma de Vento-Umidade.

A cefaléia crônica intermitente é, na maior parte das vezes, uma afecção endógena e pertence à Síndrome de Deficiência. Se a cefaléia persiste por um longo período, sendo agravada pelo excesso de trabalho, decorre da deficiência de *Qi*. Cefaléia acompanhada de tontura e palidez é um sintoma de deficiência de sangue. Cefaléia com uma sensação de vazio na cabeça e debilidade nos membros inferiores é um sintoma de deficiência dos rins.

2. Dor torácica

A dor torácica está freqüentemente associada a alterações do coração e dos pulmões, ambos situados no tórax. Os fatores patogênicos comuns são Yang *Qi* deficiente, *Qi* e sangue estagnado, muco turvo, Calor e Fogo.

A dor torácica com febre, tosse e dispnéia resulta, freqüentemente, do Calor nos pulmões. A dor torácica com febre agitada, sudorese noturna ou hemoptise sugere deficiência de Yin nos pulmões com Calor endógeno, como acontece na tuberculose. A dor torácica sem localização definida acompanhada de distensão e aliviada por suspiro geralmente decorre da estagnação do *Qi*. Ataques de dor precordial no ombro ou braços são decorrentes, geralmente, do Frio que congela os vasos do coração ou estase de sangue, assim como se observa nas patologias coronárias do coração com angina pectoris. A dor precordial persistente severa acompanhada de sudorese fria indica estagnação do *Qi* e do sangue com declínio do Yang *Qi*, como ocorre no enfarte do miocárdio.

3. Dores intercostais e no hipocôndrio

A região intercostal e do hipocôndrio são locais cruzados pelos meridianos do fígado e da vesícula biliar. A dor nessas regiões decorre, na maior parte das vezes, à obstrução tanto dos dois meridianos quanto do *Qi* ou do sangue estagnado, Umidade-Calor ou Yang exuberante.

4. Dor epigástrica

A região epigástrica é o local onde se situa o estômago. A dor epigástrica decorre, geralmente, da disfunção do estômago, tal como Frio ou Calor no estômago, retenção de alimentos não digeridos ou agressão do estômago pelo *Qi* do fígado.

5. Dor abdominal

Na Medicina Chinesa, o abdome é comumente dividido em três regiões: abdome superior (porção acima da cicatriz umbilical), porção inferior (porção abaixo da cicatriz umbilical) e região ilíaca. O abdome superior está relacionado ao baço e ao estômago, o inferior está relacionado aos rins, vesícula biliar, intestinos e útero, e a região ilíaca é o local atravessado pelo meridiano do fígado.

A dor abdominal pode ser observada em muitas Síndromes de Excesso, tais como ataques de Frio, acúmulo de Calor, estagnação do *Qi*, estase de sangue, retenção de alimentos não digeridos e parasitose. Isso também pode ser notado nas condições de deficiência, tais com deficiência do *Qi*, do sangue e deficiência por frio (Deficiência de Yang).

6. Dor lombar

A região lombar é a casa dos rins. A dor lombar do tipo deficiência é, geralmente, decorrente de alterações dos rins. Mas isso também pode ser observado nas condições de excesso, tais como obstrução dos meridianos e colaterais por Vento patogênico, Frio e Umidade ou por estase de sangue.

7. Dor nos membros

Tanto a dor nas articulações quanto as dores musculares nos membros são resultantes do fluxo obstruído do *Qi* e do sangue por invasão de Vento patogênico, Frio e Umidade. A dor no calcanhar (que não é causada por lesão local), que algumas vezes irradia para a região lombar, é um sintoma patognomônico de deficiência dos rins.

8. Características da dor

O interrogatório sobre as características da dor é útil na diferenciação de suas causas e mecanismos. A dor em distensão é característica da estagnação do *Qi*; a dor em facada decorre geralmente da estase de sangue, e a dor surda e contínua é observada nas condições de deficiência.

Os pontos dolorosos à pressão também devem ser examinados. A dor com pontos dolorosos à pressão é, geralmente, uma dor do tipo excesso, ao passo que a dor que pode ser aliviada por meio da pressão é do tipo deficiência.

IV. Interrogatório sobre o Apetite e Gustação

1. Apetite

O apetite depende das funções do baço e do estômago. A perda de apetite em um caso crônico é, geralmente, decorrente da debilidade do baço e do estômago. A ingestão decrescente de alimentos acompanhada de plenitude torácica, distensão no abdome e língua com saburra oleosa é observada nos distúrbios do baço por causa da Umidade. A polifagia com fome freqüente é um sinal de Fogo exuberante do estômago. A fome sem o desejo de ingerir alimentos indica deficiência do Yin do estômago.

2. Gustação

A ausência de gosto na boca decorre, na maior parte das vezes, da função decrescente do baço e do estômago.

O gosto doce na boca sugere acúmulo de Umidade-Calor no baço e no estômago.

O gosto azedo na boca é freqüentemente observado nos casos de indigestão.

O gosto amargo na boca indica a presença de calor excessivo, principalmente no fígado e na vesícula biliar.

O gosto salgado na boca é, geralmente, decorrente da deficiência dos rins.

V. Interrogatório sobre a Sede e Ingestão de Líquidos

A sede indica a diminuição dos fluidos corporais. De modo geral, pacientes com excesso de Calor sentem sede e preferem líquidos frios. Se o paciente não tem sede e não gosta de ingerir líquidos, provavelmente sofre de Síndrome de Frio. Nos casos de retenção interna da umidade ou muco, o paciente sente sede, mas ingere somente pequenas quantidades de água.

VI. Interrogatório sobre o Sono

As mudanças anormais do sono incluem insônia e sonolência. A insônia pode decorrer da deficiência do Yin e do sangue com preponderância do Yang, que perturba a mente, ou do muco-Fogo, ou da retenção de alimentos, o que interfere no sono. A dificuldade para adormecer acompanhada de um desconforto, sonhos vívidos, sudorese noturna, dores nas costas e membros inferiores debilitados decorre da descoordenação do coração e dos rins. A fraqueza anormal acompanhada de palpitação, apetite prejudicado, fraqueza e língua pálida indica deficiência tanto do sangue do coração quanto do *Qi* do baço. A insônia, associada à distensão epigástrica, eructação e língua com saburra oleosa e espessa, está relacionada à retenção de alimentos não digeridos.

A sonolência é, freqüentemente, causada pela debilidade do baço com acúmulo de muco-umidade que obstrui a energia e a essência absorvida dos alimentos em ascendência para a cabeça.

VII. Interrogatório sobre a Micção e a Evacuação

1. Micção

A poliúria freqüentemente resulta da debilidade do *Qi* dos rins, que é incapaz de manter o fluido. A oliguria pode decorrer ou do consumo dos fluidos corporais ou da disfunção dos rins com inadequada formação de urina a partir dos fluidos corporais.

A freqüência e a urgência na micção, micção com dor e em gotas são manifestações comuns do acúmulo de Umidade-Calor na bexiga na fase aguda.

Incontinência urinária e enurese noturna são atribuídas à deficiência do *Qi* dos rins.

2. Evacuação

Constipação: escassez ou dificuldade na evacuação pode decorrer tanto da insuficiência dos fluidos intestinais quanto do retardamento do trânsito no intestino grosso. Se isso ocorrer em um paciente com febre alta acompanhada de distensão abdominal, língua avermelhada e saburra de coloração amarelada e seca, é caso de excesso de Calor com obstrução dos fluidos intestinais. Se um paciente com constipação estiver pálido, gostar de líquidos quentes e apresentar um pulso profundo e lento, sofre de "constipação fria", isto é, o *Qi* intestinal fica estagnado devido ao Frio acumulado. Um paciente com constipação que apresente língua avermelhada, saburra escassa e pulso filiforme e rápido possui deficiência de fluidos Yin no intestino. A constipação após uma patologia crônica em pacientes idosos ou após o parto geralmente é decorrente da deficiência do *Qi* e dos fluidos. A deficiência do *Qi* provoca a incapacidade de evacuação e a ausência do fluido torna a evacuação difícil.

Diarréia: as causas da diarréia são multifatoriais, incluindo o ataque exógeno por Umidade-Frio ou Umidade-Calor, dificuldade do baço na retenção dos alimentos não digeridos, função diminuída do baço, deficiência do Yang dos rins para aquecer o baço e ataque ao baço por estagnação do *Qi* do fígado. Perguntas detalhadas podem fornecer algumas pistas para o diagnóstico. A passagem de fezes aquosas acompanhadas de calafrios e febre indica, com freqüência, ataque exógeno de Umidade-Frio. A diarréia com odor fétido e sensação de queimação no ânus é causada, geralmente, por Umidade-Calor. A passagem de fezes fétidas ou ácidas sugere indigestão. A diarréia crônica acompanhada de distensão abdominal, apetite prejudicado e compleição amarelada significam debilidade do baço. A diarréia diária antes do amanhecer é um sintoma típico de deficiência do Yang dos rins. A diarréia imediatamente após o início de dor abdominal, mas sem alívio da dor após a evacuação é observada nos ataques ao baço pelo *Qi* estagnado do fígado. A passagem freqüente de fezes com sangue e muco ocorre como resultado da disenteria.

VIII. Interrogatório sobre a Menstruação e a Leucorréia

1. Menstruação

(1) Ciclo menstrual: se o ciclo menstrual estiver encurtado em mais de sete dias, isso é chamado de "menstruação adiantada" e resulta, geralmente, do Calor que impulsiona o fluxo sanguíneo, ou da deficiência do *Qi* para controlar esse fluxo. Se o ciclo menstrual for prolongado por mais de sete dias, chama-se "menstruação atrasada", e pode ser observada na deficiência de sangue, que se congela devido ao Frio, à estagnação do *Qi* ou à estase de sangue. O ciclo menstrual irregular com menstruação adiantada e atrasada intercaladas pode ser devido tanto à estagnação do *Qi* do fígado quanto à deficiência do baço e dos rins.

(2) Quantidade de fluxo menstrual: geralmente, a quantidade de fluxo menstrual varia conforme a pessoa. A menstruação geralmente profusa pode ser causada tanto por excesso de Calor quanto por deficiência do *Qi*. No primeiro caso, a eliminação de sangue é espessa e vermelha, ao passo que no segundo caso é de coloração clara. A menstruação escassa e de coloração clara indica deficiência da essência vital e do sangue.

(3) Cor do sangue menstrual: a menstruação fina e de coloração clara é observada na deficiência do *Qi* e/ou do sangue. A menstruação espessa e de coloração brilhante sugere a presença de Calor. A eliminação da menstruação de coloração escura misturada com coágulos significa estase de sangue.

2. Leucorréia

Geralmente, a leucorréia consiste na eliminação esbranquiçada e viscosa da vagina. Leucorréia profusa, espessa e de coloração amarelada e com mau odor indica a presença de Umidade-Calor. A leucorréia esbranquiçada e viscosa decorre, geralmente da debilidade do baço, e leucorréia esbranquiçada e fina decorre da deficiência dos rins.

PALPAÇÃO

A palpação inclui o exame do pulso e das outras partes do corpo por meio do tato com as mãos ou dedos.

Exame do Pulso

O exame do pulso é um método de diagnóstico único na Medicina Chinesa. Proporciona informações importantes sobre a condição do *Qi*, do sangue e dos órgãos internos e auxilia na diferenciação das Síndromes Exterior *versus* Interior, Frio *versus* Calor e deficiência *versus* excesso. Wang Xi (também conhecido como Wang Shuhe, 210-285) escreveu *The Pulse Classic*, o primeiro livro abrangente sobre esfigmologia que ainda existe. Em 1564, Li Shinzen (também conhecido como Li Binhu) escreveu *Binhu's Pulse Studies*, descrevendo em detalhes 27 tipos de pulsos e seu valor diagnóstico em versos lúcidos. Na Literatura antiga chinesa, as condições do pulso são classificadas em 28 tipos, de acordo com a profundidade, freqüência, força, volume, tensão, forma e ritmo. São: flutuante, profundo, lento, rápido, escorregadio, hesitante, fraco, forte, longo, curto, cheio, leve, tenso, relaxado, em corda, oco, timpânico, firme, macio, debilitado, disperso, fino, escondido, trêmulo, contínuo, em nó, intermitente e gigante. Dentre essas condições de pulso, os doze tipos seguintes são os mais comumente encontrados clinicamente: flutuante, profundo, lento, rápido, fraco, forte, em nó, intermitente, escorregadio, hesitante, em corda e tenso.

I. Formação do Pulso

De acordo com a teoria médica chinesa, os seguintes fatores são envolvidos na formação do pulso.

1. Coração, vasos, *Qi* e Sangue

"O coração governa o sangue que circula nos vasos". O batimento cardíaco direciona a circulação do sangue causando a pulsação das artérias, ou seja, o pulso. O *Qi* peitoral acumulado no tórax não só é responsável pela respiração, como também é a força motriz do batimento cardíaco e da circulação sanguínea. Assim, o *Qi* peitoral tem um papel importante na formação do pulso. O pulso é normal quando o *Qi* peitoral é adequado; caso contrário, condições patológicas do pulso irão ocorrer. Portanto, coração, vasos, *Qi* e sangue são a base de formação do pulso.

2. Coordenação das atividades funcionais dos órgãos *Zang Fu*

"Todos os vasos sanguíneos conduzem ao pulmão". O pulmão auxilia o coração a direcionar o fluxo sanguíneo. "O baço tem a função de manter o sangue fluindo dentro dos vasos sanguíneos", de modo que garante a circulação normal do sangue nos vasos. "O fígado estoca o sangue", servindo como um reservatório para regular a circulação do volume de sangue, também relacionado ao fluxo sanguíneo nos vasos. "Os rins estocam a essência", e deles deriva o sangue para complementar a circulação. Portanto, as ações coordenadas de todos os órgãos *Zang* são necessárias para formar o pulso normal.

II. Método de Exame do Pulso

1. Posição do exame do pulso

Nos tempos ancestrais, examinava-se o pulso em três partes do corpo: cabeça, membros superiores e membros inferiores. Em cada parte, pulsos de três artérias eram examinados: artéria temporal no TaiYang (EX-CP5) para estado da cabeça, a artéria auricular no Ermen (TA21) para o ouvido, a artéria bucal no Dicang (E4) e DaYing (E5) para boca e dentes, a artéria radial no Taiyuan (P9) para o pulmão, a artéria ulnar para Shenmen (C7) para o coração, pulso no Hegu (IG4) para o tórax, pulso no Wuli (F10) e Taichong (F3) para o fígado, pulso no Qimen (F14) e ChongYang (E42) para baço e estômago, pulso no Taixi (R3) para rins. Esse método é chamado de "exame do pulso em três partes e nove posições".

No primeiro ou segundo século a.C., quando o *Classic of Difficulties* surgiu, só se examinava o pulso da artéria radial. Esta porção da artéria radial é chamada de *cunkou*, sendo *cun* a unidade de medida de cumprimento de aproximadamente uma polegada e *kou* entrada ou saída. É assim denominado porque está situado a apenas uma polegada do Yuji (P10, um ponto sobre o lado radial do ponto médio do primeiro metacarpo e sobre o limite dorsoventral da mão), onde a pulsação da artéria radial surge. Esta parte do pulso radial é dividida em três partes designada *cun* (seção frontal ou distal), *guan* (seção média) e *chi* (seção proximal ou posterior). *Guan* significa entrada ou saída, e *chi* também é uma unidade de medida de cumprimento de aproximadamente um cúbito. A seção posterior é assim denominada porque está situada a um *chi* distal da dobra cubital. O processo estilóide do rádio é tido como um marco para a localização das três seções. A região oposta a esta eminência óssea é a *guan* e o ponto distal do *guan* é o *cun;* o ponto proximal ao *guan* é o *chi.*

2. Divisão do pulso *cunkou*

As alterações dos órgãos *Zang Fu* podem ser refletidas nas mudanças do pulso radial sobre o punho. Reconhece-se que as três seções – *cun, guan* e *chi* da mão esquerda – refletem, respectivamente, as condições do coração, fígado e rins; *cun, guan* e *chi* da mão direita refletem, respectivamente, as condições dos pulmões, baço e rins. Além disso, de acordo com a correlação entre os órgãos *Zang* e *Fu*, as alterações dos órgãos *Fu* podem também ser refletidas no pulso radial. A razão pela qual o pulso radial sobre o punho pode refletir as alterações de todos os órgãos internos é o fato de o *cunkou* ser um segmento da artéria pertencente ao meridiano do pulmão. Uma vez que os vasos de todos os órgãos internos conduzem ao pulmão, alterações de qualquer órgão interno obrigatoriamente refletem-se nesse meridiano. Sobre a correspondência das três seções do pulso *cunkou* com os cinco órgãos *Zang*, têm surgido várias descrições, embora todas sejam fundamentalmente compatíveis. A explicação da correspondência é a seguinte: uma vez que *cun* está na seção frontal, corresponde aos órgãos internos da porção superior do corpo (ou seja, coração e pulmão); uma vez que *guan* está na seção média, corresponde à porção média do corpo (ou seja, fígado e baço); uma vez que *chi* está na parte posterior, corresponde à porção inferior do corpo (ou seja, rins). Então, de acordo com a teoria do Yin e Yang de que o lado esquerdo pertence ao Yin e o lado direito pertence ao Yang, o coração governa o sangue e o fígado estoca o sangue, sendo ambos órgãos *Zang* Yin, enquanto que o pulmão domina o *Qi* e o baço completa o *Qi*, sendo ambos órgãos *Zang* Yang. Portanto, o *cun* esquerdo corresponde ao coração e o direito ao pulmão, o *guan* esquerdo corresponde ao fígado e o direito ao baço, ambos os *chi*, esquerdo e direito, correspondem aos rins (*chi* esquerdo para o Yin do rim e *chi* direito para o Yang do rim ou "portão Vital"). É difícil dizer se a explicação está correta, mas as relações entre as mudanças nas diferentes seções do pulso radial e as alterações dos órgãos internos são de significância pragmática e foram sintetizados a partir de observações clínicas.

3. Como avaliar o pulso

O paciente deve adotar a posição supina ou sentada com o braço posicionado no nível do coração, pulso reto e palma voltada para cima. É aconselhável colocar uma pequena almofada debaixo do punho.

Ao examinar o pulso do paciente o médico deve usar os dedos indicador, médio e anelar. Primeiro apalpa-se o processo estilóide do rádio com o dedo médio para localizar a seção *guan*. Depois, localiza-se a seção *cun* distal ao *guan* com o dedo indicador e a seção *chi* proximal ao *guan* com o dedo anular. As distribuições das três seções do pulso devem estar de acordo com a altura do paciente. Em outras palavras, os três dedos utilizados para fazer o exame devem estar um tanto distantes ao se examinar o pulso de um braço longo e próximos ao examinar o pulso de um paciente com o braço curto. No caso de crianças, o pulso é examinado somente com o polegar.

Há três manipulações utilizadas no exame do pulso: toque, pressão e pesquisa. Entende-se por toque o descanso suave dos dedos sobre o punho do paciente; por meio da pressão, sente-se o pulso com uma força adequada, e pela pesquisa varia-se a força e movem-se os dedos para obter uma leitura mais nítida do pulso. Portanto, ao se utilizar força leve, moderada e forte em cada uma das três seções, nove exames do pulso podem ser executados sobre cada lado. As manipulações podem ser feitas com os três dedos examinadores simultaneamente, ou com um dedo após o outro.

III. Pulso Normal

1. Descrição do pulso normal

Um pulso normal em um indivíduo saudável não é nem flutuante nem profundo, nem amplo nem estreito. Possui tensão e força moderadas e até mesmo um ritmo moderado – 4 a 5 batimentos para um ciclo de respiração do médico (ou seja, 60-80 batimentos por minuto). Podem ocorrer algumas mudanças de acordo com o clima, meio ambiente e atividades físicas do paciente.

2. Características do pulso normal

As três características do pulso normal são: *Qi* do estômago suficiente, vitalidade e raiz. O pulso com suficiente *Qi* do estômago é um pulso que bate sem pressa, com ritmo regular e freqüência normal. O pulso com vitalidade é um pulso que bate com moderação, mas com força suficiente. O pulso com raiz significa um pulso que pode ser sentido em todas as três seções (*cun*, *guan* e principalmente *chi*) com palpação profunda.

O *Qi* do estômago é um fator importante na vida humana de acordo com *The Canon of Medicine*. A obra afirma que vivemos com o *Qi* do estômago e morremos se desvanece. Portanto, o *Qi* do estômago é altamente enfatizado no exame do pulso. O pulso com suficiente *Qi* do estômago é normal, o pulso com insuficiente *Qi* do estômago é anormal e o pulso sem *Qi* do estômago é fatal.

A vitalidade ou força do pulso está diretamente relacionada à condição do coração. Se o *Qi* do coração for abundante e os vasos cheios de sangue, o pulso baterá com vitalidade.

Os rins são a estrutura da constituição nata e fornecem a força motriz de todos os órgãos e tecidos do corpo. Portanto, o rim é considerado a raiz da vida e sua função é refletida no pulso. O pulso com raiz implica existência adequada do *Qi* do rim. "Embora o pulso *cunkou* seja dificilmente perceptível, a pulsação sentida na posição do *chi* com pressão profunda significa que o fluxo da vida continua" (citação do *Mai-Jue* ou *Key to Pulse-Taking*).

3. Fatores fisiológicos que podem influenciar a condição do pulso

Idade, sexo, constituição, atividade física, estado mental e clima podem influenciar a condição do pulso. Em crianças, quanto mais jovens, mais rápido será o pulso. O adulto jovem com uma constituição forte geralmente apresenta um pulso enérgico, ao passo que pessoas mais idosas e debilitadas têm pulso fraco. O pulso da mulher é, com freqüência, macio e debilitado, e o pulso do homem tende a ser mais vigoroso. O pulso é, geralmente, um tanto flutuante nas pessoas magras e levemente profundo nas obesas. Durante intensa atividade física ou revés emocional, o pulso é rápido e enérgico. O pulso, à noite, é mais lento e debilitado que durante o dia. Além disso, o pulso pode sofrer variações durante as diferentes estações climáticas: na primavera pode se mostrar levemente em corda, no verão, um tanto cheio, no final do verão, moderadamente macio, no outono, um tanto flutuante e em corda, e no inverno um pouco profundo.

IV. A Significância Clínica das Condições Anormais do Pulso

Uma vez que a condição do pulso depende da condição do coração, vasos, *Qi* e sangue, bem como da coordenação das funções dos vários órgãos internos, as mudanças de quaisquer fatores podem ser refletidas no pulso. De modo geral, a partir do pulso do indivíduo pode-se julgar a preponderância ou o declínio do *Qi* e do sangue, estado funcional dos órgãos internos e situação do equilíbrio Yin e Yang.

Pulsos geralmente encontrados na prática clínica e sua significância clínica.

1. Pulso caracterizado pela profundidade anormal na localização

(1) Pulso flutuante *versus* pulso profundo: a diferenciação entre os pulsos flutuante e profundo está baseada na profundidade da localização do pulso. O pulso flutuante ou superficial pode ser facilmente sentido com um leve toque, mas se desvanece quando uma pressão pesada é aplicada. Isso é atribuído à resistência do organismo contra ataques dos patógenos sobre a porção superficial do corpo. Então, isso geralmente indica uma Síndrome Interior (superficial). Isso sempre ocorre em um estágio inicial de uma patologia exógena.

O pulso submerso e profundo pode ser facilmente sentido com uma pressão forte. Isso é atribuído ao confronto entre o *Qi* verdadeiro e os fatores patogênicos no interior do corpo e indica, portanto, uma Síndrome Interior. Se o pulso submerso é enérgico, indica uma Síndrome Interior de Excesso, e se estiver debilitado, indica uma Síndrome Interior de Deficiência.

(2) Pulso disperso e pulso vazio: o pulso disperso e o pulso vazio são similares ao pulso flutuante em profundidade na localização. O pulso disperso mostra-se difuso e fraco com o toque leve e desvanece quando uma pressão forte é aplicada. Isso acontece nos casos críticos e indica exaustão do *Qi*. O pulso vazio é flutuante, grande, macio e vazio e mostra-se como um caule de cebolinha. Pode ser encontrado nas perdas grandes de sangue.

(3) Pulso escondido e pulso firme: os pulsos escondido e firme são similares ao pulso submerso quanto à profundidade da localização. O pulso escondido pode ser sentido por meio da pressão sobre o osso e está localizado até mesmo em maior profundidade do que o pulso profundo. Pode-se localizá-lo em casos de síncope, choque ou dor martirizante. O pulso firme é enérgico e esticado, sentido apenas sob forte pressão e sugere acúmulo do Yin frio e formação de tumor.

2. Pulso caracterizado pela freqüência anormal

(1) Diferenciação entre os pulsos rápido e lento é baseada na freqüência. O pulso lento ou retardado apresenta menos do que quatro batimentos para um ciclo de respiração do médico (ou menos que sessenta batimentos cardíacos). Isso reflete a atividade inibida do *Qi* pelo frio patogênico e, portanto, indica uma Síndrome de Frio.

O pulso rápido apresenta mais que cinco batimentos para um ciclo de respiração do médico, ou mais de 90 batimentos por minuto. Isso geralmente é causado por Calor patogênico, que acelera a circulação sanguínea e, portanto, indica uma Síndrome de Calor. O pulso enérgico é geralmente encontrado na Síndrome de Excesso de Calor, ao passo que o pulso debilitado é encontrado na Síndrome de Deficiência de Calor.

(2) Pulso rápido e pulso trêmulo: um pulso rápido tem mais de sete batimentos de um ciclo de respiração do médico ou mais de 120 batimentos por minuto. Isso e freqüentemente encontrado em caso severo de patologia febril ou exaustão do Yin com hiperatividade do Yang.

O pulso trêmulo é rápido e trepidante, parece uma ervilha quicando. Isso pode ocorrer em casos de pavor ou dor severa.

3. O pulso caracterizado pela força anormal

(1) Pulso esgotado (ou fraco) *versus* pulso cheio (ou enérgico): a diferenciação entre o pulso esgotado e cheio depende da força do pulso examinado pelo médico. O pulso esgotado e fraco é quase imperceptível pelo dedo do médico. Isso e atribuído à deficiência de *Qi* e sangue. Quando o *Qi* é inadequado para direcionar a circulação do sangue, o pulso torna-se fraco, e quando o sangue que circula nos vasos é insuficiente, o pulso torna-se nulo. Então, o pulso esgotado ou fraco é um sinal de deficiência. O pulso repleto é vigoroso e enérgico com ambos as pressões, leve e pesada. Isso mostra que os fatores patogênicos e o *Qi* verdadeiro são fortes e há uma intensa luta do *Qi* verdadeiro contra os fatores patogênicos. Então, isso é sinal de excesso.

(2) Pulso debilitado e pulso fraco: o pulso debilitado e o pulso fraco também são pulsos com força decrescente. Um pulso debilitado é profundo e macio. Isso indica deficiência de *Qi* e sangue. O pulso fraco é filiforme e macio, dificilmente percebido. Isso é um sinal de exaustão extrema.

4. O pulso caracterizado pelas mudanças na maciez

(1) Pulso escorregadio *versus* pulso hesitante: a diferenciação entre ambos depende da maciez do pulso. O pulso escorregadio e macio é extremamente fluido e semelhante a contas rolando em um prato. Isso sempre ocorre no acúmulo de muco e umidade, estagnação dos alimentos e excesso de calor, quando os fatores patogênicos excessivos causam a atividade excitada do *Qi* com surgimento de fluxo sanguíneo. Isso também ocorre na gravidez, quando há necessidade de sangue extra para alimentar o feto.

O pulso hesitante surge e some irregularmente com um ritmo lento e fino, como arranhar o bambu com uma faca. Isso indica lentidão da circulação sanguínea causada por deficiência do sangue ou estagnação do *Qi* e do sangue.

5. Pulso caracterizado pela mudança de volume

(1) Pulso cheio (agitado) *versus* pulso sutil (ou filiforme): o pulso cheio bate como se fossem ondas. Isso resulta do calor excessivo no interior que causa dilatação dos vasos sanguíneos e fluxo rápido de sangue. Então, indica a existência do calor patogênico excessivo.

Um pulso sutil é tão fino quanto uma linha, fraco, mas perceptível. Na maior parte dos casos decorre da deficiência do *Qi* e do sangue, de maneira que os vasos não são preenchidos com sangue suficiente e a circulação não é adequadamente ativada.

Porém, isso pode também decorrer da obstrução da circulação devido à umidade. Então, isso indica deficiência do *Qi* e do sangue e outros tipos de Síndrome de Deficiência. Algumas vezes, isso pode ser um sinal de umidade.

(2) Pulso gigante (ou amplo): o pulso amplo ou gigante é um pulso com onda alta que levanta o dedo examinador a uma altura maior que a normal, seja enérgico (observado em casos de resistência corporal preservada e calor excessivo no interior), seja debilitado (observado nas debilidades em geral).

6. Pulso caracterizado pela mudança na tensão

(1) Pulso tenso (ou apertado) *versus* pulso macio (ou solto): o pulso tenso parece uma corda fortemente esticada. Isso indica frio, dor ou retenção de alimentos.

O pulso macio ou solto é um pulso com tensão decrescente e freqüência moderada. Isso é um sinal de umidade ou debilidade do baço.

(2) Pulso em corda (fibroso) e pulso timpânico: os pulsos em corda e timpânico também são pulsos com tensão decrescente. O pulso em corda é um pulso reto e longo, como uma corda de violino. Isso ocorre, geralmente, nas patologias do fígado e vesícula biliar e nos casos severos de dor. O pulso timpânico é duro e oco como a superfície de um tambor. Pode ser encontrado nos pacientes após perda de sangue e espermatorréia.

(3) Pulso macio: pulso macio também é um pulso com tensão diminuída. Não resiste à pressão e só pode ser sentido com um leve toque e desvanece-se com uma pressão forte. Neste aspecto, apresenta similaridades com o pulso flutuante, sendo mais sutil e macio que este último. É um sinal de deficiência ou umidade.

7. Pulso caracterizado pela mudança na extensão

(1) Pulso longo *versus* pulso curto: pulso longo é um pulso com extensão larga e batida prolongada. O pulso longo com tensão moderada pode ser encontrado em pessoas normais, mas o pulso longo e em corda indica excesso de Yang e calor.

Pulso curto é um pulso curto em extensão, facilmente percebido na seção *guan*, mas não é sentido claramente nas seções *cun* e *chi*. Ele bate no dedo (principalmente no dedo médio) bruscamente e some rapidamente. O pulso curto e vigoroso indica estagnação do *Qi*, ao passo que o pulso curto debilitado é um sinal de consumo de *Qi*.

8. O pulso caracterizado pela arritmia

(1) Pulso intermitente: o pulso intermitente é lento e frágil, que pausa em intervalos regulares. Isto pode resultar de debilidade dos órgãos internos com consumo do *Qi* e de sangue, indicando uma condição grave, mas também pode ocorrer quando o indivíduo está com medo ou dor, o que causa interrupção do *Qi* para o pulso. Neste último caso, um pulso intermitente não significa uma patologia grave.

(2) Pulso em nó: o pulso em nó é caracterizado pelas pausas em intervalos regulares que resultam de excesso de Yin em desarmonia com o Yang. Geralmente ocorre na estagnação do *Qi* decorrente do excesso de Yin ou de estagnação do sangue devido ao muco frio.

(3) Pulso contínuo: o pulso contínuo é um pulso rápido com intervalo irregular geralmente causado pelo calor do Yang ao extremo com desarmonia do Yin. Isto indica calor em excesso, estagnação do *Qi* e estagnação do sangue.

9. Combinação das condições do pulso

Todos os pulsos listados são padrões simples de condições de pulso. Muitos pacientes apresentam duas ou mais condições, ou seja, pulsos compostos.

Os pulsos compostos seguintes são freqüentemente encontrados na prática clínica:

(1) Pulso tenso-flutuante indica uma Síndrome Exterior de Frio causada por frio patogênico exógeno que ataca a porção exterior do corpo.

(2) Pulso macio-flutuante é um sinal de Síndrome Interior de Deficiência, em que o *Qi* defensivo está debilitado e há uma invasão de vento patogênico exógeno.

(3) O pulso rápido-flutuante é um sinal de Síndrome de Calor Externo causada pelo ataque sobre a porção exterior do corpo por Vento-Calor exógeno.

(4) O pulso profundo-lento é sinal de frio-interior.

(5) O pulso rápido-em corda é freqüentemente encontrado na Síndrome de Fogo produzida pelo fígado deprimido ou ataque ao fígado e vesícula biliar por Calor-Umidade patogênico.

(6) O pulso escorregadio-rápido indica muco-Calor, muco-Fogo ou estagnação de alimentos.

(7) O pulso rápido e cheio significa calor excessivo de *Qi* e ocorre na patologia exógena com febre alta.

PALPAÇÃO CORPORAL

I. Pele

A palpação da pele é utilizada principalmente para determinar temperatura, umidade e edema. Geralmente, a pele torna-se quente no caso da Síndrome de Calor e fria no caso das Síndromes de Frio. Se a palma estiver muito mais quente que a parte dorsal da mão, o Calor é endógeno, decorrente da deficiência de Yin. Se o corpo estiver quente inicialmente, e o calor diminuir com a palpação prolongada, o calor está na porção exterior do corpo. Se o calor aumenta após longa palpação, está na porção interior do corpo. Pele seca e enrugada indica deficiência dos fluidos corporais e é sinal de estagnação do sangue.

II. Abdome

Se há dor abdominal, a palpação auxilia na diferenciação entre a deficiência e o excesso. A dor aliviada com a pressão é de tipo deficiência, e dor à pressão é dor do tipo excesso.

Se o abdome estiver distendido, a palpação em conjunto com a percussão é útil na diferenciação entre timpanismo e ascite.

Se há massa abdominal, a palpação pode fornecer informação sobre seu tamanho, formato, consistência e dor.

III. Pontos de Acupuntura

Pontos dolorosos que refletem patologias dos órgãos internos podem ser encontrados pela pressão sobre os pontos de acupuntura com os dedos. Por exemplo, dor em

Weishu (B21) ou Zusanli (E36) geralmente indica patologia do estômago; dor em Lan Wei (EX-LE7) ocorre com freqüência nos pacientes com apendicite. Algumas vezes, um pequeno módulo pode ser sentido em determinados pontos de acupuntura. Por exemplo, um nódulo pode ser sentido no Feishu (B13) nas patologias pulmonares.

Apêndice: Pesquisa Moderna na Esfigmologia[2] Chinesa

A palpação do pulso é um método diagnóstico único da Medicina Chinesa. Pela palpação do pulso, muitas informações podem ser obtidas e podem auxiliar na determinação da localização de uma patologia, condição do *Qi* e do sangue, atividades funcionais dos vários órgãos internos e a presença de fatores patogênicos, assim como o prognóstico. Todo o conhecimento sobre a palpação do pulso consiste no resultado da experiência prática acumulada por milhares de anos. Mas isto é considerado inadequado sob o ponto de vista da ciência moderna, e pesquisas têm sido realizadas no intuito de identificar padrões das várias condições do pulso que possam dar suporte à exigência científica.

Com a intenção de desenvolver padrões objetivos em substituição aos subjetivos existentes na palpação do pulso, muitos tipos de esfigmocronografias têm sido desenhados. O principal componente da esfigmocronografia para o estudo do pulso chinês consiste em um aparelho que transforma o batimento do pulso em informação eletrônica que pode ser exibida em tela fluorescente após a ampliação e a filtração, obtendo o registrado ou esfigmograma. O aparelho inclui um detector, que pode exercer diferentes níveis de pressão sobre o pulso radial.

O desenvolvimento dos estudos da esfigmocronografia processa-se em três estágios. O primeiro estágio é o reconhecimento da condição do pulso a partir da forma da onda registrada do pulso. Neste aspecto, tem-se conseguido sucesso, pois o formato da onda do pulso permanece estável por um longo período de registro. A desvantagem é que isto representa somente um padrão de reconhecimento, sem análise quantitativa.

O segundo estágio consiste na análise do desempenho quantitativo de acordo com os parâmetros múltiplos da esfigmografia. Para obter uma gama normal de cada parâmetro e sua gama nas várias condições do pulso, milhares de esfigmogramas têm sido analisados. A análise quantitativa do esfigmograma está, agora, disponível, mas a medida manual dos parâmetros e seus cálculos consomem muito tempo. Embora o programa de computador tenha tornado esta tarefa mais fácil, este aparelho não é o ideal, porque o médico chinês geralmente palpa o pulso com três dedos ao mesmo tempo. Portanto, um novo padrão de esfigmograma tem sido desenvolvido, com três detectores para, simultaneamente, registrar o pulso nas seções *cun, guan* e *chi*. Experimentos ainda estão sendo feitos.

O terceiro estágio consiste em um desenho do projeto para o reconhecimento abrangente dos pulsos anormais. As condições anormais de pulso podem ser analisadas de acordo com oito fatores: profundidade de localização, volume (ou espessura), força, freqüência, ritmo, suavidade, tensão e extensão (ou tamanho). Qualquer condição de

---

2. Referência especial para o Apêndice. (1) Huang, Shi-Lin, *et al.*, *Zhongyi Maixiang Yanjiu* (Estudos Esfigmológicos Chineses) (em chinês), Beijing, People's Medical Publishing House, 1986. (2) Chen, Jie-Wen: *Maixiang de Shengliue Jichu* (Bases Fisiológicas da Esfigmologia Chinesa), em *Shandai Zhongyi Jichu* (Bases Fisiológicas da MTC Modernizada) (em chinês), Ist ed, Ji, Zhong-Pu (editor chefe), Beijing Xueyuan Press, 1991, pp. 147-164.

pulso é uma combinação dos oitos fatores citados. Tal análise torna possível o reconhecimento direto pelo computador da condição do pulso. Porém, uma vasta quantidade de dados científicos necessita ser colecionada para alcançar um valor clínico.

Abaixo há uma breve discussão sobre as características esfigmográficas das principais condições anormais do pulso descritas na Medicina Chinesa.

A onda do pulso é composta de duas partes: perna ascendente e perna descendente. Elas formam a onda principal. Sobre a perna descendente há duas ondas menores e uma incisura, que podem ser chamadas de onda – onda bipulsativa e nó bipulsativo, respectivamente.

Pulso Normal (Fig. 5-1)

As gamas normais dos parâmetros esfigmográficos em adultos são as seguintes:

1. Freqüência do pulso: 60-100/min.
2. Ângulo ascendente: 80-87°.
3. Tempo de ascensão da perna ascendente (1): 0,07-0,11 seg.
4. Metade do tempo ascendente <0,004 seg.
5. Padrão da perna ascendente: degrau sem nó.
6. Altura da onda principal (h_1): 9-22 mm.
7. Ângulo da onda principal: 19-42°.
8. Altura do nó bipulsativo (h_3)/h_1: 30-55%.
9. Amplitude da onda bipulsativa (h_4): 0,5-2mm.
10. A melhor pressão da palpação do pulso: 150g.

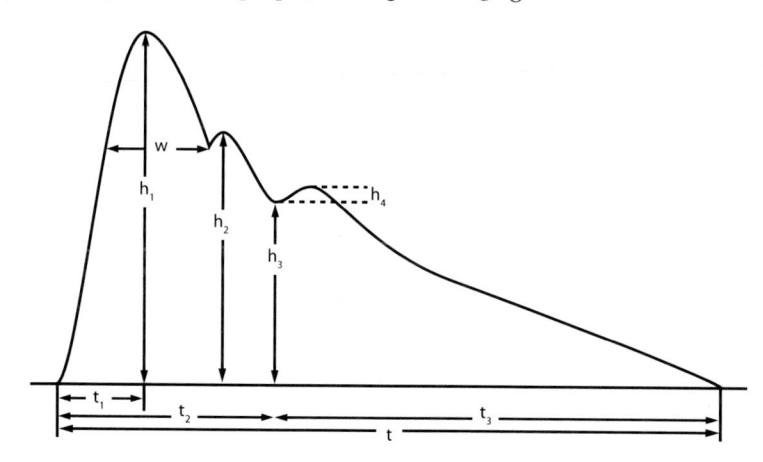

Fig. 5-1 Medidas da onda do pulso.

Pulso rápido e pulso muito rápido *versus* pulso lento

A freqüência do pulso está relacionada com a freqüência cardíaca, que é controlada por fatores neuro-humorais, temperatura corporal, acidez dos líquidos corporais e concentração de vários íons.

Clinicamente, o pulso rápido é encontrado mais comumente nos casos de febre e excitação simpática com mais secreção de adrenalina. Isso é caracterizado pela freqüência aumentada no nível de 100-130/minuto e ritmo regular. Se isso não for combinado com outras condições anormais do pulso, o padrão de cada onda será basicamente o mesmo que do pulso normal. O pulso muito rápido apresenta uma freqüência maior, variando de 140-170/minuto.

O pulso lento é causado com freqüência pela excitação vagal, baixa temperatura corporal, aumento de potássio no sangue ou bloqueio de condução no coração. É caracterizado por freqüência lenta no nível de 40-59/minuto e basicamente ritmo regular.

Pulso flutuante *versus* pulso submerso (Figs. 5-2 e 5-3)

Volume de sangue adequado e débito cardíaco normal são necessários para o preenchimento dos vasos sanguíneos com sangue. As fibras elásticas da parede arterial permitem que as artérias se dilatem e a musculatura lisa da parede arterial limita a dilatação. Portanto, as artérias encontram-se, geralmente, em um estado levemente dilatado mantendo certo volume e pressão. A musculatura lisa da parede arterial é controlada pelo nervo simpático, e a excitação desta causa a contração da musculatura lisa e redução do calibre arterial. Por outro lado, a excitação decrescente do nervo simpático causa a dilatação dos vasos sanguíneos. Alguns fatores humorais, tais como a noradrenalina e a angiotensina, causam constrição, enquanto que as substâncias vasoativas causam dilatação vascular. Frio e calor também causam a constrição e a dilatação dos vasos sanguíneos, respectivamente. A profundidade da artéria radial que é sentida durante o exame do pulso depende, principalmente, de sua localização e de seu estado de concentração e dilatação, mas também está relacionado com o débito cardíaco e o preenchimento vascular.

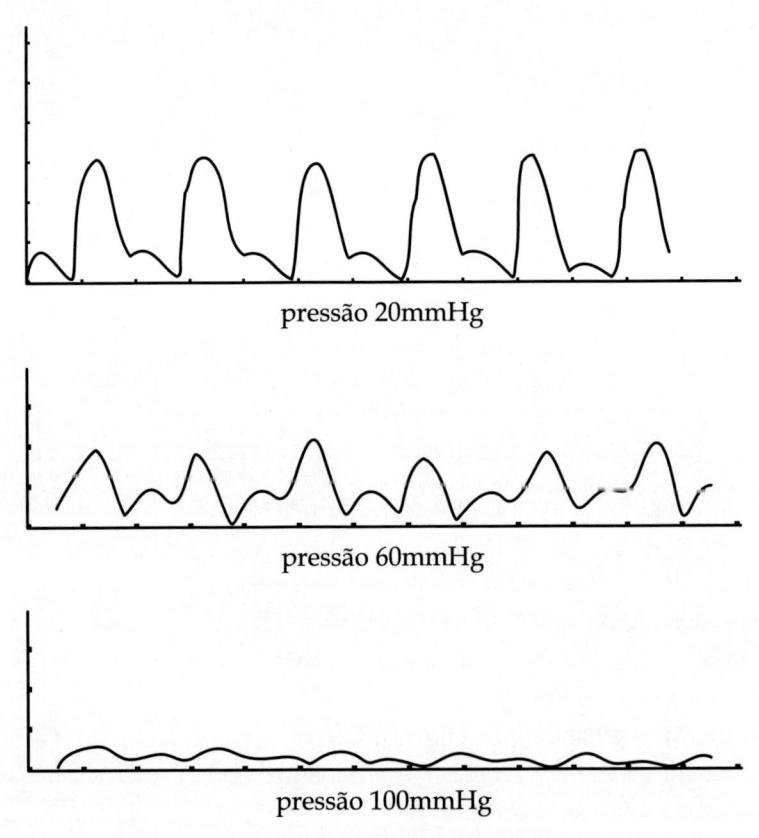

pressão 20mmHg

pressão 60mmHg

pressão 100mmHg

Fig. 5-2 Pulso Flutuante.

O pulso flutuante está localizado superficialmente, sendo sentido facilmente com um toque leve e desvanece-se com uma pressão forte. Fisiologicamente, pode ser encontrado nas pessoas magras com artéria radial do punho localizada logo abaixo da pele, ou quando o tempo está quente, causando a dilatação das artérias periféricas. Como uma condição patológica do pulso, ele é observado com freqüência em resfriados e gripes ou em estágio inicial nas infecções agudas. Na maioria dos casos, decorre da ação do pirogênio, que causa febre, aumento do metabolismo e do débito cardíaco. Além disso, há uma dilatação reflexa dos vasos periféricos para a dissipação do calor com a circulação livre do sangue devido à diminuição da resistência vascular. Portanto, os principais fatores para a formação do pulso flutuante consistem no aumento do débito cardíaco, dilatação das artérias periféricas e circulação sanguínea livre. As características esfigmográficas do pulso flutuante são: (1) Com um leve toque a uma pressão de 20-40 mmHg, uma onda principal mais alta pode ser obtida tendo uma perna ascendente íngreme e o tempo descendente encurtado. (2) A localização da onda bipulsátil decresce e o $h3/h1$ é menor que 30%. (3) O registro do esfigmograma em uma pressão moderada (50-80 mmHg) ou em uma pressão forte (90-120 mmHg) mostra uma diminuição considerável na amplitude da onda principal e das mudanças dos padrões da mesma.

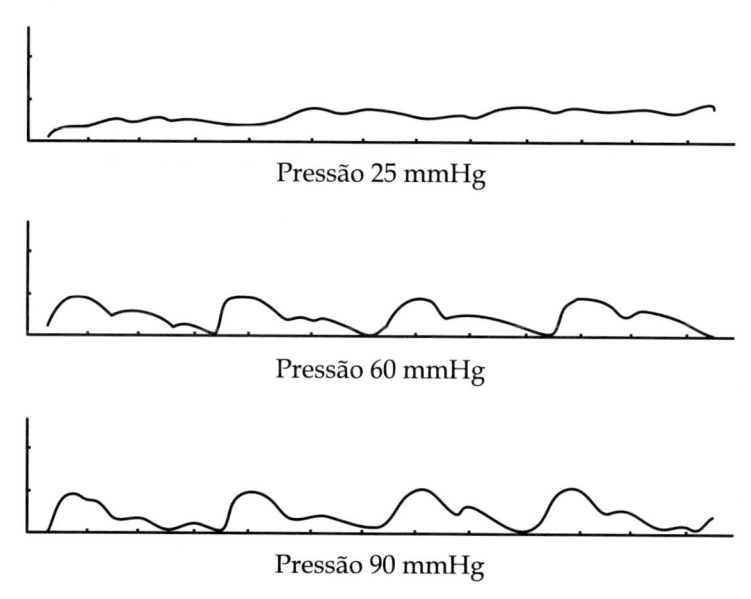

Pressão 25 mmHg

Pressão 60 mmHg

Pressão 90 mmHg

Fig. 5-3 Pulso Profundo (submerso).

O pulso submerso é um pulso profundo, para baixo da pele, que não é perceptível ao toque leve e somente pode ser sentido com pressão forte. Nas pessoas obesas o pulso é, com freqüência, submerso, por causa da gordura subcutânea espessa. O pulso normal submerge no clima frio, que causa contração dos vasos periféricos por meio da ação reflexa. O pulso submerso patológico pode decorrer do débito cardíaco reduzido com pressão sanguínea menor, insuficiente para abastecer os vasos sanguíneos e diminuir a circulação sanguínea. Neste caso, o pulso submerso está debilitado. O espasmo arteriolar com resistência periférica aumentada pode originar o pulso submerso, que é geralmente, filiforme e enérgico. Nos casos severos de edema, quando a distância entre a artéria radial e a pele está maior, o pulso, certamente, ficará submerso. As características esfigmográficas do pulso submerso são: perna ascendente da onda principal, que apresenta uma inclinação menos íngreme seguida por um pico fraco, e a onda do pulso somente pode ser distintamente registrada quando a pressão estiver forte. As ondas de pulso diminuída ou deformada são registradas quando a pressão está moderada ou leve.

O pulso escondido é mais profundo em localização e mais debilitado do que o pulso submerso. Mesmo com pressão forte, as ondas do pulso não podem ser registradas distintamente.

Pulso Cheio *versus* Pulso Sutil (Figs. 5-4 e 5-5)

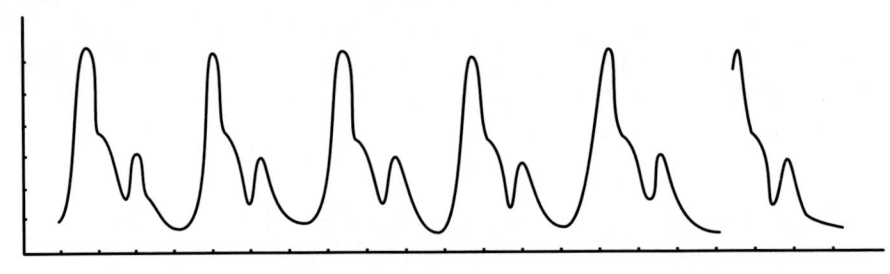

Fig. 5-4 Pulso cheio.

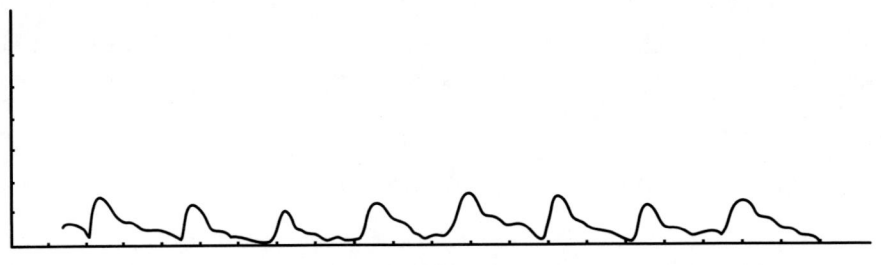

Fig. 5-5 Pulso Sutil (filiforme).

A diferença entre as pressões sistólica e diastólica está na pressão do pulso. A pressão sistólica depende, principalmente, do débito cardíaco, ao passo que a pressão diastólica depende da resistência periférica. Portanto, a pressão do pulso é um reflexo abrangente tanto do débito cardíaco quanto da resistência periférica. As mudanças na pressão do pulso apresentam um impacto direto sobre o volume do pulso. A pressão alta do pulso conduz ao pulso cheio e a pressão baixa do pulso produz um pulso sutil.

O pulso cheio é formado pela sístole ventricular intensificada e a dilatação dos vasos sanguíneos periféricos. Por causa da sístole ventricular intensificada que acelera expulsão e causa um aumento abrupto da pressão intravascular, há um aumento vigoroso do pulso. A dilatação das artérias periféricas não somente provoca um aumento e uma diminuição considerável da onda do pulso, mas também uma sensação de aumento de volume do pulso. O pulso cheio geralmente ocorre nos casos de calor excessivo, tais como febre alta, que está associada ao aumento da contração cardíaca, tempo sistólico encurtado, débito cardíaco aumentado e fluxo sanguíneo acelerado, bem como vasos periféricos dilatados para a dissipação do calor. Também está presente na insuficiência aórtica e no hipertireoidismo. As características esfigmográficas do pulso cheio são:

(1) A onda principal apresenta uma amplitude larga.

(2) A perna ascendente é íngreme com tempo ascendente encurtado, seguido de descendência rápida, de modo que o ângulo da onda principal é geralmente menor do que 20°.

(3) A onda bipulsativa está localizada na porção baixa da perna descendente e o h3/h1 é menor que 30%.

(4) O esfigmograma distinto pode ser obtido com pressões leve, moderada e forte.

O pulso sutil é sentido de maneira tão sutil quanto o filiforme, mas a percepção é diferenciada. Isso pode ocorrer devido à vasoconstrição periférica com pressão decrescente do pulso, mas pode também resultar do débito cardíaco diminuído na insuficiência cardíaca ou volume decrescente de sangue. Assim, o pulso sutil pode ser posteriormente dividido em dois padrões: pulso sutil enérgico e pulso fino debilitado. O pulso sutil decorrente da deficiência de ambos, *Qi* e sangue é, geralmente, um pulso debilitado e sutil. O pulso sutil e em corda não é facilmente encontrado na hipertensão. A característica esfigmográfica do pulso sutil consiste na pequena amplitude da onda principal com uma onda bipulsativa invisível ou pequena.

Pulso Escorregadio *versus* pulso hesitante (Figs. 5-6 e 5-7)

A velocidade do fluxo sanguíneo está relacionada à força dinâmica da contração cardíaca e à resistência do fluxo sanguíneo. Além do tamanho e do calibre dos vasos sanguíneos, a viscosidade do sangue tem um papel importante na velocidade de seu fluxo. Geralmente, a viscosidade do sangue é por volta de 4,5 vezes mais que a água. Isso em proporção à resistência do fluxo sanguíneo. Quanto mais viscoso é o sangue maior é a resistência do fluxo sanguíneo e, portanto, o sangue flui mais lentamente. Por outro lado, o fluxo sanguíneo será acelerado se o sangue estiver menos viscoso. A viscosidade do sangue está, principalmente, relacionada ao número de células vermelhas e ao conteúdo de proteína no plasma. O aumento das células sanguíneas vermelhas esta acompanhada do aumento da viscosidade sanguínea, e a diminuição das células vermelhas da descendência da viscosidade do sangue.

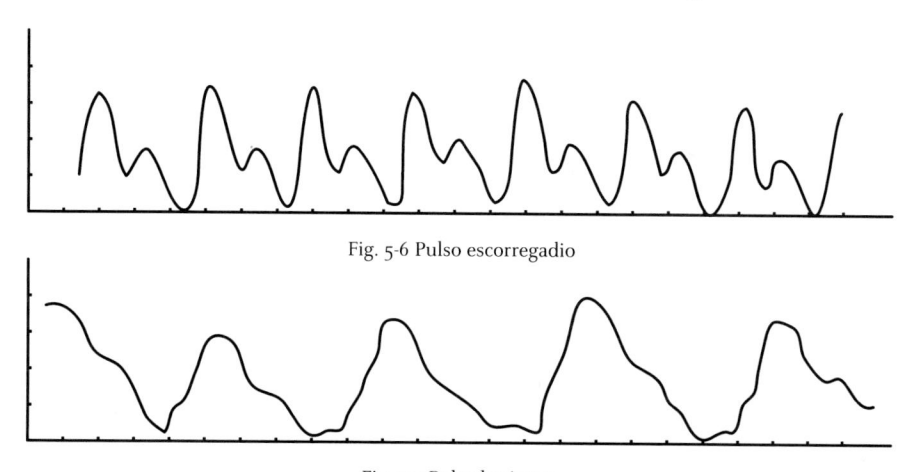

Fig. 5-6 Pulso escorregadio

Fig. 5-7 Pulso hesitante

O nível elevado de proteína no plasma conduz à viscosidade aumentada do sangue, e o nível menor de proteína no plasma à diminuição da viscosidade do sangue. O aumento da viscosidade do sangue causa fluxo sanguíneo lento e, portanto, um pulso hesitante, uma vez que a viscosidade do sangue torna o fluxo sanguíneo suave, e então, o pulso escorregadio.

O pulso escorregadio é um pulso que surge e desvanece suavemente. Na anemia, cirrose hepática com ascite e nefrose com edema, o pulso é geralmente escorregadio, tanto devido à diminuição das células vermelhas quanto à diminuição da proteína do plasma. Na gravidez, por causa da ação do estrógeno, há retenção de água tanto intra quanto extravascular, e o pulso escorregadio é fisiológico, indicando o aumento do volume da circulação sanguínea, principalmente do volume do plasma. As características esfigmográfica do pulso escorregadio são: (1) Perna ascendente surge quase verticalmente com tempo ascendente encurtado, seguido de um pico agudo; (2) Há uma onda gigantesca ou um nó bipulsativo profundo; (3) Onda bipulsativa começa na porção baixa da perna descendente e apresenta uma amplitude larga; (4) h_3/h_2 menor que 30%. Portanto, o pulso escorregadio sempre demonstra um padrão de onda dupla ou onda tripla.

O pulso hesitante é um pulso que surge e desvanece irregularmente, com ritmo pequeno, sutil e lento. Seu principal mecanismo consiste no aumento da viscosidade sanguínea. As causas desse aumento são variadas. O pulso hesitante é observado na desidratação devido ao vômito e diarréia severa, policitemia e hiperlipemia. As características esfigmográficas são a perna ascendente lenta com tempo ascendente prolongado, seguido por um pico fraco, ao passo que a onda gigante e a onda bipulsativa encontram-se, geralmente, ausentes.

Pulso em corda e Pulso tenso (Figs. 5-8 e 5-9)

A transmissão da onda do pulso está intimamente relacionada à elasticidade das artérias. A artéria elástica transmite ao pulso uma onda lenta, de modo que os três dedos que examinam demoram a sentir. A artéria pobre em elasticidade transmite rápido ao pulso, então, ele é sentido pelos três dedos quase que simultaneamente.

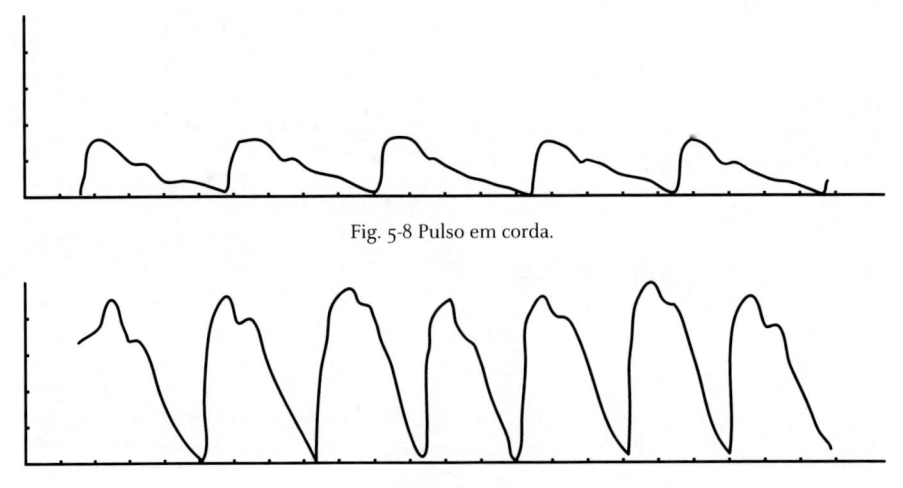

Fig. 5-8 Pulso em corda.

Fig. 5-9 Pulso tenso.

A contração do músculo liso da artéria eleva a tensão da parede arterial, reduz o calibre da artéria e aumenta a resistência do fluxo sanguíneo. O coração contrai mais energicamente para dominar o aumento de resistência, o que resulta na elevação da pressão arterial. Devido ao aumento da tensão da parede arterial e da pressão sanguínea elevada, o pulso mostra-se tenso.

O pulso em corda mostra-se reto e longo, como uma corda de violino. Seu mecanismo é multifacetado, o que inclui: (1) Aumento de tensão do músculo liso vascular por causa da estimulação simpática ou de alguns fatores humorais; (2) Elasticidade reduzida da parede arterial com aumento de resistência do fluxo sanguíneo periférico. Clinicamente, o pulso em corda é freqüentemente, encontrado em pacientes com hepatite, cirrose hepática, carcinoma hepático, hipertensão, aterosclerose, dores severas e crise emocional. Nas patologias hepáticas, o pulso em corda pode ser causado por alguns fatores humorais como resultado dos distúrbios metabólicos. Na hipertensão, o pulso em corda está, provavelmente, relacionado ao aumento da resistência e pressão sanguínea periféricas. Na aterosclerose, a elasticidade reduzida da parede arterial causa o pulso em corda. Nos casos de dor severa e crise emocional, secreções de adrenalina e causas semelhantes aumentam a resistência periférica, e daí o pulso em corda. Em um voluntário saudável, a injeção intravenosa de noradrenalina pode transformar o pulso normal em corda. As características esfigmográficas do pulso em corda são: (1) Ângulo da onda principal é aumentado e o pico é, geralmente, arqueado ou substituído por um platô; (2) As ondas gigantes e bipulsativas são localizadas na parte superior da perna descendente e o $h3/h1$ é por volta de 50%; (3) A onda bipulsativa está localizada na parte superior da perna descendente ou no mesmo nível da onda principal, mas com amplitude pequena.

O pulso tenso é muito similar ao pulso em corda. Parece uma corda esticada firmemente. Seu mecanismo consiste na contração intensa dos vasos periféricos com débito cardíaco aumentado. É freqüentemente observado nos estágios iniciais de infecção, quando o centro regulador do calor é estimulado por patógenos ou toxinas. Impulsos são, então, enviados por meio do nervo simpático para causar uma contração intensa dos vasos sanguíneos periféricos e dos músculos e, portanto, ocorrem pulso tenso e calafrios. Isso também ocorre nos casos de dor aguda, quando há uma resposta adrenomedular simpática que faz os vasos sanguíneos periféricos se contraírem. Suas características esfigmográficas são similares às do pulso em corda, mas a altura da onda principal geralmente é aumentada com uma incisura no pico, ao passo que a onda bipulsativa desaparece.

CAPÍTULO 6

A DIFERENCIAÇÃO DAS SÍNDROMES

Na MTC, a diferenciação da síndrome é a principal parte do diagnóstico. É mais importante que o diagnóstico da patologia, uma vez que o tratamento geralmente está baseado na síndrome. Ambos, "síndrome" e "patologia", na Medicina Tradicional Chinesa, apresentam significados diferentes dos utilizados na Medicina Ocidental. Em muitos casos, "patologia", ou mesmo "doença" refere-se, principalmente, às queixas do paciente. Por exemplo, patologias na MTC incluem tosse, cefaléia e diarréia, que são simplesmente sintomas; e icterícia, ascite, bócio consistem simplesmente em sinais, muitas vezes percebidos pelos próprios pacientes. Mesmo nos casos do diagnóstico da patologia mais ou menos equivalente ao da Medicina Ocidental, tais como xiao-ke[1] (diabetes mellitus), ainda é insuficiente para que se possa fornecer um tratamento adequado, e a determinação adicional da síndrome será necessária. Neste aspecto, há algumas similaridades entre as Medicinas Ocidental e Chinesa. A diabetes mellitus não pode ser adequadamente tratada por um médico ocidental se ele não souber se é um diabetes do tipo insulino-dependente ou não. Na MTC, xiao-ke é classificado em diferentes padrões de síndromes, tais como Secura-Calor do pulmão e do estômago, disfunção do baço e do estômago e deficiência de Yin do fígado e dos rins, e qualquer tratamento adequado pode ser ministrado. Porém, há disparidades. Na Medicina Ocidental, a diferenciação entre dependentes insulínicos e não dependentes insulínicos é específica do diabetes mellitus e inútil para outras patologias. Na MTC, ao contrário, qualquer padrão de síndromes acima descrito pode ser encontrado em qualquer outra patologia, sendo que o padrão da síndrome é tratado da mesma forma e com a mesma terapia ou, no mínimo, similar. Portanto, a patologia é tratada de acordo com as diferentes síndromes e as diversas patologias podem ser tratadas com terapêuticas similares se decorrerem da mesma síndrome.

Na MTC, uma síndrome[2] não consiste apenas em um conjunto de sintomas e sinais, mas compreende os seguintes componentes: localização das mudanças patológicas,

---

1. *Xiao* significa consumo e *ke* significa sede. *Xiao-ke* é uma patologia caracterizada por polifagia, polidipsia e poliúria, com sede. Isto é conhecido desde o século XVIII, quando se descobriu que a secreção da urina dos pacientes que sofriam de *xiao-ke* apresentava gosto doce.

2. A tradução em inglês do termo chinês deu origem a muita controvérsia. O significado original da palavra é "evidência". Como termo médico, isso se refere à conclusão obtida após uma análise global dos sintomas e sinais à luz da teoria da MTC. Síndrome não é exatamente um termo equivalente em inglês, deve-se compreendê-lo conforme o sentido do texto. "Padrão", "estado" e outras traduções foram propostas. Porém, como eles não comportam o sentido das condições anormais e patológicas do corpo e da mente, não foram adotadas neste livro. A tradução deste termo como *zheng* é algo confuso porque existem no mínimo cinco termos comumente utilizados na Medicina Chinesa que podem ser traduzidos como *zheng*, e três deles não possuem equivalente em inglês.

causa e patogenia da doença, natureza da síndrome e habilidade do corpo para resistir aos fatores patogênicos. Estes componentes são obtidos pela análise abrangente dos sintomas e sinais sob a perspectiva holística.

Entre estes componentes, a localização somente pode se referir à profundidade da patologia, ou seja, se a patologia envolve a porção exterior do corpo ou se penetra no interior. Se a patologia está no interior do corpo, significa que um órgão está envolvido. Mesmo se um órgão interno estiver envolvido, será somente em um sentido amplo. Por exemplo, o rim abrange um grande sistema com múltiplas funções, como secreção urinária, reprodução, osteogênese, hematopoese, e também auxilia na respiração, bem como muitas funções endócrinas e algumas atividades cerebrais. Além disso, alterações na relação entre o órgão doente e outros órgãos são mais enfatizadas do que o próprio órgão doente. A deficiência do Yin do rim geralmente conduz à deficiência do Yin do fígado e do coração, e a deficiência do Yang do rim pode prejudicar a função do baço ou influenciar a função do coração ou dos pulmões. Assim, a localização da patologia na MTC somente pode ser considerada como uma classificação da síndrome de acordo com os sistemas funcionais envolvidos. Diferente da Medicina Ocidental, a MTC não possui um conceito de patologia com base na anatomopatologia, com exceção de algumas mudanças patológicas superficiais que podem ser observadas externamente.

Os fatores patogênicos na MTC costumam ser muito genéricos. Influências emocionais, dieta inadequada e estilo de vida inadequado são inespecíficos para uma patologia determinada. Mesmo os fatores atmosféricos não são comparáveis com a bactéria e o vírus identificados pela Medicina Ocidental. É preferível considerá los mais como respostas do corpo humano aos patógenos do que relacionados à própria patologia.

A patogênese explica como Yin e Yang se desequilibram. Embora haja várias abordagens para explicar os diferentes padrões de desequilíbrio, a maioria deles não é específica de uma determinada patologia. Por exemplo, em muitos pacientes diabéticos com deficiência de Yin do fígado e do rim, a deficiência do Yin do fígado conduz a uma hiperatividade relativa do fígado na promoção do fluxo do *Qi* que auxilia na excreção da água, e a deficiência do Yin do rim implica alteração da sua capacidade de armazenar substâncias essenciais e de estocar fluidos corporais. Portanto, há poliúria com excreção de grandes quantidades de substância essencial (glicose). Porém, a deficiência do Yin do fígado e do rim também ocorre em muitas outras patologias, tais como hipertensão, ansiedade, síndrome de Ménière, alterações menstruais e síndrome do climatério. A deficiência do Yin do fígado e do rim conduz à preponderância do Yang do fígado e, portanto, eleva a pressão sanguínea acompanhada de tontura e irritabilidade na hipertensão, vertigem e zumbido na Síndrome de Ménière, e insônia e irritabilidade na ansiedade. O fígado e o rim estão intimamente relacionados ao Vaso Penetrador* e ao Vaso da Concepção. A deficiência de Yin nestes dois órgãos priva o Vaso Penetrador e o Vaso da Concepção do abastecimento adequado de sangue e da essência e, portanto, produz oligomenorréia ou Síndrome do Climatério. O ponto crucial consiste no fato de que todas estas patologias podem ser efetivamente trata-

---

* N. do T.: Este termo refere-se ao meridiano extraoridanário (*Chong*).

das com os mesmos princípios terapêuticos, ou mesmo com a mesma fórmula, se demonstrarem uma síndrome idêntica que indique a mesma patogênese ou mesma base patológica.

CRITÉRIOS GERAIS DA DIFERENCIAÇÃO DAS SÍNDROMES – AS OITO SÍNDROMES PRINCIPAIS

É comum se dizer que há oito critérios gerais para a diferenciação das síndromes na MTC. Mas deve-se observar que eles não estão no mesmo nível. Dois deles estão no nível primário, ou seja, Yin e Yang, que é mais geral. A diferenciação das síndromes Yin e Yang possui significância teórica. Fornece informação sobre a característica geral da síndrome, mas nenhum tratamento concreto pode ser determinado simplesmente com base no diagnóstico das síndromes de Yin ou Yang. Na verdade, as Síndromes Exteriores, Síndromes de Excesso e Síndromes de Calor são todas Yang, e as Síndromes Interiores, Síndromes de Deficiência e Síndromes de Frio são todas Yin.

Os outros seis critérios estão todos no nível secundário. Eles são Exterior *versus* Interior, Frio *versus* Calor e Deficiência *versus* Excesso. Têm mais significância clínica e, em alguns diagnósticos de casos neste nível já é possível delinear um tratamento, embora na maioria dos casos seja necessária uma diferenciação adicional.

Os seis critérios ou três pares de critérios não servem como um guia independente de princípios para a classificação das síndromes. Eles estão envolvidos com os diferentes aspectos de uma síndrome – exterior e interior indicando a profundidade ou localização da patologia, frio e calor indicando a Natureza na patologia e deficiência e excesso indicando a força relativa da resistência do corpo (*Qi* antipatogênico ou normal) e os fatores patogênicos (*Qi* patogênico) para sua confrontação. Portanto, devem ser considerados em conjunto durante a diferenciação das síndromes. Por exemplo, uma síndrome pode ser de exterior na localização, frio em sua natureza e apresentar, ao mesmo tempo, fatores patogênicos em excesso.

Somente nos casos típicos os critérios podem ser distintamente determinados; em muitos outros casos, ambos, exterior e interior, podem estar envolvidos, deficiência do *Qi* normal e excesso de *Qi* patogênico podem estar presentes simultaneamente e pode haver a coexistência de Frio e Calor. Além disso, o critério pode mudar durante o tratamento de uma patologia. Por exemplo, uma Síndrome Exterior pode transformar-se em uma Interior, uma Síndrome de Frio em uma de Calor e uma Síndrome de Excesso em uma de deficiência. A questão mais complicada são os "falsos" sintomas. Uma Síndrome de Frio pode aparecer como uma Síndrome de Calor e uma Síndrome de Calor como uma de Frio. Uma Síndrome de Deficiência pode apresentar sintomas de pseudo-excesso e uma Síndrome de Excesso sintomas de pseudodeficiência.

Exterior *versus* Interior

Exterior e interior indicam a profundidade ou a localização da patologia. O exterior refere-se à porção superficial do corpo incluindo o tecido subcutâneo, glândulas sudoríparas, músculos esqueléticos e meridianos e colaterais que correm por esta porção. O interior refere-se aos órgãos internos (*Zang Fu*).

Síndromes Exteriores

A invasão dos fatores exógenos patogênicos (patologia exógena) geralmente causa uma Síndrome Exterior no início do estágio. As características clínicas comuns das Síndromes Exteriores são calafrios e febre, cefaléia, dores no corpo e articulações, saburra fina na língua e pulso superficial ou flutuante. Uma vez que os pulmões estão intimamente relacionados com a superfície do corpo, as Síndromes Exteriores podem também incluir sintomas respiratórios, tais como coriza e obstrução nasal, dor de garganta e tosse.

De acordo com a natureza do fator patogênico exógeno e da resposta do corpo humano, as Síndromes Exteriores podem ser diferenciadas entre as que envolvem Frio exterior e Calor exterior.

Síndrome de Frio Exterior: calafrios marcados por febre suave, língua normal com saburra branca e fina, ausência de sede e pulso flutuante e tenso.

Síndrome de Calor Exterior: febre marcada por suaves calafrios, algumas vezes sede moderada, ponta da língua avermelhada e com saburra amarelada ou branca e fina e pulso flutuante e rápido.

Ambas as síndromes são do tipo excesso. Geralmente ocorrem em indivíduos previamente saudáveis sem deficiência do *Qi* normal após um ataque dos fatores patogênicos em excesso. Uma Síndrome Externa que ocorre em indivíduos com constituição debilitada (tanto deficiência do *Qi* quanto deficiência de Yang) contém manifestações diferentes, chamada de "Síndrome de Deficiência Exterior", e apresenta calafrios, febre, aversão ao Vento, sudorese espontânea e pulso flutuante e fraco.

Síndrome de Deficiência Exterior: calafrios e febre, sudorese espontânea e pulso flutuante e fraco.

As características marcantes que diferenciam a Síndrome de Deficiência Exterior das Síndromes de Excesso Exterior são sudorese espontânea e pulso fraco.

Deve-se observar que as patologias localizadas na pele e infecções subcutâneas não pertencem às Síndromes Exteriores. São chamadas de "Síndromes Externas".

Síndromes Interiores

As Síndromes Interiores, associadas com patologias dos órgãos internos, podem ser causadas em qualquer um dos três caminhos:

1. Transmissão dos fatores patogênicos exógenos do exterior para o interior. Por exemplo, na Síndrome Exterior com calafrios, febre, cefaléia, pulso flutuante, os calafrios desaparecem quando a febre ocorre acompanhada de dispnéia, expectoração de muco amarelado e pegajoso, dores torácicas, língua avermelhada com saburra amarela e espessa e pulso vigoroso e rápido. Esta é uma Síndrome Interior (Calor nos pulmões) devido à invasão do fator patogênico do exterior.

2. Ataque direto dos fatores patogênicos sobre os órgãos internos. Por exemplo, ficar no frio pode resultar em vômito, dor abdominal e diarréia, que indicam que

o estômago e o baço foram afetados – uma síndrome de ataque direto ao interior pelo Frio.

3. Disfunção dos órgãos internos devido às desarmonias internas. Por exemplo, crise emocional pode resultar em cefaléia, tontura, olhos injetados, zumbido, pulso em corda e rápido e língua avermelhada com saburra amarelada, o que indica hiperatividade do fígado – uma Síndrome de Fogo do fígado.

Os pontos-chave que diferenciam as Síndromes Exteriores das interiores são as seguintes: a maioria das Síndromes Exteriores é causada por fatores patogênicos exógenos (tais como os seis fatores patogênicos exógenos do ambiente natural). As Síndromes Exteriores ocorrem no estágio precoce das invasões exógenas e duram um período curto de tempo, e depois ou se curam ou transformam-se em Síndromes Interiores. As manifestações comuns das Síndromes Exteriores incluem calafrios ou aversão ao Frio (ou Vento), saburra fina da língua com pulso flutuante. Dentre eles, a presença de calafrios (incluindo aversão ao Frio) é de importância crucial. Como se diz geralmente, "enquanto houver calafrios, haverá Síndrome Exterior". As Síndromes Interiores são caracterizadas por disfunção dos órgãos internos. Se há febre, não é acompanhada de calafrios ou aversão ao Frio (ou Vento). Outros sintomas das síndromes Interiores são extremamente diversos, já que diferentes órgãos internos podem estar envolvidos.

Além do que foi mencionado acima, há duas outras categorias de síndromes que podem estar relacionadas a ambos, interior e exterior. Uma delas é a síndrome que decorre de uma patologia localizada entre o exterior e o interior, e outra é a síndrome decorrente da patologia de ambos, exterior e interior.

Síndrome metade exterior e metade interior: Esta é uma síndrome decorrente de uma patologia localizada entre o exterior e o interior marcada por alternância de calafrios e febre, plenitude e sensação de choque no tórax e na região das costas, gosto amargo na boca, garganta seca, náusea, anorexia e pulso em corda.

Patologia de ambos, exterior e interior: Esta é marcada pela coexistência das duas síndromes, Exterior e Interior.

Frio *versus* Calor

As síndromes de Frio ou Calor refletem a deficiência ou o excesso de Yin e Yang. "Como afirma o *The Canon of Medicine*, a predominância do Yang origina o Calor e a predominância do Calor origina o Frio". Além disso, como regra de tratamento, a "Síndrome de Frio deve ser tratada com medicamentos de propriedades quentes e as Síndromes de Calor com medicamentos frios". Portanto, a diferenciação entre o Frio e o Calor na natureza de uma síndrome é da maior importância clínica.

A diferenciação entre Frio e Calor na Síndrome Externa é discutida na seção anterior. As Síndromes de Frio e Calor interiores são muito mais complicadas, pois causas e órgãos internos diferentes envolvidos causam manifestações diversas. De modo geral, a Síndrome de Frio de um órgão interno refere-se à hipofunção daquele órgão, e a Síndrome de Calor à hiperfunção. As características comuns das Síndromes de Frio Interior e das Síndromes de Calor Interior podem ser descritas como seguem:

Síndromes de Frio Interior: Palidez, intolerância ao frio, ausência de sede, aumento da freqüência intestinal, micção profusa e clara, língua pálida com saburra branca e pulso lento ou tenso. Se houver dor, pode ser agravada por frio e aliviada por calor. Se houver expectoração, o muco é fino, espumoso e esbranquiçado.

Síndromes de Calor Interior: Rubor facial, febre ou estado febril, sede, irritabilidade e agitação, constipação, micção escassa de coloração escura, língua avermelhada com saburra amarelada e pulso rápido. Se houver dor, é agravada por calor e aliviada por frio. Se houver expectoração, o muco será espesso, pegajoso e amarelado.

Esses critérios auxiliam os médicos a distinguir as Síndromes de Frio e de Calor na maioria dos casos, mas atenção especial deve ser dada aos seguintes aspectos:

1. Transformação de frio em calor e vice-versa

É comum o Frio exógeno se transformar em Calor após penetrar o interior do corpo. A Síndrome de Frio Exterior começa com calafrios, obstrução nasal, cefaléia, dores generalizadas, saburra branca e fina da língua e pulso flutuante e tenso. Posteriormente, desenvolve-se febre alta e os calafrios desaparecem, a língua fica avermelhada, sua saburra transforma-se em espessa e amarelada e o pulso torna-se rápido. Este é um exemplo de transformação da Síndrome de Frio Exterior em Síndrome de Calor Interior.

A Síndrome de Calor pode se transformar em Frio, geralmente devido ao tratamento impróprio ou inadequado ou por causa do consumo do *Qi* antipatogênico pelos fatores patogênicos excessivos. A transformação pode ser abrupta ou gradual. Se a temperatura corporal de um paciente, repentinamente, baixar além do normal, acompanhada de palidez, sudorese fria, membros frios e pulso excessivamente fraco, isto é uma transformação abrupta do Calor em Deficiência de Frio (colapso). Como um exemplo de transformação gradual, disenteria aguda do tipo excesso de Calor, após um longo período sem tratamento adequado, pode se transformar em disenteria crônica do tipo deficiência-Frio.

2. Coexistência e entrelaçamento de Frio e Calor

Os casos complexos, nos quais as Síndromes de Frio e Calor coexistem, apresentam quatro principais padrões:

(1) Frio no exterior e Calor no interior: isso é observado, geralmente, em pacientes com Calor Interno, afetados pelo Vento-Frio exógeno, ou na transformação da Síndrome de Frio Exterior em Calor Interior enquanto o Frio Exterior ainda existe. Por exemplo, o paciente pode apresentar os seguintes sintomas: calafrios e febre, ausência e sudorese, cefaléia, dor no corpo, dispnéia, agitação, sede e pulso flutuante e tenso. Nesta síndrome complexa, calafrios, ausência de sudorese, cefaléia, dores no corpo e pulso flutuante e tenso indicam patologia por Frio Exterior, ao passo que dispnéia, agitação e sede sugerem a presença de Calor Interior.

(2) Calor Exterior e Frio Interior: isso é geralmente encontrado nos pacientes com Síndrome de Frio Interior afetados por Vento-Calor. Por exemplo, uma pessoa com deficiência de Frio no baço e no estômago que adquire uma infecção respiratória superior (Vento-Calor) pode apresentar uma Síndrome de Calor Externo manifestada por febre, cefaléia, tosse, dor de garganta, juntamente com Síndrome de Frio Interior manifestada por aumento da freqüência intestinal e extremidades frias.

(3) Frio na parte superior e Calor na parte inferior. Por exemplo, se um paciente tem dor epigástrica agravada pelo Frio, com vômito de fluidos e ao mesmo tempo apresenta micção com urina escassa e de coloração escura, ele sofre de Frio no estômago e Calor na bexiga.

(4) Calor na parte superior e Frio na inferior. Por exemplo, se um paciente se queixa de desconforto e uma sensação quente no tórax acompanhada de diarréia e dor abdominal que é aliviada pelo Calor, ele sofre de Calor na parte superior e Frio na inferior.

3. Pseudo-Frio e pseudo-Calor

Quando as Síndrome de Frio e de Calor desenvolvem-se ao extremo, podem se transformar em o seu oposto provocando uma falsa aparência, ou seja, uma Síndrome de Frio pode parecer uma Síndrome de Calor e uma Síndrome de Calor pode parecer uma de Frio. Os sintomas do pseudo-Frio ou pseudo-Calor são confundidos com freqüência, mas requerem uma identificação cuidadosa, porque os pacientes com tais sintomas estão geralmente em estado patológico gravíssimo.

(1) Síndrome de Calor com sintomas de pseudo-Frio: se um paciente sente calafrios, mas não deseja se cobrir muito, e se seus membros sentem frio, mas o tórax e o abdome sentem calor, então ele sofre de Síndrome de Calor, embora os sintomas pareçam ser de Frio em sua natureza. Nesse caso, o Yin é mantido no exterior pelo Yang excessivo no interior.

(2) Síndrome de Frio com sintomas de pseudo-Calor: se um paciente sente calor, porém, sente desejo de se cobrir com roupas quentes, sede, mas ingere pouco líquido, move-se agitadamente enquanto sua mente está tranqüila (aquiescente) e apresenta uma língua com saburra preta, mas umedecida, ele sofre de Síndrome de Frio, pois estas são manifestações de Síndrome de Calor falsa. Nesse caso, o Yang é mantido no exterior pelo Yin excessivo no interior.

Os pontos seguintes são úteis para a diferenciação das falsas síndromes: na Síndrome de Calor com sintomas de pseudo-Frio o pulso é enérgico, a língua é avermelhada, a saburra da língua é seca, o paciente sente sede e ingere líquidos frios, o tórax e o abdome são quentes e a urina tem coloração amarela escura. Na Síndrome de Frio com sintomas de pseudo-Calor o pulso é debilitado, a língua é pálida, a saburra é úmida, o paciente não gosta de líquidos frios ou vomita após a ingestão de líquidos frios e a urina é clara.

Deficiência *versus* Excesso

A deficiência e o excesso definem forças opostas – fatores patogênicos que atacam o corpo e os fatores antipatogênicos que resistem aos fatores patogênicos. A deficiência refere-se à deficiência na resistência do corpo, excesso refere-se ao excesso dos fatores patogênicos. Quando os fatores patogênicos estão ausentes ou debilitados e a resistência corporal é adequada ou forte, o indivíduo apresenta um estado saudável ou se recuperará rapidamente da patologia.

Síndromes de Deficiência

As Síndromes de Deficiência podem ser congênitas ou adquiridas, mas, na maioria dos casos, são adquiridas por causa de dieta inadequada, fatores emocionais, estresse, excesso de atividade sexual, patologias crônicas ou tratamento equivocado. Uma vez que os fatores antipatogênicos do organismo incluem Yin, Yang, *Qi*, sangue, essência, fluidos e várias funções dos órgãos internos (*Zang Fu*), as Síndromes de Deficiência podem ser classificadas de acordo: Deficiência de Yin, Deficiência de Yang, Deficiência de *Qi*, Deficiência de Sangue etc. As manifestações das diferentes categorias de Síndromes de Deficiência são tão diversificadas que não podem ser sintetizadas adequadamente, mas as características comuns seguintes da maioria das Síndromes de Deficiência são: palidez ou compleição amarelada, apatia, lassidão, ausência de energia, dispnéia, sudorese espontânea ou noturna, membros frios ou calor nas palmas das mãos e solas dos pés, ausência de saburra da língua ou saburra fina e pulso filiforme ou fraco. As Síndromes de Deficiência ocorrem, geralmente, nas patologias de longa duração. A determinação de uma síndrome do tipo deficiência somente fornece a pista da aplicação dos tônicos ou da terapia de tonificação. O tratamento específico depende de um diagnóstico adicional detalhado da Síndrome de Deficiência, incluindo o elemento deficiente (Yin, Yang, *Qi*, essência ou fluidos) e o órgão *Zang Fu* envolvido, bem como a natureza do Frio ou do Calor da síndrome.

Síndromes de Excesso

A palavra "Excesso" aqui está relacionada a fatores patogênicos. As Síndromes de Excesso são causadas por fatores patogênicos excessivos. Os fatores patogênicos podem ser exógenos ou endógenos. Na maioria dos casos, o simples excesso dos fatores patogênicos é exógeno. Muitos fatores patogênicos endógenos são produtos da disfunção dos órgãos *Zang Fu*, tais como fluido retido, muco e umidade, estagnação do *Qi* e do sangue. Os órgãos internos relacionados podem se encontrar em um estado de deficiência, por exemplo, insuficiência dos rins com retenção de líquidos e diminuição da função do baço na produção de umidade e muco. Portanto, as síndromes causadas pelos fatores patogênicos endógenos podem ser, simplesmente, do tipo excesso, mas podem também ser Síndromes de Deficiência complicadas pelos sintomas de excesso.

As manifestações das Síndromes de Excesso variam enormemente de acordo com os diferentes fatores patogênicos e partes do corpo envolvido. Na maioria dos casos, a presença dos fatores patogênicos excessivos está associada à resposta ativa da resistência do corpo. Portanto, se há febre, é freqüentemente alta; se há dor, é agravada pela pressão ou acompanhada por pontos dolorosos à pressão, e se há tosse, ela é rude. De modo geral, uma Síndrome de Excesso é freqüentemente observada nas patologias agudas de curta duração, principalmente em pacientes com uma constituição forte. A saburra espessa e o pulso enérgico são as características mais proeminentes e indicam o excesso da síndrome.

A Síndrome de Excesso deve ser cuidadosamente diagnosticada de acordo com a categoria do fator patogênico e da parte do corpo ou do *Zang Fu* envolvido na patologia, bem como a natureza do Frio ou do Calor da síndrome.

Ao determinar-se a deficiência ou o excesso da síndrome, deve-se dar atenção aos seguintes pontos:

1. Interação entre a deficiência e o excesso

"As Síndromes de Excesso ocorrem quando há abundância do *Qi* patogênico (fator patogênico) e as Síndromes de Deficiência ocorrem quando o *Qi* antipatogênico do paciente (resistência corporal) é severamente danificada". A abundância do *Qi* patogênico e a diminuição do *Qi* antipatogênico são duas coisas distintas, mas freqüentemente ocorrem simultaneamente no mesmo processo patológico. A Síndrome de Deficiência pode ser complicada pelo excesso e a Síndrome de Excesso pode ser agravada pela deficiência. Algumas vezes, ambas, deficiência e excesso, coexistem na mesma deficiência e vice-versa.

2. Transformação do excesso em deficiência e vice-versa

O processo da patologia reflete o ritmo de luta da resistência corporal contra os fatores patogênicos. A Síndrome de Excesso pode se transformar em Deficiência quando a persistência dos fatores patogênicos prejudica o *Qi* antipatogênico (resistência corporal). Por exemplo, se uma Síndrome de Calor-Excesso manifestada por febre alta, sede, sudorese e pulso rápido e cheio for inadequadamente tratada, pode consumir o fluido corporal e o *Qi*, resultando em emagrecimento, palidez, anorexia, debilidade, dispnéia, ausência de saburra ou saburra escassa da língua e pulso filiforme e debilitado. Esta é uma transformação do tipo excesso em deficiência. Embora os fatores patogênicos ainda possam existir, a tonificação do *Qi* antipatogênico deve ser considerada no tratamento.

Uma Síndrome de Deficiência pode transformar-se em Excesso quando os produtos patológicos excessivos da disfunção dos órgãos *Zang Fu*, tais como muco, alimentos mal-digeridos, estagnação do *Qi* e do sangue, e retenção de líquidos se transformam em fatores patogênicos endógenos. Por exemplo, quando o paciente, que sofre de deficiência do *Qi* do coração com palpitação cardíaca e dispnéia por um longo período, sente, repentinamente, uma dor precordial insuportável como resultado da obstrução dos vasos do coração devido à estase de sangue resultante da deficiência do *Qi*, há a transformação da deficiência em excesso. Mesmo que a condição de deficiência ainda exista, o tratamento urgente deve focar a eliminação do fator patogênico, ou seja, remover o sangue estagnado e aliviar a dor.

3. Pseudodeficiência e pseudo-excesso

Com relação à Síndrome de Excesso com sintomas de pseudodeficiência, "Se um paciente apresenta fatores patogênicos acumulados no interior acompanhados de pontos dolorosos à pressão, rubor facial, respiração áspera e pulso enérgico, a síndrome será naturalmente do tipo excesso". Porém, o paciente deve ficar indiferente às circunstâncias, não ter desejo de falar e se mover, pode sentir tontura com visão borrada ou apresentar aumento da freqüência intestinal. Isso pode ser expresso como "grande excesso parecendo debilidade". (*Gu Shi Yi Jing* ou *Gu's Mirror of Medicine*, 1718).

Os sintomas comuns da pseudodeficiência são: lassidão, com melhora após o movimento, paciente taciturno, mas sua voz é alta quando fala, aumento da freqüência intestinal e conforto após a evacuação.

Em relação á Síndrome de Deficiência com sintomas de pseudo-excesso, "Se o indivíduo sofre de dor epigástrica que é aliviada pela pressão, enquanto que a compleição é pálida e amarelada, a voz é fraca e o pulso está debilitado, a síndrome certamente será de deficiência". Isso pode ser acompanhado de constipação e distensão extrema com plenitude que prejudica a ingestão de alimentos, e pode ser expresso como "insuficiência extrema que fornece os sintomas de preponderância". (*Gu Shi Yi Jing* ou *Gu's Mirror of Medicine*, 1718).

Os sintomas comuns de pseudo-excesso são: plenitude abdominal intermitente ou distensão, dor abdominal sem pontos dolorosa à pressão ou mesmo aliviada pela pressão.

Além dos sintomas, a inspeção da língua e o exame do pulso oferecem freqüentemente, pistas importantes para a identificação da pseudodeficiência ou pseudo-excesso. Para o exame do pulso, a palpação profunda é da maior significância. O exame superficial do pulso pode proporcionar uma informação falsa. O pulso enérgico em exame profundo significa uma Síndrome de Excesso. A textura da língua também é importante. A língua macia e delicada é, geralmente, observada nas Síndromes de Deficiência, ao passo que a língua resistente e firme é observada nas Síndromes de Excesso.

Combinação de Exterior *versus* Interior, Frio *versus* Calor e Deficiência *versus* Excesso

Uma vez que os três pares de critérios refletem o aspecto individual da síndrome, devem ser usados em combinação como guia de princípios do diagnóstico da MTC. Portanto, as síndromes podem ser classificadas nos seguintes padrões, se os casos complicados e confusos forem excluídos.

Síndromes de Deficiência, que podem ser divididas em Síndrome de Deficiência Exterior com patologia exógena e Deficiência Exterior sem patologia exógena.

Síndromes de Excesso Exterior, que podem ser divididas em síndromes de Frio Exterior e Calor Exterior.

Síndromes de Deficiência Interior, que podem ser divididas em Síndromes de Deficiência-Frio e Deficiência-Calor.

Síndromes Interiores do tipo excesso, que podem ser divididas em Síndromes de Excesso-Frio e Excesso-Calor.

As principais manifestações clínicas das Síndromes Exteriores são discutidas neste capítulo, mas alguns outros sintomas podem aparecer se o fator patogênico for outro tipo que não seja Frio ou Calor. Deve-se observar que na MTC muitos termos podem apresentar diferentes significados. "Frio" e "Calor" como dois critérios no diagnóstico denotam a natureza da síndrome. Porém, em termos de etiologia, também denotam dois fatores patogênicos, exógeno ou endógeno. Quando dizemos "Síndrome de Frio Exterior", isso significa que a patologia está na porção exterior do corpo sem a síndrome de natureza fria. Isso não quer dizer, necessariamente, que a síndrome é causada pelo Frio. Se quisermos expressar precisamente a causa, devemos dizer "ataque do Frio patogênico sobre a porção exterior do corpo" ou, mais freqüentemente, "patologia exógena por Vento-Frio". Nas invasões exógenas, além do Frio e do Calor, há outros fatores patogênicos, como umidade e secura, que também podem produzir Síndromes Exteriores. Estas síndromes também podem ser categorizadas em Frio ou Calor de acordo com sua natureza. Portanto, mesmo nas "Síndrome de Frio Exterior" e "Síndrome de Calor Externo" há, ainda, dois termos genéricos referentes aos grupos de síndromes. A determinação dos fatores patogênicos é discutida no Capítulo 4.

No que diz respeito às síndromes Interiores, a diferenciação é muito mais complicada porque o interior deve ser devidamente esclarecido com relação aos órgãos *Zang Fu, Qi,* sangue ou meridianos, e os fatores patogênicos não estão mais limitados aos exógenos. Conseqüentemente, um grande número de Síndromes Interiores pode ser classificado. Estas manifestações são discutidas em detalhes nas seções seguintes deste capítulo. Para ter uma idéia geral sobre as Síndromes Interiores, as características comuns seguintes devem ser mentalizadas.

As Síndromes de Deficiência-Frio Interior são atribuídas ao declínio do Yang *Qi* e geralmente manifestadas por apatia, palidez, aversão ao Frio com membros frios, dor abdominal aliviada pela pressão, aumento da freqüência intestinal, urina diluída, ausência de energia, língua pálida e flácida e pulso debilitado, profundo ou lento.

As Síndromes de Deficiência-Calor Interior são atribuídas ao consumo de fluido Yin e geralmente manifestadas por rubor malar, emagrecimento, febre vespertina com sudorese noturna, sensação de calor nas palmas das mãos e solas dos pés, secura na garganta e boca, língua avermelhada com saburra escassa e pulso rápido e filiforme.

As Síndromes de Excesso-Frio Interior são atribuídas à invasão do Frio patogênico ou outros fatores patogênicos do Yin no interior do corpo, e são, geralmente, manifestadas por aversão ao frio e preferência pelo quente, palidez, dor abdominal com pontos dolorosos à pressão, ruídos hidroaéreos e diarréia ou tosse e dispnéia com expectoração espumante e fina, ausência de gosto na boca com saliva profusa, urina diluída, língua com saburra branca e úmida e pulso lento ou tenso.

As Síndromes de Excesso-Calor são atribuídas à penetração do Calor e outros fatores patogênicos Yang dentro do corpo e são comumente manifestadas por febre, preferência pelo frio, sede sem desejo de ingerir líquidos frios, rubor facial e olhos congestionados, agitação ou delírio, distensão abdominal com plenitude e pontos dolorosos à pressão, constipação, urina concentrada, língua avermelhada com saburra seca e amarelada e pulso cheio, escorregadio, rápido e cheio.

Yin *versus* Yang

Yin e Yang são os dois principais critérios genéricos de diferenciação das síndromes. Considerados como os pontos-chave na aplicação dos oito critérios globais, Yin e Yang são utilizados para sintetizar os outros três pares de critérios. De modo geral, as síndromes de Interior, Frio e de Deficiência pertencem à categoria de síndromes de Yin, ao passo que as síndromes de Exterior, Calor e Excesso pertencem à categoria das síndromes de Yang. A diferenciação das síndromes de Yin e Yang é de importância primordial, como afirma o *The Canon of Medicine*: "quem é bom para diagnosticar uma patologia por meio da compleição do paciente e sente seu pulso, primeiro identifica o Yin e o Yang". Zhang Jungyue (1563-1640), médico de destaque e autor do *Nei Jing* (Classified Canon), também declara que "é princípio-chave que o Yin e o Yang devem ser previamente considerados ao examinar o pulso e administrar o medicamento". A determinação adequada da diferenciação da síndrome Yin e Yang são a base do diagnóstico e do tratamento, mas isso só pode proporcionar uma direção principal.

Outro assunto relacionado ao Yin e Yang diz respeito a sua abundância e seu declínio. "Yin em excesso faz o Yang sofrer". "Yang em excesso faz o Yin sofrer". "A preponderância do Yin origina as Síndromes de Frio". "A preponderância do Yang origina as Síndromes de Calor". "A Deficiência de Yang provoca o Frio externo". "A deficiência de Yin proporciona o Calor interno". Em todos esses exemplos, Yin e Yang apresentam seus próprios significados substanciais e não devem ser considerados critérios genéricos para o diagnóstico da síndrome. Porém, uma vez que a deficiência de Yin e de Yang é geralmente encontrada na prática clínica, é necessário conhecer suas manifestações comuns antes da discussão mais detalhada com relação aos órgãos internos (*Zang Fu*).

Deficiência de Yin: Sua manifestação clínica consiste nos sintomas decorrentes da deficiência do fluido ou essência Yin e aqueles sintomas resultantes da preponderância relativa de Yang, ou seja, Calor ou Fogo endógeno. O primeiro inclui secura na garganta e na boca, tontura, visão turva, zumbido, fraqueza na região lombar e pernas, urina concentrada, constipação, língua seca sem saburra e pulso filiforme. O último inclui rubor malar, febre vespertina com sudorese noturna, sono com distúrbios de sonhos, emissão noturna, calor nas palmas e nas solas dos pés, língua avermelhada e pulso rápido.

Deficiência de Yang: Sua manifestação clínica consiste nos sintomas decorrentes das atividades funcionais diminuídas (Yang) e aqueles decorrentes da preponderância relativa do Yin, ou seja, do Frio endógeno e dos outros produtos patológicos. O primeiro inclui palidez, sudorese espontânea, aumento da freqüência intestinal, principalmente diarréia diária antes do amanhecer, debilidade das pernas, impotência e pulso debilitado. O último inclui edema e aversão ao Frio com membros frios.

As duas outras síndromes relacionadas ao Yin e Yang, em seu sentido substancial, são a exaustão do Yin e a exaustão do Yang. Ambas são condições críticas manifestadas pelo colapso ou choque. Podem resultar do agravamento gradual da deficiência de Yin e Yang ou ocorrer abruptamente nas patologias agudas com febre alta, sudorese profusa, vômito recorrente, diarréia severa ou hemorragia maciça.

Exaustão de Yin: O consumo excessivo da essência vital e do fluido é geralmente manifestado por sensação febril do corpo, dispnéia com estertores, sudorese pegajosa, sede com preferência por líquidos frios, irritabilidade, agitação ou mesmo delírio, língua avermelhada e seca e pulso filiforme, rápido e debilitado.

Exaustão de Yang: Exaustão do Yang *Qi* é geralmente manifestada por sudorese profusa, frio corporal, membros frios, respiração debilitada, ausência de sede ou preferência por líquidos quentes, língua pálida e pulso, quase imperceptível.

DIFERENCIAÇÃO DAS SÍNDROMES DE ACORDO COM O ESTADO DO *QI*, DO SANGUE E DOS FLUIDOS CORPORAIS

Qi, sangue e fluidos corporais consistem na matéria básica das atividades funcionais dos órgãos *Zang Fu*, enquanto que, ao mesmo tempo, a produção e a circulação do *Qi*, do sangue e dos fluidos dependem das atividades funcionais dos órgãos *Zang Fu*. As mudanças patológicas nos órgãos *Zang Fu* causam transformações do *Qi*, do sangue e dos fluidos corporais, e vice-versa. Portanto, a diferenciação das síndromes de *Qi*, de sangue e dos fluidos corporais está intimamente relacionada à diferenciação das síndromes dos órgãos *Zang Fu*. Geralmente, estes dois paradigmas da diferenciação da síndrome são usados simultânea e conjuntamente.

As Alterações do *Qi*

As desarmonias do *Qi* podem ser classificadas, geralmente, em quatro categorias: Deficiência de *Qi*, submersão do *Qi*, estagnação do *Qi* e inversão ascendente do *Qi*.

I. Deficiência do *Qi* (Síndrome de Deficiência do *Qi*)

A Deficiência de *Qi* consiste em um grupo de síndromes decorrentes da função diminuída dos órgãos *Zang Fu*. É freqüente por causa da debilidade após um longo período de patologia, fraqueza senil ou excesso de estresse ou tensão. Cada órgão *Zang Fu* necessita de *Qi* para suas atividades funcionais. Então, a deficiência de *Qi* nos órgãos individuais pode ser manifestada diversamente de acordo com suas diferentes funções, mas a deficiência de *Qi* de um órgão individual está freqüentemente associada à deficiência generalizada do *Qi*, manifestações estas descritas a seguir.

Manifestações clínicas: As manifestações clínicas de deficiência generalizada do Qi incluem dispnéia, falar pouco, lassidão, ausência de energia, tontura, visão turva e sudorese espontânea, todas elas agravadas quando há esforço. Além disso, língua pálida com saburra branca e pulso fraco podem estar presentes.

Análise da síndrome: Deficiência de *Qi* e ausência de energia são, na verdade, sinônimos. A dispnéia, falar pouco e lassidão são todas manifestações de ausência de energia. Se o *Qi* fracassa na ascensão para nutrir a cabeça e os olhos, ocorrem tontura e visão turva. O *Qi* defensivo é a parte do *Qi* que controla os poros. A debilidade do *Qi* defensivo conduz ao fechamento inadequado dos poros e, assim, há sudorese espontânea. Como o esforço consome o *Qi*, isso piora todos os sintomas acima descritos. A deficiência do *Qi* também implica debilidade do *Qi* para impelir o fluxo sanguíneo normal, daí o pulso fraco e a língua pálida.

II. Submersão do *Qi* (Síndrome do *Qi* Submerso)

Uma das funções do *Qi* consiste em manter os órgãos internos em suas posições normais ou levantá-los. Se esta função for prejudicada por causa da deficiência de *Qi*, pode ocorrer queda de vísceras, como se os órgãos internos houvessem submergido. A submersão do *Qi* é outra variedade de deficiência de *Qi* caracterizada por fracasso nas funções de manter ou levantar os órgãos internos. Como isso sempre ocorre no Aquecedor Médio, este fenômeno é conhecido como "submersão do *Qi* do Aquecedor Médio" ou, simplesmente, "submersão do *Qi* médio"

Manifestações clínicas: Tontura, visão turva, lassidão, sensação de queda e distensão do abdome, prolapso do reto ou do útero, gastroptose e outras quedas de vísceras, língua pálida e pulso fraco.

Análise da síndrome: Tontura, visão turva, lassidão, língua pálida e pulso fraco são manifestações comuns de deficiência do *Qi*. A sensação de queda e distensão do abdome, prolapso do reto e do útero, gastroptose e outras quedas de vísceras são resultados comuns do fracasso do *Qi* em manter os órgãos internos em seus lugares adequados ou em levantá-los.

III. Estagnação do *Qi* (Síndrome da Estagnação do *Qi*)

A síndrome de estagnação do *Qi* ocorre quando o fluxo do *Qi* encontra-se impedido ou obstruído em uma determinada parte do corpo ou em certo órgão interno. As causas da estagnação do *Qi* são multifacetadas, incluindo obstrução por vários fatores patogênicos, influência dos fatores emocionais e debilidade do Yang, que falha para promover o fluxo do *Qi*.

Manifestações clínicas: As manifestações clínicas variam de acordo com a região em que o *Qi* fica estagnado. Porém, as características comuns da estagnação do *Qi* são distensão e dor.

Análise da síndrome: O impedimento ou obstrução do fluxo do *Qi* origina seu acúmulo localizado, o que produz distensão. "Onde quer que haja obstrução, haverá dor". A obstrução do fluxo do *Qi* também produz dor, além da distensão. Na estagnação do *Qi*, a distensão é, geralmente, mais severa que a dor, e ambas, distensão e dor, ocorrem intermitentemente, freqüentemente sem local fixo.

IV. Inversão Ascendente do *Qi* (Síndrome da Inversão do *Qi*)

O *Qi* deve ascender e descender de maneira normal. Se o *Qi* descende de forma anormal, a Síndrome da Submersão ocorre, e se o *Qi* ascende de forma anormal, a Síndrome da Inversão Ascendente ocorrerá. A inversão ascendente do fluxo do *Qi* envolve, com freqüência, os pulmões, o estômago e o fígado.

Manifestações clínicas: Tosse e dispnéia na inversão ascendente do *Qi* do pulmão, soluço, eructação, náusea e vômito na inversão ascendente do *Qi* do estômago, cefaléia, vertigem, síncope ou hematêmese na inversão ascendente do *Qi* do fígado.

Análise da síndrome: A inversão ascendente do *Qi* do pulmão é, com freqüência, decorrente da invasão dos fatores patogênicos ou deve-se à retenção do muco nos pulmões. Em ambos os casos, o *Qi* do pulmão falha para descender e, ao contrário, ascende, dando origem a tosse e respiração asmática.

A retenção do fluido, muco ou alimentos no estômago, ou invasão do estômago por fatores patogênicos exógenos, pode perturbar a descendência do *Qi* do estômago. A inversão ascendente do *Qi* do estômago produz soluço, eructação, náusea e vômito.

A desarmonia do fígado decorrente da raiva conduz à ascendência excessiva do *Qi* do fígado. "Excesso do *Qi* forma o Fogo". A inversão ascendente do *Qi* e do Fogo causam cefaléia, vertigem ou mesmo síncope. Nos casos severos, o sangue pode ser jogado para fora dos vasos em conjunto com o fluxo invertido do *Qi*, resultando em hematêmese.

Alterações do Sangue

As desarmonias do sangue podem ser classificadas em quatro categorias: deficiência do sangue, estase de sangue, Calor no sangue e Frio no sangue.

I. Deficiência do sangue (Síndrome da Deficiência do Sangue)

A deficiência do sangue significa sangue insuficiente para nutrir os órgãos e os tecidos. Isto inclui anemia, bem como outras condições patológicas com suprimento insuficiente do sangue tanto no corpo todo quanto de forma localizada. A deficiência de sangue não é exatamente equivalente à anemia na Medicina Ocidental, porque na anemia grave com sintomas de agitação, lassidão e dispnéia, o diagnóstico consiste, geralmente, em deficiência do *Qi* e do sangue, em vez da deficiência do sangue somente. As Síndromes de Deficiência do Sangue são freqüentemente observadas na anemia, nas patologias crônicas debilitantes, alterações depressivas, alterações menstruais e alguns distúrbios neurológicos.

Manifestações clínicas: Palidez, lábios pálidos, visão turva, palpitação, insônia, parestesia ou sensação de formigamento nas mãos e pés, língua pálida e pulso filiforme.

Análise da síndrome: Palidez, lábios pálidos, visão turva, língua pálida e pulso filiforme devem-se à deficiência geral de sangue. Dentre os órgãos internos, o coração e o fígado são particularmente relacionados ao sangue, o coração governa a circulação sanguínea e o fígado estoca o sangue. O coração serve como base das atividades mentais, de modo que o suprimento insuficiente de sangue no coração provoca não somente palpitação, mas também insônia. A deficiência do sangue do fígado pode conduzir ao suprimento insuficiente de sangue nos olhos, tendões, no Vaso Penetrador e no Vaso da Concepção, causando visão turva, parestesia das mãos e dos pés e alterações menstruais.

II. Estase de sangue (Síndrome da Estase de Sangue)

A estase de sangue na MTC é um termo com significado amplo. Qualquer mudança patológica caracterizada por retardamento ou impedimento do fluxo do sangue consiste em uma condição da estase de sangue. A causa disso é multifacetada, incluindo distensão e contusão, invasão do Frio ou do Calor patogênico no Sistema Sanguíneo. Mais freqüente é a condição secundária das outras mudanças patológicas, tais como deficiência do *Qi*, estagnação do *Qi* e deficiência do sangue. A partir da perspectiva médica ocidental, a estase de sangue refere-se a uma variedade de condições, incluindo a congestão sanguínea, extravasamento, trombose e outras mudanças patológicas com formação de massas e tumores. Clinicamente, a estagnação do *Qi* é freqüentemente observada nas patologias coronárias, trombose cerebral, hepatoesplenomegalia, tumores abdominais, tromboangeite obliterante, dismenorréia, amenorréia, gravidez ectópica, traumas físicos e muitas outras patologias de duração prolongada.

Manifestações clínicas: Manifestações locais de estase de sangue consistem em dor, formação de massas e equimose ou petéquias. As manifestações gerais são compleição escurecida, pele enrugada seca ou mesmo cianose de lábios e unhas. A língua é púrpura ou escura com pontos púrpura e o pulso é filiforme e hesitante.

Análise da síndrome: A dor que ocorre como conseqüência da obstrução causada pelo sangue estagnado é localizada e com características de pontada. O acúmulo de sangue estagnado no local forma massa ou tumor que apresenta posição fixa e consistência firme ao ser examinado. A estagnação do *Qi* pode, também, causar dor e formação de massa, mas a dor tem característica de distensão e a massa é macia, sem forma definida ou posição fixa e, com freqüência, aparece e desaparece.

Quando o vaso sanguíneo está obstruído pela estase de sangue, a circulação sanguínea pode romper o vaso, resultando no extravasamento do sangue para fora dele. Portanto, no tratamento da hemorragia, a remoção da estase de sangue, algumas vezes, é mais importante que a hemostasia.

O fluxo retardado do sangue obstrui a perfusão normal da pele, de modo que a compleição torna-se escurecida, a pele escamosa e seca e, nos casos severos, os lábios e as unhas tornam-se cianóticos.

III. Calor no Sangue (Síndrome de Calor no Sangue)

O Calor endógeno produzido pela disfunção do órgão interno pode causar várias condições hemorrágicas se o Calor envolver a circulação sanguínea. Clinicamente, o Calor no sangue ocorre, com freqüência, nas patologias infecciosas, tais como sarampo, escarlatina, meningite epidêmica, e também várias patologias hemorrágicas, tais como púrpura alérgica, púrpura trombocitopênica, anemia aplástica e leucemia.

Manifestações clínicas: Hemoptise, hematêmese, hematúria, epistaxe e outras variedades de hemorragia, língua vermelha escura e pulso em corda e rápido.

Análise da síndrome: O diagnóstico do Calor no sangue é baseado na hemorragia e nas manifestações de Calor. O Calor endógeno dos órgãos internos pode danificar os vasos sanguíneos e direcionar a circulação para fora de seu curso normal, resultando em hemorragia. A língua vermelha escura e o pulso em corda e rápido indicam Calor com fluxo sanguíneo abundante.

O Sistema Sanguíneo também pode ser invadido pelo Calor exógeno. A Síndrome de Calor Exógeno no sangue será abordada oportunamente.

IV. Frio no Sangue (Síndrome de Frio no Sangue)

A Síndrome de Frio no sangue refere-se ao fluxo sanguíneo local vagaroso devido ao Frio patogênico. A síndrome é, com freqüência, encontrada na Doença de Raynaud e nas alterações menstruais.

Manifestações clínicas: Dor e frio nas mãos e nos pés com cianose localizada de pele aliviada pelo aquecimento e agravada pelo frio, ou dor e frio na parte inferior do abdome acompanhados por membros frios, ciclo menstrual atrasado e eliminação de fluxo menstrual de coloração escura juntamente com coágulos. A língua é pálida e escura com saburra branca e pulso rápido, lento e hesitante.

Análise da síndrome: O frio causa contração muscular com fluxo sanguíneo lento, originando frieza, dor e cianose das mãos e dos pés. Nas mulheres, a exposição ao frio ou a ingestão de muito líquido frio durante o ciclo menstrual pode conduzir o Frio ao útero com estase de sangue e, portanto, acarreta dor e frieza na parte inferior do abdome. Por causa da estase de sangue, o ciclo menstrual atrasa e o fluxo surge misturado com coágulos. O pulso profundo indica uma Síndrome Interior, o pulso lento indica Frio e o hesitante, estase de sangue.

Alterações do *Qi* e do Sangue

O *Qi* e o sangue são interdependentes e promovem-se e agem mutuamente. Devido ao seu íntimo relacionamento, as desarmonias do *Qi* e do sangue ocorrem, com freqüência, simultaneamente. As patologias comuns tanto do *Qi* quanto do sangue incluem a estagnação do *Qi* com estase de sangue, deficiência do *Qi* com estase de sangue, fracasso do *Qi* para controlar o sangue e esgotamento do *Qi* após grande perda de sangue.

I. Estagnação do *Qi* com Estase de Sangue

"*Qi* em movimento mantém a circulação sanguínea". A estagnação prolongada do *Qi* pode resultar em estase de sangue.

Manifestações clínicas: Distensão na região do hipocôndrio com dor sem localização determinada, irritabilidade e hepatoesplenomegalia com dor com característica de facadas, pontos doloridos, amenorréia ou dismenorréia com eliminação de sangue escuro e coágulos nas mulheres, língua escura e púrpura e pulso hesitante.

Análise da síndrome: O ponto-chave do diagnóstico desta síndrome consiste na presença da dor e de massa nas áreas ao longo do meridiano do fígado nas patologias prolongadas. Tanto os fatores emocionais quanto a patologia por fatores patogênicos causam o fluxo deprimido do *Qi* do fígado, que é geralmente manifestado por distensão na região do hipocôndrio com dor sem local fixo e irritabilidade. A estagnação prolongada do *Qi* do fígado causa alterações na circulação sanguínea local e, finalmente, estase de sangue com formação de massa. A dor causada pela estagnação do *Qi* e a causada pela estagnação do sangue apresentam características diferentes: esta última é mais severa, com característica de facada e acompanhada por pontos dolorosos à pressão.

O fígado estoca o sangue, servindo como fonte de menstruação. A estase de sangue do fígado conduz à obstrução do fluxo menstrual e até amenorréia. O meridiano do fígado percorre a região genital e alcança a porção inferior do abdome. Então, a estagnação do *Qi* do fígado e do sangue é capaz de causar dor na região inferior do abdome durante a menstruação. A língua púrpura e o pulso hesitante são sinais comuns que indicam a estase de sangue.

II. Deficiência do *Qi* com Estase de Sangue

A Deficiência prolongada do *Qi* pode causar a estase de sangue.

Manifestações clínicas: Compleição pálida ou escurecida, lassidão, dispnéia, preguiça para falar, dor com característica de facadas na região peitoral ou do hipocôndrio com localização determinada e pontos dolorosos à pressão, língua pálida e escura ou com pontos de cor púrpura e pulso profundo e hesitante.

Análise da síndrome: Esta é uma Síndrome de Deficiência complicada pelo Excesso. A compleição pálida, lassidão, dispnéia e falar pouco são manifestações de deficiência do *Qi*. Uma vez que o *Qi* é a força motriz da circulação sanguínea, o sangue flui lentamente quando o *Qi* está insuficiente. A deficiência prolongada do *Qi* resulta na estase de sangue com manifestações de compleição escurecida, dor com localização fixa e com pontos dolorosos. Esta síndrome é freqüentemente observada quando o coração e o fígado estão envolvidos, de modo que surge dor peitoral ou do hipocôndrio. A língua pálida decorre da deficiência do *Qi* e a língua escurecida com pontos de coloração púrpura resulta da estase de sangue. O pulso profundo indica uma Síndrome Interior e o pulso hesitante, estase de sangue.

III. Deficiência do *Qi* e do Sangue

Esta é uma síndrome caracterizada pela existência simultânea da deficiência do *Qi* e do sangue. É observada freqüentemente nas patologias crônicas, em decorrência tanto da deficiência do *Qi*, que fracassa em gerar sangue, quanto da deficiência de sangue, que falha em sua transformação em *Qi*.

Manifestações clínicas: Tontura, visão turva, dispnéia, aspecto taciturno, ausência de energia, sudorese espontânea, compleição pálida ou amarelada, palpitação, insônia, língua pálida e flácida, e pulso filiforme e fraco.

Análise da síndrome: A descrição da síndrome supracitada consiste em uma combinação de manifestações clínicas de deficiência do *Qi* e aquelas decorrentes da deficiência de sangue. Dispnéia, falar pouco, ausência de energia e sudorese espontânea são sintomas comuns de deficiência do *Qi*. Palpitação e insônia são decorrentes do suprimento insuficiente de sangue para o coração, que mantém a circulação sanguínea por meio dos seus batimentos e também serve como base das atividades mentais. Tontura e visão turva são causadas, usualmente, pela deficiência de sangue do fígado. A compleição pálida está relacionada, geralmente, à deficiência de sangue, ao passo que a compleição amarelada vincula-se à deficiência de *Qi*. As manifestações da língua e do pulso também correspondem à deficiência do *Qi* e do sangue.

IV. Fracasso do *Qi* para Controlar o Sangue

O *Qi* mantém a circulação sanguínea normalizada dentro dos vasos. Na deficiência prolongada do *Qi*, esta função pode ser obstruída, resultando em hemorragia.

Manifestações clínicas: Enterorragia, equimose subcutânea nas extremidades inferiores ou hemorragia uterina anormal acompanhada de dispnéia, lassidão, ausência de energia, compleição pálida, língua pálida e pulso filiforme e debilitado.

Análise da síndrome: O *Qi* que mantém a circulação sanguínea dentro dos vasos é o do baço. O fracasso do *Qi* para controlar o sangue é, de fato, uma variedade de deficiência do *Qi* do baço. Uma vez que a deficiência do *Qi* do baço pode causar sintomas de submersão, a hemorragia nesta síndrome ocorre, freqüentemente, nas partes inferiores do corpo, tais como enterorragia e hemorragia uterina.

A hemorragia ocorre, geralmente, por causa do Calor no sangue. As diferenças entre a hemorragia devido ao Calor no sangue e a causada pelo fracasso do *Qi* para controlar o sangue são descritas abaixo:

	Fracasso do *Qi* para controlar o sangue	Calor no sangue
Curso da patologia	Na maior parte, é crônica	Na maior parte, é aguda
Deficiência/excesso	Deficiência	Excesso
Localização da hemorragia	Geralmente na parte inferior do corpo	Qualquer parte do corpo
Coloração do sangue	Rosado e fino	Vermelho vivo e espesso
Língua	Pálida	Vermelho-escuro
Pulso	Filiforme e debilitado	Em corda e rápido

V. Esgotamento do *Qi* após Grande Perda de Sangue

Manifestações clínicas: Presença repentina de palidez, membros frios, sudorese profusa, até mesmo desmaio, língua pálida e pulso indistinto, quase imperceptível ou oco.

Análise da síndrome: O *Qi* e o sangue são interdependentes. A grande perda de sangue priva o *Qi* de seu transporte, conduzindo a seu esgotamento. O *Qi* exausto falha para enviar o sangue em ascendência, resultando em palidez, falha para aquecer os membros provocando membros frios, e falha para controlar os poros e conseqüente sudorese profusa. A consciência pode ser afetada com a ocorrência do esgotamento do *Qi*. O pulso indistinto e quase imperceptível e o oco são um sinal crítico de esgotamento.

Alterações dos Fluidos Corporais

As desarmonias dos fluidos corporais podem ser, de modo geral, classificadas em dois grupos: insuficiência e retenção de fluidos.

I. Insuficiência dos Fluidos (Síndrome de Insuficiência dos Fluidos)

A insuficiência dos fluidos pertence à Secura endógena. Isso decorre tanto da produção insuficiente dos fluidos quanto da perda excessiva dos mesmos. A diminuição das funções de transporte e de transformação do baço e do estômago ou a restrição excessiva da ingestão de líquidos pode resultar em produção insuficiente dos fluidos corporais. Febre alta que exaure os fluidos, sudorese profusa, vômito e diarréia severos conduzem à perda excessiva dos fluidos corporais.

Manifestações clínicas: Secura na garganta, boca e lábios, pele enrugada, oliguria, constipação, língua de coloração vermelha e seca e pulso filiforme e rápido.

Análise da síndrome: Secura na garganta, boca e lábios, pele enrugada, oliguria e constipação são sintomas decorrentes da ausência dos fluidos. A insuficiência dos fluidos (Yin) pode produzir Calor endógeno e, portanto, a língua torna-se seca e avermelhada e o pulso rápido e filiforme.

II. Retenção de Água e de Fluidos (Síndrome de Retenção de Água-Fluido)

1. Edema

Os pulmões, o baço e os rins regulam o metabolismo da água. Portanto, o edema pode ser atribuído ao distúrbio funcional de qualquer um desses órgãos. Clinicamente, o edema deve ser o primeiro a ser classificado de acordo com a deficiência e o excesso. O edema Yang pertence ao excesso (de fatores patogênicos), ao passo que o edema Yin pertence à deficiência (do *Qi* antipatogênico).

(1) Edema Yang

Edema Yang ou edema de natureza Yang consiste em Síndrome de Excesso, freqüentemente causado por patologia exógena por Vento patogênico ou por excesso de fluxo Água-Umidade.

Manifestações clínicas: O edema, geralmente, tem um início agudo que aparece inicialmente nas pálpebras, estendendo-se, a seguir, em descendência, para todo o corpo, sendo associado à oliguria. É freqüentemente acompanhado por aversão ao frio, calafrios, dores nas articulações, língua com saburra branca e fina e pulso flutuante e rápido. Ou acompanhado de sintomas como dor de garganta, língua avermelhada e pulso rápido e flutuante. Algumas vezes, a anasarca é desenvolvida gradualmente, acompanhada de peso nos membros, lassidão, oliguria, anorexia, náusea, língua com saburra branca e oleosa e pulso profundo.

Análise da síndrome: O edema Yang com surgimento agudo é, geralmente, decorrente da patologia exógena dos pulmões por Vento patogênico. Os pulmões apresentam a função de regular o canal das águas e a distribuição normal dos fluidos pode ser afetada se os pulmões forem atingidos pelo Vento. Os pulmões estão situados na parte superior do corpo e enviam a água em descendência. Portanto, o edema que decorre da disfunção dos pulmões aparece, inicialmente, nas pálpebras e na face, acompanhado de oliguria. O distúrbio do canal das águas conduz, geralmente, ao acúmulo rápido de água e, portanto, o edema transforma-se rapidamente em anasarca. A aversão ao frio, calafrios, febre, dores nas articulações e dor de garganta são sintomas que indicam a invasão exterior do Vento exógeno e, portanto, o edema Yang com tais manifestações também é chamado de "edema por Vento". O edema por Vento é uma Síndrome de Excesso, mas que pode ser tanto de Frio como de Calor. Se é uma Síndrome de Frio, a saburra da língua é branca e o pulso é flutuante e tenso, mas se é uma Síndrome de Calor, a língua torna-se avermelhada e o pulso é rápido e flutuante.

A patologia exógena por Umidade com o envolvimento do baço pode conduzir também ao edema de natureza Yang. Quando a função do baço no transporte e transformação da água estiver afetado, pode-se produzir Vento-Umidade endógeno, que flui em excesso, gradualmente, por todo o corpo. Uma vez que o baço está particularmente relacionado aos membros, o edema ficará mais pronunciado nestes, acompanhado pela sensação de peso e lassidão. A disfunção do baço com o acúmulo da umidade resulta em anorexia. O baço e o estômago estão intimamente relacionados, e as patologias do baço geralmente envolvem o estômago. A inversão ascendente do *Qi* do estômago causa náusea. A saburra branca e oleosa da língua, juntamente com o pulso profundo, indica excesso de umidade patogênica no interior.

(2) Edema Yin

O edema Yin, ou edema de natureza Yin é, geralmente, uma Síndrome de Deficiência que decorre da debilidade após uma patologia prolongada, desarmonia interna causada por tensão ou estresse excessivo ou excesso de atividade sexual.

Manifestações clínicas: Edema abaulado, mais demarcado na porção inferior do corpo, abaixo da cintura, acompanhado por oliguria, distensão abdominal, anorexia, aumento da freqüência intestinal, compleição pálida com inchaço, lassidão, língua pálida com saburra branca e escorregadia e pulso profundo. O edema pode se exacerbar gradualmente, acompanhado de oliguria, dores e frio na região lombar e joelhos, membros frios, aversão ao frio, agitação, compleição pálida ou sombria, língua pálida e aumentada de volume com saburra branca e escorregadia e pulso profundo, lento e debilitado.

Análise da síndrome: O edema Yin é caracterizado por início gradual e desenvolvimento lento, partindo dos pés e, mais acentuadamente, abaixo da cintura. Pode ser decorrente da função diminuída do baço nas tarefas de transporte e transformação da Água-Umidade ou do fracasso do rim para "enviar em ascendência a impureza" (para secretar a urina). Em ambos, há distúrbios no metabolismo da água, que conduz ao excesso de fluxo da água retida para o tecido subcutâneo. Uma vez que a água flui em descendência, o edema abaulado começa no pé, sendo mais marcante abaixo da cintura. A função insuficiente do baço com Umidade endógena causa distensão abdominal, anorexia, aumento da freqüência intestinal e lassidão. Por causa da função deficiente do baço, o *Qi* e o sangue falham para fluir em ascendência, de modo que a compleição e a língua tornam-se pálidos. Além disso, por causa da infiltração de Água-Umidade, a face torna-se intumescida e a saburra da língua é branca e escorregadia. O pulso profundo indica Síndrome Interior.

O edema prolongado devido à função diminuída do baço pode envolver os rins, conduzindo a deficiência do Yang dos rins. Então, o edema torna-se exacerbado e dores e frio na região lombar e joelhos, membros frios, aversão ao frio e agitação surgem. A deficiência do Yang do rim torna a compleição pálida e a insuficiência dos rins com retenção de água proporciona palidez à compleição. A língua pálida e aumentada de volume, com saburra branca e escorregadia, e pulso profundo, lento e debilitado também resultam da deficiência de Yang do rim com Frio endógeno e água retida.

Em alguns casos, a deficiência do Yang do rim com secreção prejudicada de água pode ocorrer independentemente da função diminuída do baço.

2. Retenção do muco-fluido

(1) Síndrome do Muco

O muco refere-se ao fluido condensado, espesso e viscoso que causa várias patologias quando retido nos órgãos internos, meridianos ou outros tecidos. Essa é uma concepção única na MTC. Muitas patologias ou sintomas complicados são tidos como causados pelo muco. Diz-se, até mesmo, que se os fatores patogênicos ordinários não puderem explicar a causa da patologia, o muco deve ser considerado.

O muco, como um fator patogênico, surge de duas fontes: exógena (geralmente devido a patologia dos pulmões por Vento, Frio, Calor ou Umidade) ou endógena (na maior parte devido à função diminuída do baço que produz Umidade, acumulada e condensada como muco). O muco exógeno conduz, com freqüência, à Síndrome de Excesso. Muco endógeno também causa sintomas que indicam excesso, mas a síndrome primária tem característica de deficiência.

Manifestações clínicas: Tosse, dispnéia, expectoração de muco e plenitude no tórax, distúrbio no epigástrio com anorexia, náusea, vômito com fluido espesso e tontura, perda de consciência ou alterações maníaco-depressivas, parestesia dos membros e até mesmo hemiplegia, escrófula, bócio ou nódulos mamários, sensação de bolo na garganta. A saburra da língua é oleosa, com coloração branca e amarela e pulso escorregadio.

Análise da síndrome: O muco pode apresentar manifestações multifacetadas baseadas nos órgãos internos ou nos tecidos que ele afeta. Quando o muco se acumula nos pulmões, o caminho do ar torna-se obstruído, o que resulta em tosse, dispnéia, expectoração de muco e plenitude torácica. Se o muco está retido no estômago, distúrbio da função do estômago conduz ao distúrbio do epigástrio, com anorexia, náusea e vômito com fluidos espessos. Além disso, o muco impede a ascensão do Yang límpido, que resulta em tontura. Se o coração (mente) está obscurecido pelo muco, há perturbação da consciência. Mania e depressão também estão relacionadas ao muco que obscurece o coração (mente), mas a depressão está relacionada ao muco turvo, ao passo que a mania está relacionada ao muco-Fogo. Quando os meridianos estão bloqueados pelo muco, há parestesia dos membros nos casos leves e hemiplegia nos mais severos. Quando o muco está retido subcutaneamente transforma-se em nódulos, tais como nódulos linfáticos aumentados, bócio e nódulos mamários. A retenção do muco no tórax combinado com a estagnação do *Qi* pode produzir uma sensação de sufocamento, como se a garganta estivesse obstruída por um caroço que não pode ser engolido nem expelido (equivalente a "globus hystericus" na Medicina Ocidental). A saburra da língua e o pulso escorregadio indicam a presença do muco, muco-Umidade origina saburra branca e oleosa da língua, e o muco-Fogo proporciona uma saburra amarela e oleosa.

(2) Síndrome de retenção de líquidos

Contrário ao muco, que é espesso e impuro, o fluido retido é fino e límpido. Isso pode causar quatro tipos de enfermidades, envolvendo os pulmões, estômago e intestinos, tórax e membros, respectivamente.

Manifestações clínicas: Fluido retido nos pulmões: tosse, dispnéia, plenitude torácica e expectoração de muco profuso, fino e claro de coloração esbranquiçada; nos casos mais severos, um som de gorgolejar na garganta e ortopnéia acompanhados de palpitação e edema nas extremidades inferiores.

Fluido retido no estômago e intestinos: distensão abdominal com um som de borrifo no estômago ou gorgolejar no intestino.

Fluido retido no tórax: dor torácica agravada pela tosse, respiração ou ao girar o corpo.

Fluido retido nos membros: edema dos membros causado pela função diminuída do baço.

Em todas estas condições acima, a língua apresenta uma saburra branca e escorregadia e o pulso é em corda e/ou escorregadio.

Análise da síndrome: As manifestações clínicas variam conforme o órgão interno ou tecido no qual o fluido encontra-se retido. Quando o fluido está retido nos pulmões, há inversão ascendente do *Qi* dos pulmões, tosse, dispnéia e plenitude torácica, bem como expectoração do muco profuso, fino, claro e de coloração esbranquiçada. Se a passagem do ar está obstruída pela retenção de líquidos, há um gorgolejar na garganta, acompanhado de ortopnéia. A retenção prolongada do fluido nos pulmões obstrui a função do coração e do baço, provocando palpitação e edema nas extremidades inferiores. Do ponto de vista da Medicina Ocidental, isso pode ser observado em muitos casos de bronquite crônica ou bronquiectasia complicados por patologia cardiopulmonar.

A retenção dos fluidos no trato gastrintestinal causa distensão abdominal com som de borrifo no intestino. Pela perspectiva ocidental, isso é análogo à estenose do ílio ou do piloro.

A retenção do fluido no tórax com dor torácica agravada por tosse, respiração e ao girar o corpo corresponde aproximadamente à pleurite na ótica da Medicina Ocidental.

A saburra branca e escorregadia da língua e o pulso em corda e/ou escorregadio são sinais comuns de fluido retido.

DIFERENCIAÇÃO DAS SÍNDROMES DE ACORDO COM AS MUDANÇAS PATOLÓGICAS DOS ÓRGÃOS *ZANG FU*

A MTC não foi estruturada com base precisa na Anatomia. Os órgãos internos, mais apropriadamente denominados órgãos *Zang Fu*, referem-se, de fato, aos principais sistemas funcionais do corpo humano. No desenvolvimento da MTC, não houve estudos anatomopatológicos. Portanto, as mudanças patológicas dos órgãos internos não devem ser confundidas com as mudanças anatomopatológicas dos órgãos e tecidos sobre as quais o diagnóstico ocidental da patologia se baseia. Elas consistem em mudanças fisiopatológicas dos sistemas funcionais como conhecidos à luz das teorias médicas da Medicina Chinesa.

O diagnóstico das mudanças patológicas dos órgãos internos (*Zang Fu*) consiste no componente mais importante da diferenciação das síndromes, que consiste geralmente na análise abrangente da patogênese em um determinado caso, incluindo sua localização, natureza e a condição de confronto entre os fatores antipatogênicos e patogênicos. Em combinação com os oito parâmetros gerais, a determinação dos fatores patogênicos e do estado do *Qi*, sangue e fluidos corporais e a determinação das mudanças patológicas dos órgãos internos geralmente possibilita um diagnóstico completo da síndrome, não só nas patologias não febris na Medicina interna, mas também na maioria das patologias de outros ramos da clínica médica.

Síndromes do Coração e do Intestino Delgado

O coração domina o sangue e abriga a mente. As mudanças patológicas do coração são freqüentemente manifestadas por alteração da circulação sanguínea e atividades mentais anormais. O intestino delgado assimila a essência dos alimentos e rejeita as impurezas. Uma vez que o baço controla todo o processo de digestão, as mudanças patológicas do intestino delgado com sintomas digestivos são geralmente incluídas nas desarmonias do baço. O coração e o intestino delgado são abordados em conjunto, porque são intimamente conectados por meio dos seus meridianos.

As síndromes do coração podem ser classificadas em dois grandes grupos principais, de acordo com as condições de deficiência e excesso. As Síndromes de Deficiência incluem a deficiência do *Qi* e do Yang e deficiência de sangue ou Yin, e as Síndromes de Excesso são comumente decorrentes do acúmulo do muco, distúrbio do Fogo que congela o Frio, estase de sangue e depressão do *Qi*.

Os sintomas e os sinais mais comuns encontrados nas patologias do coração são: palpitação, dor precordial, insônia, sono com distúrbios de sonhos, transtorno da mente e obstrução da consciência.

I. Deficiência do *Qi* do Coração e Deficiência do Yang do Coração

Ambas, a deficiência do *Qi* do coração e a deficiência do Yang do coração são caracterizadas por função diminuída do coração, particularmente no controle da circulação sanguínea. Podem ser encontradas em várias patologias coronárias com insuficiência cardíaca na Medicina Ocidental.

Manifestações clínicas: A deficiência do *Qi* do coração é manifestada por palpitação e dispnéia agravada por esforço físico, opressão torácica ou sudorese espontânea, compleição pálida, língua pálida com saburra branca e pulso fraco ou irregular. Se houver aversão ao frio com membros frios além dos sintomas acima descritos, e a língua estiver pálida e aumentada de volume com saburra branca e escorregadia, a síndrome será de Deficiência do Yang do coração.

Análise da síndrome: A deficiência do *Qi* do coração ou do Yang do coração implica debilidade deste órgão para propelir a circulação do sangue, o que resulta em palpitação, dispnéia, opressão torácica e pulso fraco. Como o esforço físico consome o *Qi*, os sintomas pioram neste caso. A sudorese espontânea decorre da deficiência de *Qi* no controle dos poros. O coração debilitado é incapaz de propelir adequadamente o sangue em ascendência causando, assim, compleição pálida e língua pálida com saburra branca. A irregularidade do *Qi* do coração causa perda dos batimentos cardíacos ou batimentos anormais e, portanto, pulso irregular.

A Deficiência do Yang do coração consiste em agravamento da deficiência do *Qi* do coração. Uma vez que a deficiência de Yang provoca Frio endógeno, quando o Yang do coração está insuficiente, há manifestações de Frio, como aversão ao frio com membros frios e mudanças correspondentes na língua.

Apêndice: colapso repentino do Yang do coração

Se o Yang do coração estiver extremamente insuficiente, pode ocorrer um colapso repentino manifestado por sudorese profusa, consciência prejudicada, dispnéia, palidez com lábios cianóticos e pulso quase imperceptível.

II. Deficiência do Sangue do Coração e Deficiência do Yin do Coração

O Yin inclui sangue, nutrientes, essência e fluidos. A deficiência do sangue do coração pode ser definida como suprimento inadequado de sangue para o coração (referente principalmente à base das atividades mentais) e deficiência do Yin do coração por causa do suprimento inadequado dos nutrientes, essência e fluidos. Se o sangue e os outros componentes Yin forem insuficientes, teremos "deficiência do Yin-sangue do coração". Na deficiência do sangue ou Yin do coração, a capacidade deste órgão para propelir o sangue pode não ser prejudicada, mas a nutrição reduzida do coração geralmente resulta em desequilíbrio mental. Estas síndromes são, na maior parte, encontradas freqüentemente nas alterações mentais, principalmente ansiedade, mas também podem ocorrer nos casos de anemia e de várias patologias debilitantes.

Manifestações clínicas: Palpitação e inquietude, insônia, distúrbio de sonhos, dificuldade de concentração e memória fraca. Se a síndrome for acompanhada de palidez com língua pálida e pulso profundo e filiforme, haverá deficiência de sangue no coração. Se estiver acompanhada de febre baixa, rubor malar, sudorese noturna, calor nas palmas das mãos e solas dos pés, secura na boca, língua avermelhada e pulso rápido e filiforme, haverá deficiência de Yin do coração.

Análise da síndrome: A insuficiência de Yin-sangue priva o coração de nutrição, provocando palpitação. Uma vez que o coração é a base da mente, a deficiência de Yin-sangue do coração também causa inquietude, memória fraca, ausência e distúrbios do sono. A palidez com língua pálida e pulso profundo e filiforme são sinais de deficiência de sangue. A deficiência do Yin do coração resulta, freqüentemente, em combustão do Fogo do coração e, portanto, febre baixa, rubor malar, sudorese noturna, calor nas palmas das mãos e solas dos pés, secura na boca, língua avermelhada e pulso profundo e filiforme.

III. Estagnação e Obstrução do Sangue do Coração

Isso é conseqüência da insuficiência do *Qi* e do Yang do coração e causa o retardamento do fluxo sanguíneo neste órgão, ocorrendo *angina pectoris* e infarto do miocárdio na Medicina Ocidental.

Manifestações clínicas: Dor precordial ou subesternal, com característica de facada ou surda, e alcança freqüentemente o ombro e o braço, acompanhada de palpitação, língua com coloração púrpura escura ou com pontos púrpura e pulso hesitante e irregular; nos casos mais severos, cianose na face, lábios e unhas, membros frios e sudorese espontânea.

Análise da síndrome: A estase de sangue no coração produz dor cardíaca e palpitação. Uma vez que o meridiano do coração da mão ShaoYang atravessa o ombro e o aspecto medial do braço, ocorre a dor descrita anteriormente. A língua de cor púrpura escura ou com pontos de coloração púrpura na língua e pulso profundo, hesitante ou irregular, são sinais de estase de sangue. Nos casos severos, a circulação sanguínea global também se torna retardada, conduzindo à cianose. A deficiência importante do *Qi* e do Yang causa sudorese espontânea e membros frios.

IV. Hiperatividade do Fogo do Coração

Isso deve-se freqüentemente ao estresse mental ou indulgência excessiva para com alimentos condimentados, tabaco ou álcool. Pode, também, decorrer da retenção dos fatores patogênicos exógenos no interior do corpo. É caracterizado por inflamação ou úlcera na língua e distúrbios urinários, e pode ser encontrada na glossite, úlceras da língua e em algumas patologias urológicas.

Manifestações clínicas: Inquietude, insônia, rubor facial, sede, úlcera e dor na língua com ponta avermelhada e saburra amarela e pulso rápido; nos casos severos, dor em queimação na uretra durante a micção, passagem de urina quente e escura ou até mesmo hematúria.

Análise da síndrome: O Fogo do coração perturba a mente, conduzindo à insônia e à inquietude. O consumo de fluidos corporais pelo Fogo origina a sede. Como a língua é a janela do coração, a hiperatividade do Fogo do coração queima em ascendência e causa úlcera e dor na uretra durante a micção, além da passagem da urina quente e escura ou mesmo hematúria. Rubor facial, língua com ponta avermelhada com saburra amarela e pulso rápido são sinais de hiperatividade do Fogo do coração.

A hiperatividade do Fogo do coração é diferente da deficiência do Yin do coração com Fogo endógeno, embora possam apresentar manifestações similares. A primeira é de natureza de excesso, sendo observada freqüentemente na condição aguda, ao passo que a última é de natureza de deficiência e geralmente crônica.

V. Obscurecimento do Coração pelo Muco

Caracteriza-se por distúrbio mental ou perda de consciência, sendo freqüentemente encontrado em episódios depressivos, epilepsia, acidente vascular cerebral e em estágios severos de uma patologia crônica.

Manifestações clínicas: Consciência prejudicada com discurso incoerente e ruído de estertores na garganta, como se observa no acidente vascular, ou falta de ânimo com sensação de falta de esperança, apatia, murmúrios e outros comportamentos anormais, como se observa na depressão, perda repentina de consciência com convulsão e ruído na garganta, como se observa na epilepsia. A língua pálida com saburra branca e oleosa e pulso escorregadio também é um sintoma.

Análise da síndrome: O coração é o encarregado das atividades mentais. Se o coração estiver obscurecido pelo muco, a consciência será prejudicada ou se perderá. A formação do muco pode ser relacionada à estagnação do *Qi* do fígado devido a influências emocionais. Isso é freqüentemente observado na depressão com apatia, quando o paciente fala com si mesmo, e em outros comportamentos anormais. Na epilepsia, o muco é geralmente decorrente da disfunção dos órgãos *Zang Fu* e oculto no meridiano do coração. Como o Vento do fígado é agitado, o muco ascende e obscurece o coração, de modo que a síndrome ocorre em paroxismos. No acidente vascular cerebral, a perda de consciência é decorrente do obscurecimento do coração pelo surgimento do muco juntamente com o Vento endógeno. A língua pálida com saburra branca e oleosa e pulso escorregadio é condizente com a presença do muco turvo.

VI. Distúrbios do Coração por Muco-Fogo

Isso é freqüentemente induzido por estímulo psíquico ou emocional. Na maior parte das vezes, é encontrado na mania e, algumas vezes, na histeria.

Manifestações clínicas: Irritabilidade, insônia, tontura, ausência de concentração e delírio perigoso. Estas manifestações podem ser acompanhadas por sintomas como língua avermelhada com saburra amarela e oleosa e pulso escorregadio e rápido.

Análise da síndrome: O estímulo mental ou emocional conduz à estagnação do *Qi*, e o *Qi* estagnado transforma-se em Fogo. O Fogo transforma os fluidos em muco. O muco e o Fogo, em combinação, perturbam as atividades mentais, resultando nos sintomas acima descritos. A língua avermelhada com saburra amarela e oleosa, juntamente com o pulso escorregadio e rápido, indica a presença de muco e Fogo.

VII. Excesso de Calor do Intestino Delgado

Esta síndrome está incluída no excesso de Fogo do coração.

VIII. Deficiência de Frio no Intestino Delgado

Esta síndrome está incluída na deficiência de Frio no baço.

Síndromes dos Pulmões e do Intestino Grosso

Os pulmões controlam a respiração, dominam o *Qi*, são encarregados da resistência da superfície corporal e regulam o canal das águas. As funções apresentam uma característica em comum – dispersão e descendência, ou seja, dispersam o *Qi* por todo o corpo e mantêm o ar inspirado e o fluxo dos fluidos em descendência. O pulmão é o único órgão *Zang* que se comunica com o exterior. Isso faz com que os pulmões fiquem vulneráveis aos ataques de fatores patogênicos exógenos.

O intestino grosso elimina as impurezas, como as fezes. Isso está interna-externamente relacionado aos pulmões pela conexão dos seus meridianos. Assim, muitas patologias do pulmão do tipo excesso podem ser satisfatoriamente tratadas com purgativos, que agem no intestino grosso.

As síndromes do pulmão podem ser classificadas em duas principais categorias, de acordo com o excesso ou deficiência. A Síndrome de Excesso do pulmão ocorre nas invasões, principalmente por Vento patogênico, Frio, Secura e Calor; as Síndromes de Deficiência incluem deficiência de *Qi* do pulmão e deficiência do Yin do pulmão. A deficiência do Yang do pulmão está freqüentemente associada à deficiência do Yang dos rins, e a deficiência de sangue nos pulmões é, geralmente, parte da deficiência geral de sangue, de modo que não são consideradas isoladamente.

Os sintomas e sinais comuns nas patologias dos pulmões são tosse e dispnéia devido ao distúrbio da função de descendência, expectoração tanto do muco formado nos pulmões quanto do muco formado no baço e estocado nos pulmões. Dispnéia, debilidade geral e sudorese espontânea são também comuns quando a função dos pulmões de domínio do *Qi* é reduzida. Pode ocorrer edema se houver distúrbio dos pulmões na regulação do canal das águas. As patologias do intestino grosso são manifestadas tanto por diarréia quanto por constipação.

I. Deficiência do *Qi* do Pulmão

Esta é uma síndrome decorrente da função reduzida dos pulmões no que se refere à respiração e ao domínio do *Qi*. Isso é geralmente observado nas patologias respiratórias crônicas da Medicina Ocidental, tais como bronquite crônica, enfisema pulmonar e tuberculose.

Manifestações clínicas: Tosse fraca acompanhada de expectoração com muco fino e esbranquiçado, dispnéia e debilidade respiratória agravada pelo esforço físico leve, voz frágil, compleição pálida, lassidão ou sudorese espontânea, aversão ao vento e vulnerabilidade ao frio, língua pálida com saburra branca e pulso fraco.

Análise da síndrome: A síndrome é caracterizada por tosse fraca, debilidade respiratória e geral. A deficiência do *Qi* causa a redução da função pulmonar de respiração e domínio do *Qi*, de modo que a tosse é fraca e acompanhada de dispnéia. Uma vez que o esforço físico consome mais *Qi* (energia), os sintomas acima serão agravados até mesmo com esforço físico leve. A função dos pulmões de disseminar os fluidos também é prejudicada quando o *Qi* se torna insuficiente. Os fluidos acumulados nos pulmões são expelidos e expectorados como muco fino e esbranquiçado. A voz também depende do *Qi* do pulmão; quando este último é insuficiente, a voz torna-se fraca. A compleição pálida e a lassidão são manifestações comuns de deficiência do *Qi*. Quando o *Qi* do pulmão está insuficiente, a distribuição do *Qi* defensivo para a porção superficial do corpo também é prejudicada, de modo que o paciente sofre de sudorese espontânea e aversão ao frio, além de ser vulnerável à gripe. A língua pálida com saburra branca e pulso fraco são manifestações de deficiência do *Qi*.

II. Deficiência do Yin do Pulmão

Isso acontece quando o Yin dos pulmões é consumido pela tosse crônica, patologia crônica do pulmão ou febre persistente. Isso é freqüentemente observado na tuberculose, na bronquite crônica e em muitas outras patologias respiratórias, bem como nas patologias febris nos estágios adiantados com esgotamento dos fluidos corporais.

Manifestações clínicas: Tosse seca com muco escasso ou ausente, muco com laivos de sangue ou pegajoso, secura na boca e na garganta, rouquidão, febre vespertina, sudorese noturna, rubor malar, calor no tórax, palmas das mãos e sola dos pés, língua avermelhada e pulso rápido e filiforme.

Análise da síndrome: A síndrome é caracterizada por sintomas comuns das patologias dos pulmões em combinação com manifestações de Calor endógeno decorrente da deficiência de Yin. A deficiência do Yin dos pulmões conduz à formação do Calor endógeno. O Calor induz à ascendência da inversão do *Qi* dos pulmões, resultando em tosse. Devido à deficiência do fluido Yin e da condensação do fluido pelo Calor, a tosse torna-se seca ou acompanhada por muco escasso e pegajoso. A ausência dos fluidos na combinação com o Calor endógeno produz secura na boca e na garganta e rouquidão. O Calor endógeno devido à deficiência de Yin produz febre vespertina e sensação de calor no tórax, palmas das mãos e solas dos pés. O efeito do Calor endógeno sobre o fluido (Yin) nutriente resulta em sudorese noturna e movimentos ascendentes do Calor endógeno, provocando rubor malar. O Calor pode danificar os pulmões causando, assim, hemorragia e, portanto, laivos de sangue no muco. A língua seca e avermelhada com pulso rápido e filiforme é um sinal de deficiência de Yin com Calor endógeno.

III. Invasão do Pulmão por Vento-Frio

Esta é uma patologia exógena dos pulmões por Vento-Frio observada geralmente na gripe e na bronquite aguda.

Manifestações clínicas: Tosse com expectoração de muco fino e esbranquiçado, calafrios e febre suave, ausência de sudorese, cefaléia, coriza, língua com saburra branca e pulso flutuante e tenso.

Análise da síndrome: A tosse é o sintoma principal quando os pulmões são invadidos por Vento-Frio. O distúrbio do fluxo anormal do *Qi* dos pulmões conduz à tosse, e o muco é fino e esbranquiçado por causa do Frio patogênico, que impede a distribuição normal dos fluidos nos pulmões e produz muco, mas não o condensa. O nariz é a abertura específica dos pulmões. O distúrbio da função dispersora dos pulmões resulta em nariz entupido com secreção aquosa. Os pulmões também estão no comando do *Qi* defensivo, que resiste aos patógenos invasivos na parte superficial do corpo. Quando o *Qi* defensivo é retido pelos patógenos exógenos podem ocorrer calafrios; quando o *Qi* defensivo resiste aos patógenos gera-se Calor. Além disso, o Frio patogênico fecha os poros. Portanto, há calafrios com febre, mas sem sudorese. Em comparação com o Calor patogênico, o Frio patogênico somente provoca febre baixa, ao passo que o Calor patogênico pode originar febre alta. Como o fator patogênico não é transmitido para o interior, a saburra da língua é normal. O pulso flutuante e tenso indica patologia superficial por Frio.

Esta síndrome é muito similar à Síndrome de Frio Exterior (Síndrome Exterior causada por Vento-Frio). A diferença baseia-se no fato de que a tosse é um sintoma principal nesta síndrome, ao passo que os calafrios e a febre são geralmente leves ou ausentes, e na Síndrome de Frio Exterior os calafrios e a febre são os sintomas principais, com tosse leve ou até mesmo ausente.

IV. Invasão dos Pulmões por Vento-Calor

Esta é uma patologia exógena dos pulmões causadas por Vento-Calor e, geralmente, observada em gripes, infecções respiratórias superiores, bronquite aguda e nos estágios iniciais das patologias infecciosas.

Manifestações clínicas: Tosse com expectoração de muco amarelo e espesso, febre com pouca aversão ao frio, secura na boca e dor de garganta, língua com ponta avermelhada e saburra de coloração amarela e pulso rápido e flutuante.

Análise da síndrome: A síndrome é caracterizada por tosse e Síndrome de Vento-Calor Exterior. A invasão dos pulmões por Vento-Calor exógeno prejudica as funções de purificação e descendência dos pulmões, causando, assim, a tosse. Por meio da ação do Calor, os fluidos nos pulmões são condensados em muco, que é espesso e amarelo. A resistência do *Qi* defensivo contra a invasão de Vento-Calor produz febre, e a restrição do *Qi* defensivo pelo Vento na porção superficial do corpo conduz à aversão leve ao vento. A invasão ascendente do Vento-Calor causa dor de garganta, e a obstrução dos fluidos corporais pelo Calor causa sede. A língua apresenta ponta avermelhada e saburra amarelada, e o pulso rápido e flutuante indica a presença do Vento-Calor.

A diferença entre esta síndrome e a Síndrome de Calor Externo (Síndrome Exterior causada por Vento-Calor) baseia-se no fato de que a primeira é caracterizada por tosse com expectoração de muco espesso e amarelo, ao passo que a tosse e a expectoração é leve ou mesmo ausente na última. A febre pode estar presente em ambas as síndromes.

V. A Invasão dos Pulmões por Calor (Calor nos pulmões)

Isto é causado pela invasão direta dos pulmões por Calor patogênico exógeno ou Calor transformado a partir do Vento-Frio ou Vento-Calor, enquanto que o último penetra o interior. Isto pode ser encontrado nas bronquites aguda e crônica, pneumonia e outras infecções respiratórias na Medicina Ocidental.

Manifestações clínicas: Tosse com expectoração de muco espesso e amarelo, dispnéia com respiração áspera ou queimação nas narinas, febre alta com sede, agitação, epistaxe, hemoptise, constipação, urina concentrada e em pouca quantidade, língua avermelhada com saburra amarela e pulso rápido.

Análise da síndrome: A síndrome é caracterizada pelos sintomas comuns das patologias dos pulmões em combinação com manifestações do Calor interior. O acúmulo do Calor patogênico nos pulmões induz a ascendência da inversão do *Qi* do pulmão, resultando em tosse. O muco é formado pela condensação dos fluidos pelo Calor, de maneira que se torna espesso e amarelo. O Calor patogênico e o muco impedem a função descendente dos pulmões, originando dispnéia com respiração áspera. O Calor causa febre ou prejudica os fluidos corporais resultando em sede, constipação e urina concentrada escassa. O Calor pode, também, perturbar a mente, causando agitação. Se os vasos sanguíneos estão danificados pelo Calor, há epistaxe ou hemoptise. A língua avermelhada com saburra amarela e pulso rápido indica Calor no interior.

VI. Invasão dos Pulmões por Secura (Secura dos pulmões)

Esta síndrome pode ser encontrada nos pacientes com resfriado ou bronquite nas estações secas.

Manifestações clínicas: Tosse seca ou tosse acompanhada de muco escasso e pegajoso, difícil de ser eliminado, nariz, lábios, língua e garganta secos, calafrio e febre ou dor torácica com hemoptise. Língua avermelhada (ou ponta da língua) com saburra branca ou amarela e fina e pulso rápido.

Análise da síndrome: A síndrome é uma patologia exógena caracterizada por secura do sistema respiratório, e nos estágios iniciais pode ser acompanhada de Síndrome Exterior manifestada por calafrios e febre. A Secura é capaz de se transformar em Calor ou Fogo, que se move em profundidade para dentro dos pulmões ou danifica os vasos sanguíneos, causando, assim, dor no tórax e hemoptise. Nos estágios iniciais, quando a Secura patogênica permanece principalmente na porção superior dos pulmões, somente a ponta da língua é avermelhada, mas quando se move em profundidade para dentro dos pulmões, toda a língua torna-se avermelhada. As cores branca e amarela da saburra da língua dependem da intensidade do Calor em que a secura patogênica foi transformada. A rapidez do pulso também corresponde à intensidade do Calor.

Ambas, a invasão dos pulmões e a secura por deficiência do Yin dos pulmões, são caracterizadas por sintomas de secura, mas a primeira é aguda, ao passo que a segunda é crônica. Se houver febre na patologia exógena dos pulmões por Secura, ela persiste por um curto período de tempo, sendo freqüentemente acompanhada de calafrios. Mas, na deficiência do Yin dos pulmões há, geralmente, febre vespertina prolongada acompanhada por rubor malar e sensação de calor no tórax, palmas das mãos e solas dos pés.

VII. Acúmulo do Muco-Umidade nos Pulmões

Isto pode ocorrer tanto nos casos agudos quanto crônicos. Nos casos agudos, isto é decorrente da patologia exógena Frio-Umidade, e nos casos crônicos está relacionado à função prejudicada do baço ou à tosse crônica, que danifica os pulmões. Clinicamente, é freqüentemente observado na bronquite asmática e na bronquiectasia diagnosticadas na Medicina Ocidental.

Manifestações clínicas: Tosse com expectoração do muco branco e espumoso ou glutinoso, sensação de plenitude torácica, chiado do muco na garganta, algumas vezes acompanhado de respiração ruidosa, saburra oleosa e branca da língua e pulso escorregadio.

Análise da síndrome: As características desta síndrome são tosse com muco branco e espumoso ou muco glutinoso fácil de ser eliminado. Os casos crônicos são mais freqüentemente encontrados que os agudos. Nos casos agudos, o muco-umidade é produzido pelos pulmões devido à patologia exógena do Frio-Umidade. Nos casos crônicos, a formação do muco pode estar relacionada à função prejudicada de transporte do baço com acúmulo de umidade. A umidade é condensada em muco, que penetra no interior dos pulmões. Neste caso, diz-se que o baço é a fonte de produção de muco. Por outro lado, o muco pode também ser produzido nos pulmões quando a tosse crônica prejudica a função dispersora, o que produz acúmulo do fluido. O fluido retido nos pulmões transforma-se em muco. Apesar das diferentes patogêneses, o resultado comum é a tosse. Se a passagem de ar estiver obstruída por muco-umidade, haverá dor torácica, som de chocalho e respiração ruidosa. A saburra branca e oleosa da língua com pulso escorregadio indica acúmulo de muco-umidade no interior.

VIII. Acúmulo de Muco-Calor nos Pulmões

O acúmulo combinado de Calor e muco nos pulmões pode ser encontrado nas seguintes patologias da Medicina Ocidental: bronquite aguda, bronquite crônica com exacerbação aguda, bronquiectasia com infecção secundária, pneumonia, asma brônquica e enfisema complicado por infecção.

Manifestações clínicas: Tosse acompanhada de dispnéia e expectoração de muco abundante de coloração amarela, espesso ou purulento, febre, sede ou dor torácica, constipação, urina concentrada e insuficiente, língua avermelhada com saburra amarela e oleosa e pulso rápido e escorregadio.

Análise da síndrome: A síndrome é caracterizada por acúmulo tanto de Calor quanto de muco nos pulmões. Na maior parte dos casos indica acúmulo crônico do muco-umidade nos pulmões agravado por patologia exógena do Calor patogênico, de modo que ocorre tosse, mas o muco muda de branco com consistência espumosa para amarelo com consistência espessa ou até mesmo purulenta. Febre, sede, constipação e urina concentrada insuficiente são todos decorrentes do Calor no interior. Se o muco-Calor obstrui o fluxo de sangue, há dor torácica. A língua avermelhada com saburra amarela e oleosa e pulso rápido e escorregadio indica Calor e muco.

IX. Umidade-Calor no Intestino Grosso

Isso é decorrente da patologia de Umidade-Calor exógeno ou de dieta inadequada, sendo geralmente observado nas disenterias bacilares ou amebianas, tanto nos casos crônicos quanto agudos, e também na colite.

Manifestações clínicas: Dor abdominal, diarréia freqüente acompanhada de muco e fezes com sangue e tenesmo, ou diarréia aquosa, sensação de queimação no ânus, urina concentrada insuficiente, sede e, algumas vezes, calafrios e febre ou febre somente, língua avermelhada com saburra amarela e oleosa e pulso rápido e macio ou rápido e escorregadio.

Análise da síndrome: A Umidade-Calor perturba as atividades do intestino grosso, causando dor abdominal. Isso prejudica o intestino grosso e seus vasos sanguíneos, portanto, as fezes contêm muco, pus e sangue. A ação do Calor sobre o intestino grosso induz contração dolorosa na evacuação (fezes), bem como uma sensação de queimação no ânus. A urina concentrada e a sede devem-se à eliminação excessiva da água do intestino grosso e, também, à obstrução dos fluidos pelo Calor. No início, quando a porção exterior do corpo é afetada, há calafrios e febre. Se o Calor está no interior, há somente febre sem calafrios. A língua avermelhada com saburra amarela e oleosa indica Umidade-Calor. Nas patologias causadas por Umidade-Calor, a intensidade da umidade e do Calor pode não ser igual. Se a umidade domina, o pulso é rápido e macio, e se o Calor impera, o pulso é rápido e escorregadio.

X. Deficiência do Fluido no Intestino Grosso

Esta é uma Síndrome de Deficiência Yin que pode ser constitucional ou ocorrer durante patologias crônicas com obstrução do fluido Yin, ou após uma patologia febril, quando o fluido consumido ainda não foi restaurado. Isso também pode ocorrer após uma hemorragia excessiva pós-parto. Como patologia constitucional, manifesta-se como uma constipação habitual.

Manifestações clínicas: Massa fecal endurecida com eliminação difícil e sem freqüência, secura na boca e garganta, ou acompanhada de respiração com mau odor e tontura, língua seca e avermelhada e pulso filiforme e hesitante.

Análise da síndrome: A deficiência de fluido no intestino grosso endurece a massa fecal e dificulta sua eliminação. A evacuação não ocorre com freqüência, mas há cada três ou quatro dias ou até mesmo mais de dez dias. A deficiência de Yin causa secura da boca e da garganta. A retenção da massa fecal no intestino grosso pode conduzir ao fluxo ascendente do *Qi* impuro, resultando em respiração com mau hálito e tontura. A deficiência do Yin é acompanhada por preponderância relativa de Yang e, daí, a língua torna-se seca e avermelhada. O pulso filiforme e hesitante decorre do fluido insuficiente nas artérias.

Síndrome do Baço e do Estômago

O baço digere os alimentos, transporta, distribui e transforma sua essência (nutrientes) e tonifica o *Qi*. A função normal do baço é caracterizada pela ascensão do *Qi*, pois ele envia nutrientes em ascendência para o coração e para os pulmões. Também promove o metabolismo da água, mantém o fluxo sanguíneo dentro dos vasos e detém a posição normal dos órgãos viscerais. Então, as mudanças patológicas do baço são manifestadas com freqüência como patologias digestivas e nutricionais, deficiência do *Qi* e do sangue, retenção da água e umidade, hemorragia, queda de vísceras etc.

O estômago recebe e digere os alimentos. Sua função normal é caracterizada pela descendência do *Qi*, pois envia seu conteúdo em descendência para dentro do intestino. Suas mudanças patológicas são manifestadas com freqüência como disfunção na descendência e pouco apetite.

Uma vez que o baço e o estômago estão intimamente relacionados, são considerados em conjunto. Suas síndromes podem também ser classificadas em dois grupos principais de acordo com a deficiência e o excesso. Suas Síndromes de Deficiência incluem a deficiência do *Qi*, do Yang e do Yin. Porém, a deficiência de sangue no baço e no estômago raramente é considerada uma síndrome independente, porque constitui somente uma parte da deficiência geral de sangue. As Síndromes de Excesso do baço e do estômago são geralmente decorrentes da invasão do Frio, Umidade e Calor, bem como a retenção de alimentos não digeridos.

I. Deficiência do *Qi* do Baço

As deficiências do *Qi* do baço e estômago podem ocorrer de forma conjunta ou separadamente. São caracterizadas principalmente por diminuição da função digestiva e são freqüentemente observadas em gastrite crônica, úlcera péptica, colite crônica, alterações funcionais do estômago e do intestino, hepatite crônica e outras patologias digestivas sob a ótica da Medicina Ocidental.

Manifestações clínicas: Ingestão reduzida de alimentos, distensão abdominal, aumento da freqüência intestinal, lassidão, fala indolente, compleição pálida e edemaciada, edema ou emagrecimento, língua pálida com saburra branca e pulso macio ou debilitado.

Análise da síndrome: As manifestações clínicas de deficiência do *Qi* do baço podem ser classificadas em dois grupos: aqueles que indicam a alteração das funções de transporte e transformação do baço e os que mostram deficiência de *Qi*. As funções de transporte e transformação conduzem à digestão lenta e debilidade na distribuição da essência de alimentos, resultando em Umidade endógena que, por sua vez, perturba a função do baço e causa distensão abdominal. A distensão abdominal, neste caso, ao contrário da distensão causada por alimentação excessiva, apresenta natureza deficiente. O estômago é interna e externamente relacionado ao baço. Quando o *Qi* do baço é insuficiente, o estômago geralmente fica debilitado e, portanto, o apetite torna-se prejudicado e a ingestão de alimentos fica reduzida. A Umidade endógena fluindo dentro do intestino provoca aumento da freqüência intestinal. O baço está no comando dos músculos dos membros. Então, há lassidão ou fraqueza com aspecto taciturno quando o *Qi* do baço é insuficiente. A infiltração da Umidade dentro da porção superficial do corpo conduz a compleição pálida e edemaciada com edema. O baço fornece a matéria básica da constituição adquirida, sendo a fonte dos nutrientes para a criação do *Qi* e do sangue. A deficiência prolongada do *Qi* do baço é geralmente resultado da insuficiência dos nutrientes e do sangue e, portanto, ocorre compleição edemaciada e pálida. A língua pálida com saburra branca e pulso macio e debilitado também sugere debilidade do *Qi* do baço.

II. Deficiência do Yang do Baço

A deficiência do Yang do baço é caracterizada por deficiência de *Qi* do baço em associação com o Frio endógeno. Desenvolve-se, geralmente, a partir da deficiência do *Qi* do baço causada por Frio excessivo e ingestão de alimentos frios, ou devido à deficiência de Yang do rim com o fracasso do Fogo (Fogo Vital) para promover Terra (baço).

Manifestações clínicas: Distensão abdominal com ingestão reduzida de alimentos, dor aliviada pela pressão e aquecimento, aumento da freqüência intestinal ou mesmo fezes aquosas, membros frios ou sensação de peso neles, edema generalizado com oliguria, ou leucorréia fina e profusa nas mulheres, língua pálida e aumentada de volume com saburra branca e escorregadia e pulso debilitado e lento.

Análise da síndrome: As manifestações clínicas da deficiência de Yang do baço consistem em sintomas que indicam a função reduzida do baço e que mostram presença do Frio ou Umidade-Frio. A função obstruída do baço causa a redução da ingestão de alimentos e distensão abdominal, como é abordado acima. A deficiência de Yang é acompanhada por preponderância de Yin, originando o Frio endógeno que faz o fluxo do *Qi* estagnar por congelamento. Então, há dor abdominal, que pode ser aliviada pelo aquecimento e pela pressão. A Umidade é um produto patológico comum da função reduzida do baço. A Umidade-Frio no intestino provoca o aumento do trânsito intestinal contendo alimentos não digeridos. O baço nutre o *Qi* dos membros. O suprimento inadequado do Yang *Qi* do baço torna os membros frios. A deficiência de Yang do baço com acúmulo de água e umidade podem perturbar a secreção da urina, resultando em oliguria e edema, que é geralmente generalizada e acompanhada de sensação de peso nos membros. Nas mulheres, a Água-Umidade flui em descendência, causando leucorréia profusa e fina. A língua pálida e aumentada de volume com saburra branca e escorregadia e pulso profundo, lento e debilitado são sinais que indicam deficiência de Yang com Umidade e Frio endógenos.

A deficiência de Yang geralmente é marcada por manifestações de Frio, sendo também chamada de deficiência-Frio do baço. Além disso, é sempre acompanhada por deficiência de Yang do estômago, sendo chamada de deficiência-Frio do baço e do estômago.

III. Submersão do *Qi* do Baço

É também conhecida como "submersão do *Qi* do Aquecedor Médio" ou simplesmente "submersão do *Qi* médio". Geralmente, é um desenvolvimento adicional da deficiência do *Qi* do baço e pode ocorrer em alguns casos de colite crônica, alterações funcionais do intestino, prolapso do reto ou do útero e provavelmente também na gastroptose e outras quedas de vísceras na Medicina Ocidental.

Manifestações clínicas: Deficiência do *Qi* do baço (ou Yang) além de sensação de vazio no abdome, diarréia incessante, gotejamento de urina após a micção, prolapso do reto ou do útero.

Análise da síndrome: Todas as manifestações listadas acima, além da deficiência do *Qi* do baço, são decorrentes do fracasso do baço em sua função de manter o *Qi* vertical.

IV. Fracasso do Baço no Controle do Sangue

É caracterizado por hemorragia crônica, principalmente na parte inferior do corpo, sendo freqüentemente observado na hemorragia uterina disfuncional, enterorragia, hematúria e patologias hemorrágicas.

Manifestações clínicas: Hipermenorragia, enterorragia, hematúria, hemorragia subcutânea e outras hemorragias crônicas, língua pálida e pulso filiforme e debilitado.

Análise da síndrome: O baço tem a função de manutenção do fluxo sanguíneo dentro dos vasos. Se a deficiência do *Qi* do baço afetar esta função, o sangue escapará dos vasos sanguíneos. Uma vez que a hemorragia é resultante da deficiência crônica do *Qi* do baço, que é geralmente acompanhada por perda do poder de ascendência ou elevação, a hemorragia normalmente é crônica e ocorre principalmente na parte inferior do corpo.

V. Debilidade do Baço com Acúmulo de Umidade

Nesta síndrome, a debilidade do baço é primária, ao passo que o acúmulo de Umidade é secundário. Portanto, esta é uma Síndrome de Deficiência agravada pelo excesso, e a umidade é endógena. Pode ser observada na gastrite crônica, colite crônica, disenteria crônica, hepatite crônica, cirrose hepática, edema decorrente de má nutrição e patologias ginecológicas com leucorréia profusa.

Manifestações clínicas: É uma síndrome combinada de deficiência do *Qi* do baço (ou Yang) com manifestações de Umidade. As manifestações de Umidade incluem sensação de peso na cabeça, como se estivesse envolvida em tecido, sensação pegajosa na boca sem sede ou secura, sem desejo de ingerir líquidos, plenitude no epigástrio e distensão abdominal, diarréia, edema nas pernas, leucorréia excessiva com secreção fina e esbranquiçada, língua com saburra escorregadia e branca ou oleosa e pulso macio.

Análise da síndrome: A função reduzida do baço de transportar e transformar os fluidos conduz ao acúmulo da Umidade no corpo. A Umidade acumulada, quando fica retida na parte superior do corpo, produz sensação de peso na cabeça; quando está retida na parte média do corpo, origina uma sensação oleosa na boca sem sede, ou secura na boca sem desejo de ingerir líquidos, plenitude epigástrica e distensão abdominal; quando flui em descendência, causa diarréia, edema nas pernas e leucorréia excessiva. A saburra branca ou oleosa da língua e o pulso macio indicam o acúmulo de Umidade no interior.

VI. Distúrbio do Baço por Frio-Umidade

Esta é uma Síndrome de Excesso caracterizada por obstrução do Yang do baço decorrente de Umidade exógena, tal como dieta inadequada com muito alimento cru e frio, ou por ficar encharcado de chuva. Pode ocorrer nos casos de gastrite aguda, colite e resfriados com alterações digestivas.

Manifestações clínicas: Plenitude epigástrica, distensão e dor, ingestão reduzida de alimentos, aumento da freqüência intestinal, náusea, ausência de sabor na boca sem sede, peso na cabeça e no corpo, compleição triste ou desanimada com palidez facial, ou edema dos membros com oliguria, língua pálida e aumentada de volume com saburra branca e oleosa e pulso macio e relaxado.

Análise da síndrome: A síndrome é caracterizada por acúmulo de Frio-Umidade combinado com disfunção do baço. Como o baço é intolerante à Umidade, quando o Frio-Umidade invade o baço, há plenitude epigástrica, distensão e dor e todos os tipos de alimentos tornam-se insípidos. O Frio-Umidade pertence ao Yin; não consome os fluidos, de modo que não há sede. A Umidade fluindo no intestino resulta em aumento da freqüência intestinal. A disfunção do baço envolve o estômago, causando náusea. A umidade torna as coisas mais pesadas e, assim, há sensação de peso na cabeça e no corpo. O Frio-Umidade impede o fluxo normal do *Qi*, tornando a compleição sombria. Em alguns casos, isso até mesmo impede o fluxo normal da bile, provocando, assim, a icterícia. Língua pálida e aumentada de volume com saburra branca e oleosa e pulso macio e relaxado são coerentes com a presença de Frio-Umidade e obstrução da função do baço.

VII. Acúmulo de Umidade-Calor no Baço

Isto geralmente decorre da invasão de Umidade-Calor patogênico exógeno ou da ingestão excessiva de alimentos gordurosos ou álcool. Pode ser encontrado na icterícia aguda e na colecistite aguda.

Manifestações clínicas: Plenitude e angústia abdominal, anorexia, náusea e vômito, aumento da freqüência intestinal, urina de coloração amarela-escura, sensação de peso nos membros ou pele e esclera de aspecto ictérico com coloração amarelo-brilhante acompanhados de prurido ou febre flutuante que não é aliviada com diaforese, língua avermelhada com saburra amarela e oleosa e pulso macio e rápido.

Análise da síndrome: A síndrome é caracterizada por obstrução das funções de transporte e transformação do baço e por acúmulo de Umidade-Calor. O acúmulo de Umidade-Calor patogênico obstrui as funções do baço e do estômago, resultando em plenitude e angústia abdominal, anorexia, náusea e vômito. O baço governa os músculos dos membros, e a Umidade torna as coisas pesadas. Então, há sensação de peso nos membros. A Umidade-Calor empurra o conteúdo intestinal para baixo tornando o bolo fecal amorfo e pegajoso. A Umidade-Calor no baço e no estômago força o fluxo da bile em sentido contrário e inunda a pele, provocando prurido e icterícia de coloração alaranjada clara. O Calor acompanhado por Umidade dificulta sua dispersão, então a febre não pode ser aliviada pela sudorese (diaforese). A língua avermelhada com saburra amarela e o pulso rápido indicam Calor, e a oleosidade na saburra da língua e o pulso macio sugerem Umidade.

VIII. Deficiência do Yin do Estômago

A deficiência do Yin do estômago pode ocorrer no curso de uma patologia crônica do estômago, no estágio tardio da patologia febril com obstrução dos fluidos corporais ou em pessoas que ingerem alimentos condimentados e quentes. Além disso, é freqüente a existência de pessoas emocionalmente deprimidas, porque o *Qi* deprimido pode tornar-se Fogo, que obstrui o Yin do estômago. Sob a ótica da Medicina Ocidental, esta síndrome pode ser encontrada nos casos de gastrite crônica, úlceras pépticas e outras patologias do estômago.

Manifestações clínicas: Dor surda epigástrica, ausência de desejo de ingerir alimentos quando há fome, secura na boca e na garganta, constipação, ou plenitude e angústia no epigástrico, vômito ou soluços, língua avermelhada e pulso filiforme e rápido.

Análise da síndrome: A síndrome é caracterizada por sintomas gástricos comuns em combinação com sintomas de deficiência de Yin. O Yang relativamente preponderante do estômago durante a deficiência de Yin do estômago produz Calor endógeno, que se acumula no estômago e perturba sua função, provocando dor surda no epigástrio e ausência de desejo de ingerir alimentos quando há fome. A função digestiva do estômago também é prejudicada pelo fluido Yin inadequado, resultando em plenitude e angústia epigástrica. O Yin insuficiente do estômago é incapaz tanto de ascender para umedecer a garganta quanto descender para umedecer o intestino grosso, provocando, assim, secura na boca e na garganta e constipação. O Calor endógeno pode causar fluxo inverso ascendente do *Qi* do estômago, conduzindo a vômito ou soluço. A língua seca e avermelhada e o pulso filiforme e rápido indicam Calor endógeno devido à deficiência de Yin.

IX. Estagnação de Alimentos no Estômago

Esta é uma síndrome causada pela obstrução da função digestiva do estômago com estagnação de alimentos não digeridos. Na maioria dos casos, ocorre na indigestão resultante de dieta inadequada, principalmente devido à ingestão excessiva de alimentos e líquidos em uma mesma refeição. Pode ser atribuída à debilidade do estômago.

Manifestações clínicas: Plenitude epigástrica, distensão ou dor, eructação com odor fétido, eructação ácida ou vômito com conteúdo gástrico fétido ácido (com alívio da distensão epigástrica ou dor após o vômito), ou flatulência e aumento da freqüência intestinal com conteúdo fétido ácido, língua com saburra oleosa e espessa e pulso escorregadio.

Análise da síndrome: Estagnação de alimentos mal digeridos no estômago que causam plenitude epigástrica, distensão e dor. O distúrbio na função descendente do estômago conduz à inversão ascendente, de modo que ocorre eructação com odor fétido, eructação ácida ou vômito fétido ácido de alimentos mal digeridos. Após o vômito, o fator patogênico (alimento mal digerido) é removido, de modo que a distensão e a dor são aliviadas. A estagnação de alimentos mal digeridos conduz à formação de Umidade endógena e obstrução da função intestinal e, assim, ocorre flatulência com freqüência e aumento da freqüência intestinal e odor fétido ácido. A estagnação de alimentos mal digeridos no estômago força a ascendência do *Qi* impuro, formando, assim, saburra oleosa e pegajosa da língua. O pulso escorregadio na estagnação de alimentos sugere excesso de fator patogênico (alimentos mal digeridos) confrontado pelo *Qi* forte e pela agitação de sangue.

X. Invasão do Estômago por Frio (Frio do estômago)

Esta é uma patologia exógena no estômago, freqüentemente causada por exposição do abdome ao frio ou pela ingestão de muitos alimentos frios e crus.

Manifestações clínicas: Dor epigástrica, leve em alguns casos, mas em cólicas intensas em outros, agravada por frio e aliviada por calor, ausência de desejo de ingerir líquidos, lassidão, fraqueza e membros frios, som de gorgolejar no estômago e vômito de fluidos aquosos, língua pálida com saburra escorregadia e branca e pulso lento.

Análise da síndrome: A síndrome é caracterizada por dor epigástrica com manifestações de Frio. Nos estágios iniciais, é uma Síndrome de Excesso causada pela invasão de Frio patogênico. Se o Yang do estômago estiver obstruído, a síndrome pode ser complicada pela deficiência, ou mesmo transformar-se em deficiência por Frio. O frio apresenta ações de contração e congelamento, que provoca a estagnação do *Qi*, originando dor epigástrica ou mesmo cólica gástrica. A exposição prolongada ao frio agrava a dor. O Frio pertence ao Yin. Quando o Frio está em Excesso, nenhum fluido é consumido (Yin), de modo que não há desejo de ingestão de líquidos. Se a patologia persistir, haverá a obstrução do Yang com manifestações de deficiência, tais como lassidão, fraqueza e membros frios. Em alguns casos, a deficiência de Frio no estômago é tão grave que mesmo os fluidos não podem ser digeridos. A retenção de fluidos não digeridos no estômago resulta em som de gorgolejar e vômito de fluidos aquosos. A língua pálida com saburra branca e escorregadia e o pulso lento indicam Frio.

XI. Fogo no Estômago

Isso ocorre, em parte, por causa de alimentos quentes e condimentados, pois produzem Calor e Fogo, pela depressão que conduz à transformação do *Qi* estagnado em Fogo, ou pela invasão ao estômago por Calor patogênico exógeno. Clinicamente, a síndrome pode ser observada na gastrite, estomatite ulcerativa, patologias periodontais e diabetes mellitus.

Manifestações clínicas: Dor em queimação no epigástrio acompanhada por regurgitação ácida ou vômito logo após a ingestão, sede com desejo de ingerir líquidos frios, polifagia com fome freqüente, ou mau hálito, ulceração na boca e gengivas edemaciadas, doloridas e hemorrágicas. Constipação e urina concentrada em pequena quantidade, língua avermelhada com saburra amarela e pulso escorregadio e rápido.

Análise da síndrome: O Fogo no estômago causa dor em queimação. Também conduz à ascendência inversa do *Qi* do estômago, então, há vômito logo após a ingestão de alimentos. Porém, o Fogo do estômago também significa hiperatividade deste órgão, de modo que em alguns casos os pacientes queixam-se de desejo excessivo de alimentos. O meridiano do estômago envia um ramo para as gengivas. O Fogo no estômago conduz à ulceração na boca e gengivas edemaciadas, doloridas e hemorrágicas, e força o *Qi* impuro do estômago a fluir em ascendência, causando mau hálito. O Fogo decorrente de depressão geralmente surge do *Qi* estagnado no fígado (que produz ácido, de acordo com a teoria dos Cinco Elementos) e, portanto, causa regurgitação ácida. Constipação, urina concentrada em pequena quantidade e língua avermelhada com saburra amarelada são sinais que indicam a preponderância do Fogo. O Fogo aumenta a velocidade do fluxo de sangue e, portanto, o pulso não é somente rápido, mas também escorregadio.

Síndromes do Fígado e da Vesícula Biliar

O fígado está situado na parte superior do abdome, no lado direito, mas apresenta um par de meridianos que se ramificam para dentro das regiões intercostal e do hipocôndrio, de ambos os lados. O fígado estoca sangue, suaviza e regulariza o fluxo do *Qi* e do sangue e controla os tendões. A vesícula biliar, que estoca a bile, está conectada ao fígado. Uma vez que estes dois órgãos estão intimamente relacionados, as patologias da vesícula biliar são freqüentemente consideradas parte das patologias do fígado.

As síndromes do fígado podem ser classificadas em dois grandes grupos de acordo com as condições de deficiência e excesso. As principais Síndromes de Deficiência são deficiência do sangue do fígado e deficiência do Yin do fígado, e as Síndromes de Excesso do fígado são geralmente devidas à invasão do *Qi* estagnado, Fogo exuberante, e Frio e Umidade-Calor patogênicos.

Os sintomas e sinais comuns das patologias do fígado são: dor peitoral lateral, nas regiões dos hipocôndrios e no abdome inferior, irritabilidade e irascibilidade, tontura e cefaléia em distensão, tremores, mioclonais e até mesmo convulsões das extremidades, alterações menstruais e dor em distensão dos testículos. Os sintomas das patologias da vesícula biliar são: gosto amargo na boca, icterícia, palpitação com medo e insônia.

I. Estagnação do *Qi* do Fígado
A estagnação do *Qi* do fígado é caracterizada por alteração na função de suavizar e regular o fluxo do *Qi* e do sangue. Ela é freqüentemente induzida pela depressão

ou estímulos psíquicos violentos, mas, também pode ser causada por invasões de certos fatores patogênicos exógenos. Do ponto de vista da Medicina Ocidental, esta síndrome pode ocorrer nos transtornos de ansiedade, depressão, hepatite, colecistite e alterações menstruais.

Manifestações clínicas: Humor deprimido, irritabilidade e irascibilidade, dor em distensão e dor no peitoral lateral, dor nas regiões do hipocôndrio e abdome inferior atravessadas pelo meridiano do fígado, desconforto no tórax, suspiros freqüentes, sensação de bolo na garganta e, nas mulheres, dor em distensão no tórax, dismenorréia, menstruação irregular ou até mesmo amenorréia e pulso em corda.

Análise da síndrome: O fígado apresenta funções de suavizar e regular o fluxo do *Qi*. O *Qi* não é apenas a energia para as atividades físicas; também envolve as atividades mentais e emocionais. Portanto, quando o *Qi* do fígado está deprimido e estagnado, há depressão e irritabilidade. A distensão e a dor no peitoral lateral e regiões do hipocôndrio e abdome inferior são sintomas causados pela estagnação do *Qi* do fígado ao longo de seu meridiano. O *Qi* estagnado do fígado também impede as atividades funcionais dos pulmões, conduzindo ao desconforto no tórax e suspiros freqüentes. Se o *Qi* estagnado do fígado promove a produção do muco, e este, em conjunto com o *Qi* estagnado, move-se em ascendência ao longo do meridiano do fígado para a garganta, o muco acumulado e o *Qi* estagnado serão sentidos como corpos estranhos na garganta (*globus hystericus*). O meridiano do fígado está conectado com o Vaso Penetrador, que controla a menstruação nas mulheres. A estagnação do *Qi* do fígado dificulta, geralmente, o fluxo normal do sangue no Vaso Penetrador, causando, assim, alterações menstruais. O pulso em corda indica uma patologia do fígado.

II. Fogo excessivo no Meridiano do Fígado (Fogo no fígado)

É caracterizado por inversão ascendente do *Qi* e do Fogo ao longo do meridiano do fígado, sendo, com freqüência, devido à depressão com transmissão do *Qi* estagnado do fígado em Fogo ou invasão do fígado por Calor patogênico. Sob a perspectiva médica ocidental, esta síndrome pode ocorrer na hipertensão, síndrome de Ménière, conjuntivite aguda, otite média aguda e hemorragia do trato digestivo superior.

Manifestações clínicas: Irascibilidade acentuada, cefaléia, vertigem, rubor facial, olhos congestionados, dor em queimação no peitoral lateral e região do hipocôndrio, insônia ou pesadelos, constipação e urina concentrada e, em alguns outros casos, hematêmese, hemoptise ou epistaxe, língua avermelhada com saburra amarelada e pulso em corda e rápido.

Análise da síndrome: O Fogo do fígado geralmente queima em ascendência para a cabeça, face e olhos, resultando em cefaléia, vertigem, rubor facial e olhos congestionados. Ele perturba as atividades mentais, causando insônia e pesadelos. O Fogo excessivo no fígado conduz à estagnação do *Qi* e do sangue no meridiano desse órgão, de modo que ocorre dor em queimação nas regiões onde o meridiano do fígado passa. O fígado tem um "temperamento visceral", e a disfunção do fígado deixa a pessoa suscetível à irritação. A constipação e a urina concentrada devem-se ao consumo de fluidos pelo Fogo excessivo. O fígado e a vesícula biliar estão interna e externamente relacionados. O Fogo do fígado pode ser levado para a vesícula biliar e queima ao longo do meridiano dela, que penetra os ouvidos. Portanto, o Fogo excessivo do fígado pode induzir ruídos nos ouvidos ou inflamação aguda no ouvido acompanhada de dor, edema e secreção purulenta. Além disso, o Fogo pode danificar os vasos sanguíneos ou direcionar o fluxo de sangue de modo adverso. Como resultado, há hemorragias, como hematêmese, hemoptise ou epistaxe. A língua avermelhada com saburra amarela e o pulso em corda e rápido são sinais que indicam Fogo excessivo no fígado.

III. Deficiência de Sangue no Fígado

Isto ocorre, com freqüência, devido à gênese inadequada de sangue pelo baço e pelos rins, e pelo consumo de sangue no fígado nas patologias crônicas ou perda excessiva de sangue. Pode ser parte de uma deficiência generalizada de sangue, mas a deficiência de sangue do fígado pode existir independentemente, sem o envolvimento de outros órgãos internos. Ela é geralmente encontrada na anemia, nas patologias debilitantes, nas alterações menstruais e em algumas patologias oftálmicas e neurológicas.

Manifestações clínicas: Tontura, secura nos olhos, visão reduzida ou cegueira noturna, parestesia ou sensação de formigamento nos membros e tremores das extremidades, fluxo menstrual escasso com secreção rosada ou mesmo amenorréia nas mulheres, compleição pálida com lábios também pálidos, língua pálida com saburra branca e pulso em corda e filiforme.

Análise da síndrome: O fígado estoca o sangue. A deficiência do sangue do fígado leva o suprimento inadequado de sangue para a cabeça, face e olhos, o que causam tontura, compleição pálida, lábios pálidos, secura nos olhos, visão reduzida ou cegueira noturna. O fígado nutre o sangue dos tendões para os movimentos dos membros. O suprimento insuficiente de sangue conduz à parestesia ou sensação de formigamento nos membros e tremores das extremidades. O fígado está conectado com o Vaso Penetrador, que controla a menstruação nas mulheres. Assim, a deficiência de sangue do fígado causa, geralmente, alterações patológicas caracterizadas por menstruação insuficiente. A língua pálida com saburra branca e pulso em corda e filiforme sugerem deficiência de sangue no fígado.

IV. Deficiência de Yin no Fígado

O Yin no fígado pode ser consumido na depressão com estagnação de *Qi* e Fogo, em algumas patologias do fígado ou na patologia febril nos estágios tardios. Sob a ótica da Medicina Ocidental, esta síndrome é freqüentemente observada na hepatite, ansiedade, depressão e em algumas patologias oftálmicas.

Manifestações clínicas: Tontura, zumbido, secura nos olhos, rubores, dor nas regiões intercostal e do hipocôndrio, calor nas palmas das mãos e solas dos pés, secura na garganta e boca, sudorese noturna, língua avermelhada com saburra escassa e pulso em corda, filiforme e rápido.

Análise da síndrome: Yin é um termo coletivo utilizado para várias substâncias essenciais, incluindo a essência vital, sangue e fluidos. Uma vez que a deficiência do sangue do fígado é tida como uma síndrome independente, a deficiência do Yin do fígado refere-se, principalmente, à essência e aos fluidos deficientes do fígado. O suprimento inadequado da essência do fígado para a cabeça provoca tontura, zumbido e olhos secos. A deficiência dos fluidos explica a boca e a garganta secas. A deficiência de Yin induz a preponderância relativa de Yang ou Calor endógeno, então pode haver sudorese noturna e calor nas palmas das mãos e solas dos pés, e a língua é avermelhada em vez de pálida devido à deficiência de sangue; o pulso não é somente em corda e filiforme, mas também rápido.

V. Preponderância do Yang do Fígado

A preponderância do Yang do fígado é geralmente devido à deficiência do Yin do órgão. Ela difere do Fogo do fígado na qualidade das síndromes. Na síndrome de Yang do fígado, a preponderância do Yang é relativa e a característica fundamental desta síndrome é a deficiência. Então, o nome completo desta síndrome deve ser "deficiência de Yin do fígado com preponderância do Yang do fígado". No Fogo excessivo no meridiano do fígado, há preponderância absoluta de Yang e a síndrome é de natureza puramente de excesso. A partir da perspectiva médica ocidental, a preponderância do Yang do fígado pode ser encontrada na hepatite, transtornos de ansiedade, hipertensão e em algumas outras patologias psicossomáticas.

Manifestações clínicas: Tontura, cefaléia, zumbido, rubor facial, vermelhidão nos olhos, secura na boca e na garganta, irritabilidade e irascibilidade, língua avermelhada com saburra escassa e pulso em corda, filiforme e rápido.

Análise da síndrome: Esta síndrome pode apresentar algumas similaridades com o Fogo excessivo no meridiano do fígado, mas este último freqüentemente apresenta um início agudo que ocorre após uma crise emocional, ao passo que o primeiro desenvolve-se com base em um estado de deficiência que geralmente apresenta um desenvolvimento crônico. A deficiência do Yin é freqüentemente acompanhada por preponderância relativa do Yang, que movimenta o *Qi* e o sangue em ascendência, resultando em tontura, cefaléia, zumbido, rubor facial e vermelhidão nos olhos. O fígado é um "órgão de temperamento", a preponderância de seu Yang provoca irritabilidade e irascibilidade. A língua avermelhada com saburra escassa e pulso em corda, filiforme e rápido são sinais de deficiência do Yin do fígado com preponderância do Yang.

VI. Agitação do Vento do Fígado

As síndromes caracterizadas por sintomas de "agitação", tais como tremores, convulsão e tontura como se estivesse a ponto de desmaiar, pertencem à condição conhecida como "agitação do Vento do fígado". Clinicamente, podem ser classificadas em três padrões: (1) transformação do Fogo exuberante do fígado em Vento, (2) produção do Vento interno devido ao Calor extremo e, (3) produção do Vento interno devido à deficiência de Yin.

1. Transformação da preponderância Yang do fígado em Vento

Isso ocorre freqüentemente nos casos de deficiência de Yin do fígado com Yang preponderante. A preponderância do Yang do fígado ao seu extremo pode tornar-se Vento interno, como se observa nos acidentes vasculares cerebrais.

Manifestações clínicas: Tonturas de início repentino, desmaio, rigidez nos membros, afasia, hemiplegia ou mesmo perda total de consciência, língua avermelhada com saburra branca e oleosa e pulso em corda e vigoroso.

Análise da síndrome: A síndrome geralmente ocorre no caso de deficiência crônica do Yin do fígado com preponderância de Yang. Uma vez que a preponderância Yang é transformada em Vento interno, o aumento repentino de Vento perturba o fluxo normal do *Qi* e do sangue, resultando em tontura e desmaio. O meridiano do fígado conecta-se com a raiz da língua. O aumento do Vento ao longo do meridiano que passa pela língua dificulta a fala. Se o Vento do fígado surge junto com o muco, o coração torna-se turvo e a perda da consciência ocorre em seguida. A vermelhidão da língua é decorrente da deficiência de Yin. Uma vez que não há Fogo, a saburra ainda é de cor branca, mas pode tornar-se oleosa se o Vento estiver combinado com o muco. O pulso em corda e vigoroso significa a agitação em ascendência do Yang e do Vento.

2. Produção do Vento interno devido ao Calor extremo

Isso se refere às convulsões febris.

Manifestações clínicas: Febre alta com delírio ou perda de consciência, convulsão e opistótono, língua avermelhada ou de coloração vermelho-escuro e pulso em corda e rápido.

Análise da síndrome: Nesta síndrome, o Vento interno é derivado do Calor extremo. O Calor patogênico extremo invade freqüentemente o pericárdio, conduzindo ao delírio ou à perda da consciência. Quando o Calor invade o meridiano do fígado, isso inclui o Vento interno, resultando em convulsão e opistótono. A língua avermelhada ou de coloração vermelho-escuro e pulso em corda ou rápido são coerentes com a invasão do fígado pelo Calor.

3. Produção de Vento interno devido à deficiência de sangue

Isso é freqüentemente encontrado nas patologias neurológicas crônicas marcadas por movimentos involuntários.

Manifestações clínicas: Tremores ou parestesia dos membros, tremor involuntário da cabeça, língua pálida e pulso em corda e filiforme.

Análise da síndrome: O fígado fornece sangue para nutrir os tendões. A deficiência de sangue no fígado dificulta o funcionamento normal dos tendões, resultando em parestesia e movimentos involuntários. A língua pálida em conjunto com o pulso em corda indica deficiência de sangue do fígado.

VII. Estagnação de Frio no Meridiano do Fígado

Esta síndrome deve-se à patologia do meridiano do fígado por Frio patogênico. Pode ocorrer nas patologias testicular, epididimite ou na hérnia inguinal.

Manifestações clínicas: Dor na parte inferior do abdome agravada pelo frio e aliviada pelo calor, com sensação de frio e vazio nos testículos ou acompanhada por contração do saco escrotal, língua com saburra branca e escorregadia e pulso profundo e em corda.

Análise da síndrome: O meridiano do fígado contorna a genitália externa e atravessa a região do abdome inferior. O Frio patogênico bloqueia a circulação do *Qi* e do sangue, provocando dor nesta região. O Frio causa contração, de modo que há uma sensação de vazio nos testículos ou contração no saco escrotal. O aquecimento dispersa o Frio e, assim, alivia a dor, e quando o Frio se acumula, a dor piora. A saburra da língua de cor branca, escorregadia e com pulso profundo indica Frio Interior. O pulso encontra-se freqüentemente em corda quando o fígado é afetado.

VIII. Umidade-Calor no Fígado e na Vesícula Biliar

A Umidade-Calor que invade o fígado e a vesícula biliar pode ser tanto exógena quanto endógena. A Umidade-Calor endógena surge da ingestão excessiva de alimentos gordurosos. A síndrome geralmente inicia-se com icterícia, colecistite aguda e litíase biliar na Medicina Ocidental.

Manifestações clínicas: Distensão do hipocôndrio, gosto amargo na boca, anorexia, náusea, vômito, distensão abdominal, urina escassa e de coloração amarela-escura, saburra da língua amarela e consistência pegajosa ou oleosa e pulso em corda e rápido. Além disso, podem ocorrer calafrios alternados com febre ou esclerótica e pele amareladas. Eczema do saco escrotal, edema e dor em queimação testicular nos homens ou leucorréia profusa com odor fétido e prurido vulvar nas mulheres, o que também sugere Umidade-Calor no meridiano do fígado.

Análise da síndrome: A Umidade-Calor dificulta a circulação livre do *Qi* no fígado e na vesícula biliar, causando distensão e dor nos hipocôndrios. O fluxo ascendente da vesícula biliar provoca um gosto amargo na boca. O acúmulo de Umidade-Calor dificulta as funções de ascendência e descendência do baço e do estômago, causando anorexia, náusea, vômito e distensão abdominal. A urina amarela-escura e escassa decorre da infusão da Umidade-Calor na bexiga. A saburra da língua amarela e pegajosa ou oleosa com pulso em corda e rápido é coerente com a Umidade-Calor no fígado e na vesícula biliar. Quando a Umidade-Calor conduz ao confronto entre os fatores antipatogênicos e patogênicos na vesícula biliar, podem ocorrer calafrios alternados com febre. Se o fluxo normal da bile estiver obstruído pela Umidade-Calor, a bile dispersa-se na porção exterior do corpo e resulta em coloração amarela da esclera e da pele. Uma vez que o meridiano do fígado faz uma curva ao redor da genitália externa, a infusão descendente da umidade Calor pode resultar em eczema do saco escrotal ou edema e dor em queimação dos testículos nos homens, e leucorréia profusa e amarela com prurido vulvar nas mulheres.

Síndromes dos Rins e da Bexiga

Os rins são considerados a "fundação congênita" do corpo humano. Eles estocam a essência, dominam a reprodução, o crescimento e o desenvolvimento, produzem a medula, dominam os ossos e nutrem o cérebro. Uma vez que estas funções estão intimamente relacionadas ao Yin dos rins, quando este é insuficiente, há alterações na reprodução, no crescimento e no desenvolvimento, em determinadas atividades do cérebro e na solidez dos ossos e dentes.

Os rins também governam o Fogo Vital, dominam o metabolismo da água e auxiliam os pulmões a obter ar. Estas funções estão intimamente relacionadas ao Yang dos rins. Se o Yang dos rins é insuficiente há desarmonias na manutenção da temperatura do corpo, na digestão, respiração, secreção da urina e na potência sexual.

A função da bexiga consiste no armazenamento temporário e na excreção eventual da urina. Devido a seu relacionamento próximo com os rins, estes podem ser considerados como todo o sistema urogenital, e algumas patologias da bexiga são atribuídas aos rins.

I. Deficiência do Yin dos Rins

As causas comuns do Yin deficiente dos rins incluem a alteração dos rins por patologia prolongada, constituição fraca ou deficiência ao nascimento, excesso de atividade sexual e o uso excessivo de medicamentos utilizados para aquecer e drenar a umidade. Esta síndrome é freqüentemente observada na debilidade crônica, tuberculose, diabetes mellitus, nefrite crônica, alterações da função sexual, esterilidade etc.

Manifestações clínicas: Dor e fraqueza na região lombar e joelhos, problemas auditivos, zumbido, emissão seminal, oligozoospermia e esterilidade masculina e amenorréia e infertilidade femininas, febre vespertina, sensação de calor no tórax, palmas das mãos e solas dos pés, sudorese noturna, língua avermelhada com saburra escassa ou ausência e saburra e pulso profundo e filiforme.

Análise da síndrome: A síndrome é caracterizada por sintomas comuns de patologias dos rins e deficiência de Yin com Calor endógeno. Como os rins nutrem a medula, que se acredita seja a substância que nutre os ossos, e principalmente porque a região lombar constitui o local onde os rins estão alojados, a deficiência de Yin dos rins geralmente produz dor e debilidade da região lombar e dos joelhos. Os rins apresentam um relacionamento específico com os ouvidos, de modo que a deficiência de Yin dos rins geralmente causa zumbido e prejudica a audição. Uma vez que o Yin dos rins inclui a essência reprodutiva, a deficiência do Yin pode estar associada com a oligozoospermia e esterilidade masculina e amenorréia e infertilidade femininas. A deficiência de Yin dos rins freqüentemente conduz à preponderância de Calor endógeno e do Fogo Ministerial. Febre vespertina, rubor malar e calor no tórax, palmas das mãos e solas são manifestações gerais de Calor endógeno. O Fogo Ministerial preponderante torna a fonte de sangue menstrual insuficiente, resultando em oligomenorréia ou mesmo amenorréia. A língua avermelhada com saburra escassa ou ausência de saburra e pulso profundo e filiforme são sinais de deficiência de Yin com Calor endógeno.

II. Deficiência da Essência dos Rins

A essência dos rins é uma parte do Yin dos rins. A deficiência da essência dos rins é, de fato, um padrão especial de deficiência do Yin dos rins, marcados pelo desenvolvimento retardado, dificuldade na reprodução e senilidade precoce.

Manifestações clínicas: Desenvolvimento físico e mental retardado nas crianças, tais como fechamento tardio da fontanela, estatura pequena e franzina e inteligência deficiente. Ocorre oligozoospermia e esterilidade masculinas e amenorréia, infertilidade e hipossexualidade femininas. Há senilidade precoce, tais como perda de cabelo, osteopenia, amolecimento dos dentes, dificuldade de audição com zumbido, amnésia, movimentos físicos e reações mentais lentas.

Análise da síndrome: A essência dos rins está encarregada da reprodução, crescimento e desenvolvimento. Este é o motivo pelo qual a deficiência da essência dos rins causa os distúrbios acima mencionados. O crescimento do cabelo depende da essência dos rins, de modo que a deficiência deste último conduz à perda de cabelo. Os rins possuem sua abertura específica nos ouvidos, e a deficiência da essência dos rins produz problemas auditivo e zumbido. Os rins dominam os ossos e os dentes são considerados miudezas dos ossos. Portanto, a deficiência da essência dos rins não somente reduz a solidez dos ossos, como também causa o amolecimento dos dentes. Os rins nutrem o cérebro com a essência vital. A deficiência da essência dos rins torna o cérebro pouco nutrido, prejudicando a memória, os movimentos físicos e as respostas mentais.

Teoricamente, a deficiência da essência dos rins é tão somente uma parte da deficiência do Yin dos rins. A diferença entre as duas síndromes consiste no fato de que se a deficiência é limitada à essência dos rins, e não a outras partes do Yin (tais como nutrientes e fluidos), não há Calor endógeno e as desarmonias são principalmente relacionadas à reprodução, crescimento, desenvolvimento e envelhecimento.

III. Deficiência do Yang dos Rins

Isso freqüentemente decorre da debilidade constitucional, idade avançada, patologias crônicas que envolvem os rins e excesso de atividade sexual. Isso ocorre principalmente na debilidade após patologias prolongadas, debilidade geral nos idosos, lombalgia, nefrite crônica, insuficiência adrenocortical, hipotireoidismo e disfunção sexual.

Manifestações clínicas: Dor e debilidade das costas e região lombar, aversão ao frio com membros frios, apatia, hipossexualidade, impotência, ejaculação precoce, oliguria e edema, diarréia crônica, compleição pálida e intumescida ou escurecida e pálida, ou só pálida, língua aumentada de volume com saburra fina e branca e pulso profundo e filiforme.

Análise da síndrome: A região lombar constitui o local onde os rins estão alojados, e estes dominam os ossos. O declínio do Yang dos rins dificulta a nutrição dos ossos, causando dor e debilidade nas costas, principalmente na região lombar. O Yang dos rins abastece o Fogo Vital (energia do Calor) para aquecer o corpo. A deficiência de Yang dos rins provoca a diminuição do Fogo Vital e, portanto, o paciente torna-se avesso ao frio e apresenta membros frios. Os rins estão no comando da reprodução. A parte do Fogo Vital para a potência sexual é chamada de Fogo Ministerial. Na deficiência de Yang dos rins, o Fogo Ministerial também diminui, de modo que ocorre hipossexualidade, impotência ou ejaculação precoce.

Estas manifestações acima descritas são manifestações gerais da deficiência de Yang dos rins. Os rins também estão no comando do metabolismo da água e abastecem o Fogo Vital para a digestão. A deficiência de Yang dos rins pode originar edema e diarréia também, mas se estes sintomas são proeminentes, o diagnóstico deve ser diferenciado como deficiência de Yang dos rins com inundação da água ou diarréia crônica.

A deficiência de Yang está geralmente associada à ausência de vigor, de modo que o paciente se torna apático. A compleição pálida e edemaciada, palidez, língua intumescida com saburra fina, branca e pulso profundo e filiforme são sinais comuns coerentes com a deficiência de Yang. Se o Yang dos rins está em um estado de extrema deficiência, o Yin impuro infiltra-se na superfície do corpo, tornando a compleição escurecida e pálida.

IV. A Deficiência de Yang dos Rins com Inundação da Água

Este é um padrão específico de deficiência de Yang dos rins caracterizado por disfunção do metabolismo da água. É observado principalmente na síndrome nefrótica e na insuficiência cardíaca congestiva.

Manifestações clínicas: As manifestações gerais de deficiência de Yang dos rins combinam com a anasarca, notada principalmente abaixo da cintura, acompanhada de oliguria e distensão abdominal. Algumas vezes, o edema pode ocorrer acompanhado por palpitações cardíacas, dispnéia, ortopnéia e expectoração de muco profuso e fino, língua edemaciada com saburra fina, branca ou espessa e oleosa e pulso profundo e filiforme.

Análise da síndrome: Os rins dominam o metabolismo da água. Na deficiência de Yang dos rins, a abertura da "válvula-comporta" pode ser prejudicada, resultando em oliguria, edema e até mesmo ascite com distensão abdominal. Se a água retida atacar o coração, palpitações cardíacas ocorrem, bem como dispnéia e ortopnéia. A água retida pode transformar-se em muco, conduzindo à expectoração profusa. A língua edemaciada com saburra fina e branca e o pulso profundo e filiforme indicam deficiência de Frio, mas a Água-Umidade excessiva pode também originar a saburra espessa e oleosa.

V. Deficiência de Yang dos Rins com Diarréia

Este é um padrão específico de Yang dos rins marcado por diarréia crônica. Pode ser encontrado na colite crônica, disenteria crônica, tuberculose intestinal e outras patologias intestinais da Medicina Ocidental.

Manifestações clínicas: Manifestações genéricas de deficiência de Yang dos rins combinadas com diarréia crônica, que em geral ocorrem diariamente antes do amanhecer, agravadas por exposição ao Frio e acompanhadas de sensação de frio e dor no abdome e ruídos hidroaéreos, que são aliviados pela evacuação, língua pálida e aumentada de volume com saburra fina e branca e pulso profundo, filiforme e debilitado.

Análise da síndrome: A digestão do baço necessita de Fogo Vital (Yang dos rins) como força motora. A deficiência de Yang dos rins prejudica a digestão, causando diarréia com aumento da freqüência intestinal ou com fezes acompanhadas de alimentos não digeridos. A deficiência de Yang conduz à preponderância relativa de Yin com Frio endógeno, de modo que há uma sensação de frio no abdome. O Frio pode causar estagnação do *Qi* no intestino e, portanto, dor abdominal e ruídos hidroaéreos. Após a evacuação a estagnação é reduzida, de modo que a dor e os ruídos hidroaéreos são aliviados. De acordo com a teoria do Yin e Yang, o dia pertence ao Yang e a noite pertence ao Yin. Após o anoitecer, o Yin aumenta e o Yang diminui, até o amanhecer. Até o período antes do amanhecer, o Yang diminui ao seu extremo, e a diarréia decorrente da deficiência de Yang dos rins geralmente ocorre neste período. A língua pálida e aumentada de volume com saburra fina e branca e pulso profundo, filiforme e debilitado são sinais de deficiência de Yang.

VI. Fracasso dos Rins em Receber Ar

Esta é uma Síndrome de Deficiência do *Qi* dos rins. O *Qi* dos rins auxilia os pulmões a receber ar. A alteração desta função geralmente ocorre quando o *Qi* dos rins está danificado após a ocorrência de tosse crônica, ataques repetidos de asma e outras condições, tais como senilidade. Esta síndrome pode aparecer no enfisema pulmonar, patologias cardiorrespiratórias e insuficiência respiratória nos idosos.

Manifestações clínicas: Tosse e asma crônicas, dispnéia caracterizada por expiração prolongada e com piora ao leve esforço físico acompanhadas de sudorese, apatia, voz debilitada e dor na região lombar e joelhos, língua pálida com saburra branca e pulso profundo e debilitado.

Análise da síndrome: A síndrome é de deficiência de *Qi* por causa da insuficiência dos rins. Embora os pulmões estejam encarregados da respiração, os rins auxiliam os pulmões a receber ar. Ambos, a alteração dos pulmões e a insuficiência dos rins, podem causar dispnéia. A dispnéia originária dos pulmões é manifestada por meio da dificuldade da inspiração, ao passo que a dispnéia decorrente da insuficiência dos rins é marcada por expiração prolongada. A debilidade e a dor na região lombar e nos joelhos são sintomas comuns causados por insuficiência dos rins. Os outros sintomas, tais como sudorese espontânea, apatia e voz debilitada, são sintomas comuns que indicam deficiência geral do *Qi*. A língua pálida com uma saburra branca e o pulso profundo e debilitado são, também, sinais de deficiência de *Qi*.

VII. A Não Consolidação do *Qi* dos Rins (Fracasso dos rins em reter substâncias)

Esta é uma Síndrome de Deficiência do *Qi* dos rins com fracasso na função de reter substâncias (controle da micção de urina, esperma etc.). Ela acontece na idade avançada com o declínio do *Qi* dos rins, nas crianças com insuficiência de *Qi* dos rins e nas pessoas cujo *Qi* dos rins está prejudicado pelo excesso de atividade sexual ou doenças debilitantes crônicas.

Manifestações crônicas: Palidez, apatia, audição prejudicada, debilidade e dor na região lombar e joelhos, micção freqüente de urina clara, gotejamento de urina após a micção, enurese noturna, incontinência urinária ou nictúria, espermatorréia e ejaculação precoce e leucorréia fina e profusa e tendência ao aborto na mulher, língua pálida com saburra branca e pulso profundo e debilitado.

Análise da síndrome: Palidez, apatia, língua pálida com saburra branca e pulso profundo e debilitado são sintomas e sinais gerais de deficiência de *Qi*. Os rins estão intimamente relacionados com os ouvidos. O suprimento do *Qi* e do sangue para os ouvidos serão inadequados quando o *Qi* dos rins for insuficiente e, portanto, a audição será prejudicada. O *Qi* dos rins controla as funções da bexiga. A debilidade do *Qi* dos rins origina a micção freqüente ou incontinência urinária. Se a habilidade na micção estiver debilitada, a urina não poderá ser completamente eliminada, de modo que o gotejamento da urina ocorre após a micção. Nas crianças, o *Qi* dos rins não está bem desenvolvido e o cérebro não se encontra totalmente repleto de essência vital. Portanto, as crianças apresentam enurese noturna, até mesmo os adolescentes; se a constituição natural for insuficiente, pode ocorrer enurese noturna. À noite, o Yin torna-se preponderante e o Yang diminui, de modo que aqueles com insuficiência de *Qi* dos rins apresentam noctúria. O armazenamento da essência nos rins é feito pelo *Qi* dos rins. Se o *Qi* dos rins é insuficiente, a eliminação da essência torna-se mais fácil e, daí, ocorre a espermatorréia ou ejaculação precoce. Os vasos da Cintura e da Concepção também são controlados e nutridos pelo *Qi* dos rins. Se o Vaso da Cintura estiver fora de controle haverá leucorréia profusa e fina; se o Vaso da Concepção estiver mal nutrido haverá tendência a abortamentos.

Síndromes Envolvendo Dois Órgãos *Zang Fu*

Por causa da correlação entre os órgãos *Zang Fu*, patologias que envolvem dois ou mais órgãos são observados com freqüência. A seguir, algumas das síndromes que envolvem dois órgãos muito encontradas clinicamente.

I. Descoordenação do Coração e dos Rins

Isto é freqüentemente causado pelo prejuízo do Yin nas patologias crônicas, excesso de atividade sexual e muita preocupação ou depressão. Pode ser encontrada nos transtornos de ansiedade, anemia e patologias debilitantes crônicas.

Manifestações clínicas: Insônia, palpitação, inquietude, tontura, zumbido, memória fraca, dor na região lombar, emissão noturna, calor no tórax, palmas das mãos e solas dos pés, secura da garganta e da boca, língua avermelhada e pulso filiforme e rápido.

Análise da síndrome: Geralmente, o Fogo do coração (Yang) desce para aquecer os rins e a água dos rins (Yin) ascende para irrigar o coração. O desequilíbrio desta condição é chamado de "descoordenação do coração e dos rins", que é caracterizado por insônia acompanhada de preponderância do Fogo do coração, manifestada por inquietude e palpitações, e deficiência de Yin dos rins, manifestada por tontura, zumbido e memória fraca decorrente da nutrição inadequada da medula e do cérebro. A mudança patológica básica desta síndrome é a deficiência de Yin com Fogo preponderante. Uma vez que o Fogo é do tipo deficiente, causa febre no tórax, palmas das mãos e solas dos pés, secura da garganta e da boca, língua avermelhada e pulso filiforme e rápido. Quando o armazenamento da essência reprodutiva é perturbado pelo Fogo, há emissão noturna. A região lombar é a base onde os rins estão localizados. A dor na região lombar significa que os rins estão envolvidos na síndrome.

II. Deficiência de Ambos, Coração e Baço

Esta é uma síndrome combinada de deficiência de sangue no coração e debilidade do *Qi* do baço. Deve-se, geralmente, ao consumo do *Qi* e do sangue nas patologias crônicas, tensão, preocupação em excesso e hemorragia crônica, e pode ser encontrada clinicamente nos estágios de ansiedade, alterações menstruais, anemia e várias patologias crônicas.

Manifestações clínicas: Palpitação, insônia, sono com distúrbios de sonhos, tontura, esquecimento, compleição pálida, anorexia, distensão abdominal, aumento da freqüência intestinal, lassidão ou gotejamento incessante de pequenas quantidades de secreção menstrual cor-de-rosa, palidez, língua aumentada de volume e pulso filiforme e fraco.

Análise da síndrome: O baço serve como "fonte dos nutrientes de geração do *Qi* e do sangue", e tem a função de manter o fluxo sanguíneo dentro dos vasos. Quando o *Qi* do baço está deficiente, há geração inadequada de sangue ou eliminação de sangue para fora dos vasos sanguíneos, e qualquer um deles pode causar insuficiência de sangue no coração. Por outro lado, o coração governa a circulação sanguínea, abastecendo o baço de sangue. A deficiência de sangue no coração também produz deficiência do *Qi* do baço. Portanto, as duas condições patológicas podem influenciar-se mutuamente, formando uma deficiência combinada de ambos, sangue do coração e *Qi* do baço.

Palpitação, insônia, sono com distúrbios de sonhos, tontura e esquecimento são sintomas que indicam deficiência de sangue no coração. A compleição pálida, anorexia, distensão abdominal, aumento da freqüência intestinal e lassidão são manifestações de diminuição da função do baço no transporte e na transformação, e o gotejamento incessante de pequenas quantidades de secreção menstrual deve-se à função reduzida do baço de manter o fluxo sanguíneo dentro dos vasos sanguíneos. A língua pálida e aumentada de volume e o pulso filiforme e debilitado são sinais de deficiência do *Qi* e do sangue.

III. Deficiência de *Qi* do Coração e dos Pulmões

Esta é uma Síndrome de Deficiência do *Qi* envolvendo ambos, o coração e os pulmões, geralmente devido à tosse crônica que consome o *Qi* dos dois órgãos, ou por causa da constituição debilitada ou idade avançada. Ela pode ser observada nas patologias cardiopulmonares, aterosclerose e insuficiência cardiopulmonar no idoso.

Manifestações clínicas: Palpitação, tosse, dispnéia, falta de ar, que são agravadas por esforço físico leve, expectoração de muco fino e sensação de plenitude torácica, palidez, fraqueza generalizada, apatia, sudorese espontânea e voz fraca, língua pálida com saburra branca e pulso profundo, fraco ou irregular.

Análise da síndrome: Os pulmões estão no comando da respiração e o coração é encarregado pela circulação sanguínea. Ambos dependem da ação do *Qi* peitoral. A função reduzida dos pulmões conduz à geração inadequada do *Qi* peitoral, de modo que o *Qi* do coração torna-se insuficiente. Por outro lado, a função reduzida do coração consome mais o *Qi* peitoral, e o *Qi* dos pulmões também é prejudicado. Cada condição resulta, finalmente, em deficiência do *Qi* em ambos os órgãos.

Tosse, dispnéia e falta de ar agravados com o esforço físico leve são manifestações que indicam a deficiência de *Qi* dos pulmões. A palpitação e o pulso irregular são causados pela deficiência de *Qi* do coração. A função dispersora reduzida dos pulmões conduz ao acúmulo dos fluidos que, por sua vez, transformam-se em muco, provocando a sensação de plenitude torácica e a expectoração de muco fino. Palidez, debilidade generalizada, tontura, apatia, sudorese espontânea, voz debilitada, língua pálida com saburra branca e pulso profundo e debilitado são sintomas e sinais comuns de deficiência de *Qi*.

IV. Deficiência de Yin do Fígado e dos Rins

Esta é uma combinação de Síndrome de Deficiência de Yin do fígado e de Yin dos rins. Clinicamente, pode ser observada na anemia, hipertensão, hepatite crônica, transtornos de ansiedade, patologia de Ménière e alterações menstruais.

Manifestações clínicas: Vertigem, visão borrada, zumbido, irritabilidade, irascibilidade, debilidade e dor na região lombar e joelhos, dor no hipocôndrio, sensação quente no tórax, palmas das mãos e solas dos pés, rubor malar, sudorese noturna, emissão seminal e oligomenorréia ou amenorréia na mulher, língua avermelhada com saburra escassa e pulso filiforme e rápido.

Análise da síndrome: A promoção mútua do Yin entre o fígado e os rins é tão próxima que se diz que os dois órgãos têm a mesma fonte. Se o Yin do fígado é abundante, o Yin excedente é estocado nos rins, e se o Yin dos rins é abundante, ele constantemente nutre o fígado. Além disso, a essência (pertencente ao Yin) estocada nos rins e o sangue (pertencente ao Yin) estocado no fígado são mutuamente conversíveis. Portanto, a deficiência de Yin de um é geralmente acompanhada por deficiência de Yin do outro.

A deficiência de Yin do fígado geralmente conduz à preponderância de Yang do fígado que, em descendência, causa vertigem, visão borrada, zumbido e irascibilidade. Ela também produz dor ao longo do meridiano do fígado, principalmente nas regiões dos hipocôndrios. A deficiência de Yin dos rins provoca a geração de Calor endógeno e preponderância do Fogo endógeno (Fogo Ministerial), resultando em rubor malar e calor no tórax, palmas das mãos e solas dos pés, e sudorese noturna. Se o Fogo Ministerial preponderante agitar a essência reprodutiva no homem, haverá emissão seminal. Nas mulheres, a deficiência do Yin do fígado e dos rins esvazia os vasos Penetrador e da Concepção, resultando em oligomenorréia. A língua avermelhada com saburra escassa e pulso filiforme e rápido são sinais de deficiência de Yin.

V. Desarmonia do Fígado e do Baço

Esta é uma síndrome combinada de estagnação do *Qi* do fígado e prejuízo das funções de transporte e transformação do baço. Se a estagnação do *Qi* do fígado é primária, geralmente é causada por depressão com raiva que danifica o fígado; se a disfunção do baço é primária, geralmente ocorre por causa da dieta inadequada ou da tensão que danifica o baço. Clinicamente, é encontrada com freqüência nas alterações gastrintestinais, hepatite, cirrose hepática, úlcera péptica, gastrite crônica e outras patologias digestivas crônicas.

Manifestações clínicas: Distensão, plenitude e dor que migra do tórax para a região do hipocôndrio, suspiros freqüentes, falta de ânimo ou irascibilidade, anorexia, distensão abdominal, aumento da freqüência intestinal, ruídos hidroaéreos com flatulência, ou dor abdominal que é aliviada após a diarréia, língua com saburra branca ou oleosa e pulso filiforme.

Análise da síndrome: Distensão, plenitude e dor que migra do tórax para a região do hipocôndrio, suspiros freqüentes, ausência de ânimo ou irascibilidade são sintomas causados pela estagnação do *Qi* do fígado. Anorexia, distensão abdominal, aumento da freqüência intestinal, ruídos hidroaéreos com flatulência ou dor abdominal que é aliviada após a diarréia indicam alteração das funções de transporte e transformação do baço. A dor abdominal decorre da estagnação do *Qi* no abdome. Após a evacuação, o *Qi* estagnado é removido e, portanto, a dor abdominal é aliviada. O *Qi* estagnado do fígado tende a prejudicar a função do baço. Isto é chamado de "Madeira que controla Terra em excesso" de acordo com a teoria dos Cinco Elementos. Por outro lado, a disfunção das funções de transporte e transformação do baço freqüentemente causa estagnação do *Qi* e umidade no Aquecedor Médio, o que pode também prejudicar a função do fígado em suavizar e regular o fluxo do *Qi*. Isto é chamado de "Terra tem o controle reverso de Madeira". Uma vez que não há manifestação nítida do Calor ou Fogo, a saburra da língua fica branca, mas pode ser oleosa por causa do acúmulo de Umidade devido à disfunção do baço. O pulso em corda é um sinal que mostra a estagnação do *Qi* do fígado.

VI. Desarmonia do Fígado e do Estômago

Esta é uma síndrome combinada de estagnação do *Qi* do fígado e disfunção do estômago. Pode ser causada por depressão com transformação do *Qi* estagnado em Fogo, ou por invasão do fígado e do estômago por fatores patogênicos exógenos. Ocorre na hepatite, cirrose hepática, úlcera péptica e gastrite crônica, bem como em outras patologias gástricas.

Manifestações clínicas: Distensão e dor no epigástrio e nos hipocôndrios, eructação, soluços, regurgitação ácida, azia, irritabilidade e irascibilidade, língua vermelha com saburra fina e amarela e pulso em corda ou em corda e rápido.

Análise da síndrome: Quando o *Qi* estagnado do fígado é transformado em Fogo que prejudica o estômago, ocorrem distensão e dor epigástricas e no hipocôndrio. O distúrbio na função descendente do estômago conduz à inversão ascendente do *Qi* do estômago manifestada por eructação e soluço. A estagnação de *Qi* e do Fogo no fígado e no estômago causa azia e regurgitação gástrica. A disfunção do fígado em suavizar e regular o fluxo de *Qi* é freqüentemente manifestada por irritabilidade e irascibilidade. A língua avermelhada com saburra fina e amarela e pulso em corda e rápido indica estagnação do *Qi* com transformação do Fogo.

VII. Deficiência de Yang do Baço e dos Rins

Esta é uma Síndrome de Deficiência de Yang envolvendo ambos, o baço e os rins. Ocorre na diarréia crônica ou edema quando a patologia primária é tanto a deficiência de Yang dos rins quanto a deficiência de Yang do baço. Durante o desenvolvimento da patologia, o Yang insuficiente dos rins fracassará em aquecer o baço ou o Yang insuficiente do baço falhará em nutrir os rins, resultando em uma síndrome combinada de deficiência Yang em ambos os órgãos. Clinicamente, esta síndrome é encontrada freqüentemente na colite crônica, colite ulcerativa, tuberculose intestinal, síndrome nefrótica, cirrose hepática com ascite e outras patologias na Medicina Ocidental.

Manifestações clínicas: Compleição pálida e edemaciada, aversão ao frio com membros frios, dor na porção inferior do abdome com sensação de frio, diarréia crônica com muco ou fezes com sangue, ou fezes que contenham alimentos não digeridos, eliminadas diariamente antes de amanhecer, ou edema generalizado com oliguria e distensão abdominal com acúmulo de fluidos. Língua pálida e aumentada de volume com saburra branca e escorregadia e pulso profundo e filiforme.

Análise da síndrome: O baço proporciona a base material da constituição adquirida. Suas funções de transporte e transformação dependem da ação de aquecimento do Fogo Vital, ou seja, Yang dos rins. O rim é a fundação da constituição inata. Todas as suas funções também necessitam dos nutrientes do baço. Portanto, a deficiência crônica de Yang do baço envolverá as funções dos rins e a deficiência crônica de Yang dos rins prejudicará a função do baço (este último é chamado de "fracasso do Fogo para nutrir Terra") formando, assim, uma síndrome combinada de deficiência de Yang envolvendo os dois órgãos. Compleição pálida e edemaciada e aversão ao frio com membros frios constituem manifestações gerais de deficiência de Yang.

VIII. Deficiência de Yin dos Pulmões e Rins

Esta é uma Síndrome de Deficiência de Yin que envolve ambos, pulmões e rins. Ocorre tanto por causa da tosse crônica que prejudica os pulmões com o envolvimento dos rins, quanto por causa do excesso de atividade sexual que causa a deficiência de Yin dos rins com o envolvimento dos pulmões. Clinicamente, isto pode ser observado na tuberculose pulmonar e em outras patologias debilitantes.

Manifestações clínicas: Tosse com expectoração escassa ou hemoptise, emagrecimento, dor e debilidade na região lombar e joelhos, febre com agitação, rubor malar, sudorese noturna, secura na garganta e na boca ou rouquidão, emissão seminal nos homens e alterações menstruais nas mulheres, língua avermelhada com saburra escassa e pulso filiforme e rápido.

Análise da síndrome. Os pulmões nutrem os rins com fluido Yin e vice-versa. Isto é chamado de "Metal e água nutrem-se mutuamente". Portanto, tanto a deficiência de Yin dos pulmões quanto a deficiência de Yin dos rins podem desenvolver-se em deficiência de Yin em ambos os órgãos. Assim, um sintoma complexo combinado aparece, "deficiência de Yin nos pulmões" e "deficiência de Yin dos rins".

IX. Deficiência de *Qi* do Baço e dos Pulmões

Isto pode ser decorrente da tosse crônica que consome o *Qi* dos pulmões com o envolvimento do baço, ou devido à dieta inadequada ou excesso de tensão que danifica o baço, com o transporte inadequado de essência dos pulmões. Clinicamente, pode ocorrer na bronquite crônica, enfisema pulmonar e outras patologias respiratórias.

Manifestações clínicas: Tosse crônica e insuficiência respiratória com expectoração espumosa, anorexia, distensão abdominal, aumento da freqüência intestinal, lassidão, fraqueza, compleição pálida e intumescida ou mesmo edema, língua pálida com saburra branca e pulso filiforme e debilitado.

Análise da síndrome: Esta é uma síndrome combinada de deficiência de *Qi* dos pulmões e deficiência de *Qi* do baço. A tosse crônica e a insuficiência respiratória são causadas pela deficiência de *Qi* dos pulmões, e a anorexia, distensão abdominal, aumento da freqüência intestinal, compleição intumescida e edema decorrem da deficiência de *Qi* do baço. A língua pálida com saburra branca e pulso filiforme e debilitado são sinais comuns de deficiência de *Qi*.

A expectoração espumosa e profusa pode vir do baço debilitado, uma vez que a Umidade decorrente da função de transporte prejudicada do baço pode ser condensada em muco. Porém, o muco pode ser formado nos pulmões. Quando o *Qi* dos pulmões for insuficiente, sua função dispersora será prejudicada e os fluidos se acumularão e serão condensados em muco.

X. Ataque aos Pulmões pelo Fogo do Fígado

O Fogo que ataca os pulmões pode ser decorrente da raiva que danifica o fígado ou Calor no meridiano do fígado, que ascende adversamente. Isto pode ser observado na hipertensão, bronquite e transtornos de ansiedade.

Manifestações clínicas: Dor em queimação no tórax e região do hipocôndrio, irritabilidade e irascibilidade, tontura, vermelhidão ocular, agitação, gosto amargo na boca, tosse paroxística com muco escasso, pegajoso e amarelo, ou mesmo hemoptise, língua avermelhada com saburra fina e amarela e pulso em corda e rápido.

Análise da síndrome: O Fogo transformado do *Qi* estagnado do fígado causa dor em queimação no hipocôndrio e no tórax. Irritabilidade e irascibilidade indicam disfunção do fígado em suavizar e regular o fluxo de *Qi*. A combustão em ascendência do Fogo do fígado provoca tontura, vermelhidão ocular e gosto amargo na boca. A agitação é decorrente da estagnação de *Qi* e do Fogo no interior. O Fogo do fígado força o *Qi* dos pulmões a ascender inversamente, resultando em tosse e condensação do fluido em muco escasso e amarelo. Se os vasos sanguíneos nos pulmões forem danificados pelo Fogo, haverá hemoptise. A língua avermelhada com saburra fina e amarela e pulso em corda e rápido indica combustão do Fogo do fígado no interior.

DIFERENCIAÇÃO DAS SÍNDROMES DE ACORDO COM OS MERIDIANOS AFETADOS

Os fatores patogênicos exógenos que invadem o corpo humano podem atravessar profundamente os meridianos para dentro dos órgãos internos. Ao mesmo tempo, as mudanças patológicas no interior apresentam, com freqüência, seus reflexos sobre a porção superficial do corpo por meio dos meridianos. A determinação dos meridianos afetados pode ser tida como um diagnóstico adicional suplementar às mudanças patológicas dos órgãos internos (*Zang Fu*), sendo particularmente útil no tratamento por acupuntura. Cada meridiano apresenta suas próprias manifestações clínicas quando é afetado. Por exemplo, a patologia do meridiano do rim é capaz de causar nervosismo, confusão e medo no paciente, e a patologia do meridiano do pulmão é marcada pela sensação de plenitude torácica e dor supraclavicular. A tosse com dispnéia é um sintoma comum quando o meridiano do pulmão é afetado, mas também pode ocorrer quando o meridiano do rim estiver danificado, por que o ramo principal do meridiano do rim viaja pelo fígado e diafragma, entra nos pulmões e segue a traquéia e a laringe até a base da língua. Portanto, se uma pessoa reclama de tosse com dispnéia acompanhada por sensação de plenitude torácica, o diagnóstico de patologia do meridiano do pulmão pode ser realizado, mas se o paciente se queixa de tosse com dispnéia associada com medo, a patologia do meridiano do rim pode ser considerada.

Deve-se observar que as manifestações clínicas no caso de patologia dos meridianos são, algumas vezes, muito diferentes daquelas descritas como categoria das mudanças patológicas dos órgãos internos. Os sintomas causados pelo meridiano afetado não são confinados aos órgãos internos que pertencem ao meridiano, mas estão, provavelmente, relacionados ao longo do curso percorrido pelo meridiano. Por exemplo, em uma síndrome de diferenciação dos órgãos internos, uma condição de deficiência dos rins é, com freqüência, manifestada por dor surda e fraqueza na região lombar, que é o local onde os rins estão alojados, mas a lombalgia que torna alguém incapaz de se mover ou sentar é geralmente atribuída à patologia dos meridianos da bexiga e do fígado, pois o meridiano da bexiga e um ramo do meridiano do fígado encontram-se na região lombar.

I. Patologia do Meridiano do Pulmão (Meridiano TaiYin da mão)

Manifestações clínicas: Tosse, dispnéia, sensação de opressão e plenitude torácica, dor na fossa supraclavicular, dor ou frio nos ombros e costas acompanhado de respiração encurtada, calafrios, febre e sudorese espontânea, dor na região ânterolateral do braço.

II. Patologia do meridiano do Intestino Grosso (Meridiano Yang Ming da Mão)

Manifestações clínicas: Dor de dente, inflamação da faringe, edema no pescoço, epistaxe, dor no polegar, dedo indicador e ombro.

III. Patologia do Meridiano do Estômago (Meridiano Yang Ming do pé)

Manifestações clínicas: Febre, sentida no lado ventral do corpo, dor nasal, epistaxe, dor de dente, dor de garganta e edema de pescoço, paralisia facial, dor ao longo das regiões que o meridiano do estômago atravessa no tórax, no abdome e nas extremidades inferiores, e parestesia do dedo médio.

IV. Patologia do Meridiano do Baço (Meridiano TaiYin do pé)

Manifestações clínicas: Dor epigástrica e distensão abdominal com vômito após as refeições e eructações freqüentes, anorexia e aumento da freqüência intestinal, icterícia, rigidez da língua, dor e edema da região interna da coxa e do joelho e parestesia do hálux.

V. Patologia do Meridiano do Coração (Meridiano ShaoYin da Mão)

Manifestações clínicas: Dor precordial com secura na garganta e sede, dor da região medial do braço e região peitoral lateral, e dor em queimação nas palmas.

VI. Patologia do Meridiano do Intestino Delgado (Meridiano TaiYang da Mão)

Manifestações clínicas: Dor de garganta com edema na região lateral do pescoço que provoca dificuldade em virar a cabeça, surdez, dor no pescoço, ombro, cotovelo e região posterior do braço.

VII. Patologia do Meridiano da Bexiga (Meridiano TaiYang do Pé)

Manifestações clínicas: Calafrios e febre com obstrução nasal e cefaléia, enfermidades oftálmicas, lombalgia grave como se houvesse fratura na coluna lombar, dor na perna e no pé e parestesia no dedo mínimo.

VIII. Patologia do Meridiano do Rim (Meridiano ShaoYin do Pé)

Manifestações clínicas: Sensação de fome, mas sem desejo de ingerir alimentos, compleição escura, dispnéia e hemoptise acompanhada de palpitação e tendência a se assustar, sensação quente na boca, secura na língua e na garganta, dor nas costas e na região interna da coxa, e sensação febril nas solas dos pés.

IX. Patologia do Meridiano do Pericárdio (Meridiano JueYin da Mão)

Manifestações clínicas: Sensação febril nas palmas das mãos, espasmos musculares no antebraço e no cotovelo, edema das axilas, plenitude no tórax e na região peitoral lateral, palpitação com inquietude, riso incessante e dor precordial.

X. Patologia do Meridiano do Triplo Aquecedor (Meridiano ShaoYang da Mão)

Manifestações clínicas: Distensão abdominal, edema e oliguria, surdez, dor na região pós-auricular e na região lateral do ombro, braço e cotovelo, parestesia ou paralisia do dedo mínimo e dedo anular.

XI. Patologia do Meridiano da Vesícula Biliar (Meridiano ShaoYang do Pé)

Manifestações clínicas: Gosto amargo na boca, suspiros freqüentes, dor torácica agravada ao virar o corpo, enxaqueca, dor nas regiões supraclavicular e subaxilar e ao longo das regiões que o meridiano da vesícula biliar atravessa no tórax, lateral do tronco e região lateral das extremidades inferiores, parestesia no quarto artelho e no dedo mínimo (pé).

XII. Patologia do Meridiano do Fígado (Meridiano JueYin do Pé)

Manifestações clínicas: Lombalgia severa que torna o paciente incapaz de se sentar, enurese noturna ou retenção urinária, náusea, vômito, diarréia, hérnia inguinal e dores ginecológicas.

XIII. Patologia do Vaso Governador

Manifestações clínicas: Síncope, cefaléia, lombalgia e opistótomo.

XIV. Patologia do Vaso da Concepção

Manifestações clínicas: Bérnia masculina, leucorréia e massa na região inferior nas mulheres.

XV. Patologia do Vaso Penetrador

Manifestações clínicas: Fluxo adverso do *Qi* da região inguinal para o tórax.

XVI. Patologia do Vaso da Cintura

Manifestações clínicas: Distensão abdominal e dor e fraqueza na região intercostal inferior e leucorréia nas mulheres.

XVII. Patologia dos Vasos Yang de Conexão e Yin de Conexão

Manifestações clínicas: Calafrios e febre quando o Vaso Yang de Conexão é afetado, e dor precordial quando o Vaso de Yin de Conexão é afetado.

XVIII. Patologia dos Vasos Yang do Calcanhar e Yin do Calcanhar

Manifestações clínicas: Flacidez muscular da região medial do membro inferior com espasmos da região lateral quando o Vaso Yang do calcanhar é afetado, flacidez muscular da região lateral do membro inferior com espasmos da região medial quando o Vaso Yin do calcanhar é afetado.

DIFERENCIAÇÃO DA SÍNDROME DE ACORDO COM O *WEI, QI, YING* E *XUE*

Este paradigma de diferenciação da síndrome somente é encontrado nas patologias febris epidêmicas. *Wei, Qi, Ying* e *Xue* são nomes dos quatro sistemas do corpo humano organizados a partir da superfície até as porções profundas. *Wei* significa defesa superficial. Em uma patologia exógena, este sistema é o primeiro a ser invadido, manifestado por uma Síndrome Externa. *Qi* significa energia. Quando o sistema *Qi* é invadido, o patógeno já penetrou um nível mais interno, e há, geralmente, uma resistência vigorosa do corpo humano. *Ying* significa substâncias nutritivas e construtivas que circulam dentro dos vasos sanguíneos, então, o Yin e o sangue são denominados, algumas vezes, conjuntamente de *Ying*-sangue. Quando o sistema *Ying* é invadido por patógenos, a condição é grave. *Xue* é sangue. A invasão do Sistema Sanguíneo é freqüentemente observada no estágio mais grave de uma patologia febril epidêmica.

I. Síndromes do Sistema *Wei* (defesa superficial)

A patologia do sistema *Wei* é observada no estágio inicial da patologia febril epidêmica quando somente a defesa superficial do *Qi* está envolvida, e pode ser genericamente classificada em quatro padrões seguintes de acordo com os diferentes patógenos, bem como as constituições dos pacientes:

(1) Síndrome Exterior Vento-Calor

Esta é uma Síndrome Externa causada por Vento-Calor patogênico. A síndrome pode aparecer no estágio inicial de gripe, infecção das vias aéreas respiratórias superiores, amigdalite aguda, faringite aguda, pneumonia e sarampo.

Manifestações clínicas: Febre com calafrios suaves, sede suave, dor de garganta, ponta avermelhada da língua com saburra fina e branca e pulso flutuante e rápido.

Análise da síndrome: Ataque do Vento-Calor patogênico sobre a porção exterior do corpo causa uma Síndrome de Calor Externo, assim manifestada por febre com calafrios suaves e pulso flutuante e rápido. A sede suave é decorrente do consumo dos fluidos corporais pelo Calor patogênico até mesmo nos estágios iniciais da patologia. Os pulmões estão intimamente relacionados com o *Qi* defensivo superficial, de modo que há, geralmente, alguns sintomas das vias aéreas superiores, como tosse, dor de garganta e ponta avermelhada da língua.

(2) Síndrome Exterior Secura-Calor

Esta é uma Síndrome Exterior de uma patologia febril marcada clinicamente por Secura e Calor. As infecções das vias aéreas respiratórias ou bronquite aguda que ocorrem na estação seca ou que ocorrem em pacientes que sofrem de deficiência Yin podem apresentar esta síndrome nos estágios iniciais.

Manifestações clínicas: Febre com aversão suave ao vento e ao frio, tosse sem expectoração, secura na boca e na garganta, sede, língua levemente avermelhada com saburra fina e pulso flutuante, filiforme e rápido.

Análise da síndrome: Além das manifestações de Calor exterior, sintomas que apresentam secura (tais como tosse seca e boca e garganta secas) são características proeminentes. O pulso filiforme é mais freqüentemente encontrado nos pacientes com uma constituição marcada por deficiência Yin.

(3) Síndrome Exterior Umidade-Calor

Esta é uma Síndrome Externa de uma patologia febril epidêmica causada por Umidade-Calor patogênico. Pode ser encontrada nos estágios iniciais da gripe nas estações chuvosas ou nos casos de infecção por salmonela e na hepatite infecciosa.

Manifestações clínicas: Febre reprimida, mais acentuada à tarde, sudorese suave sem produzir alívio para a febre, aversão suave ao vento e ao frio, sensação de opressão no tórax, sensação de peso na cabeça e dores generalizadas, língua com saburra branca e oleosa e pulso filiforme e macio.

Análise da síndrome: A febre é tida como "reprimida", já que o paciente tem sensação febril acentuada e a pele não se mostra quente ao ser tocada. Isto porque a dispersão do Calor da superfície corporal é originada pela Umidade. A sensação de peso é outra característica da patologia da Umidade. A Umidade também impede o fluxo do *Qi* no tórax, originando uma sensação de opressão. Ambos os sintomas, língua com saburra oleosa e pulso macio, são sinais comuns que indicam a presença de Umidade.

II. Síndrome do Sistema *Qi* (energia)

A patologia do sistema *Qi* ocorre no segundo estágio de uma patologia febril epidêmica quando o patógeno penetra no interior do corpo: nos pulmões, estômago e intestino grosso. Neste estágio, ambas as ações, dos patógenos e da reação da resistência corporal (*Qi* defensivo), são vigorosos. Portanto, há febre alta e não há mais calafrios ou aversão ao frio. A patologia do sistema *Qi* pode ser classificada nos seguintes padrões seguintes de acordo com os diferentes patógenos e órgãos dos *Zang Fu* afetados pelos patógenos.

(1) Calor exuberante do sistema *Qi*

Manifestações clínicas: Febre alta, sudorese profusa, muita sede e pulso gigante (cheio ou vigoroso) associados com agitação, aversão ao calor, rubor facial, desejo por líquidos frios e saburra da língua seca e amarela.

Análise da síndrome: Febre alta com pulso gigante decorre da reação vigorosa do corpo humano contra os patógenos. A febre alta persistente com sudorese profusa é uma característica marcante do Calor exuberante (Yang) no interior do corpo, que força a eliminação do fluido corporal por meio do suor. Este último é chamado de "suor quente" na MTC para distinguir isto do "suor frio", suor profuso decorrente do esgotamento de Yang, como se observa no choque. Ambos, febre alta e sudorese profusa, consomem os fluidos corporais, de modo que há muita sede com desejo de líquidos frios e saburra da língua seca e amarela.

(2) Acúmulo de Calor nos pulmões

Esta é uma Síndrome Interior decorrente de invasão dos pulmões pelo Calor patogênico e pode ser encontrada clinicamente nas infecções pulmonares tais como pneumonia lobular e broncopneumonia.

Manifestações clínicas: Febre sem aversão ao frio, dor torácica, tosse, dispnéia, expectoração de muco espesso e amarelo, sede, urina concentrada, saburra da língua amarela com ponta e laterais avermelhadas e pulso escorregadio e rápido.

Análise da síndrome: Na Síndrome de Calor Exterior, a parte superior dos pulmões pode ser envolvida, o que se manifesta por tosse e dor de garganta. Nesta síndrome, porém, o patógeno penetra fundo nos pulmões e não há mais a Síndrome Exterior como a manifestada por aversão ao frio. O Calor acumulado nos pulmões é capaz de condensar os fluidos em muco. O Calor e o muco patogênicos induzem a tosse, dispnéia e expectoração de muco espesso e amarelo. Os outros sintomas e sinais indicam a presença de Calor e muco patogênico.

(3) Condensação do Calor no estômago e intestino grosso

Nesta Síndrome de Excesso, o Calor patogênico induz à condensação da massa fecal no intestino. Em algumas patologias infecciosas agudas, quando a febre é acompanhada por dor e pontos abdominais dolorosos à pressão, esta síndrome deve ser considerada. Além disso, ela também pode ser observada em algumas patologias do íleo.

Manifestações clínicas: Febre, mais alta durante a tarde, aversão ao calor, rubor facial e olhos congestionados, constipação ou condensação fecal com eliminação de água, distensão e dor abdominais com pontos dolorosos à pressão, agitação ou até mesmo delírio, língua avermelhada com saburra amarela ou com aspecto espinhoso acinzentado e pulso profundo, rápido e vigoroso.

Análise da síndrome: A síndrome é caracterizada por Calor patogênico excessivo no interior com condensação fecal no intestino. Febre, aversão ao calor, rubor facial, olhos congestionados e mudanças na língua, todos estes sintomas indicam a presença de Calor excessivo. Agitação ou delírio é decorrente do distúrbio das atividades mentais pelo Calor. A condensação fecal no intestino produz constipação, distensão e dor abdominais com pontos dolorosos à pressão. Mas, em alguns casos, a constipação é acompanhada por eliminação de líquido desagradável, o que pode ser confundido com diarréia. Na verdade, o líquido é produzido devido ao estímulo do intestino grosso pelas massas fecais endurecidas. O pulso profundo, rápido e vigoroso significa uma Síndrome de Calor Interior do tipo excesso.

(4) Umidade-Calor no sistema *Qi*

Esta é uma Síndrome Interior que ocorre quando o sistema *Qi* é invadido por Umidade-Calor patogênico que não somente causa febre, mas também impede o fluxo normal do *Qi*. Os pacientes com febre tifóide, infecção por salmonela ou hepatite infecciosa podem apresentar esta síndrome em algum estágio determinado.

Manifestações clínicas: Febre reprimida, mais alta à tarde, acompanhada de anorexia, lassidão, sensação de peso no corpo, sensação de opressão no tórax, distensão e plenitude no abdome, sede sem o desejo de ingerir líquidos, língua avermelhada com saburra amarela e oleosa e pulso macio.

Análise da síndrome: Nesta síndrome, além das manifestações que indicam a presença de Calor, há sintomas de Umidade, tais como lassidão, sensação de peso, saburra da língua oleosa e pulso macio. Como se menciona na "síndrome da Umidade-Calor Exterior", a febre reprimida é um padrão específico de febre decorrente da Umidade-Calor. A Umidade é capaz de impedir o fluxo normal de *Qi*. Quando isto ocorre no tórax, produz uma sensação de opressão, ou quando ocorre no baço, há distensão ou plenitude no abdome. A sede sem o desejo de ingerir líquido é um sintoma patognomônico para a Umidade no baço e no estômago. O desequilíbrio na distribuição dos fluidos por todo o corpo ou obstrução dos fluidos pelo Calor conduz a sede, mas a retenção de Umidade no baço e no estômago torna o indivíduo sem disposição para ingerir mais líquidos.

III. Síndromes do Sistema *Ying* (nutrientes)

Na MTC, o *Ying* refere-se à circulação das substâncias construtivas e nutritivas nos vasos sanguíneos. A patologia do sistema *Ying* desenvolve-se tanto a partir da patologia do sistema *Qi* quanto diretamente da patologia do sistema *Wei*. Nas patologias febris epidêmicas neste estágio, o paciente adoece seriamente, freqüentemente com algum desequilíbrio mental, já que o *Ying* circula nos vasos sanguíneos, que são conectados com o coração. Em alguns casos, o pericárdio pode ser diretamente invadido pelos patógenos. Portanto, a patologia do sistema *Ying* pode ser classificada nos dois padrões seguintes:

(1) Coração no sistema *Ying*

Esta é uma síndrome causada pela invasão do sistema *Ying* pelo Calor patogênico. Pode ocorrer algum desequilíbrio das atividades mentais, mas não a invasão direta do pericárdio pelos patógenos. Muitas patologias infecciosas agudas e algumas patologias hematológicas, tais como leucemia e anemia aplástica em seu estágio tardio, podem exibir esta síndrome.

Manifestações clínicas: Febre, mais alta à noite, agitação ou delírio, sede suave, rachadura cutânea discreta, língua escarlate sem saburra e pulso filiforme e rápido.

Análise da síndrome: *Ying* é um tipo de fluido Yin. O Calor patogênico penetra o sistema *Ying*, vaporiza o *Ying* até a boca e o paciente não sente sede. Já que o *Ying* circula nos vasos sanguíneos, comunicando-se com o coração, o Calor patogênico no sistema *Ying* é capaz de perturbar a função normal do coração, conduzindo a agitação ou até mesmo delírio. A língua escarlate e o pulso filiforme e rápido também refletem o consumo de *Ying* pelo Calor. Quando o Calor patogênico danifica os vasos sanguíneos, aparece uma rachadura cutânea discreta.

(2) Calor invadindo o pericárdio

Esta síndrome decorre normalmente da invasão do Calor patogênico diretamente do sistema *Wei* dentro do sistema *Ying*, invadindo o coração. Mas já que o coração se encontra rodeado pelo pericárdio para sua proteção, este é, geralmente, atacado primeiro pelos patógenos quando invadem vindo da porção mais exterior do corpo (do sistema *Wei*). Portanto, o nome da síndrome tem referência ao pericárdio. Esta síndrome pode ser encontrada nas patologias febris epidêmicas em um estágio muito grave.

Manifestações clínicas: Febre alta com consciência prejudicada, delírio ou até mesmo coma e língua escarlate retraída e seca, enrolada e rígida, dificuldade para falar e pulso rápido, filiforme ou escorregadio.

Análise da síndrome: Calor patogênico situado no interior profundo pode agir sobre os fluidos corporais, transformando-os em muco. O pericárdio é, de fato, parte do coração. A obstrução do pericárdio pelo Calor-muco conduz à dificuldade de consciência e confusão mental ou mesmo coma, já que o coração está encarregado das atividades mentais. A patologia pode causar retração da língua com dificuldade na fala, porque a língua está, especificamente, relacionada ao coração. A língua seca e escarlate com pulso filiforme e rápido indica patologia do sistema *Ying* por Calor patogênico. Se o muco é importante, o pulso é rápido e escorregadio.

A diferença entre as duas síndromes acima consiste no fato de que a dificuldade de consciência é mais acentuada quando o pericárdio é invadido pelos patógenos.

IV. Síndrome do Sistema *Xue* (sangue)

De modo geral, a patologia do Sistema Sanguíneo refere-se às patologias febris epidêmicas em um estágio crítico desenvolvida a partir da patologia dos sistemas *Qi* e *Ying* quando a essência vital, sangue e os fluidos corporais estão todos prejudicados seriamente. Mas, em alguns casos, os patógenos podem invadir diretamente o Sistema Sanguíneo. Os padrões seguintes da síndrome podem ser observados nas agressões do Sistema Sanguíneo.

(1) Calor no Sangue com hemorragia

A síndrome é caracterizada por febre alta com consciência prejudicada e hemorragia. E pode ser observada nas patologias infecciosas agudas (por exemplo, febre hemorrágica epidêmica) e nas patologias hematológicas.

Manifestações clínicas: Febre alta, pequena área de cor púrpura na pele (equimose ou púrpura), vários tipos de hemorragia, tais como hemoptise, hematêmese, epistaxe, hematúria e enterorragia, consciência prejudicada ou delírio, língua escarlate e pulso filiforme e rápido.

Análise da síndrome: Quando o Calor patogênico invade o sistema *Ying*-sangue, prejudica a consciência e causa hemorragia. Este último sintoma decorre do fluxo adverso do sangue forçado pelo Calor patogênico. Equimose ou púrpura também é um tipo de hemorragia – extravasamento subcutâneo. Devido à alteração do *Ying*-sangue causado pelo Calor, o pulso torna-se rápido e filiforme.

(2) Calor no sangue com agitação de Vento

A síndrome é marcada por febre alta acompanhada por sintomas do Vento (convulsão ou opistótono). Pode ser observada nos pacientes com encefalite epidêmica e meningite, ou nas crianças portadoras de febre alta.

Manifestações clínicas: Febre acompanhada de agitação, sede, cefaléia, tontura, língua escarlate e pulso em corda e rápido em combinação com a consciência prejudicada e convulsões ou opistótono.

Análise da síndrome: O fígado estoca sangue. O Calor extremo do sangue pode prejudicar o fígado, produzindo sintomas de Vento manifestados por convulsão ou opistótono.

(3) Calor intenso nos dois sistemas, *Qi* (energia) e *Xue* (Sangue)

As síndromes aparecem quando o Calor patogênico já invadiu o Sistema Sanguíneo antes de sair do sistema *Qi* (energia).

Manifestações clínicas: Febre alta com sudorese, agitação, sede, púrpura ou outros tipos de hemorragia, língua escarlate com saburra amarela e pulso rápido.

Análise da síndrome: Isto parece ser uma combinação das síndromes de Calor no *Qi* e Sistema Sanguíneo.

V. Alteração do Yin pelo Calor

Esta categoria de mudanças patológicas pode ser encontrada durante o desenvolvimento das patologias febris epidêmicas como complicações, ou no período de convalescença.

(1) Disfunção dos fluidos nos pulmões e estômago

Manifestações clínicas: Garganta seca, boca seca, tosse seca sem expectoração, algumas vezes acompanhada de febre, língua avermelhada e seca e pulso filiforme e rápido.

Análise da síndrome: Secura na garganta e boca devido à alteração dos fluidos no estômago e tosse seca decorrente da alteração dos fluidos nos pulmões. A deficiência do fluido-Yin pode produzir Calor endógeno e, portanto, febre. As mudanças da língua e do pulso são também coerentes com a alteração do Yin-fluido.

(2) Alteração do Yin do fígado e dos rins

Manifestações clínicas: Febre baixa com sensação febril nas palmas das mãos e solas dos pés, secura da boca e da língua, lassidão, rubor malar, algumas vezes com danos à audição, língua avermelhada e seca com saburra escassa e pulso amplo, mas fraco.

Análise da síndrome: Esta é uma síndrome observada nos estágios tardios de uma patologia febril persistente, marcada por deficiência Yin com Calor endógeno. A febre baixa, sensação febril nas palmas das mãos e solas dos pés e rubor malar são todas decorrentes do Calor endógeno. A deficiência da essência dos rins pode produzir problemas de audição. A essência dos rins está intimamente relacionada ao *Qi* antipatogênico. No desenvolvimento prolongado da patologia febril com consumo da essência dos rins, o *Qi* é insuficiente e surge a lassidão com pulso fraco.

(3) Agitação do Vento do tipo deficiente

Manifestações clínicas: Febre baixa, tremores ou contração das extremidades, secura da boca e da língua, lassidão, palpitação, língua escarlate e pulso fraco.

Análise da síndrome: Esta síndrome desenvolve-se a partir da alteração do Yin no fígado e nos rins. Ao consumo do Yin dos rins segue a alteração do Yin do fígado, que origina os sintomas de Vento manifestados por tremores e contrações. Os sintomas de Vento desta síndrome são do tipo deficiência, diferentes do Vento agitado pelo Calor extremo.

(4) Persistência dos patógenos em Yin

Manifestações clínicas: Febre baixa, aliviadas pela manhã e agravadas à noite, acompanhadas por sensação febril nas palmas das mãos e solas dos pés, mas sem sudorese quando a temperatura cai, língua avermelhada e pulso filiforme e rápido.

Análise da síndrome: Esta síndrome deve ser cuidadosamente diferenciada da deficiência Yin com Calor endógeno. Nesta síndrome, a febre decorre, principalmente, do Calor patogênico exógeno. Não há sudorese na redução da temperatura do corpo. Na febre decorrente da deficiência de Yin, há sudorese quando a temperatura do corpo diminui ou há ocorrência de sudorese noturna.

CAPÍTULO 7

PRINCÍPIOS E MÉTODOS DE TRATAMENTO

As regras mestras para o tratamento na MTC podem ser descritas como:

I. Prevenção em Primeiro Lugar

A importância da prevenção tem sido enfatizada desde o desenvolvimento da Medicina Chinesa. O *The Canon of Medicine* afirma que "o bom médico trata a patologia antes que ela ocorra". Mesmo no tratamento da patologia após o surgimento, a prevenção da possível piora da doença deve ser cuidadosamente considerada. Em *Treatise on Febrile and Miscellaneous Diseases* (*Shang Han Zan Bing Lun*), o primeiro livro da clínica médica escrito no início do terceiro século, enfatiza que "o baço deve ser tonificado enquanto a patologia do fígado é tratada, porque a patologia será transmitida do fígado para o baço".

Portanto, a prevenção como princípio médico inclui a prevenção da patologia antes do seu surgimento e a prevenção das complicações após sua ocorrência. Para evitar as complicações, o diagnóstico precoce e o tratamento adequado são necessários. Para a prevenção da patologia, o fortalecimento do *Qi* normal ou verdadeiro é de importância capital, e uma grande variedade de métodos preventivos tem sido desenvolvida. Estes métodos, incluindo o estilo de vida, são, ainda, muito significativos mesmo nos dias de hoje.

II. Tratamento do Aspecto Primário da Patologia

Uma patologia apresenta dois aspectos: o primário e o secundário, que podem ser, de forma geral, categorizados conforme o que se segue[1]: a) a causa ou o estado patogênico básico da patologia é considerado parte do aspecto primário, ao passo que os sintomas fazem parte do aspecto secundário, e b) a condição patológica primária é parte do aspecto primário, ao passo que as complicações são secundárias.

De modo geral, para tratar a patologia a partir de seu aspecto primário é melhor do que produzir um alívio dos sintomas. Nesta conexão, são necessárias discussões adicionais. Como o diagnóstico chinês não está baseado no anatomopatológico e não há um conceito de entidade patológica na MTC, o médico da Medicina Ocidental é capaz de considerar que o diagnóstico chinês tradicional é meramente um diagnóstico sintomático. Tome-se como exemplo a úlcera péptica. Na Medicina Ocidental, o conceito de úlcera péptica como uma entidade patológica está baseado na ocorrência

---

1. Teoricamente, o primário *versus* o secundário também incluem a resistência corporal *versus* fatores patogênicos, e patologias do interior *versus* as do exterior. Elas não são mencionadas aqui porque as regras de tratamento com relação a estes pontos são controversas.

da úlcera no estômago e na porção proximal do duodeno. Clinicamente, a ulceração pode ser localizada pelos Raios X ou ser diretamente observada pela endoscopia. Se o paciente responde pobremente ao tratamento médico, a intervenção cirúrgica pode ser necessária. A intervenção cirúrgica, tal como a gastrectomia parcial no caso da úlcera, é freqüentemente observada como um tratamento radical, porque após a operação a úlcera não existirá mais. Neste caso, o médico da Medicina Tradicional Chinesa apresenta uma linha diferente de pensamento. O estado patogênico básico de qualquer patologia consiste no desequilíbrio do Yin e Yang, embora exista uma grande variedade de padrões diferentes de desequilíbrio do Yin e Yang nas diferentes patologias. O "diagnóstico" da patologia nos pacientes com úlcera péptica será mais provavelmente "dor epigástrica". Ele consiste, aparentemente, em um diagnóstico sintomático, e não há tratamento adequado que possa ser aplicado com base, simplesmente, no diagnóstico. A diferenciação das síndromes ou padrões da síndrome é necessária. Em alguns pacientes portadores de úlceras pépticas, a patologia básica consiste em deficiência por Frio no baço e no estômago, em outros desequilíbrios do fígado e do estômago, Calor estagnado no fígado e no estômago, ou a estagnação do *Qi* e do sangue no estômago. As manifestações da patologia básica constituem o padrão da síndrome e o tratamento deve ser considerado de acordo com o diagnóstico da síndrome para aliviar a patologia básica. Todos os desequilíbrios acima mencionados são, de fato, padrões diferentes de desequilíbrio do Yin e Yang. "Para tratar o primário" refere-se à correção do desequilíbrio Yin e Yang e à restauração do equilíbrio normal. Do ponto de vista da MTC, a gastrectomia na úlcera péptica do paciente pode ser ou não um tratamento radical. Isto depende do fato de o equilíbrio Yin e Yang do paciente poder ser totalmente restaurado após a operação. Por outro lado, o médico da Medicina Ocidental mal pode acreditar que a terapia tradicional chinesa trata realmente "o primário", porque o tratamento não parece estar associado à remoção ou cura da lesão básica patológica – a úlcera. Agora, o abismo entre os dois pontos de vista pode ser reduzido por meio da integração dos dois sistemas de Medicina. Há uma considerável quantidade de dados indicando que as úlceras podem, de fato, ser curadas após o tratamento adequado da MTC, embora as terapias possam ser diversas em diferentes pacientes.

A regra sobre o tratamento do aspecto primário da patologia é muito útil em ambos, na fitoterapia e na acupuntura. Ainda com base no exemplo das úlceras pépticas, na fitoterapia há um grande número de drogas analgésicas, mas elas raramente são utilizadas no tratamento das úlceras pépticas, exceto se a dor for muito severa. Por outro lado, as fórmulas fitoterápicas devem ser utilizadas nos diferentes padrões da síndrome ou até mesmo em diferentes pacientes. Na acupuntura, os pontos diferentes devem ser selecionados de acordo com os padrões da síndrome. Isto porque, independente de ser fitoterapia ou acupuntura, as medidas terapêuticas devem ser adequadas aos diferentes padrões da síndrome: para a deficiência por Frio no baço e no estômago, para aquecer e tonificar o baço e o estômago, para a ausência de coordenação entre o fígado e o estômago, para suavizar o fígado e harmonizar o estômago, para a estagnação do Calor no fígado e no estômago, para eliminar a estagnação do

Calor do fígado e do estômago, e para a estagnação do *Qi* e do sangue no estômago, para regular o fluxo de *Qi* e remover a estase de sangue.

III. Tratamento dos Primeiros Sintomas Agudos nos Casos de Emergência

Embora o tratamento da condição patológica básica ou primária seja de grande importância, nos casos emergenciais o alívio sintomático deve ser aplicado inicialmente para salvar a vida do paciente ou aliviar o sofrimento intenso. Por exemplo, no tratamento da cirrose hepática, se o paciente estiver sofrendo de uma grande quantidade de ascite com dispnéia ou oliguria, o médico deve prescrever primeiro os diuréticos para reduzir a ascite e depois tratar a cirrose hepática. Nas patologias crônicas com pouco sofrimento, o tratamento da própria condição básica ou primária é suficiente. Por exemplo, no caso da deficiência de Yin com febre baixa e tosse seca, é preferível o uso dos tônicos isoladamente. Quando o Yin é tonificado, a tosse e a febre desaparecem naturalmente.

IV. Fortalecimento da Resistência Corporal do Paciente e Dispersão dos Fatores Patogênicos Invasores

A patologia é considerada um processo de confronto entre a resistência corporal (*Qi* antipatogênico) e a invasão dos fatores patogênicos (*Qi* patogênico). Se o *Qi* antipatogênico prevalecer sobre o *Qi* patogênico, a patologia será curada, mas se o *Qi* patogênico prevalecer, a patologia se agravará. Portanto, o tratamento da patologia está focado nas mudanças das forças relativas dos lados opostos, tanto para fortalecer o *Qi* antipatogênico quanto para dispersar o *Qi* patogênico, que são os dois principais princípios terapêuticos na Medicina Chinesa.

Os princípios que devem ser adotados dependem da condição do paciente. "A abundância do *Qi* patogênico forma uma condição de excesso, e o consumo do *Qi* Essencial resulta na condição de deficiência". Um dos parâmetros da diferenciação da síndrome consiste na determinação da deficiência *versus* excesso. Na Síndrome de Deficiência, é indicado o uso de tônicos para fortalecer a resistência corporal do paciente, e na Síndrome de Excesso os métodos de dispersão dos fatores patogênicos (tais como o uso de diaforéticos, purgativos, antipiréticos e diuréticos) são necessários. O uso combinado destes dois princípios terapêuticos é apropriado somente quando o *Qi* patogênico é exuberante e o *Qi* antipatogênico é insuficiente.

V. Uso do Tratamento de Rotina ou Tratamento Contrário ao de Rotina

O tratamento de rotina consiste em tratar as síndromes de Frio com drogas que aquecem ou de natureza quente, e tratar as Síndromes de Calor com drogas frias ou de natureza fria; tratar as Síndromes de Excesso com drogas dispersoras, e tratar as Síndromes de Deficiência com o uso de tônicos. Mas, em algumas ocasiões, quando o fenômeno falso aparece, o tratamento será diferente: tratar as síndromes de pseudo-Frio com drogas frias ou de natureza fria, tratar as síndromes de pseudo-Calor com drogas que aquecem ou de natureza quente, tratar as condições de plenitude com métodos de tonificação (por exemplo, tratar distensão abdominal ou constipação com tônicos se a enfermidade for causada pela função reduzida do baço), e tratar as condições "abertas" com métodos de "abertura" (por exemplo, na diarréia causada por estagnação de alimentos, embora o intestino esteja aberto, devem ser aplicados purgativos).

VI. Consideração do Tratamento de Acordo com as Condições Climáticas e Geográficas, bem como as Condições Individuais do Paciente

Esta é uma das aplicações do conceito holístico no tratamento médico. O homem e o meio ambiente são tidos com parte de um todo. Muitos fatores que ocorrem no meio ambiente exercem impacto sobre o corpo humano. Portanto, o médico deve considerar estes fatores enquanto trata o paciente.

1. Estação e clima. No tratamento da mesma patologia, diferentes medicamentos podem ser selecionados durante as diversas estações. No verão, as pessoas estão sujeitas à sudorese, de modo que grandes doses de medicamentos pungentes que aquecem e causam diaforese não devem ser utilizados, para evitar o consumo de fluidos corporais. Mas, no inverno, quando o tempo frio impede a sudorese, uma grande quantidade de diaforético pungente que aquece é geralmente necessária para o tratamento da patologia de Frio.

2. Condições geográficas. Não é tão raro que o médico chinês experiente se torne incompetente quando se muda para outra cidade que tenha condição geográfica diferente enquanto se recusar a mudar sua experiência clínica. Numa área fria com alta temperatura e frio, ar seco, as pessoas tornam-se propensas a ser afetadas por Secura-Frio. Medicamentos com características pungentes e úmidas são freqüentemente preferidos, e as drogas frias ou com características frias devem ser usadas cuidadosamente. Numa área tropical com baixa atitude e chuvosa, a desarmonia Umidade-Calor é comum, de modo que os medicamentos com características muito quentes ou drogas que podem agravar a umidade são geralmente contra-indicadas. Para o tratamento da desarmonia Vento-Frio, *Herba Ephedrae* (*Ephedra*), *Ramulus Cinnamomi* e *Herba Asari* são geralmente utilizadas em áreas frias, mas *Herba Schizonepetae* e *Folium Perillae* são apropriadas para locais mornos, e *Rhizoma Notopterygii*, *Radix* e *Herba Eupatorii* são preferidas para os locais úmidos.

3. Condições pessoais. O tratamento da mesma patologia deve ser diferente conforme as diferentes idades, sexo e constituição dos pacientes. Para os pacientes com uma constituição Yang-Calor ou habituados a ingerir alimentos condimentados, é preferível ministrar drogas com características frias, e se as drogas que aquecem forem necessárias, devem ser usadas com precaução. Para pacientes com uma constituição de deficiência Yang ou habituados a ingerir alimentos frios e crus, é preferível prescrever drogas com características que aquecem; drogas amargas com características frias devem ser ministradas com precaução. Nas mulheres, deve-se ter precaução ao ministrar drogas para gestantes, durante o período de menstruação e amamentação. Na acupuntura, a manipulação deve ser diferenciada de indivíduo para indivíduo. Para pacientes com constituição forte, pode ser adequada uma manipulação vigorosa, mas, naqueles cuja constituição é fraca, a manipulação vigorosa pode causar lipotimia.

VII. Aplicação de Diferentes Tratamentos para a mesma Patologia e Aplicação do mesmo Tratamento para Patologias Diferentes

Este é um ponto único e também a quintessência do tratamento médico chinês. Como o desequilíbrio Yin e Yang consiste em uma patogênese básica, o tratamento é sempre focado na restauração do equilíbrio. Os pacientes que sofrem da mesma patologia podem apresentar diferentes tipos de desequilíbrio Yin e Yang, não importa se a palavra "patologia" é utilizada no sentido chinês ou de acordo com o conceito ocidental. A aplicação dos diferentes tipos de tratamento para pacientes portadores da mesma patologia já foi anteriormente abordada nas úlceras pépticas. Além disso, mesmo sendo o mesmo paciente, a patologia básica pode ser modificada de tempos em tempos e, portanto, o tratamento deve ser mudado. Por exemplo, a desarmonia do fígado e do estômago nos pacientes com úlcera péptica pode se transformar em estase de sangue no estômago se o Qi estagnado do fígado estiver prejudicando o estômago por um longo período, impedindo o fluxo posterior do sangue. Mais um exemplo pode ser necessário para ilustrar que o tratamento não somente é diferente, como também contraditório no tratamento da mesma patologia: gripe ou influenza nos pacientes com constituição forte geralmente mostra Síndrome de Excesso Exterior e é costumeiramente tratada com diaforéticos, ao passo que a utilização dos tônicos é contra-indicada. Mas na pessoa debilitada, a mesma patologia pode ser manifestada por meio de uma Síndrome de Deficiência Exterior. Neste último caso, diaforéticos potentes são contra-indicados, enquanto que os tônicos são úteis.

Por outro lado, pacientes com patologias diferentes podem apresentar síndromes idênticas durante todo o desenvolvimento ou até um determinado estágio da evolução da patologia. Síndromes idênticas significam que o desequilíbrio Yin e Yang é o mesmo nestes pacientes, então, eles devem ser tratados da mesma forma. Por exemplo, pacientes com diarréia crônica, prolapso uterino, hemorragia uterina excessiva ou gastroptose podem todos ser diagnosticados com manifestações da submersão do Qi do baço. Portanto, eles podem ser tratados com a mesma terapia ou até mesmo com a mesma fórmula para tonificar o Qi do baço, embora estas patologias devam ser diagnosticadas de maneira totalmente diferente do ponto de vista médico ocidental.

De acordo com o conceito básico da patologia na MTC, na análise final, todos os métodos terapêuticos classificam-se em duas grandes categorias: aqueles que fortalecem a resistência corporal e aqueles que dispersam a invasão dos fatores patogênicos. De acordo com esta classificação, os vários tipos de manipulação por acupuntura podem ser agrupados em duas categorias: a tonificação e a sedação. Na fitoterapia, esta classificação está disponível, mas uma classificação adicional dos métodos terapêuticos em oito grupos é geralmente utilizada. Os oito métodos terapêuticos principais são: diaforese, emese, purgação, mediação, aquecimento, febrifugação, tonificação e drenagem. Dentre eles, somente a tonificação é usada unicamente para o fortalecimento da resistência corporal, ao passo que o restante é principalmente utilizado para dispersar os fatores patogênicos.

1. Diaforese

A diaforese é um método terapêutico que alivia as Síndromes Exteriores para dispersar e expelir os fatores patogênicos exógenos do corpo humano. É indicada para todos os tipos de Síndromes de Excesso Exterior, principalmente nas invasões exógenas em estágio inicial marcadas por calafrios, febre, cefaléia, dor generalizada, língua com saburra fina e pulso flutuante. Pode ser, ainda, dividida em terapia diaforética com medicamentos pungentes e que aquecem e terapia diaforética com medicamentos pungentes e frios. A primeira é adequada para o tratamento das Síndromes de Frio Exterior e a última para as Síndromes de Calor Exterior.

Se uma Síndrome Exterior ocorre em pacientes com desarmonias de deficiência, o tratamento deve consistir, principalmente, em tonificar o *Qi* defensivo superficial. Os diaforéticos suaves podem ser usados em combinação com tônico do *Qi*, sangue, Yin ou Yang de acordo com a condição do paciente, mas o uso de diaforéticos fortes é proibido.

Mesmo nos casos de Síndromes Exteriores do tipo excesso, a terapia diaforética somente pode ser usada por um breve período de tempo e deve ser descontinuada logo que a Síndrome Exterior for aliviada. Diaforéticos fortes devem ser evitados, pois a sudorese profusa consome os fluidos corporais e prejudica o *Qi* antipatogênico.

2. Emese

A terapia emética é utilizada para expelir os fatores patogênicos ou tóxicos do estômago. É indicada para o tratamento de retenção gástrica de alimentos não digeridos, acúmulo de muco no trato respiratório ou ingestão oral de tóxicos. Atualmente, esta terapia é utilizada somente ocasionalmente.

3. Purgação

A purgação é uma terapia importante, pois provoca a evacuação e não somente alivia a constipação, como também trata, particularmente, o acúmulo de excesso de fatores patogênicos (Frio, Calor, Secura, Umidade ou alimentos não digeridos) no intestino e a retenção de água, muco e sangue estagnado no corpo. Esta é a principal terapia no tratamento das Síndromes Interiores do tipo excesso.

Para as condições diferentes das síndromes Interiores do tipo excesso, particularmente para os diversos fatores patogênicos, a purgação pode ser classificada nas seguintes classes: purgação com medicamentos de características quentes, purgação com medicamentos de propriedades frias, purgação com lubrificantes, purgação com hidragogos e purgação de sangue estagnado.

A purgação com medicamentos de propriedades frias é utilizada no tratamento da Síndrome de Calor interior do tipo excesso; a purgação com medicamentos de propriedades quentes para o acúmulo de Frio no intestino; laxante com lubrificantes para a constipação decorrente da deficiência de fluidos intestinais; purgação com hidragogos para edema nas condições de excesso e purgação de sangue estagnado para a estase de sangue combinada com Calor no Aquecedor Inferior.

A purgação com medicamentos fortes, principalmente hidragogos, pode prejudicar o *Qi* antipatogênico do corpo humano e deve ser utilizada com precaução (o uso prolongado é proibido!). Somente é efetiva para pacientes com constituição muito saudável, sendo contra-indicada durante a gravidez ou na menstruação e em pacientes idosos e debilitados.

4. Mediação

A mediação é uma terapia que envolve a aplicação de medicamentos com ação de regulação e intermediação para restaurar a correlação normal entre os órgãos internos ou eliminar os fatores patogênicos localizados entre o exterior e o interior do corpo. Isto é indicado nas seguintes condições: a) síndrome metade exterior e metade interior marcada por calafrios e febre, como se observa na hepatite, colecistite ou pleurite; b) desarmonia entre o fígado e o estômago ou baço marcada por dor epigástrica ou abdominal acompanhada por anorexia ou aumento da freqüência intestinal.

Nas invasões exógenas, a mediação não é apropriada se o fator patogênico ainda estiver na porção exterior do corpo ou já tiver penetrado no seu interior.

5. Aquecimento

A terapia por aquecimento também é chamada de terapia eliminadora de Frio. Ela expulsa o Frio patogênico do interior e reforça o Yang *Qi* (energia do Calor) para aquecer os órgãos ou o corpo inteiro. Isto é indicado para as Síndromes de Frio Interior tanto devido à invasão direta do Frio patogênico quanto à deficiência de Yang com Frio endógeno. No primeiro caso, a terapia por aquecimento é suficiente, mas no último deve ser combinada com tônicos.

A terapia por aquecimento pode ser, ainda, classificada em grupos de terapia específica: aquecimento do Aquecedor Médio para expelir o Frio (para tratar Síndromes de Deficiência de Frio do baço e/ou estômago), aquecimento dos meridianos e dispersão do Frio (para tratar artralgia de padrão frio), restaurar o Yang para ressuscitar (no tratamento do colapso ou choque), aquecimento dos pulmões para a mucólise (no tratamento de alterações dos pulmões com expectoração profusa, fina e esbranquiçada), aquecimento dos rins para a diurese (no tratamento do edema causado por deficiência do Yang dos rins) etc.

Deve-se notar que a terapia por aquecimento, visa, principalmente, a expulsão do Frio. Então, isto é diferente da tonificação do Yang, que reforça o Yang *Qi* (Calor por energia). Os medicamentos usados para aquecimento são de sabor pungente e com característica quente, de modo que estão em condições de induzir Secura-Calor, e são contra-indicados nos casos da deficiência de Yin, deficiência de sangue e hemorragia decorrente de Calor no sangue.

6. Febrifugação

A febrifugação é uma terapia que expulsa o Calor patogênico do interior por meio do uso de medicamentos frios ou de características frias com ações antipirética, desintoxicante ou esfriadora do sangue. É indicada no tratamento das Síndromes de Excesso de Calor Interior que ocorrem nas invasões exógenas, quando a Síndrome Exterior desaparece e o Calor permanece no interior (tanto no sistema *Qi* quando no sistema *Ying* ou sangue). Na Síndrome de Excesso de Calor interior com acúmulo de Calor no estômago e intestinos, a febrifugação somente deve ser utilizada com a purgação. A febrifugação pode, também, ser utilizada nas Síndromes de Deficiência de Calor (ou seja, Calor decorrente da deficiência de Yin), mas os tônicos do Yin devem ser o tratamento primário, sendo que somente alguns antipiréticos especiais são adequados.

A terapia por febrifugação pode, ainda, ser classificada de acordo com o estágio da patologia febril ou dos órgãos diferentes dos *Zang Fu* dos quais o Calor é removido. Por exemplo, a febrifugação purgante do Fogo é apropriada para o tratamento do Calor no sistema *Qi*, febrifugação de resfriamento do sangue para o Calor no sistema *Ying*-sangue, febrifugação desintoxicante para as patologias infecciosas epidêmicas ou infecções piogênicas, febrifugação dos pulmões para o Calor nos pulmões, febrifugação purgante do Fogo do coração para o Fogo no coração, febrifugação purgante do Fogo do fígado para o Fogo no fígado, febrifugação purgante do Fogo do estômago para Fogo no estômago etc.

Os medicamentos utilizados para a febrifugação são geralmente frios ou com propriedades frias, e o uso prolongado pode danificar o Yang do baço ou do estômago.

7. Drenagem

A terapia por drenagem é utilizada para remover alimentos não digeridos, *Qi* ou sangue estagnado, acúmulo de muco e retenção dos fluidos. É principalmente indicada no tratamento do acúmulo dos fatores patogênicos anteriormente descritos. Portanto, os medicamentos utilizados para a drenagem incluem ações digestivas, carminativas, mucólíticas e diuréticas, bem como ativadoras do sangue e eliminadoras da estagnação.

Deve-se observar que esta terapia visa remover os fatores patogênicos, que são geralmente produtos da disfunção dos órgãos *Zang Fu*. Se os fatores patogênicos são produzidos devido à função reduzida dos órgãos *Zang Fu* relacionados, a tonificação deve ser aplicada juntamente com a terapia por drenagem.

8. Tonificação

As condições de deficiência que consistem em deficiência de *Qi*, sangue, Yin e Yang e de qualquer órgão *Zang Fu*, requerem todas tonificação. Se dissermos que há somente dois princípios terapêuticos na Medicina Chinesa, notadamente, fortalecer o *Qi* antipatogênico e eliminar o *Qi* patogênico, as primeiras sete terapias são quase todas utilizadas para o último, ao passo que a tonificação é usada no primeiro.

As condições de Deficiência são geralmente divididas em quatro categorias: deficiência de *Qi*, deficiência de sangue, deficiência de Yin e deficiência de Yang. A tonificação também é classificada em quatro: tonificação do *Qi*, sangue, Yin e Yang. Mas, na prática clínica, isto pode ser, ainda, classificado de acordo com os órgãos *Zang Fu* tonificados, ou seja, a tonificação do Yin do coração, tonificação do *Qi* do coração, tonificação do Yin do pulmão, tonificação do Yin do fígado, tonificação do Yang dos rins etc. Em alguns casos, dois elementos ou dois órgãos estão em um estado de deficiência ao mesmo tempo. Em tais casos, ambos os elementos ou órgãos devem ser tonificados simultaneamente. Assim, há terapias com tonificação combinada, tais como a tonificação de ambos, *Qi* e sangue, tonificação do *Qi* e do Yin, tonificação do Yin do fígado e do rim, tonificação do *Qi* e do Yin, tonificação do Yin do fígado e do rim, tonificação do Yang do baço e do rim etc.

Pode haver mal-entendidos a respeito da tonificação. Já que a tonificação é explicada como uma terapia para fortalecer o *Qi* antipatogênico ou resistência corporal, pode-se pensar que pode ser utilizada sempre. Mas, como muitos livros chineses afirmam, "o mau uso da tonificação agrava a patologia". Ministrar tônicos ao paciente com Síndrome de Excesso pura consiste em "fechar as portas e manter o mal no quarto (corpo)". Quando um paciente com resistência corporal normal é atacado por um excesso de fatores patogênicos, a resistência corporal fornece reações adequadas, ou seja, febre na patologia exógena. Nesse caso, o tratamento adequado consiste em expelir ou eliminar os fatores patogênicos, e não em aumentar as reações corporais. A tonificação não fornece benefícios, mas somente exacerba a febre. Se o fator patogênico está na porção exterior do corpo, a patologia geralmente diminui com a sudorese. Mas, os tônicos, especialmente o tônicos do *Qi*, detêm a sudorese, de modo que prolongam o desenvolvimento da patologia. Se houver excesso de Calor acumulado no intestino, a purgação é a terapia correta. A tonificação pode causar um acúmulo adicional e, portanto, o paciente fica seriamente debilitado.

Outra questão importante consiste no uso de diferentes tipos de tônicos. A tonificação é um termo muito genérico. Inclui, no mínimo, quatro diferentes terapias: a tonificação do *Qi*, sangue, Yin e Yang, sendo que cada qual apresenta suas próprias indicações. Como qualquer patologia é considerada um desequilíbrio do Yin e Yang e a proposta do tratamento consistem em restaurar seu equilíbrio, torna-se fácil entender por que a tonificação do Yin causa prejuízo ao paciente com deficiência de Yang e vice-versa.

PARTE 2

MEDICAMENTOS TRADICIONAIS CHINESES

CAPÍTULO 8

CONHECIMENTO FUNDAMENTAL DOS MEDICAMENTOS CHINESES

AS AÇÕES BÁSICAS DAS SUBSTÂNCIAS MEDICAMENTOSAS

Na MTC, as ações básicas das substâncias médicas incluem suas propriedades, gostos (ou sabores), direções da ação (ascendente, descendente, submerso ou flutuante) e classificação dos meridianos. Este conhecimento é a essência da experiência acumulada no uso clínico das substâncias médicas por milhares de anos à luz da Filosofia natural chinesa e teorias médicas tradicionais.

As Quatro Propriedades

As substâncias médicas podem ser classificadas em quatro categorias, de acordo com suas propriedades básicas, isto é, frio, frescor, morno e quente. O frio e o frescor são similares em propriedade, mas diferentes em grau; o mesmo acontece com o quente e o morno. Porém, as quatro propriedades são, de fato, duas, ou seja, frio-frescor e morno-quente, ou frio e quente, para sintetizar. Esta classificação básica dos medicamentos chineses é coerente com a classificação das Síndromes de Frio e Calor. De modo geral, as substâncias médicas frias ou de características frias são indicadas tratar as síndromes quentes, e as que são quentes ou que apresentam propriedade morna são indicadas para tratar as Síndromes de Frio. Algumas substâncias medicinais são de propriedade neutra, que não manifestam nem frio nem calor, mas podem apresentar uma tendência a qualquer uma destas propriedades. Então, diz-se, ainda, que os medicamentos chineses possuem quatro propriedades, e não cinco.

De acordo com as pesquisas atuais, as ações comuns dos medicamentos com propriedades frias e aqueles com propriedades quentes podem ser sintetizadas da seguinte maneira:

1. Efeitos sobre as atividades nervosas autônomas

Uma das diferentes mudanças fisiopatológicas nas Síndromes de Frio e Calor baseia-se no Sistema Nervoso autônomo. Ao determinar-se a condição de equilíbrio das atividades nervosas autônomas por meio dos índices básicos e medindo os níveis de catecolaminas, 17-hidrocorticosteroide, AMPc *versus* GMPc, e PGE *versus* PGF[*] têm revelado que as Síndromes de Calor que ocorrem nas várias patologias são caracterizadas

---

[*] N. do T.: Monofosfato de Adenosina cíclico, Monofosfato de Guanosina cíclico, Prostaglandina E e Prostaglandina F.

por aumento da atividade do Sistema Simpático-adrenal, ao passo que as Síndromes de Frio são caracterizadas por redução da atividade desse mesmo sistema, ou aumento da atividade parassimpática. O tratamento das Síndromes de Calor com medicamentos com características frias e as Síndromes de Frio com medicamentos que apresentam características quentes freqüentemente normaliza a atividade do Sistema Simpático-adrenal, ou até mesmo promovem a melhora clínica. Experimentos em animais normais também têm demonstrado que algumas substâncias medicinais marcadas por propriedades frias, ou seja *Radix Scutellariae, Rhizoma Coptidis* e *Cortex Phellodendri*, apresentam uma significativa ação que reduz a excreção da noradrenalina na urina, ao passo que os medicamentos marcados por características quentes, ou seja, *Radix Aconiti Lateralis* e *Cortex Cinnamomi*, promovem o aumento. Além disso, as substâncias de propriedades frias acima mencionadas apresentam um efeito anti-hipertensivo, enquanto que a *Radix Aconiti Lateralis, Herba Ephedrae* e *Pericarpium Citri Reticulatae Viride*, todas com características mornas ou quentes, elevam a pressão arterial e são efetivas para o tratamento do choque. Portanto, pode-se concluir que muitas substâncias medicinais com propriedades frias ou quentes apresentam ações opostas sobre as atividades nervosas autônomas.

2. Efeitos sobre as outras atividades nervosas centrais

Muitos tranqüilizantes, sedativos e anticonvulsivantes apresentam características frias ou refrescantes.

3. Efeitos sobre o Sistema Endócrino

Tônicos com propriedades mornas ou quentes normalmente apresentam efeitos estimulantes sobre o Sistema Endócrino. Por exemplo, *Radix Ginseng* estimula o Sistema Pituitário-adrenocortical, apresenta uma ação similar à gonadotrofina e aumenta a função da tireóide; *Herba Epimedii* aumenta os sistemas hipotalâmico-pituitário-gonadal, hipotalâmico-pituitário-adrenocortical e hipotalâmico-pituitário-timo; *Herba Cistanchis* e *Radix Polygoni Multiflori* ativam a liberação do hormônio adrenocortical; *Cornu Cervi Pantotrichum* estimula a gônada. Por outro lado, *Gypsum Fibrosum* de características frias, *Rhizoma Anemarrhenae* e *Radix Scutellariae*, quando aplicadas em experimentos animais por longo período, inibem as funções adrenocortical e sexual e reduzem o nível de tirotrofina, bem como o consumo de oxigênio.

4. Efeitos sobre o Sistema Cardiovascular

Os medicamentos como *Herba Asari, Radix Aconiti Lateralis, Cortex Cinnamomi* e *Rhizoma Zingiberis*, que estimulam a função cardíaca e/ou promovem a circulação sanguínea da superfície corporal, são de natureza quente.

5. Efeitos sobre o metabolismo

Algumas substâncias medicinais que possuem natureza quente, tais como *Herba Ephedrae* e outras como *Rhizoma Anemarrhenae, Rhizoma Coptides, Cortex Phellodendri, Fructus Gardeniae* e *Radix et Rhizoma Rhei*, aumentam a produção de Calor por meio da inibição da atividade da Na^+, K^+- ATPase.

Vale a pena mencionar que as substâncias medicinais utilizadas no tratamento das infecções bacterianas e virais não estão restritas àquelas que possuem natureza fria. No estágio inicial da patologia infecciosa, como em uma Síndrome de Frio Exterior, drogas com características mornas são freqüentemente utilizadas. Pesquisas atuais revelam que, embora muitas substâncias de natureza fria utilizadas no tratamento das patologias infecciosas apresentem efeitos antibacterianos e/ou antivirais, muitas substâncias de características mornas também apresentam este tipo de efeito. Obviamente, a propriedade fria ou quente dos medicamentos é determinada por seus efeitos sobre o corpo humano, e não pelos patógenos.[1]

Os Cinco Sabores

O "gosto" ou "sabor" da substância medicinal consiste em outro aspecto de sua ação básica. Tal como o alimento, as substâncias medicinais também apresentam gostos ou sabores diferentes: picante (ou aromática), azedo, doce, amargo e salgado. Eles são coletivamente denominados de "os cinco sabores". Na maioria dos casos, o sabor de uma substância medicinal é determinado pelo gosto ou aroma. Por exemplo, *Rhizoma Zingiberis Recens* tem gosto picante, *Radix Glycyrrhizae* apresenta gosto doce, *Radix Sophorae Flavescentis* tem gosto amargo, *Fructus Mume* tem gosto azedo e *Thallus Laminariae* tem sabor salgado. Porém, as ações das substâncias medicinais também auxiliam na determinação de seus sabores. Por exemplo, *Scolopendra* e *Scorpio* são tidas como de sabor picante, pois apresentam a ação de dispersar o Vento endógeno (convulsão). Os sabores das substâncias medicinais relacionados por seus efeitos estão ilustrados na Tabela 8-1.

Por que os sabores dos medicamentos são considerados uma parte importante da farmacologia tradicional? De acordo com pesquisas atuais, tanto a ação farmacológica quanto o sabor da substância medicinal podem estar associados a sua composição química. De modo geral, a substância medicinal de sabor picante ou aromático contém óleos voláteis que tanto podem causar diaforese quanto promover o fluxo do *Qi* e do sangue. Por exemplo, *Rhizoma Zingiberis Recens* é um diaforético para o Frio; *Radix Aucklandiae* é utilizada no tratamento da distensão abdominal porque suaviza o fluxo estagnado do *Qi*; *Resina Olibani* trata a dor e o edema decorrente dos traumas por meio do revigoramento da circulação sanguínea local.

As substâncias medicinais de sabor azedo contêm, normalmente, ácido orgânico, que possui um efeito adstringente. Por exemplo, *Fructus Mume* contém ácido málico e cítrico e detém a diarréia crônica. Algumas substâncias, tais como *Fructus Chebulae, Galla Chinensis* e *Catechu,* contêm grandes quantidades de ácido tânico e taninos, apresentando sabor azedo e seco e efeito antidiarréico e adstringente

As substâncias medicinais de sabor doce contêm sacarídeos e glicídios. Normalmente, apresentam um efeito tônico ou uma ação antiespasmódica, sendo utilizados para tonificar ou revigorar o *Qi*, sangue, Yin e Yang, bem como tratar a

---

1. Embora o Frio e o Calor também sejam considerados fatores patogênicos, na verdade eles se referem mais às diferentes respostas corporais que aos diferentes patógenos. Caso contrário, torna-se difícil explicar porque a patologia Vento-Frio pode, facilmente, transformar-se em Síndrome de Calor Interior. Diz-se, costumeiramente, que o Vento-Frio patogênico transforma-se em Calor após penetrar o interior do corpo. Isto significa, de fato, que a resposta corporal ao mesmo patógeno passa dos sintomas frios a manifestações de Calor. Os leitores devem lembrar que os denominados fatores patogênicos do exterior, tais como Frio, Calor, Umidade e Secura, eram simplesmente generalizações das manifestações clínicas; nenhum patógeno bacteriano jamais foi pesquisado na história da Medicina Chinesa.

dor em cólica. Por exemplo, *Radix Ginseng* e *Radix Astragali* tonificam o *Qi, Colla Corii Asini* e *Radix Rehmanniae Preparata* tonificam o sangue, e *Radix Glycyrrhizae* tratam os espasmos e a dor em cólica. Além dos sacarídeos e dos glicídeos, muitas substâncias medicinais de sabor doce e natureza suave contêm quantidades consideráveis de proteínas, aminoácidos e vitaminas, que podem estar relacionados a seus efeitos tônicos.

As substâncias medicinais de sabor amargo contêm alcalóides e amaróides, que possuem o efeito de remover e drenar a umidade. Por exemplo, *Cortex Phellodendri* e *Rhizoma Coptidis* eliminam o Calor e a Umidade, *Radix et Rhizoma Rhei* é um purgativo e também elimina o Calor.

As substâncias medicinais com sabor salgado contêm sódio, potássio, cálcio, magnésio, iodo e outros compostos ativos. Eles normalmente apresentam o efeito de suavizar as massas sólidas e de dominar o Yang por meio da tonificação do Yin. Por exemplo, *Sargassum* e *Thallus Laminariae* contêm iodo e são efetivas na prevenção e no tratamento do bócio epidêmico; *Plastron Testudinis* e *Carapax Trionycis* tonificam o Yin e dominam o Yang, sendo particularmente efetivas no tratamento da febre baixa e sudorese noturna decorrente da deficiência Yin.

Tabela 8-1 – Relações entre os sabores e os efeitos das substâncias Medicinais

Sabor	Exemplos	Ações
Picante	*Herba Schizonepetae*	Dispersa o Vento exógeno (para Síndromes Exteriores)
	Scolopendra	Dispersa o Vento do fígado (para convulsão)
	Rhizoma Chuanxiong	Promove o fluxo do *Qi* e do sangue
Amargo	*Radix et Rhizoma*	Induz a purgação
	Semen Armeniacae Amarum	Controla a inversão ascendente do *Qi* (para tosse e asma)
	Rhizoma Atractylodis	Remove a Umidade
Azedo	*Fructus Rosae Levigatae*	Promove a adstringência para a sudorese excessiva, emissão seminal, hemorragia e diarréia crônica
	Fructus Schisandrae	
	Galla Chinensis	
Doce	*Radix Astragali*	Tonifica o *Qi*
	Radix Rehmanniae Preparata	Tonifica o sangue
	Fructus Lycii	Tonifica o Yin
	Cornu Cervi Pantotrichum	Tonifica o Yang
	Radix Glycyrrhizae	Trata os espasmos
Salgado	*Thallus Laminariae*	Suaviza as massas sólidas
Ausência de gosto	*Poria*	Promove a diurese

Além disso, algumas substâncias não contêm gosto. A maioria das substâncias com ausência de gosto, tais como *Polyporus, Poria* e *Talcum,* apresentam efeito diurético; mas estão localizados na categoria "doce", de modo que o número total de sabores ainda é cinco.

Direções dos Efeitos

Este é outro modo singular de sintetizar os efeitos dos medicamentos. No que diz respeito às síndromes, suas manifestações podem ser classificadas como ascendente (ou seja, vômito, eructação e tosse), descendente (ou seja, diarréia, metrorragia e prolapso retal), interior (ou seja, síndrome da transmissão do exterior para o interior) e exterior (ou seja, sudorese espontânea, sudorese noturna e emissão noturna). As substâncias medicinais também podem ser classificadas de modo similar, de acordo com seus efeitos. As que apresentam ação ascendente (ascensão) são normalmente utilizadas no tratamento das síndromes com manifestações de descendência; as que têm ação flutuante (exterior) normalmente apresentam efeitos diaforéticos, dispersores de Frio ou ressuscitadores. Antitussígenos, antiasmáticos, antieméticos, diuréticos e purgativos são considerados medicamentos com ação descendente, e os adstringentes[2] são considerados medicamentos com ação de submersão (interior).

Parece haver alguma relação entre os sabores e a direção dos efeitos dos medicamentos. De modo geral, substâncias de sabor doce ou sem sabor apresentam uma ação ascendente, ao passo que as de sabor amargo, azedo e salgado apresentam uma ação descendente. As substâncias medicinais de natureza morna ou quente apresentam uma ação flutuante, ao passo que as de características refrescantes ou frias apresentam ação de submersão.

Outro aspecto interessante consiste no fato de que, em uma fórmula composta, a direção da ação do medicamento pode ser modificada por meio da adição de alguns ingredientes denominados "condutores". Acredita-se que os condutores apresentem a ação de direcionamento de outros ingredientes para atuar sobre os locais afetados. Por cxemplo, *Radix Platycodi* é tida como capaz de conduzir outros ingredientes em ascendência, particularmente para a garganta; *Radix Achyrantis Bidentatae* parece conduzir outros ingredientes em descendência para as extremidades inferiores.

Classificação dos Meridianos

As substâncias medicinais de diferentes sabores apresentam efeitos terapêuticos diversos; podem, também, agir sobre diferentes órgãos internos seletivamente. A regra original foi sintetizada a partir da prática clínica à luz da teoria dos Cinco Elementos. Como afirma o *The Canon of Medicine*, substâncias de gosto amargo, azedo, doce, picante e salgado agem sobre o coração, fígado, baço, pulmões e rins, respectivamente. Esta regra, embora útil em muitos casos, não é tão precisa. Por exemplo, *Radix et Rhizoma Rhei*, que tem gosto amargo, purga o Calor do estômago, intestino grosso e fígado, mas

---

2. A palavra "adstringente" é utilizada no sentido amplo na Medicina Chinesa. Adstringentes são medicamentos que podem reter, consideravelmente, qualquer tipo de eliminação anormal, conforme se segue: hemorragia, sudorese, descarga seminal, poliúria, diarréia prolongada e outras secreções ou eliminações excessivas. Na maioria dos casos, os adstringentes são utilizados no tratamento dos sintomas.

não tem uma ação direta sobre o coração. Portanto, os meridianos sobre os quais os medicamentos agem têm sido determinados de acordo com seus efeitos clínicos. Como o baço debilitado conduz à diarréia, acredita-se que os medicamentos para retê-la agem no meridiano do baço; tosse e expectoração são manifestações comuns das patologias do pulmão, e os antitussígenos e expectorantes são normalmente classificados na categoria dos medicamentos do meridiano do pulmão. Dentre os medicamentos que eliminam o Calor patogênico, *Cortex Mori* é classificada como medicamento do meridiano do pulmão, porque limpa o Calor dos pulmões; *Spica Prunellae* como um medicamento que age sobre os meridianos do fígado e da vesícula biliar, porque remove o Calor do fígado e da vesícula biliar; e *Gypsum Fibrosum* como um medicamento que age sobre os meridianos do pulmão e do estômago, porque elimina o Calor desses órgãos. Dentre os tônicos, *Radix Rehmanniae Preparata* tonifica os rins, de modo que pertence ao meridiano desse órgão; *Rhizoma Atractylodis Macrocephalae* revigora o baço, de modo que pertence ao meridiano desse órgão. Em nossa abordagem, com exceção de alguns casos particulares, os nomes dos meridianos sobre os quais os medicamentos agem são geralmente omitidos, como no exemplo: "*Rhizoma atractylodes* branca revigora o baço" já significa que o medicamento age no meridiano do baço.

PROCESSAMENTO DOS MEDICAMENTOS CHINESES

A maioria das substâncias medicinais chinesas são processadas logo antes do uso. As razões do processamento são as seguintes:

1. Remover impurezas e partes inúteis por meio da purificação, limpeza e maceração.

2. Eliminar ou reduzir toxicidade, irritação e efeitos colaterais, por exemplo, o processamento da *Rhizoma Pinelliae* deve ser feito com suco de gengibre.

3. Modificar a ação e aumentar o efeito terapêutico. Por exemplo, *Radix Rehmanniae* é de natureza fria e apresenta um efeito refrigerador sobre o sangue, mas, após ser cozida no vinho, *Radix Rehmanniae Preparata* torna-se de natureza morna e pode ser utilizada como tônico para o sangue.

4. Assar, para tornar as substâncias medicinais secas e fáceis de serem estocadas; macerar ou calcinar para fazer as substâncias ficarem fáceis de cortar em pedaços ou de moer.

5. Remover odores de algumas substâncias, como o processamento da *Cortex Ailanthi* com farelo por meio do cozimento em forno.

Os métodos seguintes são comumente utilizados para o processamento:

1. Cozimento, ou seja, preparação da substância medicinal ou mistura da substância com líquido adjuvante (exemplo, vinho ou vinagre) por meio do cozimento em um recipiente adequado.

2. Cozimento, mexendo constantemente

(1) cozimento, mexendo constantemente, sem aditivo: a substância medicinal é cozida em uma panela, devendo-se mexer constantemente para: secar, abrir, adquirir tom amarelo, adquirir tom marrom ou até mesmo atingir o estágio de carbonização,

de acordo com a necessidade e as finalidades diversas. Cozinhar até adquirir uma cor marrom é normalmente utilizado no preparo de digestivos, tais como *Fructus* e *Fructus Hordei Berminatus*. Cozinhar mexendo sem parar até chegar ao estágio de carbonização significa esquentar a substância medicinal em fogo forte até que sua parte externa fique tostada e a parte interna adquira uma cor marrom amarelada, de modo que sua propriedade original é conservada. As substâncias carbonizadas, tais como a *Radix Sanguisorber Carbonizatus* e a *Petiolus Trachycarpi Carbonizatus* apresentam um efeito hemostático maior do que as substâncias originais.

(2) cozimento mexendo constantemente: principalmente para remover odores

(3) cozimento, mexendo constantemente, com terra: para processar *Rhizoma Atractylodis Macrocephalae* e *Rhizoma Dioscoreae*, para aumentar seus efeitos tonificantes sobre o baço.

3. Cozimento, mexendo constantemente, sem líquidos coadjuvantes: assar uma substância medicinal misturada com um fluido coadjuvante tal como vinho, vinagre, água salgada, mel ou suco de gengibre, até que este último seja absorvido pela substância medicinal.

4. Calcinação: queimar a substância medicinal no fogo para torná-la crocante é normalmente usado para o processamento de medicamentos minerais ou conchas.

UTILIZAÇÃO DOS MEDICAMENTOS CHINESES

Combinação dos Ingredientes

Só ocasionalmente há indicação de uso de uma única substância medicinal na prescrição, o que se denomina "receita simples". Na maioria dos casos, várias substâncias medicinais são utilizadas em combinação para produzir o efeito terapêutico desejado e reduzir a toxicidade ou efeitos colaterais. Os pontos seguintes devem ser observados quando uma receita composta for prescrita:

1. Reforço mútuo: dois ingredientes com ação similar usados em combinação para reforçar mutuamente seus efeitos.

2. Auxílio: dois ou mais ingredientes utilizados em combinação, sendo que um é a substância principal e o restante tem um papel subsidiário no reforço da ação da substância principal.

3. Moderação mútua: efeito de moderação mútua dos diferentes ingredientes para debilitar ou neutralizar o efeito um do outro.

4. Contra-ação: propriedade de um ingrediente de neutralizar o outro.

5. Neutralização: propriedade de um ingrediente de neutralizar a toxicidade de outro.

6. Incompatibilidade: qualidade de ser inadequada a combinação dos ingredientes ou da administração simultânea dos mesmos.

Incompatibilidade e Restrições Mútuas

De acordo com os registros das matérias médicas antigas, há dezoito ingredientes que, se forem combinados, acredita-se, causam graves efeitos colaterais: *Radix Glycyrrhizae* é incompatível com *Radix Euphorbiae Kansui* e *Sargassum*; *Radix Aconiti* é incompatível com *Bulbus Fritillariae, Fructus Trichosanthis, Rhizoma Pinelliae, Radix Ampelopsis* e *Rhizoma Bletillae; Radix Veratri Nigri* é incompatível com *Radix Ginseng, Radix Salviae Miltriorrhizae, Radix Adenophorae, Radiz Scrophulariae, Herba Asari* e *Radix Peoniae.*

Há dezenove medicamentos de moderação mútua. Se utilizados em combinação, podem restringir ou neutralizar a ação um do outro: enxofre restringe o sulfato de sódio bruto; mercúrio restringe o trióxido de arsênico; *Radix Euphorbiae Ebracteolate* restringe o óxido de chumbo; *Semen Crotonis* restringe *Semen Pharbitidis, Flos Caryophylli* restringe *Radix Curcumae;* sulfato de sódio cristalino restringe *Rhizoma Sparganii; Radix Aconiti* e *Radix Aconiti Kuznezoffii* restringem *Cornu Rhinoceri; Radix Ginseng* restringe *Faeces Trogopterorum;* e *Cortex Cinnamomi* restringe *Halloysitum.*

Os registros antigos sobre a incompatibilidade não têm sido confirmados pelas pesquisas atuais. Mesmo na literatura antiga, há abordagens conflitantes. Por exemplo, Zhu Danxi (1282-1358), um dos mais famosos médicos desta época, criou uma fórmula que contém ambas, *Radix Glycyrrhizae* e *Flos Genkwa* com bom resultado. Em *Yi Zong Jin Jian (The Golden Mirror of Medicine,* 1742), um dos melhores tratados sobre Medicina geral, escrito por um conjunto de oitenta pessoas sob as ordens do Imperador, *Halloysitum* Rubrum foi recomendada para ser adicionada a uma prescrição que contém Cortex Cinnamoni para tratamento de diarréia crônica. Recentemente, foi relatado que *Radix Ginseng* em combinação com *Faeces Trogopterorum* demonstrou ter um bom resultado no tratamento de patologias coronárias. Porém, por razões de segurança, é melhor não elaborar prescrições com as incompatibilidades acima mencionadas.

Contra-indicações durante a Gravidez

Alguns medicamentos, tais como *Flos Carthami* e *Moschus* podem agir sobre o útero. Durante a gravidez, o útero torna-se extraordinariamente sensível a estes medicamentos, que podem causar aborto se ingeridos erroneamente. Alguns outros medicamentos, tais como *Venenum Bufonis* e *Realgar** não possuem uma ação direta sobre o útero, mas podem dificultar o desenvolvimento normal do feto. De acordo com o grau de risco, deve-se prestar atenção aos dois grupos seguintes de fitoterápicos: Grupo I: são aqueles definitivamente contra-indicados na gravidez devido ao forte efeito estimulante sobre o útero ou efeito deletéreo no desenvolvimento do feto; Grupo II: são aqueles que só podem ser utilizados com precaução.

1. Medicamentos contra-indicados na gravidez: Medicamentos drásticos para remover a estase de sangue e induzir a eliminação menstrual, tais como: *Rhizoma Sparganii, Rhizoma Curcumae Zedoariae, Hirudo, Tabanus,* hidragogos como *Radix Euphorbiae Kansui, Flos Genkwa, Radix Euphorbiae Pekinensis, Radix Phytolaccae* e *Semen Pharbitidis;* estimulantes aromáticos fortes, tais como *Moschus, Venenum Bufonis* e eméticos como *Semen Crotonis, Aloe* e *Folium Sennae.*

2. Medicamentos que só podem ser usados com precaução: Medicamentos drásticos para tratar a estagnação do *Qi* e do sangue, ervas de sabor picante e de natureza

---

* N. do T.: *Realgar* é o Sulfeto de Arsênico.

quente, e aquelas que causam purgação, diurese e efeitos de submersão, incluindo *Radix et Rhizoma Rhei*, sulfato de sódio, *Fructus Aurantii Immaturus, Semen Persicae, Flos Carthami, Pollen Typhae, Faeces Trogopterorum, Semen Vaccariae, Radix Aconiti Lateralis Preparata, Rhizoma Zingiberis, Cortex Cinnamomi, Radix Achyrantis Bidentatae, Rhizoma Imperatae, Herba Dianthi, Rhizoma Penelliae, Rhizoma Arisaematis, Haematitum* e *Magnetitum.*

Tabus na Dieta durante a Medicação

De modo geral, expor-se ao Frio e alimentos crus e glutinosos difíceis de digerir são proibidos durante a medicação fitoterápica. Alimentos condimentados devem ser proibidos durante o tratamento das Síndromes de Calor, e alimentos crus quando houver Síndromes de Frio. Alimentos gordurosos são incompatíveis com medicamentos que regulam o baço e o estômago; feijão é incompatível com fitoterápicos que regulam o *Qi*; peixe e camarão são incompatíveis com antitussígenos e antiasmáticos.

Instruções para Elaborar a Decocção Fitoterápica (Chá de Ervas)

A decocção é freqüentemente considerada o método de preparação mais efetivo para os medicamentos chineses, porque os ingredientes de determinada fórmula podem ser facilmente modificados de acordo com a condição do paciente. O médico pode, simplesmente, fornecer prescrições ao paciente e instruí-lo a fazer a própria decocção. O modo adequado de fazer a decocção é importante, já que garante a total extração dos componentes ativos e evita qualquer destruição ou perda. As instruções são as seguintes: utilizar utensílios de barro ou esmaltados; utensílios de metal não devem ser utilizados. Colocar as substâncias medicinais no recipiente e adicionar água suficiente para cobri-las. Se alguma delas flutuar na superfície, faça-as submergir mexendo levemente. É melhor submergir as substâncias e depois fervê-las. Após atingir o ponto de ebulição, colocar em fogo baixo para que possa ferver lentamente.. Evitar tirar a tampa repetidamente para evitar a perda dos componentes voláteis. O tempo de fervura varia de acordo com cada medicamento; normalmente, dura de 20-30 minutos. O tempo de fervura de 10 minutos é suficiente para fazer uma decocção para tratar uma Síndrome Exterior. Mas, para os tônicos, um tempo maior de fervura é necessário (de 40-60 minutos ou mais). Portanto, a quantidade de água colocada no recipiente varia não somente de acordo com a quantidade de substâncias medicinais, mas também com o tempo de fervura. É aconselhável colocar 100 ml de líquido após coar. Depois, adicione uma quantidade apropriada de água aos ingredientes e faça a decocção novamente da mesma forma, e outros 100 ml de líquidos serão obtidos. Descarte os restos, misture as duas porções de líquidos (decocção). No tratamento de uma patologia crônica, divida a mistura em duas porções, cada qual para uma dose, e o total de 200 ml para um dia. Várias doses diárias podem ser feitas de uma vez e colocadas no refrigerador. Mas, devem ser ingeridas a temperatura morna, especialmente nos tratamentos das Síndromes de Frio. Nos tratamentos de patologias agudas é melhor fazer a decocção em doses diárias extras. A maioria das decocções, principalmente os tônicos, é ingerida antes das refeições, mas os catárticos devem ser ingeridos de estômago vazio. As decocções que podem estimular o estômago devem ser ingeridas após as refeições.

Para obter um bom efeito, a decocção deve ter alguns ingredientes feitos de modo especial:

(1) Os componentes ativos difíceis de extrair devem ser quebrados em pequenos pedaços e a decocção deve durar no mínimo 30 minutos antes que outros ingredientes sejam adicionados. A maioria dos minerais e conchas pertence a esta categoria, ou seja, *Gypsum Fibrosum, Os Draconis, Haematitum, Concha Haliotidis, Plastron Testudinis* e *Carapax Trionycis.*

(2) Os componentes ativos que evaporam facilmente devem ser adicionados quando a decocção estiver quase no final. As ervas que contêm componentes ativos voláteis pertencem, freqüentemente, a esta categoria, ou seja, *Herba Methae, Herba Agastachis, Folium Perillae, Lignum Aquilariae Resinatum* e *Herba Artemisiae Scopariae.*

(3) Ingredientes felpudos como *Flos Inula*, ingredientes em pó como *Pollen, Indigo Naturalis* e *Talcum*; e ingredientes que contenham substâncias glutinosas, como *Semen Plantaginis*, devem ser embrulhados em um pedaço de tecido ou gaze quando a decocção for feita.

(4) A decocção sem outros ingredientes normalmente é feita para *Radix Ginseng* e *Cornu Cervi Pantotrichum.*

(5) Gelatinas não devem ser submetidas a decocção. Isto deve ser feito após ser misturada com água quente ou em outra decocção.

Todos os ingredientes acima mencionados devem ser etiquetados.

CAPÍTULO 9

MATÉRIA MÉDICA NO USO COMUM

MEDICAMENTOS PARA TRATAMENTO DAS SUPERFÍCIES (DIAFORÉTICOS)

Os medicamentos de tratamento das superfícies são aqueles que podem expelir ou dispersar os fatores patogênicos exógenos das superfícies corporais para tratar as Síndromes Exteriores. A maioria dos medicamentos desta categoria é de sabor picante e de ação diaforética, pois acredita-se que os fatores patogênicos existentes na superfície podem ser expelidos ou dispersados por meio da sudorese.

As Síndromes Exteriores são marcadas por calafrio e febre, cefaléia, dores generalizadas, coriza ou obstrução nasal ou tosse, pulso flutuante e saburra lingual fina, que indicam que a parte externa do corpo humano está afetada pelos fatores patogênicos exógenos. Estas síndromes são, normalmente, encontradas em resfriado, gripe, infecção das vias aéreas superiores e nos pródromos ou estágios iniciais de outras patologias infecciosas agudas.

As Síndromes Exteriores podem, geralmente, ser divididas em dois padrões: Frio Exterior e Calor Exterior. O primeiro é caracterizado por mais calafrios do que febre, pulso tenso e flutuante e ausência de sudorese, enquanto que o último apresenta mais febre que calafrios e pulso flutuante e rápido. Portanto, os medicamentos utilizados para tratar as síndromes de exterior são classificados em dois grupos, respectivamente: medicamentos picantes-mornos e picantes-frios para tratamento as superfícies. Os primeiros são efetivos para induzir a transpiração e utilizados para o tratamento das Síndromes Exteriores do tipo Frio; os últimos, embora fracos na diaforese, apresentam um efeito antipirético e são utilizados no tratamento das síndromes do Calor Exterior.

A maioria dos medicamentos de tratamento das superfícies é utilizada no tratamento dos sintomas gerais nas Síndromes Exteriores, mas alguns medicamentos desta categoria apresentam efeitos específicos. Rinite com obstrução nasal e coriza são uma manifestação comum da Síndrome de Frio Exterior. Alguns medicamentos picantes-mornos de tratamento das superfícies são utilizados, especificamente, no tratamento da rinite. Eles também podem ser utilizados no tratamento da sinusite. Faringite com dor de garganta acompanha, freqüentemente, síndromes do Calor Exterior. Alguns medicamentos picantes-frios são, particularmente, úteis no tratamento da dor de garganta.

Como as Síndromes Exteriores são normalmente decorrentes do efeito do Frio Exógeno (Síndromes Exteriores do tipo Frio devido ao Vento-Frio e Síndromes Exteriores do tipo Calor decorrentes do Vento-Calor), os medicamentos usados para tratamento das Síndromes Exteriores do tipo Frio são também denominados medicamentos "dispersores de Vento-Frio", e aqueles utilizados para tratamento das Síndromes Exteriores do tipo Calor, medicamentos "dispersores de Vento-Calor".

Além das síndromes genéricas de exterior marcadas por calafrio e febre, muitas outras desordens ou patologias podem, também, ser decorrentes do Frio. Nefrite aguda com edema, mais acentuada na face e cílios, é considerada "edema por Vento" (edema causado pelo Vento). A urticária é marcada por início abrupto, migração das lesões da pele e prurido severo. Estas características são coerentes com a patologia, então a urticária é denominada "rash-Vento" na Medicina Chinesa. Rinite alérgica é manifestada por início repentino da coriza e espirro paroxístico. Ela também é considerada um tipo de patologia de Vento. Acredita-se que a artrite marcada por dor articular migratória é causada por Vento. A conjuntivite aguda é considerada patologia de Vento-Calor no olho. Todas estas patologias podem ser atacadas com medicamentos que tratam a superfície. Além disso, no desenvolvimento do sarampo, acredita-se que a erupção seja um processo de expulsão dos patógenos para fora do corpo. Alguns medicamentos com características picantes-frias que tratam a superfície (dispersão do Vento-Calor) podem promover a erupção.

Medicamentos Picantes-Mornos para Tratamento das Superfícies (Medicamentos de Dispersão do Vento-Frio)

Herba Ephedrae, (*Mahuang*): caule herbáceo seco da *Ephedra sinica* Stapf., *Ephedra intermedia* Schrenk et C.A. Mey. ou *Ephedra equisentina* Bge. (família Ephedraceae).

[Sabor e propriedades] picante, levemente amarga e morna.

[Efeitos e indicações] induz a sudorese para tratar as síndromes exterior-Frio com ausência de sudorese; trata a asma brônquica; causa a diurese no tratamento do edema por Vento.

[Uso e dosagem] 3 a 9 g.

[Notas] (1) *Ephedrae* contém efedrina, pseudoefedrina e uma pequena quantidade de óleo volátil. Efedrina estimula o Sistema Nervoso Central e o Simpático, contrai os vasos sanguíneos, causando elevação da pressão sanguínea, e trata o broncoespasmo. A pseudoefedrina tem uma ação diurética; ela também relaxa o músculo dos brônquios. O óleo volátil estimula a sudorese e apresenta um efeito inibitório sobre o vírus da influenza. Pesquisas recentes têm revelado que a *Ephedra sinica* Staph. contém 2,3,4,6-tetramethilpirazina e L-α-terpinenol, que também apresentam um efeito anti-asmático; (2) *Radix Ephedrae* é antiperspirante e apresenta um efeito hipotensor.

Ramulus Cinnamomi, (*Guizhi*): caule seco jovem da *Cinnamomum cassia* Presl. (família Lauraceae).

[Sabor e propriedades] picante, doce e morna.

[Efeitos e indicações] dissipa o Vento-Frio para tratar as Síndromes Exteriores, freqüentemente utilizadas junto com a *Ephedrae* nos casos de excesso (caracterizada por ausência de sudorese), e junto com a raiz de peônia nos casos de deficiência (com sudorese); melhora a circulação sanguínea no tratamento da angina pectoris, artralgia e amenorréia, e também aumenta o efeito diurético no tratamento do edema.

[Uso e dosagem] 3 a 9 g.

[Notas] O *Ramulus Cinnamomi* contém óleo volátil que consiste, principalmente, em aldeído cinâmico e ácido cinâmico. Aldeído cinâmico dilata os vasos sanguíneos cutâneos e estimula a secreção da sudorese. Além disso, o óleo cinâmico apresenta efeitos digestivo, espasmolítico, analgésico e diurético. O pau de canela chinesa tem demonstrado alguns efeitos bacteriostáticos sobre o estafilococos e pneumococos *in vitro*, e efeito inibitório sobre o vírus da influenza A asiática e o vírus ECHO. O *Ramulus Cinnamomi* também aumenta o fluxo sanguíneo coronariano.

Folium Perillae, (*Zisuye*): folha seca da *Perilla frutescens* (L.) Britt. (família Labiatae).

[Sabor e propriedades] picante e morna.

[Efeitos e indicações] dissipa o Vento-Frio para tratar as Síndromes Exteriores; trata vômitos e diarréia causada pela intoxicação por peixe ou caranguejo envenenado.

[Uso e dosagem] 4,5-9 g. para tratamento de gripe; 30-60 g quando utilizado como antídoto.

[Notas] *Fructus Perillae* é utilizado como antitussígeno, antiasmático e expectorante; *Caulis Perillae* é utilizado para regular o fluxo do *Qi* para tratar a sensação de opressão no tórax e a distensão abdominal.

Herba Schizonepetae, (*Jing*jie): parte aérea seca da *Schizonepeta tenuifolia* Briq. (família Labiatae).

[Sabor e propriedades] picante e levemente morna.

[Efeitos e indicações] induz a sudorese para tratar as Síndromes Exteriores; dissipa o Vento para tratar a urticária e outras patologias pruriginosas da pele.

[Uso e dosagem] 4,5-9 g.

[Notas] a erva *Schizonepeta* contém óleo volátil que estimula a sudorese. A decocção da erva tem demonstrado um efeito antialérgico.

Radix Saposhnikoviae, (*Fangfeng*): raiz seca da *Saposhnikovia divaricata* (Turcz) Schischk. (família Umbelliferae).

[Sabor e propriedades] picante e morna.

[Efeitos e indicações] dissipa o Vento-Frio para tratar as Síndromes Exteriores; dissipa o Vento-Umidade para tratar a artralgia; trata a convulsão.

[Uso e dosagem] 6-9 g.

[Notas] Seu extrato mostra uma ação antipirética em ratos com indução experimental de febre pela vacina contra febre tifóide. Também inibe o vírus da influenza.

Radix Angelicae Dahuricae, (*Baizhi*): raiz seca da *Angelica dahurica* (Fisch. Ex Hoffm.) Benth. Et Hook. F. ou *Angelica dahurica* var. *formosana* (boiss.) Shan et Yuan (família Umbelliferae).

[Sabor e propriedades] picante e morna.

[Efeitos e indicações] dissipa o Vento e trata a cefaléia frontal nos casos de gripe e sinusite, bem como a dor de dente; promove a eliminação de pus e reduz o edema em abscessos.

[Uso e dosagem] 3-9 g.

[Notas] Mostra efeito antipirético e analgésico local em experimentos com animais.

Herba Asari, (*Xixin*): erva seca da *Asarum heterotropoides* Fr. var. *mandschuricum* (Maxim.) Kitagawa, *Asarum sieboldii* Miq. Var. *seoulense* Nakai (família Aristolochiaceae)

[Sabor e propriedades] picante e morna; é tóxica quando usada em dosagem alta.

[Efeitos e indicações] dissipa o Vento-Frio no caso da cefaléia do resfriado; dissipa o Frio dos meridianos para tratar as dores nos músculos e articulações; trata a coriza nos casos de rinite e sinusite; dissolve o muco no tratamento da bronquite crônica com catarro fino e profuso.

[Uso e dosagem] 1-2 g na decocção e 0.5-1 g em pílulas.

[Notas] Seu óleo volátil diminui a temperatura corporal nos ratos com febre induzida pela vacina contra febre tifóide. Apresenta efeito anestésico local quando em uso tópico. Em experimentos com animais, o óleo volátil apresenta efeitos calmante, analgésico e antitussígeno, mas em dosagem alta pode causar paralisia dos movimentos voluntários respiratórios. Isto pode explicar por que, tradicionalmente, cada dose de gengibre selvagem não pode ultrapassar 3 gramas.

Fructus Xanthii, (*Cang ´erzi*): fruto maduro seco da *Xanthium sibiricum* Patrin. (família Compositae).

[Sabor e propriedades] picante, levemente amarga e morna.

[Efeitos e indicações] trata a coriza – ver nos casos de rinite e sinusite; dissipa o Vento-Umidade no tratamento da urticária e reumatismo.

[Uso e dosagem] 3-9 gramas.

Flos Magnoliae, (*Xinyi*): broto seco da flor da *Magnolia biondii* Pamp., *Magnolia denudata* Desr. ou *Magnolia sprengeri* Pam. (família Magnollaceae).

[Sabor e propriedades] picante e morna.

[Efeitos e indicações] trata a obstrução nasal nos casos de rinite e sinusite.

[Uso e dosagem] 3-9 gramas.

[Notas] Seu óleo volátil possui um efeito adstringente local sobre a mucosa nasal.

Rhizoma Zingiberis Recens, (*Shengjiang*): rizoma fresco de *Zingiber officinale* (Willd.) Rosc. (família Zingiberaceae).

[Sabor e propriedades] picante e morna.

[Efeitos e indicações] induz a sudorese e dissipa o Frio no tratamento do resfriado; aquece o estômago no tratamento da dor de estômago e vômito devido ao Frio.

[Uso e dosagem] 3-9 g ou 3 pedaços.

[Notas] Gengibre fresco contém óleo volátil e gingerol. O óleo volátil estimula a circulação sanguínea e a sudorese. O gingerol promove a secreção gástrica e o peristaltismo intestinal e estimula a digestão. Zingiberone e zingiberone isolados do gingerol são princípios ativos no efeito antiemético do gengibre fresco.

Medicamentos Picantes-Frios que Tratam as Superfícies (Medicamentos dispersores do Vento-Calor)

Radix Bupleuri, (*Chaihu*): raiz seca da *Bupleurum chinense* DC. Ou *Bupleurum scorzonerifolium* Willd. (família Umbelliferae).

[Sabor e propriedades] amarga, picante e levemente fria.

[Efeitos e indicações] trata a febre no tratamento das gripes comuns e da influenza, e em combinação com a *Radix Scutellariae* para o tratamento dos calafrios alternados com febre na síndrome metade exterior, metade interior; suaviza o fígado no caso das dores intercostais e do hipocôndrio, e patologias menstruais decorrentes da estagnação do *Qi;* eleva o *Qi* do baço no tratamento das síndromes de submersão.

[Uso e dosagem] 3-9 g.

[Notas] (1) *Radix Bupleuri* reduz a temperatura corporal nas febres experimentais. Pode, até mesmo, diminuir a febre em animais normais. O óleo volátil contém os principais princípios ativos com efeito antipirético. (2) *In vitro*, a *Radix Bupleuri* é bacteriostática ao *Streptococus hemolyticus, Staphylococcus aureus* e *Bacillus tuberculosis*; e também inibe a replicação do vírus da influenza. Seu conteúdo de saponina, saicosídeo, apresenta um efeito antiinflamatório. Os mecanismos de ação antiinflamatória são complicados. O saicosídeo não somente estimula a síntese e a secreção do hormônio adrenocórtico, como também suprime a liberação dos transmissores inflamatórios, dos leucócitos e da proliferação do tecido conjuntivo. (3) A *Radix bupleuri* é um medicamento importante para "suavizar o fígado". Em anos recentes, ela tem sido utilizada amplamente no tratamento da hepatite e da colecistite. Em experimentos animais, é efetiva no tratamento da hepatose induzida pela vacina da febre tifóide, álcool ou D-aminogalactose. Isto pode estar relacionado à supressão das atividades enzimáticas e à proteção da biomembrana do fígado pelo saicosídeo. O saicosídeo também reduz os lipídios sanguíneos sendo benéfico na prevenção da esteatose hepática. Além disso, a *Radix bupleuri* é um colagogo. A raiz processada com vinagre é mais potente do que a raiz não processada para o aumento do fluxo biliar. (4) A *Radix bupleuri* e sua saponina causam uma sedação que é observada nos experimentos animais (e sonolência nos pacientes), e demonstram um efeito antitussígeno considerável, só levemente inferior à codeína.

Radix Puerariae, (*Gegen*): raiz seca da *Pueraria lobata* (Willd.) *Ohwi* ou *Pueraria thomsonii* Benth. (família Leguminosae).

[Sabor e propriedades] doce, picante e fria.

[Efeitos e indicações] trata a febre e, principalmente, dor e rigidez no pescoço decorrente da patologia Vento-Calor; alivia a sede nos casos de patologias febris e diabetes mellitus; Diminui a diarréia nos casos de disenteria; também é utilizada como anti-anginoso e anti-hipertensivo, especialmente para tratar a cefaléia, zumbido e rigidez do pescoço nos pacientes hipertensos.

[Uso e dosagem] 9-15 g.

[Notas] Contém flavonas, daidzeína, puerarina e outros. Demonstra ter efeito antipirético provavelmente pela dilação dos vasos sanguíneos cutâneos. Sua infusão, juntamente com a daidzeína e a puerarina, pode reduzir a pressão sanguínea na hipertensão experimental e dilatar as artérias coronarianas e cerebrais.

Folium Mori, (*Sangye*): folha seca da *Morus alba L.* (família Moraceae).

[Sabor e propriedades] amarga e levemente fria.

[Efeitos e indicações] dissipa o Vento-Calor nos casos de infecções respiratórias superiores e conjuntivite aguda.

[Uso e dosagem] 4.5-9 g.

Flos Chrysanthemi, (*Juhua*): topo da flor seca de *Chrysanthemum morifolium* Ramat (família Compositae*).*

[Sabor e propriedades] picante, amarga e levemente fria.

[Efeitos e indicações] dissipa o Vento-Calor no caso das infecções respiratórias superiores e conjuntivite aguda; suaviza o fígado nos casos de cefaléia, tontura e visão turva decorrentes da patologia Vento-Calor do meridiano do fígado ou preponderância do Yang do fígado (como ocorre na hipertensão).

[Uso e dosagem] 4.5-9 g.

[Notas] *In vitro*, inibe o crescimento da *Staphylococcus aureus, Streptococcus hemolyticus, Escherichia coli* e *Salmonella typhi.* Suprime o centro vasomotor e dilata os vasos sanguíneos, produzindo um efeito hipotensor.

Herba Menthae, (*Bohe*): parte aérea seca da *Mentha haplocalyx* Briq. (família Labiatae).

[Sabor e propriedades] picante e fria.

[Efeitos e indicações] dissipa o Vento-Calor no caso das infecções respiratórias superiores com cefaléia e dor de garganta; promove a erupção no caso do sarampo com erupção inadequada, e trata o prurido no caso da urticária e outras patologias de pele que provocam coceira. Suaviza o fígado para tratar a dor do hipocôndrio e a plenitude decorrente da estagnação do *Qi* do fígado.

[Uso e dosagem] 3-6 g, a serem adicionados quando a decocção estiver quase pronta.

[Notas] Seu óleo volátil contém mentol e mentona. Uma pequena quantidade de óleo de menta ingerida oralmente estimula o centro termorregulatório e dilata os capilares cutâneos, promovendo, assim, a sudorese. Mentol, quando aplicado na pele e na membrana mucosa, causa constrição dos vasos sanguíneos e paralisa as terminações do nervo sensitivo, produzindo uma sensação de frescor, bem como efeitos analgésico e antipruriginoso.

Fructus Arcii, *(Niubangzi)*: fruto maduro e seco da *Arctium lappa L.* (família Compositae).

[Sabor e propriedades] picante, amarga e fria.

[Efeitos e indicações] dissipa o Vento-Calor e trata a dor de garganta nos casos de infecções respiratórias superiores e outras patologias febris em seus estágios iniciais, bem como patologias da pele causadas por Vento-Calor; promove a erupção no caso do sarampo com erupção inadequada.

[Uso e dosagem] 6-9 g

[Notas] *In vitro*, inibe o crescimento da *Diplococcus pneumoniae* e *Staphylococcus aureus*.

Periostracum Cicadae, *(Chantui)*: casulo da pupa do inseto *Cryptotympana pustulata* Fabr. (família Cicadidae).

[Sabor e propriedades] doce e fria.

[Efeitos e indicações] dissipa o Vento-Calor no tratamento da rouquidão nos casos de infecções das vias aéreas superiores e trata o prurido da pele; contém a convulsão decorrente da febre alta ou tétano.

[Uso e dosagem] 3-6 g; para convulsão, 15-30 g.

[Notas] Contém chitina. Experimentalmente, apresenta efeitos antipirético e sedativo, sendo efetiva contra convulsão induzida pela estricnina ou nicotina. Bloqueia a condução nervosa em nível ganglionar.

Fructus Viticis, *(Manjingzi)*: fruto maduro seco da *Vitex trifolia* L. var. *simplicifolia Cham* ou *Vitex trifolia* L. (família Verbenaceae).

[Sabor e propriedades] picante, amarga e levemente fria.

[Efeitos e indicações] dissipa o Vento-Calor para tratar a cefaléia no caso das infecções das vias aéreas superiores.

[Uso e dosagem] 4.5-9 g.

[Notas] Tradicionalmente, o *Fructus Viticis*, a *Radix Angelica Dahuricae* e a *Herba Asari* são medicamentos comumente utilizados no tratamento da cefaléia nos casos de Síndromes Exteriores. O *Fructus Viticis* é útil no tratamento das cefaléias devido ao Vento-Calor, *Radix Angelica Dahuricae* nas cefaléias devido ao Vento-Umidade e *Herba Asari* para cefaléias devido ao Vento-Frio.

Herba Spirodelae, *(Fuping)*: planta seca inteira da *Spirodela polyrrhiza* (L.) Schnei. (família Lemnaceae).

[Sabor e propriedades] picante e fria.

[Efeitos e indicações] induz a sudorese para tratar a Síndrome Exterior no caso das infecções das vias aéreas superiores; promove a diurese no tratamento do edema com Síndromes Exteriores (como na nefrite aguda no estágio inicial).

Rhizoma Cimicifugae, *(Shengma)*: rizoma seco da *Cimicifuga heracleifolia, Cimicifuga dahurica* (Turcz.) Maxim. ou *Cimicifuga foetida* L. (família Ranunculaceae).

[Sabor e propriedades] picante, doce e levemente fria.

[Efeitos e indicações] promove a erupção no sarampo; elimina o Calor tóxico para tratar a faringite e a estomatite; eleva o *Qi* do baço no tratamento das síndromes de submersão.

[Uso e dosagem] 3-9 g.

[Notas] O extrato da *Rhizoma Cimicifugae* demonstra efeitos antipirético, analgésico e antiflogístico nos estudos experimentais. De acordo com pesquisas farmacológicas modernas, somente alguns medicamentos de tratamento das superfícies são realmente diaforéticos. Dentre eles, o mais potente é a *Herba Ephedra*. Alguns medicamentos, tais como o *Ramulus Cinnamomi, Rhizoma Zingiberis* e *Radix Puerariae*, pela dilatação dos vasos sanguíneos cutâneos, podem auxiliar na diaforese.

Além destes, a maioria dos medicamentos de tratamento das superfícies apresenta uma ação antipirética, mas os mecanismos de ação não são claros e podem ser diferentes em diferentes medicamentos. A febre diminui, presumivelmente, pelo aumento da dissipação do calor da pele, que afeta a síntese central da prostaglandina e/ou pela supressão do processo inflamatório.

Muitos medicamentos de tratamento das superfícies mostram efeitos antialérgicos. Eles são úteis no tratamento das cefaléias e dores generalizadas no caso das Síndromes Exteriores. Muitos medicamentos apresentam efeitos antiinflamatórios e antialérgicos que são de grande significância no tratamento das Síndromes Exteriores. Além disso, alguns medicamentos agem no Sistema Imunológico e aumentam a resistência corporal. Por exemplo, a *Radix Bupleuri, Folium Perillae, Radix Angelicae Dahuricae* e *Rhizoma Cimicifugae* induzem a produção de interferon.

Muitos medicamentos de tratamento das superfícies têm sido registrados como sendo bacteriostáticos *in vitro* ou inibidores da replicação viral. O significado clínico destes dados necessita de uma avaliação adicional feita por estudos farmacocinéticos quando os medicamentos são ministrados por via oral.

Os efeitos farmacológicos comuns dos medicamentos de tratamento das superfícies estão sintetizados na Tabela IX-1.

MEDICAMENTOS ANTITUSSÍGENOS, MUCOLÍTICOS E ANTIASMÁTICOS

Tosse, expectoração e dispnéia (ou asma) estão intimamente relacionados. Clinicamente, a tosse é normalmente acompanhada por expectoração do muco, enquanto que, ao mesmo tempo, a presença do muco induz a tosse. Tosse e dispnéia (ou asma) podem também ocorrer simultaneamente. Portanto, no tratamento da tosse e da asma, os medicamentos antitussígenos, antiasmáticos e mucolíticos são freqüentemente utilizados em combinação.

O muco pode ser dividido em duas categorias, de acordo com a presença ou ausência do Frio ou Calor. O muco frio é fino, aquoso ou espumoso, e de coloração esbranquiçada, sendo acompanhado por outras manifestações de Frio. O muco quente é espesso, algumas vezes de cor amarela e acompanhado de outras manifestações de

Calor. Assim, os medicamentos que dissolvem o muco podem ser classificados em dois grupos. Os mucolíticos são de característica morna, sendo indicados no tratamento do muco Frio, mas inadequados para o muco quente ou tosse com hemoptise. Os mucolíticos que limpam o Calor são de natureza fria ou fresca; eles são indicados para os casos de tosse com expectoração espessa e amarela e outras mudanças patológicas (tais como epilepsia e convulsão) decorrentes do muco quente, sendo inadequados para as Síndromes de Frio-muco.

Os medicamentos antitussígenos e antiasmáticos apresentam, também, propriedades frias, como, por exemplo: *Semen Armeniacae Amarum* e *Flos Farfarae* são de propriedades mornas, ao passo que a *Fructus Aristolochiae* e a *Folium Mori* são de propriedades frias. Mas, a maioria delas, é apenas levemente morna ou fria. Além disso, são freqüentemente utilizadas como ingredientes auxiliares para o tratamento sintomático da tosse e da asma na prescrição combinada.

Tabela 9-1 – Efeitos farmacológicos comuns dos medicamentos de tratamento das superfícies

	Diaforético	Antipirético	Analgésico	Antibacteriano	Antiviral	Antiinflamatório	Antialérgico
Ervas picantes-mornas para tratamento das Síndromes Exteriores							
Herba Ephedra	+	+	+	+	+	+	+
Ramulus Cinnamomi	+	+	+	+	+		+
Herba Schizonepetae		+	+	+	+	+	+
Radix Saposhnikoviae		+	+	+	+	+	+
Folium Perillae			+	+	+		
Herba Asari		+	+	+	+	+	
Rhizoma Zingiberis Recens	+		+		+	+	+
Radix Angelica Dahuricae			+	+			
Ervas picantes-frias para tratamento das Síndromes Exteriores							
Radix Bupleuri		+	+	+	+	+	
Radix Puerariae		+	+				+
Herba Menthae		+	+	+	+	+	
Folium Mori		+	+	+	+		
Flos Chrysanthemi			+				
Fructus Arctii		+	+	+			
Rizoma Cimicifugae			+			+	
Herba Spirodelae		+					
Fructus Viticis			+				

Mucolíticos que Aquecem
(Medicamentos para Dissolver o Muco Frio)

Rhizoma Pinelliae, (*Banxia*): raiz seca da *Pinellia ternata* (Thunb.) Breit. (família Araceae).

[Sabor e propriedades] picante, morno e tóxico.

[Efeitos e indicações] dissolve o muco no caso da tosse com expectoração fina e profusa; trata a náusea e o vômito; dissolve os nódulos nos casos de abscessos e escrófula.

[Uso e dosagem] 3-9 g.

[Notas] *Rhizoma Pinelliae* não processada é tóxica. Somente o tubérculo da pinellia processada pode ser ingerido oralmente. O composto tóxico contido no tubérculo da pinellia não pode ser destruído pela fervura, mas pode ser eliminado pelo alume. Para auxiliar no efeito antiemético, o gengibre pode ser adicionado ao tubérculo da pinellia processada (tubérculo da pinellia processada com gengibre).

É Incompatível com os medicamentos semelhantes ao *Radix Aconiti*.

Apresenta efeito antitussígeno nos experimentos em animais. O tubérculo da *Rhizoma Pinelliae* não processada provoca vômitos, ao passo que o tubérculo da pinellia processada é antiemético, pois inibe o centro do vômito.

Rhizoma Arisaematis, (*Tiannanxing*): tubérculo seco da *Arisaema erubescens* (Wall.) Schott., *Arisaema heterophyllum* Bl. Ou *Arisaema amurense* Maxim. (família Araceae).

[Sabor e propriedades] amarga, morna e tóxica.

[Efeitos e indicações] dissolve o muco no caso da tosse com expectoração profusa e fina; dissipa o Vento-muco no tratamento da vertigem, hemiplegia apoplética e epilepsia.

[Uso e dosagem] 3-6 g.

[Notas] (1) Tem em sua composição saponina; estimula a mucosa gastrintestinal e aumenta, por vias reflexas, a secreção bronquial, promovendo, assim, a expectoração. Também apresenta efeitos sedativo, analgésico e anticonvulsivantes nos estudos experimentais.

Semen Sinapis Albae, (*Baijiezi*): semente madura da *Sinapis alba* (L.) Boiss. (família Cruciferae).

[Sabor e propriedades] picante e morna.

[Efeitos e indicações] elimina o muco-Frio no tratamento da tosse, dispnéia e plenitude torácica com expectoração profusa e fina e, também, no tratamento da artralgia acompanhada de parestesia decorrente da obstrução dos colaterais pelo muco; dissolve os nódulos da escrófula.

[Uso e dosagem] 3-9 g.

[Notas] Estimula a expectoração.

Flos Inulae, (*Xuanfuhua*): topo da flor seca da *Inula japonica* Thunb. Ou *Inula britannica* L. (família Compositae).

[Sabor e propriedades] amarga, picante, salgada e morna.

[Efeitos e indicações] dissolve o muco e trata a asma, sendo usada como expectorante nos casos de bronquite asmática com muco em excesso; também utilizada como antiemético no tratamento da eructação, náusea e vômito.

[Uso e dosagem] 3-9 g, para ser embrulhada quando for fazer a decocção.

[Notas] É um expectorante e um antiemético e apresenta um efeito moderado no relaxamento do bronco-espasmo em estudos experimentais.

Mucolíticos Dissipadores de Calor
(Medicamentos que Dissolvem o Muco Quente)

Fructus Trichosanthis, (*Gualou*): fruto maduro seco da *Trichosanthes kirilowii* Maxim. ou *Trichosanthes rosthornii* Hams (família Cucurbitaceae).

[Sabor e propriedades] doce e fria.

[Efeitos e indicações] elimina o muco quente para o tratamento da tosse com catarro espesso; trata a dor precordial no caso da angina pectoris com uma sensação de plenitude torácica; relaxa o intestino no caso de constipação.

[Uso e dosagem] 9-15 g.

[Notas] *In vitro*, demonstra um efeito antibacteriano de amplo espectro. Contém ácidos graxos, compostos, na maior parte, de ácidos graxos não saturados. Isto aumenta o fluxo sanguíneo coronariano e diminui o nível de lipídios no sangue, demonstrado nos experimentos em animais.

Bulbus Fritillariae Thunbergii, (*Zhebeimu*): bulbo seco da *Fritillaria thumbergii* Miq. (família Liliaceae).

[Sabor e propriedades] amarga e fria.

[Efeitos e indicações] limpa o Calor dos pulmões, dissolve o muco e reduz os nódulos; utilizado no tratamento das infecções respiratórias com muco amarelo e espesso, e escrófula.

[Uso e dosagem] 4,5-9 g.

[Aviso] Incompatibilidade com a *Radix Aconiti*.

[Notas] Contém *peimine, peiminine* e outros alcalóides como principais princípios ativos. Em experimentos animais, *peimine* e *peiminine* apresentam um efeito anti-tussígeno comparável à codeína. A *peimine* em nível baixo de concentração relaxa o músculo bronquial. Os alcalóides também reduzem a secreção bronquial e demonstram efeitos sedativos e hipotensores.

3. *Bulbus Fritillariae Cirrhosae,* (*Chuanbeimu*): bulbo seco da *Fritillaria cirrhosa* D. Don, *Fritillaria unibracteata* Hsiao et K. C. Hsia, *Fritillaria perzewalskii* Maxim. ou *Fritillaria delavayi* Franch. (família Liliaceae).

[Sabor e propriedades] amarga, doce e levemente fria.

[Efeitos e indicações] hidrata os pulmões e trata a tosse; utilizada como expectorante e antitussígeno no tratamento da tosse decorrente da deficiência Yin ou Secura.

[Uso e dosagem] 3-9 g.

[Aviso] Incompatibilidade com a *Radix Aconiti*.

[Notas] Contém, principalmente, alcalóides (*fritimine* e *fritillarine*) e saponinas. Mostram efeitos antitussígenos e expectorantes nos experimentos com animais.

Semen Lepidii, (*Tinglizi*): semente madura seca da *Lepidium apetalum* Willd. ou *Descurainia sophia* (L.) Webb ex Prantl. (família Cruciferae).

[Sabor e propriedades] picante, amarga e muito fria.

[Efeitos e indicações] purga o muco dos pulmões e trata a dispnéia; utilizada no tratamento da tosse e da asma com muco excessivo; causa diurese no tratamento do edema na patologia cardiopulmonar.

[Uso e dosagem] 3-9 g.

[Notas] Age como um glicosídeo cardíaco, aumenta a contração do miocárdio e o débito cardíaco.

Caulis Bambusae in Taeniam, (*Zhuru*): aparas secas do meio do caule do *Bambusa tuldoides* Munro, *Sinocalamus beecheyanus* (Munro) McClure var. *pubescens* P.F. Li ou *Phyllostachys nigra* var. *henonis* Stapf (família Gramineae).

[Sabor e propriedades] doce e levemente fria.

[Efeitos e indicações] remove o Calor, dissolve o muco e retém o vômito; utilizada no tratamento da tosse decorrente do Calor nos pulmões e vômito devido ao Calor no estômago.

[Uso e dosagem] 4,5-9 g.

Semen Sterculiae Lychnophorae, (*Pangdahai*): semente madura e seca da *Sterculia lychnophora* Hance (família Sterculiaceae).

[Sabor e propriedades] doce e fria

[Efeitos e indicações] elimina o Calor dos pulmões no tratamento da inflamação da garganta e rouquidão; relaxa o intestino no caso de constipação com cefaléia e manchas de sangue nos olhos.

[Uso e dosagem] três pedaços, a serem mergulhados em água fervente.

[Notas] O extrato é um laxante potente. Também apresenta uma forte ação inibitória sobre o vírus *influenza* nos estudos experimentais.

Thallus Laminariae, (*Kunbu*): talo seco da *Laminaria japonica* Aresch. (família Laminariaceae).

[Sabor e propriedades] salgado e frio.

[Efeitos e indicações] dissolve o nódulo com muco e dissolve as massas no tratamento do bócio decorrente de deficiência de iodo.

[Uso e dosagem] 9-15 g.

[Notas] Contém iodo.

Sargassum, (*Haizao*): alga seca da *Sargassum pallidum* (Turn.) C.A. ou *Sargassum fusiforme* (Harv.) Setch. (família Sargassaceae).

[Sabor e propriedades] salgado e frio.

[Efeitos e indicações] dissolve o nódulo com muco e dissolve as massas no tratamento do bócio decorrente da deficiência de iodo.

[Uso e dosagem] 9-15 g.

[Notas] Contém iodo, reduz o colesterol e possui um efeito anticoagulante.

Pseudobulbus Pleiones, (*Shancigu*): pseudobulbo da *Cremastra appendiculata* (D. Don) Makino, *Pleione bulbocodioides* (Franch.) Rolfe ou *Pleione yunnanensis* Rolfe (família Orchidaceae).

[Sabor e propriedades] picante, doce e fria; um pouco tóxica.

[Efeitos e indicações] elimina o Calor tóxico e dissolve os nódulos; utilizada como antiflogístico e detumescente no tratamento do abscesso, escrófula, tumores e picada de cobra venenosa.

[Uso e dosagem] 3-9 g; quantidade apropriada para uso externo.

[Notas] Contém colchicina, um antimitótico.

Antitussígenos e Antiasmáticos

Semen Armeniacae Amarum, (*Kuxingren*): semente madura e seca da *Prunus armeniaca* L. var. *ansu* Maxim., *Prunus sibirica* L., *Prunus mandshurica* (Maxim.) Koehne ou *Prunus armeniaca* L. (família Rosaceae).

[Sabor e propriedades] amarga, picante e morna; um pouco tóxica.

[Efeitos e indicações] um dos agentes antitussígeno e antiasmático mais comumente utilizados; relaxa o intestino nos casos de constipação decorrente da deficiência do Yin e do sangue.

[Uso e dosagem] 4.5-9 g.

[Notas] Contém amigdalina. Após *Semen Armeniacae Amarum* ser ingerido por via oral, a amigdalina é decomposta pelas enzimas digestivas e produz uma quantidade pequena de ácido hidrociânico, que inibe levemente o centro respiratório e induz os efeitos antitussígeno e antiasmático. A semente contém ácidos graxos (35-50%), que apresentam efeito laxante.

Rhizoma Cynanchi Stauntonii, (*Baiqian*): rizoma seco e raiz de *Cynanchum stauntonii* (Decne.) Schltr. Ex Levl ou *Cynanchum glaucescens* (Decne.) Hand.-Mazz. (família Asclepiadaceae).

[Sabor e propriedades] picante, amarga e levemente morna.

[Efeitos e indicações] elimina o muco e trata a tosse, sendo utilizada no tratamento da tosse com expectoração abundante e dispnéia.

[Uso e dosagem] 3-9 g.

Radix Platycodi, (*Jiegeng*): raiz seca da *Platycodon grandiflorum* (Jacq.) A.DC. (família Campanulaceae).

[Sabor e propriedades] amarga e picante, sendo de natureza neutra.

[Efeitos e indicações] expele o muco e trata a tosse, sendo utilizada como expectorante no tratamento da tosse com saliva pegajosa; promove a eliminação do pus nos casos da infecção bacteriana dos pulmões; trata a dor de garganta.

[Uso e dosagem] 3-9 g.

[Notas] (1) a decocção, quando ministrada por via oral em experimentos animais, aumenta a secreção do trato respiratório, produzindo um efeito expectorante considerável. Isto, principalmente, devido ao seu conteúdo de saponina, a platico-dina. Platicodina também é antitussígena. (2) A saponina bruta, quando ministrada oralmente, apresenta um efeito antiinflamatório que reduz o edema induzido pela caragenina ou ácido acético. No tratamento das infecções bacterianas, a *Radix Platycodi* não apresenta efeito antibacteriano direto, mas promove a fagocitose dos macrófagos, aumenta a ação bactericida dos neutrófilos e eleva a atividade da lisozima. A saponina bruta também tem efeitos antipirético, sedativo e analgésico. (3) a *Radix Platycodi* demonstra efeitos hipoglicêmicos e hipolipêmicos nos experimentos animais. Ela reduz o nível de açúcar no sangue em coelhos com indução por aloxano e reduz o colesterol do fígado dos ratos por meio do aumento da excreção do colesterol e do ácido cólico.

Radix Peucedani, (*Qianhu*): raiz seca da *Peucedanum praeruptorum* Dunn ou *Peucedanum decursivum* Maxim. (família Umbelliferae).

[Sabor e propriedades] amarga, picante e levemente fria.

[Efeitos e indicações] dissipa o Vento-Calor, trata a tosse e dissolve o muco no tratamento da tosse e da dispnéia com saliva pegajosa nas infecções das vias aéreas superiores.

[Uso e dosagem] 3-9 g.

[Notas] Contém *nodakenin*, que estimula a secreção do trato respiratório, apre-sentando um efeito expectorante.

Radix Asteris, (*Ziyuan*): raiz seca e rizoma de *Aster tataricus* L.f. (família Compositae).

[Sabor e propriedades] amarga, picante e levemente morna.

[Efeitos e indicações] trata a tosse por meio da hidratação do pulmão, sendo utili-zada como antitussígenas no tratamento da tosse aguda com muco pegajoso ou tosse crônica com muco contendo laivos de sangue.

[Uso e dosagem] 4.5-9 g.

[Notas] Aumenta a secreção do trato respiratório, causa diluição do muco e facilita a expectoração.

Flos Farfarae, (*Kuandonghua*): botao seco da flor da *Tussilago farfara* L. (família Compositae).

[Sabor e propriedades] picante e morna.

[Efeitos e indicações] trata a tosse e dissolve o muco no tratamento da tosse aguda e da crônica com expectoração abundante.

[Uso e dosagem] 4,5-9 g.

[Notas] Nos experimentos com animais, demonstrou um efeito antitussígeno, mas sem um efeito expectorante notável.

Radix Stemonae, (*Baibu*): tuberosidade da raiz seca da *Stemona sessilifolia* (Miq.), *Stemona japonica* (Bl.) Miq. ou *Stemona tuberosa* Lour. (família Stemonaceae).

[Sabor e propriedades] doce, amarga e levemente morna.

[Efeitos e indicações] hidrata os pulmões e trata a tosse aguda e crônica; sua infusão alcoólica (20%) é utilizada externamente no tratamento da pediculose.

[Uso e dosagem] 3-9 g.

[Notas] Nos experimentos com animais, seus alcalóides controlam a estimulação do centro de respiração, inibindo a tosse reflexa. *In vitro*, inibe o *Bacillus tuberculosis hominis* e extermina o *Pediculus capitus, P. corporis, Phthirus pubis* e outras infestações.

Tabela 9-2 – Efeitos farmacológicos dos medicamentos
antitussígenos, mucolíticos e antiasmáticos

	Antitussígeno	Expectorante	Antiasmático	Outros
Rhizoma Pinelliae	+			Antiemético
Rhizoma Arisaematis	+	+		Sedativo e anticonvulsivante
Bulbus Fritillariae Thumbergii	+	+	+	Hipotensor
Bulbus Fritillariae Cirrhosae	+	+		Hipotensor
Radix Platycodi	+	+		Antipirético, sedativo, antiinflamatório
Radix Peucedani	+			Antiinflamatório e antialérgico
Semen Armeniacae Amarum	+		+	
Flos Farfarae	+	+	+	
Radix Asteris	+	+		Antibacteriano e antiviral

Folium Eriobotryae, (*Pipaye*): folha seca da *Eriobotrya japonica* (Thunb.) Lindl. (família Rosaceae).

[Sabor e propriedades] amarga e levemente fria.

[Efeitos e indicações] limpa o pulmão, sendo utilizada como expectorante e antitussígeno no tratamento da tosse com saliva pegajosa devido ao Calor nos pulmões, ou na tosse crônica; acalma o estômago, sendo utilizada como antiemético no vômito decorrente do Calor no estômago.

[Uso e dosagem] 4,5-9 g.

Fructus Aristolochiae, (*Madouling*): fruto seco e maduro da *Aristolochia contorta* Bge. Ou *Aristolochia debilis* Sieb. Et Zucc. (família Aristolochiaceae).

[Sabor e propriedades] amarga, levemente picante e fria.

[Efeitos e indicações] limpa os pulmões para tratar a tosse e a asma decorrentes do Calor nos pulmões.

[Uso e dosagem] 3-9 g

Cortex Mori, (*Sangbaipi*): casca seca da raiz, privada da parte com aparência de cortiça externa marrom, da *Morus alba* L. (família Moraceae).

[Sabor e propriedades] doce e fria.

[Efeitos e indicações] limpa o pulmão para tratar a tosse e a asma causadas por Calor nos pulmões; induz a diurese no tratamento do edema com oliguria.

[Uso e dosagem] 6-12 g.

[Notas] Nos estudos experimentais, demonstra efeitos diurético, hipotensor e sedativo.

Semen Oroxyli, (*Muhudie*): semente seca e madura da *Oroxylum indicum* (L.) Vent. (família Bignoniaceae).

[Sabor e propriedades] amarga e fria.

[Efeitos e indicações] limpa os pulmões no tratamento da tosse, dor de garganta e rouquidão decorrente do Calor nos pulmões.

[Uso e dosagem] 1,5-3 g.

Os resultados dos estudos farmacológicos modernos sobre os medicamentos principais desta categoria estão sintetizados na Tabela 9-2.

ANTITÉRMICOS
(MEDICAMENTOS PARA ELIMINAR O CALOR INTERNO)

Antitérmicos são medicamentos utilizados na eliminação do Calor ou Fogo internos nas patologias febris, infecções bacterianas e lesões internas. Fogo é um Calor intenso; difere do Calor somente em grau. Medicamentos que eliminam o Calor contêm características refrescantes ou frias. Os medicamentos de propriedade refrescantes eliminam o Calor, ao passo que os de propriedade fria eliminam o Fogo. Geralmente, os medicamentos desta categoria podem ser classificados em cinco grupos: antitérmicos purgativos do Fogo, antitérmicos desintoxicantes, antitérmicos removedores da umidade, antitérmicos resfriadores do sangue e antitérmicos para febre do tipo deficiência.

1. Antitérmicos purgativos do Fogo: São aqueles que agem diretamente sobre o Calor ou Fogo no sistema *Qi* (energia). Eles são indicados no tratamento: (1) Calor do tipo excesso no sistema *Qi* marcado por febre alta com sede, língua com saburra amarela e seca e pulso cheio, repleto, vigoroso rápido; (2) Fogo do tipo excesso, tais como Fogo excessivo do fígado marcado por vermelhidão, edema e dor nos olhos (conjuntivite aguda) e Fogo excessivo do estômago com estomatite e sede excessiva.

2. Antitérmicos desintoxicantes: Calor e Fogo patogênicos ocorrem nas patologias epidêmicas e nas infecções bacterianas, que são tidas como tóxicas. A toxicidade dever ser removida, ao mesmo tempo em que se elimina o Calor ou o Fogo. Antitérmicos desintoxicantes são medicamentos utilizados com este objetivo.

3. Antitérmicos eliminadores de umidade: São aqueles que eliminam tanto o Calor quanto a umidade e são indicados no tratamento das patologias causadas por Umidade-Calor, tais como icterícia aguda, disenteria, infecção aguda do trato urinário, infecções bacterianas subcutâneas, otalgia com excreção purulenta etc. Nas infecções bacterianas, Calor ou Fogo tóxicos são considerados fatores patogênicos antes da

supuração, e a Umidade-Calor após a supuração. Assim, há uma coincidência entre as infecções de Calor tóxico e de Umidade-Calor. Alguns antitérmicos eliminadores da umidade são, ao mesmo tempo, desintoxicantes, por exemplo, *Radix Scutellariae, Rhizoma Coptidis, Cortex Phellodendron e Radix Gentianae.*

4. Antitérmicos dos resfriadores de sangue: São aqueles que podem remover o Calor do Sistema Sanguíneo. Então, são apropriados para o tratamento do Calor no Sistema Sanguíneo, marcado tanto por hemorragia quanto por febre com erupções. Além disso, alguns deles podem nutrir, também, o Yin, sendo indicados no tratamento do Calor endógeno decorrente da deficiência do Yin.

5. Antitérmicos para Calor do tipo deficiência: As quatro categorias acima são, geralmente, utilizadas no Calor do tipo excesso. Os antitérmicos desta categoria são indicados para tratar o Calor do tipo deficiência ou a febre com astenia, que decorrem, normalmente, da deficiência Yin, marcada por febre baixa, sensação quente nas palmas das mãos e solas dos pés, sede, sudorese noturna e pulso fino e rápido.

Antitérmicos Purgativos do Fogo
(Medicamentos para Redução do Calor Intenso)

Gypsum Fibrosum, (*Shigao*): é uma pedra composta, principalmente, de sulfato de cálcio hidratado.

[Sabor e propriedades] picante, doce e muito fria.

[Efeitos e indicações] elimina o Calor, elimina o Fogo e trata a sede na febre alta com sede intensa; limpa o Calor dos pulmões nos casos de tosse e dispnéia decorrente do Calor nos pulmões; limpa o Calor do estômago no tratamento da cefaléia e estomatite causadas por Fogo exuberante no estômago.

[Uso e dosagem] 15-30 g, a ser feita a decocção antes de outros ingredientes.

[Notas] Contém sulfato de cálcio e uma pequena quantidade de outros minerais. Seu extrato abaixa a temperatura corporal nos experimentos com ratos com indução de febre, mas o sulfato de cálcio não apresenta tal ação. Sua ação contra a sede também é demonstrada nos estudos experimentais.

Rhizoma Anemarrhenae, (*Zhimu*): rizoma seco da *Anemarrhena asphodeloides* Bge. (família Liliaceae).

[Sabor e propriedades] amarga e fria.

[Efeitos e indicações] limpa o Calor nos casos de febre alta e sede; nutre o Yin e reduz o Fogo nos casos de febre baixa e sudorese noturna decorrente da deficiência Yin; alivia a sede nos casos de diabetes mellitus.

[Uso e dosagem] 6-12 g.

[Notas] (1) O extrato do *Rhizoma Anemarrhenae* diminui a produção do Calor por meio da inibição da atividade do Na+, K+ - ATPase, e diminui a temperatura corporal dos animais com indução experimental de febre. *In vitro*, a decocção do *Rhizoma Anemarrhenae* demonstra um espectro amplo de efeitos bacteriostáticos. (2) nos experimentos com animais de deficiência Yin induzida pela tiroxina e hidrocortisona, a decocção da *Rhizoma Anemarrhenae* inibe a atividade do receptor beta-adrenérgico e reduz o conteúdo do AMPc sanguíneo. Já que a pesquisa moderna demonstra que a deficiência Yin com Fogo exuberante é caracterizada por hiperfunção do receptor beta-adrenérgico e do sistema AMPc, o achado acima pode demonstrar o efeito terapêutico da *Rhizoma Anemarrhenae* no tratamento da deficiência Yin; (3) a *Rhizoma Anemarrhenae* contém anemarena, substância que reduz a glicemia em animais normais e, especialmente, em animais com hiperglicemia induzida por aloxane ou anti-soro da insulina.

Fructus Gardeniae, (*Zhizi*): fruto seco e maduro da *Gardenia jasminoides* Ellis (família Rubiaceae).

[Sabor e propriedades] amarga e fria.

[Efeitos e indicações] limpa o Calor e o Fogo na febre com agitação; elimina a umidade-Calor no caso da icterícia e nas infecções agudas do trato urinário; remove o Calor do sangue e combate a toxicidade quando diminui epistaxe e a hemoptise, e no tratamento das infecções subcutâneas.

[Uso e dosagem] 6-9 g.

[Notas] (1) *In vitro*, inibe o *Staphylococcus aureus, Diplococcus meningitidis, Diplococcus gonorrheae* e várias dermatófitos. Também elimina a leptospira e inibe o vírus da hepatite B. (2) Tem efeito colagogo, antipirético, sedativo e hipotensor demonstrados nos estudos experimentais.

Rhizoma Phragmitis, (*Lugen*): rizoma fresco ou seco da *Phragmites communis* (L.) Trin. (família Gramineae).

[Sabor e propriedades] doce e fria.

[Efeitos e indicações] limpa o Calor do estômago e promove a produção dos fluidos corporais para tratar a sede nas patologias febris, vômito e eructação decorrente do Calor no estômago; elimina o Calor no pulmão para tratar a tosse e abscessos pulmonares.

[Uso e dosagem] 15-30 g.

Herba Lophatheri, (*Danzhuye*): porção aérea seca da *Lophatherum gracile* Brongn. (família Gramineae).

[Sabor e propriedades] doce ou sem gosto, e fria.

[Efeitos e indicações] elimina o Calor do coração e causa diurese no tratamento do Fogo exuberante do coração manifestado por ulceração da língua ou disúria (infecções agudas do trato urinário); remove o Calor e trata o nervosismo nos estágios avançados das patologias febris.

[Uso e dosagem] 6-9 g.

[Notas] Ingerida por via oral, diminui a temperatura corporal nos ratos com indução artificial de febre. Demonstra efeito diurético nos experimentos em laboratório.

Semen Cassiae, (*Juemingzi*): semente seca e madura da *Cassia obtusifolia* L. ou *Cassia tora* L. (família Leguminosae).

[Sabor e propriedades] doce, amarga e levemente fria.

[Efeitos e indicações] elimina o Fogo do fígado no tratamento do Fogo excessivo do fígado manifestado por inflamação aguda dos olhos, ou cefaléia (na hipertensão); Também é utilizada como laxante suave.

[Uso e dosagem] 9-15 g.

[Notas] Contém emodina e carotina. Emodina apresenta um efeito laxante e a carotina beneficia a visão. Além disso, os extratos aquoso e com etanol diminuem a pressão sanguínea e o nível de colesterol no sangue.

Semen Celosiae, (*Qingxiangzi*): semente seca e madura da *Celosia argentea* L. (família Amaranthaceae).

[Sabor e propriedades] amarga e levemente fria.

[Efeitos e indicações] elimina o Fogo do fígado no tratamento da inflamação aguda do olho.

[Uso e dosagem] 9-15 g.

Flos Buddlejae, (*Mimenghua*): botão e inflorescência secos da flor da *Buddleja officinalis* Maxim. (família Loganiaceae).

[Sabor e propriedades] amarga e levemente fria.

[Efeitos e indicações] remove o Calor e nutre o fígado no tratamento das patologias do olho decorrente da deficiência Yin no fígado com Fogo endógeno.

[Uso e dosagem] 3-9 g.

Spica Prunellae, (*Xiakucao*): fruto-espinho seco da *Prunella vulgaris* L. (família Labiatae).

[Sabor e propriedades] amarga, picante e fria.

[Efeitos e indicações] elimina o Fogo do fígado no tratamento da inflamação aguda do olho; remove o Calor e dissolve os nódulos nos casos de mastite, escrófula e bócio.

[Uso e dosagem] 9-15 g.

[Notas] Os extratos aquoso ou em etanol diminuem a pressão sanguínea. *In vitro*, inibe a *Mycobacterium tuberculosis, Shigella dysenteriae, Staphylococcus* e *Streptococcus hemolyticus*. Contém ácido ursólico que apresenta um efeito diurético.

Antitérmicos Desintoxicantes
(Medicamentos para a Eliminação do Calor tóxico)

Flos Lonicerae, (*Jinyinhua*): broto da flor seca da *Lonicera japonica* Thunb., *Lonicera hypoglauca* Miq., *Lonicera confusa* DC. Ou *Lonicera dasystyla* Rehd. (família Caprifoliaceae).

[Sabor e propriedades] doce e fria.

[Efeitos e indicações] elimina o Calor tóxico no tratamento das patologias febris exógenas, bem como para abscessos e outras infecções bacterianas.

[Uso e dosagem] 6-15 g.

[Notas] (1) *In vitro*, demonstra um espectro amplo de efeitos bactericidas tanto em bactérias gram-positivas como em gram-negativas. Também inibe vários dermatófitos e vírus (tais como influenza, ECHO e herpes simples). Os princípios ativos das ações bacteriostáticas incluem ácido clorogênico, ácido isoclorogênico e luteolina. (2) Combate efetivamente as endotoxinas bacterianas ou até as destrói. Esta ação é mais importante que o efeito bacteriostático no tratamento das infecções. (3) Inibe tanto a exsudação inflamatória como a hiperplasia. Também inibe o efeito antipirético nas febres experimentais. (4) Promove a fagocitose nos leucócitos e ativa o linfócito T, aumentando a transformação dos linfócitos. (5) Reduz a absorção intestinal do colesterol e diminui o nível de colesterol no plasma.

Fructus Forsythiae, (*Lianqiao*): fruto seco da *Forsythia suspensa* (Thunb.)Vahl (família Oleaceae).

[Sabor e propriedades] amarga e levemente fria.

[Efeitos e indicações] elimina o Calor tóxico no tratamento das patologias febris exógenas; diminui o edema na faringite, mastite e em outras infecções bacterianas.

[Uso e dosagem] 6-15 g.

[Notas] (1) Tem efeito bacteriostático contra a *Salmonella typhi, Staphylococcus aureus, Streptococcus hemolyticus* e *Shigella dysenteriae in vitro*. Também inibe o vírus *influenza*. (2) Tem efeitos antiinflamatório, antipirético e antiemético. (3) Contém uma quantidade considerável de rutina, que reduz a permeabilidade dos capilares.

Radix Isatidis, (*Banlangen*): raiz seca da *Isatis indigotica* Fort. (família Cruciferae).

[Sabor e propriedades] amarga e fria.

[Efeitos e indicações] elimina o Calor tóxico da influenza e outras infecções virais e também nas infecções bacterianas; reduz o Calor no sangue nas patologias eruptivas epidêmicas.

[Uso e dosagem] 9-15 g.

[Notas] *Radix Isatidis* apresenta um espectro amplo de ações bacteriostáticas e elimina a Leptospira *in vitro*. Também inibe a *influenza*. Ressalta-se que a *Radix Isatidis* é efetiva contra a endotoxina eliminada por bactérias gram-negativas, sendo efetiva também no tratamento da toxemia. Isto deve explicar parcialmente o efeito desintoxicante.

Folium Isatidis, (*Daqingye*): folha seca da *Isatis indigotica* Fort. (família Cruciferae).

[Sabor e propriedades] amarga e fria.

[Efeitos e indicações] as mesmas da *Radix Isatidis*, particularmente eficaz nas patologias eruptivas.

[Uso e dosagem] apresenta um espectro amplo de efeitos bacteriostáticos; contém triptantrina, que é o princípio ativo antibacteriano. Inibe a encefalite B, o vírus da caxumba e da *influenza*. Também demonstra efeitos antipiréticos e antiinflamatórios nos estudos experimentais.

Indigo Naturalis, (*Qingdai*): pó azul-escuro preparado a partir da folha da *Baphicacanthus cusia* (Nees) Bremek. (família Acanthaceae), *Polygonum thinctorium* Ait. (família Polygonaceae) ou *Isatis indigotica* Fort. (família Cruciferae).

[Sabor e propriedades] amarga e fria.

[Efeitos e indicações] elimina o Calor tóxico e reduz o Calor no sangue no tratamento das patologias eruptivas epidêmicas e na febre alta em crianças, sendo utilizada externamente no tratamento de abscessos e estomatite ulcerativa.

[Uso e dosagem] 1,5-3 g., utilizada para fazer pílulas ou pó; e em quantidade apropriada no uso externo.

Herba Taraxaci, (*Pugongying*): erva seca da *Taraxacum mongolicum* Hand.-Mazz., *Taraxacum sinicum* Kitag. ou várias outras espécies do mesmo gênero (família Compositae).

[Sabor e propriedades] amarga, doce e fria.

[Efeitos e indicações] elimina o Calor tóxico e induz a diminuição do edema da mastite, abscessos e outras infecções bacterianas; também é utilizada como desintoxicante no tratamento de infecção alimentar.

[Uso e dosagem] 9-30 g.

[Notas] O extrato aquoso tem uma ação bacteriostática forte sobre *Staphylococcus aureus*.

Herba Violae, (*Zihuadiding*): erva seca da *Viola yedoensis* Makino (família Violaceae).

[Sabor e propriedades] amarga, picante e fria.

[Efeitos e indicações] elimina o Calor tóxico e reduz o Calor no sangue do abscesso, carbúnculos e outras infecções bacterianas.

[Uso e dosagem] 9-30 g.

[Notas] Inibe a *Shigella dysenteriae*, *Klebsiella pneumoniae* e *Pseudomonas aeruginosa in vitro*. Também mostra efeitos antipiréticos e antiinflamatórios.

Herba Houttuyniae, (*Yuxingcao*): parte aérea seca da *Houttuynia cordata* Thunb. (família Saururaceae).

[Sabor e propriedades] picante e levemente fria.

[Efeitos e indicações] elimina o Calor tóxico e promove a drenagem do pus no tratamento das infecções pulmonares bacterianas; trata a disúria nas infecções agudas do trato urinário.

[Uso e dosagem] 15-30 g para decocção rápida.

[Notas] (1) *Herba Houttuyniae* apresenta um espectro amplo de ações bacteriostáticas. O suco da erva fresca é mais potente do que a decocção da erva seca, porque a ação é enfraquecida após o aquecimento. O efeito antibacteriano sinérgico é demonstrado quando a *Herba Houttuyniae* é utilizada junto com o metoxibenzil aminopirimidina (TMP). O principal princípio ativo antibacteriano da planta é o decanoil-acetaldeído. (2) *Herba Houttuyniae* aumenta a função imunológica e aumenta a fagocitose dos leucócitos e macrófagos e eleva o nível no soro de properdina.

Herba Patriniae, (*Baijiangcao*): erva seca da *Herba Patriniae scabiosaefolia* Fisch. Ou *Herba Patriniae villosa* Juss. (família Valerianaceae).

[Sabor e propriedades] picante, amarga e levemente fria.

[Efeitos e indicações] elimina o Calor tóxico e promove a eliminação do pus no tratamento de abscessos e da apendicite aguda.

[Uso e dosagem] 9-15 g.

[Notas] (1) Inibe o *Streptococcus* e o *Staphylococcus in vitro*. (2) Previne a degeneração das células e necrose do fígado e promove a sua regeneração. (3) Apresenta um efeito sedativo suave.

Radix Pulsatillae, (*Baitouweng*): raiz seca da *Pulsatilla chinensis* (Bge.) Regel (família Ranunculaceae).

[Sabor e propriedades] amarga e fria.

[Efeitos e indicações] usada como agente antidisentérico no tratamento da disenteria bacilar e amebiana.

[Uso e dosagem] 9-15 g.

[Notas] *In vitro*, somente demonstra um efeito moderado antiamébico e ação bacteriostática sobre a *Shigella dysenteriae*.

Herba Andrographitis, (*Chuanxinlian*): parte aérea seca da *Andrographis paniculata* (Burm. F.) Nees (família Acanthaceae).

[Sabor e propriedades] amarga e fria.

[Efeitos e indicações] elimina o Calor tóxico no tratamento das infecções agudas respiratórias e nas infecções agudas do trato urinário.

[Uso e dosagem] 9-15 g.

[Notas] (1) Demonstra um espectro amplo de ações antibacterianas, principalmente ativa contra *Diplococcus pneumoniae* e *Streptococcus hemolyticus*. (2) Previne a deterioração das células renais embrionárias causada pelo vírus da ECHO$_{11}$; (3) Aumenta a fagocitose de leucócitos.

Herba Oldenlandiae, (*Baihuasheshecao*): erva seca da *Herba Oldenlandiae diffusa* (Willd.) Roxb., *Herba Oldenlandiae corymbosa* L. e outras espécies (família Rubiaceae).

[Sabor e propriedades] levemente amarga, doce e fria.

[Efeitos e indicações] elimina o Calor tóxico no tratamento da apendicite aguda, inflamação pélvica, infecção do trato urinário e da mordida de cobra venenosa; também usada como agente antineoplásico no tratamento do câncer do trato gastrintestinal.

[Uso e dosagem] 15-60 g.

[Notas] *In vitro*, somente inibe fracamente o *Staphylococcus aureus* e *Shigella dysenteriae*, mas pode aumentar a ação bactericida do soro, aumenta a fagocitose dos leucócitos e promove a função adrenocortical. Também demonstra ação antineoplásica nos casos de leucemia, carcinóide e sarcoma nos estudos experimentais.

Herba Lobeliae Chinensis, (*Banbianlian*): a erva seca da *Lobelia chinensis* Lour. (família Campanulaceae).

[Sabor e propriedades] doce ou sem gosto e levemente fria.

[Efeitos e indicações] elimina o Calor tóxico e induz a diurese no tratamento da tonsilite, ascite na cirrose hepática e edema nefrítico.

[Uso e dosagem] 9-15 g.

[Notas] Apresenta uma ação diurética e aumenta o volume da urina, bem como a excreção do cloreto de sódio. O princípio ativo principal é a radicanina.

Herba Scutellariae Barbatae, (*Banzhilian*): planta seca e inteira da *Scutellaria barbata* D. Don (família Labiatae).

[Sabor e propriedades] levemente amarga e fria.

[Efeitos e indicações] elimina o Calor tóxico e induz a diurese no tratamento da hepatite e na cirrose hepática com ascite; também é utilizada como um agente anti-neoplásico no câncer do pulmão, fígado e reto.

[Uso e dosagem] 15-30 g

Radix Sophorae Tonkinensis, (*Shandougen*): raiz seca e o rizoma da *Sophora Tonkinensis Gapnep.* (família Leguminosae).

[Sabor e propriedades] amarga e fria.

[Efeitos e indicações] Elimina o Calor tóxico no tratamento da dor de garganta e gengivas edemaciadas e doloridas devido ao Calor tóxico dos pulmões e do estômago; também usada como agente antineoplásico para câncer do pulmão, laringe e bexiga.

[Uso e dosagem] 3-9 g

[Aviso] Contra-indicada para pacientes com síndromes de deficiência do baço.

[Notas] Demonstra ter uma ação inibitória sobre tumores malignos em experimentos com animais. Inibe o crescimento de dermatófitos *in vitro*.

Antitérmicos Eliminadores da Umidade
(Medicamentos que Eliminam o Calor e a Umidade)

Radix Scutellariae, (*Huangqin*): raiz seca da *Scutellaria baicalensis* Georgi (família Labiatae).

[Sabor e propriedades] amarga e fria.

[Efeitos e indicações] elimina a umidade-Calor no intestino grosso nos casos de enterite aguda e disenteria; elimina o Calor tóxico nos casos de abscessos e outras infecções bacterianas; elimina o Fogo do pulmão nos casos de tosse com muco espesso e amarelo; remove o Calor do feto quando há risco de abortamento.

[Uso e dosagem] 3-9 g.

[Notas] (1) *Radix Scutellariae* possui um amplo espectro de ações bacteriostáti-cas e também inibe o vírus da *influenza* asiática e antígenos do vírus da hepatite B (HBs, HBc e HBe). Os principiais constituintes antibacterianos são a baicaleína e a vogonina. (2) A *Radix Scutellariae* mostra efeitos antiinflamatórios e antialérgicos em estudos experimentais. A baicaleína e a baicalina inibem a atividade da enzima SH e reduzem a liberação de transmissores para a reação alérgica. A baicalina também inibe a atividade da lipoxigenase nas plaquetas sanguíneas, suprimindo a eliminação da substância de reação lenta. (3) A decocção *Radix Scutellariae* e a baicalina mostram efeitos sedativo, hipotensor e colagogo em experimentos com animais e a baicaleína e a vogonina estimulam a secreção da urina.

Rhizoma Coptidis, (*Huanglian*): rizoma seco da *Coptis chinenses* Franch., *Coptis deltoidea* C. Y. Cheng et Hsiao ou *Coptis teeta* Wall. (família Ranunculaceae).

[Sabor e propriedades] amarga e fria.

[Efeitos e indicações] elimina a umidade-Calor na disenteria; elimina o Calor tóxico do abscesso e outras infecções bacterianas; elimina o Fogo do coração na agitação e na insônia decorrente do Fogo exuberante do coração.

[Uso e dosagem] 1.5-6 g.

[Notas] (1) o *Rhizoma Coptidis* contém a berberina como seu principal constituinte antibacteriano. *In vitro*, tanto o *Rhizoma Coptidis* quanto a berberina mostram um espectro amplo de ações bacteriostáticas, principalmente sobre o bacilo de Flexner e o bacilo de Shinga, *Staphilococcus, Streptococcus, Pneumococcus, gonococcus e Vibro cholerae*. Quando utilizadas sozinhas, tanto a *Rhizoma Coptidis* quanto a berberina são capazes de induzir a resistência aos medicamentos. Mas, se a berberina for utilizada em combinação com outros medicamentos antitérmicos ou antibióticos, sua ação antibactericida será redobrada e não haverá resistência cruzada entre a berberina e a penicilina ou a estreptomicina. O *Rhizoma Coptidis* e a berberina também inibem a lep-tospira, dermatófitos e vários vírus da influenza A e B, bem como amebas, *Trichomonas vaginalis* e o Tripanosoma. (2) O *Rhizoma Coptidis* ou a berberina podem melhorar a toxemia em muitos tipos de infecções bacterianas. Mesmo abaixo da concentração bacteriostática, o *Rhizoma Coptidis* pode, ainda, inibir as bactérias para formar a coa-gulase e reduzir sua virulência. (3) O *Rhizoma Coptidis* exibe um efeito antipirético marcante na febre leucocítica induzida por pirógenos, provavelmente por sua ação sobre o centro nervoso. (4) O *Rhizoma Coptidis* apresenta ações antiinflamatórias mar-cantes. Também aumenta a fagocitose dos leucócitos e das células reticuloendoteliais, aumentando a resistência corporal. (5) A berberina suprime as arritmias ventriculares e supraventriculares por meio do bloqueio do canal de cálcio. Também tem uma ação inotrópica positiva, sendo um vasodilatador. (6) A berberina inibe a agregação pla-quetária induzida por vários agentes, principalmente por colágenos. (7) O *Rhizoma Coptidis* e a berberina diminuem o nível de glicose no sangue em animais normais e hiperglicêmicos. Isto ocorre, provavelmente, devido à supressão da neoglicogênese e a promoção da glicólise.

Cortex Phellodendri, (*Huangbai*): casca seca da *Phellodendron chinense* Schneid. ou *Phellodendron amurense* Rupr. (família Rutaceae).

[Sabor e propriedades] amarga e fria.

[Efeitos e indicações] elimina a umidade-Calor para a disenteria, infecções do trato urinário e eczema; reduz o Fogo endógeno decorrente da deficiência Yin do rim manifestada por febre baixa, sudorese noturna e emissão seminal; elimina o Calor tóxico na infecção bacteriana.

[Uso e dosagem] 3-12 g

[Notas] Contém berberina e apresenta ações farmacológicas similares ao *Rhizoma Coptidis.*

Radix Gentianae, (*Longdan*): raiz seca do rizoma da *Gentiana manshurica* Kitag., *Gentiana scabra* Bge., *Gentiana triflora* Pall. ou *Gentiana rigescens* Franch. (família Gentianaceae).

[Sabor e propriedades] amarga e fria.

[Efeitos e indicações] elimina a umidade-Calor e o Fogo no fígado e na vesícula biliar no tratamento da conjuntivite, dor de garganta, dor no hipocôndrio ou na otite média aguda causada por excesso de Fogo; icterícia, disúria, edema e prurido da vulva e eczema no escroto causados por umidade-Calor.

[Uso e dosagem] 3-6 g.

[Notas] (1) Demonstra efeitos antiinflamatório e antipirético nos estudos experimentais. (2) Contém gentiopicrina e gentianina, que estimulam a secreção gástrica e a digestão. (3) Reduz o nível sérico da transaminase glutâmica-pirúvica nas hepatoses.

Radix Sophorae Flavescentis, (*Kushen*): raiz seca da *Sophora flavescens* Ait. (família Leguminosae).

[Sabor e propriedades] amarga e fria.

[Efeitos e indicações] elimina a umidade-Calor nos casos de disenteria, icterícia, eczema e leucorréia; elimina parasitas e trata o prurido provocado por feridas, tíneas e o prurido da vulva provocado por *Trichomonas vaginalis.*

[Uso e dosagem] 4,5-9 g.

[Notas] (1) *Radix Sophorae Flavescentis* contém *matrine* e *oximatrine,* que apresentam um efeito inibitório importante sobre as reações inflamatórias com uma potência comparável à hidrocortisona, mas com um mecanismo não relacionado ao sistema pituitário-adrenal. O efeito, provavelmente, decorre da ação sobre a membrana do lisosoma, que diminui a liberação de transmissores inflamatórios. (2) *Radix Sophorae Flavescentis* tem uma ação antialérgica. A *oximatrine* inibe as reações alérgicas dos tipos I-IV. (3) A decocção da *Radix Sophorae Flavescentis* e seu alcalóide mostram efeitos antineoplásicos em estudos experimentais. (4) Tanto a decocção quanto a *matrine* apresentam um efeito diurético que aumenta o volume da urina e a excreção do cloreto de sódio. (5) A *matrine* demonstra uma ação inotrópica positiva sobre o coração e um efeito parecido com a quinidina sobre a arritmia.

Herba Artemisiae Scopariae, (*Yinchen*): muda seca da *Artemisia scoparia* Waldst. Et Kit ou *Artemisia capillaris* Thunb. (família Compositae).

[Sabor e propriedades] amarga e levemente fria.

[Efeitos e indicações] elimina a umidade-Calor do fígado e da vesícula biliar no tratamento da icterícia (como na icterícia hepática).

[Uso e dosagem] 6-15 g

[Notas] É, tradicionalmente, um medicamento importante no tratamento da icterícia. Pesquisa moderna revela seu efeito colagogo. A decocção aumenta a secreção da bile e relaxa o esfíncter de Oddi. Também apresenta efeitos terapêuticos e preventivos sobre o dano hepático causado pelo tetracloreto de carbono ou paracetamol em experimentos com animais.

Herba Abri, (*Jigucao*): planta inteira e seca da *Abrus cantoniensis* Hance (família Leguminosae) privada das vagens.

[Sabor e propriedades] doce e refrescante.

[Efeitos e indicações] elimina a umidade-Calor nos casos de hepatites aguda e crônica, cirrose hepática e infecção do trato urinário.

[Uso e dosagem] 15-30 g.

Cortex Dictamni, (*Baixianpi*): casca seca da raiz da *Dictamnus dasycarpus* Turcz. (família Rutaceae).

[Sabor e propriedades] amarga e fria

[Efeitos e indicações] elimina a umidade-Calor, dissipa o Vento e trata o prurido nas patologias de pele tais como ulceração, eczema e urticária, além da artrite reumática.

[Uso e dosagem] 4,5-9 g.

[Notas] (1) Demonstra um efeito antipirético em laboratório. (2) *In vitro*, inibe vários fungos, incluindo o tricófito.

Antitérmicos que Resfriam o Sangue
(Medicamentos para Redução do Calor no Sangue)

Cornu Bubali, (*Shuiniujiao*): chifre do *Bubalus budalis* L. (família Bovidae), usada para substituir o *Cornu Rhinoceri* (chifre de rinoceronte).

[Sabor e propriedades] amarga e fria.

[Efeitos e indicações] reduz o Calor no sangue nos casos de febre alta com delírio e erupções nas infecções agudas, e no tratamento de hemorragia devido ao Calor no sangue.

[Uso e dosagem] 15-30 g. Ferver mais de três horas antes de adicionar outros ingredientes.

[Notas] Demonstra efeitos cardiotônicos nos estudos experimentais.

Radix Rehmanniae, (não processada), (*Shengdihuang*), raiz seca da *Rehmannia glutinosa* Libosch (família Scrophulariaceae).

[Sabor e propriedades] doce, amarga e fria.

[Efeitos e indicações] reduz o Calor no sangue e nutre o Yin no tratamento das patologias febris no estágio de deficiência de sangue (manifestado por febre, sede, língua avermelhada e erupções), e deficiência Yin com Calor endógeno (manifestada por febre baixa persistente); também usada para interromper hemorragia decorrente do Calor no sangue.

[Uso e dosagem] 9-15 g

[Notas] (1) Demonstra efeito sedativo importante nos experimentos com animais. (2) inibe a inflamação, presumivelmente por meio da síntese do hormônio adrenocórtico. Também aumenta a fagocitose do sistema retículoendotelial e aumenta quantitativamente o número de linfócitos T periféricos. (3) Apresenta um efeito hemostático, diminuindo a hemorragia e o período de coagulação.

Cortex Moutan, (*Mudanpi*): casca seca da raiz da *Paeonia suffruticosa* Andr. (família Ranunculaceae).

[Sabor e propriedades] amarga, picante e levemente fria.

[Efeitos e indicações] reduz o Calor no sangue no caso das patologias febris no estágio Yin-sangue, e deficiência Yin com Calor endógeno; revigora a circulação do sangue e remove a estase para amenorréia e dismenorréia, dor devido a carbúnculos e lesões traumáticas.

[Uso e dosagem] 6-12 g.

[Aviso] Contra-indicado na gravidez.

[Notas] (1) *In vitro*, a *Cortex Moutan* demonstra efeitos bacteriostáticos sobre *Staphylococcus aureus, Shigella dysenteriae, Salmonella typhi* e dermatófitos. (2) *Cortex Moutan* contém *peonol*, que tem efeito sedativo, antipirético, analgésico, antiinflamatório, antialérgico e espasmolítico. (3) Inibe a agregação de plaquetas e protege o coração da isquemia. (4) É abortiva.

Radix Scrophulariae, (*Xuanshen*): raiz seca da *Scrophularia ningpoensis* Hemsl. (família Scrophulariaceae).

[Sabor e propriedades] amarga, salgada e fria.

[Efeitos e indicações] reduz o Calor no sangue nas patologias febris no estágio Yin marcadas por febre com sede, língua vermelha seca e delírio; tonifica o Yin e domina o Fogo na deficiência Yin nos pulmões com secura e Fogo manifestado por tosse com expectoração escassa, hemoptise e dor de garganta; dissolve os nódulos sólidos, fazendo-os flutuar (como em escrófula e abscesso).

[Uso e dosagem] 9-15 g.

Radix Arnebiae seu Lithospermi, (*Zicao*): raiz seca da *Arnebia euchroma* (Royle) Johnst. ou *Lithospermum erythrorhizon* Sieb. Et Zucc. (família Boraginaceae).

[Sabor e propriedades] doce e fria.

[Efeitos e indicações] reduz o Calor no sangue e promove erupção no tratamento do sarampo sem erupção adequada e em outras patologias similares.

[Uso e dosagem] 4,5-9 g.

[Notas] (1) Apresenta efeitos antibacteriano, antiviral e antifúngico em laboratório. (2) Apresenta efeitos antipirético e antiinflamatório. (3) Estimula a atividade cardíaca e a circulação sanguínea periférica e auxilia na excreção das toxinas. Isto pode explicar, em parte, sua função de promoção da erupção.

Antitérmicos para Calor do Tipo Deficiência (Medicamentos para Tratamento da Febre com Astenia)

Cortex Lycii, (*Digupi*): casca da raiz seca da *Lycium chinense* Mill. ou *Lycium barbarum* L. (família Solanaceae).

[Sabor e propriedades] doce e fria.

[Efeitos e indicações] reduz o Calor no sangue no tratamento da hemoptise e da epistaxe; trata a febre consumptiva decorrente da deficiência Yin.

[Uso e dosagem] 9-15 g

[Notas] Apresenta efeitos antipirético, hipotensor e hipoglicêmico em laboratório.

Radix Stellariae, (*Yinchaihu*): raiz seca da *Stellaria dichotoma* L. var. *lanceolata* Bge. (família Caryophyllaceae).

[Sabor e propriedades] doce e levemente fria.

[Efeitos e indicações] reduz a febre consumptiva decorrente da deficiência Yin na tuberculose e na desnutrição infantil.

[Uso e dosagem] 3-9 g.

Rhizoma Picrorhizae, (*Huhuanglian*): rizoma seco da *Picrorhiza scrophulariiflora* Pennel (família Scrophulariaceae).

[Sabor e propriedades] amarga e fria.

[Efeitos e indicações] reduz a febre consumptiva na tuberculose e na desnutrição infantil; elimina a Umidade-Calor nos casos de disenteria e icterícia.

[Uso e dosagem] 1.5-9 g.

[Notas] É um digestivo amargo, melhora a digestão e apresenta um efeito colagogo.

Herba Artemisiae Annuae, (*Qinghao*): parte aérea seca da *Artemisia annua* L. (família Compositae).

[Sabor e propriedades] amarga e fria.

[Efeitos e indicações] reduz o Calor no sangue nas patologias febris epidêmicas que envolvem o Yin, manifestadas por febre noturna, mas sem sudorese pela manhã quando a febre diminui; reduz a febre consumptiva devido à deficiência Yin; também é utilizada como agente antimalárico.

[Uso e dosagem] 4,5-9 g.

[Notas] (1) *In vitro, Herba Artemisiae Annuae* tem ação bacteriostática. Também inibe vários dermatófitos e o vírus *influenza* A. (2) A *Herba Artemisiae Annuae* age intensamente contra o plasmódio. Um novo agente antimalárico, *Qinghaosu*, foi desenvolvido a partir da erva na década de 1970. *Qinghaosu* elimina diretamente o plasmódio no estágio eritrocítico, mas não o afeta nos estágios pré-eritrocítico e exoeritrocítico. (3) A *Herba Artemisiae Annuae* apresenta efeitos antipirético, analgésico e antiinflamatório. Contém algumas funções imunes, tais como a liberação da interleucina e a formação do interferon.

Pesquisas atuais têm demonstrado que os antitérmicos apresentam um efeito antipirético. Mas, a ação parece ser diferente dos diaforéticos, porque a ausência de sudorese pode ser observada clinicamente quando a febre diminui com o antitérmico.

Como os antitérmicos são efetivos no tratamento das patologias infecciosas agudas, eram considerados medicamentos antimicrobianos. Embora alguns antitérmicos possuam ações bacteriostáticas *in vitro*, foi demonstrado que seu uso clínico como agente bacteriostático é somente possível em alguns deles. Para a maioria deles, é questionável se a concentração mínima inibitória no sangue pode ser alcançada com a dose oral, e, portanto, são necessários estudos adicionais. Alguns antitérmicos possuem efeitos antivirais ou antiprotozoários (antimalárico, antiamebiano).

Muitos outros efeitos, além da inibição direta dos patógenos, podem ser úteis no controle da infecção. As ações antiinflamatórias e que aumentam a imunidade são muito importantes. A maioria dos antitérmicos possui ação antiinflamatória, mas o mecanismo de ação pode ser diferente nos diversos antitérmicos. *Fructus Forsythiae* inibe a exsudação inflamatória por meio da redução da permeabilidade capilar, e *Herba Andrographitis* age contra o processo antiinflamatório por meio da estimulação do sistema pituitário-adrenal; a *Radix Scutellariae*, a *Herba Houttuyniae* e a *Radix seu Lithospermi* suprimem a atividade da epoxidase e da lipoxidase na produção dos transmissores inflamatórios.

Muitos antitérmicos apresentam efeitos de estímulo da imunidade ou de aumento desta. Por exemplo, o *Rhizoma Coptidis*, a *Radix Scutellariae*, a *Flos Lonicerae*, a *Herba Houttuyniae*, a *Radix Pulsatillae*, a *Radix Rehmanniae* a *Cortex Moutan* aumentam a fagocitose dos leucócitos e do sistema reticuloendotelial; a *Herba Houttuyniae* eleva a atividade da lisozima e o nível de properdina no plasma; *Herba Taraxaci, Flos Lonicerae, Rhizoma Coptidis, Radix Scutellariae* e *Sophora Vietnamese* promovem a transformação dos linfócitos. Porém, alguns antitérmicos são imunossupressores. A *Cortex Dictamni* suprime a imunidade celular. A *Cortex Dictamni* e a *Cortex Phellodendron* inibem a imunidade humoral.

A ação dos antitérmicos contra as toxinas merece uma discussão especial. Nem todas as bactérias são prejudiciais ao corpo humano; somente as patogênicas são. Sua patogenicidade ou virulência decorre, normalmente, das toxinas que elas possuem. Nas infecções, muitas lesões locais são causadas, de fato, pelas toxinas, e vários sintomas gerais são decorrentes da toxemia. Embora os antibióticos possam ser bacteriostáticos ou mesmo bactericidas, muitos deles não apresentam efeito sobre as endotoxinas. A polimixina é uma exceção, mas devido a seus efeitos colaterais severos, seu uso torna-se impraticável como medicamento antiendotoxina. Um antibiótico potente pode até mesmo induzir o agravamento transitório da toxemia decorrente da liberação repentina da endotoxina da bactérica aniquilada pelo antibiótico. Tal fenômeno raramente ocorre durante o tratamento fitoterápico chinês.

Tabela 9-3 – Efeitos farmacológicos comuns dos antitérmicos

	Antibactericida	Antiviral	Antitóxico	Antiprotozoário	Antiinflamatório	Antipirético	Aumento da imunidade	Antineoplásico
Antitérmicos purgativos do Fogo								
Gypsum Fibrosum						+	+	
Rhizoma Anemarrhenae	+					+		+
Fructus Gardeniae	+					+		
Antitérmicos Desintoxicantes								
Flos Lonicerae	+	+	+	+	+	+	+	+
Fructus Forsythiae	+	+			+	+		
Radix Isatidis	+	+		+	+	+	+	
Folium Isatidis	+	+		+	+	+	+	
Indigo Naturalis	+				+		+	+
Herba Taraxaci	+							+
Herba Violae	+				+			
Herba Houttuyniae	+	+			+		+	+
Radix Pulsatillae	+	+		+				
Herba Andrographitis	+		+		+	+	+	+
Radix Sophorae Tonkinensis	+				+			
Antitérmicos eliminadores da Umidade								
Radix Scutellariae	+	+	+		+	+		+
Rhizoma Coptidis	+	+	+	+	+	+	+	+
Cortex Phellodendron	+	+	+		+	+		
Radix Gentianae					+		+	
Radix Sophorae Flavesentis	+			+	+	+		+
Antitérmicos resfriadores do Sangue								
Radix Rehmanniae	+		+		+			
Cortex Moutan	+				+	+	+	+
Radix Scrophulariae	+					I		
Radix Arnebiae seu Lithospermi	+	+	+		+	+		+
Antitérmicos para deficiência de Calor								
Cortex Lycii	+	+				+		+
Radix Stellariae								
Rhizoma Picrorhizae	+							
Herba Artemisiae Annuae	+	+	+	+			+	

Dentre os antitérmicos, alguns apresentam ação direta contra as toxinas. A *Flos Lonicerae*, a *Fructus Forsythiae*, *Herba Taraxaci* e *Herba Patriniae* diminuem as endotoxinas bacterianas. A berberina (como princípio ativo contido no *Rhizoma Coptidis* e na *Cortex Phellodendron*) é antagonista da exotoxina da *Vibro cholerae*. Alguns antitérmicos agem contra as toxinas, indiretamente. Por exemplo, a *Cortex Moutan*, a *Radix Scutellariae* e o *Rhizoma Anemarrhenae* em uma concentração muito baixa (abaixo do nível bacteriostático) inibem a formação da coagulase do *Staphylococcus aureus*, reduzindo a virulência deste último e tratando o prejuízo dos tecidos.

Tumores malignos podem conduzir ao Calor e às síndromes tóxicas. Portanto, os antitérmicos desintoxicantes têm sido utilizados no tratamento destas patologias. Estudos experimentais demonstram que alguns antitérmicos podem inibir as células tumorais de modo notável.

Na Tabela 9-3 estão enumeradas as ações farmacológicas comuns dos antitérmicos. Cada antitérmico pode apresentar outras ações que não estão incluídas na tabela.

MEDICAMENTOS DISPERSORES DO VENTO-UMIDADE (MEDICAMENTOS ANTI-REUMÁTICOS)

O termo "reumatismo" utilizado aqui abrange uma variedade de desordens que apresentam a dor e a rigidez como sintomas comuns referentes ao Sistema Músculo-esquelético. É equivalente a "patologias Vento-Umidade" na Medicina Chinesa. Os medicamentos anti-reumáticos são aqueles que podem dissipar o Vento e a Umidade e tratam as dores reumáticas e/ou contratura muscular. Alguns deles apresentam o efeito de fortalecimento dos tendões e ossos. Porém, podem ser, geralmente, divididos em três grupos: medicamentos anti-reumáticos com efeito analgésico, medicamentos anti-reumáticos com efeito[1] de ativação dos colaterais (para aliviar a contratura muscular), e medicamentos anti-reumáticos com efeito tônico (para fortalecer os tendões e ossos).

Dentre os medicamentos anti-reumáticos, *Rhizoma seu Radix Notopterygii, Radix Angelicae Pubescentis, Radix Clematidis, Radix Gentianae Macrophyllae* e *Radix Stephaniae Tetrandae* são comumente utilizadas no tratamento das dores reumáticas; a *Fructus Chaenomelis, Herba Siegesbeckiae, Caulis Piperis Kadsurae* e *Caulis Sinomenii* são utilizadas para aliviar a contratura muscular; *Rhizoma Homalomenae, Viscum Lorathus* e *Cortex Acanthopanacis* apresentam o efeito de fortalecimento dos tendões e ossos.

A maioria dos anti-reumáticos é picante e possuem propriedades mornas. Então, deve-se prestar atenção quando os anti-reumáticos são usados em pacientes com deficiência Yin ou deficiência de sangue.

Rhizoma seu Radix Notopterygii, (*Qianhuao*): rizoma ou raiz secos da *Notopterygium incisum* Ting ex H.T. Chang ou *Notopterygium forbesii* Boiss. (família Umbelliferae).

[Sabor e propriedades] picante, amarga e morna.

[Efeitos e indicações] dissipa o Vento-Umidade na dor reumática, especialmente a situada na parte superior do corpo; trata a cefaléia associada a resfriados.

---

1. Contratura muscular é considerada a manifestação decorrente da obstrução do *Qi* que flui nos colaterais. Quando a obstrução é removida e o fluxo do *Qi* nos colaterais fica livre, a contração é aliviada.

[Uso e dosagem] 3-9 g.

[Notas] Demonstra efeitos diaforético, antipirético e analgésico em laboratório.

Radix Angelicae Pubescentis, (*Duhuo*): raiz seca da *Angelica pubescens*. f. *biserrata* Shan et Yuan (família Umbelliferae).

[Sabor e propriedades] picante, amarga e levemente fria.

[Efeitos e indicações] trata as condições reumáticas na artralgia, especialmente a situada na parte inferior do corpo.

[Uso e dosagem] 3-9 g.

[Notas] Possui efeitos antiinflamatório, analgésico e antipirético. Também apresenta efeito hipotensor pela dilatação dos vasos sanguíneos.

Radix Clematidis, (*Weilingxian*): raiz e rizoma secos da *Clematis chinensis* Osbeck, *Clematis hexapetala* Pall. ou *Clematis manshurica* Rupr. (família Ranunculaceae).

[Sabor e propriedades] picante e morna.

[Efeitos e indicações] trata as condições reumáticas na artralgia, especialmente a dor que migra por todo o corpo.

[Uso e dosagem] 6-9 g.

[Notas] Apresenta efeitos diurético, analgésico e antipirético e pode produzir ácido úrico solúvel. Também é utilizado no tratamento de gota.

Radix Gentianae Macrophyllae, (*Qinjiao*): raiz seca da *Gentiana macrophylla* Pall., *Gentiana crassicaulis* Duthie ex Burk. ou *Gentiana straminea* Maxim., *Gentiana dahurica* Fisch. (família Gentianaceae).

[Sabor e propriedades] pungente, amarga e levemente fria.

[Efeitos e indicações] trata as condições reumáticas na artralgia; reduz a febre consumptiva decorrente da deficiência do Yin.

[Uso e dosagem] 4,5-9 g.

[Notas] Contém gentianina, que possui ação inibitória contra a inflamação induzida pelo formaldeído e pela clara de ovo em experimentos com animais, provavelmente pela estimulação da pituitária para aumentar a secreção do ACTH. Gentianina também apresenta efeitos tranqüilizante, analgésico e antipirético nos estudos experimentais e trata a asma induzida pela histamina.

Radix Stephaniae Tetrandrae, (*Fangji*): raiz seca da *Stephania tetrandria* S. Moore (família Menispermaceae).

[Sabor e propriedades] amarga, picante e fria.

[Efeitos e indicações] trata as condições reumáticas na artralgia aguda; induz a diurese no edema com oliguria.

[Uso e dosagem] 4,5-9 g.

[Notas] Seu principal princípio ativo é a tetrandrina. A tetrandrina apresenta efeitos antiinflamatório, antialérgico, analgésico e hipotensor importantes. Suprime a arritmia e apresenta uma ação inotrópica negativa sobre o coração.

Os mecanismos antiarrítmicos são o bloqueio do canal de cálcio e a supressão da liberação intracelular do cálcio. A tetrandrina dilata a artéria coronária e protege o miocárdio da isquemia. Ela melhorou notavelmente a silicose pulmonar em experimentos com ratos.

Fructus Chaenomelis, (Mugua): fruto seco e maduro da *Chaenomeles speciosa* (doce) Nakai (família Rosaceae).

[Sabor e propriedades] azeda e morna.

[Efeitos e indicações] diminui a contratura no tratamento da artrite com ancilose e na contratura do gastrocnêmico; dissipa a Umidade e regula o estômago para tratar o vômito, diarréia e indigestão.

[Uso e dosagem] 4,5-9 g.

[Notas] Demonstra efeito diminuidor de edema importante na artrite induzida com proteína em experimentos com animais.

Herba Siegesbeckiae, (Xiqiancao): parte aérea seca da *Siegesbeckia orientalis* L., *Siegesbeckia pubescens* Makino ou *Siegesbeckia glabrescens* Makino (família Compositae).

[Sabor e propriedades] amarga e fria.

[Efeitos e indicações] trata as condições reumáticas na artralgia.

[Uso e dosagem] 9-12 g.

[Notas] É antiinflamatória. Diminui a pressão sanguínea pela dilatação dos vasos sanguíneos. Também apresenta efeito antimalárico.

Caulis Piperis Kadsurae, (Haifengteng): caule seco da *Piper Kadsura* (Choisy) Obwi. (família Piperaceae).

[Sabor e propriedades] picante, amarga e levemente fria.

[Efeitos e indicações] dissipa o Vento-Umidade no tratamento da dor reumática com contração.

[Uso e dosagem] 6-12 g.

Caulis Sinomenii Orientvine, (Qingfengteng): caule lianóide seco da *Sinomenium acutum* (Thunb.) Rehd. Et Wills. (família Menispermaceae).

[Sabor e propriedades] amarga e de propriedade neutra.

[Efeitos e indicações] trata as condições reumáticas no tratamento da artralgia com edema.

[Uso e dosagem] 6-12 g.

[Notas] Demonstra efeitos antiinflamatório, analgésico, sedativo e hipotensor em laboratório.

Radix Folium et Flos Tripterygii Wilfordii, (Leigongteng): raiz, folha e flor da *Tripterygium wilfordii* Hook.f. (família Celastraceae).

[Sabor e propriedades] amarga e tóxica.

[Efeitos e indicações] trata as condições reumáticas na artrite reumatóide.

[Uso e dosagem] 6-12 g.

[Notas] Tem sido anunciado que é efetiva no tratamento da artrite reumatóide somente nas últimas décadas. Ela é antiesteróide, antiinflamatória e, ao mesmo tempo, imunossupressora. Pode causar efeitos colaterais, como desordens menstruais ou amenorréia, redução dos espermatozóides, erupções da pele, aumento leucocitário e do número de plaquetas e dor abdominal com diarréia. Os efeitos colaterais desaparecem assim que o tratamento for interrompido.

Rhizoma Homalomenae, (*Qiannianjian*): rizoma seco da *Homalomena occulta* (Lour.) Schott (família Araceae).

[Sabor e propriedades] amarga, picante e morna.

[Efeitos e indicações] trata as condições reumáticas e fortalece os ossos na artrite reumatóide com contratura e desordens músculo-esqueléticas em pessoas idosas.

[Uso e dosagem] 4,5-9 g.

Cortex Acanthopanacis, (*Wujiapi*): casca da raiz seca da *Acanthopanax gracilistylus* W. W. Smith (família Araliaceae).

[Sabor e propriedades] picante e morna.

[Efeitos e indicações] dissipa o Vento-Umidade no tratamento da dor reumática; induz a diurese no tratamento do edema com oliguria.

[Uso e dosagem] 4,5-9 g.

[Notas] (1) Inibe a caragenina, o edema induzido pelo formaldeído e pela clara de ovo, artrite adjuvante e inflamação alérgica do tipo I, III e IV. Sua ação antiinflamatória decorre, principalmente, da supressão da liberação dos transmissores inflamatórios, tais como o fator quimiotático leucocitário e as prostaglandinas. Ela inibe a reação alérgica cutânea passiva por meio da supressão da produção do IgE. (2) Demonstra efeitos sedativos, analgésicos e hipoglicêmicos nos estudos experimentais. Também aumenta a resistência corporal à alta temperatura, hipoxia e estresse.

MEDICAMENTOS ELIMINADORES DA UMIDADE

Os medicamentos eliminadores da Umidade são utilizados no tratamento das patologias ou síndromes causadas por Umidade. De acordo com os diferentes mecanismos de eliminação da Umidade, os medicamentos desta categoria podem ser classificados em três grupos: medicamentos aromáticos que drenam a Umidade; medicamentos diuréticos e medicamentos antitérmicos diuréticos.

Medicamentos Aromáticos que Drenam a Umidade

Estes medicamentos são de sabor picante e de natureza morna. Eles apresentam uma ação secante para remover a Umidade e revigorar a função do baço. São freqüentemente utilizados no tratamento do acúmulo de Umidade com disfunção do baço manifestada por plenitude epigástrica, plenitude torácica, vômito, diarréia, redução da ingestão de alimentos, sabor doce na boca e saburra oleosa e branca da língua. Estes medicamentos contêm óleo volátil que propalam a fragrância e os componentes ativos que existem normalmente nestes óleos voláteis. Portanto, quando a decocção estiver sendo feita, estes medicamentos devem ser cozidos somente por um curto período de tempo.

Herba Pogostemonis, (*Guang Huo Xiang*): parte aérea seca da *Pogostemon cablin* (Blanco) Benth. (família Labiatae).

[Sabor e propriedades] picante e levemente morna.

[Efeitos e indicações] remove a Umidade turva no tratamento da náusea, vômito e anorexia decorrente do acúmulo de Umidade; dissipa a Umidade do verão no tratamento das patologias de verão, apresentando sintomas de lassidão e plenitude torácica ou dor abdominal, vômito e diarréia.

[Uso e dosagem] 3-9 g.

[Notas] (1) Seus efeitos antieméticos e antidiarréicos são, presumivelmente, atribuídos a sua ação sobre o nervo vago. (2) Mostra uma ação antipirética, provavelmente por causa da dilatação dos capilares periféricos.

Herba Agastachis, (*Huo Xiang*): parte aérea seca da *Agastache rugosus* (Fisch. et Mey) O. Ktze (família Labiatae).

[Sabor e propriedades] picante e levemente morna.

[Efeitos e indicações] as mesmas da *Herba Pogostemonis*.

[Uso e dosagem] 3-9 g.

Herba Eupatorii, (*Pei Lan*): parte aérea seca da *Eupatorium fortunei* Turcz. (família Compositae).

[Sabor e propriedades] picante e neutra.

[Efeitos e indicações] drena a Umidade e revigora o baço no tratamento da plenitude epigástrica, plenitude e anorexia decorrente da Umidade do verão ou distúrbio do baço por Umidade.

[Uso e dosagem] 3-9 g.

[Nota] Seu óleo volátil inibe o vírus da *influenza* em laboratório.

Rhizoma Atractylodis, (*Cang Zhu*): rizoma seco da *Atractylodes lancea* (Thunb.) DC. ou *Atractylodes chinensis* (DC.) Koidz. (família Compositae).

[Sabor e propriedades] picante, amarga e morna.

[Efeitos e indicações] drena a Umidade e revigora o baço na anorexia, náusea, vômito e diarréia, nas patologias decorrentes da Umidade; dissipa o Vento-Umidade na dor reumática; melhora a visão da cegueira noturna.

[Uso e dosagem] 3-9 g.

[Nota] Contém quantidades consideráveis de vitaminas A e D.

Fructus Amomi Rotundus, (*Dou Kou*): fruto maduro e seco da *Amomum kravanh* Pirre ex Gagnep, ou *Amomum compactum* Soland ex Maton (família Zingiberaceae).

[Sabor e propriedades] picante e morna.

[Efeitos e indicações] drena a Umidade no tratamento da anorexia, náusea e vômito decorrente do acúmulo da Umidade turva no baço e no estômago; remove a estagnação dos alimentos no tratamento da dispepsia.

[Uso e dosagem] 3-6g, a ser adicionada quando a decocção estiver quase pronta.

[Notas] Seu óleo volátil apresenta efeitos digestivos e antieméticos, estimula a secreção gástrica e o peristaltismo intestinal e inibe a fermentação anormal no intestino.

Fructus Amomi, (*Sha Ren*): fruto maduro e seco da *Amomum villosum* Lour., *Amomum villosum* var. *xanthioides* T. L. Wu et Senjen ou *Amomum longiligulare* T. L. (família Zingiberaceae).

[Sabor e propriedades] picante e morna.

[Efeitos e indicações] drena a Umidade nos tratamentos da plenitude epigástrica e da anorexia decorrente do acúmulo da Umidade no baço e no estômago; aquece o baço para tratar a diarréia do tipo deficiência-Frio; previne o abortamento.

[Uso e dosagem] 3-6g, a ser adicionada quando a decocção estiver quase pronta.

[Notas] Seu óleo volátil regulariza a motilidade do trato gastrintestinal, promove o peristaltismo normal e a evacuação, enquanto inibe a motilidade excessiva e alivia do espasmo entérico.

Medicamentos Diuréticos

A Umidade endógena provoca a retenção anormal dos fluidos. Quando o fluido retido é subcutâneo, forma-se o edema. Os medicamentos diuréticos são utilizados para promover a secreção da urina no tratamento do edema. A maioria deles tem sabor levemente doce ou apresenta ausência de sabor. A administração prolongada dos medicamentos diuréticos pode consumir os fluidos corporais, de modo que devem ser utilizados com precaução quando administrados em pacientes com deficiência de Yin. Se o edema for decorrente da função reduzida do baço, os diuréticos são normalmente usados em combinação com tônicos para revigorar a função do baço.

Poria, (*Fuling*): esclerócio seco dos fungos *Poria cocos* (Schw.) Wolf (família Polyporaceae).

[Sabor e propriedades] doce ou sem sabor e neutra.

[Efeitos e indicações] induz a diurese no tratamento do edema com oliguria; revigora o baço no tratamento da anorexia e da diarréia decorrentes da retenção da Umidade do baço; acalma a mente no tratamento das palpitações e da insônia.

[Uso e dosagem] 9-15 g.

[Notas] (1) A *Poria* mostra um efeito diurético nos experimentos crônicos. O princípio ativo é o *poriatin*, que é considerado antagonista ao receptor aldosterona. Além disso, a *Poria* ativa o Na+ -K+ -ATPase, e regula o metabolismo água-eletrólitos. (2) O conteúdo polissacarídeo da

Poria (*patchyman* e seus derivados) aumenta a função imunológica, a atividade dos macrófagos, o número dos leucócitos periféricos e as reações imunológicas celulares. O *patchyman* e o *poriatin* também demonstram alguma atividade antineoplásica, principalmente pela ativação da vigilância imunológica. (3) Os polissacarídeos demonstram algum efeito sedativo nos experimentos com animais. (4) A *Poria* age sobre o sistema digestivo, reduz a acidez gástrica no tratamento experimental da úlcera gástrica, relaxa os músculos intestinais, protege o fígado contra danos químicos e acelera a regeneração das células do fígado.

Polyporus, (*Zhu Ling*): esclerócio seco do fungo, *Polyporus umbellatus* (Pers.) Fries (família Polyporaceae).

[Sabor e propriedades] doce e sem sabor, neutra.

[Efeitos e indicações] induz a diurese e remove a Umidade no tratamento do edema com oliguria, diarréia e leucorréia excessiva.

[Uso e dosagem] 6-12 g.

[Notas] (1) A decocção ingerida apresenta um efeito diurético nos experimentos com animais, principalmente pela inibição da água e reabsorção dos eletrólitos dos túbulos renais. (2) O conteúdo de polissacarídeos do *Polyporus* (glucana) aumenta as funções imunológicas, incluindo a fagocitose do sistema reticuloendotelial, a reação dos linfócitos B aos antígenos, o número de células formadoras de anticorpos e a transformação dos linfócitos. (3) Além do fortalecimento da função imunológica, a glucana suprime diretamente o crescimento de determinados tumores malignos, provavelmente pela inibição da síntese de DNA das células com tumor. (4) A glucana protege o fígado contra danos químicos e promove a regeneração das células do fígado.

Rhizoma Alismatis, (*Ze Xie*): tubérculo seco da *Alisma orientalis* (Sam.) Juzep. (família Alismataceae).

[Sabor e propriedades] doce ou sem sabor e fria.

[Efeitos e indicações] induz a diurese e remove a Umidade no tratamento do edema com oliguria, diarréia e distúrbio urinários.

[Uso e dosagem] 6-9 g.

[Notas] (1) Foi demonstrado que a decocção possui efeito diurético importante com aumento de excreção de eletrólitos e uréia. (2) O extrato alcoólico reduz o colesterol e previne a aterosclerose nos experimentos com a hipercolesterolemia. O efeito é comparável ao do clofibrato. O rizoma também melhora o metabolismo da gordura no fígado e previne o fígado gorduroso. (3) O rizoma apresenta efeitos hipoglicemiante e hipotensor suave.

Semen Plantaginis, (*Che Qian Zi*): Semente seca da *Plantago asiática* L. ou *Plantago depressa* Willd. (família Plantaginaceae).

[Sabor e propriedades] doce e fria.

[Efeitos e indicações] induz a diurese e remove a Umidade no tratamento do edema com oliguria, diarréia e disúria; reduz o Calor do fígado no tratamento da inflamação ocular.

[Uso e dosagem] 9-15g, a ser embrulhada para fazer a decocção.

[Notas] Apresenta um efeito diurético com aumento da excreção de sódio, uréia e ácido úrico, bem como efeito hipoglicemiante. Contém uma grande quantidade de mucilagem, de modo que para fazer a decocção é necessário embrulhá-la.

Herba Plantaginis, (*Che Qian Cao*): erva seca da *Plantago asiática* L. ou *Plantago depressa* Willd. (família Plantaginaceae).

[Sabor e propriedades] doce e fria.

[Efeitos e indicações] induz a diurese e remove a Umidade no tratamento do edema com oliguria, diarréia e disúria; elimina o Calor tóxico no tratamento de abscessos e outras inflamações piogênicas; promove a expectoração na tosse causada por muco-Calor.

[Uso e dosagem] 9-30 g.

[Notas] Apresenta menos efeito diurético do que a *Semen Plantaginis*, mas inibe um espectro de bactérias *in vitro*, incluindo a *Salmonella typhi*, *Salmonella paratyphi*, *Shigella dysenteriae* e *Staphylococcus aureus*. Além disso, estimula a secreção do trato respiratório para facilitar a expectoração e age no centro respiratório para aliviar a tosse.

Talcum, (*Hua Shi*): mineral muito macio composto de silicato de magnésio hidratado.

[Sabor e propriedades] doce ou sem sabor e fria.

[Efeitos e indicações] induz a diurese e reduz o Calor nos casos de infecção no trato urinário; remove a Umidade-Calor do verão pela indução da diurese, sendo utilizada no tratamento da sede, oliguria e diarréia líquida causada por insolação; usada externamente como agente adstringente no eczema e na malária.

[Uso e dosagem] 9-24g, a ser embrulhada para fazer a decocção; quantidade apropriada para uso externo.

Semen Coicis, (*Yi Yi Ren*): semente madura e seca da *Coix Lacryma jobi* L. var. ma-yuen (Roman.) Satpf (família Graminae).

[Sabor e propriedades] doce e sem sabor e levemente fria.

[Efeitos e indicações] revigora o baço e induz a diurese no tratamento do edema com oliguria e diarréia decorrente da insuficiência do baço no acúmulo da Umidade; remove o Calor e promove a eliminação de pus no tratamento do abscesso e da apendicite; alivia as condições reumáticas nas artralgias aguda.

[Uso e dosagem] 9-30 g.

[Notas] Contém coixenolide, que inibe o crescimento de alguns tipos de câncer (p. ex., câncer com ascite) nos experimentos com animais.

Rhizoma Dioscoreae Hypoglaucae, (*Bi Xie*): rizoma seco da *Dioscorea hypoglauca* Palibin (família Dioscoreaceae*).

[Sabor e propriedades] amarga e de propriedade neutra.

[Efeitos e indicações] remove a Umidade turva da quilúria e da infecção do trato urinário com urina turva; dissipa o Vento-Umidade na dor reumática.

[Uso e dosagem] 9-15 g.

Herba Lysimachiae Loosestrife, *(Jin Qian Cao)*: erva seca da *Lysimachia christinae* Hance (família Primulaceae).

[Sabor e propriedades] amarga e levemente fria.

[Efeitos e indicações] remove a Umidade-Calor e alivia a disúria nos casos de infecção aguda do trato urinário; expele o cálculo no tratamento da litíase biliar e urinária.

[Uso e dosagem] 15-60 g.

[Notas] Apresenta efeitos diuréticos e colagogo em estudos com animais. A decocção estimula a secreção biliar e relaxa o esfíncter de Oddi.

Spora Lygodii, (*Hai Jin Sha*): esporos secos da *Lygodium japonicum* (Thunb.) Sw. (família Lygodiaceae).

[Sabor e propriedades] doce e fria.

[Efeitos e indicações] remove a Umidade-Calor e expele o cálculo no tratamento de litíase na bexiga e trata a infecção do trato urinário com disúria.

[Uso e dosagem] 6-15g, a ser embrulhada para fazer a decocção.

Semen Phaseoli, (*Chi Xiao Dou*): semente madura e seca da *Phaseolus calcalatus* Roxb. ou *Phaseolus angularis* Wight (família Leguminosae).

[Sabor e propriedades] doce e azeda e neutra.

[Efeitos e indicações] induz a diurese no edema com oliguria; promove a excreção do pus no tratamento de abscessos e outras inflamações piogênicas.

[Uso e dosagem] 9-30 g.

Medicamentos Diuréticos Antitérmicos

Este grupo de medicamentos pode dissipar a Umidade-Calor por meio da diurese, sendo indicado no tratamento da infecção aguda do trato urinário e outras patologias de Umidade-Calor manifestadas por diarréia ou eczema. Se o Calor é exuberante, os antitérmicos são, normalmente, adicionados; se a Umidade é exuberante, medicamentos aromáticos dissipadores da Umidade são utilizados em conjunto. A maioria deles é amarga e de natureza fria. Deve-se tomar cuidado quando forem administrados em pacientes com deficiência de Yin ou deficiência do tipo edema.

Caulis Clematidis Armandii, (*Mu Tong*): caule lianóide seco da *Clematis armandii* Franch. ou *Clematais Montana* Buch.-Ham. (família Ranunculaceae).

[Sabor e propriedades] amarga e fria.

[Efeitos e indicações] remove o Calor e induz a diurese no tratamento da infecção aguda do trato urinário; estimula a menstruação no tratamento da amenorréia; promove a lactação.

[Uso e dosagem] 3-9 g.

[Aviso] Overdose pode causar danos na função renal.

[Notas] Apresenta efeitos diuréticos e cardiotônicos em experimentos com animais. *In vitro*, inibe a *Salmonella typhi, Shigella dysenteriae* e vários dermatófitos.

Folium Pyrrosiae, (*Shi Wei*): folha seca da *Pyrrosia sheareri* (Bak.) Ching. *Pyrrosia língua* (Thunb.) Farwell ou *Pyrrosia petiolosa* (Christ) Ching (família Polypodiaceae).

[Sabor e propriedades] amarga, doce e levemente fria.

[Efeitos e indicações] remove o Calor, induz a diurese e alivia a disúria no tratamento da infecção aguda do trato urinário e no cálculo urinário, sendo também utilizada no tratamento da nefrite com albuminúria; limpa os pulmões, drena o muco e alivia a tosse no tratamento da bronquite aguda e crônica.

[Uso e dosagem] 6-12 g.

[Notas] Apresenta efeito expectorante, antitussígeno e antiasmático em estudos experimentais.

Herba Polygoni Avicularis, (*Bian Xu*): parte aérea seca da *Polygonum aviculare* L. (família Polygonaceae).

[Sabor e propriedades] amarga e de propriedade neutra.

[Efeitos e indicações] remove o Calor, induz a diurese e alivia a disúria no tratamento das infecções urinárias agudas; remove o Calor-Umidade na icterícia e nas lesões exsudativas na pele.

[Uso e dosagem] 9-15 g.

[Notas] Apresenta um efeito diurético importante com aumento da excreção de sódio. Demonstra efeito hipotensor na hipertensão experimental. *In vitro*, inibe a *Shigella dysenteriae, Microsporum lanosum* e em fungos.

Herba Dianthi, (*Qu Mai*): parte aérea seca da *Dianthus superbus* L. ou *Dianthus chinensis* L. (família Caryophyllaceae).

[Sabor e propriedades] amarga e fria.

[Efeitos e indicações] remove a Umidade-Calor e alivia a disúria no tratamento da infecção aguda do trato urinário e na prostatite com micção difícil e dolorida; estimula a menstruação no tratamento da amenorréia.

[Uso e dosagem] 9-15 g.

[Aviso] Contra-indicado na gravidez.

[Notas] Apresenta efeito diurético com aumento da excreção de cloretos em laboratório.

Fructus Kochiae, (*Di Fu Zi*): fruto maduro e seco da *Kochia scoparia* (L.) Schrad. (família Chenopodiaceae).

[Sabor e propriedades] amarga e fria.

[Efeitos e indicações] remove a Umidade-Calor e induz a diurese no tratamento da disúria e lesões pruriginosas na pele causadas por Umidade-Calor.

[Uso e dosagem] 9-15 g; para uso externo, utilizar a quantidade apropriada para que o produto da decocção seja vaporizado e lavado.

[Notas] Apresenta efeito diurético em estudos experimentais. Inibe vários dermatófitos *in vitro*.

MEDICAMENTOS AQUECEDORES DO INTERIOR (MEDICAMENTOS PARA DISSIPAR O FRIO INTERNO)

Medicamentos de natureza morna ou quente, usados para dissipar o Frio interno são denominados medicamentos aquecedores do interior. Há dois tipos de padrões de Frio interno: um que surge do exterior (exógeno) e outro que é endógeno. O Frio patogênico exógeno pode invadir diretamente o interior do organismo, resultando em vômito, diarréia, frio no abdômen e dor. O tratamento consiste em aquecer o interior e dissipar o Frio patogênico. O Frio endógeno origina-se do declínio do Yang, manifestado por aversão ao frio, membros frios, compleição pálida, urina diluída, língua com saburra esbranquiçada e pulso profundo e filiforme, ou mesmo da exaustão do Yang com sudorese fria e pulso quase imperceptível (colapso). O tratamento consiste na restauração do Yang normal. Em ambos os casos, são indicados os medicamentos aquecedores do interior. Além disso, estes medicamentos dissipam o Frio dos meridianos e dos colaterais. Então, são também utilizados no tratamento da artralgia decorrente da patologia do Frio.

Os medicamentos aquecedores do interior são de natureza quente e de sabor picante. São contra-indicados nas Síndromes de Calor tanto do tipo excesso como do tipo deficiência (Calor endógeno decorrente da deficiência de Yin).

Radix Aconiti Lateralis Preparata, (*Fu Zi*): raiz jovem processada da *Aconitum carmichaeli* Debx. (família Ranunculaceae*).*

[Sabor e propriedades] picante, muito quente e tóxica.

[Efeitos e indicações] restaura o Yang do coração no tratamento do colapso ou choque; dissipa o Frio nos casos de dor gástrica ou abdominal e diarréia decorrente da invasão do Frio e da artralgia devido ao Frio-Umidade; tonifica o Yang para todos os órgãos internos, principalmente os rins.

[Uso e dosagem] 3-9g, a ser cozida por uma hora (para minimizar a toxicidade) antes da adição de outros ingredientes.

[Aviso] Contra-indicada na gravidez.

[Notas] (1) A raiz contém aconitina, que é tóxica para o coração. Após o seu cozimento por um período prolongado, a aconitina é hidrolizada e a toxicidade é reduzida. (2) A raiz é um tônico cardíaco, aumenta a contração do miocárdio, a freqüência cardíaca e o débito cardíaco. O principal princípio ativo é a dimetilcoclaurina. Além disso, a raiz dilata as artérias coronarianas, cerebrais e periféricas e melhora a circulação nos capilares.

Cortex Cinnamomi, (*Rougui*): casca seca da *Cinnamomum cassia* Presl. (família Lauraceae).

[Sabor e propriedades] picante, doce e muito quente.

[Efeitos e indicações] tonifica o Yang do rim no tratamento do edema com oliguria e diarréia crônica com membros frios; dissipa o Frio para aliviar a dor abdominal e a dismenorréia.

[Uso e dosagem] 1-3 g.

[Aviso] Contra-indicada na deficiência de Yin com Calor endógeno, patologias com hemorragia e gravidez.

[Notas] Contém principalmente óleo cinâmico, que dilata os vasos sanguíneos periféricos, aumenta a circulação sanguínea e causa estimulação do fluxo livre do *Qi* no trato gastrintestinal, contribuindo para promover a digestão, expelir flatos e aliviar os espasmos gastroentéricos.

Rhizoma Zingiberis, (Gan Jiang): rizoma seco da *Zingiber officinale* (Willd.) Rose. (família Zingiberaceae).

[Sabor e propriedades] muito picante e quente.

[Efeitos e indicações] aquece o baço e o estômago no tratamento da náusea, vômito, dor abdominal e diarréia; aquece os pulmões na bronquite crônica com expectoração espumante.

[Uso e dosagem] 3-9 g.

[Aviso] Contra-indicada nos casos de febre, deficiência de Yin e gravidez.

[Notas] (1) Estimula, reflexamente, o centro vasomotor e o Sistema Nervoso Simpático, elevando a pressão sanguínea. (2) Quando ingerido, dilata os vasos sanguíneos e aumenta a circulação sanguínea no trato gastrintestinal, melhora a digestão e contém o vômito e a diarréia. Pode controlar o vômito causado por sulfato de cobre, mas não apresenta efeito contra o vômito causado por *digitalis* ou por apomorfina. Isto indica que o efeito antiemético está diretamente relacionado à ação local, e não apresenta relação com a inibição do centro de controle emético; (3) Contém *shogaol*, que apresenta um efeito antitussígeno.

Fructus Evodiae, (Wu Zhu Yu): fruto maduro e seco da *Evodia rutaecarpa* (Juss.) Benth., *Evodia rutaecarpa* var. *officinalis* (Dode) Huang ou *Evodia rutaecarpa* var. *bodinieri* (Dode) Huang (família Rutaceae).

[Sabor e propriedades] amarga, picante e muito quente.

[Efeitos e indicações] aquece o estômago para aliviar dores gástrica e abdominal; alivia a náusea, o vômito e a regurgitação ácida (para a regurgitação ácida, o *Rhizoma Coptidis* é normalmente usado em conjunto).

[Uso e dosagem] 1,5-6 g.

[Aviso] Contra-indicado nos casos de febre. A overdose pode causar distúrbios visuais.

[Notas] Foi demonstrado um efeito analgésico e eleva, levemente, a temperatura corporal nos experimentos com animais.

Rhizoma Galangae, (Gao Liang Jiang): rizoma seco da *Alpinia officinarum* Hance (família Zingiberaceae).

[Sabor e propriedades] picante e morna.

[Efeitos e indicações] aquece o estômago para aliviar a dor gástrica e o vômito.

[Uso e dosagem] 3-6 g.

[Notas] Tradicionalmente, tanto o *Rhizoma Galangae* quanto o *Rhizoma Zingiberis* são usados para aquecer o baço e o estômago. O *Rhizoma Zingiberis* é mais freqüentemente usado para aquecer o baço e controlar a diarréia, e o *Rhizoma Galangae* aquece o estômago para aliviar a dor epigástrica.

Flos Caryophylli, (*Ding Xiang*): broto seco da flor de *Eugenia caryophyllata* Thunb. (família Myrtaceae).

[Sabor e propriedades] picante e morna.

[Efeitos e indicações] aquece o baço e o estômago para aliviar o soluço, o vômito e a diarréia; tonifica o Yang do rim no tratamento da impotência.

[Uso e dosagem] 1,5-5 g.

[Notas] (1) Estudos modernos mostram que o *Flos Caryophylli* aumenta a circulação sanguínea local e a secreção e a motilidade do trato gastrintestinal. (2) Tradicionalmente, o *Flos Caryophylli, Calyx Kaki* e *Flos Inula* são os principais agentes no tratamento do soluço. O *Flos Caryophylli* é indicado para soluço do tipo Frio, o *Calyx Kaki* para soluço do tipo Calor e a *Flos Inula* para soluço decorrente de muco-Umidade.

Fructus Foeniculi, (*Xiao Hui Xiang*): fruto seco da *Foeniculum vulgare* Mill (família Umbelliferae).

[Sabor e propriedades] picante e morna.

[Efeitos e indicações] dissipa o Frio, regula o fluxo de *Qi*, alivia a dor derivada do Frio no baixo abdome e dissipa a dor nos testículos; melhora o apetite.

[Uso e dosagem] 5-10 g.

[Notas] Seu óleo volátil aumenta a motilidade do trato gastrintestinal e, assim, expele os gases.

Tabela 9-4 – Principais efeitos farmacológicos dos medicamentos aquecedores do interior

	Cardiotônico	Vaso-dilatador	Anti-choque	Digestivo	Carmi-nativo	Sedativo	Analgésico
Radix Aconiti Lateralis Preparata	+	+	+	+		+	+
Rhizoma Zingiberis	+	+	+	+	+		+
Cortex Cinnamomi		+		+	+	+	+
Fructus Evodiae		+		+	+	+	+
Flos Caryophylli		+		+	+		

Folium Artemisiae, (*Aiye*): folha seca da *Artemisia argyi*. Levl. et Vant. (família Compositae).

[Sabor e propriedades] amarga, picante e morna.

[Efeitos e indicações] aquece o útero no tratamento da infertilidade e da dismenorréia decorrente da deficiência do tipo Frio; controla a hemorragia uterina do tipo deficiência do tipo Frio.

[Uso e dosagem] 3-9 g.

As principais ações farmacológicas dos medicamentos aquecedores do interior, de acordo com estudos modernos, estão sintetizadas na Tabela 9-4.

MEDICAMENTOS REGULADORES DO *QI* (MEDICAMENTOS REGULADORES DO FLUXO DO *QI*)

Qi é uma força dinâmica para as funções fisiológicas dos órgãos internos. As desarmonias do fluxo do *Qi* produzem vários distúrbios funcionais. Os padrões comuns de desarmonias do fluxo do *Qi* são a inversão e a estagnação do fluxo. O fluxo estagnado do *Qi* pode induzir a sensação de plenitude nos casos mais leves, distensão nos casos moderados e formação de massas nos severos. A massa formada pelo *Qi* estagnado é branda, móvel e sem formato definido. O fluxo invertido do *Qi* é outro tipo de estagnação que interfere na ascendência ou descendência normal do *Qi*. O fluxo invertido ascendente do *Qi* do pulmão conduz a tosse e asma, e o fluxo invertido ascendente do *Qi* do estômago causa eructação, soluço, náusea e vômito. O fluxo transversal invertido do *Qi* do fígado pode dar origem a plenitude ou distensão no tórax e regiões do hipocôndrio. Se o estômago for atacado pelo *Qi* invertido do fígado, haverá distensão e dor epigástrica. Se o baço estiver envolvido, haverá distensão abdominal, dor e diarréia. Os medicamentos reguladores do *Qi* são aqueles que restauram e suavizam seu fluxo normal para aliviar a estagnação e a inversão do fluxo. As carminativas estão incluídas nesta categoria, mas na Medicina Chinesa a regulação do fluxo do *Qi* tem um sentido mais amplo do que o simples alívio da flatulência.

De acordo com as diferentes condições de estagnação do *Qi*, as ações dos medicamentos reguladores do *Qi* podem ser classificadas como: (1) ajuste do fluxo do *Qi* (para estagnação do fluxo livre do *Qi*), (2) promoção do fluxo do *Qi* (para fluxo lento do *Qi*), (3) suavização do fluxo do *Qi* do fígado (também chamado de "suavização do fígado" no alívio do fluxo reduzido do *Qi* do fígado), (4) direcionamento do fluxo descendente do *Qi* (para controlar o fluxo invertido ascendente do *Qi*) e (5) dissipação do *Qi* acumulado (no tratamento das massas).

Os medicamentos reguladores do *Qi* são, principalmente, de sabor picante e de natureza morna, com ação secante. O uso prolongado deste tipo de medicamento pode consumir tanto o *Qi* quanto o Yin. Então, deve-se tomar cuidado se forem administrados em pacientes com deficiência de Yin ou deficiência do *Qi*. Além disso, como apresentam conteúdo volátil, não devem ser submetidos a uma decocção prolongada.

Pericarpium Citri Reticulatae, (*Chen Pi*): a casca seca do fruto maduro da *Citrus reticulata* Balanco ou suas variedades cultivadas (família Rutaceae).

[Sabor e propriedades] picante, amarga e morna.

[Efeitos e indicações] regula o fluxo do *Qi* do baço e do estômago e drena o muco, utilizado como carminativo, digestivo e expectorante para a distensão epigástrica e abdominal, vômito e tosse com muco profuso.

[Uso e dosagem] 6-9 g.

[Notas] (1) Relaxa o músculo liso do trato gastrintestinal, aumenta a secreção gástrica normal e inibe a secreção gástrica nos experimentos de úlcera péptica. Também apresenta um efeito colagogo, e seu óleo volátil pode dissolver o cálculo de colesterol. (2) Contém limoneno (uma parte do óleo volátil), que estimula a expectoração. O extrato alcoólico alivia o broncoespasmo induzido pela histamina.

Pericarpio Citri Reticulatae Viride, (*Qing Pi*): casca seca da *Citrus reticulata* Balanco ou suas variedades cultivadas (família Rutaceae) não amadurecidas.

[Sabor e propriedades] picante, amarga e morna.

[Efeitos e indicações] dissipa o *Qi* estagnado do fígado e restaura seu fluxo normal no tratamento das dores no hipocôndrio e intercostal, distensão gastrintestinal e mastite.

[Uso e dosagem] 3-9 g.

[Notas] (1) Apresenta efeito espasmolítico importante sobre o trato gastrintestinal, bem como efeito colagogo em estudos experimentais. (2) Seu extrato alivia o bronco-espasmo induzido pela histamina. Contém limoneno, que é um expectorante.

Semen Citri Reticulatae, (*Ju He*): semente madura e seca da *Citrus reticulata* Balanco ou suas variedades cultivadas (família Rutaceae).

[Sabor e propriedades] amarga e de propriedade neutra.

[Efeitos e indicações] restaura o fluxo normal do *Qi* do fígado no tratamento da mastite e do testículo doloroso edemaciado.

[Uso e dosagem] 6-9 g.

Exocarpium Citri Rubrum, (*Ju Hong*): é usado da mesma forma que o *Chen pi* (*Pericarpium Citri Reticulatae*), mas com efeito menos potente.

Fructus Aurantii Immaturus, (*Zhi Shi*): pequeno fruto imaturo e seco da *Citrus aurantinum* L. e suas variedades cultivadas com um diâmetro menor que 2,5 cm (família Rutaceae).

[Sabor e propriedades] amarga, picante e levemente fria.

[Efeitos e indicações] elimina a estagnação do *Qi* e trata o muco para aliviar as sensações de plenitude torácica e dor abdominal decorrente de enteroespasmo; também é usado no tratamento da dispnéia, gastroptose, prolapso retal e prolapso uterino.

[Uso e dosagem] 3-9 g.

[Aviso] Usar com precaução durante a gravidez.

[Notas] (1) *Fructus Aurantii Immaturus* apresenta ações regulatórias bidirecionais sobre o trato gastrintestinal e o útero; relaxa o trato gastrintestinal quando ele está em contração tônica e estimula-o quando sua tonicidade está reduzida. Isto pode explicar por que os medicamentos podem ser utilizados no tratamento da dislepsia devido à diminuição do tônus do trato gastrintestinal, gastroptose e prolapso de útero, por um lado, e o gastroenteroespasmo de outro. (2) *Fructus Aurantii Immaturus* contém sinefrina e N-metil-tinamina, que fortalecem as contrações vascular e cardíaca, aumentam o débito cardíaco e elevam a pressão sanguínea, de modo que os medicamentos, nos últimos anos, tem sido utilizados no tratamento do choque e da falência cardíaca.

Fructus Aurantii, (*Zhin Qiao*): fruto imaturo da *Citrus aurantinum* L. e suas variedades cultivadas com um diâmetro entre 3 e 5 cm (família Rutaceae). Apresenta as mesmas indicações e aplicações que a *Zhishi* (*Fructus Aurantii* verde), mas com um efeito menos potente.

Cortex Magnolia Officinalis, (*Hou Po*): casca seca do caule, da raiz ou dos ramos da *Magnolia Officinalis* Rehd. et Wils ou *Magnolia Officinalis* var. *biloba* Rehd. et Wils. (família Magnoliaceae).

[Sabor e propriedades] amarga, picante e morna.

[Efeitos e indicações] direciona o fluxo do *Qi* em descendência, sendo usada como carminativa no tratamento da distensão abdominal com dor decorrente da estagnação de alimentos; remove a Umidade do baço para conter o vômito e a diarréia; alivia a tosse e a asma.

[Uso e dosagem] 3-9 g.

[Notas] A decocção estimula o trato digestivo promovendo a motilidade e a secreção. O conteúdo do óleo volátil (1%) da casca da magnólia contém efeitos carminativo e estomacal. (2) O extrato previne a anafilaxia passiva cutânea nos experimentos com animais.

Caulis Perillae, (*Zi Sugeng*): broto seco da *Perilla frutescens* (L.) Britt. (família Labiatae).

[Sabor e propriedades] picante e levemente morna.

[Efeitos e indicações] regulariza o fluxo do *Qi* no tratamento da plenitude torácica e distensão abdominal; previne o abortamento.

Radix Auklandiae, (*Mu Xiang*): raiz seca da *Auklandia lappa* Decne. (família Compositae).

[Sabor e propriedades] picante, amarga e morna.

[Efeitos e indicações] regulariza o fluxo do *Qi*, melhora a digestão, controla a diarréia para aliviar a distensão abdominal decorrente da estagnação do *Qi* do estômago e do intestino, indigestão com anorexia e dor abdominal e tenesmo nos casos de disenteria.

[Uso e dosagem] 1,5-6 g.

[Notas] Alivia enteroespasmos e broncoespasmos nos experimentos com animais.

Rizhoma Cyperi, (*Xiang Fu*): caule seco da *Cyperus rotundus* L. (família Cyperaceae).

[Sabor e propriedades] regulariza o fluxo do *Qi* do fígado no alívio das dores e distensões no epigástrio, hipocôndrio e abdome, bem como nas alterações menstruais e na dismenorréia decorrente da estagnação do *Qi* do fígado.

[Uso e dosagem] 6-9 g.

[Notas] (1) Reduz o tônus e a contração do útero. Contém cipereno I, que age como estrógeno. (2) Solta o intestino e previne o broncoespasmo induzido pela histamina. (3) Foram demonstrados efeitos analgésicos e antipiréticos.

Radix Linderae, (*Wu Yao*): tubérculo seco da raiz da *Lindera aggregata* (Sims) Kosterm. (família Lauraceae).

[Sabor e propriedades] picante e morna.

[Efeitos e indicações] regulariza o fluxo do *Qi* no alívio da dor com sensação de frio no epigástrio e no baixo abdome; aquece os rins para diminuir a poliúria ou enurese.

[Uso e dosagem] 3-9 g.

[Notas] Aumenta o peristaltismo intestinal e expele os gases.

Bulbus Allii Macrostemonis, (*Xie Bai)*: bulbo seco da *Allium macrostemon* Bge. (família Liliaceae).

[Sabor e propriedades] picante, amarga e morna.

[Efeitos e indicações] promove o fluxo do *Qi* no tórax para aliviar a angina pectoris; também utilizada como agente antidiarréico.

[Uso e dosagem] 3-9 g.

[Notas] Inibe a contração do músculo liso após uma estimulação transitória.

Pericarpium Arecae, (*Da Fu Pi*): casca seca da *Areca catechu* L. (família Palmae)

[Sabor e propriedades] picante e levemente morna.

[Efeitos e indicações] promove a descendência do *Qi* e induz a diurese no tratamento da distensão abdominal, ascite e edema com oliguria.

[Uso e dosagem] 4,5-9 g.

Lignum Dalbergiae Odoriferae, (*Jiang Xiang*): lenho do tronco e raiz da *Dalbergia odorifera* T. Chen (família Leguminosae).

[Sabor e propriedades] picante e morna.

[Efeitos e indicações] promove o fluxo do *Qi* para aliviar a angina pectoris e a epigastralgia; promove a circulação sanguínea e contém a hemorragia no caso das lesões traumáticas.

[Uso e dosagem] 3-6g, a ser adicionada posteriormente quando uma decocção composta estiver sendo feita.

Lignum Aquilariae Resinatum, (*Chen Xiang*): madeira resinosa da *Aquilaris sinensis* (Lour.) Gilg (família Thymelaeaceae).

[Sabor e propriedades] picante e levemente morna.

[Efeitos e indicações] regulariza o fluxo do *Qi* para aliviar a distensão e a dor no tórax e no abdome e diminui vômito e soluços; também é usada para aliviar asma.

[Uso e dosagem] 1-3 g em pó adicionado a um líquido diretamente ou posteriormente a uma decocção composta.

Calyx Kaki, (*Shi Di*): cálice persistente seco da *Diospyros kaki* L. f. (família Ebenaceae).

[Sabor e propriedades] propriedade neutra.

[Efeitos e indicações] controla o fluxo invertido ascendente do *Qi* do estômago para diminuir soluços.

[Uso e dosagem] 3-9 g.

Fructus Toosendan, (*Chuan Lian Zi*): fruto maduro seco da *Media toosedan* Sieb. et Zucc. (família Meliaceae).

[Sabor e propriedades] amarga e fria.

[Efeitos e indicações] possibilita o fluxo livre do *Qi* do fígado para aliviar as dores do hipocôndrio, do epigástrio e da porção inferior do abdome; também usada como antielmíntico no tratamento da ascaridíase.

[Uso e dosagem] 6-9 g.

[Notas] Contém *toosendanin*, que é um antielmíntico.

De acordo com os estudos farmacológicos modernos, a maioria dos medicamentos desta categoria, principalmente o *Pericarpium Citri Reticulatae Viride, Pericarpium Citri Reticulatae, Fructus Aurantii Imaturus* e *Fructus Aurantii*, apresenta uma ação antiespasmódica sobre o trato gastrintestinal. Isto ocorre, provavelmente, devido à ação da sinefrina, que é um estimulante do receptor alfa contido nos medicamentos acima descritos. Por outro lado, *Fructus Aurantii Imaturus* e *Fructus Aurantii* aumentam o peristaltismo nos experimentos com animais. Isto pode explicar seu efeito clínico no alívio da flatulência e na suavização da dor em distensão. As ações bidirecionais dependem, principalmente, dos estados funcionais do estômago e intestinos, e também, da concentração do medicamento. A *Fructus Aurantii Imaturus* apresenta ações bidirecionais sobre o útero também.

Tabela 9-5 – Principais efeitos farmacológicos dos medicamentos reguladores do *Qi*

	G-I Motilidade	G-I Secreção	Bronco-Relaxante	Colagogo	Outros
Fructus Aurantii Imaturus	↑↓			±	Cardiotônico e Estimulante Uterino
Fructus Aurantii	↑↓			+	Idem
Pericarpium Citri Reticulatae	↓	↑	+	+	Expectorante
Radix Linderae	↓		+	+	Expectorante
Radix Auklandiae	↑↓	↑	+		Antineoplásico
Rhizoma Cyperi	↑↓			+	Inibe a Contração Uterina
Pericarpium Arecae	↑				
Cortex Magnólia Officinalis	↑↓				

↑ = estimulante ↓ = inibidor

Alguns medicamentos reguladores do *Qi* são utilizados como digestivos na clínica médica. Foi demonstrado o estímulo da secreção gástrica em estudos com animais. A ação colagoga dos medicamentos que "suavizam o fígado", demonstrado experimentalmente, pode explicar, parcialmente, seu efeito no fluxo livre do *Qi* do fígado.

Alguns medicamentos reguladores do *Qi* que controlam a inversão ascendente do *Qi* dos pulmões são utilizados no tratamento da tosse e da asma. Seu efeito antiasmático é atribuído ao relaxamento da musculatura lisa dos brônquios, e seus efeitos antitussígenos e a facilitação da expectoração são explicados pelo estímulo da secreção bronquial.

As principais ações farmacológicas dos medicamentos reguladores do *Qi* comumente utilizados estão sintetizadas na Tabela 9-5.

MEDICAMENTOS REGULADORES DO SANGUE

Os medicamentos que são utilizados no tratamento de hemorragias e da estase do sangue são denominados reguladores do sangue. Podem ser classificados em três grupos: hemostático (contém hemorragia), ativador do sangue (melhora a circulação sanguínea local) e eliminadores da estase. Os dois últimos grupos serão discutidos conjuntamente devido à sobreposição de suas funções.

Medicamentos Hemostáticos

As causas mais comuns de hemorragia incluem a lesão traumática, o Calor no sangue e o fracasso do *Qi* para controlar o fluxo de sangue. Além disso, a hemorragia pode ser uma complicação da estase do sangue ou decorrente do congelamento do sangue por causa do Frio. Portanto, medicamentos hemostáticos podem também ser classificados em quatro grupos: (1) hemostáticos adstringentes, tais como *Herba Agrimoniae, Rhizoma Bletillae* e *Petiolus Trachycarpi Carbonizatus*; (2) hemostáticos resfriadores de sangue, tais como *Herba Cirsii Japonici, Herba CirsiiFlos Sophorae* e *Rhizoma Imperatae* ; (3) hemostáticos que removem a estase do sangue, tais como *Radix Notoginseng, Pollem Typhae e Radix Rubiae*; e (4) hemostáticos aquecedores, tais como *Folium Artemisiae* e *Rhizoma Zingiberis.*

Embora os hemostáticos sejam classificados de acordo com a causa da hemorragia, podem ser utilizados somente para aliviar os sintomas. Por exemplo, hemostáticos resfriadores de sangue são adequados para controlar a hemorragia decorrente do Calor no sangue, mas não têm muito efeito para eliminar o Calor. Portanto, os hemostáticos devem ser usados em combinação com outros medicamentos para curar as condições primárias, ou seja, antitérmicos resfriadores de sangue para Calor no sangue, tônicos do *Qi* para o fracasso do *Qi* em controlar o fluxo sanguíneo. A Medicina Chinesa enfatiza que a estase do sangue deve ser cuidadosamente examinada quando os hemostáticos adstringentes são administrados, pois seu uso isolado pode agravar a estase.

Herba Agrimoniae, (Xian He Cao): parte aérea seca da *Agrimonia pilosa* Ledeb. (família Rosaceae).

[Sabor e propriedades] amarga e neutra.

[Efeitos e indicações] usada como hemostático adstringente para vários tipos de hemorragia.

[Uso e dosagem] 10-30 g.

Radix Notoginseng, (Sanqi): raiz seca da *Panax notoginseng* (Burk) F.H. Chen (família Araliaceae*).*

[Sabor e propriedades] doce, levemente amarga e morna.

[Efeitos e indicações] controla a hemorragia e dissipa o sangue estagnado no tratamento de vários tipos de hemorragia; causa diminuição do edema e alivia a dor no caso das lesões traumáticas.

[Uso e dosagem] 1,5 -6 g em pó e ingerida com água, em quantidade adequada para o uso externo.

[Notas] (1) Acredita-se que, tradicionalmente, o *"Radix Notoginseng* controla a hemorragia, mas não deixa o sangue estagnado". Estudos farmacológicos modernos revelam que ela contrai os vasos sanguíneos, diminui a hemorragia e promove a coagulação. Seu princípio ativo é a *dencichine*. Por outro lado, contém panaxatriol, que reduz a produção de tromboxane (TXA2), inibindo, assim, a agregação plaquetária. Esta última ação só se manifesta após vinte dias de administração oral. Além disso, *Radix Notoginseng* acelera a absorção do sangue extravasado intraocular tanto na pesquisa clínica como nos experimentos com animais. Como a *dencichine* pode ser destruída no cozimento, *Radix Notoginseng* deve ser reduzida na forma de pó em vez de preparada em decocção. Quando utilizada no tratamento das patologias trombóticas, a ingestão por tempo prolongado faz-se necessária. (2) *Radix Notoginseng* apresenta efeitos antiinflamatório e analgésico nos experimentos com animais. (3) A saponina contida na *Radix Notoginseng* é similar ao do ginsenosídeo em termos de estrutura química e ações farmacológicas. Portanto, *Radix Notoginseng* possui efeitos tônicos similares ao da *Radix Ginseng* (isto é, regula a função imunológica, neutraliza a peroxidação, melhora a memória e promove o anabolismo das proteínas e ácidos nucléicos).

Pollen Typhae, *(Puhuang)*: pólen seco da *Typha angustifolia* L., *Typha orientalis* Presl. ou espécies relacionadas (família Typhaceae).

[Sabor e propriedades] doce e neutra.

[Efeitos e indicações] revigora a circulação sanguínea para aliviar a dismenorréia e a dor traumática; os produtos carbonizados do *Pollen Typhae* contêm a hemorragia.

[Uso e dosagem] 3-9 g para uso externo, quantidade apropriada a ser aplicada topicamente.

[Aviso] Uso com precaução durante a gravidez.

[Notas] (1) Aplicação tópica do pó tem efeito hemostático. A decocção, quando ingerida oralmente, diminui o tempo de coagulação sanguínea nos experimentos com animais. O pólen carbonizado é mais efetivo. O princípio ativo hemostático é o isoramnetina. Porém, também contém um flavonóide que inibe a agregação plaquetária. (2) Dilata as artérias periféricas e coronárias, protege o coração da isquemia, reduz o nível de colesterol na hipercolesterolemia experimental e previne a formação de aterosclerose experimental. (3) Estimula o útero e aumenta o tônus uterino e a contratilidade.

Rizhoma Bletillae, *(Bai Ji)*: caule cozido a vapor e seco da *Bletilla striata* (Thunb.) Reichb. f. (família Orchidaceae).

[Sabor e propriedades] amarga e doce e neutra.

[Efeitos e indicações] controla a hemorragia no caso de hemoptise e hematêmese; é aplicada externamente nas lesões traumáticas.

[Uso e dosagem] 6-9 g para fazer a decocção; 1-3 g em pó para ser ingerida com líquido; quantidade adequada para uso externo.

[Notas] Tem efeito hemostático que decorre, provavelmente, de seu conteúdo de mucilagem que promove coagulação sanguínea.

Herba Cirsii Japonici, (*Da Ji*): parte aérea seca ou raiz da *Cirsium japonicum* (família Compositae).

[Sabor e propriedades] doce, amarga e fria.

[Efeitos e indicações] controla a hemorragia decorrente do Calor no sangue; promove a redução do edema nos abscessos e inflamações; atualmente, é usada como agente anti-hipertensivo.

[Uso e dosagem] 9-15 g; para uso externo, quantidade adequada de erva fresca a ser diluída em pasta e aplicada topicamente.

[Notas] (1) A erva carbonizada tem mais efeito hemostático do que a erva sem preparo. (2) O extrato aquoso diminui a pressão sanguínea em experimentos com animais.

Herba Cirsii, (*Xiao Ji*): parte aérea da *Cirsium setosum* (Willd.) (família Compositae).

[Sabor e propriedades] doce, amarga e fria.

[Efeitos e indicações] contém hemorragia nos casos de Calor no sangue; atualmente, usada como agente anti-hipertensivo.

[Uso e dosagem] 4,5-9 g para uso externo, em quantidade adequada de erva fresca a ser diluída em pasta e aplicada topicamente.

Radix Rubiae, (*Qian Cao*): raiz seca e rizoma da *Rubia cordifolia* L. (família Rubiaceae).

[Sabor e propriedades] amarga e fria.

[Efeitos e indicações] contém hemorragia nos casos de Calor no sangue; remove a estase no sangue nos tratamentos de lesões traumáticas e amenorréia.

[Uso e dosagem] 6-9 g

Radix Sanguisorbae, (*Di Yu*): raiz seca da *Sanguisorba officinalis* L. ou *Sanguisorba officinalis* var. *longifolia* (Bert.) Yu et Li (família Rosaceae)

[Sabor e propriedades] amarga e levemente fria.

[Efeitos e indicações] contém hemorragia nos casos de Aquecedor Inferior (enterorragia, hematúria e hemorragia uterina).

[Uso e dosagem] 6-15 g.

Flos Sophorae, (*Huai Hua*): flor seca ou broto da flor da *Sophora japonica* L. (família Leguminosae).

[Sabor e propriedades] amarga e fria.

[Efeitos e indicações] contém hemorragia por meio da dissipação do Calor no sangue no tratamento da hemorragia de hemorróidas e enterorragia; também é usada como anti-hipertensivo.

[Uso e dosagem] 6-15 g.

[Notas] (1) Contém uma quantidade considerável de rutina (10-25%), que reduz a permeabilidade vascular; (2) Foi demonstrado efeito hipotensor nos experimentos com animais.

Rhizoma Imperatae, (*Bai Mao Gen*): rizoma seco da *Imperata cylindrica* Beauv. var. *major* (Nees) C. E. Hubb. (família Graminae).

[Sabor e propriedades] doce e fria.

[Efeitos e indicações] contém hemorragia por meio da dissipação do Calor no sangue no tratamento da epistaxe e hematúria; remove a Umidade-Calor no tratamento da icterícia e infecção aguda do trato urinário; promove a diurese no tratamento do edema.

[Uso e dosagem] 9-15 g.

[Notas] (1) Tem efeito diurético provavelmente porque contém uma grande quantidade de potássio; (2) Foi demonstrado efeito hemostático, provavelmente por causa da redução da permeabilidade vascular.

Petiolus Trachycarpi Carbonizatus, (*Zong Lütan*): pecíolo carbonizado da *Trachycarpus fortunei* H. Wendl. (família Palmae).

[Sabor e propriedades] amarga e neutra.

[Efeitos e indicações] usada como hemostático adstringente para hemoptise, epistaxe, enterorragia e hemorragia uterina.

[Uso e dosagem] 6-12 g.

Tabela 9-6 – Mecanismo do efeito hemostático dos medicamentos fitoterápicos

	Contração Vascular	Resistência Vascular	Coagulação Sanguínea	Fibrinólise
Hemostáticos Eliminadores da Estase				
Radix Notoginseng	↑		↑	
Pollen Typhae			↑	
Radix Rubiae			↑	
Hemostáticos Resfriadores do Sangue				
Herba Cirsii	↑			↓
Herba Cirsii Japonici	↑			↓
Radix Sanguisorbae				↓
Flos Sophorae		↑		
Rhizoma Imperatae		↑		
Hemostáticos Adstringentes				
Herba Agrimoniae			↑	↓
Rhizoma Bletillae			↑	↓
Hemostáticos de Natureza Quente				
Folium Artemisiae				↓
Rhizoma Zingiberis				↓

De acordo com a moderna pesquisa científica, o mecanismo de ação hemostático pode ser diferente nos diversos medicamentos, como demonstrado na Tabela 9-6. *Radix Notoginseng, Herba Cirsii* e *Herba Cirsii Japonici* causam contração vascular local; *Flos*

Sophorae e *Rhizoma Imperatae* reduzem a fragilidade vascular e a permeabilidade capilar; *Herba Agrimoniae* aumenta o número das plaquetas sanguíneas e promove a adesão e a agregação plaquetária; *Rhizoma Bletillae* aumenta a atividade do fator plaquetário III; *Pollem Typhae* e a *Radix Notoginseng* aumentam a trombina sérica; *Radix Rubiae* tem efeito anti-heparínico; *Rhizoma Bletillae, Herba Cirsii, Herba Cirsii Japonici* e *Radix Sanguisorbae* inibem a conversão da profibrinolisina em fibrinolisina e, portanto, a fibrinólise.

Vale notar que a *Radix Notoginseng* e *Pollem Typhae*, embora efetivas na retenção da hemorragia, contêm alguns elementos que inibem a agregação plaquetária. Então, podem também ser usadas para prevenir trombose.

Medicamentos Ativadores do Sangue e Eliminadores da Estase

Esta categoria de medicamentos foi usada, pela primeira vez, no tratamento do trauma (particularmente com equimose e dor) e patologias ginecológicas (tais como dismenorréia, amenorréia e formação de massa pélvica), mas depois suas indicações foram amplamente expandidas. Hoje, a ativação sanguínea e a eliminação da estase são terapias muito importantes no tratamento de uma vasta variedade de patologias e cobrem quase todos os campos da Medicina.

A estase do sangue consiste, normalmente, em uma alteração secundária. Sua patologia primária inclui a estagnação do Qi, deficiência do Qi e deficiência do sangue. Além disso, muitos fatores patogênicos como Calor, Frio ou muco podem obstruir o fluxo normal do sangue, resultando em estase do sangue. A estase do sangue pode provocar várias manifestações, entre as quais as mais comuns são dor, formação de massas e hemorragia. Portanto, os medicamentos nesta categoria podem ser divididos nos seguintes grupos:

(1) medicamentos nutridores do sangue e ativadores do sangue, tais como *Radix Salviae Miltiorrhizae, Radix Paeoniae Rubra* e *Caulis Spatholobi.*

(2) medicamentos ativadores do sangue e eliminadores da estase, tais como *Rhizoma Chuan Xiong, Flos Carthami* e *Herba Leonuri.*

(3) medicamentos eliminadores da estase e aliviadores da dor, tais como *Rhizoma Corydalis, Resina Olibani, mirth, Rhizoma Corydalis, Sanguis Draconis* e *Radix Curcumae.*

(4) medicamentos eliminadores da estase, tais como a *Rhizoma Curcumae Zedoariae* e *Semen Persicae.*

(5) hemostáticos eliminadores da estase tais como *Radix Notoginseng* e *Pollen Typhae* (ver medicamentos hemostáticos).

Também há diferenças entre a ativação do sangue e a eliminação da estase. De modo geral, os medicamentos ativadores do sangue são de ação suave, ao passo que os eliminadores da estase apresentam um efeito mais potente, e os medicamentos dissipadores de massas têm ação drástica.

Radix Salviae Miltiorrhizae, (*Dan Shen*): a raiz seca e o rizoma da *Salvia Miltiorrhiza* Bge. (família Labiatae).

[Sabor e propriedades] amarga e levemente fria.

[Efeitos e indicações] revigora a circulação sanguínea e remove a estase nos casos da angina pectoris, dismenorréia, amenorréia e massa abdominal (incluindo hepato-esplenomegalia) devido à estase do sangue; acalma a mente nos casos de inquietude e insônia acompanhadas de patologias febris.

[Uso e dosagem] 6-15 g.

[Notas] (1) O gotejamento intravenoso dilata a artéria coronária, melhora a função cardíaca e aumenta a capacidade de contração do miocárdio, mas não aumenta o consumo de oxigênio do miocárdio. Isto serve como base farmacológica para seu uso recente no tratamento do enfarte do miocárdio. (2) Inibe a agregação plaquetária, eleva a atividade da fibrolisina e melhora a circulação nos capilares. Esta é a razão para seu vasto uso no tratamento da isquemia e das patologias trombóticas; (3) Promove a renovação e a regeneração do tecido e também protege o fígado das lesões químicas. Isto pode explicar por que ele pode ser usado no tratamento da hepatite crônica e da cirrose precoce com hepatoesplenomegalia.

Radix Paeoniae Rubra, (*Chi Shao*): raiz da *Paeonia lactiflora* Pall. ou *Paeonia veitchii* Lynch (família Ranunculaceae).

[Sabor e propriedades] amarga e levemente fria.

[Efeitos e indicações] revigora a circulação sanguínea nas alterações menstruais e na angina pectoris; reduz o Calor e o sangue e induz a redução do edema nos abscessos e carbúnculos.

[Uso e dosagem] 6-9 g.

[Notas] (1) Ambas, Radix *Paeonia Rubra* e *Radix Paeoniae Alba*, são obtidas da *Paeonia lactiflora* Pall. Antigamente, eram identificadas de acordo com a cor da flor, mas hoje, a raiz da peônia branca refere-se à raiz com sua casca removida, ao passo que a vermelha refere-se à raiz inteira; (2) *In vitro*, a vermelha inibe o *Staphilococcus aureus, Streptococcus hemolyticus e Shigella dysenterie.* (3) Possui efeitos tranqüilizante, analgésico e antiespasmódico em estudos experimentais. Também dilata a artéria coronária.

Caulis Spatholobi, (*Ji Xue Teng*): caule lianoide seco da *Spatholobus suberectus* Dunn (família Leguminosae).

[Sabor e propriedades] amarga e morna.

[Efeitos e indicações] revigora a circulação sanguínea e nutre o sangue nos casos de alterações menstruais devido à deficiência do sangue; desobstrui os meridianos para tratar a parestesia e a artralgia.

[Uso e dosagem] 9-15 g.

[Notas] (1) Inibe o miométrio *in vitro*, mas estimula o miométrio *in vivo*, fortalecendo o ritmo da contração uterina. (2) Seu extrato alcoólico, quando ingerido por via oral, mostra efeito terapêutico importante na artrite experimental.

Radix Cyathula, (*Chuan Niu Xi*): raiz seca da *Cyathula officinalis* Kuan (família Amaranthaceae).

[Sabor e propriedades] amarga e azeda e neutra.

[Efeitos e indicações] elimina a estase do sangue e estimula a menstruação no tratamento da amenorréia; dissipa o Vento-Umidade na dor reumática.

[Uso e dosagem] 4,5-9 g.

[Aviso] Contra-indicada na gravidez.

[Notas] Estimula a contração uterina.

Rhizoma Chuan Xiong, (*Chuan Xiong*): rizoma seco da *Ligusticum Chuan Xiong* Hort. (família Umbelliferae).

[Sabor e propriedades] picante e morna.

[Efeitos e indicações] promove o fluxo do *Qi* e do sangue no tratamento das patologias menstruais e outras patologias decorrentes da estagnação do *Qi* e da estase do sangue; dissipa o Vento e alivia a dor nos casos da cefaléia e dores generalizadas acompanhadas das patologias exógenas.

[Uso e dosagem] 3-9 g.

[Notas] (1) *Rhizoma Chuan Xiong* dilata as artérias coronárias e cerebrais e as artérias periféricas. Os princípios ativos são a *ligustrazina* e o ácido ferúlico. Em estudos experimentais a *ligustrazina* previne e alivia os espasmos dos músculos lisos vasculares induzidos pela adrenalina e pelo cloreto de Bário. Também reduz a severidade e a área do infarto do miocárdio causado pela laqueadura do ramo anterior descendente da artéria coronária nos coelhos. Estudos farmacológicos revelam que a *ligustrazina* pode penetrar rapidamente a barreira hematoencefálica, melhorando a microcirculação cerebral e inibindo a agregação plaquetária. Ácido ferúlico também aumenta o fluxo sanguíneo coronário e protege o miocárdio contra a isquemia. Também apresenta uma ação alfa-bloqueadora. Além disso, *Rhizoma Chuan Xiong* mostra uma ação anti-trombótica, prolongando o tempo de coagulação sanguínea, e reduz o comprimento e o peso do coágulo sanguíneo. Ambos, *ligustrazina* e ácido ferúlico, inibem a agregação plaquetária. A *ligustrazina* é, atualmente, utilizada de forma ampla no tratamento da patologia coronária, da tromboartrite e da isquemia cerebral. (2) Extrato aquoso da *Rhizoma Chuan Xiong* mostra uma ação espasmolítica importante sobre o útero. Isto explica, parcialmente, seu efeito no tratamento da dismenorréia.

Herba Leonuri, (*Yi Mu Cao*): parte aérea seca da *Leonurus heterophyllus* Doce (família Labiatae).

[Sabor e propriedades] picante, levemente amargo e fria.

[Efeitos e indicações] regula a menstruação por meio do revigoramento da circulação sanguínea, sendo usada no tratamento das patologias menstruais decorrentes da estase do sangue; também usada no tratamento da hemorragia pós-parto e subinvolução uterina; induz a diurese no edema na nefrite aguda.

[Uso e dosagem] 9-30 g.

[Aviso] É contra-indicada na gravidez.

[Notas] (1) A erva causa uma estimulação forte e persistente no útero e aumenta o tônus uterino e a capacidade de contração. O princípio ativo é a leonurina, um alcalóide termoestável e hidrosolúvel. (2) A erva protege o miocárdio contra a isquemia, inibe a agregação plaquetária e age contra a trombose.

Flos Carthami, (*Hong Hua*): flor seca do *Carthamus tinctorius* L. (família Compositae).

[Sabor e propriedades] picante e morna.

[Efeitos e indicações] revigora a circulação sanguínea e regula a menstruação no tratamento da amenorréia, dismenorréia e massas abdominais decorrentes da estase do sangue; remove a estase do sangue e alivia a dor no caso das lesões traumáticas.

[Uso e dosagem] 3-9 g.

[Aviso] Utilizar com precaução na gravidez.

[Notas] (1) Dilata os vasos sanguíneos, provavelmente devido a sua ação bloqueadora do alfa-adrenérgico; (2) Prolonga, notadamente, o tempo de coagulação sanguínea. Contém açafrão amarelo, que inibe a agregação plaquetária e aumenta a atividade da fibrinolisina; (3) A decocção causa contração uterina, principalmente na gravidez.

Faeces Trogopterorum, (*Wu Ling Zhi*): fezes secas do *Trogopterus xanthipes* Milne-Edwards (família Petauristidae).

[Sabor e propriedades] doce e morna.

[Efeitos e indicações] dissolve o sangue estagnado e alivia a dor decorrente da estase do sangue (dor abdominal puerperal e dismenorréia).

[Uso e dosagem] 4,5 g.

[Aviso] Utilizar com precaução na gravidez.

Nota: Alivia espasmos na musculatura lisa.

Sanguis Draconis, (*Xue Jie*): resina vermelha secretada do fruto da *Daemonorops draco* Bl. (família Palmae).

[Sabor e propriedades] doce e salgada e neutra.

[Efeitos e indicações] dissipa o sangue estagnado, promove a regeneração do tecido e alivia a dor decorrente das lesões traumáticas, sendo também utilizada topicamente para controlar a hemorragia.

[Uso e dosagem] 1-1,5 g. Para uso externo utilizar a quantidade apropriada aplicada topicamente.

[Notas] Apresenta efeito hemostático no experimento com animais.

Resina Olibani, (*Ru Xiang*): resina da *Boswellia carterii* Birdwood e possivelmente outras espécies da *Boswellia* (família Burseraceae).

[Sabor e propriedades] picante, amarga e morna.

[Efeitos e indicações] alivia a dor e o edema por meio da dissolução da estase do sangue nas lesões traumáticas.

[Uso e dosagem] 3-9 g; quantidade apropriada a ser transformada em pó para uso externo.

[Aviso] É contra-indicada na gravidez. Uma grande dose ingerida oralmente pode causar efeitos adversos no estômago.

[Notas] *Resina Olibani* e *Resina Myrrhae* são sempre usadas em conjunto. Ambas aliviam a dor e o edema por meio da dissolução da estase do sangue, mas *Resina Olibani* elimina a estase do sangue promovendo o fluxo do *Qi*, ao passo que a *Resina Myrrhae* dissipa diretamente o sangue estagnado. Elas apresentam ação sinérgica.

Resina Myrhhae, (*Mo Yao*): resina obtida do caule da *Commiphora molmol* Engler e provavelmente outras espécies (família Burseraceae).

[Sabor e propriedades] amarga e neutra.

[Efeitos e indicações] elimina a estase do sangue nos casos de amenorréia e também nos casos de dor e edema resultante das lesões traumáticas.

[Uso e dosagem] 3-9 g; quantidade adequada a ser pulverizada para uso externo.

Rhizoma Corydalis, (*Yan Hu Suo*): bulbo vaporizado e seco da *Corydalis yanhusuo* W. T. Wang (família Papaveraceae).

[Sabor e propriedades] picante, amarga e morna.

[Efeitos e indicações] revigora a circulação sanguínea e o fluxo do *Qi* para aliviar a dor (como na dor no hipocôndrio, epigastralgia, e dismenorréia) causada pela estagnação do *Qi* e da estase do sangue.

[Uso e dosagem] 3-9 g; ou 1,3-3 g de pó a ser ingerido.

[Notas] (1) O efeito analgésico da *Rhizoma Corydalis* foi demonstrado em laboratório. A potência analgésica do seu total de alcalóides é por volta de 40% da de morfina. O princípio ativo é a tetrahidropalmatina que, embora menos potente do que a morfina, não vicia e não apresenta efeitos colaterais, como inibição respiratória e constipação. A tetrahidropalmatina tem efeito tranqüilizante comparável ao da fenotiazina. (2) *Rhizoma Corydalis* melhora o fluxo sanguíneo coronário. O princípio ativo é a dehidrocoridalina. Além disso, este princípio protege o estômago das úlceras gástricas, demonstrado em experimentos com animais.

Radix Curcumae, (*Yu Jin*): tubérculo vaporizado e seco e raiz da *Curcuma wenyujin* Y. H. Chen et C. Ling, *Curcuma longa* L., *Curcuma kwangsiensis* S.g. Lee et C. F. Liang ou *Curcuma phaeocaulis* Val. (família Zingiberaceae).

[Sabor e propriedades] picante, amarga e fria.

[Efeitos e indicações] promove o fluxo do *Qi* e do sangue para aliviar a distensão do hipocôndrio, dor torácica e abdominal e dismenorréia; reduz o Calor do sangue para conter a hemorragia; aumenta o fluxo da bile no tratamento da icterícia; acalma a mente no tratamento da síndrome bipolar.

[Uso e dosagem] 3-9 g.

[Notas] Contém óleo essencial e curcumina, que estimulam a secreção da bile.

Rhizoma Sparganii, (*San Leng*): tubérculo descascado e seco da *Sparganium stoloniferum* Buch.-Ham. (família Sparganiaceae).

[Sabor e propriedades] picante e amarga e neutra.

[Efeitos e indicações] dissolve drasticamente a estase do sangue no tratamento da amenorréia, hepatoesplenomegalia e outras patologias de massas.

[Uso e dosagem] 3-9 g.

[Aviso] É contra-indicada na gravidez e na ocorrência de menstruação excessiva.

[Notas] *Rhizoma Spargami* e *Rhizoma Curcumae Zedoariae* são freqüentemente usados em conjunto. Ambos dissolvem drasticamente a estase do sangue. O primeiro é mais potente em sua ação, mas o segundo também promove o fluxo do *Qi*. Sua combinação proporciona um efeito sinérgico.

Tabela 9-7 – Efeitos farmacológicos dos medicamentos que ativam o sangue e que eliminam a estase

	Hemodinâmica		Inibe a agregação plaquetária e trombose	Melhora a microcirculação	Outros
	Dilata vasos sanguíneos	Amplia o fluxo coronário			
Medicamentos para nutrir o sangue e promover a circulação					
Radix Salviae Miltiorrhizae	+	+	+	+	Sedativo
Radix Paeoniae Rubra	+	+	+	+	Sedativo, analgésico e antinflamatório.
Caulis Spatholobi	+	+	+		
Medicamentos que promovem a circulação sanguínea e removem a estase					
Rhizoma Chuan Xiong	+	+	+	+	Sedativo
Flos Carthami	+	+	+	+	Uterotônico, hipolipêmico.
Herba Leonuri	+	+	+	+	Uterotônico, diurético e anti-hipertensivo.
Pollen Typhae	+	+	±*	+	Uterotônico, sedativo, hipolipêmico.
Medicamentos que eliminam a estase do sangue e aliviam a dor					
Resina Olibani	+				Analgésico, aumenta a permeabilidade vascular.
Resina Myrrhae	+				Analgésico e antinflamatório.
Rhizoma Corydalis	+	+			Sedativo, analgésico e antiulcerativo.
Sanguis Draconis					Analgésico.
Faecis Trogopterum					Analgésico, aumenta a permeabilidade vascular.
Medicamentos drásticos que eliminam a estase do sangue e dissipam massas					
Rhizoma Sparganii	+	+			
Radix Curcumae	+				Colagogo, hipolipêmico, antineoplásico.
Rhizoma Curcumae Zedoariae					Antineoplásico, abortivo.
Semen Persicae					Uterotônico, antitussígeno e antiinflamatório.

* *Pollen Typhae* inibe a agregação plaquetária, mas sua preparação carbonizada acelera a coagulação sanguínea.

Rhizoma Curcumae Zedoariae, (*E Zhu*): rizoma vaporizado e seco da *Curcuma zedoária* Rosc., *Curcuma phaeocaulis* Valeton, ou *Curcuma kwangsiensis* S.G. Lee et C. F. Liang ou *Curcuma wenyujin* Y. H. Chen et C. Ling (família Zingiberaceae).

[Sabor e propriedades] picante, amarga e morna.

[Efeitos e indicações] dissolve drasticamente a estase do sangue e promove o fluxo do *Qi* no tratamento da amenorréia, dor no hipocôndrio e dor abdominal, e massas abdominal; remove os alimentos retidos com distensão e dor epigástricas.

[Uso e dosagem] 3-9 g.

[Aviso] É contra-indicada na gravidez e na menstruação excessiva.

[Notas] (1) Inibe o crescimento de vários tumores malignos em estudos experimentais, provavelmente por causa de sua ação de aumentar a imunogenicidade das células tumorais; (2) Tem uma ação antiprogestogênica e pode causar abortamento no início da gravidez.

Semen Persicae, (Tao Ren): semente madura e seca da *Prunus persica* (L.) Batsch ou *Prunus davidiana* (Carr.) Franch. (família Rosaceae).

[Sabor e propriedades] amarga e doce e neutra.

[Efeitos e indicações] dissolve drasticamente a estase do sangue no tratamento da amenorréia, massas abdominais e dor traumática; laxativo suave no tratamento da constipação.

[Uso e dosagem] 6-9 g.

[Aviso] Uso com precaução na gravidez.

[Notas] Aumenta o fluxo sanguíneo cerebral e inibe a coagulação sanguínea. Também apresenta efeito laxativo em laboratório.

Semen Vaccariae, (*Wang bu Liu Xing*): semente madura e seca da *Vaccaria segetalis* (Neck.) Garcke (família Caryophyllaceae).

[Sabor e propriedades] amarga e neutra.

[Efeitos e indicações] estimula a menstruação e a lactação, sendo usada como um emenagogo e galactagogo na amenorréia e na estase do leite materno; promove a circulação sanguínea e reduz o edema no tratamento de massas devido a estase do sangue e também no tratamento de abscessos.

[Uso e dosagem] 6-15 g.

[Aviso] Usar com precaução na gravidez.

[Notas] A decocção causa contração uterina.

Eupolyphaga, (*Tu Bie Chong*): fêmea do inseto (besouro) seco *Eupolyphaga sinensis* Walk. ou *Steleophaga plancyi* (Bol.) (família Corydiidae).

[Sabor e propriedades] salgada e fria, sendo levemente tóxico.

[Efeitos e indicações] remove a estagnação do sangue e promove a consolidação de fraturas ósseas, sendo usada em fraturas, na amenorréia e na formação de massas abdominal devido a estase do sangue.

[Uso e dosagem] 3-9 g.

De acordo com os estudos modernos, a estase do sangue na Medicina Chinesa refere-se, principalmente, ao processo patológico relacionado aos seguintes distúrbios da circulação sanguínea: (1) mudanças anormais hematológicas, inclusive ao aumento da concentração sanguínea, viscosidade, coagulação e agregação celular; (2) distúrbios microcirculatórios, incluindo o fluxo de sangue retardado, estase ou mesmo trombose, distorção dos capilares, extravasamento pericapilar e constrição microvascular ou oclusão; (3) anormalidades hemodinâmicas com aumento de volume do fluxo de sangue local, como observado na patologia coronária, tromboangeíte, acidente vascular isquêmico e hepatite crônica.

Portanto, os medicamentos para aliviar a estase do sangue normalmente apresentam as seguintes ações: (1) melhora das condições de fluidez do sangue (incluindo o nível de lipídios no sangue, que influenciam a viscosidade sanguínea) e neutralização da formação e o desenvolvimento de trombos (principalmente pela inibição da agregação plaquetária e aumento da atividade da fibrinolisina); (2) melhora da microcirculação (aumenta o fluxo da microcirculação para restaurar a aparência normal dos capilares e reduz o extravasamento pericapilar); (3) melhora da hemodinâmica por meio da dilatação dos vasos sanguíneos locais.

Além disso, alguns medicamentos ativadores do sangue e eliminadores da estase utilizados para estimular a menstruação apresentam a ação de aumentar a contração uterina, e aqueles utilizados para aliviar a dor decorrente da estase do sangue demonstram efeito analgésico em estudos experimentais.

As ações farmacológicas principais dos medicamentos ativadores do sangue e eliminadores da estase são resumidos na Tabela 9-7.

ESTIMULANTES AROMÁTICOS

Estimulantes aromáticos são de sabor picante ou aromático. Apresentam efeito ressuscitador, sendo normalmente usados no tratamento para perda de consciência, delírio e convulsões nas patologias febris agudas, epilepsia e lipotimia. A maioria é utilizada somente para emergência.

Borneolum, (*Bing Pian*): composto orgânico cristalino (borneol – $C_{10}H_{18}O$) obtido de forma sintética ou de fontes naturais.

[Sabor e propriedades] picante e amargo e frio.

[Efeitos e indicações] usado como estimulante para perda da consciência e convulsões nas patologias febris; usado como antiflogístico e analgésico na inflamação da orofaringe, nas úlceras orais, nos abscessos e em feridas.

[Uso e dosagem] 0,15-0,3 g na preparação de pílulas ou pó; para uso externo, a quantidade adequada é reduzida a pó e aplicada topicamente.

Calculus Bovis, (*Niu Huang*): cálculo biliar de gado doméstico, *Bos taurus domesticus* Gmelin (família Bovidae).

[Sabor e propriedades] amargo e frio.

[Efeitos e indicações] usado como estimulante e anticonvulsivante na perda de consciência e convulsão nos casos de patologias febris; como antiflogístico e analgésico para orofaringites, úlceras orais, abscessos e feridas.

[Uso e dosagem] 0,15-0,3 g, principalmente na preparação de pílulas ou pó; para uso externo, a quantidade adequada é transformada em pó e aplicada topicamente.

[Notas] (1) *Calculus Bovis* tem efeito sedativo e anticonvulsivante, neutralizando a estimulação central e a convulsão induzida pela cafeína, cânfora, picrotoxina e metrazol. (2) *Calculus Bovis* tem efeito antipirético importante, provavelmente devido ao conteúdo da taurina. Os mecanismos do efeito antipirético da taurina incluem sua ação sobre a serotonina no cérebro, sua combinação com os carregadores termogênicos e sua regulação direta da temperatura corporal. (3) *Calculus Bovis* deixa inativo o vírus da encefalite tipo B, mas não apresenta nenhuma ação sobre a replicação do vírus no cérebro. (4) *Calculus Bovis* tem a capacidade de aliviar drasticamente as manifestações da inflamação. Isto altera a resposta vascular da lesão limitando o aumento da permeabilidade capilar que normalmente ocorre. Assim, poucos leucócitos polimorfonucleares deixam os vasos no local da lesão. *Calculus Bovis* é muito mais potente do que a hidrocortisona neste tipo de ação. (5) *Calculus Bovis* é cardiotônico e alivia a arritmia experimental. (6) *Calculus Bovis* protege o fígado de lesões químicas em estudos experimentais.

Rhizoma Acori Tatarinowii, (*Shi Chang Pu*): rizoma seco da *Acorus tatarinowii* Schott. (família Araceae).

[Sabor e propriedades] picante e morna.

[Efeitos e indicações] elimina o muco turvo no tratamento da diminuição da consciência na epilepsia e na demência; nutre o coração e melhora a memória; remove a Umidade no tratamento da anorexia e da distensão abdominal.

[Uso e dosagem] 3-9 g.

[Notas] Foi demonstrado no estudo experimental a ação inibitória central. A decocção também alivia o espasmo muscular gastrintestinal.

Styrax, (*Su He Xiang*): bálsamo viscoso, purificado e semifluido obtido do tronco da *Liquidambar orientalis* Miller (família Hamamelidaceae).

[Sabor e propriedades] picante e morna.

[Efeitos e indicações] induz a ressuscitamento e alivia a dor, sendo usada como estimulante no tratamento da perda da consciência na lipotimia e, também, no alívio da angina pectoris.

[Uso e dosagem] 0,3-1g usada em pílulas ou pó, mas não na decocção.

[Notas] (1) Aumenta o fluxo coronário sanguíneo e reduz o consumo de oxigênio do miocárdio no infarto do miocárdio experimental. Também protege o coração da isquemia induzida pela pitressina. (2) Previne a trombose por meio da inibição da agregação plaquetária, reduz o nível de fibrogênio no plasma e aumenta a atividade da fibrinolisina.

Moschus, (*She Xiang*): secreção seca obtida da cavidade do almiscareiro do macho adulto, *Moschus berezovskii* Flerov, *Moschus sifanicus* Przewalski ou *Moschus moschiferus* L. (família Cervidae).

[Sabor e propriedades] picante e morno.

[Efeitos e indicações] induz a restauração da consciência, sendo usada como estimulante no tratamento da perda de consciência na febre alta e na apoplexia; revigora a circulação sanguínea e reduz a inflamação nos abscessos e em feridas.

[Uso e dosagem] 0,03-0,1g, usado principalmente para fazer pílulas ou pó, mas não para decocção; quantidade adequada para uso externo.

[Aviso] Contra-indicado na gravidez.

[Notas] (1) Foi demonstrada ação dual sobre o Sistema Nervoso, em pequenas doses provoca excitação e em grandes doses há inibição. Aumenta a tolerância do cérebro à ausência de oxigênio. (2) Dilata a artéria coronária, aumenta o fluxo sanguíneo e reduz o consumo de oxigênio do miocárdio. Também inibe a agregação plaquetária e reduz a ação da trombina; (3) Neutraliza a inflamação em todos os estágios de permeabilidade capilar aumentada, mobilidade leucocitária e formação de granulação. (4) Estimula o útero, principalmente na gravidez.

MEDICAMENTOS TRANQÜILIZANTES

Os medicamentos desta categoria são usados para diminuir a excitação (instabilidade mental, irritabilidade, ansiedade, inquietude e insônia). São classificados como tranqüilizantes pesados e tranqüilizantes nutridores do coração.

Os primeiros possuem alta gravidade específica e são, normalmente, minerais ou conchas, sendo indicados nas Síndromes de Excesso. Os tranqüilizantes nutridores do coração são medicamentos botânicos com ações tônicas para nutrir o sangue ou complementar o Yin, além de tranqüilizar. Então, este último é comumente usado nos casos de deficiência.

Tranqüilizantes Pesados

Cinnabaris, (*Zhu Sha*): é um mineral que contém, principalmente, sulfito de mercúrio (HgS).

[Sabor e propriedades] doce, levemente frio e tóxico.

[Efeitos e indicações] trata a ansiedade, a síndrome maníaco-depressiva e a insônia com palpitação; neutraliza as toxinas no tratamento dos abscessos e dor.

[Uso e dosagem] 0,3-1,5 g usados para fazer pílulas ou pó para ingestão oral; quantidade apropriada para uso externo.

[Aviso] Administração prolongada deve ser evitada.

Os Draconis (*Long Gu*): fóssil de mamífero de porte grande, tal como *Stegodon orientalis* e *Rhinocerus sinensis*.

[Sabor e propriedades] doce e neutro.

[Efeitos e indicações] acalma a mente no tratamento da insônia, irritabilidade, ansiedade e diminuição da memória; também é usado como adstringente para sudorese noturna, emissão seminal ou leucorréia excessiva.

[Uso e dosagem] 15-30 g para fazer decocção, antes de outros ingredientes.

Tranqüilizantes Nutridores do Coração

Semen Ziziphi Spinosae, (*Suan Zao Ren*): semente madura e seca da *Ziziphus jujuba* var. *spinosa* (Bunge) Hu ex H. F. Chou (família Rhamnaceae).

[Sabor e propriedades] doce e azeda e neutra.

[Efeitos e indicações] acalma a mente por meio da nutrição do sangue do coração e do fígado no tratamento da insônia e palpitação; contém a sudorese excessiva decorrente da deficiência.

[Uso e dosagem] 9-15 g.

[Notas] (1) Foram demonstrados efeitos sedativo e hipnótico nos experimentos com animais. Neutraliza a convulsão induzida por metrazol ou estricnina, mas não apresenta efeito sobre o eletrófito. Também apresenta efeito analgésico e reduz a temperatura do corpo nos ratos normais.

Radix Polygalae (*Yuan Zhi*): raiz seca da *Polygala tenuifolia* Willd. ou *Polygala sibirica* L. (família Polygalaceae).

[Sabor e propriedades] amarga e morna.

[Efeitos e indicações] harmoniza a coordenação entre o coração e os rins no tratamento da insônia; elimina o muco no tratamento da tosse com expectoração profusa e nas alterações psíquicas causadas por muco.

[Uso e dosagem] 3-9 g.

[Notas] Foram demonstrados efeitos sedativo, anticonvulsivante e expectorante em laboratório.

Caulis Polygoni Multiflori, (*Shou Wu Teng*): caule lianóide seco da *Polygonum multiflorum* Thunb. (família Polygonaceae).

[Sabor e propriedades] doce e neutra.

[Efeitos e indicações] tem efeito tranqüilizante por causa da nutrição do coração no tratamento da insônia com inquietude.

[Uso e dosagem] 9-15 g.

Semen Platycladi, (*Bai Zi Ren*): semente madura e seca da *Platycladus orientalis* (L.) Franco (família Cupressaceae).

[Sabor e propriedades] doce e neutra.

[Efeitos e indicações] induz a tranqüilidade por meio da nutrição do coração no tratamento da insônia com palpitação; também é usada como laxativo suave no tratamento da constipação.

[Uso e dosagem] 6-12 g.

Córtex Albiziae, (*He Huan Pi*): casca seca da *Albizia julibrissin* Durazz. (família Leguminosae).

[Sabor e propriedades] doce e neutra.

[Efeitos e indicações] acalma a mente e induz a tranqüilidade no tratamento da melancolia e da insônia.

[Uso e dosagem] 6-12 g.

SEDATIVOS E ANTICONVULSIVANTES (MEDICAMENTOS PARA DOMINAR A HIPERATIVIDADE DO FÍGADO E EXTINGUIR O VENTO ENDÓGENO)

Há dois tipos de Vento como fatores patogênicos, sendo um exógeno e outro endógeno. O Vento exógeno normalmente ataca o exterior do corpo, sendo tratado com medicamentos dispersores do Vento, como foi mencionado na seção sobre diaforéticos e anti-reumáticos. O Vento endógeno, existente no interior, é induzido pela hiperatividade do fígado (exuberância do Yang do fígado) e manifestado por vertigem, convulsões e tremores. Para extinguir o Vento endógeno são indicados sedativos e anticonvulsivantes.

A hiperatividade do fígado (exuberância do Yang do fígado) pode ser decorrente da perturbação por Calor patogênico excessivo ou devido à deficiência de Yin e do sangue. Em ambos os casos, o uso de sedativos ou anticonvulsivantes trata simplesmente os sintomas. Nos casos de excesso, devem ser utilizados em conjunto com antitérmicos, e nos casos de deficiência, tônicos de Yin e/ou tônicos do sangue devem ser administrados conjuntamente.

O Vento endógeno como fator patogênico pode combinar-se com o muco, formando muco-Vento. Casos sérios de Vento endógeno são freqüentemente acompanhados de sintomas de muco, como por exemplo, quando um paciente epiléptico perde a consciência, normalmente durante as convulsões. Nesse caso, ambos, anticonvulsivantes e mucolíticos, devem ser administrados.

Rhizoma Gastrodiae, (*Tian Ma*): tubérculo seco da *Gastrodia elata* Bl. (família Orchidaceae).

[Sabor e propriedades] doce e neutra.

[Efeitos e indicações] domina o Vento do fígado no tratamento da cefaléia, tontura, parestesia dos membros e sintomas precoces de acidente vascular cerebral.

[Uso e dosagem] 3-9 g.

[Notas] (1) Foram demonstrados efeitos sedativo, anticonvulsivante e analgésico nos experimentos com animais. (2) Reduz a pressão sanguínea e inibe a agregação plaquetária. Protege o coração da isquemia aguda e da arritmia induzida por pitressina.

Rumulus Uncariae cum Uncis, (*Gou Teng*): ramo com espinhos seco da *Uncaria rhynchophylla* (Miq.) Lacks., *Uncaria Macrophylla* Wall., *Uncaria hirsuta* Havil., *Uncaria sinensis* (Oliv.) Havil. ou *Uncaria sessilifructus* Roxb. (família Rubiaceae).

[Sabor e propriedades] doce e levemente fria.

[Efeitos e indicações] elimina o Calor e extingue o Vento endógeno no tratamento da cefaléia e da tontura devido ao Calor no fígado ou Yang exuberante do fígado e, também, para convulsões decorrentes da febre alta.

[Uso e dosagem] 6-15 g.

[Notas] Reduz a pressão sanguínea na hipertensão experimental, causa sedação e alivia o espasmo do músculo liso do brônquio, intestino e útero.

Cornu Saigae Tataricae (*Ling Yang Jiao*): chifre da *Saiga tatárica* L. (antílope, família Bovidae).

[Sabor e propriedades] salgada e fria.

[Efeitos e indicações] extingue o vento endógeno para aliviar a convulsão.

[Uso e dosagem] 0,3-0,6, a ser reduzida a pó e ingerida em uma dose por vez.

[Notas] (1) Foram demonstrados efeitos sedativo e hipnótico e contém as convulsões causadas por estricnina, metrazol ou cafeína e eletrófito em experimentos com animais. (2) Apresenta um efeito antipirético importante na febre experimental. Seu extrato alcoólico reduz a temperatura do corpo em mais de 0,5º C em ratos normais. (3) Também tem efeito hipotensor.

Lumbricus, (*Di Long*): corpo seco da minhoca *Pheretima aspergillum* (Perrier) (família Megascolecidae), ou *Allolobophora caliginosa* (Savigny) trapezóides (Ant. Duges) (família Lumbricidae).

[Sabor e propriedades] salgada e fria.

[Efeitos e indicações] usada como antipirético e anticonvulsivante na convulsão febril; anti-reumático no tratamento da dor reumática; usada como antiasmático na asma brônquica e na bronquite asmática.

[Uso e dosagem] 6-9 g.

[Notas] (1) O extrato da *Lumbricus* demonstra efeito antipirético proeminente nos coelhos com febre induzida pela colitoxina, sendo mais suave e com mais duração do que a piramidona. O efeito decorre de sua ação sobre o centro termorregulador, com aumento da dissipação do Calor. O princípio ativo é a *lumbrofebrine*. (2) O extrato causa sedação e neutraliza as convulsões induzidas por metrazol ou cafeína e eletrófito. O princípio ativo é o ácido succínico. (3) O extrato alivia, parcialmente, a asma induzida por histamina e a reação alérgica passiva da pele nos experimentos com animais. Isto decorre, provavelmente, da competição com o receptor da histamina. (4) O extrato demonstra ação antitrombótica importante por meio da promoção da fibrinólise, inibição da agregação plaquetária e aumento da estabilidade da membrana das hemácias. (5) O extrato também é hipotensor e age sobre o centro vasomotor.

Scolopendra, (*Wu Gong*): corpo seco da centopéia *Scolopendra subspinipes mutilans* L. Koch (família Scolopendridae).

[Sabor e propriedades] picante, morna e tóxica.

[Efeitos e indicações] extingue o Vento endógeno para aliviar a convulsão. Remove obstruções dos meridianos colaterais para aliviar a dor, sendo usada no tratamento da enxaqueca persistente e artralgia.

[Uso e dosagem] 2,5-4,5 g.

[Aviso] Contra-indicado na gravidez.

[Notas] (1) A *Scolopendra* possui dois venenos semelhantes à apisina, um que age como hemolítico e outro como a histamina. (2) A *Scolopendra* tem efeitos sedativos e anticonvulsivantes nos experimentos com animais.

Scorpio, (*Quan Xie*): corpo fervido e seco do escorpião *Buthus martensii* Karsh (família Buthidae).

[Sabor e propriedades] picante, neutra e tóxica.

[Efeitos e indicações] extingue o Vento endógeno para tratar a convulsão; remove a obstrução dos meridianos e colaterais para aliviar a dor, sendo usada no tratamento da enxaqueca persistente e artralgia.

[Uso e dosagem] 2,5-4,5 g.

[Notas] (1) O veneno do *Scorpio* é destruído com o aquecimento a 100º C por trinta minutos.

Bombyx Batryticatus, (*Jiang Can*): larva seca do bicho-da-seda, *Bombyx Mori* L. (família *Moniliaceae*) morta pela infecção da *Beauveria bassiana* (Balls) Vuill.

[Sabor e propriedades] salgada e picante e neutra.

[Efeitos e indicações] extingue o Vento endógeno para aliviar a cefaléia, tontura e convulsão; drena os nódulos de muco (escrófula).

[Uso e dosagem] 4,5-9 g.

[Notas] Foram demonstrados efeitos sedativo e anticonvulsivante em laboratório.

Haematitum, (*Zhe Shi*): mineral que contém, principalmente, óxido de ferro (F_2O_3).

[Sabor e propriedades] amargo e frio.

[Efeitos e indicações] controla o Yang exuberante do fígado na cefaléia e na tontura (na hipertensão); suprime o fluxo inverso do *Qi* do estômago ou do pulmão no tratamento da eructação, vômito e asma.

[Uso e dosagem] 9-30 g na decocção, a ser introduzida antes de outros ingredientes.

Concha Haliotidis, (Shi Jue Ming): concha da *Haliotis diversicolor* Reeve, *Haliotis discus hanai* Ino ou *Haliotis ovina* Gmelin, *Haliotis ruber* (Leach), *Haliotis asinina* L., ou *Haliotis laevigata* (Donovan) (família Haliotidae*).

[Sabor e propriedades] salgada e levemente fria.

[Efeitos e indicações] controla o Yang exuberante do fígado no tratamento da cefaléia e tontura (na hipertensão); elimina o Calor do fígado no tratamento do glaucoma.

[Uso e dosagem] 9-30 g na decocção antes de serem adicionados outros ingredientes.

TÔNICOS

Os tônicos são usados para complementar ou tonificar *Qi*, sangue, Yin e Yang do corpo humano no tratamento das Síndromes de Deficiência. Portanto, podem ser classificados em quatro grupos: tônicos do *Qi*, tônicos de sangue, tônicos de Yin e tônicos de Yang.

Tônicos de *Qi*

Os Tônicos do *Qi* são usados no tratamento da deficiência de *Qi*. A deficiência generalizada do *Qi* é manifestada por lassidão, fraqueza, sudorese espontânea e pulso fraco. A deficiência de *Qi* nos órgãos *Zang Fu* é marcada por função reduzida daquele órgão, ou seja, ingestão reduzida de alimentos na deficiência do *Qi* do estômago, dispepsia na deficiência de *Qi* do baço, palpitação na deficiência do *Qi* do coração e dispnéia na deficiência do *Qi* do pulmão. Em todas as condições, os tônicos de *Qi* são indicados. Além disso, a geração de sangue depende da ação do *Qi*. Portanto, os tônicos de *Qi* são freqüentemente usados em conjunto com os tônicos de sangue no tratamento da deficiência de sangue.

A geração de *Qi* no corpo humano está intimamente relacionada à função dos pulmões e do baço. Então, a maioria do tônico *Qi* tonifica principalmente o pulmão e o baço, mas alguns tônicos de *Qi* tonificam o estômago, coração e rins (Tabela 9-8)

Os tônicos do *Qi* são, geralmente, de sabor doce e de natureza levemente morna. As ações e indicações do tônico *Qi* individual são as seguintes:

Tabela 9-8 – Local das ações do tônico *Qi*

	Geral	Coração	Baço	Estômago	Pulmão	Rim
Radix Ginseng	+	+	+		+	+
(*Qi* original)						
Radix Codonopis			+			+
(*Qi* defensivo)						
Radix Astragali	+		+		+	
Rhizoma Atractylodis Macrocephalae			+		+	
Radix Acanthopanacis senticosis	+	+	+			+
Rhizoma Dioscoreae			+	+	+*	+
Rhizoma Poligonati			+		+*	
Fructus Jujubae			+	+		
Radix Glycyrrihzae		+	+			

* Também nutre o Yin do pulmão.

Radix Ginseng, (Ren *Shen*): raiz seca da *Panax ginseng* C. A. Mey. (família Araliaceae).

[Sabor e propriedades] doce, pouco amarga e levemente morna.

[Efeitos e indicações] tonifica o *Qi* original e promove a produção do fluido corporal nos casos de fraqueza generalizada, diabetes mellitus, impotência ou frigidez, insuficiência cardíaca e choque cardiogênico; tonifica o *Qi* do baço e do pulmão no tratamento da anorexia, diarréia, tosse e dispnéia.

[Uso e dosagem] 3-9 g.

[Notas] (1) *Radix Ginseng* apresenta uma ação dupla sobre o Sistema Nervoso Central, com estímulo em pequenas doses e inibição em grandes doses. Melhora a memória nos experimentos com animais. (2) *Radix Ginseng* aumenta a função imunológica em vários aspectos: fagocitose das células reticuloendoteliais, atividade dos linfócitos natural killer (células NK), formação do IgG, IgA e IgM, transformação dos linfócitos e produção de leucócitos. (3) *Radix Ginseng* é um cardiotônico que aumenta a capacidade de contração e reduz a freqüência cardíaca. O princípio ativo é o ginsenosídeo que apresenta efeitos similares ao glicosídeo cardíaco (promove a liberação de catecolaminas e inibe a capacidade da atividade da Na^+-K^+-ATPase da membrana celular do miocárdio). O ginsenosídeo atenua as mudanças eletrocardiográficas na isquemia cardíaca induzida por noradrenalina. *Radix Ginseng* dilata as artérias coronárias, cerebrais e pulmonares, melhora a circulação sanguínea destes órgãos e tem efeito regulador bidirecional sobre a pressão sanguínea, reduzindo-a nos casos de hipertensão e aumentando-a nos casos de hipotensão ou choque. (4) O ginsenosídeo previne a coagulação sanguínea, promove a fibrinólise, inibe o agrupamento de eritrócitos e agregação plaquetária, aumenta a fluidez sanguínea e melhora a perfusão do tecido. O extrato da *Radix Ginseng* estimula a hematopoiese na medula óssea, aumenta as hemácias bem como o nível de hemoglobina. (5) *Radix Ginseng* estimula o eixo hipotalâmico-pituitário-adrenocortical, aumenta a liberação do ACTH e a secreção de corticosteróide. *Radix Ginseng* também estimula a adenohipófise para liberar as gonadotrofinas. Nas fêmeas, a *Radix Ginseng* acelera a maturidade sexual, reduz o proestro e prolonga a estro. Em machos jovens, a *Radix Ginseng* aumenta o peso dos testículos, do epidídimo e a quantidade de esperma nos testículos. (6) *Radix Ginseng* estimula as ilhotas de Langerhans para liberar a insulina, mas também tem um efeito sobre o metabolismo do carboidrato diferente da insulina. Ela reduz o açúcar no sangue e o glicogênio do fígado, simultaneamente, na hiperglicemia, ao passo que eleva o açúcar no sangue na hipoglicemia. Também afeta o metabolismo da proteína e do lipídio, promove a biossíntese de proteínas, DNA e RNA e previne a hipercolersterolemia e a aterosclerose. (7) *Radix Ginseng* retarda o processo de envelhecimento em testes animais e celulares. Em animais velhos, inibe a atividade da monoaminoxidase no tronco cerebral, reduz a lipofuscina no tecido e o a peroxidação lipídica sérica, aumenta a atividade do superóxido-dismutase (SOD) e elimina os radicais livres que causam senilidade. Para concluir, a *Radix Ginseng* demonstra efeito adaptogênico, fortalece a adaptabilidade, aumenta a resistência corporal contra estímulos prejudiciais e estresse e restaura a normalidade das atividades funcionais desordenadas.

Radix Codonopsis, *(Dang Shen)*: raiz seca da *Codonopsis pilosula* (Franch.) Nannf., *Codonopsis pilosula* var. *modesta* (Nannf.) L. T. Shen ou *Codonopsis tangshen* Oliv. (família Campanulaceae).

[Sabor e propriedades] doce e levemente morna.

[Efeitos e indicações] tonifica o *Qi* do baço e do pulmão na anorexia, aumento da freqüência intestinal, fraqueza generalizada e dispnéia.

[Uso e dosagem] 9-30 g.

[Notas] (1) *Radix Codonopsis* aumenta a função imunológica e a resistência contra o estímulo nocivo e o estresse. Este último está relacionado, mas não somente, à excitação do eixo hipotalâmico-pituitário-adrenocortical; *Radix Codonopsis* demonstra, ainda, efeito de atenuação da hipóxia nos animais após a adrenalectomia. (2) *Radix Codonopsis* melhora a digestão e apresenta um efeito regulatório sobre a motilidade do trato gastrintestinal. (3) *Radix Codonopsis* é um cardiotônico, aumenta a capacidade de contração e a produção cardíaca por meio da inibição da atividade do fosfodiesterase das células do miocárdio (um mecanismo diferente daquele apresentado pela *Radix Ginseng*). Ela controla a isquemia do miocárdio e regulariza a pressão sanguínea. (4) *Radix Codonopsis* aumenta, visivelmente, a quantidade de hemácias no sangue e o nível de hemoglobina, restaura a quantidade de leucócitos na leucopenia causada pela quimioterapia e radioterapia. (5) *Radix Codonopsis* inibe a agregação plaquetária e reduz a viscosidade sanguínea. (6) *Radix Codonopsis* melhora a inteligência (habilidade de aprendizado e memória) e induz a tranqüilidade. (7) *Radix Codonopsis* promove o crescimento do *Staphilococcus aureus* e *Bacillus coli* e aumenta a mortalidade dos ratos com septicemia causada por *staphilococcus*. Isto explica porque a *Radix Codonopsis* é contra-indicada no tratamento das "patologias exógenas com patógenos excessivos".

Radix Astragali, (*Huang Qi*): raiz seca da *Astragalus membranaceus* (Fisch.) Bge. ou *Astragalus membranaceus* var. *mongholicus* (Bge) Hsiao (família Leguminosae).

[Sabor e propriedades] doce e levemente morna.

[Efeitos e indicações] tonifica o *Qi* do baço e do pulmão nos casos de fraqueza, síndromes de submersão e hemorragia decorrente da deficiência do *Qi*; contém a sudorese excessiva nos casos de sudorese espontânea e sudorese noturna; limpa o pus e promove a cura das úlceras crônicas; induz a diurese nos casos de edema nefrítico.

[Uso e dosagem] 9-30 g. Para tonificar o *Qi*, a raiz da *Astragalus* processada com mel é melhor.

[Notas] (1) A *Radix Astragalus* aumenta a imunidade inespecífica e a quantidade de leucócitos no sangue, promove a fagocitose, o poder bactericida dos neutrófilos e macrófagos, aumenta a atividade dos linfócitos natural killer (células NK) e facilita a produção do interferon induzido por vírus. Também aumenta as funções imunológicas específicas, incluindo a imunidade celular e a imunidade humoral. Age como interleucina II (IL-2), aumentando a atividade das células linfocina-ativadas killer (LaK) e, também, restaura a produçao normal da IL-2 nos animais com produção insuficiente. Ela aumenta, visivelmente, a produção de anticorpos. (2) A *Radix Astragalus* prolonga a duração das moscas de frutos e aumenta a duração da replicação dos fibroblastos diplóides humanos cultivados. Reduz a atividade da monoaminoxidase no cérebro de ratos idosos, aumenta o nível de catecolaminas central e diminui a produção de radicais livres. (3) A *Radix Codonopsis* demonstra efeito cardiotônico por meio da inibição da atividade dos fosfodiesterase das células do miocárdio. Ela dilata as artérias periféricas, cerebrais, coronárias e renais e melhora a microcirculação e diminui a pressão sanguínea. Também inibe a agregação plaquetária. (4) A *Radix Astragalus* estimula a hematopoiese da medula óssea, promove a geração, desenvolvimento e maturação de todas as células sanguíneas. (5) Promove o anabolismo do RNA, DNA e proteína nos experimentos com animais. Apresenta um efeito regulatório bidirecional sobre o metabolismo dos carboidratos, sem efeito sobre a glicemia normal do sangue, mas controla tanto a hiperglicemia quanto a hipoglicemia, experimentalmente. (6) Além de sua ação sobre a indução do interferon e da atividade das células NK, apresenta um efeito direto antiviral (sobre o vírus Coxsackie).

Rhizoma Atractylodis Macrocephalae, (*Bai Zhu*): rizoma seco da *Atractylodes macrocephala* Koidz. (família Compositae).

[Sabor e propriedades] doce, pouco amarga e morna.

[Efeitos e indicações] revigora o baço e tonifica o *Qi* no tratamento da deficiência do baço e do estômago na anorexia, distensão abdominal, lassidão e aumento da freqüência intestinal; remove a Umidade e induz a diurese no tratamento da diarréia e do edema decorrentes da função reduzida do baço; previne o abortamento.

[Uso e dosagem] 6-12 g.

[Notas] Promove a secreção gástrica e diminui o conteúdo de açúcar no sangue. (2) Protege o fígado contra a lesão química. (3) Induz a diurese por meio da inibição da reabsorção do sódio.

Radix Acanthopanacis senticosis, (*Ci Wu Jia*): raiz e rizoma secos da *Acanthopanax senticosus* (Rupr. et Maxim.) Harms (família Analiaceae).

[Sabor e propriedades] picante, pouco amarga e morna.

[Efeitos e indicações] tonifica o *Qi*, tonifica o baço e o rim, induz a tranqüilidade na fraqueza generalizada, anorexia, dores lombares e nos joelhos e insônia.

[Uso e dosagem] 3-9 g.

[Notas] (1) *Radix Acanthopanacis senticosus* não só melhora o processo excitatório do Sistema Nervoso Central, mas também fortalece o processo inibitório. (2) Aumenta a resistência corporal ao estímulo nocivo, estresse e fadiga. (3) Mostra efeito regulador bidirecional sobre o Sistema Endócrino: previne a hiperplasia adrenal causada pelo ACTH por um lado, e, por outro, reduz a atrofia adrenal causada pela cortisona. Previne tanto o aumento da tireóide causada pela tiroxina quanto a atrofia da tireóide causada pelo metiltiuracil. Diminui o nível de açúcar no sangue ao normal na diabetes mellitus induzida por aloxane e aumenta o açúcar no sangue na hipoglicemia causada pela insulina. (4) Aumenta as funções imunológicas incluindo a fagositose do sistema reticuloendotelial, produção da interleucina-II e anticorpos IgG e IgM e indução de interferon. (5) Dilata os vasos cerebrais melhorando o suprimento de sangue no cérebro. Também aumenta o fluxo sanguíneo coronário e inibe, visivelmente, a agregação de plaquetas. Portanto, tem sido usada recentemente no tratamento das patologias coronárias e trombose cerebral.

Rhizoma Dioscoreae, (Shan Yao): rizoma seco da *Dioscorea opposita* Thunb. (família Dioscoreaceae).

[Sabor e propriedades] doce e neutra.

[Efeitos e indicações] revigora o baço e o estômago no tratamento da anorexia, aumento da freqüência intestinal e leucorréia; tonifica o Yin do pulmão e do rim nos casos de tosse seca e diabetes mellitus.

[Uso e dosagem] 9-30 g.

Rhizoma Polygonati, (*Huan Jing*): rizoma seco e cozido da *Polygonatum kingianum* Coll. et Hemsl., *Polygonatum sibiricum* Red., ou *Polygonatum cyrtonema* Hua (família Liliaceae).

[Sabor e propriedades] doce e neutra.

[Efeitos e indicações] tonifica o *Qi* do baço no tratamento da lassidão e anorexia; nutre o Yin do pulmão para aliviar a tosse seca nos casos de bronquite crônica e tuberculose.

[Uso e dosagem] 9-15 g.

[Notas] Foram demonstrados efeitos hipoglicêmico e hipotensor nos experimentos com animais.

Fructus Jujubae, (*Da Zao*): fruto maduro e seco da *Ziziphus jujuba* Mill. (família Rhamnaceae).

[Sabor e propriedades] doce e neutra.

[Efeitos e indicações] tonifica o *Qi* do baço e harmoniza o estômago no tratamento da lassidão, anorexia e diarréia; modera os efeitos drásticos de outros ingredientes.

[Uso e dosagem] 6-15 g (4-10 pedaços).

Radix Glycyrrhizae, (*Gan Cao*): raiz e rizoma secos da G*lycyrrhiza uralensis* Fisch., *Glycyrrhiza inflata* Bat. ou *Glycyrrhiza glabra* L. (família Leguminosae).

[Sabor e propriedades] doce e morna.

[Efeitos e indicações] tonifica o *Qi* do coração e do baço; contém a tosse decorrente do Calor nos pulmões; alivia espasmos nos casos de cólica abdominal; modera os efeitos drásticos e tóxicos de outros ingredientes.

[Uso e dosagem] 1,5-9 g.

[Notas] (1) *Radix Glycyrrhizae* tem um efeito hormonal adrenocortical; promove a retenção de sódio e água, e excreção de potássio, agindo como mineralocorticóide. Causa atrofia da glândula do timo, aumenta o peso da glândula adrenal e reduz os eosinófilos e linfócitos no sangue, agindo como glicocorticóide. (2) *Radix Glycyrrhizae* neutraliza a úlcera péptica por meio da inibição da secreção ácida e da fosfodiesterase da mucosa gástrica. Inibe a motilidade do intestino aliviando os espasmos. Também protege o fígado de lesão química. (3) *Radix Glycyrrhizae* mostra efeitos antiinflamatório e antialérgico semelhante ao esteróide adrenocortical. (4) *Radix Glycyrrhizae* contém glicerrizina (6-14%), que inibe a proliferação dos vírus da hepatite, varicela e vírus herpes zoster. (5) *Radix Glycyrrhizae* diminui a qualidade tóxica de vários medicamentos (urethane, histamina, pilocarpina, barbital), toxinas animais (cobra, tetrodotoxina) e toxinas bacterianas (toxina diftérica, toxina do tétano). (6) O extrato da *Radix Glycyrrhizae* é antitussígeno e também, expectorante.

Tônicos de Sangue

Os tônicos de sangue são utilizados no tratamento da deficiência. Como o coração governa o sangue, o fígado estoca o sangue e a essência do rim pode ser convertida em sangue; tônicos de sangue normalmente são tônicos que agem sobre o coração, fígado e rim. O baço é a fonte do *Qi* e produção de sangue, então os tônicos do baço são, certamente, muito importantes no tratamento da deficiência de sangue. Mas, os tônicos são classificados como tônicos de *Qi,* e não como tônicos do sangue.

A deficiência de sangue na Medicina Chinesa é equivalente à anemia na Medicina Ocidental, principalmente nos casos moderados e suaves. Bem como a anemia, a deficiência de sangue pode ser geral ou local, tanto em quantidade como em qualidade (embora a deficiência de sangue em quantidade seja, mais precisamente, chamada de oliguemia, e deficiência local de sangue, isquemia na Medicina Ocidental). A deficiência de sangue geral é manifestada por meio da palidez ou compleição pálida, tontura, lábios pálidos, língua pálida e pulso filiforme. A deficiência de sangue no coração é marcada por palpitação e insônia; a deficiência de sangue do fígado manifesta-se por meio da visão turva, parestesia dos membros, oligomenorréia ou amonorréia nas mulheres. Estas são as indicações mais comuns para os tônicos do sangue.

Yin, em seu sentido mais amplo, inclui sangue. Então, alguns tônicos do sangue são, ao mesmo tempo, tônicos de Yin, e alguns tônicos de Yin podem apresentar efeitos de tonificação do sangue.

Radix Angelicae Sinensis, (*Dang Gui*): raiz seca da *Angelica Sinensis* (Oliv.) Diels (família Umbelliferae).

[Sabor e propriedades] doce, picante e morna.

[Efeitos e indicações] tonifica o sangue, ativa a circulação sanguínea, regulariza a menstruação e alivia a dor. Usada no tratamento de anemia, alterações menstruais e dismenorréia; solta o intestino nos casos de constipação decorrente da deficiência de sangue nos idosos ou nas pessoas debilitadas.

[Uso e dosagem] 4,5-9 g.

[Notas] (1) *Radix Angelicae Sinensis* promove a hematopoiese aumentando a quantidade de hemácias e a hemoglobina na anemia experimental; aumenta os leucócitos e as plaquetas sanguíneas na leucopenia induzida pela ciclophosfamida. (2) A *Radix Angelicae Sinensis* inibe a agregação plaquetária e foram demonstrados efeitos antitrombóticos importantes em estudos experimentais. O princípio ativo principal é o ácido ferúlico. (3) A *Radix Angelicae Sinensis,* por meio da melhora no suprimento do sangue do miocárdio, alivia a isquemia do miocárdio e, por meio da dilatação das artérias periféricas, reduz a pressão sanguínea e melhora a microcirculação. (4) a *Radix Angelicae Sinensis* tem efeito bidirecional sobre o útero, estimulando e inibindo o músculo liso uterino. Isto pode explicar seu amplo uso no tratamento das patologias menstruais. Além disso, alivia a asma experimental por meio do relaxamento do broncoespasmo. (5) A *Radix Angelicae Sinensis* aumenta as funções imunológicas, fagocitose não específica, imunidade celular e imunidade humoral.

Radix Rehmanniae Preparata, (*Shu Di Huang*): raiz tuberosa cozida e seca da *Rehmannia glutinosa* Libosch. (família Scrophulariaceae*).*

[Sabor e propriedades] doce e levemente morna.

[Efeitos e indicações] tonifica o sangue e regulariza a menstruação na deficiência de sangue com tontura, palpitação e alterações menstruais; tonifica o Yin dos rins no tratamento das ondas de calor, sudorese noturna, dor no baixo abdome e diabetes mellitus devido à deficiência de Yin do rim.

[Uso e dosagem] 9-15 g.

[Notas] Foram demonstrados efeitos cardiotônicos, diuréticos e hipoglicemiantes em laboratório.

Radix Paeoniae Alba, (*Bai Shao*): raiz descascada e seca da *Paeonia lactiflora* Pall. (família Ranunculaceae).

[Sabor e propriedades] amarga, azeda e levemente fria.

[Efeitos e indicações] nutre o sangue e regulariza a menstruação nos casos de alterações menstruais decorrentes da deficiência do sangue; suaviza o fígado para aliviar a cefaléia, dor abdominal e espasmo do músculo gastrocnêmico decorrente da estagnação do *Qi* do fígado.

[Uso e dosagem] 6-15 g.

[Notas] (1) Em estudos experimentais, demonstrou efeitos antiespasmódicos importantes sobre o estômago, intestinos e útero, bem como efeitos sedativo e analgésico. Isto pode explicar sua ação de "suavizar o fígado e aliviar a dor". (2) Apresenta efeitos imunomoduladores. Os constituintes ativos na função imunológica são seus glicosídeos. (3) Peoniflorina, um de seus glicosídeos, dilata as artérias coronárias e periféricas e pode prevenir as úlceras pépticas induzidas pelo estresse.

Colla Corii Asini, (*E Jiao*): goma sólida preparada a partir da pele do asno, *Equus asinus* L. (família Equidae).

[Sabor e propriedades] doce e neutra.

[Efeitos e indicações] nutre o sangue e controla a hemorragia nos casos de deficiência de sangue e de hemorragias; tonifica o Yin no tratamento da insônia e tosse seca.

[Uso e dosagem] 3-9 g, a ser fundida como uma decocção quente.

[Notas] Nos experimentos com animais, acelera a hematopoiese na anemia induzida pela perda de sangue.

Arillus Longan, (*Long Yan Rou*): arilo seco da *Dimocarpus longan* Lour. (família Sapindaceae).

[Sabor e propriedades] doce e neutra.

[Efeitos e indicações] tonifica o baço, nutre o sangue e induz a tranqüilidade no tratamento da palpitação, insônia e diminuição da memória decorrente da deficiência de *Qi* e sangue.

[Uso e dosagem] 9-15 g.

Placenta Hominis, (*Zi He Che*): placenta humana seca.

[Sabor e propriedades] doce, salgada e morna.

[Efeitos e indicações] nutre o sangue e tonifica o *Qi* na fraqueza generalizada e anemia.

[Uso e dosagem] 1,5-3 g, a ser reduzida a pó para ingestão oral.

[Notas] (1) Contém estrogênio e gonadotrofina coriônica, estimula o desenvolvimento do útero, ovários e secreção do leite. (2) Aumenta a imunidade e tem efeito antialérgico. Sua globulina age como um anticorpo contra o vírus do sarampo.

Tônicos do Yin

Os tônicos do Yin são utilizados no tratamento da deficiência de Yin. A Síndrome de Deficiência de Yin simples é caracterizada por sintomas de Secura endógena, tais como secura da boca e garganta, constipação, urina concentrada, saburra rala e pulso filiforme. Mas, a deficiência de Yin grave normalmente é acompanhada por exuberância relativa do Yang, manifestada por sensação febril no tórax, palmas das mãos e solas dos pés, rubor malar, sudorese noturna, língua avermelhada e pulso rápido. Se um determinado órgão for afetado por deficiência de Yin, haverá algumas outras manifestações, por exemplo, inquietude e insônia na deficiência de Yin do coração, visão turva, tontura ou oligomenorréia na deficiência de Yin do fígado, tosse seca na deficiência de Yin do pulmão e dor e fraqueza na região lombar e pernas na deficiência de Yin do rim. Todas estas condições requerem tônicos do Yin. Os tônicos do Yin podem agir sobre diferentes órgãos e seus locais de ação são mostrados na Tabela 9-9.

Tabela 9-9 - Locais de ação dos tônicos do Yin

	Tonficantes do Yin do:					Nutrir Sangue
	Coração	Pulmão	Estômago	Fígado	Rim	
Radix Ginseng Americana		+	+			
Herba Dendrobii		+	+	+	+	
Radix Ophiopogonis	+	+	+			
Radix Asparagi		+			+	
Radix Glehniae		+	+			
Radix Scrophulariae		+	+			
Fructus Lycii				+	+	+
Fructus Corni				+	+	
Radix Poligoni Multiflori				+	+	+
Radix Achyranthis Bidentatae				+	+	
Raiz da Achyranthes						
Fructus Ligustri Lucidi				+	+	
Ramulus Lorathus				+	+	+
Plastrum Testudinis	+			+	+	
Carapax Trionycis				+		
Fructus Mori				+	+	+

Radix Ginseng Americana (*Xi Yang Shen*): raiz seca da *Panax quinquefolium* L. (família Araliaceae)

[Sabor e propriedades] amarga, doce e fria.

[Efeitos e indicações] tonifica o Yin, reduz o Calor interno e promove a produção de fluidos corporais para aliviar a febre baixa, sudorese espontânea ou noturna, sede, tosse crônica e lassidão nas patologias debilitantes.

[Uso e dosagem] 3-6 g.

[Notas] Causa sedação do córtex cerebral, mas estimula, moderadamente, os centros vitais. Contém ginsenosídeo Rg_1, que auxilia no alívio da fadiga.

Herba Dendrobii, (*Shihu*): caule fresco ou seco da *Dendrobium loddigesii* Rolfe., *Dendrobium chrysanthum* Wall., *Dendrobium fimbriatum* var. *oculatum* Hook., *Dendrobium nobile* Lindl. ou *Dendrobium candidum* Wall. ex Lindl (família Orchidaceae).

[Sabor e propriedades] doce ou sem sabor e levemente fria.

[Efeitos e indicações] tonifica o Yin do pulmão e do estômago, reduz o Calor e promove a produção dos fluidos corporais para aliviar a tosse seca, sede e eructação; tonifica o Yin do rim no tratamento da visão turva decorrente da deficiência de Yin do fígado e do rim.

[Uso e dosagem] 6-12 g.

[Notas] A decocção ingerida oralmente estimula a secreção gástrica e promove o peristaltismo intestinal para auxiliar a digestão. Também apresenta efeitos analgésicos e antipiréticos.

Radix Ophiopogonis, (*Mai Dong*): tubérculo seco da raiz da *Ophiopogon japonicus* (Thunb.) Ker.-Gawl. (família Liliaceae).

[Sabor e propriedades] doce, mas um pouco amarga e levemente fria.

[Efeitos e indicações] tonifica o Yin do estômago, pulmão e coração no tratamento da sede decorrente do consumo dos fluidos corporais, tosse seca, hemoptise ou palpitação.

[Uso e dosagem] 6-12 g.

[Notas] (1) Tem efeito antipirético, antitussígeno, expectorante e diurético em laboratório. (2) Reduz o nível de glicemia tanto em ratos normais quanto em ratos com diabetes induzida pelo aloxane.

Radix Asparagi, (*Tian Dong*): tubérculo seco da raiz da *Asparagus conchinchinensis* (Lour.) Merr. (família Liliaceae).

[Sabor e propriedades] doce, mas um pouco amarga e fria.

[Efeitos e indicações] tonifica o Yin do pulmão e do rim e promove a produção dos fluidos corporais para aliviar a sede excessiva, garganta seca, tosse com muco pegajoso e constipação.

[Uso e dosagem] 6-12 g.

Radix Glehniae, (*Bei Sha Shen*): raiz seca da *Glehnia littoralis* Fr. Schmidt ex Miq (família Umbelliferae).

[Sabor e propriedades] doce e levemente fria.

[Efeitos e indicações] tonifica o Yin do estômago para aliviar a sede decorrente da deficiência dos fluidos corporais.

[Uso e dosagem] 6-9 g.

Fructus Lycii, (*Gou Qi Zi*): fruto maduro e seco da *Lycium barbarum* L. (família Solanaceae).

[Sabor e propriedades] doce e neutra.

[Efeitos e indicações] tonifica o Yin do fígado e do rim no tratamento da dor e fraqueza nas costas e pernas, impotência, emissão seminal, tontura e visão turva.

[Uso e dosagem] 6-12 g.

[Notas] (1) Aumenta a função imunológica, aumenta o número e a atividade dos receptores C3b e Fc, promove a produção do interleucina-2 e estimula as células linfocina-ativadas killer (LaK). (2) Aumenta a quantidade de leucócitos em camundongos normais e em camundongos com leucopenia induzida com ciclofosfamida. Também promove a proliferação das células da medula. (3) Retarda a senilidade por meio do aumento do AMPc e da razão AMPc/GMPc, bem como o nível de testosterona no plasma. Experimentalmente, prolonga a vida das moscas das frutas e diminui a lipofuscina. (4) Reduz o colesterol no sangue, previne a lesão no fígado causada por agentes químicos, inibe o depósito de lipídios e promove a regeneração das células do fígado.

Fructus Corni, (*Shan Zhu Yu*): sarcocarpo maduro e seco da *Cornu officinalis* Sieb. et Zucc. (família Cornaceae).

[Sabor e propriedades] tonifica o Yin do fígado e do rim e contém descargas no tratamento da tontura, emissão seminal, menorragia, poliúria e sudorese excessiva.

[Uso e dosagem] 6-12 g.

[Notas] (1) Promove a proliferação do complexo antígenos-anticorpos no baço no estágio precoce da reação imune, e fagocitose dos macrófagos, e inibe a reação alérgica tardia nos camundongos. (2) Aumenta significativamente a quantidade dos leucócitos na leucopenia experimental causada pela ciclofosfamida. (3) Contém ácido ursólico, que reduz o nível de açúcar no sangue na diabetes experimental, mas não apresenta efeito hipoglicemiante em animais normais.

Radix Polygoni Multiflori, (*Heshouwu*): tubérculo da raiz seca da *Polygonum multiflorum* Thunb. (família Polygonaceae).

[Sabor e propriedades] doce, adstringente e levemente morna.

[Efeitos e indicações] processada, tonifica o Yin do fígado e do rim e nutre o sangue no tratamento da condição precoce do cabelo grisalho e diminuição do movimento, bem como na anemia; não processada, tem efeito laxativo.

[Uso e dosagem] 6-12 g.

[Notas] (1) *Radix Polygoni Multiflori* promove a hematopoiese da medula óssea nos experimentos com animais. (2) Aumenta a função imunológica do corpo relacionada às células T timodependentes. (3) Reduz os lipídios no sangue e combate a aterosclerose, e retarda o processo de envelhecimento. (4) Previne a gordura no fígado e a lesão neste órgão causada por óleo zeístico peroxidizado. (5) Contém antraquinona, que é laxativo.

Radix Achyranthis, (*Huai Niu Xi*): raiz seca da *Achyranthes bidentata* Bl. (família Amaranthaceae).

[Sabor e propriedades] amarga e seca e neutra.

[Efeitos e indicações] tonifica o Yin do fígado e do rim e fortalece os tendões e ossos para aliviar a dor lombar, dor nos joelhos e fraqueza nas pernas.

[Uso e dosagem] 4,5-9 g.

[Aviso] Usar com cuidado na gravidez.

[Notas] (1) Foram demonstrados efeitos analgésicos em experimentos com animais. (2) Causa contração uterina na gravidez.

Fructus Ligustri Lucidi, (*Nüzhenzi*): fruto maduro e seco da *Ligustrum lucidum* Ait. (família Oleaceae).

[Sabor e propriedades] doce, amarga e fria.

[Efeitos e indicações] tonifica o Yin do fígado e do rim no tratamento da senilidade precoce com o embranquecimento precoce dos cabelos, visão turva, dificuldade de audição, zumbido e perda de dentes.

[Uso e dosagem] 6-12 g.

[Notas] Contém ácido oleanólico, que apresenta ações cardiotônicas, e manitol, que age como laxativo.

Ramulus Loranthus, (*Sangjisheng*): caule e ramo secos da *Loranthus parasiticus* (L.) Merr. (família Loranthaceae).

[Sabor e propriedades] amarga e neutra.

[Efeitos e indicações] tonifica o Yin do fígado e do rim e dissipa o Vento-Umidade no tratamento da dor reumática e a fraqueza das pernas; nutre o sangue e impede o abortamento no tratamento da ameaça de aborto decorrente da deficiência de sangue.

[Uso e dosagem] 10-30 g.

[Notas] (1) Reduz a pressão sanguínea por meio da inibição do centro vasomotor medular. (2) Reduz o colesterol. (3) Seu componente avicularina tem um efeito diurético importante.

Plastrum Testudinis, (*Gui Ban*): concha ventral da tartaruga de água doce, *Chinemys reevesii* (Gray) (família Testudinidae).

[Sabor e propriedades] salgada, doce e fria.

[Efeitos e indicações] tonifica o Yin e domina o Yang no tratamento da tontura, ondas de Calor e sudorese noturna decorrentes da deficiência de Yin com Yang exuberante ou Fogo, e também alivia a sede excessiva devido ao consumo dos fluidos após patologias febris; tonifica os rins e fortalece os ossos no tratamento da fraqueza nas pernas nos adultos e fechamento demorado da fontanela em crianças.

[Uso e dosagem] 9-24 g, ferver antes de outros ingredientes.

Carapax Trionycis, (*Bei Jia*): concha dorsal da *Trionyx sinensis* Wiegmann (família Trionychidae).

[Sabor e propriedades] salgada e fria.

[Efeitos e indicações] tonifica o Yin e domina o Yang no tratamento da febre e sudorese noturna decorrente da deficiência de Yin; suaviza as massas rígidas tais como hepatoesplenomegalia.

[Uso e dosagem] 9-24 g.

[Notas] Contém gelatina, queratina, vitamina D e iodo. Inibe a hiperplasia do tecido conjuntivo e eleva o nível de albumina no plasma.

Fructus Mori, (*Sang Shen*): fruto seco da *Morus Alba* L. (família Moraceae).

[Sabor e propriedades] doce e fria.

[Efeitos e indicações] tonifica o Yin e nutre o sangue no tratamento da tontura, zumbido e visão turva decorrente do Yin com exuberância de Yang, e também no tratamento da constipação devido à deficiência de sangue.

[Uso e dosagem] 9-15 g.

Tônicos do Yang

Medicamentos que tonificam o Yang são denominados tônicos do Yang. Yang inclui *Qi* e Fogo (em seu significado fisiológico). A deficiência de *Qi* pode ser tratada com tônicos do *Qi*. Então, os tônicos do Yang são normalmente utilizados no tratamento da deficiência do Fogo vital, bem como nas desarmonias funcionais relacionadas ao Fogo vital deficiente. Como os rins controlam o Fogo vital, o reforço do Yang é referido, principalmente, como o fortalecimento do Yang do rim. Patologias ou sintomas comuns ou sintomas decorrentes da deficiência de Yang do rim são as seguintes: (1) aversão ao frio; (2) fraqueza na região lombar e pernas; (3) hipossexualidade (incluindo impotência e frigidez); (4) diarréia crônica; (5) asma crônica; (6) distúrbios urinários (como incontinência urinária e micção freqüente). Diferentes tônicos do Yang do rim são efetivos no tratamento de diferentes alterações, como é demonstrado na Tabela 9-10. Outros órgãos *Zang Fu* também podem sofrer deficiência de Yang. Como a deficiência de Yang de um órgão é manifestada por deficiência de *Qi* (redução da função) daquele órgão, além dos sintomas de Frio, isto é normalmente tratado com o uso de tônicos em combinação com medicamentos de natureza morna (*Radix Aconiti Lateralis, Rammulus Cinnamomi* e *Rhizoma Zingiberis* para aquecer o coração e o baço, e *Rhizoma Galangae, Fructus Evodiae* e *Rhizoma Zingiberis Recens* para aquecer o estômago).

Cornu Cervi Pantotrichum, (*Lu Rong*): chifre jovem, sem ossos e com pêlo do cervo sika macho, *Cervus nippon* Temminck, ou do cervo vermelho, *Cervus elaphus* L. (família Cervidae).

[Sabor e propriedades] doce, salgada e morna.

[Efeitos e indicações] tonifica o Yang do rim, promove a virilidade e fortalece os ossos e músculos no tratamento da intolerância ao frio, fraqueza, impotência, espermatorréia, leucorréia e outros sintomas de deficiência de Yang nas patologias crônicas; promove a erupção de abscessos e a drenagem de pus no tratamento de feridas difíceis de curar.

[Uso e dosagem] 1-2 g, a ser reduzida a pó e ingerida com líquido ou em pílulas.

[Notas] (1) O *Cornu Cervi Pantotrichum* auxilia o metabolismo das proteínas e ácidos nucléicos e a hematopoiese da medula óssea. (2) O extrato em etanol, pantocrina, aumenta a fagocitose do sistema reticuloendotelial e eleva o nível sérico de anticorpos de hemolisina. Isto pode explicar o uso do chifre de cervo no tratamento das dores crônicas. (3) Pantocrina dada em forma de injeção estimula o crescimento da vesícula seminal e da próstata em animais machos imaturos. Por outro lado, proporciona o desenvolvimento do útero. Portanto, possui tanto ações do tipo androgênica como do tipo estrogênica. (4) O *Cornu Cervi Pantotrichum* melhora o aprendizado, memória e resistência do corpo ao estresse e ao estímulo nocivo nos experimentos com animais. Também auxilia a aliviar a fadiga. (5) O extrato do chifre ingerido por via oral por camundongos inibe a monoaminoxidase no cérebro e no fígado, reduz a lipofuscina no coração e aumenta o conteúdo de superóxido-dismutase no fígado. Estes efeitos podem ser benéficos para retardar a senilidade.

Tabela 9-10 – Os diversos efeitos dos tônicos Yang sobre os rins

	Aversão ao Frio	Lombalgia	Hipossexualidade	Diarréia Crônica	Asma Crônica	Alterações Urinárias
Cornu Cervi Pantotrichum	+	+	+	+	+	+
Herba Cistanches		+	+			
Rhizoma Curculiginis		+	+			+
Herba Epimedii		+	+			
Radix Morindae Officinalis		+	+			+
Fructus Psoraleae		+	+	+		+
Semen Cuscutae		+	+			+
Cortex Eucommiae		+	+			
Rhizoma Cibotii		+				+
Radix Dipsaci		+		+		
Rhizoma Drynariae		+		+		
Cordyceps		+	+		+	
Gecko			+		+	
Fructus Cnidii			+			

Herba Cistanches, (*Rou Cong Rong*): caule seco com escamas da *Cistanches deserticola* Y. C. Ma (família *Orobanchaceae)*.

[Sabor e propriedades] doce, salgada e morna.

[Efeitos e indicações] tonifica o Yang do rim no tratamento da impotência e da ejaculação precoce; é um laxativo leve na constipação em pessoas debilitadas ou idosas.

[Uso e dosagem] 9-15 g.

Rhizoma Curculiginis, (*Xian Mao*): rizoma seco da *Curculigo orchioides Gaertn.* (família Amaryllidaceae).

[Sabor e propriedades] picante, morna e levemente tóxica.

[Efeitos e indicações] tonifica o Yang do rim no tratamento da impotência, lombalgia com sensação de frio e incontinência urinária nos idosos.

[Uso e dosagem] 3-9 g.

Herba Epimedii, (*YinYang Huo*): parte aérea seca da *Epimedium brevicornum* Maxim., *Epimedium sagittatum* (Sieb. et Zucc.) Maxim., *Epimedium wushanense* T. S. *Ying* ou *Epimedium koreanum* Nakai (família Berberidaceae).

[Sabor e propriedades] picante, doce e morna.

[Efeitos e indicações] tonifica o Yang rim no tratamento da impotência; dissipa Vento-Umidade no tratamento da artralgia nos membros inferiores.

[Uso e dosagem] 3-9 g.

[Notas] (1) *Herba Epimedii* apresenta uma ação do tipo androgênica para estimular a produção de sêmen. (2) Aumenta tanto a imunidade celular quanto a humoral. Os princípios ativos são principalmente flavonóides e polissacarídeos. Eles estimulam a indução e a diferenciação das células T helper e também agem sobre as células B. Os polissacarídeos promovem a formação dos anticorpos, aumentam o número de leucócitos periféricos e induzem a produção de interferon. (3) Os flavonóides aumentam a atividade da superóxido-dismutase, reduzem a formação de peroxidação lipídica e lipofuscina e podem retardar a senilidade. (4) Aumenta o fluxo sanguíneo coronário e cerebral e tem efeito hipotensor.

Radix Morindae Officinalis, (*Ba Ji Tian*): raiz seca da *Morinda officinalis How* (família Rubiaceae).

[Sabor e propriedades] picante, doce e levemente morna.

[Efeitos e indicações] tonifica o Yang do rim no tratamento da impotência e da ejaculação precoce nos homens e frigidez nas mulheres.

[Uso e dosagem] 3-9 g.

Fructus Psoraleae, (*Bu Gu zhi*): fruto maduro e seco da *Psoralea corylifolia* L. (família Leguminosae).

[Sabor e propriedades] picante, amarga e morna.

[Efeitos e indicações] tonifica o Yang do rim no tratamento da impotência e da emissão noturna em homens adultos, incontinência urinária nos idosos e diarréia diária antes do amanhecer devido à deficiência de Yang do baço e dos rins.

[Uso e dosagem] 6-9 g.

[Notas] (1) Dilata as artérias coronárias. (2) Contém psoralen, que induz a fotossensibilização no tratamento do vitiligo.

Semen Cuscutae, (*Tu Si Zi*): semente madura e seca da *Cuscuta chinensis* Lam. (família Convolvulaceae).

[Sabor e propriedades] picante e doce e neutra.

[Efeitos e indicações] tonifica o Yang do rim nos tratamentos da incontinência urinária, impotência e emissão noturna; impede o abortamento nos casos de ameaça.

[Uso e dosagem] 6-12 g.

Cortex Eucommiae, *(Du Zhong)*: casca seca do caule da *Eucommia ulmoides* Oliv. (família Eucommiaceae).

[Sabor e propriedades] doce, picante e levemente morna.

[Efeitos e indicações] tonifica o rim e o fígado, fortalece os músculos e os ossos no tratamento da lombalgia e da fraqueza nas pernas; impede o abortamento; reduz a hipertensão

[Uso e dosagem] 6-9 g.

[Notas] (1) Reduz a pressão sanguínea na hipertensão experimental. (2) Melhora a imunidade e tem efeitos antiinflamatório, sedativo e analgésico. (3) Inibe a ação de estimulação da oxitocina e acetilcolina sobre o útero isolado e restaura o útero contraído, levando-o à normalidade.

Rhizoma Cibotii, *(Gou Ji)*: rizoma seco da *Cibotium barometz* (L.) J. Sm. (família Dicksoniaceae).

[Sabor e propriedades] doce, amarga e morna.

[Efeitos e indicações] tonifica o rim e o fígado, fortalece os músculo e os ossos para aliviar a dor e a fraqueza nas costas e joelhos; dissipa o Vento-Umidade no tratamento da dor reumática, especialmente a raquialgia.

[Uso e dosagem] 6-12 g.

Radix Dipsaci, *(Xu Duan)*: raiz seca da *Dipsacus asperoides* C. Y. Cheng et T. M. Ai (família Dipsacaceae).

[Sabor e propriedades] amarga e levemente morna.

[Efeitos e indicações] tonifica os rins e o fígado, fortalece os músculos e os ossos no tratamento da lombalgia e da dor nos joelhos e em lesões traumáticas; facilita a consolidação das fraturas ósseas; interrompe a hemorragia uterina e impede o abortamento.

[Uso e dosagem] 9-15 g.

Rhizoma Drynariae, *(Gu Sui Bu)*: rizoma seco da *Drynaria fortunei* (Kunze) J. Sm ou *Drynaria baranii* (Christ) Diels (família Polypodiaceae*)*.

[Sabor e propriedades] amarga e morna.

[Efeitos e indicações] tonifica os rins, fortalece os ossos, melhora a circulação sanguínea e alivia a dor no tratamento das lesões traumáticas, dores nos ossos e na região lombar, zumbido e diarréia crônica devido à insuficiência do rim.

[Uso e dosagem] 3-9 g.

Cordyceps, *(Dong Chong Xia Cao)*: é um composto que consiste em estroma seco de fungo, *Cordyceps sinensis* (Berk.) Sacc. (família Hypercreaceae), que cresce sobre a larva de alguns insetos (família Hepialidae) e lagartas mortas.

[Sabor e propriedades] doce e morna.

[Efeitos e indicações] tonifica os rins e os pulmões no tratamento da impotência e da emissão seminal decorrente da insuficiência dos rins e tosse crônica e asma devido à insuficiência dos pulmões.

[Uso e dosagem] 3-9 g.

[Notas] (1) Aumenta as funções imunológicas, fortalece a fagocitose dos monócitos e macrófagos, aumenta o número de receptores Fc e facilita a produção de interleucina-II. (2) Estimula a função da adrenal e córtex e apresenta ações do tipo androgênica. (3) Dilata os brônquios e auxilia a adrenalina e a aminofilina a aliviar o broncoespasmo.

Gecko, (*Gei Jie*): corpo seco, com as vísceras removidas, de um lagarto, *Gekko gecko* L. (família Geckonidae).

[Sabor e propriedades] salgada e neutra.

[Efeitos e indicações] tonifica os rins e os pulmões no tratamento da asma crônica.

[Uso e dosagem] 3-6 g; usada na forma de pílula, pós ou vinhos medicinais.

Fructus Cnidii, (She Chuang Zi): fruto maduro e seco da *Cnidium monnieri* (L.) Cuss. (família Umbelliferae).

[Sabor e propriedades] picante, amarga e morna.

[Efeitos e indicações] tonifica o Yang do rim no tratamento da impotência e da leucorréia; destrói parasitas e alivia o prurido, sendo usada externamente para eczema, patologias pruriginosas, particularmente no prurido vulvar, e na infestação por *Trichomonas vaginalis.*

[Uso e dosagem] 3-9 g; quantidade apropriada a ferver para vaporização e lavagem, ou transformada em pó para aplicação tópica após ser misturada com líquido.

[Notas] (1) Apresenta ação de hormônio sexual, prolonga o período fértil dos camundongos, aumenta o peso do útero e do ovário nas fêmeas, e da próstata e vesícula seminal nos machos. (2) Inibe o crescimento de vários dermatófitos *in vitro* e foi demonstrada ação adstringente sobre feridas cutâneas exsudativas. (3) Inibe a atividade do *Trichomonas in vitro.*

De acordo com as pesquisas modernas, as ações farmacológicas dos tônicos na Medicina Chinesa envolvem, principalmente, os seguintes aspectos:

1. Efeitos sobre as funções imunológicas: A maioria dos tônicos aumenta a função imunológica não específica por meio do aumento dos leucócitos periféricos e a fagocitose do sistema reticuloendotelial.

Sobre a imunidade específica, muitos tônicos reforçam a função das células T. Por exemplo, *Radix Astragali* e *Fructus Ligustri Lucidi* suprimem os linfócitos T supressores, e assim, aumentam a ação dos linfócitos T helper. *Radix Ginseng, Radix Paeoniae Alba, Radix Angelica Sinensis e Radix Acanthopanacis senticosis* promovem a liberação da interleucina-II.

Os tônicos do *Qi*, tanto quanto os tônicos de Yin e tônicos de Yang aumentam ou regulam a imunidade humoral, incluindo a produção de anticorpos. *Radix Astragali, Herba Epimedii* e *Radix Acanthopanacis senticosis* promovem a produção do interferon induzido por vírus ou induzem, diretamente, sua produção.

Tabela 9-11 – Efeitos farmacológicos dos tônicos

	Fortificante	Adapt.	Imunidade humoral	Celular	Sangue Hemac.	Hemo-globina	Leuc.	Hipófise Adren.	Glândulas Sexuais	Prot. Anab.	Cardiotônico
Tônicos do *Qi*											
Radix Ginseng	+	↑	↑	↑	↑	↑	↑	↑	↑	↑	+
Radix Acanthopanacis senticosis	+	↑	↑	↑				↑	↑		
Radix Codonopsis		↑	↑	↑	↑	↑	↑			↑	+
Rhizoma Atractylodis macrocephalae	+		↑	↑				↑		↑	
Radix Glycyrrhizae								↑			
Tônicos do Sangue											
Radix Angelicae Sinensis			↑		↑	↑					
Radix Rehmanniae Preparata		↑									
Radix Paeoniae Alba			↑			↑					+
Colla Corii Asini		↑		↑		↑	↑				
Tônicos Yin											
Radix Ophiopogonis		↑						↑	↑		+
Fructus Lycii			↑	↑			↑				
Frucuts Ligustri lucidi	+		↑	↑			↑				+
Fructus Corni				↑			↑				
Radix Polygoni multiflori			↑					↑			+
Tônicos Yang											
Cornu Cervi Pantotrichini	+						↑		↑		
Herba Epimedii		↑					↑		↑		
Fructus Psolareae		↑		↑			↑		↑		+

2. Efeitos sobre o Sistema Nervoso: a inteligência refere-se, principalmente, à habilidade de aprender e memorizar, cujos fatores seguintes estão envolvidos: concentração

adequada de neurotransmissores (acetilcolina, noradrenalina e dopamina) no Sistema Nervoso Central; síntese suficiente de ácidos nucléicos e proteínas no cérebro; suprimento adequado de oxigênio e energia de Calor no cérebro; e excitação adequada. Muitos tônicos podem apresentar a capacidade de melhorar a inteligência por meio de diferentes abordagens. Por exemplo, *Radix Ginseng, Radix Astragali, Radix Codonopsis, Radix Polygoni Multiflori* e *Fructus Lycii* regulam o conteúdo cerebral dos neurotransmissores; *Radix Ginseng, Radix Astragali* e *Radix Acanthopanacis senticosis* melhoram o anabolismo protéico; *Radix Angelica Sinensis* aumenta o fluxo sanguíneo cerebral e melhora a microcirculação cerebral; *Cornu Cervi Pantotrichum* e *Radix Ginseng* causam excitação moderada no Sistema Nervoso Central.

3. Efeitos sobre o metabolismo: muitos tônicos do *Qi*, principalmente *Radix Ginseng* e *Radix Astragali*, promovem o anabolismo dos ácidos nucléicos e das proteínas. Alguns tônicos de Yin, tais como *Fructus Lycii* e *Radix Ophiopogonis* regulam o metabolismo protéico.

Muitos tônicos agem sobre o metabolismo dos carboidratos, freqüentemente de maneira bidirecional, a saber, reduzem o nível de açúcar no sangue na hiperglicemia e elevam o nível de açúcar no sangue na hipoglicemia.

Alguns tônicos, tais como *Radix Ginseng, Radix Polygoni Multiflori, Fructus Lycii* e *Cordyceps*, apresentam funções hipolipêmicas e demonstram efeitos positivos na prevenção da aterosclerose.

4. Efeitos sobre o Sistema Endócrino: muitos tônicos apresentam efeitos benéficos sobre o Sistema Endócrino, principalmente sobre as glândulas adrenal e sexuais.

Radix Ginseng estimula o hipotálamo ou hipófise para secretar ACTH, aumentando a síntese e a secreção de corticosteróides. Outros tônicos do *Qi*, tais como *Radix Astragali, Radix Codonopsis* e *Radix Acanthopanacis senticosis*, também apresentam tais efeitos.

Muitos tônicos, principalmente os tônicos de Yang, tais como *Herba Epimedii, Cordyceps, Semen Cuscutae, Radix Morindae Officinalis* e *Herba Cistanches*, melhoram a secreção dos hormônios sexuais. Uma vez que eles podem ser utilizados, efetivamente, em ambos os sexos, presume-se que seu efeito não recai diretamente sobre as glândulas sexuais, mas sobre os centros reguladores das glândulas sexuais.

5. Efeitos sobre o Sistema Cardiovascular. *Radix Ginseng, Radix Astragali* e *Radix Ophiopogonis* são cardiotônicos. *Angelica Chinese, Radix Ophiopogonis, Herba Epimedii, Fructus Psoraleae* e *Cordyceps* dilatam as artérias coronárias e aumentam o fluxo sanguíneo coronário. *Radix Ginseng* e *Cordyceps* apresentam algum efeito contra a arritmia cardíaca. A maioria dos tônicos não é contra-indicada na hipertensão, e alguns podem até ser usados como hipotensores, mas apresentam uma ação bidirecional, ou seja, diminuem a pressão sanguínea na hipertensão e aumentam a pressão sanguínea na hipotensão.

6. Efeitos sobre o sistema hematopoiético: Os tônicos do sangue melhoram a hematopoiese, mas muitos outros tônicos também apresentam tal efeito.

7. Efeitos sobre o Sistema Digestório: a maioria dos tônicos age sobre o Sistema Digestório, melhora a digestão, alivia o espasmogastroentérico ou regula a motilidade do trato gastrintestinal.

8. Efeitos anti-senilidade: *Radix Ginseng* e *Radix Astragali* prolongam a duração da vida nos experimentos com animais e nas culturas celulares. Presume-se que muitos

outros tônicos apresentam efeitos anti-senilidade por causa do efeito antiperoxidação por meio da diminuição dos radicais livres.

As ações farmacológicas dos tônicos individuais, de acordo com os estudos modernos, estão sintetizados na Tabela 9-11.

MEDICAMENTOS ADSTRINGENTES

Os medicamentos que detêm descargas são denominados adstringentes. Na Medicina Chinesa, o termo "adstringente" tem um sentido mais amplo, já que abrange sudorese, diarréia, emissão seminal, micção, hemorragia, leucorréia e até mesmo tosse crônica. Normalmente, são usados somente como sintomáticos. A maioria dos medicamentos adstringentes tem sabor azedo ou adstringente.

Fructus Tritici Levis, (*Fu Xiao Mai*): grãos secos do trigo *Triticum aestivum* L. (família Graminae).

[Sabor e propriedades] doce e fresca.

[Efeitos e indicações] controla a sudorese excessiva nos casos de sudorese espontânea ou noturna.

[Uso e dosagem] 10-15 g em uma decocção composta; 30-60 g se usada isoladamente.

Radix Ephedrae, (*Ma Huang Gen*): raiz e rizoma secos da *Ephedra sinica* Stapf. ou *Ephedra intermedia* Schrenk et. C. A. Mey (família Ephedraceae).

[Sabor e propriedades] doce e neutra.

[Efeitos e indicações] controla a sudorese excessiva nos casos de sudorese espontânea ou noturna.

[Uso e dosagem] 3-9 g.

[Notas] Contém pseudoefedrin, que controla a sudorese.

Galla Chinensis, (*Wu Bei Zi*): é um produto excretado principalmente pelo parasita afídio *Melaphis chinensis* (Bell) Baker nas folhas de *Rhus chinensis* Mill., *Rhus potaninii* Maxim. ou *Rhus punjabensis* Stew. var. *sínica* (Diels) Regd. et Wils. (família Anacardiaceae).

[Sabor e propriedades] azedo, salgado e frio.

[Efeitos e indicações] utilizada como um antiperspirante para a sudorese excessiva; usada como um antidiarréico no tratamento da diarréia crônica; como um antitussígeno para a tosse persistente; externamente, é usada como um adstringente nos casos de hemorragia.

[Uso e dosagem] 1,5-6 g; quantidade apropriada para uso externo.

[Notas] (1) Contém uma grande quantidade de ácido tânico, que causa desnaturação protéica da pele, da mucosa ou da superfície de úlceras, e estimula a coagulação sanguínea produzindo efeitos adstringentes. (2) *In vitro*, apresenta funções antibacterianas, antivirais e antifúngicas.

Fructus Chebulae, (*He Zi*): fruto maduro e seco da *Terminalia chebula* Retz. ou *Terminalia chebula* Kurt. (família Combretaceae).

[Sabor e propriedades] amarga, azeda, adstringente e neutra.

[Efeitos e indicações] adstringe o intestino para controlar a diarréia crônica; adstringe os pulmões no tratamento da tosse persistente e rouquidão.

[Uso e dosagem] 3-9 g.

[Notas] Contém tanino, que é responsável pelo efeito adstringente. Também contém chebulina, que apresenta um efeito antiespasmódico como o da papaverina.

Halloysitum Rubrum, (*Chi Shi Zhi*): é um mineral, silicato de alumínio hidratado, de cor vermelha devido à presença de óxido de ferro.

[Sabor e propriedades] doce, azeda, adstringente e morna.

[Efeitos e indicações] contém a liberação nos casos de diarréia crônica e leucorragia; também usado como adstringente nos casos de menorragia.

[Uso e dosagem] 9-12 g.

[Notas] Absorve substâncias tóxicas no intestino e protege a mucosa intestinal, produzindo um efeito antidiarréico. Também reduz o tempo de coagulação sanguínea.

Semen Nelumbinis, (*Lian Zi*): semente madura e seca do *Nelumbo nucifera* Gaertn. (família Nymphaeaceae).

[Sabor e propriedades] doce e adstringente e neutra.

[Efeitos e indicações] revigora o baço e controla a diarréia no tratamento da diarréia crônica decorrente da insuficiência do baço; controla os rins para reter a emissão seminal.

[Uso e dosagem] 6-15 g.

Semen Euryales, (*Qian Shi*): núcleo seco da semente madura da *Euryale ferox* Salisb. (família Nymphaeaceae)

[Sabor e propriedades] doce e adstringente e neutra.

[Efeitos e indicações] revigora o baço e controla a diarréia no tratamento da diarréia crônica decorrente da insuficiência do baço; tonifica os rins no controle da emissão seminal, bem como na incontinência urinária e a leucorréia.

[Uso e dosagem] 9-15 g.

Fructus Mume, (*Wu Mei*): fruto quase maduro e seco da *Prunus Mume* (Sieg.) Sieb. et. Zucc. (família Rosaceae).

[Sabor e propriedades] azeda e adstringente e neutra.

[Efeitos e indicações] adstringe os pulmões e tonifica os rins, sendo usada no tratamento da tosse persistente e da asma decorrentes da insuficiência de ambos, pulmões e rins; controla a liberação nos casos de emissão seminal e diarréia crônica; melhora a produção dos fluidos corporais e contém a sudorese nos casos de sede e sudorese noturna decorrente da deficiência de Yin do fígado e do rim; nutre o coração no tratamento de palpitação e insônia.

[Uso e dosagem] 6-12 g.

Semen Myristicae, (*Rou Dou Kou*): núcleo seco da noz-moscada *Myristica fragrans* Houtt. (família Myristicaceae).

[Sabor e propriedades] picante e morna.

[Efeitos e indicações] aquece o baço e o estômago e controla a diarréia como adstringente, sendo usada nos casos de diarréia crônica, dor epigástrica, distensão abdominal e anorexia decorrente da deficiência de Frio do baço e do estômago.

[Uso e dosagem] 3-9 g.

Fructus Schisandrae, (*Wu Wei Zi*): fruto seco da *Schisandra chinensis* (Turcz.) Baill. ou *Schisandra sphenanthera* Rehd. et Wils. (família Magnoliaceae).

[Sabor e propriedades] azeda e morna.

[Efeitos e indicações] adstringe os pulmões e nutre os rins para aliviar a tosse seca, dispnéia e sudorese noturna; controla as descargas nos casos de emissão seminal e diarréia crônica diária antes do amanhecer; acalma o coração nos casos de palpitação e insônia.

[Uso e dosagem] 1,5-6 g.

[Notas] (1) Apresenta efeito regulador sobre o córtex cerebral. Causa excitação de várias partes do Sistema Nervoso Central, melhora a eficiência deste último (particularmente as atividades intelectuais e a resistência), mas também apresenta um efeito tranqüilizante, como é demonstrado pela prolongação do tempo de sono induzido por barbital; (2) Exibe efeito cardiotônico em estudos experimentais, causando contração mais forte e relaxamento mais completo. (3) Retarda a senilidade em ratos velhos, provavelmente pela inibição da atividade da monoaminoxidase (MAO) e aumenta a atividade da superóxido dismutase (SOD) no cérebro e no fígado. (4) Contém *schizandrin*, que protege intensamente o fígado contra agressores químicos, inibindo a liberação da transaminases. Os mecanismos do efeito protetor do fígado incluem a renovação acelerada e a regeneração das células do fígado, redução na permeabilidade da membrana da célula do fígado e inibição sobre a oxidação. (5) Nos experimentos com animais, a decocção estimula a respiração. O conteúdo ácido reduz os mucopolissacarídeos nas glândulas traqueais reduzindo, assim, a secreção de muco e tosse.

Fructus Rosae Laevigatae, (*Jin Ying Zi*): fruto maduro e seco da *Rosa laevigata* Mickx. (família Rosaceae).

[Sabor e propriedades] azeda e adstringente e neutra.

[Efeitos e indicações] controla a liberação nos casos de emissão seminal, leucorragia, incontinência urinária, micção freqüente e diarréia crônica.

[Uso e dosagem] 6-12 g.

[Notas] Contém tanino, que possui efeito adstringente.

Fructus Rubi, (*Fu Pen Zi*): fruto seco e cozido da *Rubus chingii* Hu (família Rosaceae).

[Efeitos e indicações] controla a liberação nos casos de micção freqüente, incontinência urinária e emissão seminal.

[Uso e dosagem] 6-12 g.

MEDICAMENTOS DIGESTIVOS

Medicamentos digestivos auxiliam a digestão e melhoram o apetite. São utilizados no tratamento da dispepsia manifestada por distensão epigástrica, anorexia, eructação com odor fétido, regurgitação ácida, náusea e vômito. A dispepsia pode ser decorrente do excesso de alimentação ou da redução da função do baço e do estômago. No primeiro caso, é apropriado utilizar digestivos isoladamente. Mas, neste último caso, digestivos devem ser usados em combinação com tônicos para revigorar o baço e o estômago.

Fructus Crataegi, (*Shan Zha*): fruto maduro e seco da *Crataegus pinnatifida* Bge. var. *major* N. E. Br. ou *Crataegus pinnatifida* Bge. (família Rosaceae).

[Sabor e propriedades] azeda, doce e levemente morna.

[Efeitos e indicações] carbonizada, melhora a digestão e auxilia na estagnação de alimentos como carne; não processada remove o sangue estagnado no tratamento da amenorréia e da dor pós-parto decorrente da estase do sangue.

[Uso e dosagem] 9-12 g.

[Notas] (1) *Fructus Crataegi* contém um ácido conhecido em inglês como *cratagic*, ácido ascórbico (vitamina C) e lipase. A lipase auxilia a digestão de gorduras, e o ácido *cratagic* aumenta a atividade de pepsinas da digestão de proteína. (2) *Fructus Crataegi*, principalmente se hidrolisado, aumenta o fluxo sanguíneo coronário, reduz o consumo de oxigênio do miocárdio, fortalece as ações cardíacas e diminui a pressão sanguínea. (3) O extrato mostra o efeito de redução do colesterol do sangue e previne a aterosclerose na hiperlipemia experimental. (4) A decocção inibe várias espécies de *Bacillus dysenteriae in vitro*. (5) *Fructus Crataegi* estimula o útero e facilita sua involução, além de eliminar coágulos intra-uterinos.

Fructus Hordei Germinatus, (*Mai Ya*): fruto seco germinado da cevada *Hordeum vulgare* L. (família Gramineae).

[Sabor e propriedades] doce e neutra.

[Efeitos e indicações] auxilia a digestão no tratamento da indigestão, principalmente a causada por alimentação que contém amido, e na dispepsia infantil; controla a secreção do leite para interromper a lactação.

[Uso e dosagem] 9-15 g; pra controlar a secreção do leite, 60 g.

[Notas] (1) Contém amilase e vitaminas B, que promovem a digestão. A decocção também estimula a secreção de ácido gástrico. (2) Contém ergotoxina, que inibe a secreção da prolactina.

Massa Fermentata Medicinalis, (*Shen Qu*): massa seca da mistura fermentada composta por farinha de trigo, parte aérea fresca da *Artemisia annua*, *Xanthium sibiricum* e *Polygonum hydropiper*.

[Sabor e propriedades] doce, picante e morna.

[Efeitos e indicações] melhora a digestão no tratamento da dispnéia e da estagnação do alimento com distensão abdominal.

[Uso e dosagem] 6-12 g.

[Notas] Contém amilase e protease para melhorar a digestão, e lactobacilos que inibem a fermentação excessiva no intestino para aliviar a distensão abdominal. A decocção também estimula a secreção do suco digestivo.

Charred Triplet, (*Jiao San Xian*): é uma mistura que consiste de partes iguais de *Massa Fermentata Medicinalis, Fructus Crataegi* e *Fructus Hordeigerminatus*, todos carbonizados.

[Efeitos e indicações] melhora a digestão com um efeito abrangente sobre vários tipos de alimentos.

[Uso e dosagem] 15-30 g.

Endothelium Corneum Gigeriae, (*Ji Nei Jin*): parte interna da moela da galinha, seca.

[Sabor e propriedades] doce e neutra.

[Efeitos e indicações] revigora o baço e melhora a digestão no tratamento da dispnéia com anorexia, principalmente em crianças; usada como adstringente na emissão seminal em adultos e enurese em crianças; também é usada para eliminar cálculos urinários e biliares.

[Uso e dosagem] 3-9 g.

[Notas] Quando ingerida oralmente, melhora a secreção e a motilidade do estômago. Um dos princípios ativos é a ventriculina.

Semen Raphani, (*Lai Fu Zi*): semente madura e seca da *Raphanus sativus* L. (família Cruciferae).

[Sabor e propriedades] picante e doce e neutra.

[Efeitos e indicações] melhora a digestão e expele gás em descendência para aliviar a distensão abdominal; facilita a expectoração nos casos de bronquite crônica.

[Uso e dosagem] 4,5-9 g.

[Notas] (1) Melhora as contrações rítmicas do íleo, aliviando a distensão abdominal causada pela motilidade intestinal reduzida. (2) Foram demonstrados efeitos antitussígenos e expectorantes em laboratório.

Tabela 9-12 – Efeitos farmacológicos dos medicamentos digestivos

	Enzima digestiva	Vitamina do Grupo B	Motilidade do Trato Intestinal	Secreção digestiva
Fructus Crataegi	+	+		+
Fructus Hordei Germinatus	+	+		+
Massa Fermentata Medicinalis	+	+		+
*Endothelium Gorneumgigeriae*galli	+		+	+
Semen Raphani				

De acordo com os estudos farmacológicos modernos, os mecanismos de ação digestiva dos medicamentos acima mencionados incluem: (1) auxílio da digestão com enzimas (*Fructus Crataegi* contém lipase e ácidos orgânicos que melhoram a atividade da pepsina; *Fructus Hordei Germinatus* contém amilase; *Massa Fermentata Medicinalis* contém amilase e protease); (2) Ativa a digestão por meio de sua vitamina do grupo B; (3) Estimula a secreção do suco digestivo; e (4) Acelera o peristaltismo gastrintestinal e a evacuação.

Os efeitos farmacológicos sobre o trato gastrintestinal dos medicamentos digestivos individuais estão na Tabela 9-12.

MEDICAMENTOS PURGATIVOS

Os medicamentos purgativos causam o esvaziamento do intestino. São divididos, principalmente, de acordo com a severidade de sua ação, em três classes: laxativo, drástico e hidragogo.

Laxativos são medicamentos compostos de sementes na maioria, que contêm óleos com ação lubrificante para facilitar a evacuação. São particularmente úteis na constipação decorrente da deficiência do sangue e dos fluidos, como ocorre nos idosos e nas mulheres após o parto.

Os purgativos drásticos são de sabor amargo e natureza fria, sendo usados na purgação da retenção de alimentos não digeridos e no Calor em excesso no intestino (Síndrome de Excesso interior). São contra-indicados para os idosos, pessoas debilitadas, mulheres grávidas ou durante a menstruação.

Os hidragogos são catárticos que ocasionam purgação aquosa. São usados, principalmente, no tratamento de edema severo, ascite ou hidrotórax. Como são capazes de consumir fluidos corporais, devem ser usados com precaução, sendo contra-indicados em pessoas debilitadas ou em gestantes.

Semen Pruni, (*Yu Li Ren*): semente madura e seca da *Prunus humilis* Bge. *Prunus japonica* Thumb. ou *Prunus pedunculata* Maxim. (família Rosaceae).

[Sabor e propriedades] picante, amarga e doce, e neutra.

[Efeitos e indicações] usado como laxativo e diurético na constipação e no edema.

[Uso e dosagem] 3-9 g.

[Notas] É um laxativo emoliente que contém óleos graxos (58-74%).

Fructus Cannabis, (*Huo Ma Ren*): fruto maduro e seco da *Cannabis sativa* L. (família Moraceae).

[Sabor e propriedades] doce e neutra.

[Efeitos e indicações] usada como laxativo na constipação em pessoas debilitadas e idosas (decorrente da deficiência de sangue e fluido intestinal).

[Uso e dosagem] 9-15 g.

[Notas] Contém óleos graxos (30%) que amolecem as fezes e lubrificam o intestino.

Radix et Rhizoma Rhei, (*Da Huang*): raiz e rizoma secos da *Rheum palmatum* L., *Rheum tanguticum* Maxim. ex Balf ou *Rheum officinale* Baill. (família Polygonaceae).

[Sabor e propriedades] amarga e fria.

[Efeitos e indicações] *Radix et Rhizoma Rhei* não preparada causa catarse, purga o Calor, dissolve o sangue estagnado e estimula a menstruação; usada no tratamento da febre com constipação e dor abdominal, icterícia causada pela Umidade-Calor, amenorréia devido a estase de sangue e na hemorragia do trato gastrintestinal superior; rapidamente frita em vinho, remove o Calor tóxico do sangue da parte superior do corpo, sendo usada no tratamento de processos inflamatórios oftálmicos e da gengivite e da orofaringite com edema local; purga o Calor e remove as substâncias tóxicas; usada no tratamento de furúnculos, feridas e abscessos; carbonizada, remove o sangue estagnado e controla a hemorragia; usada no tratamento da hemorragia com estase do sangue.

[Uso e dosagem] 3-12 g, cuja decocção não deve ser feita por longo tempo se for usada para purgação.

[Aviso] Usar com cuidado na gravidez.

[Notas] (1) A *Radix et Rhizoma Rhei* é um estimulante purgativo. Contém antraquinona. Quando a *Radix et Rhizoma Rhei* é ingerida oralmente, a maioria da antraquinona não é absorvida pelo intestino delgado e alcança o cólon, onde é hidrolisada e reduzida a emodin-antrona. A emodin-antrona estimula o peristaltismo intestinal e aumenta a pressão osmótica intra-intestinal, resultando assim em purgação. Dentre as preparações da *Radix et Rhizoma Rhei*, a não preparada apresenta o efeito purgativo mais potente, ao passo que a processada ou fervida por um longo tempo tem efeito mais fraco devido à hidrólise da antroquinona. (2) É um colagogo que estimula da secreção da bilirrubina e da bile e induz a contração da vesícula biliar e o relaxamento do esfíncter de Oddi. Também protege o fígado contra lesões químicas. *In vitro*, inibe visivelmente o antígeno de superfície da hepatite B (HBsAg), e *in vivo* ativa a produção do interferon. (3) Acelera a secreção e a liberação do suco pancreático e inibe, acentuadamente, a atividade da tripsina, quimotripsina, amilase pancreática e lipase pancreática. Isto pode explicar por que a *Radix et Rhizoma Rhei* pode ser efetivamente usada no tratamento da pancreatite aguda. (4) Neutraliza as úlceras gástrica e duodenal em estudos experimentais. (5) Possui um efeito hemostático definido. Os princípios ativos são alfa-catequina e ácido gálico, que promovem a adesão e a agregação das plaquetas, reduzem o tempo de coagulação e a atividade da antitrombina III. Além disso, a *Radix et Rhizoma Rhei* causa a constrição dos vasos sanguíneos lesionados, reduz a permeabilidade vascular e reduz o tempo de hemorragia. Por outro lado, também é usada para ativar a circulação sanguínea e remover o sangue estagnado na MTC. Pesquisas modernas demonstram que a *Radix et Rhizoma Rhei*, quando ingerida oralmente, reduz a viscosidade do sangue e o hematócrito, e aumenta a pressão osmótica do plasma, induzindo a transferência do fluido intersticial para o sangue, expandindo o volume de sangue e melhorando a microcirculação. (6) a *Radix et Rhizoma Rhei* reduz visivelmente o nível de lipídios no sangue (incluindo o colesterol total, triglicérides, lipoproteína de baixa densidade e peroxidação lipídica) na hiperlipemia experimental. (7) Melhora a função renal nos casos de insuficiência renal crônica, atenuando a hiperazotemia. (8) Demonstra um espectro amplo de ações bacteriostáticas *in vitro*. Também inibe o vírus influenza, vírus ECHO, herpes simples, da hepatite B e da poliomielite, além da ameba, *Trichomonas vaginalis* e Lepstospira. Os princípios ativos são principalmente reína, emodina e aloé-emodina. O efeito bacteriostático é decorrente da inibição do sistema enzimático do ácido fólico e, a seguir, sobre a biossíntese dos ácidos nucléicos e proteínas das bactérias. (9) Mostra efeitos antiinflamatórios e antipiréticos em estudos experimentais. O efeito antipirético é decorrente da redução dos neurotransmissores pirogênicos centrais e o efeito antiinflamatório está relacionado, principalmente, à inibição da atividade da epoxidase e à redução da síntese de prostaglandinas.

Folium Sennae, *(Fan Xie Ye)*: folhas secas da *Cassia angustifólia* Vahl ou *Cassia acutifólia* Delile (família Leguminosae).

[Sabor e propriedades] doce, amarga e fria.

[Efeitos e indicações] purga o Calor e solta o intestino no tratamento da constipação decorrente do acúmulo de Calor; induz a diurese na ascite e no edema.

[Uso e dosagem] 3-9 g., sempre usada isoladamente e por meio de infusão de água.

[Aviso] Usar com precaução na gravidez.

[Notas] *Folium Sennae* apresenta um efeito purgativo definido com ocorrência de defecação nas próximas 4-8 horas seguintes após a sua ingestão oral. O princípio ativo é o senosídeo. (2) Tem um efeito bacteriostático de amplo espectro *in vitro*, incluindo a inibição de *Bacillus coli* e *Shigella dysenteriae*. (3) Quando ingerida oralmente, tem efeito hemostático, aumenta as plaquetas e o fibrinogênio e reduz o tempo de coagulação e o tempo de retração do coágulo. Sob a gastroscopia, a infusão aquosa pulverizada sobre as lesões hemorrágicas da mucosa gástrica é capaz de, imediatamente, interromper a hemorragia.

Natrii Sulfas, *(Mang Xiao)*: substância cristalina que contém sulfato de sódio hidratado ($Na_2SO_4.10H_2O$).

[Sabor e propriedades] salgada, amarga e fria.

[Efeitos e indicações] amolece as fezes secas, solta o intestino e purga o Calor; usada no tratamento da constipação com dor abdominal causada pelo excesso de Calor; reduz os edemas inflamatórios, sendo utilizada externamente no tratamento da mastite.

[Uso e dosagem] 6-18g; quantidade apropriada para uso externo.

[Aviso] Contra-indicada na gravidez.

[Notas] Consiste em um catártico salino não absorvível que mantém a água no intestino em quantidade suficiente para manter a concentração isotônica, que provoca movimentos intestinais com fezes mais líquidas e amolecidas. Também tem efeito colagogo por meio da estimulação da ampola para induzir, reflexamente, a contração da vesícula biliar e ao relaxamento do esfíncter de Oddi.

Radix Euphorbiae Kansui, *(Gan Sui)*: raiz tuberosa seca da *Euphorbia kansui* T. N. Liou ex T. P. Wang (família Euporbiaceae).

[Sabor e propriedades] amarga, fria e tóxica.

[Efeitos e indicações] causa purgação drástica e excreta a água retida, usada no tratamento da anasarca, hidrotórax e ascite.

[Uso e dosagem] 0,6-1,5 g, usada, principalmente, em pílulas ou pó.

[Aviso] Contra-indicado na gravidez. Incompatível com a *Radix Glicyrrhizae*.

[Notas] Causa estimulação intensa sobre a mucosa intestinal, resultando em hiperatividade do peristaltismo intestinal e diarréia severa.

Flos Genkwa, (*Yuan Hua*): flor seca da *Daphnegenkwa* Sieb. et Zucc. (família Thymelaeaceae).

[Sabor e propriedades] picante, morna e tóxica.

[Efeitos e indicações] causa purgação drástica e expele a água retida; usada no tratamento da anasarca, hidrotórax e ascite.

[Uso e dosagem] 0,6-1,5 g, usada, principalmente, para fazer pílulas ou pó.

[Aviso] Contra-indicada na gravidez. Incompatível com *Radix Glicyrrhizae*.

[Notas] Estimula a mucosa intestinal, causando diarréia severa. Também foi demonstrado um efeito diurético em laboratório.

Radix Euphorbiae Pekinensis, (*Jing Da Ji*): a raiz seca da *Euphorbia pekinensis* Rupr. (família Euphorbiaceae).

[Sabor e propriedades] amarga, fria e tóxica.

[Efeitos e indicações] causa purgação drástica e expele a água retida; usada no tratamento da anasarca, hidrotórax e ascite.

[Uso e dosagem] 0,6-1,5 g, usada, principalmente, para fazer pílulas ou pó.

[Aviso] Contra-indicada na gravidez. Incompatível com *Radix Glicyrrhizae*.

[Notas] Induz a purgação severa nos experimentos com animais.

CAPÍTULO 10

FÓRMULAS FITOTERÁPICAS

Os medicamentos chineses são, normalmente, prescritos em fórmulas com substâncias medicinais servindo de ingredientes. A maioria das fórmulas é composta por mais de um ingrediente. Como combinar adequadamente os ingredientes para fazer uma fórmula efetiva é parte do conhecimento fundamental da MTC. Através de milhares de anos de prática, um grande número de fórmulas fitoterápicas foram testadas.O número de fórmulas fitoterápicas consideradas clinicamente efetivas e registradas na literatura médica chinesa é muito maior do que as substâncias medicinais. Por exemplo, em *Li Shizhen's Ben Cao Gang Mu (Compendium of Materia Medica)*, 1892, as substâncias medicinais são listadas, enquanto mais de 10.000 fórmulas são descritas. A seleção da fórmula adequada para um determinado paciente representa a maior importância para o sucesso do tratamento. A seguir, os pontos-chave para a seleção.

I. Diagnóstico Correto do Padrão da Síndrome

Na Medicina Chinesa, a maioria das fórmulas é usada no tratamento dos padrões das síndromes em vez das entidades patológicas. Mesmo em pacientes com a mesma patologia, se eles apresentam diferentes síndromes, devem receber prescrições diversas. Veja o exemplo da gastrite atrófica crônica. Pacientes com exames endoscópicos similares podem apresentar padrões diversos de síndromes. Alguns pacientes queixam-se de dor epigástrica surda, distensão abdominal, anorexia e fraqueza generalizada, acompanhada de língua pálida e aumentada com saburra branca e pulso macio. Eles sofrem de uma síndrome de fraqueza, (Deficiência de *Qi*) do baço e do estômago e podem ser tratados com *Xiang Sha Liu Jun Zi Wan* (Pílula dos Seis Ingredientes Nobres com *Costus* e *Amomum*) para revigorar o baço e pacificar o estômago. Mas, alguns pacientes queixam-se de dor em queimação no epigástrio, secura na boca e constipação acompanhada de língua vermelha com saburra escassa e pulso rápido e filiforme. Neste caso, o diagnóstico da síndrome é deficiência de Yin no estômago e a fórmula recomendada é *Yi Wei Tang* (decocção de tonificação do estômago). As duas fórmulas são compostas como se segue:

Xiang Sha Liu Jun Zi Wan (Pílula dos seis ingredientes nobres com *Costus* e *Amomum*): *Radix Ginseng, Rhizoma Atractylodis Macrocephalae, Poria, Radix Glycyrrhizae Preparata, Rhizoma Pinelliae, Pericarpium Citri Reticulatae, Radix Aucklandiae e Fructus Amomi.*

Yi Wei Tang (Decocção da tonificação do estômago): *Radix Glehniae, Radix Ophiopogonis, Radix Rehmanniae, Rhizoma Polygonati Odorati, Radix Bupleuri e Cortex Lycci.*

A comparação entre as duas fórmulas mostra grandes diferenças. Elas são compostas de ingredientes totalmente diversos, sendo que não há nenhum ingrediente que aparece em ambas. A fórmula usada para o tratamento da gastrite atrófica crônica com a Síndrome de Deficiência do *Qi* do baço e do estômago não é adequada para as mesmas patologias com Síndrome de Deficiência de Yin do estômago. Em "Pílula dos Seis Ingredientes Nobres com *Costus* e *Amomum*", os tônicos de *Qi*, tal como a *Radix Ginseng* e *Rhizoma atractylodes*, são os principais ingredientes. A deficiência de Yin do estômago deve ser tratada com tônicos do Yin, então a *Radix Glehniae* e a *Radix Ophiopogonis* são usadas. Se a *Radix Ginseng* for usada para tratar a deficiência de Yin do estômago, não ajudará e, em vez disso, agravará os sintomas, porque sua ação de aquecimento irá prejudicar o Yin do estômago. Similarmente, se os tônicos do Yin, *Radix Glehniae* e *Radix Ophiopogonis* são dados ao paciente com baço e estômago debilitados, eles também podem causar efeitos adversos porque a deficiência de *Qi* do baço conduz, freqüentemente, o acúmulo de Umidade, e os tônicos do Yin complementando os fluidos acelerarão a formação da Umidade. Não somente a entidade patológica (no sentido ocidental), mas também o sintoma deve ser tratado de acordo com o diagnóstico da síndrome. A *Radix et Rhizoma Rhei* é um purgativo conhecido, mas nem sempre é adequado para a constipação. Primeiro, a constipação deve ser classificada em síndromes do tipo excesso ou deficiência e a seguir, estabelecer o tipo Frio ou Calor. Somente na constipação decorrente do tipo Calor em excesso a *Radix et Rhizoma Rhei* é indicada. Se a constipação for decorrente da deficiência de *Qi* ou de sangue, como ocorre nas pessoas idosas ou em mulheres em trabalho de parto, a *Radix et Rhizoma Rhei* é contra-indicada, e as fórmulas usadas são inteiramente diferentes. *Radix Astragali* deve ser o ingrediente principal na constipação decorrente da deficiência de *Qi*, e a *Radix Angelica Sinensis* para constipação decorrente de deficiência de sangue. Alguns laxativos lubrificantes podem ser adicionados à prescrição.

Os exemplos acima ilustram a importância da diferenciação da síndrome na seleção das fórmulas.

II. Combinação razoável dos ingredientes

1. Composição da fórmula composta

Embora algumas das substâncias medicinais sejam usadas isoladamente (*Radix Ginseng, Cornu Cervi Pantotrichum*), a maioria delas é prescrita em combinação. A administração da prescrição composta normalmente apresenta vantagens na obtenção de um efeito terapêutico melhor e causa menos efeitos colaterais do que o uso de substância isolada.

Como regra, a fórmula é composta dos quatro tipos seguintes de ingredientes: principal, adjuvante, auxiliar e moderador.

Os ingredientes principais proporcionam a ação terapêutica principal para o problema mais importante.

Os ingredientes adjuvantes podem apresentar dois tipos de ações: uma auxilia a fortalecer o efeito terapêutico principal e o outro é a obtenção do efeito terapêutico principal em uma condição combinada ou complicada.

Os ingredientes auxiliares apresentam três tipos de efeitos: (1) aliviam os sintomas secundários; (2) moderam a ação drástica do ingrediente principal; (3) agem como corretores (uso de um ingrediente com a natureza oposta para modificar favoravelmente a ação do ingrediente principal, que pode ser muito poderoso ou forte, principalmente se adicionar uma quantidade pequena de ingrediente de natureza fria para a prescrição de uma com natureza quente, ou adicionar uma quantidade pequena de ingrediente de natureza morna na prescrição de natureza fria).

O condutor ou moderador direciona o efeito do medicamento para o meridiano afetado ou modera o efeito do mesmo.

Por exemplo, a fórmula *Ma Huang Tang* (Decocção da *Ephedrae*) pode ser usada no tratamento da Síndrome de Frio Exterior marcada por calafrios e febre sem sudorese, acompanhada de cefaléia, dor generalizada, coriza, tosse ou asma, saburra branca e pulso tenso. A fórmula é composta de quatro ingredientes: *Herba Ephedrae, Ramulus Cinnamomi, Semen Armeniacae Amarum e Radix Glycyrrhizae*, dentre os quais a *Ephedrae* é o ingrediente principal que causa diaforese para aliviar a Síndrome de Frio-exterior e também alivia a tosse e a asma. *Ramulus Cinnamomi* tem um papel coadjuvante. Ela dilata os vasos sanguíneos periféricos e auxilia a *Ephedrae* na diaforese. A *Semen Armeniacae* é um auxiliar no alívio da tosse e da asma; *Radix Glycyrrhizae* serve como moderador de todos os outros ingredientes.

Em qualquer fórmula deve haver um ingrediente principal, mas o ingrediente adjuvante, auxiliar e moderador pode não estar disponível. Por exemplo, a *Zuo Jin Wan* (Pílula de *Coptidis* e *Evodia*), que é indicada no tratamento de ataques do estômago pelo Fogo do fígado, contém somente dois ingredientes, *Rhizoma Coptidis* e *Fructus Evodiae*. Nesta fórmula, a *Rhizoma Coptidis* é o principal ingrediente, que elimina o Fogo do estômago, e a *Fructus Evodiae* é a auxiliar, que acalma o fígado e alivia a regurgitação ou o vômito.

Algumas fórmulas complicadas são compostas de ingredientes múltiplos; cada qual um apresenta seus próprios efeitos. Em tais casos, pode haver dificuldade para dividir os ingredientes nas quatro categorias acima mencionadas. O caminho mais prático consiste em dividi-los em principais e não principais.

2. Combinações básicas

Substâncias Medicinais são geralmente usadas em combinação com o propósito de fortalecer os efeitos terapêuticos e minimizar os efeitos colaterais. Os pares seguintes são algumas combinações básicas. Embora simples, eles normalmente servem como elementos fundamentais para a composição de fórmulas mais complicadas.

(1) Fortalecer os efeitos terapêuticos pela combinação de dois ingredientes do mesmo tipo:

Radix Codonopsis + Radix Astragali: para tonificar o *Qi*.

Radix Glehniae + Radix Ophiopogonis: para tonificar o Yin e promover a secreção dos fluidos.

Semen Biotae + Semen Ziziphi Spinosae: para nutrir o coração e obter tranqüilidade.

Radix Aconiti Lateralis Preparata + Cortex Cinnamomi: para aquecer o rim (tonificar o Yang)

Rhizoma Cimcifugae + *Radix Bupleuri*: para elevar o *Qi* do Aquecedor Médio.

Radix Angelicae Sinensis + *Radix Chuan Xiong*: para nutrir o sangue, promover a circulação sanguínea e eliminar a estase.

Semen Persicae + *Flos Carthami*: melhorar a circulação sanguínea e eliminar a estase.

Pollen Typhae + *Faeces Trogopterum*, que compõem uma fórmula denominada *Shi Xiao San* (Pó maravilhoso para aliviar a dor da estase do sangue): elimina a estase do sangue e alivia a dor.

Resina Olibani + *Resina Myrrhae*: regula o fluxo do *Qi*, dissipa o sangue estagnado e alivia a dor.

Rhizoma Sparganii + *Rhizoma Curcumae Zedoariae*: elimina a estase do sangue e dissipa as massas.

Fructus Cannabis + *Fructus Trichosanthis*: funciona como laxativo.

Herba Pogostemonis + *Herba Eupatorii*: elimina a Umidade de verão.

Folium Mori + *Flor Chrysanthemi*: dissipa o Vento-Calor.

Rhizoma Notopterygii + *Radix Angelicae Pubescentis*: dissipa o Vento-Umidade.

Flos Lonicerae + *Fructus Forsythiae*: elimina o Calor tóxico.

Herba Taraxaci + *Herba Violae*: elimina o Calor tóxico

Radix Scutellariae + *Rhizoma Coptidis*: purga o Fogo e elimina as toxinas.

Cortex Phellodendri + *Rhizoma Arnemarrhenae*: elimina a Umidade-Calor e elimina o Fogo decorrente da deficiência de Yin.

Thallus Laminariae + *Sargassum*: amolece as massas rígidas e drena os nódulos de muco.

Todos os exemplos acima consistem em uso combinado de dois ingredientes com efeitos similares. Eles são freqüentemente utilizados para fazer fórmulas compostas, baseadas em experiências empíricas. Se tais pares de ingredientes tiverem uma ação aditiva ou uma ação sinérgica, será necessária uma investigação adicional.

(2) Melhorar o efeito terapêutico por meio da combinação de dois ingredientes de tipos diferentes:

Radix Astragali + *Radix Angelicae Sinensis*: compõem uma fórmula denominada *Dang Gui Bu Xue Tang* (Decocção de tônico de sangue com Angélica chinesa): tonifica o *Qi* para a geração de sangue.

Radix Aucklandiae + *Fructus Amomi*: regulariza o fluxo do *Qi* e remove a Umidade do baço e do estômago.

Rhizoma Atractylodis + *Cortex Magnoliae Officinalis*: elimina a Umidade e alivia a plenitude.

Rhizoma Pinelliae + *Pericarpium Citri Reticulatae*: drena o muco e regulariza o fluxo do *Qi*.

Semen Armeniacae Amarum + *Bulbus Fritillariae*: alivia a tosse e drena o muco (facilita a expectoração)

Rhizoma Coptidis + *Radix Aucklandiae* formam uma fórmula denominada *Xiang Lian Wan* (Pílula de *Coptidis* e *Costus*): trata a disenteria.

Rhizoma Atractylodis + *Cortex Phellodendri,* que forma uma fórmula denominada *Ermiao San* (Pó dos dois ingredientes maravilhosos): elimina a Umidade-Calor do Aquecedor Inferior.

Flos Inulae + *Hematitum*: envia o *Qi* do estômago em descendência para deter o vômito.

Fructus Aurantii Immaturus + *Caulis Bambusae in Taeniam*: elimina o Calor do estômago para controlar o vômito.

Rhizoma Cyperi + *Rhizoma Galagae,* formam uma fórmula denominada *Liang Fu Wan* (Pílula de *Galangae* e *Cyperi*): aquece o estômago para aliviar a dor.

Radix Ginseng + *Radix Aconiti lateralis,* formam uma fórmula denominada *Shen Fu Tang* (Decocção do ginseng e do acônito): restaura a consciência no colapso ou choque.

(3) Para alcançar um novo efeito terapêutico por meio da combinação de dois ingredientes com ações opostas (Frio *vs* Calor, tonificação *vs* sedação, ação de flutuação *vs* ação de submersão etc.).

Ramulus Cinnamomi + *Radix Paeoniae Alba*: harmoniza os sistemas *Ying* (nutritivo ou construtivo) e *Wei* (defensivo).

Fructus Toosendan + *Rhizoma Corydalis*: regula o fluxo do *Qi*, promove a circulação sanguínea e alivia a dor.

Fructus Trichosanthis +*Bulbus Allii macrostemonis*: libera o fluxo do Yang *Qi* no tórax para aliviar a dor torácica.

Rhizoma Atractylodis Macrocephalae +*Fructus Aurantii Immaturus*: revigora o baço e alivia a distensão abdominal.

Rhizoma Coptidis + *Fructus Evodiae,* formam uma fórmula denominada *Zuo Jin Wan* (Pílula de *Coptidis* e *Evodiae*): purga o Fogo do fígado para inibir a regurgitação ácida.

Rhizoma Coptidis + *Cortex Cinnamomi,* forma uma fórmula denominada *Jiao Tai Wan* (Pílula de *Coptidis* e canela): restaura a coordenação normal entre o coração e os rins.

Radix Astragali + *Radix Saposhnikoviae*: consolida a superfície para controlar a sudorese excessiva.

Radix Astragali + *Radix Stephaniae tetrandrae*: tonifica o *Qi* e alivia o edema.

3. Modificação apropriada da fórmula

Devido à complexidade do ser humano e de suas patologias, as fórmulas fitoterápicas, embora numerosas, podem, ainda, ser insuficientes para tratar todas as variações das constituições dos pacientes e suas condições mórbidas. A decocção é freqüentemente a primeira escolha na Medicina Chinesa, pois os ingredientes podem ser modificados de acordo com as condições do paciente, e as fórmulas são consideradas somente como guias para fazer as prescrições. A desvantagem da decocção é a sua inconveniência, e cada vez mais surgem preparações prontas. Mesmo com estas preparações (pílulas, comprimidos, grânulos etc.), a modificação da composição é, ainda, possível em alguns casos. Por exemplo, no tratamento da gripe com Síndrome de Calor do exterior, *Yin Qiao San* (Pó de *Lonicerae* e *Forsythia*), é quase rotineiramente utilizada. Mas, recentemente, descobriu-se que *Radix Isatidis* apresenta um efeito antiviral, de modo que é sempre adicionada à prescrição deste ingrediente. Com as preparações prontas, isto pode ser conseguido por meio do uso da *Balangen Chong Ji* em combinação com Yin *Qiao Jie Du Wan*[1] (Pílula desintoxicante de *Lonicerae* e *Forsythia*).

Dentre as preparações prontas, a fórmula básica pode apresentar alguns derivados, de modo que a ação terapêutica é um pouco modificada para combinar com a condição do paciente. Por exemplo, *Li Zhong Wan* (Pílula para regular o Aquecedor Médio) é efetiva no tratamento da deficiência do Yang baço e do estômago marcada por dor epigástrica com sensação de frio, dispnéia e diarréia crônica. Se as manifestações de Frio forem importantes, é melhor adicionar alguns ingredientes para aquecer o baço e o estômago. Neste caso, *Fu Zi Li Zhong Wan* (Pílula de acônito para regular o Aquecedor Médio) pode ser escolhida, pois *Radix Aconiti lateralis*, um potente ingrediente de natureza quente, é adicionado nesta fórmula básica, *Li Zhong Wan*.

FÓRMULAS PARA ALIVIAR AS SÍNDROMES EXTERIORES

Fórmulas Picante-mornas para Aliviar as Síndromes Exteriores

Ma Huang Tang (Decocção da *Ephedrae*): *Herba Ephedrae* 9 g, *Ramulus Cinnamomi* 6 g, *Semen Armeniacae Amarum* 9 g, *Radix Glycyrrizae* 3 g, preparadas como decocção.

[Efeitos] induz a diaforese, dissipa o Frio e alivia a tosse e a asma.

[Indicações] patologia Vento-Frio com Síndrome Exterior do tipo excesso marcada por calafrios e febre, mas sem sudorese, acompanhada de cefaléia, dor generalizada, tosse ou asma, língua com saburra branca e pulso flutuante e tenso.

[Análise] o ingrediente principal é a *Herba Ephedrae*, que é diaforética e, ao mesmo tempo, antiasmática. A *Cinnamomi* serve como adjuvante, e aumenta consideravelmente a ação diaforética da *Ephedrae* por meio do aumento do fluxo de sangue periférico. Além disso, a *Cinnamomi* aquece os meridianos, aliviando, assim, a cefaléia e dor generalizada decorrente do ataque dos meridianos pelo Frio. *Semen Armeniacae Amarum* é um auxiliar para aliviar a tosse e a asma. *Radix Glycyrrizae* modera as ações dos outros ingredientes.

[Aplicações clínicas] resfriado, gripe, bronquite crônica e asma brônquica com Síndrome Exterior do tipo excesso.

Gui Zhi Tang (Decocção do pau de canela): *Ramulus Cinnamomi* 9 g, *Radix Paeoniae Alba* 9 g, *Radix Glycyrrhizae* 6 g, *Rhizoma Zingiberis Recens* 9 g e *Fructus Ziziphi Jujubae* 4 pedaços; preparada como decocção.

[Efeitos] induz a diaforese por meio da harmonização dos sistemas *Ying* (nutritivo) e *Wei* (defensivo).

---

1. *Yin Qiao Jie Du Wan* (Pian) é o nome do *Yin Qiao San* quando é feito em pílulas ou comprimidos.

[Indicações] patologia Vento-Frio com Síndrome Exterior do tipo deficiência marcada por calafrio, febre e cefaléia com sudorese, aversão ao vento, artralgias, dores musculares, língua com saburra branca e fina e pulso flutuante e macio.

[Análise] Esta é uma fórmula para alívio da Síndrome de Frio Exterior do tipo deficiência, ou seja, calafrios (ou aversão ao vento) e febre com sudorese. A sudorese está intimamente relacionado ao sistema *Ying* (construtivo) e ao sistema *Wei* (defensivo superficial), sendo que o primeiro está encarregado da secreção da sudorese e o último é o responsável pela excreção da sudorese. Os dois sistemas funcionam em harmonia e há sudorese normal para adaptar o corpo humano às mudanças do meio ambiente. A sudorese na Síndrome Exterior é normalmente decorrente da "desarmonia entre o *Ying* (sistema construtivo) e *Wei* (sistema defensivo superficial)". Há dois tipos de obstáculos que prejudicam estes efeitos harmoniosos: um consiste no sistema *Ying* debilitado (construtivo), o que resulta em sudorese só quando há febre, e o outro sem febre. A explicação tradicional pode ser descrita como se segue: No estágio inicial de uma patologia de Frio Exógeno, *Wei* (energia defensiva superficial) fecha os poros da sudorese para proteger o corpo contra a invasão dos fatores patogênicos exógenos e luta contra os fatores patogênicos, resultando em febre (Calor na superfície). Se o *Ying* está debilitado, ele é incapaz de manter a secreção e a sudorese é forçada a sair com o Calor. Neste caso, a sudorese ocorre somente durante a febre, e a decocção do pau de canela é adequada para o tratamento, porque contém *Radix Paeoniae Alba,* que consolida o *Ying* (sistema construtivo). Porém, se o *Wei* estiver debilitado, será incapaz de fechar os poros para manter a excreção da sudorese, e ocorre a Síndrome de Deficiência do Exterior marcada por sudorese sem febre. Neste último caso, decocção do pau de canela não é a preferível. Outra fórmula, *Yu Ping Feng San,* é indicada, porque contém *Radix Astragali* que fortalece a energia defensiva.

Como consta do nome da decocção, o *Ramulus Cinnamomi* (pau de canela) é o principal ingrediente, que induz a diaforese suave e expele os patógenos. *Radix Paeoniae Alba* é usada para consolidar o *Ying* (sistema construtivo). O uso combinado destes dois ingredientes pode alcançar o propósito de aliviar a Síndrome Exterior e restaurar as ações harmoniosas do *Ying* e do *Wei. Rhizoma Zingiberis Recens* e *Fructus Ziziphi Jujubae* formam outro par de ingredientes que apresenta efeitos similares: Eles auxiliam a *Ramulus Cinnamomi* e a *Radix Paeoniae Alba*, respectivamente. *Radix Glycyrrizae* é usada para moderar as ações de outros ingredientes.

Provavelmente, uma questão surgirá neste contexto. Uma vez que o paciente já está com sudorese, porque a diaforese ainda é necessária? A sudorese durante a febre é considerada um sintoma da patologia, mas não um processo de recuperação. A sudorese suave causada pela decocção é diferente. Consiste em uma abordagem terapêutica para expelir os fatores patogênicos do corpo e aliviar a Síndrome Exterior.

[Farmacologia moderna] (1) Ações antiviral e antiinflamatória: a decocção inibe, visivelmente, a infecção pulmonar causada pelo vírus influenza nos camundongos. Testes com cada ingrediente, isoladamente, demonstram que a *Radix Paeoniae Alba* é o ingrediente principal que suprime a replicação deste vírus. A decocção também neutraliza a inflamação. Dentre os ingredientes, *Ramulus Cinnamomi* apresenta o efeito antiinflamatório mais proeminente. (2) Efeito sobre a temperatura do corpo: a decocção ingerida apresenta

efeito bidirecional sobre a temperatura do corpo. Demonstra um efeito antipirético proeminente sobre a febre induzida experimentalmente e restaura a temperatura normal do
corpo quando a hipotermia é induzida por injeção de aminopirina composta. (3) Efeito
sobre a sudorese: a decocção apresenta um efeito diaforético suave, mas inibe visivelmente
a sudorese excessiva induzida pela aminopirina; por outro lado, promove a secreção da
sudorese quando este último é suprimido pela atropina. Isto pode, em parte, ilustrar o
efeito de harmonização sobre o *Ying* e o *Wei*. (4) Ações sedativa e analgésica: a decocção
mostra efeitos sedativos e analgésicos no laboratório, e os efeitos apresentam um ritmo
circadiano, ou seja, é mais marcante nas horas ativas. (5) Efeito sobre a função imunológica:
a decocção apresenta um efeito inibitório marcante sobre a hipersensibilidade tardia.

[Aplicações clínicas] resfriado gripe e infecções do trato respiratório resultantes de
uma Síndrome de Deficiência Exterior, como descrito acima; hiperidrose; patologias
alérgicas tais como rinite alérgica, urticária e eritema multiforme.

Jing Fang Bai Du San: (Pó de *Schizonepeta* e *Saposhinikovia*): *Herba Schizonepetae*
9 g.; *Radix Saposhnikoviae* 9 g.; *Rhizoma seu Radix Notopterygii* 9 g; *Radix Angelicae
Pubescentis* 9 g; *Radix Chuan Xiong* 6 g; *Radix Bupleuri* 6 g; *Radix Peucedani* 6 g; *Radix
Platycodi* 6 g; *Fructus Aurantii* 6 g; *Poria* 9 g; *Radix Glycyrrhizae* 3 g; *Herba Menthae*
3 g; preparada como decocção.

[Efeitos] dissipa o Vento-Frio e expele a Umidade.

[Indicações] Síndrome Exterior decorrente da patologia por Vento-Frio e Umidade,
marcada por calafrios com ausência de sudorese acompanhada de cefaléia severa, dor
músculo-articular e língua com saburra branca e oleosa.

[Análise] os ingredientes principais, *Radix Schizonepeta*, *Radix Saposhnikoviae*
e *Rhizoma seu Radix Notopterygii*, são diaforéticos mornos e picantes para aliviar o
exterior Vento-Frio. Como auxiliares, *Radix Angelicae Pubescentis*, que aquece os meridianos e colaterais, e *Rhizoma Chuan Xiong*, que promove a circulação sanguínea e
também dissipa o Vento, e retém a cefaléia severa e a dor generalizada. *Radix Bupleuri*
e *Herba Menthae* são adjuvantes, e auxiliam os ingredientes principais a aliviar a
Síndrome Exterior. *Radix Peucedani* e *Radix Platycodi* são benéficas para os pulmões
e *Fructus Aurantii* para o baço. *Poria* dissipa a Umidade e *Radix Glycyrrhizae* modera
os efeitos dos medicamentos.

[Aplicações clínicas] resfriado, gripe, bronquite, reumatismo e patologias da pele
com manifestações acima mencionadas.

Xiao Qing Long Tang (Decocção menor do dragão azul) *Herba Ephedrae* 9 g;
Ramulus Cinnamomi 6 g; *Herba Asari* 3 g; *Rhizoma Zingiberis* 3 g; *Rhizoma Pinelliae
Preparata* 9 g; *Fructus Schisandrae* 3 g; *Radix Paeoniae Alba* 9 g; e *Radix Glycyrrhizae*
6 g, preparada como decocção.

[Efeitos] dissipa o Vento-Frio, aquece os pulmões e drena o fluido retido.

[Indicações] patologia do Vento-Frio com fluido retido no interior, manifestado por
calafrios, febre sem sudorese ou sede acompanhada de tosse e asma com expectoração
espumosa e profusa, língua com saburra úmida e branca e pulso flutuante.

[Análise] na fórmula, *Ephedrae* e *Ramulus Cinnamom* aliviam a Síndrome Exterior por meio da diaforese. Além disso, a *Ephedrae* é antitussígena e antiasmática; *pau de canela* e *Radix Paeoniae Alba* em combinação harmonizam o *Ying* (energia construtiva) e o *Wei* (energia defensiva). *Herba Asari* e *Rhizoma Zingiberis* aquecem o pulmão para drenar o fluido retido. *Rhizoma Pinelliae Preparata* elimina a Umidade e o muco. *Ructus Schisandrae* é um adstringente que impede o consumo do *Qi* do pulmão por outros ingredientes. *Radix Glycyrrizae* é usada para moderar as ações de outros ingredientes apresentando, também, efeito expectorante e antitussígeno.

[Aplicações clínicas] acentuação da bronquite crônica e da asma brônquica, precipitada pelo resfriado.

Fórmulas Picante-Frias para Alívio das Síndromes Exteriores

Sang Ju Yin (Decocção da folha de amora e crisântemo): *Folium Mori* 8 g; *Flos Chrysanthemi* 6 g; *Herba Menthae* 3 g; *Semen Armeniacae Amarum* 6 g; *Radix Platycodi* 6 g; *Radix Glycyrhizae* 3 g; *Fructus Forsythiae* 6 g; *Rhizoma Phragmitis* 6 g; preparada como decocção.

Sua preparação pronta para o uso é denominada *Sang Ju Gan Mao Pian* (Comprimido antigripal de amora e crisântemo).

[Efeitos] dissipa o Vento-Calor e alivia a tosse.

[Indicações] patologia do tipo Vento-Calor com Síndrome Exterior, com manifestações de febre moderada, tosse, sede leve, língua com saburra branca e fina e pulso flutuante.

[Análise] *Folium Mori* e *Flos Chrysanthemi* são os ingredientes principais que dissipam o Vento-Calor e, também, eliminam o Calor dos pulmões. *Herba Menthae* auxilia a dissipar o Vento-Calor, *Semen Armeniacae Amarum* alivia a tosse e *Radix Platycodi* remove a obstrução do *Qi* do pulmão, sendo adjuvantes. *Fructus Forsythiae* também alivia a Síndrome Exterior e a *Rhizoma Phragmitis* reduz o Calor e promove a produção de fluido para aliviar a sede, servindo como auxiliares. *Radix Glycyrrizae* modera as ações de outros ingredientes e, também, alivia a dor de garganta quando usada em combinação com a *Radix Platycodi*.

[Aplicações clínicas] gripe, amigdalite aguda e conjuntivite epidêmica com Síndrome Exterior do tipo Calor.

Yin Qiao San (Pó da *Lonicerae* e *Forsythia*): *Flos Lonicerae* 9 g; *Fructus Forsythiae* 9 g; *Fructus Arctii* 6 g; *Herba Schizonepetae* 6 g; *Herba Menthae* 6 g; *Semen Sojae Preparatum* 6 g; *Radix Platycodi* 6 g; *Radix Glycyrrhizae* 6 g; *Herba Lophatheri* 6 g; *Rhizoma Phragmitis* 6 g; preparada como decocção.

Sua preparação pronta para o uso inclui *Yin Qiao Jie Du Wan* (Pílula para desintoxicação de *Lonicerae* e *Forsythia*), *Yin Qiao Jie Du Pian* (Comprimido de prostaglandinas de *Lonicerae* e *Forsythia*) e *Yin Qiao Jie Du Chong Ji* (Grânulos de desintoxicação de *Lonicerae* e *Forsythia*).

[Efeitos] alivia a Síndrome Exterior e elimina o Calor tóxico.

[Indicações] doenças febris epidêmicas em fase inicial, com sintomas de febre com calafrios suaves, cefaléia, sede, tosse, dor de garganta, língua com ponta vermelha e saburra branca e fina e pulso rápido e flutuante.

[Análise] Na fórmula, *Flos Lonicerae* e *Fructus Forsythiae* são os ingredientes principais. Eles expelem os patógenos e eliminam o Calor tóxico. *Semen Sojae Preparatum*, *Herba Menthae* e *Radix Schizonepeta* dissipam os patógenos do exterior, servindo como adjuvantes. *Herba Lophatheri* e *Rhizoma Phragmitis* reduzem o Calor e promovem a produção do fluido para aliviar a sede. *Radix Platycodi*, *Fructus Actii* e *Radix Glycyrrizae* aliviam a dor de garganta e reduzem a tosse. Todos eles são auxiliares. *Radix Glycyrrizae* também modera as ações dos outros ingredientes.

[Farmacologia moderna] (1) Ação antipirética: a decocção e os grânulos possuem um efeito antipirético importante por meio da ação sobre os neurônios sensíveis à temperatura. (2) Ação antiinflamatória: a decocção e os grânulos inibem o processo inflamatório em laboratório, principalmente a inflamação induzida pela histamina. (3) Ações antibacteriana e antiviral: *in vitro*, o comprimido demonstra uma ação bacteriostática sobre o *Staphilococcus aureus* (incluindo as espécies resistentes à penicilina) e outras bactérias, mas é incapaz de impedir a morte do camundongo infectado pelo *Staphilococcus aureus*.

[Aplicações clínicas] gripe, infecções das vias aéreas superiores e outras patologias infecciosas agudas com as manifestações acima descritas.

Ma Xing Shi Gan Tang (Decocção da *Ephedrae*, semente de damasco, gesso e alcaçuz): *Herba Ephedrae* 6 g; *Gypsum Fibrosum* 24 g; *Semen Armeniacae Amarum* 9 g; e *Radix Glycyrrhizae* 6 g; preparada como decocção.

Preparações prontas para o uso desta fórmula estão disponíveis, mas com diferentes nomes.

[Efeitos] elimina o Calor do pulmão e alivia a dispnéia.

[Indicações] transformação do Vento-Frio ou Vento-Calor no interior (os pulmões) apresentando sintomas de febre com ou sem sudorese, acompanhada de tosse, dispnéia, sede, língua com saburra branca ou amarela e pulso rápido, flutuante e escorregadio.

[Análise] na fórmula, *gypsum Fiobrosum* é o ingrediente principal, que elimina o Calor dos pulmões. *Ephedrae* é um adjuvante que alivia a Síndrome Exterior e reduz a tosse e a dispnéia. Embora a *Ephedrae* seja picante e de natureza morna, uma grande quantidade de *Gypsum Fiobrosum*, que também é picante, mas de natureza fria, torna a fórmula picante e fria. *Semen Armeniacae Amarum* também é um antitussígeno e antiasmático, servindo como um auxiliar. *Radix Glycyrrizae* modera as ações de outros ingredientes, mas também protege o estômago do efeito colateral de *Gypsum Fiobrosum*, sendo usada em maior quantidade nesta fórmula do que na Decocção da *Ephedrae*.

[Aplicações clínicas] bronquite aguda, pneumonia e asma brônquica marcados por Calor nos pulmões com ou sem Síndrome Exterior.

FÓRMULAS ANTITUSSÍGENAS, DRENADORAS DE MUCO E ANTIASMÁTICAS

Er Chen Tang (Decocção da *Rhizoma Pinelliae Preparata*): *Rhizoma Pinelliae Preparata* 9 g; *Pericarpium Citri Reticulatae* 9 g; *Poria* 6 g; *Radix Glycyrrhizae* 3 g; preparada como decocção.

Sua preparação pronta para o uso é chamada de *Er Chen Wan* (Pílula de *Pinelliae* e casca de tangerina).

[Efeitos] remove o muco-Umidade e regula o *Qi* do Aquecedor Médio.

[Indicações] muco nos pulmões manifestado por tosse, expectoração de muco profuso e branco, ou muco no estômago manifestado por náusea e vômito. Em ambos os casos, a língua tem saburra branca e oleosa e o pulso é escorregadio.

[Análise] esta é uma fórmula básica que drena o muco-Umidade. De acordo com a MTC, o muco é produzido devido à retenção da Água-Umidade causada pela obstrução do fluxo do *Qi*. Nesta fórmula, o ingrediente principal, *Rhizoma Pinellilae*, elimina o muco-Umidade do baço e do estômago, e também, contém o vômito por meio da harmonização da função do estômago. *Pericarpium Citri Reticulatae* como adjuvante regula o fluxo do *Qi* e elimina a Umidade. Como o baço é a fonte onde o muco é produzido, *Poria* é usada para revigorar sua função e remover a Umidade por meio da diurese. *Radix Glycyrrizae* modera as ações de outros ingredientes e também auxilia a *Poria* a revigorar e harmonizar o baço e o estômago.

[Aplicações clínicas] bronquite crônica e gastrite crônica em síndromes do tipo muco.

Uma vez que o muco pode causar uma variedade de patologias, esta fórmula é mais freqüentemente usada como base para formular outras mais complicadas. As fórmulas seguintes são exemplos.

Di Tan Tang (Decocção para limpar o muco do coração): Decocção da *Rhizoma Pinellilae* e *Pericarpium Citri Reticulatae* + *Rhizoma Arisaematis, Fructus Aurantii Immaturus, Rhizoma Acori Tatarinowii e Radix Ginseng*. É usada para tratar a afasia decorrente da nebulosidade do coração causada pelo muco.

Qing Qi Hua Tan Wan (Pílula de purificação do *Qi* e drenagem de muco): Decocção da *Rhizoma Pinellilae* e *Pericarpium Citri Reticulatae/Radix Glycyrrhizae* + *Rhizoma Arisaematis, Frucuts Trichosanthis* + *Semen Armeniacae amarum, Radix Scutellariae e Fructus Aurantii Immaturus*. É usada no tratamento da bronquite crônica com Calor excessivo manifestado por expectoração pegajosa e amarela.

Ban Xia Bai Zhu Tian Ma Tang (Decocção da *Pinellia*, Atractilodes Branca e Gastrodia): Decocção da *Rhizoma Pinellilae* e *Pericarpium Citri Reticulatae* + *Rhizoma Atractylodis Macrocephalae e Rhizoma Gastrodiae*. É usadas no tratamento dos ataques ascendentes de muco-Vento com sintomas de vertigem e cefaléia com plenitude torácica, língua com saburra branca e oleosa, e pulso em corda e escorregadio. Nos estudos modernos, esta fórmula tem se mostrado efetiva no tratamento da Síndrome de Ménière.

San Zhi Yang Qin Tang (Decocção dos três tipos de sementes para idosos): *Semen Sinapsis Albae* 6 g; *Semen Perillae* 9 g; *Semen Raphani* 9 g; preparada como decocção.

[Efeitos] drena o muco-Frio, regulariza o fluxo do *Qi* e promove a digestão.

[Indicações] deficiência do baço nos idosos com acúmulo de muco e *Qi* estagnado, manifestada por tosse, asma, expectoração profusa, sensação de plenitude no tórax, redução de ingestão de alimentos, língua com saburra branca e oleosa e pulso escorregadio.

[Análise] *Semen Sinapis Albae* aquece os pulmões, facilita o fluxo de *Qi* do pulmão e elimina o muco. *Semen Perillae* controla o fluxo ascendente de *Qi* para aliviar a asma. *Semen Raphani* promove a digestão e remove os alimentos estagnados.

[Aplicações clínicas] esta fórmula é amplamente usada como fórmula básica no tratamento da bronquite crônica, bronquite asmática e enfisema pulmonar com expectoração profusa, mas sem infecção.

FÓRMULAS PARA ELIMINAR O CALOR INTERNO

Calor interno ou Calor em síndromes Interiores pode ter origens exógenas ou endógenas, generalizadas ou somente limitadas em um determinado órgão *Zang Fu*. Porém, as fórmulas que eliminam o Calor interno podem ser classificadas nas seguintes categorias: a) fórmulas que eliminam o Calor no sistema *Qi*; b) fórmulas que eliminam o Calor no sistema *Ying*-sangue; c) fórmulas que eliminam o Calor tóxico; d) fórmulas que eliminam o Calor de um certo órgão *Zang Fu*; e) fórmulas que eliminam a Umidade-Calor e f) fórmulas que eliminam o Calor endógeno do tipo deficiência.

Bai Hu Tang (Decocção do Tigre Branco)[2]:*Gypsum Fibrosum* 30 g; *Rhizoma Anemarrhenae* 9 g; *Radix Glycyrrhizae* 3 g; *Oryza*[3] 9 g; a ser feita em decocção.

[Efeitos] elimina o Calor e promove a secreção do fluido.

[Indicações] calor excessivo no sistema *Qi*, apresentando sintomas de febre alta, sudorese profusa, polidipsia e pulso gigante.

[Análise] *Gypsum Fibrosum* é o principal ingrediente que apresenta uma forte ação antipirética, eliminando o Calor dos pulmões e do estômago e também promovendo a secreção do fluido para aliviar a sede. A *Rhizoma Anemarrhenae* elimina o Calor e, ao mesmo tempo, nutre o Yin, servindo como um adjuvante desta fórmula. *Radix Glycyrrhizae* e *Oryza* são usados para proteger o estômago na prevenção dos efeitos colaterais da *Gypsum Fibrosum* e da *Rhizoma Anemarrhenae* sobre o estômago.

[Aplicações clínicas] encefalite B epidêmica, pneumonia lobar e febre hemorrágica epidêmica com Calor no sistema *Qi*.

---

2. O nome da decocção vem da mitologia. O Tigre Branco é o deus do Metal, que reside no Oeste e representa o outono. Quando o outono aparece, o verão quente chega, naturalmente, ao fim. Então, o nome é uma metáfora para esta ação antipirética sobre a febre alta.

3. Atualmente, o arroz (*Oryza*) não é mais adicionado e outros três ingredientes são utilizados como ingredientes básicos para compor decocções.

Bai Hu Jia Ren Shen Tang (Decocção do Tigre Branco com ginseng): *Gypsum Fibrosum* 30 g; *Rhizoma Anemarrhenae* 9 g; *Semen Oryzae Nonglutinosae* 9 g; *Radix Glycyrrhizae* 3 g; *Radix Ginseng* 9 g; preparada como decocção.

Esta fórmula deriva da *Bai Hu Tang* (Decocção do Tigre Branco), e tem efeito similar a esta última. Além disso, revigora o baço e o estômago e tonifica o *Qi* por meio da adição da *Radix Ginseng*. É usada no tratamento da febre alta com consumo de *Qi* e fluidos, e também para o diabetes mellitus.

Bai Hu Jia Gui Zhi Tang (Decocção do Tigre Branco com pau de canela): *Gypsum Fibrosum* 30 g, *Rhizoma Anemarrhenae* 9 g; *Radix Glycyrrhizae* 3 g; *Semen Oryzae Nonglutinosae* 3 g; e *Ramulus Cinnamomi* 3 g; preparada como decocção.

Também é uma fórmula derivada da *Bai Hu Tang* (Decocção do Tigre Branco) que elimina o Calor. Como o pau de canela, que é anti-reumático, é adicionado, a fórmula é boa no tratamento da artralgia do tipo Calor.

Qing Ying Tang (Decocção para eliminar o Calor do Sistema *Ying*): *Cornu Rhinoceri* 2 g; *Radix Rehmanniae* 15 g; *Radix Scrophulariae* 9 g; *Herba Lophatheri* 3 g; *Radix Ophiopogon* 9 g; *Radix Salviae Miltiorrhizae* 6 g; *Rhizoma Coptidis* 4,5 g; *Flos Lonicerae* 9 g; e *Fructus Forsythiae* 6 g; preparada como decocção.

Chifre de rinoceronte deve ser substituído por pó concentrado de chifre de búfalo e a dosagem aumentada.

[Efeitos] elimina o Calor do sistema *Ying*, neutraliza as toxinas e nutre o Yin.

[Indicações] calor excessivo no sistema *Ying*, marcado pela febre alta à noite, acompanhada de delírio, agitação, rashes na pele e língua seca e vermelha.

[Análise] o ingrediente principal na fórmula é a *Cornu Rhinoceri* (substituída pela *Cornu Bubali*), que elimina o Calor do *Ying* e do sangue, e também induz a tranqüilidade. *Radix Scrophulariae*, *Radix Ophiopogon* e *Radix Rehmanniae*, todas apresentam o efeito de nutrir o Yin e reduzir o Calor, sendo adjuvantes. *Rhizoma Coptidis* purga o Fogo e remove toxinas, *Herba Lophatheri* elimina o Fogo do coração, *Flos Lonicerae* e *Fructus Forsythiae* eliminam o Calor tóxico e *Radix Salvia miltiorrhizae* ativa a circulação sanguínea e impede a estase do sangue em alergias, todas agindo como auxiliares. *Radix Salvia Miltiorrhizae* também é condutora nesta fórmula, porque direciona todos os ingredientes do sistema *Ying* para eliminar o Calor.

[Aplicações clínicas] encefalite epidêmica, meningite epidêmica, septicemia e outras patologias febris com invasão do Calor no sistema *Ying*.

Xi Jiao Di Huang Tang (Decocção do chifre de rinoceronte e *Rehmanniae*): *Cornu Rhinoceri* 1,5-3 g; *Radix Rehmanniae* 30 g; *Radix Paeoniae Rubra* 12 g; *Cortex Moutan* 9 g; preparada como decocção.

Cornu Rhinoceri deve ser substituído por pó concentrado do *Cornu Bubali*, e a dosagem aumentada.

[Efeitos] elimina o Calor e as toxinas do sangue e remove a estase do sangue.

[Indicações] Calor no sistema sangue manifestado por febre com epistaxe, hematúria, enterorragia e língua de cor púrpura, carmim e língua espinhosa.

[Análise] *Cornu Rhinoceri* (substituída pela *Cornu Bubali*) é o ingrediente principal que elimina o Calor do sangue. *Radix Rehmanniae* é o adjuvante, que reduz o Calor do sangue e nutre o Yin. *Cortex Moutan* e *Radix Paeoniae Rubra agem* como ingredientes auxiliares que auxiliam a interromper a hemorragia e impedir a estagnação do sangue extravasado.

[Aplicações clínicas] febre hemorrágica epidêmica, púrpura trombocitopênica e algumas outras patologias hemorrágicas causadas por Calor no sangue.

Huang Lian Jie Du Tang (Decocção desintoxicante da *Rhizoma Coptidis*): *Rhizoma Coptidis* 9 g; *Radix Scutellariae* 6 g; *Cortex Phellodendri* 6 g; *Fructus Gardeniae* 9 g; preparada como decocção.

[Efeitos] purga o Fogo e neutraliza as toxinas.

[Indicações] Síndromes de Calor tóxico excessivo em todo o Triplo Aquecedor manifestado por febre alta, sede, delírio, língua vermelha com saburra amarela e pulso rápido e vigoroso.

[Análise] na fórmula, *Rhizoma Coptidis* elimina o Calor do coração e o Fogo no Aquecedor Médio, *Radix Scutellariae* purifica o Aquecedor Superior, *Cortex Phellodendri* purifica o Aquecedor Inferior e *Fructus gardeniae* purifica o Triplo Aquecedor. Todos os quatro ingredientes eliminam Calor e toxinas.

[Farmacologia moderna] (1) Ações antibacterianas e antitóxicas: *in vitro*, a decocção inibe uma variedade de bactérias incluindo *Staphylococcus aureus* e *Shigella dysenteriae*. Os ingredientes são sinérgicos na ação bacteriostática e a fórmula é muito mais efetiva do que a *Rhizoma Coptidis* isolada. A decocção também tem um efeito proeminente contra as toxinas bacterianas, tais como a hemolisina e a coagulase do *Staphilococcus aureus* e as endotoxinas. (2) Ações sedativa e antipirética: a decocção tem um efeito sedativo suave e um efeito antipirético potente, lento, mas persistente. (3) Efeitos antiinflamatórios: a decocção suprime notavelmente a inflamação e aumenta a atividade das células reticuloendoteliais. (4) Ação hipotensora: a decocção reduz a pressão sanguínea na hipertensão experimental principalmente por meio do estímulo do receptor Beta-adrenérgico. (5) Efeito sobre a circulação do cérebro: a decocção, ingerida oralmente de duas a quatro semanas, pode aumentar consideravelmente o fluxo de sangue no cérebro na isquemia cerebral experimental. Também melhora a inteligência na demência pré-senil e na demência isquêmica, e a memória prejudicada pela escopolamina.

[Aplicações clínicas] faringite e amigdalite; infecção do trato biliar, disenteria bacilar e pustuloderma; septicemia e bacteremia; seqüela pós-perda de consciência; hipertensão; demência senil.

Dao Chi San (Pó removedor da vermelhidão): *Radix Rehmannia, Radix Glycyrrhizae, Caulis Clematidis* e *Herba Lophatheri*, misturadas em quantidade igual e transformadas em pó, 9 g, duas vezes ao dia.

Esta fórmula também é feita em pílulas conhecidas como *Dan Chi Wan* (Pílula removedora da vermelhidão).

[Efeitos] elimina o Fogo do coração e induz a diurese.

[Indicações] calor ou Fogo no meridiano do coração, manifestado por ulceração da boca ou língua com sede e desejo por líquidos frios, rubor facial e sensação de calor no tórax; ou tratamento da transmissão descendente do Fogo do coração com dificuldade e dor na micção ou mesmo hematúria.

[Análise] *Radix Rehmanniae* elimina o Fogo do coração e reduz o Calor do sangue, tonifica o Yin dos rins, ou seja, a Água que controla a hiperatividade do Fogo. *Caulis Clematidis*, amarga e de natureza fria, também elimina o Fogo do coração. Ambas são os ingredientes principais da fórmula. *Herba Lophatheri* é adjuvante que remove o Calor da urina. *Radix Glycyrrhizae* reduz o Calor, remove a toxicidade e modera as ações de outros ingredientes.

[Aplicações clínicas] estomatite e infecção do trato urinário agudo com Síndrome de Fogo no coração.

Qing Wei San (Pó para eliminar o Fogo do estômago): *Rhizoma Coptidis* 4,5 g; *Radix Angelicae Sinensis* 6 g; *Radix Rehmanniae* 12 g; *Cortex Moutan* 9 g, e *Rhizoma Cimicifugae* 3 g; preparada como decocção.

[Efeitos] acúmulo de Calor no estômago com ataque ascendente do Fogo manifestado por dor de dente, hemorragia e gengivas edemaciadas, hálito pútrido, língua vermelha com saburra amarela e pulso escorregadio e rápido.

[Análise] *Rhizoma Coptidis* é o ingrediente principal para eliminar o Fogo do estômago. *Rhizoma Cimicifugae* também é antitérmico e desintoxicante, servindo com adjuvante. O Calor penetra no sangue normalmente quando está acumulado no estômago. Esta é a razão pelo qual o uso da *Rehmannia* e do *Cortex Moutan* é necessário para reduzir o Calor no sangue. Nesta fórmula, os últimos dois são auxiliares.

[Aplicações clínicas] estomatite e periodontite com manifestações acima mencionadas.

Long Dan Xie Gan Tang (Decocção da genciana para purgar o fígado): *Radix Gentianae* 9 g; *Radix Bupleuri* 6 g; *Rhizoma Alismatis* 12 g; *Semen Plantaginis* 9 g; *Caulis Clematidis* 9 g; *Radix Rehmanniae* 9 g; *Radix Angelicae Sinensis* 3 g; *Fructus Gardeniae* 9 g; *Radix Scutellariae* 9 g; e *Radix Glycyrrhizae* 6 g; preparada como decocção.

A preparação pronta para o uso desta fórmula é *Long Dan Xie Gan Wan* (Pílula da genciana para purgar o fígado).

[Efeitos] elimina o Fogo excessivo do fígado e da vesícula biliar, e Umidade-Calor no Aquecedor Inferior.

[Indicações] excesso de Fogo no fígado e na vesícula biliar, manifestado por tontura, dor intercostal e no hipocôndrio, sabor amargo na boca, agitação, olhos edemaciados e doloridos e audição prejudicada; Umidade-Calor no fígado fluindo para o Aquecedor Inferior, manifestado por urina turva, edema pudendo, prurido vulvar e leucorréia fétida.

[Análise] o ingrediente principal da fórmula é a *Radix Gentianae*, que é boa especificamente para purgar o Fogo do fígado e da vesícula biliar. *Radix Scutellariae* atua sobre o Aquecedor superior e *Fructus Gardeniae* sobre o Aquecedor Inferior, ambas sendo adjuvantes, e auxiliam a *Radix Gentianae* a eliminar o Fogo em Excesso dos meridianos do fígado e da vesícula biliar. *Semen Plantaginis, Caulis Clematidis* e *Rhizoma Alismatis* também são adjuvantes. Eles são diuréticos que expelem os patógenos do corpo por meio da urina. *Radix Rehmanniae* e *Radix Angelicae Sinensis* são auxiliares que nutrem o fígado para impedir qualquer lesão deste último tanto por Fogo patogênico quanto por ervas purgativas do Fogo. *Radix Bupleuri* direciona outros ingredientes para agir no fígado e *Radix Glycyrrhizae* modera suas ações.

[Aplicações clínicas] conjuntivite, otite média, hipertensão, hepatite ictérica, colecistite, infecção do trato urinário, inflamação pélvica e orquite, todos em estágio agudo.

Yin Chen Hao Tang (Decocção da artemísia oriental): *Herba Artemisae Scopariae* 30 g; *Fructus gardeniae* 12 g; *Radix et Rhizoma Rhei* 6 g; preparada como decocção.

[Efeitos] elimina a Umidade-Calor e alivia a icterícia.

[Indicações] icterícia decorrente da Umidade-Calor manifestada por coloração amarela clara da pele e da esclera acompanhada por urina de cor escura, constipação, sede, distensão abdominal e língua com saburra amarela e oleosa e pulso repleto profundo ou escorregadio.

[Análise] *Herba Artemisiae Scopariae* é o ingrediente principal que elimina a Umidade-Calor e promove a secreção e excreção da bile. *Fructus gardeniae* e *Radix et Rhizoma Rhei* são adjuvante que removem a Umidade-Calor por meio da diurese e catarse, respectivamente.

[Aplicações clínicas] hepatite ictérica aguda e colecistite com síndrome de Umidade-Calor como descrita acima.

Ge Gen Qin Lian Tang (Decocção da *Puerariae, Scutellariae* e *Coptidis*): *Radix Puerariae* 15 g; *Radix Scutellariae* 9 g; *Rhizoma Coptidis* 9 g; *Radix Glycyrrhizae* 3 g; preparada como decocção.

[Efeitos] elimina o Calor no interior e alivia a Síndrome Exterior.

[Indicações] o Calor penetra o interior enquanto a Síndrome Exterior não for aliviada, manifestada por calafrios, febre, diarréia com muco, sede, língua vermelha com saburra amarela e pulso rápido.

[Análise] Nesta fórmula, *Radix Puerariae* é uma erva para aliviar as Síndromes Exteriores, mas também reduz o Calor e contém a diarréia; *Radix Scutellariae* e *Rhizoma Coptidis* eliminam a Umidade-Calor. *Radix Glycyrrizae* regula o baço e o estômago e modera os efeitos dos medicamentos.

[Aplicações clínicas] gastroenterocolite aguda ou disenteria no estágio inicial.

Sha Shen Mai Dong Tang (Decocção da *Glehniae* e *Ophiopogon*): *Radix Glehniae* 9 g; *Rhizoma Polygonati Odorati* 9 g; *Radix Ophiopogonis* 9 g; *Radix Trichosanthis* 12 g; *Semen Lablab Album* 9 g; *Folium Mori* 6 g e *Radix Glycyrrhizae* 3 g, preparadas como decocção.

[Efeitos] alivia a secura dos pulmões e do estômago.

[Indicações] secura dos pulmões e do estômago, manifestada por secura da boca, sede, tosse seca e língua vermelha com saburra escassa.

[Análise] exceto pela *Folium Mori*, que dissipa a secura-Calor e *Semen Lablab* e *Radix Glycyrrhizae*, que tonificam o *Qi*, todos os outros ingredientes são tônicos de Yin para os pulmões e estômago.

[Aplicações clínicas] bronquite e outras patologias respiratórias com secura dos pulmões.

Qing Hao Bie Jia Tang (Decocção da *Ching Hao* e do casco de tartaruga): *Herba Artemisiae Ching Hao* 6 g; *Carapax Trionycis* 15 g; *Radix Rehmanniae, Rhizoma Anemarrhenae* 6 g; *Cortex Moutan* 9 g, em decocção.

[Efeitos] persistência do Calor patogênico no Yin, manifestado por febre baixa agravada à noite e aliviada de manhã, sem sudorese quando a temperatura cai; língua vermelha e pulso filiforme e rápido.

[Análise] *Herba Artemisiae Chinghao* e *Carapax Trionycis* são os principais ingredientes que dissipam o Calor vazio e nutrem o Yin, respectivamente. *Radix Rehmanniae* e *Rhizoma Anemarrhenae* nutrem o Yin e reduzem o Calor, e *Cortex Moutan* purga o Fogo do Yin. Elas são auxiliares.

[Aplicações clínicas] patologias febris agudas no estágio tardio quando a febre alta regride, ou febre baixa após cirurgia sem infecção.

FÓRMULAS PARA ELIMINAR O FRIO INTERNO

Li Zhong Wan (Pílula para regular o Aquecedor Médio): *Radix Ginseng, Rhizoma Zingiberis, Radix Glycyrrhizae* e *Rhizoma Atractylodis Macrocephalae*, 9 g cada, preparadas como decocção.[4]

[Efeitos] esquenta o Aquecedor Médio, dissipa o Frio e revigora o baço e o estômago.

[Indicações] deficiência de Frio no baço e estômago com diarréia, vômito, dor abdominal e anorexia.

[Análise] nota-se que, embora a *Radix Ginseng* seja usada em primeiro lugar na fórmula, a maioria dos autores concorda que o *Rhizoma Zingiberis* é o principal ingrediente que aquece o Aquecedor Médio e dissipa o Frio patogênico, ao passo que a *Radix Ginseng* é um adjuvante que tonifica o *Qi* do baço e a *Rhizoma Atractylodis Macrocephalae* é um auxiliar que revigora o baço e remove a Umidade. *Radix Glycyrrhizae* modera as ações dos outros ingredientes e, ao mesmo tempo, tonifica o baço e o estômago.

[Aplicações clínicas] colite crônica e espasmos gastrintestinais com Síndrome de Deficiência do tipo Frio do baço e do estômago.

---

4. Algumas fórmulas originais para fazer pílulas ou pó são, também, utilizadas, com freqüência, na forma de decocção para aumentar a eficácia ou se adequar às necessidades do tratamento pela modificação de certos ingredientes. Nestes casos, as fórmulas ainda mantêm a nomenclatura pílula ou pó.

Fu Zi Li Zhong Wan (Pílula de acônito para regular o Aquecedor Médio): *Li Zhong Wan* (Pílula para regular o Aquecedor Médio) + *Radix Aconiti Lateralis Preparata*.

A pílula do Acônito é mais potente em dissipar o Frio, sendo não só indicada no tratamento da gastrite crônica, colite crônica, úlcera péptica e hemorragia menstrual excessiva com Síndrome de Deficiência de Frio do baço e do estômago, mas também é efetiva para gastroenterocolite aguda decorrente de ataque direto do Frio Exógeno.

Xiao Jian Zhong Tang (Decocção suave para fortalecimento do Aquecedor Médio): *Extractum Malti* 24 g; *Radix Paeoniae Alba* 12 g; *Ramulus Cinnamomi* 9 g; *Radix Glycyrrhizae* 9 g; *Rhizoma Zingiberis Recens* 9 g; e *Fructus Jujubae* 12 pedaços, preparadas como decocção.

[Efeitos] aquece o baço e o estômago e alivia a dor.

[Indicações] deficiência de Frio do baço e do estômago manifestada por dor epigástrica aliviada pelo aquecimento e pela pressão, compleição pálida e língua com saburra branca.

[Análise] nesta fórmula, a deficiência de Yang é tratada tanto direta como indiretamente. *Ramulus Cinnamomi* aquece diretamente o baço e o estômago. Além disso, outro método para "tonificar o Yang pelo uso de medicamentos de sabor doce e picante" é aplicado. *Extractum Malti* e *Fructus Ziziphi Jujubae* são doces e *Rhizoma Zingiberis Recens* é picante. O uso combinado destas substâncias promove a geração de Yang no baço e estômago. A análise cuidadosa da fórmula revela que ela é, de fato, um derivado da decocção do pau de canela com uma mudança pequena de dosagem, mas a adição do *Extractum Malti* aumenta o efeito aquecedor do *Ramulus Cinnamomi*, tornando a fórmula capaz de dissipar o Frio do interior. *Radix Paeoniae Alba* é aumentada, porque tem uma ação antiespasmódica com o objetivo de aliviar a dor abdominal quando usada em combinação com *Radix Glycyrrhizae*.

[Aplicações clínicas] úlcera péptica, gastrite crônica e alterações funcionais no estômago com Síndrome de Deficiência de Frio.

Huang Qi Jian Zhong Tang (Decocção da Astragalus para fortalecimento do Aquecedor Médio): *Xiao Jian Zhong Tang* (Decocção suave para fortalecimento do Aquecedor Médio) + *Radix Astragali*.

Com a adição da *Radix Astragali*, a fórmula tem um maior efeito de tonificação que a *Xiao Jian Zhong Tang*, sendo usada no tratamento da deficiência do Frio do baço e do estômago se o estado de deficiência for proeminente.

Shen Fu Tang (Decocção de ginseng e acônito): *Radix Ginseng* 12 g; e *Radix Aconiti Lateralis Preparata* 9 g.

[Efeitos] restaura as funções vitais após colapso ou choque.

[Indicações] exaustão do *Qi* original com colapso ou choque manifestado por membros frios, sudorese fria, respiração escassa e pulso quase imperceptível.

[Análise] na fórmula, a *Radix Ginseng* é usada para tonificar o *Qi* original na restauração da consciência, então a *Radix Ginseng* de boa qualidade é preferível e não pode ser substituída por *Radix Codonopsis Pilosulae* nem por *Radix Panacis Quinquefolii*. *Radix Aconiti lateralis Preparata* aquece e tonifica o Yang *Qi*, auxilia a *Radix Ginseng* a restaurar as funções vitais.

[Farmacologia moderna] (1) Efeito antichoque: no tratamento do choque hemorrágico, a decocção eleva a pressão sanguínea vagarosamente, mas de maneira persistente, e reduz o nível de acido lático do sangue e atividade da catepsina plasmática. (2) Ação cardiotônica: a decocção mostra uma ação inotrópica positiva. Ela inibe a ATPase na membrana da célula do miocárdio, sendo mais potente do que os ingredientes isoladamente. (3) Ação antiarrítmica: a decocção neutraliza as várias arritmias induzidas por pitressina, clorofórmio ou aconitina. (4) Ação de dilatação da artéria coronária. A decocção dilata a artéria coronária e protege o coração da isquemia induzida pela pitressina.

[Aplicações clínicas] choque, falência cardíaca e arritmias.

FÓRMULAS PARA ELIMINAR A UMIDADE

A Umidade no corpo pode ser tanto endógena quanto exógena. De acordo com a severidade e o local da patologia, a Umidade pode ser eliminada pelo uso dos drenadores de Umidade aromáticos, diuréticos e diuréticos antitérmicos.

As patologias da Umidade podem ser encontradas nas doenças epidêmicas, diarréia, disenteria, edema, leucorréia etc. As manifestações comuns são sensação de peso no corpo, cefaléia, como se a cabeça fosse amarrada com força, lassidão, edema ou febre prolongada, acompanhada por língua com saburra oleosa e pulso macio ou escorregadio.

A retenção da Umidade no Aquecedor Médio é marcada, normalmente, por anorexia, náusea, vômito, diarréia e língua com saburra oleosa e pegajosa. A retenção da Umidade no Aquecedor Inferior é freqüentemente manifestada por oliguria, diarréia e leucorréia. Edema ou ascite indicam retenção severa da Umidade.

Os pontos-chave na composição das fórmulas que expelem a Umidade são os seguintes:

(1) Medicamentos devem ser selecionados de acordo com a severidade da Umidade patogênica. Por exemplo, as patologias suaves de Umidade ou retenção da Umidade de verão, medicamentos aromáticos que drenam a Umidade tais como *Herba Pogostemonis*, *Herba Eupatorii* e *Fructus Amomi* são preferidas; para as patologias severas de Umidade ou distúrbios do baço pelo Frio-Umidade, medicamentos eliminadores da Umidade de sabor amargo e de natureza morna são freqüentemente usados. No caso da patologia severa de Umidade com formação de edema, diuréticos como, *Poria, Polyporus, Rhizoma Alismatis, Semen Plantaginis, Semen Coicis* e *Talcum* são prescritos. Mesmo sem edema, a patologia severa da Umidade pode ser tratada com diuréticos.

(2) Umidade retida persistente pode se transformar em Calor. Em alguns casos, a patologia decorre da Umidade-Calor desde o início. Em ambas as condições, medicamentos que eliminam a Umidade-Calor devem ser adicionados. Se a Umidade-Calor estiver retida na bexiga, *Herba Dianthi, Herba Polygoni Avicularis, Caulis Aristolochiae manshuriensis* e outros diuréticos antitérmicos são adequados; se estiver no intestino grosso, antitérmicos que eliminem a Umidade tais como *Radix Pulsatillae, Cortex Fraxini, Radix Scutellariae*, e *Rizhoma Coptidis* são indicados.

(3) A Umidade e a Água são a mesma coisa. Ambas retêm a Umidade e o acúmulo de água é atribuído às desarmonias funcionais dos pulmões, baço e rins. A maior parte da diferenciação da síndrome é para determinar qual órgão *Zang* será primeiramente prejudicado. Se o impedimento dos pulmões tem um papel principal, é necessário remover os fatores patogênicos dos pulmões para dissipar a Umidade. Se a retenção da Umidade e da Água for devido à função alterada do baço, a revigoramento deste órgão irá remover a Umidade e a Água. Quando a deficiência de Yang dos rins causar acúmulo de Umidade-Água, o tratamento principal consistirá em aquecer o Yang do rim, drenar a Umidade e induzir a diurese.

(4) A Umidade é capaz de impedir o fluxo do *Qi*, resultando em distensão e sensação de plenitude. O fluxo prejudicado do *Qi* dificulta o movimento da Água e da Umidade. Portanto, a adição de ingredientes para melhorar o fluxo do *Qi* e aliviar a distensão será benéfica para remover a Umidade. Os medicamentos normalmente usados são *Pericarpium Citri Reticulatae, Fructus Aurantii, Cortex Magnoliae Officinalis, Radix Aucklandiae, Pericarpium Arecae* e *Semen Arecae*.

Ping Wei San (Pó para pacificar o estômago): *Rhizoma Atractylodis, Cortex Magnoliae Officinalis, Pericarpium Citri Reticulatae* e *Radix Glycyrrizae* misturadas em uma razão de 3:2:2:1 em peso e transformadas em pó, 6-9 g cada uma. Ou feita uma decocção com *Rhizoma Atractylodis* 9 g, *Cortex Magnoliae Officinalis* 6 g, *Pericarpium Citri Reticulatae* 6 g, *Radix Glycyrrhizae* 3 g, *Rhizoma Zingiberis Recens* 3 fatias e *Fructus Ziziphi Jujubae* 3 pedaços.

[Efeitos] drena a Umidade e revigora o baço.

[Indicações] desarmonia do baço e do estômago pela Umidade, manifestado por anorexia, distensão epigástrica e distensão abdominal, náusea, vômito, ausência de degustação, lassidão, aumento da freqüência intestinal e língua com saburra branca, espessa e oleosa.

[Análise] o ingrediente principal da fórmula é a *Rhizoma Atractylodis*, que elimina a Umidade e revigora o baço. *Cortex Magnoliae Officinalis* remove a Umidade e alivia a distensão; *Pericarpium Citri Reticulatae* regula o fluxo do *Qi* e drena a Umidade; *Radix Glycyrrhizae, Rhizoma Zingiberis Recens* e *Fructus Ziziphi Jujubae* harmonizam o baço e o estômago, sendo todas adjuvantes e auxiliares.

[Aplicações clínicas] gastrite crônica e colite crônica com manifestações acima mencionadas.

Huo Xiang Zheng Qi San (Pó de patchouli para restaurar o *Qi* normal): *Herba Pogostemonis* 9 g; *Folium Perillae* 6 g; *Radix Angelicae Dahuricae* 3 g; *Pericarpium Arecae* 9 g; *Poria* 9 g; *Rhizoma Atractylodis* ou *Rhizoma Atractylodis Macrocephalae* 6 g, *Rhizoma Pinelliae* 9 g; *Cortex Magnoliae Officinalis* 6 g; *Radix Platycodi* 4,5 g e *Radix Glycyrrhizae* 4,5 g; preparada como decocção e ministrada em uma dose diária, ou misturada e transformada em pó, 6-9 g cada dose.

As preparações prontas para o uso incluem *Huo Xiang Zheng Qi Shui* (Líquido de patchouli para restaurar o *Qi* normal), e *Huo Xiang Zheng Qi Pian* (comprimidos de patchouli para restaurar o *Qi* normal).

[Efeitos] alivia as Síndromes de Umidade exterior, harmoniza o baço e o estômago e drena a Umidade turva no interior.

[Indicações] patologia da Umidade do verão ou Síndrome Exterior causada por retenção da Umidade no interior, manifestada por calafrios, febre, cefaléia, plenitude ou distensão do tórax e do abdome, anorexia, náusea, vômito, dor abdominal, diarréia, ausência de sabor na boca, língua com saburra oleosa e pulso macio.

[Análise] esta fórmula é derivada de *Ping Wei San* (Pó pacificador do estômago) ou *Er Chen Tang* (decocção da *Rhizoma Pinellilae* e da casca da tangerina) para drenar a Umidade em combinação com medicamentos para aliviar a Síndrome Exterior. *Herba Pogostemonis,* uma substância aromática, é o ingrediente principal para drenar a Umidade turva ou Umidade de verão e tratar a Síndrome Exterior. *Folium Perillae* dissipa o Vento-Frio, é um adjuvante. *Radix Angelicae dahuricae* dissipa o Vento e a *Radix Platicodi* ventila o pulmão, sendo que ambas aumentam a ação da *Herba Pogostemonis. Cortex Magnoliae Officinalis e Pericarpium areca* eliminam a Umidade e aliviam a distensão; *Massa Fermentata Medicinalis* e *Pericarpium Citri Reticulatae* pacificam o estômago para reter o vômito; *Rhizoma Atractylodis, Poria* e *Radix Glycyrrhizae* drenam a Umidade e drenam o baço, além de aumentar a ação do patchouli para drenar a Umidade turva.

[Farmacologia moderna] (1) Efeitos sobre o trato gastrintestinal: a fórmula alivia os espasmos intestinais induzidos por agentes colinomiméticos. O efeito espasmolítico é similar ao da atropina, mas a ação da fórmula sobre a motilidade intestinal é bidirecional: inibe o intestino hipercinético e excita o intestino hipocinético. Isto pode explicar o efeito da fórmula sobre a regulação da função gastrintestinal. Além disso, a fórmula aumenta, visivelmente, a absorção da glicose e da água durante a diarréia. (2) Ação analgésica: a fórmula mostra um efeito analgésico em laboratório. (3) Efeitos sobre bactérias e função imunológica. A fórmula exibe um espectro amplo de ações bacteriostáticas. Também aumenta a imunidade celular.

[Aplicações clínicas] gripe com sintomas gastrintestinais e gastroenterocolites.

Wu Ling San (Pó dos cinco medicamentos com *Poria*): *Poria* 9 g; *Polyporus* 9 g; *Rhizoma Atractylodis Macrocephalae* 9 g; *Rhizoma Alismatis* 6 g; *Ramulus Cinnamomi* 3 g; preparada como decocção.

[Efeitos] facilita a micção e induz a diurese.

[Indicações] oliguria e polidipsia com vômitos logo após ingerir líquidos em uma Síndrome Exterior após sudorese excessiva; retenção de Água-Umidade com oliguria, edema, distensão do abdome inferior ou diarréia.

[Análise] *Polyporus, Poria, Rhizoma Alismatis* são todos ingredientes principais para induzir a diurese. *Rhizoma Atractylodis Macrocephalae* revigora o baço para remover a Água-Umidade, sendo um adjuvante. *Ramulus Cinnamomi* auxilia a micção da bexiga, e serve como um auxiliar.

[Farmacologia moderna] (1) A decocção mostra uma ação diurética, tanto na clínica como em laboratório. Aumenta não somente a emissão de urina, mas também a excreção urinária de Na+, K+ e Cl, por meio da inibição da reabsorção nos túbulos renais. (2) Efeito sobre o metabolismo dos eletrólitos: a fórmula foi originalmente designada para o tratamento da oliguria e da polidipsia após a sudorese excessiva (provavelmente desidratação com distribuição desorganizada da água e dos eletrólitos). Pesquisas modernas revelam que a decocção tem como ação regular o metabolismo dos eletrólitos quando há grande perda de água. Ela age sobre o receptor osmótico e reduz a secreção do hormônio antidiurético.

[Aplicações clínicas] edema como conseqüência de nefrite, pós-parto ou retenção pós-cirúrgica da urina, gastroenterocolite aguda com diarréia e vômito.

Ba Zheng San (Pó da correção total): *Semen Plantaginis* 12 g; *Caulis Aristolochiae Manshuriensis* 6 g; *Herba Dianthi* 15; *Herba Polygoni avicularis* 15 g; *Pulvis Talci* 12 g; *Radix Glycyrrhizae* 3 g; *Fructus Gardeniae* 6 g; *Radix et Rhizoma Rhei Preparata* 6 g; e *Medulla Junci* 3 g; preparada como decocção.

[Efeitos] elimina o Calor, purga o Fogo, induz a diurese e alivia a disúria.

[Indicações] Umidade-Calor na bexiga manifestada por urgência, disúria, urina turva e avermelhada, língua vermelha com saburra amarela e pulso rápido.

[Análise] nesta fórmula, *Aristolochiae manshuriensis, Semen Plantaginis, Talci* e *Medulla Junci* induzem a diurese e, ao mesmo tempo, extinguem o Fogo; *Herba Dianthi* e *Herba Polygoni Avicularis* eliminam o Calor e aliviam a disúria. Elas são complementadas por *Rhizoma Rhei Preparata* e *Fructus Gardeniae* que purgam o Fogo; e a *Radix Glycyrrhizae*, que diminui os efeitos colaterais dos medicamentos amargos e de natureza fria sobre o estômago, além de aliviar a dor durante a micção.

[Aplicações clínicas] infecção aguda do trato urinário com síndrome de Umidade-Calor.

FÓRMULAS PARA DISSIPAR O VENTO-UMIDADE (FÓRMULAS ANTI-REUMÁTICAS)

Du Huo Ji Sheng Tang (Decocção da *Radix Angelicae Pubescentis* e *Ramulus Loranthi*): *Radix Angelicae pubescentis* 6 g; *Ramulus Loranthi* 15 g; *Radix Achyranthis bidentatae* 9 g; *Cortex Eucommiae* 9 g; *Herba Asari* 1,5 g; *Radix Gentianae Macrophyllae* 6 g; *Radix Saposhnikoviae* 6 g; *Ramulus Cinnamomi* 3 g; *Radix Angelicae Sinensis* 9 g; *Radix Paeoniae Alba* 9 g; *Radix Rehmanniae Preparata* 9 g; *Rhizoma Chuan Xiong* 6 g, *Poria* 9 g; *Radix Codonopsis pilosulae* 9 g e *Radix Glycyrrhizae* 3 g, preparadas como decocção.

A preparação pronta para o uso desta fórmula é denominada *Du Huo Ji Shen Wan* (*Pílula de Radix Angelicae pubescentis* e *Ramulus Loranthi*).

[Efeitos] dissipa o Vento, o Frio e a Umidade e tonifica o fígado, os rins, o *Qi* e o sangue.

[Indicações] patologias crônicas do tipo Vento-Frio-Umidade associadas a condições de deficiência do fígado e do rim, apresentando sintomas de artralgia, contratura muscular e lombalgia.

[Análise] nesta fórmula, *Radix Angelicae pubescentis, Radix Gentianae macrophyllae, Radix Saposhnikoviae, Herba Asari* e *Ramulus Cinnamomi* dissipam o Vento-Umidade e aquecem os meridianos para aliviar a dor; *Codonopsis Pilosulae, Poria, Radix Glycyrrhizae, Radix Angelicae Sinensis, Rhizoma Chuan Xiong, Radix Rehmannia*

Preparata e Radix Paeoniae Alba tonificam o *Qi* e o sangue e ativam a circulação sanguínea; *Ramulus Loranthi, Radix Achyrathis Bidentatae e Cortex Eucommiae* tonificam o fígado e os rins, e fortalecem os tendões e os ossos. Portanto, esta fórmula remove o *Qi* patogênico e, ao mesmo tempo, sustenta o *Qi* normal.

[Aplicações clínicas] artrite reumatóide, ciatalgia e lombalgia aguda, acompanhada por síndromes do fígado, rins, deficiência de sangue e *Qi.*

FÓRMULAS PARA A PURGAÇÃO

Purgação não é somente para o tratamento da constipação. Na Medicina Chinesa, esta é uma terapia importante para eliminar vários agentes patogênicos, tais como Calor retido, Frio estagnado e fluido acumulado, por meio da abertura do intestino. É particularmente útil quando os agentes patogênicos estão retidos nos órgãos *Zang Fu*, devendo-se enfatizar que os órgãos *Fu* funcionam bem somente quando estão desobstruídos. Como a purgação excessiva pode causar prejuízo ao *Qi* normal do corpo humano, as fórmulas purgativas drásticas são contra-indicadas em pacientes com Síndrome Exterior, idosos, mulheres grávidas ou durante o período menstrual, e aqueles com alteração dos fluidos decorrente do parto ou de patologias. Mesmo em um paciente indicado para uma purgação drástica, deve-se interromper o tratamento logo que os agentes patogênicos sejam removidos.

Da Cheng Qi Tang (Decocção dos purgativos drásticos): *Radix et Rhizoma Rhei* 9 g; *Natrii Sulfas* 15 g; *Fructus Aurantii Immaturus* 9 g; *Cortex Magnoliae Officinalis* 9 g. Adicionar *Radix et Rhizoma Rhei* quando a decocção da *Fructus Surantii Immaturus* e *Cortex Magnoliae Officinalis* estiver quase pronta. Neste momento, despeje o líquido sobre o *Natrii Sulfas* (sulfato de sódio).

[Efeitos] purga drasticamente o Calor retido.

[Indicações] calor retido no estômago e no intestino grosso, apresentando sintomas de ondas de Calor vespertinas, dor abdominal com pontos dolorosos, constipação, língua espinhosa com saburra marrom, pulso profundo e escorregadio e, até mesmo, delírio.

[Análise] na fórmula, *Radix Rhei* é o ingrediente principal que elimina o Calor excessivo por meio da purgação. *Natrii Sulfas* é um adjuvante que auxilia a purgação por meio do amolecimento das fezes. *Fructus Immaturus* e *Cortex Magnoliae Officinalis* são auxiliares que dissipam o acúmulo e aliviam a distensão.

[Farmacologia moderna] (1) Ação purgativa: a decocção causa purgação pelo aumento da motilidade intestinal e do volume do conteúdo intestinal. *Radix et Rhizoma Rhei* estimula o intestino grosso e aumenta o peristaltismo; *Natrii Sulfas* mantém a água no intestino em quantidade suficiente para manter a concentração isotônica; *Fructus Immaturus* e *Cortex Magnoliae Officinalis* também excitam o músculo liso do intestino. O efeito purgativo da decocção decorre da ação direta sobre o intestino, pois o efeito não pode ser bloqueado pela atropina. (2) Ações antibacteriana e antiinflamatória: a decocção tem efeitos bacteriostáticos ou até bactericidas sobre o

Staphilococcus aureus, sendo ambos *in vitro* e *in vivo*. Nas inflamações experimentais, a decocção suprime a permeabilidade capilar, reduz a atividade da hialuronidase, reduz a exsudação inflamatória e impede a dispersão da inflamação. (3) Efeito sobre o íleo paralítico experimental; Clinicamente, a decocção tem um bom efeito no tratamento do íleo paralítico, da intussuscepção e do vólvulo. Experimentalmente, a injeção da decocção para dentro da cavidade intestinal induz a redução total da intussuscepção retrógrada e do vólvulo artificial, e promove a passagem do conteúdo intestinal pelo intestino parcialmente obstruído. Na obstrução intestinal experimental, uma grande quantidade de polipeptídeo vasoativo intestinal (VIP) é liberada, é um fator importante na indução da congestão intestinal, edema e exsudação. Porém, após a infusão da decocção para dentro do intestino, o nível de VIP no plasma é muito reduzido e as mudanças patológicas do intestino são mitigadas visivelmente. (4) Efeito sobre a síndrome do estresse respiratório: a síndrome do estresse respiratório induzido por ácido oléico manifestada por tosse, asma, dispnéia e distensão abdominal pode ser tida como um modelo de "Calor excessivo no pulmão e no intestino grosso". A decocção pode elevar a pressão parcial do oxigênio na artéria sanguínea e reduzir a lesão pulmonar.

[Aplicações clínicas] uma variedade de receitas médicas derivou desta fórmula para o tratamento da pancreatite aguda, íleo paralítico e pneumonia aguda com constipação.

Xie Xin Tang (Decocção para purgação do Fogo do coração): *Radix et Rhizoma Rhei* 6 g; *Rhizoma Coptidis* 6 g; *Radix Scutellariae* 9 g; preparada como decocção.

Esta é a combinação básica para formar uma variedade de fórmulas extintoras de Fogo e desintoxicantes no tratamento da síndrome do Excesso de Fogo e Umidade-Calor com preponderância do Calor.

Wen Pi Tang (Decocção aquecedora do baço): *Radix et Rhizoma Rhei* 6 g; *Radix Aconiti Lateralis Preparata* 9 g; *Rhizoma Zingiberis* 6 g; *Radix Codonopsis Pilosulae* 9 g; e *Radix Glycyrrhizae Preparata* 3 g.

[Efeitos] aquece o baço e elimina o Frio retido.

[Indicações] constipação decorrente do Frio retido ou disenteria crônica acompanhada por dor abdominal, membros frios, língua com saburra branca e escorregadia e pulso profundo e em corda.

[Análise] nesta fórmula, *Rhizoma Zingiberis* e *Radix Aconiti Lateralis Preparata* são medicamentos aquecedores pra dissipar o Frio; *Radix Codonopsis* e *Radix Glycyrrhizae* tonificam o baço e o *Qi*, e *Radix et Rhizoma Rhei* é adicionada para a purgação. Assim, os ingredientes principais são de natureza quente, para revigorar a função do baço. Porém, somente o aquecimento do baço pode não ser suficiente para remover o Frio retido, e a purgação isoladamente pode prejudicar o baço. Então, esta fórmula combina eliminação e tonificação, sendo preponderante a tonificação.

[Aplicações clínicas] disenteria crônica e obstrução intestinal com Síndrome de Deficiência de Frio do baço.

Ma Ren Wan (Pílula laxativa com semente de *Cannabis*): *Semen Cannabis, Radix et Rhizoma Rhei, Fructus Aurantii Immaturus, Cortex Magnoliae Officinalis, Semen Armeniacae Amarum e Radix Paeoniae Alba,* misturadas em uma razão de 4:2:2:1:1:1 de peso; adicionar mel em quantidade igual e fazer pílulas, 6-12 g duas vezes por dia. A fórmula pode também ser usada para fazer decocção com o uso adequado de cada ingrediente. A pílula é um laxativo suave no tratamento da constipação.

FÓRMULAS PARA A MEDIAÇÃO

Fórmulas para Mediação entre o Exterior e o Interior

Xiao Chai Hu Tang (Decocção menor da *Bupleurum*): *Radix Bupleuri* 9 g, *Radix Scuttelariae* 9 g; *Rhizoma Pinelliae Preparata* 6 g; *Rhizoma Zingiberis Recens* 3 fatias; *Fructus Ziziphi Jujubae* 3 pedaços; *Radix Glycyrrhizae* 3 g; *Radix Codonopsis pilosulae* 6 g.

[Efeitos] mediação entre o exterior e o interior.

[Indicações] síndrome meio Exterior e meio Interior marcada por calafrio e febre alternados, plenitude torácica, anorexia, náusea, vômito, sabor amargo na boca, secura na garganta, tontura, saburra branca e fina e pulso em corda e rápido.

[Análise] a diaforese é um bom dispersor do patógeno na porção exterior do corpo, e a purgação para a eliminação do patógeno no interior, mas nenhum deles é apropriado se o patógeno estiver entre o exterior e o interior. *Radix Bupleuri* dispersa o patógeno do meio exterior e *Radix Scutellariae* elimina o Calor patogênico do meio interior. Então, o uso combinado destes dois medicamentos alivia a síndrome do meio Exterior e meio Interior. *Rhizoma Pinelliae Preparata* e *Rhizoma Zinziberis Recens* retêm a náusea e o vômito. *Radix Codonopsis Pilosulae, Fructus Ziziphi* e *Radix Glycyrrhizae* são usadas para fortalecer o *Qi* normal.

[Aplicações clínicas] pleurite, pielonefrite, colicistite, hepatite infecciosa e resfriados durante a menstruação com manifestações acima mencionadas.

Da Chai Hu Tang (Decocção maior da *Radix Bupleuri*): *Radix Bupleuri* 9 g; *Radix Scutellariae* 9 g; *Radix Peoniae Alba* 9 g; *Rhizoma Pinelliae Preparata* 9 g; *Radix et Rhizoma Rhei* 6 g; *Fructus Aurantii Immaturus* 9 g; *Frucutus Ziziphi Jujubae* 3 pedaços e *Rhizoma Zingiberis Recens* 3 fatias; preparada como decocção.

[Efeitos] mediação entre o Exterior e o Interior e purgação do Calor retido no interior.

[Indicações] síndrome meio Interior meio Exterior com Calor interno, marcado por calafrio e febre alternados, náusea, vômito, dor abdominal com distensão, constipação, sabor amargo na boca, saburra amarela e pulso em corda, tenso e vigoroso.

[Análise] esta fórmula é derivada da *Xiao Chai Hu Tang* (Decocção menor da Bupleuri), sendo subtraídas *Radix Codonopsis pilosulae* e *Radix Glycyrrhizae*, e adicionada *Fructus Aurantii Immaturus* e *White peoy root.* Então, esta é uma fórmula de mediação juntamente com purgação.

[Aplicações clínicas] colecistite aguda pancreatite aguda com as manifestações acima mencionadas.

Fórmulas para Mediação entre o Fígado e o Baço/Estômago

Xiao Yao San (Pó facilitador): *Radix Bupleuri* 6 g; *Radix Angelicae Sinensis* 9 g; *Radix Paeoniae Alba* 9 g; *Rhizoma Atractilodis Macrocephalae* 9 g; *Poria* 9 g; *Radix Glycyrrhizae* 4,5 g, para fazer decocção ou misturar em uma razão de 2:2:2:2:2:1 de peso, respectivamente, transformada em pó, 6-9 g duas vezes por dia. Também pode ser feita em pílulas, denominada *Xiao Yao Wan* (Pílula facilitadora).

[Efeitos] alivia a depressão do *Qi* do fígado, revigora o baço e nutre o sangue.

[Indicações] *Qi* deprimido do fígado com disfunção do baço e deficiência de sangue, manifestados por dor no hipocôndrio, cefaléia, tontura, lassidão e anorexia ou alterações menstruais, distensão nas mamas e pulso em corda e filiforme.

[Análise] É uma fórmula baseada em *Si Ni San* (Pó para alívio da estagnação com membros frios) com a substituição da *Fructus Immaturus* por *Radix Angelicae Sinensis* para nutrir o sangue e *Rhizoma atractylodes Macrocephalae* e *Poria* para revigorar o baço.

[Aplicações clínicas] menstruação irregular, dismenorréia e patologia crônica do fígado e patologia da vesícula biliar com as manifestações acima referidas.

Dan Zhi Xiao Yao San (Pó facilitador com *Moutan* e *Gardeniae*): *Xiao Yao San* (Pó facilitador) mais *Cortex Moutan* e *Fructus Gardeniae*; preparada como decocção ou feita em pó.

Suas indicações e aplicações clínicas são similares às de *Xiao Yao San* (Pó facilitador), se houver Calor endógeno (sensação quente nas palmas das mãos e solas dos pés, febre baixa e sudorese noturna) em adição.

Tong Xie Yao Fang (Fórmula essencial para diarréia com dor abdominal): *Rhizoma Atractylodis Macrocephalae* 9 g; *Radix Paeoniae Alba* 9 g; *Pericarpium Citri Reticulatae* 9 g; *Radix Saposhnikoviae* 6 g; preparada como decocção.

[Efeitos] suaviza o fígado, revigora o baço, alivia a dor abdominal e contém a diarréia.

[Indicações] ataque ao baço pelo fígado hiperativo ("Madeira domina Terra") com diarréia acompanhada de borborigmos e dor abdominal. A diarréia é normalmente caracterizada por sua relação próxima com as mudanças emocionais e a dor abdominal não pode ser aliviada pelos movimentos intestinais. Não há sinal indicativo da presença de Calor em Excesso nem deficiência de Frio. O pulso é sempre em corda.

[Análise] nesta fórmula, *Rhizoma atractylodes Macrocephalae* revigora o baço e *Radix Peonae* suaviza o fígado e retém a dor, ambas sendo ingredientes principais. *Pericarpium Citri* regula o *Qi* do Aquecedor Médio; *Radix Saposhnikoviae* dissipa o *Qi* estagnado do fígado e regula a função do baço; ambas são adjuvantes.

[Aplicações clínicas] colite crônica e outras patologias gastrintestinais com manifestações acima mencionadas.

FÓRMULAS PARA REGULAR O FLUXO DO *QI*

Desarmonias do fluxo do *Qi* referem-se, principalmente, à estagnação do *Qi* e sua inversão ascendente. Portanto, há duas categorias de fórmulas para regular o fluxo do *Qi*: promover o fluxo do *Qi* e enviar em descendência o fluxo do *Qi*.

A estagnação do *Qi* envolve, principalmente, o *Qi* do baço e do estômago (*Qi* do Aquecedor Médio ou *Qi* Médio, para resumir) e o *Qi* do fígado. A estagnação do *Qi* do Aquecedor Médio é manifestada, principalmente, por distensão epigástrica e abdominal, aliviada por eructação ou eliminação de flatos, sendo acompanhada de náusea, anorexia, borborigmos e movimentos anormais do intestino. A estagnação do *Qi* do fígado é marcada por dor em distensão na lateral do peito, dor no hipocôndrio e/ou regiões abdominal onde o meridiano do fígado passa, sendo acompanhada de irritabilidade ou alterações menstruais.

A inversão ascendente do *Qi* envolve o pulmão e o estômago, e ocasionalmente o rim (referindo-se a sua função de receber ar). Fórmulas que enviem em descendência o *Qi* do pulmão são, na maior parte, antiasmáticas, e aquelas que enviam o *Qi* do estômago são antieméticas.

Si Ni San (Pó para aliviar a estagnação com membros frios): *Radix Bupleuri* 6 g; *Radix Paeoniae Alba* 6 g; *Fructus Aurantii Immaturus* 6 g; *Radix Glycyrrhizae* 6 g; preparada como decocção.

[Efeitos] harmoniza o fígado e o baço e alivia o Calor estagnado.

[Indicações] calor no interior com extremidades frias ou dor abdominal com diarréia e pulso em corda.

[Análise] esta fórmula foi originalmente usada no tratamento da dor abdominal e membros frios decorrentes da estagnação do interior do Yang *Qi* com obstrução da distribuição para as extremidades. Como a estagnação do Yang *Qi* é, virtualmente, a estagnação do *Qi* do fígado, agora esta fórmula é considerada básica na regulação do fluxo do *Qi* do fígado.

Na fórmula, *Radix Bupleuri* e *Radix Paeoniae Alba* são ingredientes principais. A primeira alivia a estagnação do *Qi* do fígado e transmite o Yang *Qi* para o exterior, e a última nutre o fígado. A ação da *Fructus Aurantii Immaturus* é descendente, ao passo que a *Radix Bupleuri* é ascendente. Portanto, elas são usadas em conjunto para dispersar o *Qi* estagnado. A combinação da *Radix Paeoniae Alba* e *Radix Glycyrrhizae* alivia os espasmos e a dor.

[Aplicações clínicas] usadas na fórmula básica para o tratamento da hepatite crônica, colecistite, neuralgia intercostal e dismenorréia com manifestações anteriormente mencionadas.

Chai Hu Shu Gan San (Pó de *Bupleuri* para suavizar o fígado): *Radix Bupleuri* 6 g; *Radix Paeoniae Alba* 4,5 g; *Fructus Aurantii Immaturus* 4,5 g; *Radix Glycyrrhizae* 1,5 g; *Pericarpium Citri Reticulatae* 6 g; *Rhizoma Chuan Xiong* 4,5 g; e *Rhizoma Cyperi* 4,5 g; preparada como decocção. É um derivado da *Si Ni San* (Pó para aliviar a estagnação com membros frios) por meio da adição da *Pericarpium Citri Reticulatae, Rhizoma Chuan Xiong* e *Rhizoma Cyperi*. Todos os ingredientes adicionais têm ação de regulação do fluxo do *Qi*, mas a *Pericarpium Citri* também drena o muco, *Rhizoma Chuan Xiong* melhora a circulação sanguínea e *Rhizoma Cyperi* alivia a dor e as alterações menstruais. Esta fórmula é sempre usada no tratamento da estagnação do *Qi* do fígado com dor no hipocôndrio ou dismenorréia.

Ban Xia Hou Po Tang (Decocção da *Pinellia* e magnólia): *Rhizoma Pinelliae* 9 g; *Cortex Magnoliae Officinalis* 6 g; *Poria* 9 g; *Folium Perillae* 3 g; *Rhizoma Recens* 3 fatias preparadas como decocção.

[Efeitos] alivia o *Qi* deprimido do fígado e drena o muco.

[Indicações] retenção do *Qi* deprimido, combinado com o muco, marcado por sensação de caroço na garganta que é incapaz de ser expelido ou engolido (*globus hystericus*), acompanhada por plenitude torácica.

[Análise] *Rhizoma Pinelliae* drena o muco e *Cortex Magnoliae Officinalis* melhora o fluxo do *Qi*. Ambos são ingredientes principais na fórmula. *Folium Perillae* auxilia a *Cortex Magnoliae* a remover o *Qi* deprimido; *Poria* revigora o baço e remove a Umidade, auxiliando a *Rhizoma Pinelliae* a drenar o muco; *Rhizoma Zingiberis Recens* ajuda a enviar em descendência o *Qi* invertido ascendente. Todas são adjuvantes e auxiliares.

[Aplicações clínicas] laringite crônica e, principalmente, depressão ou histeria com queixas acima mencionadas.

Yue Ju Wan (Pílula para remover a estagnação) *Rhizoma Atractylodis, Rhizoma Cyperi, Rhizoma Chuan Xiong, Massa Fermentata Medicinalis e Fructus Gardeniae* misturadas em quantidades iguais, transformadas em pó ou em pílulas, 6-9 g duas vezes ao dia.

[Efeitos] melhora o fluxo do *Qi* e alivia a Síndrome de Estagnação.

[Indicações] vários tipos de Síndromes de Estagnação (estagnação do *Qi*, sangue, muco, Fogo, Umidade, e alimentos), principalmente estagnação do *Qi*, manifestada por plenitude torácica, distensão e dor epigástricas, regurgitação ácida, vômito e indigestão.

[Análise] o ingrediente principal nesta fórmula é a *Rhizoma Cyperi*, que dissipa a estagnação do *Qi* para aliviar a distensão e a dor no tórax e abdome. Todos os restantes são ingredientes adjuvantes: *Rhizoma Chuan Xiong* melhora o fluxo de sangue para tratar a estagnação do sangue e aliviar a dor em facada no tórax. *Rhizoma Atractylodis* remove a Umidade e revigora o baço para aliviar a estagnação do muco no tratamento da plenitude torácica com expectoração. *Fructus Gardeniae* reduz o Calor e purga o Fogo estagnado para aliviar o vômito e a regurgitação ácida. *Massa Fermentata Medicinalis* melhora a digestão, melhora a distensão epigástrica e a anorexia decorrente da estagnação dos alimentos.

[Aplicações clínicas] alterações funcionais do trato gastrintestinal, úlcera péptica, hepatite e colecistite com manifestações acima mencionadas.

Ding Chuan Tang (Decocção para aliviar a asma): *Herba Ephedrae* 9 g; *Semen Armeniacae* 4,5 g; *Cortex Mori* 9 g; *Fructus Perillae* 6 g; *Semen Ginkgo* 9 g; *Flos Farfarae* 9 g; *Rhizoma Pinelliae* 9 g; *Radix Scutellariae* 4,5 g; *Radix Glycyrrhizae* 3 g; preparada como decocção.

[Efeitos] facilita o fluxo do *Qi* do pulmão e drena o muco.

[Indicações] asma decorrente do ataque exterior do Vento-Frio com acúmulo interior do muco-Calor manifestada por dificuldade na respiração acompanhada por presença de muco amarelo pegajoso ou calafrios e febre, saburra oleosa e amarela e pulso escorregadio e rápido.

[Análise] o ingrediente principal, *Ephedrae*, alivia tanto a asma quanto a Síndrome Exterior. *Semen Armeniacae Amarum* fortalece o efeito antiasmático. *Cortex Mori* e *Radix Scutellariae* aliviam a tosse e a asma por meio da eliminação do Calor do pulmão. *Fructus Perillae*, *Rhizoma Pinelliae* e *Flos Farfarae* enviam o *Qi* do pulmão em descendência, retêm a tosse e drenam o muco, aumentando o efeito antiasmático da *Ephedrae* e da *Semen Armeniacae Amarum*. *Semen Ginkgo* tem três ações: drena o muco, alivia a asma e minimiza o efeito diaforético da *Ephedrae*. *Radix Glycyrrhizae* modera as ações de outros ingredientes, sendo antitussígeno e expectorante.

[Aplicações clínicas] bronquite asmática com manifestações acima mencionadas.

Ju Pi Zhuru Tang (Decocção da casca de tangerina e raspa de bambu): *Pericarpium Citri Reticulatae* 9 g; *Caulis Bambusae in Taeniam* 9 g; *Radix Ginseng* 3 g; *Radix Glycyrrhizae* 6 g; *Rhizoma Zingiberis Recens* 9 g e *Fructus Jujubae*, 5 pedaços; preparada como decocção.

[Efeitos] regulariza o *Qi* do estômago e contém a inversão ascendente.

[Indicações] soluços e vômito decorrente da deficiência do estômago com Calor marcado pela língua avermelhada e reduzida e pulso rápido.

[Análise] *Pericarpium Citri* regula o fluxo do *Qi* do estômago e alivia o vômito; *Caulis Bambusae* elimina o Calor do estômago e contém o soluço. Elas são os ingredientes principais da fórmula. *Rhizoma Zingiberis* é uma erva importante para reter o vômito, adequada para o tratamento do vômito do tipo Frio. Em combinação com a *Caulis Bambusae*, o efeito antiemético da *Rhizoma Zingiberis* se potencializa, ao passo que sua natureza quente é neutralizada. *Radix Ginseng* é um tônico para o estômago, regulando a fórmula e, ao mesmo tempo, tonificando o *Qi* do estômago. *Radix Glycyrrhizae* e *Fructus Jujubae* harmonizam a função do estômago.

[Aplicações clínicas] soluços persistentes após cirurgias, vômito durante a gravidez e vômito neurogênico.

FÓRMULAS PARA REGULAR AS CONDIÇÕES DO SANGUE

As desarmonias do sangue podem ser divididas em cinco categorias: deficiência de sangue; Calor no sangue; Frio no sangue; estase de sangue e descarga de sangue (hemorragia). As fórmulas para o tratamento da deficiência, Calor e Frio no sangue já foram abordadas nas fórmulas tônicas e fórmulas que eliminam o Calor interno e o Frio interno, respectivamente.

Fórmulas para Ativar a Circulação do Sangue e Remover a Estase

A estase do sangue é uma condição complicada. Uma variedade de desarmonias pode servir como origem, tais como estagnação do *Qi*, deficiência do *Qi*, deficiência do sangue, Calor no sangue e Frio no sangue. Em todos estes casos, os ingredientes correspondentes para tratar as desarmonias fundamentais devem ser adicionados às ervas com o objetivo de ativar a circulação sanguínea e remover a estase de sangue. Por outro lado, mesmo sem estas desarmonias fundamentais, é preferível adicionar alguns ingredientes para promover o fluxo do *Qi* para facilitar a circulação do sangue, e adicionar alguns ingredientes tônicos para impedir a alteração do *Qi* genuíno por meio da remoção da estase do sangue.

A estase do sangue pode ocorrer em diferentes locais e causar uma grande variedade de patologias. Portanto, as fórmulas usadas para remover a estase do sangue são em grande número e de composição complicada. Aqui, somente algumas fórmulas serão abordadas.

Si Wu Tang (Decocção para os quatro ingredientes): é uma fórmula básica. Esta fórmula será discutida em detalhes em fórmulas tônicas, como tônicos de sangue, mas também tem uma ação de ativação da circulação sanguínea e remoção da estase. Contém quatro ingredientes: *Radix Rehmanniae Preparata, Radix Angelicae Sinensis, Rhizoma Chuan Xiong e Radix Paeoniae Alba*. Apresentam ambos os efeitos: nutrir o sangue e ativar a circulação sanguínea para remover a estase. Quando é necessário que o último efeito seja preponderante, *Radix Rehmanniae* é utilizada em vez da *Radix Rehmanniae Preparata*.

Tao Hong Si Wu Tang (Decocção dos quatro ingredientes com *Semen Persicae* e *Flos Carthami*): *Radix Angelicae Sinensis, Rhizoma Chuan Xiong, Radix Paeoniae Alba, Radix Rehmanniae, Semen Persicae* e *Flos Carthami*, preparadas como decocção.

[Efeitos] ativa a circulação sanguínea e regula a menstruação.

[Indicações] alterações menstruais decorrentes da estase do sangue.

[Análise] a fórmula é simples, sendo um derivado útil da *Si Wu Tang* (Decocção dos quatro ingredientes). Na fórmula, todos os ingredientes, com exceção da *Radix Rehmannia*, são ervas que ativam a circulação sanguínea e removem a estase. *Radix Angelicae Sinensis* e *Radix Rehmanniae* têm ação de nutrir o sangue, e *Rhizoma Chuan Xiong* melhora o fluxo do *Qi*. A dosagem de cada ingrediente varia de acordo com a condição do paciente.

[Aplicações clínicas] alterações menstruais, principalmente ciclo menstrual atrasado, dor abdominal antes do período menstrual, dificuldade na excreção menstrual decorrente de coágulos ou hemorragia uterina incessante devido à estase do sangue; lesões traumáticas ou patologias da pele com estase do sangue.

Xue Fu Zhu Yu Tang (Decocção para remover a estase do sangue no tórax): *Semen Persicae* 12 g; *Flos Carthami* 9 g; *Radix Angelicae Sinensis* 9 g; *Rhizoma Chuan Xiong* 4,5 g; *Radix Paeoniae Rubra* 6 g; *Radix Rehmanniae* 9 g; *Radix Bupleuri* 3 g; *Fructus Aurantii* 6 g; *Radix Platycodi* 4,5 g; *Radix Cyathulae* 9 g e *Radix Glycyrrhizae* 3 g, preparadas como decocção.

[Efeitos] ativa a circulação do sangue, remove a estase, melhora o fluxo de *Qi* e alivia a dor.

[Indicações] estase de sangue no tórax marcada por dor torácica acompanhada de língua escurecida e pulso hesitante.

[Análise] a fórmula contém *Tao Hong Si Wu Tang* (Decocção dos quatro ingredientes com *Semen Persicae e Flos Carthami*) mais *Radix Bupleuri, Fructus Aurantii, Radix Platycodi, Radix Cyathulae e Radix Glycyrrhizae. Radix Angelicae Sinensis, Rhizoma Chuan Xiong, Radix Paeoniae Rubra, Semen Persicae e Flos Carthami* ativam a circulação sanguínea e removem a estase, e *Radix Cyathulae* retira a obstrução dos vasos sanguíneos e remove o sangue estagnado, direcionando-o em descendência. Todos estes ingredientes são os componentes principais da fórmula.

A circulação sanguínea depende do movimento do *Qi*, especialmente do movimento do *Qi* do pulmão, até mesmo para distribuir sangue, e do movimento do *Qi* do fígado para possibilitar o fluxo livre do sangue. Porém, na fórmula, *Radix Platycodi* e *Fructus Aurantii* são adicionadas para melhorar o fluxo livre do *Qi* do tórax, e *Radix Bupleuri* melhora o fluxo livre do *Qi* do fígado. *Radix Rehmanniae* por meio da nutrição do sangue e da redução do Calor, em combinação com *Radix Angelicae Sinensis*, impede a obstrução do sangue durante o processo de eliminação da estase. *Radix Glycyrrizae* modera as ações de outros ingredientes. Todos os ingredientes adicionais são componentes secundários da fórmula.

[Farmacologia moderna] (1) Ações sobre o sangue e o Sistema Cardiovascular: a decocção inibe a agregação plaquetária induzida pelo ADP, reduz a viscosidade do sangue e melhora vários índices hematológicos. Também melhora consideravelmente os distúrbios microcirculatórios induzidos pelo dextran. Dilata os vasos sanguíneos, principalmente as artérias coronárias e cerebrais, e aumenta o suprimento de sangue no miocárdio e no cérebro. Protege o coração do infarto do miocárdio experimental e reduz a resistência vascular nos espasmos vasculares cerebrais induzidos por noradrenalina. (2) Efeitos sobre a inflamação crônica: a decocção suprime a gênese do DNA no processo de granulação e, portanto, neutraliza a formação das lesões granulomatosas crônicas. Como o efeito antiinflamatório é acompanhado de atrofia do timo e hipertrofia da adrenal, o efeito é presumivelmente relacionado à ação da decocção sobre o córtex adrenal.

[Aplicações clínicas] patologias coronarianas, coagulação intravascular disseminada e vários tipos de dor, tais como cefaléia, dor torácica, dor abdominal e lombalgia decorrente da estase do sangue.

Shao Fu Zhu Yu Tang (Decocção para remoção da estase do sangue no abdome inferior): *Radix Angelicae Sinensis* 9 g; *Rhizoma Chuan Xiong* 3 g; *Radix Paeoniae Rubra*

6 g; *Pollen Typhae* 9 g; *Feces Trogopterorum* 6 g ; *Myrrha* 6 g; *Rhizoma Corydalis* 3 g; *Fructus Feniculi* 7 pedaços; *Rhizoma Zingiberis Preparata* 0,5 g e *Cortex Cinnamomi* 3 g, preparadas como decocção.

[Efeitos] remove a estase do sangue, aquece os meridianos no abdome inferior e alivia a dor.

[Indicações] formação de massas no baixo ventre, dor durante o período menstrual ou menstruação irregular com coágulos.

[Análise] na fórmula, *Radix Angelicae Sinensis, Radix Paeonia rubra* e *Rhizoma Chuan Xiong* ativam a circulação sanguínea e removem a estase do sangue; *Pollen Typhae, Feces Trogopterum, Mirrha* e *Rhizoma Corydalis* eliminam a estase do sangue e aliviam a dor. *Fructus Feniculi, Rhizoma Zingiberis Preparata e Cortex Cinnamomi* aquecem os meridianos na região do abdome inferior.

[Aplicações clínicas] dismenorréia, alterações menstruais e inflamações pélvicas crônicas com estase do sangue.

Bu Yang Huan Wu Tang (Decocção para tonificar o Yang no tratamento da hemiplegia)[5]: *Radix Astragali* 60 g; *Radix Angelicae Sinensis* 6 g; *Radix Paeoniae* Rubrum 6 g; *Lumbricus* 3 g; *Rhizoma Chuan Xiong* 3 g; *Semen Persicae* 3 g e *Flos Carthami* 3 g, preparadas como decocção.

[Efeitos] tonifica o *Qi*, ativa a circulação do sangue e remove a obstrução dos colaterais.

[Indicações] hemiplegia pós-apoplexia.

[Análise] também é um derivado da *Tao Hong Si Wu Tang* (Decocção dos quatro ingredientes com *Semen Persicae* e *Flos Carthami*). *Radix Rehmanniae* é retirada, sendo adicionadas *Radix Astragali* e *Lumbricus*. Além disso, *Radix Astragali* é usada em uma grande dosagem e torna-se o principal ingrediente da fórmula. De acordo com a MTC, paralisia ou perda do movimento voluntário indica séria deficiência de *Qi* (energia), de modo que é necessária uma grande dose de *Radix Astragali* para tonificar o *Qi*. Por outro lado, a deficiência severa do *Qi* pode resultar em estase do sangue e a parestesia é atribuída à obstrução dos meridianos colaterais com fluxo estagnado de sangue. Por isso, todos os ingredientes que ativam a circulação e removem a estase em *Tao Hong Si Wu Tang* (Decocção dos quatro ingredientes com *Semen Persicae* e *Flos Carthami*) são usados com uma substância adicional para remover a obstrução nos meridianos colaterais, principalmente, *Lumbricus*.

[Farmacologia moderna] (1) Efeitos sobre o sistema cerebrovascular: a decocção dilata as artérias cerebrais e aumenta, persistentemente, o fluxo sanguíneo cerebral. (2) Efeitos sobre o coração: a decocção fortalece a contratura do miocárdio, mas não

---

5. Na China antiga, muitos médicos famosos eram também literatos de grande talento. Eles forneciam, normalmente, nomenclatura elegante às fórmulas fitoterápicas. *Bu Yang Huan Wu Tang* é um exemplo. O significado de cada caractere chinês pode ser explicado da seguinte forma: *Bu* – reforçar; *Yang* – contrário de Yin; *Huan* – restaurar; *Wu* – número 5 e *Tang* – decocção. Na linguagem chinesa, cada número apresenta um significado adicional excepcional. Por exemplo, "um" quer dizer "o mesmo", "dois" significa "diferente", "dez" significa "perfeito" ou "todo", e "cinco" refere-se à "metade". Portanto, o nome da fórmula significa que se trata de uma prescrição de reforço do Yang para uma patologia na metade do corpo.

tem influência sobre o consumo de oxigênio do miocárdio, freqüência cardíaca ou pressão sanguínea. (3) Efeito sobre o sangue: a decocção inibe, visivelmente, a agregação plaquetária induzida por difosfato de adenosina, e reduz a viscosidade sanguínea. (4) Efeitos sobre a aterosclerose: a decocção não somente reduz o colesterol sérico e o nível de triglicérides na hiperlipemia experimental, como também remove as placas ateroscleróticas. (5) Reparação dos efeitos sobre o Sistema Nervoso: em laboratório, a decocção mitiga a degeneração e a necrose dos neurônios após uma lesão traumática e promove a sua renovação.

[Aplicações clínicas] patologias cerebrovasculares: trombose cerebral, embolia cerebral, espasmos cerebrovasculares e seqüelas pós-apoplexia; é contra-indicada na hemorragia cerebral e outras patologias neurológicas tais como ciatalgia, lesão nervosa periférica e Mal de Parkinson.

Fórmulas Hemostáticas

A hemorragia aguda é normalmente decorrente de trauma, ou devido ao Calor ou Fogo que força o sangue a sair dos vasos, ao passo que a hemorragia crônica é atribuída ao fracasso do baço em controlar o sangue. Além disso, o sangue estagnado também é uma causa comum da hemorragia, embora o sangue estagnado, em si mesmo, possa ser resultante da hemorragia. Porém, ressalta-se, na Medicina Chinesa que a interrupção da hemorragia do sangue estagnado deve ser evitada.

De modo geral, as condições hemorrágicas devem ser tratadas de acordo com a causa. Por exemplo, se a hematúria ocorre como uma manifestação do Fogo do coração, *Dao Chi San* (Pó para eliminar a vermelhidão) é indicado. O fluxo prolongado da menstruação decorrente do fracasso do *Qi* do baço em controlar o sangue pode ser adequadamente tratado com *Gui Pi Wan* (Pílula revigoradora do baço).

Dentre as preparações unicamente para interromper a hemorragia, a mais conhecida é a *Yun Nan Bai Yao* (Pó medicamentoso branco de *Yun Nan*). Pode ser usado tanto topicamente quanto por ingestão oral no tratamento de vários tipos de hemorragia, incluindo a hemorragia traumática. Ele não somente interrompe efetivamente a hemorragia, mas também alivia a dor e remove a estase do sangue. Seu principal componente é a *Radix Notoginseng*, mas a fórmula não se tornou pública.

FÓRMULAS TÔNICAS

As fórmulas que complementam e fortalecem o *Qi*, sangue, Yin e Yang dos órgãos *Zang Fu* são denominadas fórmulas tônicas. São usadas para tratar Síndromes de Deficiência e podem ser divididas em quatro categorias:

1. Fórmulas tônicas de *Qi*: para tratamento da deficiência de *Qi*.
2. Fórmulas tônicas de sangue: para tratamento da deficiência de sangue.
3. Fórmulas tônicas do Yin: para tratamento da deficiência de Yin.
4. Fórmulas tônicas do Yang: para tratamento da deficiência de Yang.

Fórmulas Tônicas de *Qi*

Si Jun Zi Tang (Decocção dos quatro ingredientes nobres): *Radix Ginseng* ou *Radix Codonopsis* 12 g; *Rhizoma Atractylodis Macrocephalae* 9 g; *Poria* 9 g; *Radix Glycyrrhizae Preparata* 4,5 g., preparadas como decocção.

Sua preparação pronta para o uso em forma de pílulas é chamada de *Si Jun Zi Wan* (pílula dos quatro ingredientes nobres).

[Efeitos] tonifica o *Qi* e revigora o baço.

[Indicações] deficiência de *Qi* do baço e do estômago marcada por perda de apetite, aumento da freqüência intestinal, dispnéia e fraqueza.

[Análise] todos os quatro ingredientes apresentam uma ação de revigoramento do baço e tonificação de *Qi*. Além disso, *Rhizoma Atractylodis Macrocephalae* e a *Poria* também removem a Umidade. Assim, a fórmula pode ser prescrita por um longo período sem apresentar efeitos colaterais.

[Farmacologia moderna] (1) Efeitos sobre o trato gastrintestinal: a decocção inibe o peristaltismo aumentado do trato gastrintestinal induzido por reserpina ou neostigmina, e a contração tônica induzida pela acetilcolina. (2) Efeitos sobre as funções imunológicas: a decocção fortalece a fagocitose dos macrófagos, eleva a taxa de transformação dos linfócitos e promove a produção do anticorpo anti-hemolisina. (3) Efeitos sobre o metabolismo e a hematopoiese: a decocção acelera a formação das hemácias e aumenta o metabolismo energético. (4) Ações antineoplásicas e antimutagênicas: em laboratório, a decocção suprime o crescimento do Sarcoma S_{180} e impede a aberração cromossômica induzida pela ciclofosfamida.

[Aplicações clínicas] gastrite crônica, colite crônica, úlcera péptica, hepatite crônica e síndrome da fadiga crônica com deficiência de *Qi* do baço e do estômago; usada na quimioterapia de cânceres para complemento do efeito antineoplásico e para minimizar os efeitos colaterais.

Liu Jun Zi Tang (Decocção dos seis ingredientes nobres): decocção dos quatro ingredientes nobres mais *Rhizoma Pinelliae* e *Pericarpium Citri Reticulatae*.

Esta é, de fato, uma combinação da *Si Jun Zi Tang* (Decocção dos quatro ingredientes nobres) e da *Er Chen Tang* (Decocção da *Rhizoma Pinelliae* e da *Pericarpium Citri Reticulatae*).

O efeito da *Si Jun Zi Tang* (Decocção dos quatro ingredientes nobres) consiste em revigorar as funções do baço e do estômago, sendo que o do *Er Chen Tang* (Decocção de *Rhizoma Pinelliae* e *Pericarpium Citri Reticulatae*) consiste em expelir o muco-Umidade. Portanto, sua combinação, ou seja, *Liu Jun Zi Tang*, apresenta a ação de revigoramento das funções do baço e do estômago e remove o muco-Umidade, sendo indicada no tratamento da debilidade do baço e do estômago com acúmulo de muco-Umidade, manifestada por anorexia, aumento da freqüência intestinal, tosse e muco espumoso e profuso (acúmulo de muco nos pulmões), ou distensão epigástrica, vômito e regurgitação ácida (acúmulo de muco-Umidade no estômago).

Sua preparação pronta para o uso da fórmula é *Liu Jun Zi Wan* (Pílula dos seis ingredientes nobres).

Xiang Sha Liu Jun Zi Tang (Decocção dos seis ingredientes nobres com *Radix Aucklandiae* e *Fructus Amomi*) é uma modificação da *Liu Jun Zi Tang* (Decocção dos seis ingredientes nobres). É composta de decocção dos seis ingredientes nobres mais *Radix Aucklandiae* e *Fructus Amomi*. Como mencionado nas combinações básicas das ervas, *Radix Aucklandiae* e *Fructus Amomi* são normalmente usadas em combinação para regular o fluxo de *Qi* e remover a Umidade do baço e do estômago. Apresenta indicações similares às da decocção dos seis ingredientes nobres, sendo mais efetiva.

Sua preparação pronta para o uso é *Xiang Sha Liu Jun Zi* (Pílula dos seis ingredientes nobres com *Radix Aucklandiae* e *Fructus Amomi*).

Shen Ling Bai Zhu Wan (Pílula de G*inseng*, *Poria* e *Rhizoma Atractylodis Macrocephalae)* é outra fórmula derivada da *Si Jun Zi Tang* (Decocção dos quatro ingredientes nobres). Contém os seguintes ingredientes: *Radix Ginseng* ou *Radix Codonopsis, Rhizoma Atractylodis Macrocephalae, Poria, Radix Glycyrrhizae Preparata, Rhizoma Dioscoreae, Semen Lablab Album, Semen Coicis, Semen Nelumbinis, Fructus Amomi* e *Radix Platycodi.*

Shen Ling Bai Zhu Wan é uma preparação pronta para o uso, mas a decocção também é prescrita, normalmente, de acordo com a composição da pílula.

[Efeitos] tonifica o *Qi*, revigora o baço, remove a Umidade e alivia a diarréia.

[Indicações] deficiência de *Qi* do baço e do estômago, manifestada por ingestão reduzida de alimentos, desconforto epigástrico após as refeições, lassidão e fraqueza, emagrecimento, compleição pálida, língua pálida com saburra branca e pulso relaxado.

[Análise] nesta fórmula, todos os ingredientes, com exceção da *Fructus Amomi* e da *Radix Platycodi*, são ervas tônicas para o baço. Além do mais, *Rhizoma Dioscoreae, Semen Lablad Album, Semen Coicis* e *Semen Nelumbinis* também apresentam ação de remoção da Umidade e de alívio da diarréia. A *Fructus Amomi* é uma carminativa que promove o fluxo de *Qi*, de modo que a fórmula tonifica o *Qi*, mas não causa nenhuma estagnação de *Qi*. Outro ponto interessante na composição desta fórmula consiste no uso da *Radix Platycodi*. É uma erva que age sobre o pulmão em vez do baço e do estômago. Age como condutor para direcionar todos os tônicos em ascendência, de modo que não só o baço como o estômago, mas também os pulmões sejam revigorados. Duas vantagens podem ser, assim, obtidas: uma consiste na prevenção da deficiência de *Qi* dos pulmões. Como é o órgão "filho" do baço de acordo com a Teoria dos Cinco Elementos, o pulmão pode ser prejudicado com a debilidade prolongada do baço. O outro ponto consiste no fortalecimento adicional de *Qi*. Uma vez que os pulmões dominam o *Qi*, revigorar os pulmões fornecerá mais tonificação de *Qi*.

[Aplicações clínicas] bronquite crônica, diarréia crônica, dispepsia e alterações menstruais com Síndrome de Deficiência de *Qi* do baço e do estômago.

Bu Zhong Yi Qi Tang (Decocção para tonificar o Aquecedor Médio e o *Qi*): *Radix Astragali* 15-20 g; *Radix Ginseng* 9 g; *Rhizoma Atractylodis Macrocephalae* 9 g; *Radix Glycyrrhizae* 4,5 g; *Radix Angelicae Sinensis* 9 g, *Pericardium Citri Reticulatae* 6 g; *Rhizome Cimicifugae* 3 g; *Radix Bupleuri* 3 g, preparadas como decocção.

Sua preparação pronta para o uso é *Bu Zhong Yi Qi Wan* (Pílula para tonificar o Aquecedor Médio e o *Qi*).

[Efeitos] tonifica o baço e o estômago e eleva o *Qi*.

[Indicações] debilidade do baço e do estômago com submersão de *Qi*, manifestada por calafrios, febre e cefaléia com sudorese, acompanhada de anorexia, perda de força, língua pálida com saburra branca e pulso fraco; desarmonias caracterizadas por ptose e diarréia prolongada.

[Análise] da composição, pode-se observar claramente que a fórmula está intimamente relacionada ao *Si Jun Zi Tang* (Decocção dos quatro ingredientes nobres), mas apresenta uma diferença marcante em relação às outras fórmulas derivadas desta. Primeiro, o ingrediente principal foi substituído por *Radix Astragali*. Segundo, a *Poria* não é usada nesta fórmula. Terceiro, *Rhizoma Cimicifugae* e *Radix Bupleuri*, duas das ervas principais que elevam o Yang *Qi*, são adicionadas.

Uma vez que o ingrediente principal foi mudado, não é considerada derivada da *Si Jun Zi Tang*. *Radix Astragali* não somente tonifica o *Qi* do baço e do pulmão, mas também eleva o Yang *Qi*. Em combinação com *Rhizoma Cimicifugae* e *Radix Bupleuri*, esta fórmula apresenta um efeito potente para elevar o Yang *Qi*, sendo mais efetiva no tratamento da síndrome de Submersão. As síndromes de Submersão são, normalmente, decorrentes da deficiência prolongada de *Qi* do baço. Esta é a razão pelo qual os "quatro ingredientes", com exceção da *Poria*, são usadas. A *Poria* atua, principalmente, para remover a Umidade por meio da diurese. Na deficiência de *Qi* do baço, o órgão falha para transportar e distribuir o fluido essencial por todo o organismo, o que resulta no acúmulo da Umidade. Quando o *Qi* do baço for tonificado, especialmente se o Yang *Qi* estiver elevado, todo o fluido acumulado será transmitido para os pulmões e, depois, redistribuído. Portanto, a *Poria* não é mais necessária.

[Aplicações clínicas] ataques repetidos de gripe, gripe com febre persistente ou astenia pós-gripe com as manifestações acima mencionadas; prolapso retal, prolapso uterino, gastroptose, ptose palpebral bem como a diarréia decorrente da submersão de *Qi*.

Sheng Mai San (Pó ativador do pulso): *Radix Ginseng* 3-9 g; *Radix Ophiopogonis* 15 g; e *Fructus Schisandrae* 3-9 g, preparadas como decocção.

A preparação pronta para o uso desta fórmula é *Shen Mai Yin* (Líquido ativador do pulso), que é composta de G*inseng, Radix Ophiopogon Root* e *Fructus Schisandrae* em uma razão de 1:2:1 de peso.

[Efeitos] tonifica o *Qi* e o Yin e contém a sudorese.

[Indicações] deficiência de *Qi* e Yin, manifestada por sudorese profusa, secura da garganta e da boca, dispnéia, sede, lassidão e pulso fraco.

[Análise] é uma fórmula para tonificar tanto o *Qi* quanto o Yin. É chamada de ativadora do pulso porque pode ser usada para tratamento de emergência da exaustão de *Qi* e do Yin com pulso quase imperceptível. Mais freqüentemente, é usada no tratamento da deficiência de *Qi* e Yin em várias patologias crônicas e após patologias febris agudas, manifestadas por lassidão, sede e sudorese espontânea.

Nesta fórmula, o Ginseng fortalece o *Qi*, *Radix Ophiopogon Root* complementa o Yin e *Fructus Schisandrae* consolida *Qi* e Yin, e também contém a sudorese por meio da sua ação adstringente.

[Farmacologia moderna] (1) Efeitos sobre o Sistema Cardiovascular: esta fórmula mostra uma ação inotrópica positiva proeminente, aumentando a contratura do miocárdio e o débito cardíaco por meio da inibição da cavidade da Na+, K+ -ATPase do miocárdio. Aumenta visivelmente o fluxo de sangue coronariano, melhora o suprimento de sangue do miocárdio e ajusta seu metabolismo para tolerar a hipóxia. Neutraliza a arritmia induzida pela pitressina, clorofórmio ou aconitina. Seu efeito antichoque tem sido demonstrado na hemorragia por choque, choque tóxico, choque cardiogênico e choque pós-queimadura. No tratamento do choque, ela melhora a microcirculação e aumenta, gradualmente, a pressão sanguínea, mas no infarto agudo do miocárdio com hipertensão, reduz a pressão sanguínea. Então, seu efeito sobre a pressão sanguínea é bidirecional. (2) Efeitos sobre a função imunológica: a fórmula estimula o sistema reticuloendotelial e aumenta os linfócitos T maduros na periferia. (3) Efeitos sobre o sistema hipofisário-adrenocortical: a fórmula estimula rapidamente a função hipofisária-adrenocortical, acelera a formação e a liberação do ACTH e eleva imensamente o nível de corticosterona no plasma. A fórmula aumenta a corticosterona no plasma muito mais do que as quantidades correspondentes de genosídeos, sugerindo que a *Fructus Schisandrae* também tem um papel relevante neste sentido. (4) Efeitos sobre o sangue: a fórmula apresenta um efeito anticoagulante: suprime a agregação plaquetária induzida por difosfato de adrenosina, prolonga o tempo da protrombina e o tempo de consumo desta, e reduz o conteúdo de fibrinogênio no plasma.

[Aplicações clínicas] infarto do miocárdio com choque cardiogênico, choque por infecção, patologia coronária com angina pectoris, arritmia nas patologias cardiopulmonar e miocardite.

Fórmulas Tônicas de Sangue

A deficiência de sangue pode ser generalizada ou pode envolver um determinado órgão *Zang*, principalmente o coração ou o fígado. Em comparação com o conceito moderno ocidental, a deficiência generalizada de sangue somente é comparável com a anemia, e anemia severa normalmente é diagnosticada como Deficiência de *Qi* e de sangue. Portanto, as fórmulas tônicas potentes de sangue, na Medicina Chinesa, são compostas tanto de tônicos de sangue como de tônicos de *Qi*.

Dang Gui Bu Xue Tang (Decocção tônica de sangue com *Radix Angelicae Sinensis*): *Radix Astragali* 30 g; *Radix Angelicae Sinensis* 6 g; preparada como decocção.

[Efeitos] tonifica o *Qi* e gera sangue.

[Indicações] deficiência de sangue decorrente da perda de sangue, manifestada por compleição pálida, lassidão, fraqueza, febre baixa e pulso amplo, mas fraco.

[Análise] a fórmula contém somente dois ingredientes: *Radix Astragali*, como tônico de *Qi*, e *Radix Angelicae Sinensis*, como tônico de sangue. É interessante notar que o tônico de *Qi* é utilizado em dosagem muito maior do que o tônico de sangue. De acordo com a teoria tradicional, acredita-se que o sangue é gerado pelo *Qi*. Isto explica a razão do uso do tônico de *Qi* no tratamento da deficiência de *Qi*. Porém, pesquisas modernas experimentais têm demonstrado que a *Radix Astragali* é, em si mesma, um agente hemopoiético ativo.

Neste contexto, outra questão deve ser levantada: Por que não usar *Radix Astragali* isoladamente no tratamento da deficiência de sangue? Na verdade, a *Radix Astragali* pode ser usada sozinha, e há uma preparação pronta para uso denominada *Huang Qi Gao* (Extrato suave de *Radix Astragali*). Esta preparação contém somente uma dosagem moderada da *Radix Astragali*, sendo de ação suave e de uso prolongado. Se um efeito mais rápido é desejado, é necessária uma grande dose de *Radix Astragali*. Então, a regra de uso combinado de ingredientes deve ser seguida. Tanto a *Radix Astragali* quanto a *Radix Angelicae Sinensis* são tônicos, mas a primeira é Yang, ao passo que a última é Yin. Uma grande dosagem da *Radix Astragali* pode causar secura, ao passo *Radix Angelicae Sinensis* apresenta algum efeito hidratante. Portanto, o uso combinado destes dois ingredientes não somente aumenta o efeito da geração de sangue, como também minimiza os efeitos colaterais. Afinal, *Radix Angelicae Sinensis* tem sido considerada, tradicionalmente, um medicamento representativo no tratamento da deficiência de sangue. Este é o motivo pelo qual esta fórmula é chamada de *Dang Gui Bu Xue Tang* (Decocção tônica de sangue com *Radix Angelicae Sinensis*), mesmo que o ingrediente principal da fórmula seja a *Radix Astragali*.

[Aplicações clínicas] anemia pós-hemorrágica.

Si Wu Tang (Decocção dos quatro ingredientes): *Radix Angelicae Sinensis* 9 g; *Rhizoma Chuan Xiong* 6 g; *Radix Paeoniae Alba* 9 g; *Radix Rehmanniae Preparata* 15 g, preparadas como decocção.

[Efeitos] tonifica o sangue e regulariza a menstruação.

[Indicações] alterações menstruais decorrentes da deficiência e estagnação de sangue.

[Análise] esta fórmula é usada, principalmente, no tratamento da deficiência de sangue do fígado, sendo considerada uma fórmula básica no tratamento das alterações menstruais. Ao contrário da *Dang Gui Bu Xue Tang* (Decocção Tônica de sangue com *Radix Angelicae Sinensis*) na qual a dosagem, ou no mínimo a proporção entre os ingredientes, é fixa, ou seja, a dosagem da *Radix Astragali* deve ser cinco vezes a dosagem da *Radix Angelicae Sinensis*. A dosagem de cada ingrediente desta fórmula listada acima é um exemplo, e pode variar de acordo com as indicações. Difícil especificar qual delas é o ingrediente principal. Na verdade, o ingrediente principal pode também variar de acordo com a dosagem e as indicações.

Todos os quatro ingredientes desta fórmula são tônicos de sangue, mas, além disso, cada uma tem uma ação específica. *Radix Angelicae Sinensis* ativa a circulação sanguínea para remover a estase; *Rhizoma Chuan Xiong* melhora o fluxo de *Qi*; *Radix Paeoniae Alba* suaviza o fígado; e *Radix Rehmanniae Preparata* complementa o Yin dos rins. Portanto, para complementar o sangue a *Radix Rehmanniae* é o ingrediente principal; para regular a menstruação, *Radix Angelicae Sinensis* deve vir em primeiro lugar; para remover a estase de sangue, *Radix Angelicae Sinensis* e *Rhizoma Chuan Xiong* são mais importantes do que as outras; e *Radix Paeoniae Alba* é, normalmente, substituída pela *Radix Paeoniae Rubra*; no tratamento da inversão do fluxo de *Qi* do fígado, *Radix Paeoniae Alba* é prioritária.

[Farmacologia moderna] (1) Efeito antianêmico: a decocção pode melhorar a função hemopoiética da medula óssea em camundongos com anemia hemorrágica, acelerando o aumento das hemácias, hemoglobina e reticulócitos. (2) Efeito de aumentar a função imunológica: a decocção aumenta a fagocitose das células reticuloendoteliais e melhora a transformação de linfócitos periférica e a indução por interferon. (3) Efeito sobre a hipóxia: a decocção neutraliza a hipóxia atmosférica, a hipóxia do miocárdio causada pelo isoproterenol, a anóxia cerebral causada pela laqueadura da artéria carótida comum e a cito-hipóxia pelo nitrito de sódio. (4) Efeito sobre a agregação plaquetária: a decocção inibe a agregação plaquetária induzida por ADP (difosfato de adenosina) por meio do aumento da cAMP plaquetária e do conteúdo de ácido ferúlico.

[Aplicações clínicas] dismenorréia, amenorréia e anemia.

Não há preparação pronta para uso desta fórmula, mas muitos tipos de pílulas para o tratamento da deficiência de sangue ou regulação da menstruação são baseados nela. Por exemplo, *Ai Fu Nuan Gong Wan* (Pílula de *Folium Artemiae Argy* e *Rhizoma Cyperi* que aquece o útero) consiste em uma preparação comum no tratamento de alterações menstruais, sendo um derivado da fórmula acima referida.

Ai Fu Nuan Gong Wan (Pílula de *Folium Artemiae Argy* e *Rhizoma Cyperi* que aquece o útero): *Folium Artemisae Argyi, Rhizoma Cyperi, Fructus Evodiae, Cortex Cinnamomi, Radix Angelicae Sinensis, Rhizoma Chuan Xiong, Radix Paeoniae Alba, Radix Rehmanniae Preparata, Radix Astragali* e *Radix Dipsaci.*

Esta fórmula consiste na decocção dos quatro ingredientes para complementar o sangue nos vasos Penetrador e Concepção; *Rhizoma Cyperi* regula a menstruação e alivia a dor; *Folium Artemisae Argyi, Cortex Cinnamomi* e *Fructus Evodiae* aquecem o útero e também aliviam a dor; *Radix Astragali* complementa o *Qi*; e *Radix Dipsaci* complementa o fígado e os rins. Portanto, o aquecimento do útero e a regulação da menstruação são procedimentos efetivos no tratamento das alterações menstruais da deficiência do tipo Frio. Deve-se notar que, embora a fórmula também contenha *Radix Astragali* e *Radix Angelicae Sinensis*, não é considerada um derivado da *Dang Gui Bu Xue Tang* (Decocção Tônica de sangue com *Radix Angelicae Sinensis*). Isto porque sempre que nos referirmos a decocção tônica de sangue com *Radix Angelicae Sinensis*, estamos querendo dizer que a dosagem da *Radix Astragali* é cinco vezes, no mínimo, maior do que a dosagem da *Radix Angelicae Sinensis*, mas na pílula de *Folium Artemiae Argy* e *Rhizoma Cyperi* que aquece o útero, a dosagem da *Radix Astragali* não é tão grande.

Fórmulas Tônicas de *Qi* e de Sangue

Ba Zhen Tang (Decocção dos oito ingredientes preciosos): *Radix Ginseng* 6 g; *Rhizoma Atractylodis Macrocephalae* 9 g; *Poria* 9 g; *Radix Glycyrrhizae* 3 g; *Radix*

Angelicae Sinensis 9 g; *Radix Paeoniae Alba* 9 g; *Rhizoma Chuan Xiong* 9 g; *Radix Rehmanniae Preparata* 9 g; preparada como decocção.

[Efeitos] tonifica o *Qi* e o sangue.

[Indicações] deficiência de *Qi* e de sangue manifestada por palidez ou compleição pálida, tontura, fraqueza, dispnéia, palpitação, anorexia, língua pálida com saburra branca e fina e pulso fraco.

[Análise] aparentemente, esta é uma combinação das duas fórmulas: *Si Jun Zi Tang* (Decocção dos quatro ingredientes nobres) é a fórmula básica do tônico de *Qi*, e *Si Wu Tang* (Decocção dos quatro ingredientes) é a fórmula básica do tônico do sangue.

[Aplicações clínicas] anemia ou debilidade generalizada com as manifestações acima referidas.

A fórmula é desenvolvida posteriormente em outras mais complicadas. Por exemplo, *Shi Quan Da Bu Wan* (Pílula dos dez tônicos poderosos): Pílula dos oito ingredientes preciosos + *Radix Astragali e Cortex Cinnamomi*. Esta fórmula complementa tanto o *Qi* quanto o sangue com efeito aquecedor, sendo mais potente do que a Pílula dos oito ingredientes preciosos e particularmente útil na recuperação.

Gui Pi Tang (Decocção revigorante do baço*): Radix Astragali* 12 g; *Rhizoma Atractylodis Macrocephalae* 9 g; *Poria* 9 g; *Arillus Longan* 9 g; *Semen Ziziphi Spinosae* 9 g; *Radix Ginseng* 9 g; *Radix Aucklandiae* 4,5 g; *Radix Glycyrrhizae* 4,5 g; *Radix Angelicae Sinensis* 9 g ; *Radix Polygalae* 9 g, preparadas como decocção.

Sua preparação pronta para o uso é a *Gui Pi Wan* (Pílula revigorante do baço) ou *Ren Shen Gui Pi Wan* (Pílula revigorante do baço com Ginseng).

[Efeitos] revigora o baço, nutre o coração, tonifica o *Qi* e tonifica o sangue.

[Indicações] deficiência de *Qi* do baço e de sangue do coração, marcada por qualquer dos seguintes grupos de manifestações: insônia e palpitação acompanhada de compleição pálida, língua pálida com saburra branca: palidez, fraqueza e redução da ingestão de alimentos decorrente da deficiência de *Qi* e de sangue; vários tipos de hemorragia decorrente do fracasso do baço para controlar o sangue.

[Análise] esta fórmula também é derivada da *Si Jun Zi Tang* com a adição da *Radix Astragali* para complementar o *Qi*, *Radix Angelicae Sinensis* e *Arillus Longan* para nutrir o sangue. *Semen Ziziphi Spinosae* é tranqüilizante, e *Radix Astragali* tem efeito sedativo e antidepressivo. *Radix Aucklandiae* regulariza o fluxo de *Qi* do baço. Então, esta fórmula complementa tanto o *Qi* quanto o sangue, revigorando o baço e acalmando o coração (mente).

[Aplicações clínicas] ansiedade, hemorragia uterina e púrpura trombocitopênica com as manifestações mencionadas.

Fórmulas Tônicas de Yin

Para propósitos clínicos, a deficiência de Yin no diagnóstico clínico refere-se somente à deficiência da essência vital e dos fluidos corporais. Teoricamente, o sangue pertence ao Yin, mas devido ao seu significado particular, a deficiência de sangue é separada da deficiência de Yin. Cada órgão *Zang Fu* tem sua própria essência e fluidos, de modo que há diferentes padrões de deficiência de Yin, tais como deficiência de Yin do coração, deficiência de Yin do fígado etc. Em geral, deficiência de Yin é atribuída à deficiência de Yin do rim porque este órgão estoca a Essência que vem de todos os órgãos e a envia para outros órgãos que necessitem dela. Devido ao importante papel dos rins no suprimento de Yin, muitas fórmulas que complementam o Yin contêm tônicos de Yin para os rins.

A deficiência de Yin pode produzir Calor endógeno. Portanto, nas fórmulas para complementar o Yin, alguns ingredientes que reduzem o Calor são freqüentemente adicionados.

Os tônicos de Yin podem dificultar o apetite ou causar estagnação de *Qi* ou retenção do fluido. Então, os ingredientes que revigoram o baço, regulam o fluxo de *Qi* ou induzem a diurese são, algumas vezes, adicionados às fórmulas tônicas.

Liu Wei Di Huang Tang (Decocção dos seis ingredientes com *Rehmanniae*): *Radix Rehmanniae Preparata* 18 g; *Fructus Corni* 9 g; *Rhizoma Dioscoreae* 9 g; *Rhizoma Alismatis* 6 g; *Cortex Moutan* 6 g; *Poria* 6 g, preparadas como decocção.

Sua preparação pronta para o uso é *Liu Wei Di Huang Wan* (Pílula dos seis ingredientes com *Rehmanniae*). Na verdade, primeiro foi formulada a pílula, e a composição da decocção seguiu a receita da pílula.

[Efeitos] deficiência de Yin dos rins manifestada por debilidade e dor lombar e nos joelhos, tontura, zumbido, audição prejudicada, sudorese noturna, febre vespertina, sensação febril nas palmas das mãos e solas dos pés, gotejamento na micção, língua vermelha com saburra escassa e pulso filiforme e rápido.

[Análise] esta é uma fórmula básica para a complementação do Yin do rim. Demonstra um padrão especial de combinação do ingrediente com as seguintes características:

(1) É uma fórmula bem conhecida para a complementação do Yin dos rins, mas também inclui ingredientes tônicos para o fígado e o baço. A *Radix Rehmanniae Preparata*, como ingrediente principal, é usada em dose muito maior do que os outros ingredientes. *Fructus Corni* é um tônico Yin tanto do fígado quanto do rim. Devido ao fato de "o fígado e os rins terem a mesma fonte", a complementação do Yin do fígado aumenta o Yin dos rins. *Rhizoma Dioscoreae* revigora o baço. "O baço melhora o material básico da constituição adquirida"; supre nutrientes na forma de essência. Então, a adição deste ingrediente também é útil para complementar o Yin do rim.

(2) A fórmula é uma combinação dos três tônicos, ou ingredientes complementadores, com três ingredientes redutores ou removedores. Além dos tônicos mencionados, que complementam os rins, fígado e baço respectivamente, a fórmula inclui *Rhizoma Alismatis*, um diurético que remove o excesso de Água, *Poria*, que remove a Umidade, e *Cortex Moutan*, que reduz o Calor endógeno. A Umidade e a Água excessiva são produtos do metabolismo desordenado da água na insuficiência renal. O Calor endógeno é um produto da deficiência de Yin. Então, esta fórmula serve como

um bom exemplo para ilustrar um tratamento, tanto no aspecto incidental quanto fundamental, da patologia.

(3) Os ingredientes removedores e redutores usados na fórmula têm outras funções: *Rhizoma Alismatis* impede a estagnação causada pela *Radix Rehmanniae* Preparata, *Cortex Moutan* corrige a natureza morna da *Fructus Corni* e *Poria* aumenta o efeito revigorante do baço presente na *Rhizoma Dioscoreae* por meio da remoção da Umidade.

[Farmacologia moderna] (1) Efeitos sobre a função imunológica: foi demonstrado o efeito da fórmula de aumentar a função imunológica, incluindo o aumento da atividade dos receptores do Fc e C3b dos macrófagos, melhorando a transformação dos linfócitos e induzindo a produção do interferon. (2) Ações antineoplásicas: a decocção demonstra efeitos antineoplásicos em laboratório. Não pode exterminar diretamente as células com tumor, mas inibe o crescimento do câncer por meio do aumento da vigilância imunológica do hospedeiro. Além disso, pode diminuir os efeitos tóxicos e colaterais quimioterápicos (adriamicina, vintristina, ciclofosfamida e 5 Fu) e proteger o sangue, coração, fígado e rim dos danos da quimioterapia. (3) Efeitos sobre o metabolismo do fígado e dos lipídios: a decocção impede as lesões no fígado decorrentes de tetracloreto de carbono e tioacetamida. É interessante notar que quando a fórmula é dividida em duas decocções, somente uma contém os três tônicos, sendo que as outras contêm três ingredientes com efeitos redutores, e nenhuma das decocções demonstra efeito de proteção do fígado. Na hiperlipemia experimental, a fórmula pode reduzir o colesterol sérico e o conteúdo de gordura no fígado. A decocção que contém os ingredientes redutores demonstra efeitos similares aos da fórmula toda. Uma análise mais profunda da fórmula revela que os ingredientes efetivos sobre os lipídios são os *Rhizoma Alismatis* e a *Cortex Moutan*. (4) Efeitos sobre o metabolismo dos carboidratos: a fórmula reduz a glicemia e eleva o conteúdo hepático do glicogênio. (5) Efeitos sobre o cálcio e o metabolismo do fósforo: a fórmula foi, originalmente, designada para o tratamento de raquitismo em crianças. De acordo com a teoria da MTC, o raquitismo é uma condição mórbida decorrente da deficiência do rim, pois estes dominam os ossos. No raquitismo experimental, a fórmula mantém o metabolismo do Ca e P em níveis normais, e aumenta o depósito do Ca e P nos ossos. (6) Efeitos sobre a função sexual: a fórmula aumenta o número de espermas e copulações em experimentos com animais. (7) Efeito sobre a audição: a fórmula reduz a dificuldade de audição causada pela gentamicina em laboratório.

[Aplicações clínicas] diabetes mellitus, hipertensão, nefrite crônica, síndrome do climatério com deficiência de Yin do fígado e rim.

Com base nesta fórmula, uma série de pílulas contendo *Rehmanniae* tem sido desenvolvida.

Zhi Bai Di Huang Wan (Pílula de *Rehmanniae* com *Rhizoma Anemarrhenae* e *Cortex Phellodendri*): *Liu Wei Di Huang Wan* (Pílula dos seis ingredientes com *Rehmanniae*) mais *Rhizoma Anemarrhenae* e *Cortex Phellodendri*.

Esta fórmula tem a ação de complementar o Yin e dominar o Fogo, sendo indicada no tratamento da deficiência de Yin com Fogo exuberante manifestado por febre intensa, sudorese noturna, dor lombar e nos joelhos e secura na boca ou dor de garganta.

Qi Ju Di Huang Wan (Pílula de *Rehmanniae* com *Fructus Lycii* e *Flos Chrysanthemi*): *Liu Wei Di Huang Wan* (Pílula dos seis ingredientes com *Rehmanniae*) mais *Fructus Lycii* e *Flos Chrysanthemi*.

É usada no tratamento da deficiência de Yin do fígado e dos rins com visão turva ou secura e dor nos olhos.

Mai Wei Di Huang Wan (Pílula de *Rehmanniae* com *Radix Ophiopogon* e *Fructus Schisandrae*): *Liu Wei Di Huang Wan* (Pílula dos seis ingredientes com *Rehmanniae*) + *Radix Ophiopogonis* e *Fructus Schisandrae*.

Apresenta ação de complementação do Yin do pulmão e dos rins, sendo usada no tratamento das patologias debilitantes, acompanhadas de tosse, hemoptise, febre vespertina e sudorese noturna.

Yi Guan Jian (Decocção sempre efetiva): *Radix Glehniae* 9 g; *Radix Ophiopogonis* 9 g; *Radix Rehmanniae* 18-30 g; *Radix Angelicae Sinensis* 9 g; *Fructus Lycii* 9-18 g; *Fructus Toosendan* 4,5 g, preparadas como decocção.

Esta é uma fórmula indicada no tratamento das dores no hipocôndrio e epigástrio acompanhadas por secura na garganta e boca devido à deficiência de Yin com estagnação de *Qi*. Nesta fórmula tônica do Yin, uma pequena quantidade de *Fructus Toosendan* é adicionada para suavizar o fluxo de *Qi*.

Zuo Gui Yin (Decocção direcionadora do Yin): *Radix Rehmanniae Preparata* 15-30 g; *Rhizoma Dioscoreae* 6 g; *Fructus Lycii* 6 g; *Poria* 6 g; *Fructus Corni* 4,5 g; *Radix Glycyrrhizae Preparata* 3 g, preparadas como decocção.

[Efeitos] complementa o Yin dos rins.

[Indicações] deficiência de Yin dos rins manifestada por lombalgia, emissão noturna, sudorese noturna, secura na boca e garganta, língua avermelhada sem saburra e pulso filiforme e rápido.

[Análise] esta fórmula também é derivada da *Liu Wei Di Huang Wan* (Pílula dos seis ingredientes com *Rehmanniae*), sendo retirados os dois ingredientes redutores, a saber, *Rhizoma Alismatis* e *Cortex Moutan*, e sendo adicionados dois tônicos a mais, *Fructus Lycii* para complementar o Yin e *Radix Glycyrrhizae Preparata* para tonificar o baço.

[Aplicações clínicas] patologias crônicas ou convalescença após a ocorrência de uma patologia severa com Síndrome de Deficiência de Yin do rim.

Fórmulas Tônicas do Yang

Jin Gui Shen Qi Wan (Pílula da câmara dourada para o *Qi* do rim) ou **Shen Qi Wan** (Pílula de *Qi* do rim): *Radix Rehmanniae Preparata; Fructus Corni; Rhizoma Dioscoreae; Rhizoma Alismatis; Cortex Moutan; Poria; Radix Aconiti Lateralis Preparata e Ramulus*

Cinnamomi, misturadas a uma razão de 8:4:4:3:3:3:1:1: de peso, sendo transformada em pó para a elaboração de pílulas, 6-9 g, duas vezes ao dia. Esta fórmula é usada com freqüência para fazer decocções com dosagem adequada dos ingredientes.

[Efeitos] tonifica o Yang dos rins.

[Indicações] deficiência de Yang do rim marcada por dor no abdome inferior, debilidade das pernas, sensação de frio na porção inferior do corpo e micção anormal (oliguria ou poliúria) acompanhada de língua pálida e aumentada e pulso fraco submerso na seção *chi*.

[Análise] a fórmula é composta de *Liu Wei Di Huang Wan* (Pílula dos seis ingredientes com *Rehmanniae*) mais *Ramulus Cinnamomi* e *Radix Aconiti Lateralis Preparata*. Porém, não é considerada derivada da Pílula dos seis ingredientes com *Rehmanniae*. É chamada de Pílula de *Qi* dos rins da câmara dourada porque surgiu inicialmente no livro *Synopsis of Prescritions of the Golden Chamber* (escrito em 219), por volta de 900 anos antes da Pílula dos seis ingredientes com *Rehmanniae*, cujo primeiro relato foi em *Key To Therapeutics of Children's Diseases* (em 1119). Portanto, seria razoável dizer que esta última é derivada da *Jin Gui Shen Qi Wan* (Pílula de *Qi* dos rins da câmara dourada); Pílula dos seis ingredientes com *Rehmanniae* = Pílula do rim – *Ramulus Cinnamomi* – *Radix Aconiti Lateralis*.

Seria interessante abordar sua composição. Esta fórmula é usada para tonificar o Yang do rim, mas seu ingrediente principal é a *Radix Rehmanniae Preparata*, um tônico do Yin. Dentre os oito ingredientes desta fórmula, somente *Ramulus Cinnamomi Radix Aconiti Lateralis* são medicamentos Yang, e os outros seis estão relacionados ao Yin, tanto para efeito de complemento quanto de redução, como já foi discutido anteriormente na composição da Pílula dos seis ingredientes com *Rehmanniae*. Isto pode ser explicado da seguinte forma:

De acordo com a teoria do Yin e Yang, Yin representa a base material, e Yang as atividades funcionais. Eles são interdependentes e podem se transformar um no outro. Então, diz-se que o crescimento do Yang depende do desenvolvimento normal do Yin. Esta é a principal razão pelo qual os tônicos de Yin são usados na fórmula para tonificar o Yang, mesmo em doses maiores do que os tônicos de Yang.

A Deficiência de Yang do rim sempre causa patologias crônicas, onde a deficiência de Yin do rim está envolvida. Portanto, o uso dos tônicos de Yin é necessário.

No tratamento da deficiência de Yang do rim, é necessário um tratamento prolongado. Por causa da sua ação de aquecimento, os tônicos de Yang são capazes de alterar o fluido Yin causando secura. Esta é a razão pelo qual os tônicos de Yin devem ser usados em combinação com os tônicos de Yang para uso prolongado.

[Farmacologia moderna] (1) Efeitos sobre o metabolismo do carboidrato: clinicamente, a fórmula é efetiva no tratamento do diabetes mellitus. Em laboratório, a fórmula demonstra efeito hipoglicemiante no diabetes induzido por estreptozotocina. O ingrediente efetivo é a *Fructus Corni*, que contém ácido ursólico e oleanoleico como princípios ativos para o diabetes. Como são solúveis em gordura, quase não podem ser extraídas pela água quente. Isto pode explicar porque a preparação da pílula, e não a decocção, tem sido recomendada, tradicionalmente. (2) Efeitos sobre o metabolismo lipídico: esta fórmula impede a formação da gordura no fígado e reduz os lipídios no sangue em animais nutridos com alimentos com alto índice de colesterol. (3) Efeitos sobre a glutationa: a fórmula aumenta visivelmente o conteúdo de glutationa no cristalino e nos testículos. Então, pode ser usada no tratamento da catarata e da oligozoospermia. (4) Efeitos sobre a regulação neuro-humoral: clinicamente, a deficiência de Yang do rim é normalmente associada com a hipofunção do eixo hipotalâmico-hipófise-adrenocortical. A fórmula pode melhorar a função da hipófise-adrenocortical, aumentando a excreção urinária do 17-hydroxicorticosterona e reduzindo a dosagem da cortisona nos pacientes dependentes desta substância. A fórmula não tem ação do tipo testosterona, mas apresenta algum componente que pode agir nos testículos, como é demonstrado por meio do aumento de ligações locais nos receptores de dihidrotestosterona na próstata.

[Aplicações clínicas] nefrite crônica com edema, diabetes mellitus, hiperplasia prostática, impotência sexual, catarata e muitas outras patologias associadas com deficiência de Yang do rim. É interessante notar que ambas, oliguria e poliúria, podem ser tratadas com a mesma fórmula.

Similar ao *Jin Gui Shen Qi Wan* (Pílula de *Qi* do rim da câmara dourada), a *Gui Fu Di Huang Wan* (Pílula de *Rehmanniae* com canela e acônico), também chamada de *Ba Wei Di Huang Wan* (Pílula dos oito ingredientes com *Rehmanniae*) ou (Pílula dos oito ingredientes com canela e acônico), é freqüentemente utilizada para tonificar o *Yang*. A composição desta última é a mesma da primeira, exceto a *Ramulus Cinnamomi*, que é substituída por *Cortex Cinnamomi*.

Ji Sheng Shen Qi Wan (Pílula restauradora do rim): *Shen Qi* Wan (Pílula de *Qi* do rim) mais *Radix Achyranthis Bidentatae* e *Semen Plantaginis*. Tonifica o Yang do rim para induzir a diurese, sendo indicada no tratamento do edema e da oliguria decorrente da deficiência de Yang do rim, como é observado na síndrome nefrótica.

You Gui Yin (Decocção direcionadora do Yang): *Radix Rehmanniae Preparata* 15-30 g; *Fructus Corni* 6 g; *Rhizoma Dioscoreae* 6 g; *Fructus Lycii* 6 g; *Radix Glycyrrhizae Preparata* 4,5 g; *Cortex Eucommiae* 6 g; *Radix Aconiti Lateralis Preparata* 6 g; *Cortex Cinnamomi* 4,5 g, preparadas como decocção.

[Efeitos] tonifica o Yang do rim;

[Indicações] deficiência de Yang do rim manifestada por dor lombar, membros frios, lassidão, língua pálida com saburra branca e pulso profundo e filiforme.

[Análise] esta fórmula é derivada do *Gui Fu Ba Wei Wan* com a subtração de todos os três ingredientes redutores, a saber, *Rhizoma Alismatis*, *Cortex Moutan* e *Poria*, e com a adição da *Fructus Lycii* e *Cortex Eucommiae* para tonificar os rins e o fígado, e *Radix Glycyrrhizae Preparata* para tonificar o baço.

[Aplicações clínicas] patologias crônicas com deficiência de Yang do rim.

Er Xian Tang (Decocção dos dois elixires): *Rhizoma Curculiginis* 9 g; *Herba Epidemii* 9 g; *Radix Morindae Officinalis* 9 g; *Radix Angelicae Sinensis* 9 g; *Cortex Phellodendri* 6 g; *Rhizoma Anemarrhenae* 6 g; preparada como decocção.

[Efeitos] tonifica os rins, purga o Fogo, regulariza os vasos Penetrador e da Concepção.

[Indicações] deficiência de ambos, Yin e Yang complicado por Fogo exuberante.

[Análise] é uma fórmula que não só aquece o Yang do rim, mas também complementa o Yin do rim, aliviando o Fogo falso do rim, além de regular a menstruação. Então, é indicado no tratamento da síndrome do climatério.

Rhizoma Curculiginis, Herba Epidemii e *Radix Morindae Officinalis* são tônicos do Yang do rim. *Rhizoma Anemarrhenae* e *Cortex Phellodendri* complementam o Yin e aliviam o Fogo. *Radix Angelicae Sinensis* nutre o sangue e regula a menstruação.

[Aplicações clínicas] síndrome do climatério, hipertensão e menstruação irregular com a síndrome acima mencionada.

FÓRMULAS DIGESTIVAS

As fórmulas digestivas são indicadas para a dispepsia acompanhada de plenitude e distensão epigástrica e abdominal, eructação fétida, regurgitação ácida, náusea, vômito, anorexia, diarréia ou constipação e língua com saburra oleosa e espessa.

Os pontos-chave na composição de uma fórmula digestiva podem ser descritos da seguinte forma:

Os digestivos são os ingredientes principais: *Massa Fermentata Medicinalis* e *Frutus Hordei Germinatus* são bons para melhorar a digestão de cereais e *Fructus Crataegi* é indicado para carnes e alimentos gordurosos.

A retenção de alimentos de difícil digestão no estômago causa freqüentemente fluxo desordenado do *Qi* do estômago. Se houver fluxo invertido ascendente de *Qi* do estômago com náusea e vômito, *Semen Raphani* e *Rhizoma Pinelliae* são normalmente adicionadas como antieméticas. Se o *Qi* do estômago está estagnado causando plenitude e distensão epigástrica, é preferível adicionar *Pericarpium Citri Reticulatae, Radix Aucklandiae* e *Fructus Amomi*, e nos casos severos o uso de *Fructus Aurantii Immaturus, Pericarpium Citri Reticulatae Viride* e *Semen Arecae* pode ser necessário. Se os alimentos retidos conduzirem à constipação, é útil esvaziar o intestino utilizando *Rhizoma et Radix Rhei*.

A retenção prolongada de alimentos pode conduzir ao Calor manifesto por meio da saburra amarela e sede. Então, alguns antitérmicos como *Radix Scutellariae* e *Fructus Forsythiae* são freqüentemente adicionados nas fórmulas digestivas.

É importante diferenciar o excesso da deficiência no caso de dispepsia. A dispepsia decorrente da ingestão de alimentos e líquidos em excesso e de uma só vez, normalmente, é do tipo excesso, e pode ser tratada com digestivos isoladamente. Mas se a dispepsia ocorre devido à deficiência do baço, o tratamento primário deve ser o revigoramento do baço e o uso de digestivos como auxiliares.

Bao He Wan (Pílula suavizante): *Fructus Crataegi, Massa Pinelliae Fermentata, Semen Raphani, Poria, Pericarpium Citri Reticulatae, Rhizoma Pinellia* e *Fructus Forsythiae*, misturadas em uma razão de 6:2:1:3:3:3:1 de peso e transformadas em pílulas, 6-9 g, duas vezes ao dia. A fórmula pode ser usada para fazer uma decocção.

[Efeitos] melhora a digestão e pacifica o estômago.

[Indicações] dispepsia manifestada por distensão e dor no epigástrio, anorexia, eructação fétida, regurgitação ácida, língua com saburra amarela e oleosa e pulso escorregadio.

[Análise] esta é uma fórmula suave para o tratamento da retenção de alimentos não digeridos. Contém, principalmente, digestivos: *Fructus Crataegi, Massa Fermentata Medicinalis* e *Semen Raphani* como principais ingredientes. Como o alimento estagnado pode produzir Umidade e Calor, a fórmula contém *Pericarpium Citri Reticulatae, Poria* e *Rhizoma Pinelliae* para dispersar a Umidade, e *Fructus Forsythiae* para eliminar o Calor, sendo todas auxiliares.

[Aplicações clínicas] dispepsia decorrente de dieta inadequada; mas não é apropriada para a deficiência do baço com retenção de alimentos.

Zhi Zhu Wan (Pílula de *Fructus Aurantii Immaturus* e *Rhizoma Atractylodis Macrocephalae*): *Rhizoma Atractylodis Macrocephalae* e *Fructus Aurantii Immaturus*, misturadas em uma proporção de 2:1 de peso e transformadas em pílulas, 6-9 g, duas vezes ao dia, ou feitas em decocção com a dosagem correspondente.

[Efeitos] revigora o baço, melhora a digestão e remove os alimentos retidos.

[Indicações] dispepsia decorrente da debilidade do baço e do estômago, manifestados por distensão epigástrica, anorexia ou ruídos líquidos no estômago.

[Análise] nesta fórmula, a tonificação é primária, ao passo que a eliminação é secundária porque a dosagem da *Rhizoma Atractylodis Macrocephalae* é o dobro da *Fructus Aurantii Immaturus*.

[Aplicações clínicas] patologias crônicas do estômago com as manifestações acima mencionadas.

FÓRMULAS ADSTRINGENTES

As fórmulas adstringentes são usadas para conter vários tipos de eliminação anormal, tais como sudorese espontânea ou noturna, emissão noturna ou espermatorréia, enurese ou incontinência urinária, diarréia prolongada com incontinência fecal, hemorragia uterina anormal e leucorréia. Deve-se notar que muitas das patologias acima descritas são secundárias em relação às condições de deficiência, mas a maioria das fórmulas adstringentes pode, somente, proporcionar alívio sintomático. Portanto, outras fórmulas são necessárias no tratamento mais radical.

Fórmula Adstringente para Conter a Sudorese

Yu Ping Feng San (Pó de tela de jade): *Radix Astragali, Rhizoma Atractylodis Macrocephalae* e *Radix Saposhnikoviae*, misturadas em uma proporção de 3:1:1 de peso e transformadas em pó, 6-9 g, duas vezes ao dia. Também pode ser feita em pílulas, denominada *Yu Ping Feng Wan* (Pílula de tela de jade), ou em solução denominada *Yu Ping Feng Kou Fu Ye* (Solução da tela de jade).

[Efeitos] tonificação de *Qi*, consolidação da defesa superficial e retenção da sudorese.

[Indicações] Síndrome de Deficiência manifestada por aversão ao Vento, sudorese espontânea, língua pálida com saburra branca e pulso flutuante e fraco.

[Análise] *Radix Astragali*, principal ingrediente desta fórmula, tonifica o *Qi* do baço e dos pulmões, principalmente a defesa superficial de *Qi*, e contém a sudorese excessiva. *Rhizoma Atractylodis Macrocephalae* revigora o baço e tonifica o *Qi*, auxilia a *Radix Astragali* a fortalecer a defesa superficial e conter a sudorese. *Radix Saposhnikovia*e, erva para dispersar o Vento patogênico, quando usada em combinação com os tônicos de *Qi*, pode dissipar os patógenos em pacientes com deficiência de *Qi*, causando efeitos adversos. Então, esta fórmula é boa no tratamento da sudorese espontânea decorrente da deficiência da defesa superficial de *Qi*, e também pode ser usada para prevenção contra a resistência corporal debilitada e vulnerabilidade às patologias exógenas.

[Aplicações clínicas] prevenção dos ataques repetidos de resfriado e gripe, principalmente nos indivíduos vulneráveis.

Fórmulas Adstringentes para Contenção da Diarréia

Si Shen Wan (Pílula dos quatro ingredientes miraculosos): *Fructus Psoraleae, Fructus Schisandrae, Semen Myristicae* e *Fructus Evodiae*, misturadas em uma proporção de 4:4:2:1, de peso, transformadas em pó e manipuladas como pílulas, 9-12 g, duas vezes ao dia.

[Efeitos] aquece os rins e o baço e contém a diarréia.

[Indicações] Frio-vazio no rim e no baço, manifestado por diarréia antes do amanhecer, lassidão, lombalgia, membros frios, língua pálida com saburra branca e fina, e pulso profundo, lento e fraco.

[Análise] *Fructus Psoraleae*, de sabor picante e natureza morna, tonifica o Fogo Vital e dissipa o Frio patogênico, sendo o principal ingrediente. *Fructus Evodiae* aquece o Aquecedor Médio e dissipa o Frio: *Semen Myristicae* também aquece o baço. Ambas, *Semen Myristicae* e *Fructus Schisandrae* são adstringentes usados para conter a diarréia. Portanto, a ação desta fórmula consiste em aquecer o baço e os rins, e conter a diarréia.

[Aplicações clínicas] enterocolite crônica com as manifestações acima mencionadas.

Fórmula Adstringente para Contenção da Emissão Seminal

Jin Suo Gu Jing Wan (Pílula da fechadura dourada para emissão seminal): *Semen Astragali Complanati, Semen Euryales, Stamen Nelumbinis, Os Draconis Ustum* e *Concha Ostreae Usta*, misturadas na proporção de 2:2:2:1:1 de peso, transformadas em pó e manipuladas como pílulas, 9 g, duas vezes ao dia.

[Efeitos] fortalece os rins e contém a emissão seminal.

[Indicações] insuficiência do rim marcada por emissão seminal e espermatorréia, fraqueza, lombalgia, língua pálida com saburra branca e pulso fino e fraco.

[Análise] esta é uma fórmula para o tratamento da emissão seminal e espermatorréia decorrentes da insuficiência do rim. *Semen Astragali Complanati* é o ingrediente principal. Tonifica os rins, complementa a essência vital e contém a emissão seminal. *Semen Euryales e Stamen Nelumbinis* são adjuvantes que auxiliam a fortalecer o efeito do ingrediente principal para conter a emissão seminal. *Os Draconis Ustum* e *Concha Ostreae Usta* também são adstringentes usados como ingredientes auxiliares nesta fórmula. Portanto, a fórmula tem tanto o efeito radical para tonificar os rins quanto o efeito sintomático para conter a emissão seminal, mas a última é a melhor.

[Aplicações clínicas] emissão seminal e espermatorréia decorrentes da insuficiência do rim. É contra-indicada na emissão seminal decorrente da Umidade-Calor do Aquecedor Inferior.

Fórmulas Adstringentes para Contenção da Micção Anormal

Suo Quan Wan (Pílula para redução da micção): *Radix Linderae* e *Semen Alpiniae Oxyphyllae,* misturadas em quantidades iguais, transformadas em pó e manipuladas como pílulas.

[Efeitos] tonifica os rins e contém a enurese.

[Indicações] Micção freqüente em adultos e enurese nas crianças.

[Análise] ambos os ingredientes são de natureza morna e tonificam os rins e dissipam o Frio.

Fórmulas Adstringentes para Conter a Hemorragia Uterina ou a Leucorréia

Gu Chong Tang (Decocção para tonificação do Vaso Penetrador): *Rhizoma Atractylodis Macrocephalae* 30 g; *Radix Astragali* 18 g, *Os Draconis Ustum* 24 g; *Concha Ostreae Usta* 24 g; *Fructus Corni* 24 g; *Radix Paeonia Alba* 12 g; *Os Sepiae* 12 g; *Radix Rubiae* 9 g; *Petiolus Trachycarpi Carbonizatus* 6 g; *Galla Chinensis* 1,5 g; preparada como decocção.

[Efeitos] revigora o baço, tonifica o *Qi* e controla a hemorragia do Vaso Penetrador.

[Indicações] sangramento uterino anormal e fluxo menstrual excessivo decorrente do fracasso do baço para controlar o sangue.

[Análise] *Rhizoma Atractylodis Macrocephalae* e *Radix Astragali* revigoram o baço e complementam o *Qi*, sendo os ingredientes principais. As desarmonias do Vaso Penetrador são freqüentemente relacionadas à insuficiência do fígado e dos rins. Então, *Fructus Corni* e *Radix Paeoniae Alba* são usadas para tonificar o fígado e os rins. Todos os outros ingredientes são adstringentes para interromper a hemorragia.

[Aplicações clínicas] hemorragia uterina disfuncional, hemorragia puerperal e úlcera péptica hemorrágica decorrente da deficiência de *Qi*.

FÓRMULAS TRANQÜILIZANTES

Estas fórmulas são usadas no tratamento da agitação mental marcada por insônia, agitação ou mania. A agitação mental pode ser decorrente de várias condições, tais como deficiência de sangue do coração, Fogo exuberante do coração, distúrbio do coração por muco-Fogo, desarmonia do coração e dos rins e disfunção do estômago. Para aliviar a agitação mental, as condições primárias devem ser tratadas de acordo com a adição dos agentes tranqüilizantes adequados. Agentes tranqüilizantes podem ser divididos em duas categorias: aqueles que induzem a tranqüilidade por meio da nutrição de sangue do coração, p. ex., *Semen Ziiziphi Spinosae, Caulis Polygoni Multiflori, Radix Polygalae* e *Semen Biotae*; e aqueles que induzem a tranqüilidade por meio de seu peso (minerais ou conchas), ou seja, *Magnetitum, Margarita, Os Draconis* e *Concha Ostreae*.

Suan Zao Ren Tang (Decocção da *Semen Ziziphi Spinosae*): *Semen Ziziphi Spinosae* 18 g; *Rhizoma Anemarrhenae* 6 g; *Poria* 6 g; *Rhizoma Chuan Xiong* 3 g; *Radix Glycyrrhizae* 3 g; preparada como decocção.

A preparação pronta para o uso desta fórmula é *Suan Zao Ren Tang Wan* (Pílula de decocção da *Semen Ziziphi Spinosae*).

[Efeitos] nutre o sangue, remove o Calor e induz a tranqüilidade.

[Indicações] insônia decorrente do tipo deficiência, acompanhada de palpitação, sudorese noturna, tontura, secura na garganta e boca e pulso filiforme ou em corda e rápido.

[Análise] de acordo com a Teoria dos Cinco Elementos, o tratamento de um órgão na deficiência consiste em tonificar o órgão mãe. Agitação e insônia são sintomas de agitação mental. O fígado, pertencente a Madeira, é o órgão mãe do coração, que pertence a Fogo. Quando o sangue do fígado for insuficiente, o suprimento de sangue pelo coração (o órgão encarregado das atividades mentais) não será adequado, resultando em agitação e na insônia. Além disso, a deficiência de Yin do fígado é, normalmente, acompanhada por Calor endógeno, o que pode conduzir à insônia por meio do distúrbio das atividades mentais do coração e, também, a outros sintomas, tais como tontura, sudorese noturna e secura na garganta e boca. *Semen Ziziphi Spinosae* é o ingrediente principal na fórmula. Em chinês, ela é denominada *Suan Zao Ren*, onde *Suan* significa azeda e *Zao Ren* é a semente de tâmara. "Azedo" pertence a Madeira, que age sobre o fígado. Portanto, *Semen Ziziphi Spinosae* é considerado um tônico de sangue do fígado com efeito tranqüilizante.

Poria é um adjuvante que auxilia a *Semen Ziziphi Spinosae* em seu efeito tranqüilizante. *Rhizoma Anemarrhenae* e *Chuan Xiong* são ingredientes auxiliares: o primeiro elimina o Calor endógeno e o último suaviza o fígado e corrige, parcialmente, a ação adstringente da *Semen Ziziphi Spinosae Radix Glycyrrhizae* modera os efeitos de outros ingredientes.

[Farmacologia moderna] pesquisas modernas demonstram efeitos sedativos ou hipnóticos desta decocção. A decocção inibe as células nervosas com excesso de estímulo, principalmente no córtex cerebral, e *Semen Ziziphi Spinosae* interpreta o papel principal. Porém, não há explicação moderna para o efeito de nutrição de sangue do fígado.

[Aplicações clínicas] insônia, como descrito acima.

Tian Wang Bu Xin Dan (Tônico do coração do rei celestial): *Radix Rehmanniae, Radix Ginseng; Radix Scrophulariae, Radix Salviae Miltiorrhizae, Poria, Radix Polygalae, Radix Platycodi, Fructus Schisandrae; Radix Ophiopogonis, Radix Asparagi, Semen Ziziphi Spinosae, Radix Angelicae Sinensis* e *Semen Biotae*, misturadas na proporção de 8:1:1:1:1:1:1:2:2:2:2:2:2 de peso, e transformadas em pílulas, 9 g, duas vezes ao dia. A fórmula pode, também, ser usada para fazer decocções por meio do uso da dosagem adequada de cada ingrediente.

[Efeitos] nutre o Yin-sangue do coração e dos rins e acalma a mente.

[Indicações] deficiência de Yin do coração e do rim com exuberância do Yang marcada por insônia, palpitação, ulceração na boca com constipação, língua avermelhada com saburra escassa e pulso filiforme e rápido.

[Análise] nesta fórmula, *Radix Rehmanniae* e *Radix Scrophulariae* complementam o Yin do rim e reduzem o Calor. *Radix Angelicae Sinensis* e *Radix Salviae Miltiorrhizae* nutrem o sangue do coração. *Radix Ophiopogonis* e *Radix Asparagi* complementam o Yin do coração. *Ginseng* e *Poria* tonificam o *Qi* do coração. *Semen Ziziphi Spinosae, Semen Biotae* e *Radix Polygalae* acalmam a mente. *Fructus Schisandrae* tonifica o coração por meio da sua ação adstringente. *Radix Platycodi* serve como um condutor e "direciona" os efeitos de outros ingredientes em ascendência.

[Aplicações clínicas] ansiedade com manifestações acima mencionadas.

Gui Zhi Gan Cao Long Gu Mu Li Tang (Decocção da *Ramulus Cinnamomi, Radix Glycyrrhizae, Os Draconis* e *Concha Ostreae*): *Ramulus Cinnamomi* 3 g; *Radix Glycyrrhizae* 6 g; *Os Draconis* 9 g; *Concha Ostreae* 9 g, preparadas como decocção.

[Efeitos] aquece o coração e é sedativo.

[Indicações] deficiência de Yang do coração com agitação mental manifestada por irritabilidade, palpitação e sudorese espontânea.

[Análise] *Os Draconis* e *Concha Ostreae* são substâncias pesadas que induzem a tranqüilidade. *Ramulus Cinnamomi*, de natureza morna, tonifica o Yang do coração, e *Radix Glycyrrhizae* tonifica o *Qi* do baço. Seu uso combinado restaura a função normal do coração (atividade mental normal).

[Aplicações clínicas] ansiedade com manifestações acima mencionadas.

FÓRMULAS DOMINADORAS DO VENTO

Aqui, "Vento" refere-se ao Vento endógeno que normalmente decorre da exuberância do Yang do fígado. *The Canon of Medicine* afirma que "vários tipos de Vento (endógeno) com sintomas como tremores, convulsões e vertigem são, na maior parte, atribuídos ao fígado". Então, o Vento endógeno é chamado de "Vento do fígado". Síndromes de Vento do fígado podem, de modo geral, ser classificadas em três categorias: a) Vento do fígado decorrente da exuberância do Yang do fígado, tanto do tipo excesso quanto do tipo deficiência (secundária à deficiência de Yin). b) Vento do fígado atiçado por Calor extremo (febre alta) e c) Vento do fígado decorrente da deficiência de sangue.

Tian Ma Gou Teng Yin (Decocção da *Rhizoma Gastrodiae* e *Rumulus Uncariae*): *Rhizoma Gastrodiae* 6 g; *Rumulus Uncariae* 15 g; *Concha Haliotidis, Ramulus Loranthi* 15 g; *Cortex Eucommiae* 9 g; *Fructus Gardeniae* 9 g; *Radix Scutellariae* 9 g; *Radix Cyathulae* 9 g; *Herba Leonuri* 9 g; *Caulis Polygoni Multiflori* 15 g; *Poria cum Radix Pino* 12 g, preparadas como decocção.

[Efeitos] suaviza o fígado, domina o Vento e nutre o Yin.

[Indicações] Vento do fígado decorre da deficiência de Yin com exuberância do Yang manifestada por cefaléia, vertigem, insônia, língua avermelhada e pulso em corda e rápido.

[Análise] nesta fórmula, *Rhizoma Gastrodiae, Rumulus Uncariae* e *Concha Haliotidis* suavizam o sangue e removem a obstrução dos meridianos colaterais; *Herba Leonuri* melhora a circulação de sangue nos meridianos colaterais; e *Caulis Polygoni Multiflori* e *Poria cum Radix Pino* são tranqüilizantes.

[Aplicações clínicas] hipertensão com Vento no fígado do tipo deficiência.

CAPÍTULO 11

MEDICAMENTOS PATENTEADOS DE USO COMUM

Os medicamentos patenteados da MTC são preparações prontas para o uso manufaturadas com substâncias da Medicina Tradicional Chinesa de acordo com os procedimentos estipulados nos formulários. Normalmente, são feitos na forma de pílulas (incluindo pílulas úmidas, pílulas com mel, pílulas concentradas, pílulas pequenas), comprimidos, extratos suaves, grânulos e vinho medicinal. Apresentam uma vantagem aparente sobre as decocções no que se refere à facilidade de ministrar a medicação. O número de patentes medicinais chinesas também é enorme. A seguir, são mostradas algumas das fórmulas utilizadas mais comuns. A maioria delas está especificada no atual *Pharmacopoeia of the People's Republic of China*.

Medicamentos para as Patologias Respiratórias

Gan Mao Qing Re Chong Ji (Grânulos antipiréticos para resfriados)

[Ingredientes] *Spica Schizonepetae, Herba Menthae, Radix Saposhnikoviae, Radix Bupleuri, Folium Perillae, Radix Puerariae, Radix Platycodi, Semen Amarum, Radix Angelicae Dahuricae, Herba Corydalis Bungeanae e Rhizoma Phragmitis.*

[Efeitos] dissipa o Vento-Frio, induz a diaforese e remove o Calor.

[Indicações] resfriado comum com cefaléia, febre, calafrios, dores generalizadas, coriza e tosse.

[Uso e dosagem] 12 g, duas vezes ao dia, a ser ingerida com água quente.

Gan Mao Tui Re Chong Ji (Grânulos antipiréticos para gripe)

[Ingredientes] *Folium Isatidis, Radix Isatidis, Fructus Forsythiae e Rhizoma Bistortae.*

[Efeitos] remove o Calor tóxico.

[Indicações] infecções das vias aéreas superiores, amigdalite aguda e faringite.

[Uso e dosagem] 18-36 g, três vezes ao dia, a ser ingerida com água quente.

Chuan Bei Pipa Tang Jiang (Xarope de *Fritillariae* e *Semen Armeniacae Amarum*)

[Ingredientes] *Bulbus Fritillariae Cirrhosae, Folium Eriobotryae, Semen Armeniacae Amarum, Radix Platicodi e Mentholum.*

[Efeitos] remove o Calor dos pulmões, drena o muco e alivia a tosse.

[Indicações] tosse nos resfriados e bronquites.

[Uso e dosagem] 10 ml, três vezes ao dia.

Yin Qiao Jie Du Wan (Pílula desintoxicante de *Flos Lonicerae* e *Fructus Forsythiae*), *Yin Qiao Jie Du Pian* (Comprimido desintoxicante de *Flos Lonicerae* e *Fructus Forsythiae*) e *Yin Qiao Jie Du Chong Ji* (Grânulo desintoxicante de *Flos Lonicerae* e *Fructus Forsythiae*)

[Ingredientes] *Flos Lonicerae, Fructus Forsythiae, Fructus Arctii, Herba Schizonepetae, Herba Menthae, Semen Sojae Preparatum, Radix Platycodi, Radix Glycyrrhizae, Herba Lophatheri* e *Rhizoma Phragmitis.*

[Efeitos] alivia a síndrome do exterior e elimina o Calor tóxico.

[Indicações] infecção das vias aéreas superiores com febre, cefaléia, tosse, secura na boca e dor de garganta.

[Uso e dosagem] 1 pílula, 4 comprimidos ou 1 pacote de grânulos, duas a três vezes ao dia.

Yang Yin Qing Fei Gao (Extrato para nutrir o Yin e purificar os pulmões)

[Ingredientes] *Radix Rehmanniae, Radix Ophipogonis, Radix Scrophulariae, Bulbus Fritillaria Cirrhosae, Radix Paeoniae Alba, Cortex Moutan, Herba Menthae* e *Radix Glycyrrhizae.*

[Efeitos] nutre o Yin, purifica o pulmão e alivia a tosse.

[Indicações] deficiência de Yin do pulmão marcada por tosse com expectoração escassa, dor de garganta e secura na boca.

[Uso e dosagem] 10-20 ml, duas a quatro vezes ao dia.

Ban Lan Gen Chong Ji (Grânulos de *Radix Isatidis*)

[Ingredientes] *Radix Isatidis.*

[Efeitos] remove o Calor tóxico e reduz o edema.

[Indicações] infecções das vias aéreas superiores, amigdalite e caxumba; também é utilizada para prevenção e tratamento da hepatite infecciosa e sarampo.

[Uso e dosagem] 5 g, quatro vezes ao dia.

Fang Feng Tong Sheng Wan (Pílula miraculosa de *Saposhnikovia*)

[Ingredientes] *Radix Saposhnikoviae, Fructus Forsythiae, Herba Ephedrae, Fructus Gardeniae, Radix et Rhizoma Rhei, Gypsum Fibrosum, Radix Scutellariae, Radix Paeoniae Alba, Rhizoma Chuan Xiong etc.*

[Efeitos] dissipa o Vento-Calor do exterior e do interior.

[Indicações] patologia Vento-Calor que envolve o exterior e o interior marcada por cefaléia, dor de garganta, constipação e urticária.

[Uso e dosagem] 6 g, duas vezes ao dia.

[Aviso] uso com precaução na gravidez.

Medicamentos para Patologias Digestivas

Huo Xiang Zheng Qi Shui (Líquido de *Pogostemonis* para restaurar o *Qi* normal)

[Ingredientes] *Rhizoma Atractylodis, Pericardium Citri Reticulatae, Cortex Magnoliae Officinalis, Radix Angelicae Dahuricae, Pericarpium Arecae, Poria, Rhizoma Pinelliae, Extractum Glycyrrhizae, Oleum Pogostemonis, Oleum Folii Perillae.*

[Efeitos] alivia as Síndromes de Umidade do exterior e harmoniza o baço e estômago.
[Indicações] gripe com sintomas gastrintestinais e gastroenterocolite aguda.
[Uso e dosagem] 5-10 ml, duas vezes ao dia.

Huo Xiang Zheng Qi Pian (Comprimido de *Pogostemonis* para restaurar o *Qi* normal);
[Ingredientes] *Herba Pogostemonis, Folium Perillae, Radix Angelicae Dahuricae, Pericarpium Arecae, Poria, Rhizoma Atractylodis Macrocephalae, Pericarpium Citri Reticulatae, Rhizoma Pinelliae, Cortex Magnoliae Officinalis, Radix Platycodi* e *Radix Glycyrrhizae.*
[Efeitos] alivia as Síndromes de Umidade no exterior e harmoniza o baço e estômago.
[Indicações] gripe com sintomas gastrintestinais e gastroenterocolite aguda.
[Uso e dosagem] 6 g, duas vezes ao dia.

Fu Zi Li Zhong Wan (Pílula de *Aconite* para regular o Aquecedor Médio)
[Ingredientes] *Radix Aconiti Lateralis Preparata, Radix Codonopsis Pilosulate, Rhizoma Zingiberis, Radix Glycyrrhizae* e *Rhizoma Atractylodis Macrocephalae.*
[Efeitos] aquece e tonifica o baço e o estômago.
[Indicações] gastrite crônica, colite crônica, úlcera péptica e hemorragia menstrual com Síndrome de Frio-vazio do baço e estômago; gastroenterocolite aguda decorrente do ataque direto do Frio Exógeno.
[Uso e dosagem] 6 g de pílulas aquosas-mel ou 1 pílula grande de mel (9 g), duas a três vezes ao dia.

Ma Ren Wan (Pílula laxativa com *Semen Cannabis*)
[Ingredientes] *Semen Cannabis, Radix et Rhizoma Rhei, Fructus Aurantii Immaturus, Cortex Magnoliae Officinalis, Semen Armeniacae Amarum* e *Radix Peoniae Alba.*
[Efeitos] laxativo.
[Indicações] constipação.
[Uso e dosagem] 6 g de pílulas aquosa-mel ou 1 pílula grande com mel (9 g), uma a duas vezes ao dia.

Yue Ju Wan (Pílula para remover a estagnação)
[Ingredientes] *Rhizoma Atractylodis, Rhizoma Cyperi, Rhizoma Chuan Xiong, Massa Fermentata Medicinalis* e *Fructus Gardeniae.*
[Efeitos] melhora o fluxo de *Qi* e alivia as síndromes de estagnação.
[Indicações] alterações funcionais do trato gastrintestinal, úlcera péptica, gastrite crônica, hepatite, colecistite com síndrome de estagnação marcada por plenitude torácica, distensão e dor epigástrica, regurgitação ácida e dispepsia.
[Uso e dosagem] 6-9 g, duas vezes ao dia.

Xiang Sha Yang Wei Wan (Pílula estomacal com *Rhizoma Cyperi* e *Fructus Ammomi*)
[Ingredientes] *Radix Aucklandiae, Fructus Ammomi, Rhizoma Atractylodis Macrocephalae, Pericarpium Citri Reticulatae, Poria, Rhizoma Pinelliae, Rhizoma Cyperi,*

Fructus Aurantii Immaturus, Fructus Amomi Rotundus, Cortex Magnoliae Officinalis, Herba Pogostemonis e *Radix Glycyrrhizae.*

[Efeitos] regulariza a função do estômago.

[Indicações] alterações digestivas marcadas por anorexia, regurgitação ácida, distensão epigástrica e lassidão.

[Uso e dosagem] 9 g, duas vezes ao dia.

Shen Ling Bai Zhu Wan (Pílula de *Ginseng, Poria* e *Radix Atractylodis Macrocephalae)*

[Ingredientes] *Radix Ginseng, Rhizoma Atractylodis Macrocephalae, Poria, Radix Glycyrrhizae Preparata, Rhizoma Dioscoreae, Semen Lablab Album, Semen Coicis, Semen Nelumbinis, Fructus Amomi* e *Radix Platycodi.*

[Efeitos] tonifica o *Qi*, revigora o baço, remove a Umidade e alivia a diarréia.

[Indicações] bronquite crônica, diarréia crônica, dispepsia e alterações menstruais com deficiência de *Qi* do baço.

[Uso e dosagem] 6-9 g, duas a três vezes ao dia.

Bao He Wan (Pílula suavizante)

[Ingredientes] *Fructus Crataegi, Massa Pinelliae Fermentata, Semen Raphani, Poria, Pericarpium Citri Reticulatae, Rhizoma Pinelliae* e *Fructus Forsythiae.*

[Efeitos] melhora a digestão, remove alimentos retidos e regula a função do estômago.

[Indicações] dispepsia decorrente de alimentos retidos, marcada por distensão e dor no epigástrio, anorexia, eructação fétida, regurgitação ácida, saburra da língua de cor amarela e oleosa e pulso escorregadio.

[Uso e dosagem] 6-9 g, duas vezes ao dia.

Zhi Zhu Wan (Pílula de *Fructus Aurantii Immaturus* e *Rhizoma Atractylodis Macrocephalae)*

[Ingredientes] *Rhizoma Atractylodis Macrocephalae* e *Fructus Aurantii Immaturus.*

[Efeitos] revigora o baço, melhora a digestão e elimina a Umidade.

[Indicações] dispepsia decorrente da debilidade do baço e do estômago marcada por distensão epigástrica, anorexia e sons líquidos no estômago.

[Uso e dosagem] 6 g, duas vezes ao dia.

Si Shen Wan (Pílula dos quatro ingredientes miraculosos)

[Ingredientes] *Fructus Psoraleae, Fructus Schisandrae, Semen Myristicae* e *Fructus Evodia.*

[Efeitos] aquece os rins e o baço e contém a diarréia.

[Indicações] colite crônica com deficiência de Frio dos rins e do baço, marcada por diarréia diária antes do amanhecer, anorexia, lassidão, lombalgia, membros frios, língua pálida com saburra branca e fina e pulso lento e fraco.

[Uso e dosagem] 9 g, uma a duas vezes ao dia.

Medicamentos para Doenças Cardiovasculares

Fu Fang Dan Shen Di Wan (Pílula composta de *Da Shen*)
[Ingredientes] *Radix Salviae Miltiorrhizae, Radix Notoginseng* e *Borneolum.*
[Efeitos] remove a estase de sangue, regula o fluxo de *Qi* e alivia a dor.
[Indicações] angina pectoris.
[Uso e dosagem] 10 minipílulas, três vezes ao dias, oralmente ou por via sublingual.
[Aviso] Uso com precaução na gravidez.

Guan Xin Su He Wan (Pílula de *Storax* para Coronariopatia)
[Ingredientes] *Storax, Borneolum, Olibanum, Lignum Santali Albi* e *Radix Aristolochiae.*
[Efeitos] regula o fluxo de *Qi* e alivia a dor.
[Indicações] angina pectoris.
[Uso e dosagem] 1 pílula, uma a três vezes ao dia.
[Aviso] Contra-indicado na gravidez.

Sheng Mai Yin (Líquido ativador do pulso)
[Ingredientes] *Radix Ginseng, Radix Ophiopogonis* e *Fructus Schisandrae.*
[Efeitos] tonifica o *Qi*, nutre o Yin e restaura o pulso normal.
[Indicações] arritmia e palpitação decorrentes da deficiência de *Qi* e do Yin.
[Uso e dosagem] 10 ml, três vezes ao dia.

Medicamentos para Alterações Mentais

Su He Xiang Wan (Pílula de *Storax*)
[Ingredientes] *Storax, Benzoinum, Barneolum, Pulvis Corni Bubali Concentratus, Moschus, Lignum Santali Album, Lignum Aquilariae Resinatum, Flos Caryophylli, Rhizoma Cyperi, Radix Aucklandiae, Olibanum, Fructus Piperis Longi, Rhizoma Atractylodis Macrocephalae, Fructus Chebulae* e *Cinnabairs.*
[Efeitos] induz a restauração da consciência como estimulante aromático, melhora o fluxo de *Qi* e alivia a dor.
[Indicações] lipotimia com perda de consciência; angina pectoris.
[Uso e dosagem] 1 pílula, uma a duas vezes ao dia.
[Aviso] Contra-indicado na gravidez.

An Gong Niu Huang Wan (Pílula de *Calculus Bovis* para recuperação da consciência)
[Ingredientes] *Calculus Bovis, Pulvis Cornus Bubali Concentratus, Moschus, Margarita, Cinnabaris, Realgar, Rhizoma Coptidis, Radix Scutellariae, Fructus Gardeniae, Radix Curcumae, Borneolum Syntheticum.*
[Efeitos] remove o Calor tóxico, alivia a convulsão e restaura a consciência.
[Indicações] delírio e convulsão decorrente de febre alta.
[Uso e dosagem] 1 pílula (3 g) uma vez.
[Aviso] Uso com precaução na gravidez.

Medicamentos para Patologias Ginecológicas

Ai Fu Nuan Gong Wan (Pílula de *Folium Artemisiae Argyi* e *Rhizoma Cyperi* para aquecer o útero).

[Ingredientes] *Folium Artemisiae Argyi, Rhizoma Cyperi, Fructus Evodiae, Cortex Cinnamomi, Radix Angelicae Sinensis, Rhizoma Chuan Xiong, Radix Paeoniae Alba, Radix Rehmanniae Preparata, Radix Astragali e Radix Dipsaci.*

[Ingredientes] tonifica o *Qi*, aquece o útero e regula a menstruação.

[Indicações] alterações menstruais decorrentes de Frio vazio no útero.

[Uso e dosagem] 9 g, duas a três vezes ao dia.

Xiao Yao San (Pó relaxante)

[Ingredientes] *Radix Bupleuri, Radix Angelicae Sinensis, Radix Paeoniae Alba, Rhizoma Atractylodis Macrocephalae, Poria e Radix Glycyrrhizae.*

[Efeitos] suaviza o fígado, revigora o baço e nutre o sangue.

[Indicações] menstruação irregular, dismenorréia e patologia crônica do fígado ou da vesícula biliar decorrente de *Qi* deprimido do fígado com disfunção do baço e deficiência de sangue.

[Uso e dosagem] 6-9 g, uma a duas vezes ao dia.

Dang Gui Wan (Pílula de *Angelicae Sinensis*)

[Ingredientes] *Radix Angelicae Sinensis*

[Efeitos] nutre o sangue, ativa a circulação e regula a menstruação.

[Indicações] alterações menstruais e dismenorréia.

[Uso e dosagem] 6 g, duas vezes ao dia.

Yi Mu Cao Gao (Decocção concentrada de *Herba Leonuri*)

[Ingredientes] *Herba Leonuri*

[Efeitos] ativa a circulação sanguínea e regula a menstruação.

[Indicações] amenorréia, dismenorréia, dor abdominal puerperal decorrente da estase de sangue.

[Uso e dosagem] 10 g, uma a duas vezes ao dia.

[Aviso] Contra-indicado na gravidez.

Wu Ji Bai Feng Wan (Pílula de *Phoenix*)

[Ingredientes] *Phoenix, Colla Cornus Cervi, Carapax Trionycis, Concha Ostreae, Otheca Mantidis, Radix Ginseng, Radix Astragali, Radix Angelicae Sinensis, Radix Peoniae Alba, Rhizoma Cyperi, Radix Asparagali, Radix Glycyrrhizae, Radix Rehmanniae, Rhizoma Chuan Xiong, Radix Stellariae, Radix Salviae Miltiorrhizae, Rhizoma Dioscoreae, Semen Euryales e Cornu Cervi Degelatinatum.*

[Efeitos] tonifica o *Qi* e o sangue, regula a menstruação e contém a leucorréia.

[Indicações] alterações menstruais com hemorragia uterina e leucorréia decorrentes da deficiência de *Qi* e de sangue.

[Uso e dosagem] 1 pílula grande (9 g), duas vezes ao dia.

Geng Nian An Pian (Comprimido para aquietar a menopausa)

[Ingredientes] *Radix Rehmanniae Preparata, Radix Polygoni Multiflori, Rhizoma Alismatis, Poria, Fructus Schisandrae, Concha Margaritifera Usta, Radix Scrophylariae, Fructus Tritici Levis* etc.

[Efeitos] nutre o Yin, remove o Calor e induz a tranqüilidade.

[Indicações] síndrome da menopausa marcada por febre vespertina, sudorese excessiva, tontura, zumbido, insônia e pressão sanguínea instável.

[Uso e dosagem] 6 comprimidos, duas a três vezes ao dia.

Medicamentos para Patologias do Ouvido, Nariz, Garganta e Boca

Er Long Zuo Ci Wan (Pílula de *Rehmanniae* para tratamento da surdez)

[Ingredientes] *Magnetitum, Radix Rehmanniae, Fructus Corni, Cortex Moutan, Rhizoma Dioscoreae, Poria, Rhizoma Alismatis e Radix Bupleuri Marginati.*

[Efeitos] complementa os rins e domina a hiperatividade do fígado.

[Indicações] zumbido e dificuldade na audição decorrente da deficiência de Yin do fígado e dos rins com exuberância do Yang do fígado.

[Uso e dosagem] 6 g de pílulas de água com mel ou 9 g de pílulas pequenas com mel, duas vezes ao dia.

Bi Yan Pian (Pílula para o tratamento da rinite)

[Ingredientes] *Fructus Xanthii, Flos Magnoliae, Radix Saposhnikoviae, Fructus Forsythiae, Flos Chrysanthemi Indici, Fructus Schisandrae, Radix Platycodi, Radix Angelicae, Dahuricae, Rhizoma Anemarrhenae, Herba Schizonepetae e Radix Glycyrrhizae.*

[Efeitos] dissipa o Vento e remove o Calor tóxico do nariz.

[Indicações] rinite crônica e aguda e sinusite.

[Uso e dosagem] 3-4 comprimidos, três vezes ao dia.

Dao Chi Wan (Pílula removedora da vermelhidão)

[Ingredientes] *Fructus Forsythiae, Rhizome Coptidis, Fructus Gardeniae, Caulis Aristolochiae Manshuriensis, Radix Scrophulariae, Radix Trichosanthis, Radix Paeoniae Rubra, Radix et Rhizoma Rhei, Radix Scutellariae e Talcum.*

[Efeitos] remove o Calor, elimina o Fogo e solta o intestino.

[Indicações] úlceras na boca ou na língua, dor de garganta, sensação em queimação durante a micção e constipação.

[Uso e dosagem] 3 g, duas vezes ao dia.

Niu Huang Jie Du Pian (Pílula desintoxicante de *Calculus Bovis*)

[Ingredientes] *Calculus Bovis, Realgar, Gypsum Fibrosum, Radix et Rhizoma Rhei, Radix Scutellariae, Radix Platycodi, Borneolum Syntheticum e Radix Glycyrrhizae.*

[Efeitos] remove o Fogo tóxico.

[Indicações] dor de garganta, edema e dor nas gengivas, úlceras na boca ou na língua e inflamação ocular decorrente de Fogo excessivo.

[Uso e dosagem] 2-4 comprimidos, duas vezes ao dia.

[Aviso] Contra-indicado na gravidez.

Bing Peng San (Pó de *Borneolum Syntheticum* e *Borax*)

[Ingredientes] *Borneolum Syntheticum, Borax, Cinnabaris* e *Natrii Sulfas Exsiccatus.*

[Efeitos] remove o Calor tóxico, reduz o edema e alivia a dor.

[Indicações] dor de garganta, dor e edema nas gengivas e úlceras na boca ou na língua.

[Uso e dosagem] uma pequena quantidade a ser pulverizada na área lesada, várias vezes ao dia.

Liu Shen Wan (Pílula miraculosa dos seis ingredientes)

[Ingredientes] *Calculus Bovis, Moschus, Margarita, Borneolum, Venenum Bufonis* e *Realgar.*

[Efeitos] remove o Calor tóxico e alivia a dor.

[Indicações] faringite, amigdalite, estomatite, periodontite, mastite e furúnculos.

[Uso e dosagem] 8 minipílulas, duas vezes ao dia; uso externo, 10 minipílulas, a serem misturadas com líquido e aplicadas topicamente.

Medicamentos para as Doenças Reumáticas

Xiao Huo Luo Wan (Pílula para Ativar a Circulação nos Colaterais – Receita Menor)

[Ingredientes] *Arisaema cum Bile, Radix Aconiti Preparata, Radix Aconiti Kusnezoffii Preparata, Lumbricus, Olibanum* e *Myrrha.*

[Efeitos] alivia as condições reumáticas e remove as obstruções dos meridianos colaterais.

[Indicações] artrite reumatóide com dor articular, parestesia e contratura muscular.

[Uso e dosagem] 3 g, duas vezes ao dia.

Mu Gua Wan (Pílula de *Fructus Chaenomelis*)

[Ingredientes] *Fructus Chaenomelis, Radix Angelicae Sinensis, Rhizoma Chuan Xiong, Radix Angelicae Dahuricae, Radix Clematidis, Rhizoma Cibotii, Radix Achyranthis Bidentatae, Caulis Spatholobi, Caulis Piperis Futokadsurae, Radix Ginseng, Radix Aconiti Preparata* e *Radix Aconiti Kusnezoffii Preparata.*

[Efeitos] dissipa o Vento-Frio, remove obstruções dos meridianos colaterais e alivia a dor.

[Indicações] artrite reumatóide com parestesia dos membros, dor generalizada, fraqueza nos joelhos e dificuldade para andar.

[Uso e dosagem] 30 pílulas (4,5 g), duas vezes ao dia.

Guo Gong Jiu (Vinho Guo Gong)

[Ingredientes] *Radix Angelicae Sinensis, Rhizoma Chuan Xiong, Radix Angelicae Pubescentis, Radix Achyranthis Bidentatae, Fructus Citri Sarcodactylis, Rhizoma Polygonati Odorati* etc.

[Efeitos] alivia as condições reumáticas e a contratura muscular.

[Indicações] artrite reumática com lombalgia e dor nas pernas e dificuldade para andar.

[Uso e dosagem] 10 ml, duas vezes ao dia.

Medicamentos para Lesões Traumáticas

Qi Li San (Pó anti-hematoma)

[Ingredientes] *Resina Draconis, Olibanum, Myrrha, Flos Carthami, Catechu, Borneolum Syntheticum, Moschus* e *Cinnabaris.*

[Efeitos] remove a estase de sangue, reduz o edema, alivia a dor e contém a hemorragia.

[Indicações] lesões traumáticas com estase de sangue e dor e/ou hemorragia.

[Uso e dosagem] 1-1,5 g, uma a três vezes ao dia; para uso externo, quantidade adequada a ser misturada com líquido e aplicada topicamente.

[Aviso] Contra-indicado na gravidez.

Huo Xue Zhi Tong San (Pó analgésico para ativar o sangue)

[Ingredientes] *Radix Angelicae Sinensis, Radix Notoginseng, Olibanum, Borneolum Syntheticum, Eupolyphaga seu Steleophaga* e *Pyritum.*

[Efeitos] ativa a circulação sanguínea, remove a estase, reduz o edema e alivia a dor.

[Indicações] lesão traumática com equimose e dor.

[Uso e dosagem] 1,5 g, duas vezes ao dia.

[Aviso] Contra-indicado na gravidez.

Yun Nan Bai Yao (Medicamento branco de *Yun Nan*)

[Efeitos] controla a hemorragia, alivia a dor e remove a estase de sangue.

[Indicações] hemorragia traumática e outras hemorragias.

[Uso e dosagem] 0,2 g, duas a três vezes ao dia.

[Aviso] Contra-indicado na gravidez.

Medicamentos Tônicos

Bu Zhong Yi Qi Wan (Pílula para tonificar o Aquecedor Médio e o *Qi*)

[Ingredientes] *Radix Astragali, Radix Ginseng, Rhizoma Atractylodis Macrocephalae, Radix Glycyrrhizae, Radix Angelicae Sinensis, Pericarpium Citri Reticulatae, Rhizoma Cimicifugae* e *Radix Bupleuri.*

[Efeitos] tonifica o baço e o estômago, e eleva o *Qi*.

[Indicações] ataques repetidos de gripe, febre persistente na gripe ou pós-gripe e astenia decorrente de deficiência de *Qi*; prolapso uterino, gastroptose, ptose palpebral, diarréia prolongada com prolapso retal e hemorragia uterina funcional decorrente da submersão de *Qi*.

[Uso e dosagem] 6 g, três vezes ao dia.

Ba Zhen Wan (Pílula dos oito ingredientes preciosos)

[Ingredientes] *Radix Ginseng, Rhizoma Atractylodis Macrocephalae, Poria, Radix Glycyrrhizae, Radix Angelicae Sinensis, Radix Paeoniae Alba, Rhizoma Chuan Xiong* e *Radix Rehmanniae Preparata.*

[Efeitos] tonifica o *Qi* e o sangue.

[Indicações] deficiência de *Qi* e de sangue com compleição pálida, anorexia, fraqueza e menstruação em excesso.

[Uso e dosagem] 6 g ou pílulas de água com mel ou 1 pílula grande de mel, duas vezes ao dia.

Shi Quan Da Bu Wan (Pílula dos dez tônicos poderosos)

[Ingredientes] ingredientes da *Ba Zhen Wan* + *Radix Astragali* e *Cortex Cinnamomi*.

[Efeitos] aquece e tonifica o *Qi* e o sangue.

[Indicações] deficiência de *Qi* e sangue com palidez, dispnéia, palpitação, fraqueza, extremidades frias, ou menstruação excessiva.

[Uso e dosagem] 6 g ou pílulas de água com mel ou 1 pílula grande de mel, duas a três vezes ao dia.

Gui Pi Wan (Pílula revigorante do baço) ou **Ren Shen Gui Pi Wan** (Pílula revigorante do baço com Ginseng)

[Ingredientes] *Radix Astragali, Rhizoma Atractylodis Macrocephalae, Poria, Arillus Longan, Semen Ziziphi Spinosae, Radix Ginseng, Radix Aucklandiae, Radix Glycyrrhizae, Radix Angelicae Sinensis* e *Radix Polygalae.*

[Efeitos] revigora o baço, nutre o sangue e induz a tranqüilidade.

[Indicações] deficiência de *Qi* do baço e de sangue do coração marcada por insônia e palpitação; palidez, fraqueza e ingestão reduzida de alimentos; vários tipos de hemorragia, tais como púrpura trombocitopênica e hemorragia uterina disfuncional.

[Uso e dosagem] 6 g de pílulas de água com mel ou 9 g de pílulas pequenas de mel, três vezes ao dia.

Liu Wei Di Huang Wan (Pílula dos seis ingredientes com *Rehmanniae*)

[Ingredientes] *Radix Rehmanniae Preparata, Fructus Corni, Rhizoma Dioscoreae, Rhizoma Alismatis, Cortex Moutan* e *Poria.*

[Efeitos] tonifica o Yin do rim.

[Indicações] deficiência de Yin do rim marcada por tontura, zumbido, dor e fraqueza na região lombar e nos joelhos, sudorese noturna e emissão noturna ou diabetes.

[Uso e dosagem] 6 g de pílulas de água com mel ou 9 g de pílulas pequenas com mel, duas vezes ao dia.

Zhi Bai Di Huang Wan (Pílula de *Rehmanniae* com *Rhizoma Anemarrhenae* e *Cortex Phellodendri*)

[Ingredientes] ingredientes da *Liu Wei Di Huang Wan* (Pílula dos seis ingredientes com *Rehmanniae*) + *Rhizoma Anemarrhenae* e *Cortex Phellodendri*.

[Efeitos] tonifica o Yin e domina o Fogo.

[Indicações] deficiência de Yin com Fogo exuberante manifestado por febre debilitante, sudorese noturna, secura na boca ou dor de garganta.

[Uso e dosagem] 6 g de pílulas de água com mel ou 9 g de pílulas pequenas com mel, duas vezes ao dia.

Qi Ju Di Huang Wan (Pílula de *Rehmanniae* com *Fructus Lycii* e *Flos Chrysanthemi*)

[Ingredientes] ingredientes da *Liu Wei Di Huang Wan* (Pílula dos seis ingredientes com *Rehmanniae*) + *Fructus Lycii* e *Flos Chrysanthemi*.

[Efeitos] complementa o Yin do fígado e do rim.

[Indicações] deficiência de Yin do fígado e do rim com visão turva ou secura e dor nos olhos.

[Uso e dosagem] 6 g de pílulas de água com mel ou 9 g de pílulas pequenas de mel, duas vezes ao dia.

Mai Wei Di Huang Wan (Pílula de *Rehmanniae* com *Radix Ophiopogon* e *Fructus Schisandrae*)

[Ingredientes] ingredientes da *Liu Wei Di Huang Wan* (Pílula dos seis ingredientes com *Rehmanniae*) + *Radix Ophiopogonis* e *Fructus Schisandrae*.

[Efeitos] complementa o Yin dos rins e pulmão.

[Indicações] deficiência de Yin do rim e do pulmão marcada por tosse, hemoptise, febre vespertina e sudorese noturna.

[Uso e dosagem] 6 g de pílulas de água com mel ou 9 g de pílulas pequenas de mel, duas vezes ao dia.

Wu Zi Yan Zong Wan (Pílula dos cinco tipos de sementes para a descendência)

[Ingredientes] *Fructus Lycii, Semen Cuscutae, Fructus Rubi, Fructus Schisandrae* e *Semen Plantaginis*.

[Efeitos] complementa a essência do rim.

[Indicações] deficiência da essência do rim marcada por lombalgia, gotejamento após a micção, emissão seminal, ejaculação precoce, impotência e esterilidade.

[Uso e dosagem] 6 g, duas vezes ao dia.

Jin Suo Gu Jing Wan (Pílula da fechadura dourada para a emissão de sêmen)

[Ingredientes] *Semen Astragali Complanati, Semen Euryales, Stamen Nelumbinis, Os Draconis Ustum* e *Concha Ostreae Usta*.

[Efeitos] fortalece os rins e contém a emissão seminal.

[Indicações] emissão seminal e espermatorréia decorrentes da insuficiência do rim.

[Uso e dosagem] 9 g, duas vezes ao dia.

Gui Fu Di Huang Wan (Pílula de *Rehmanniae* com *Cortex Cinnamomi* e *Radix Aconiti*)

[Ingredientes] Ingredientes do *Liu Wei Di Huang Wan* (Pílula dos seis ingredientes com *Rehmanniae*) + *Radix Aconiti Lateralis Preparata* e *Cortex Cinnamomi.*

[Efeitos] tonifica o Yang do rim.

[Indicações] deficiência de Yang dos rins marcada por sensação de frio na região lombar e nos joelhos, oliguria, edema ou poliúria, como ocorre na nefrite crônica com edema, diabetes mellitus, hiperplasia prostática e impotência sexual.

[Uso e dosagem] 6 g de pílulas de água com mel ou 9 g de pílulas pequenas de mel, duas vezes ao dia.

PARTE 3

ACUPUNTURA E MOXABUSTÃO

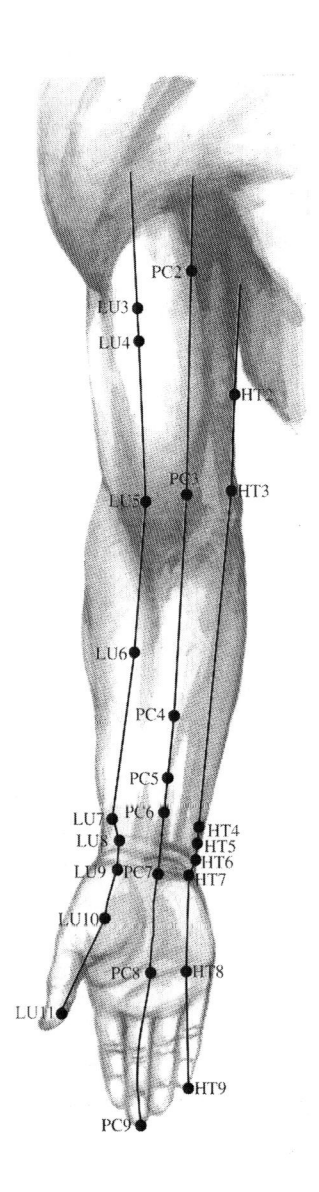

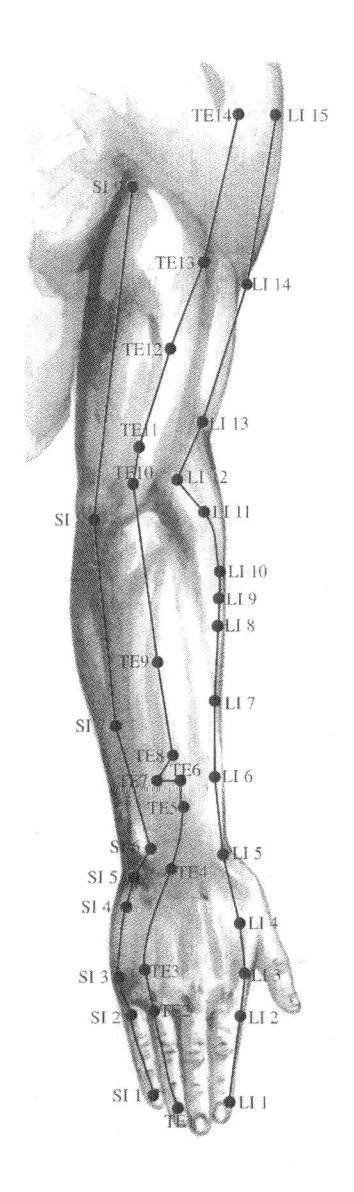

Fig. Colorida 1. Pontos dos Meridianos do Pulmão (P), Pericárdio (PC) e Coração (C) sobre a extremidade superior.

Fig. Colorida 2. Pontos dos Meridianos do Intestino Grosso (IG), Triplo Aquecedor (TA) e Intestino Delgado (ID) sobre a extremidade superior.

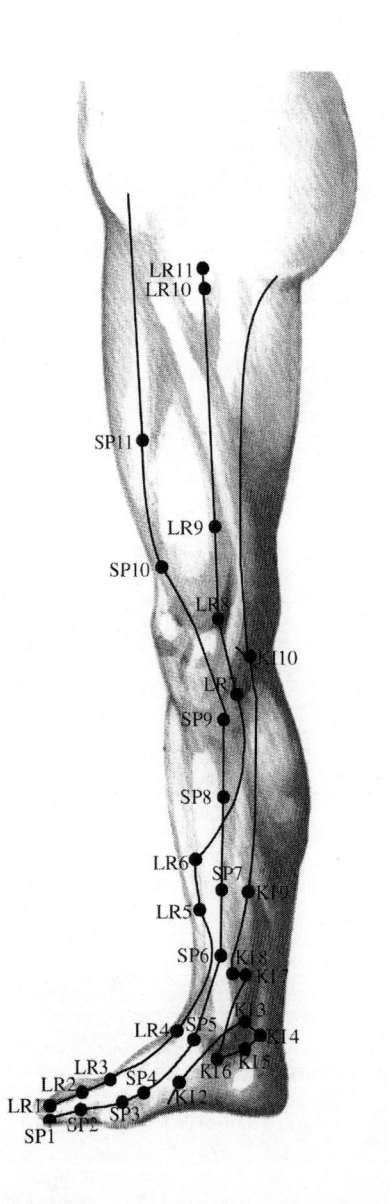

Fig. Colorida 3. Pontos dos Meridianos do Baço (BP), Rim (R) e Fígado (F) sobre a extremidade inferior.

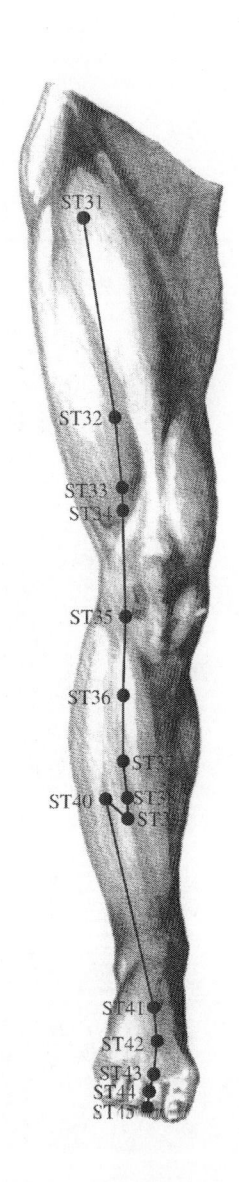

Fig. Colorida 4. Pontos do Meridiano do Estômago (E) sobre a extremidade inferior.

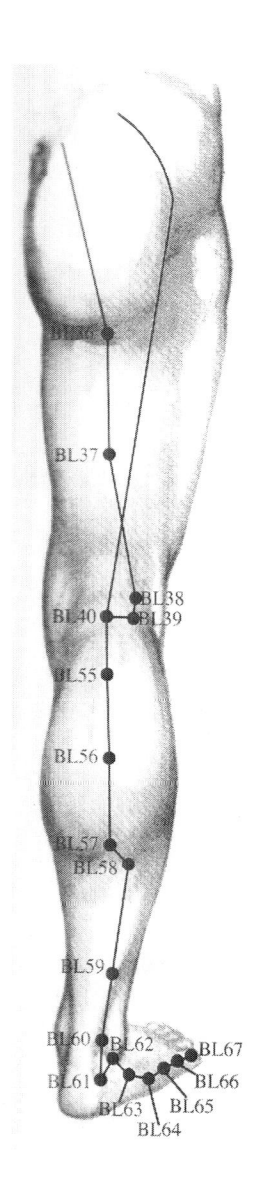

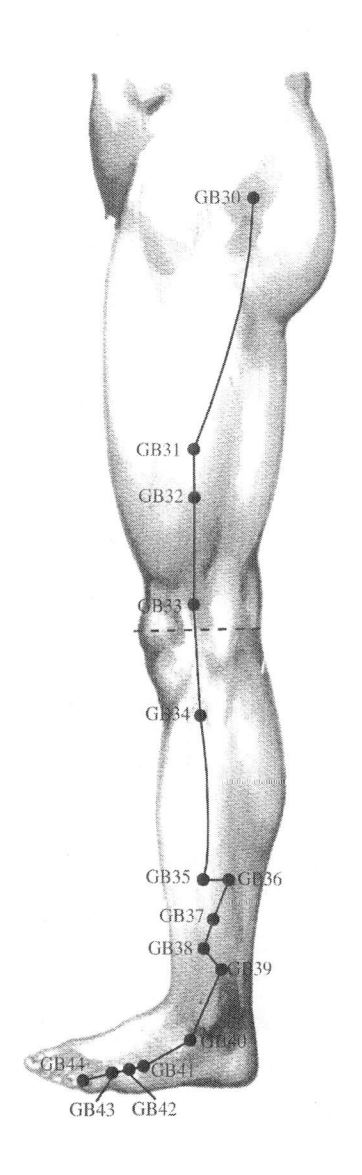

Fig. Colorida 5. Pontos do Meridiano da Bexiga sobre a extremidade inferior.

Fig. Colorida 6. Pontos do Meridiano da Vesícula Biliar (VB) sobre a extremidade inferior.

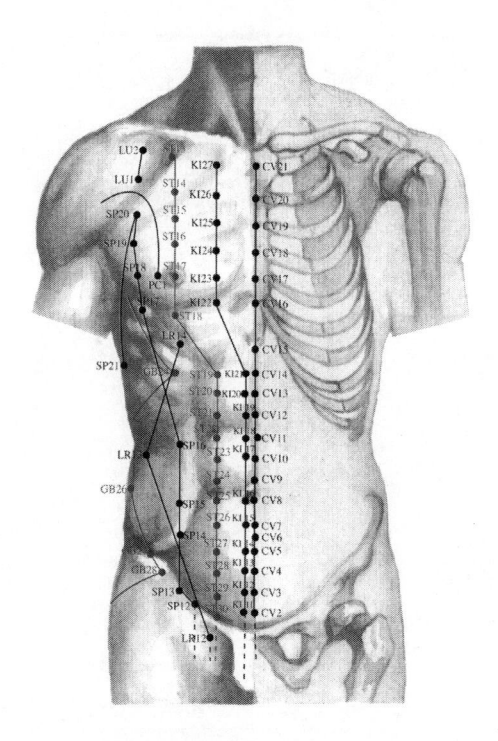

Fig. Colorida 7. Pontos dos Meridianos do Vaso da Concepção (VC), Rim (R), Estômago (E), Baço (BP), Fígado (F), Vesícula Biliar (VB), Pericárdio (PC) e Pulmão (P) sobre o tórax e abdome.

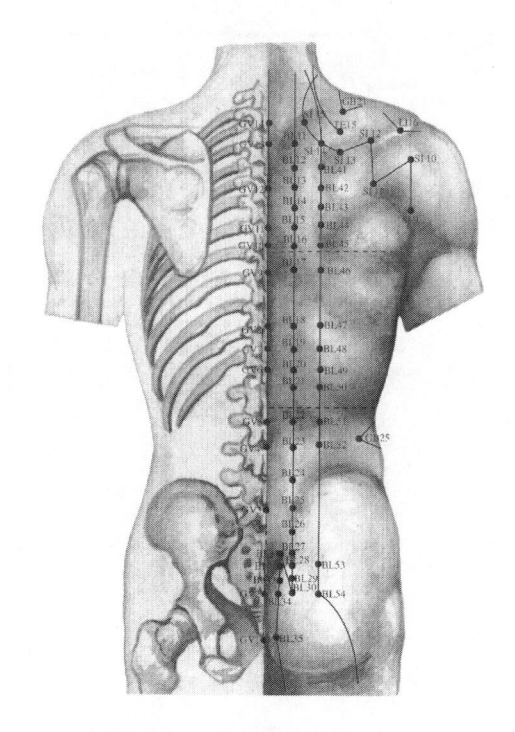

Fig. Colorida 8. Pontos dos Meridianos do Vaso Governador (VG), Bexiga (B), Vesícula Biliar (VB), Triplo Aquecedor (TA), Intestino Delgado (ID) e Intestino Grosso (IG) sobre as costas.

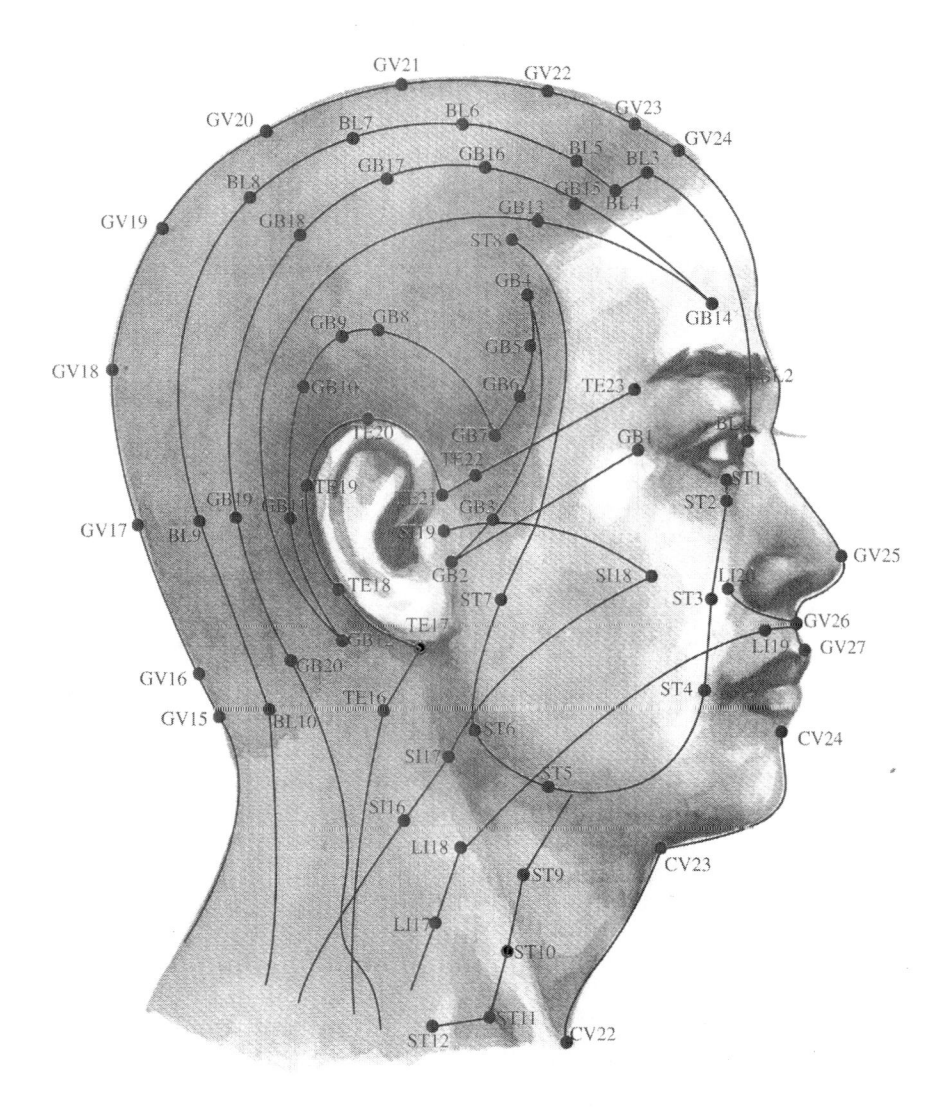

Fig. Colorida 9. Pontos sobre a cabeça.

INTRODUÇÃO

A acupuntura e a moxabustão na China são normalmente utilizadas em combinação na ordem *zhen-jiu*, ou seja, a acupuntura precede a moxabustão. Antigamente, porém, a ordem era inversa, *jiu-ci*, ou seja, a moxabustão precedia a acupuntura.

Tanto a acupuntura quanto a moxabustão foram inventadas pelos chineses nos primórdios do período dos clãs familiares da sociedade primitiva, por volta de 10.000-4.000 anos atrás. Na Idade da Pedra, as agulhas de pedra (chamadas de *bian*) eram manufaturadas com objetivos terapêuticos. A partir do século XV a.C., com a introdução e aplicação dos objetos de metal, as agulhas de pedra foram substituídas por agulhas de metal. Isto promoveu imensamente a prática da acupuntura. Casos de sucesso nos tratamentos com a acupuntura apareceram nos registros históricos, bem como os escritos sobre a acupuntura e a moxabustão.

Inicialmente, a acupuntura e a moxabustão eram aplicadas nos pontos dolorosos; "dor indicava o ponto" era uma regra para determinar o local do tratamento. A descoberta dos pontos de acupuntura foi um marco no progresso dessa arte de curar. Depois de repetidas tentativas, um certo número de pontos foi descoberto com propósitos terapêuticos. Suas localizações, ações e indicações foram definidas, e a cada um deles foi dada uma nomenclatura especial. Alguns dos pontos de acupuntura foram registrados nos primórdios do *The Canon of Medicine*. Em *Zhenjiu Jiayi Jing* (*ABC Classic of Acupunture and Moxibustion*, ca. 259), 349 pontos de acupuntura foram abordados em combinação com pesquisas textuais. Em *Zhen Jiu Feng Yuan* (*Source of Acupunture and Moxibustion*, 1815), 361 pontos de acupuntura dos 14 meridianos foram reunidos, e esta lista de pontos de acupuntura ainda está em uso.

Ao longo da descoberta dos pontos de acupuntura, a hipótese do sistema de meridianos foi estabelecida baseada principalmente na correlação entre os pontos de acupuntura e os órgãos internos e a transmissão da sensação da acupuntura. Isto possibilitou a base teórica tanto para a acupuntura como para a moxabustão, tornando-os um ramo especial da Medicina Chinesa.

CAPÍTULO 12

O SISTEMA DE MERIDIANOS

Considerações Gerais

O sistema de meridianos inclui os meridianos e os colaterais. Estes são os condutores por meio dos quais o *Qi* e o sangue circulam e onde os órgãos internos se relacionam com os órgãos e tecidos superficiais, tornando o corpo um todo orgânico. Na linguagem chinesa, os meridianos são *Jing*, que significa condutores principais, e colaterais são Luo, que significa condutores auxiliares. Na literatura em inglês sobre a acupuntura, *Jing* normalmente é traduzido como "canal", mas de acordo com o *Standard Nomenclature of Acupunture* proposto pela OMS, o termo "meridiano" é o mais recomendado. As duas traduções refletem os conceitos diferentes. Aqueles que usam o termo "canal" aderem à hipótese de que existe uma estrutura que forma uma passagem como se fosse um tubo para o *Qi* e o sangue. Como as descrições a respeito da direção dos canais diferem imensamente daquelas constantes da Anatomia atual, deve haver alguma estrutura além dos vasos sanguíneos e nervos conhecidos. Muitos cientistas têm se empenhado em pesquisar a estrutura dos "canais" mas até o presente momento, nenhuma estrutura nova foi descoberta. Portanto, a palavra "meridiano" parece ser a mais adequada, já que atravessa certos pontos, mas nenhuma estrutura substancial.

I. Desenvolvimento Histórico do Conceito de Sistema de Meridianos

Uma das questões intrigantes a respeito dos meridianos consiste em saber se eles são passagens para o sangue. Sem dúvida, os meridianos, na Medicina Tradicional Chinesa, incluíam os dutos que contém e por onde passa a circulação de sangue. No começo, ambos, *Jing* e *Luo*, eram atributos do Mai, que significa "vaso sanguíneo". *Jing* era, e ainda é, uma abreviação de *Jing-Mai*, a saber, os vasos sanguíneos que correm perpendicularmente, e *Luo*, a abreviação de *Luo-Mai*, a saber, vasos sanguíneos subsidiários que correm em sentido oblíquo e formam uma rede. No período inicial do desenvolvimento da acupuntura, o tratamento consistia em causar sangramento por meio da inserção da agulha na pele em determinados pontos. Como *The Canon of Acupunture* (também denominado *Miraculous Pivot*, que é parte de *The Canon of Medicine*) afirma, "a Acupuntura está completa quando há sangramento". No período posterior, a sensação da acupuntura foi descoberta e acreditava-se que indicava o movimento de *Qi*. Com a repetição da prática, concluiu-se no *The Canon of Acupunture* que a chave da acupuntura significava que o efeito terapêutico podia ser obtido somente depois de alcançada a sensação. Depois disso, o *Qi* passava a ficar mais intimamente relacionado ao sistema de meridianos do que ao sangue.

O desenvolvimento da hipótese do sistema de meridianos não estava somente baseado na acupuntura. O *Qi Gong* também fez contribuições para a formação desta hipótese. Durante os exercícios de *Qi Gong*, o movimento ascendente e descendente de *Qi* pode ser sentido. Os registros gráficos antigos sobre o movimento durante os exercícios de *Qi Gong* eram basicamente idênticos ao trajeto dos meridianos. Então, tanto no *Qi Gong* quanto na acupuntura, o sistema de meridianos refere-se mais à passagem de *Qi* do que à circulação de sangue.

Se o sistema de meridianos estava intimamente relacionado à circulação de sangue, a questão podia ser simplificada e o sistema de meridianos poderia ser considerado um sistema vascular. A divergência entre a descrição tradicional do sistema de meridiano e a descrição moderna do Sistema Vascular poderia ser atribuída à ausência de conhecimento sobre a Anatomia humana nos tempos antigos. Porém, como o *Qi* está envolvido principalmente com a formação da hipótese dos meridianos, a condição seria muito mais complicada, porque não há um conceito correspondente na Medicina moderna ocidental que tenha um significado equivalente exato sobre o *Qi*. No que diz respeito à sensação ou sentimento, o Sistema Nervoso tem um papel importante porque nem a sensação do trajeto dos meridianos nem a transmissão da sensação da acupuntura se equiparam à distribuição do Sistema Nervoso. Portanto, a hipótese do sistema de meridiano não deve ser simplesmente refutada pela ausência do conhecimento anatômico do Sistema Nervoso.

II. Evidências que Indicam a Existência dos Meridianos nos Estudos Modernos

(1) A transmissão da sensação da acupuntura ao longo dos meridianos. O estímulo em um ponto de acupuntura pode originar uma sensação específica, como dor, distensão ou formigamento do ponto de acupuntura ao longo do meridiano, como é descrito tradicionalmente. Isto é chamado de "transmissão no meridiano", e aqueles que podem sentir facilmente a transmissão no meridiano são denominados de pessoas "meridiano-sensíveis". Em uma pesquisa feita pela Academia Chinesa da Medicina Tradicional Chinesa e outros, mostrou-se que entre 5.906 indivíduos testados, 65 (1,1%) tiveram a transmissão nos meridianos ao longo de três ou mais meridianos quando o estímulo do impulso com eletricidade em baixa freqüência foi aplicado em 12 pontos nascente (pontos localizados nas pontas dos dedos). Por volta de 10-20% da população tiveram a transmissão dos meridianos ao longo de um ou dois meridianos. As sensações transmitidas eram descritas como choque, formigamento, sensação de fluido, palpitação, resfriamento e calor. A velocidade da transmissão foi baixa, de somente poucos centímetros por segundo. A correspondência da transmissão no meridiano àquela da descrição clássica sobre o trajeto do meridiano foi observada em 81% das pessoas meridiano-sensíveis. Portanto, a transmissão no meridiano foi basicamente idêntica à descrição clássica do trajeto do meridiano, ao passo que aspectos da divergência aconteceram, ocasionalmente, no tronco e, freqüentemente, na cabeça e face.

(2) Obstrução da transmissão no meridiano. Está registrado nas monografias sobre a acupuntura escritas por volta de 500 anos atrás que a direção da sensação da acupuntura pode ser mudada por meio da pressão da pele com o dedo. Pesquisas modernas demonstram que a transmissão da acupuntura pode ser bloqueada pela pressão mecânica ou pelo resfriamento. Por exemplo, a acupuntura no Hegu (IG4), ponto sobre o dorso da mão, entre o primeiro e o segundo metacarpo, e sobre o lado radial do ponto médio do segundo metacarpo, pode produzir a transmissão da sensação da acupuntura no Yingxiang, na fenda nasolabial. A pressão no Shousanli (IG10), um ponto sobre o lado radial da superfície dorsal do antebraço, 2 *cun* abaixo da dobra cubital, bloqueou a transmissão da sensação da acupuntura. A sensação desapareceu acima daquele ponto (proximal), ao passo que a sensação ainda estava lá ou, até mesmo aumentada, na região abaixo daquele ponto (distal). A remoção da pressão restaurou a transmissão da sensação da acupuntura no Yingxiang (IG20). Isto pode ser demonstrado, repetidamente, em um curto período de tempo. Mudanças similares também foram demonstradas por meio do resfriamento local no Shousanli (IG10) com uma bolsa de gel, mas isto levou um tempo maior para bloquear ou restaurar a transmissão da sensação da acupuntura. O exame da função de condução sensorial do nervo radial mostrou que não há mudança no período de desenvolvimento, período de persistência e amplitude quando a pressão é aplicada no Shousanli (IG10) durante a inserção no Hegu (IG4). Os resultados acima indicam que o bloqueio da transmissão da sensação não decorre de distúrbio na condução nervosa.

(3) Conformidade das lesões lineares da pele no trajeto dos meridianos. Foi registrado que muitos pacientes com patologias em linha na pele, tanto as congênitas (tais como nevo verrucoso, nevo pigmentado, nevo anêmico, nevo sebáceo e poroqueratose, quanto as adquiridas, tais como neurodermatite, líquen plano, eczema e esclerodermia), tiveram suas lesões distribuídas em conformidade com o trajeto dos meridianos.

Embora as lesões na pele sejam diferentes, morfologicamente, nos pacientes com diferentes lesões de pele, elas foram todas distribuídas ao longo do trajeto dos meridianos, de maneira basicamente idêntica às descrições clássicas. As lesões lineares da pele eram, normalmente, por volta de 1 cm de largura. Em cada paciente, todas as lesões ao longo do mesmo meridiano ou ao longo de diversos meridianos tiveram as mesmas mudanças patológicas; por exemplo, todas as lesões ocorreram nas glândulas sebáceas nos pacientes com nevo sebáceo distribuído ao longo do meridiano. Em alguns casos, as lesões na pele ocorreram ao longo de dois ou mais meridianos. Estes casos demonstram uma clara evidência de que a conformidade das lesões na pele nos trajetos dos meridianos não foi uma mera coincidência.

(4) Transmissão alucinatória no meridiano em membros artificiais. Também foi reportado que em pacientes com membros artificiais a transmissão nos meridianos pode ser induzida por acupuntura. Isto indica que a transmissão no meridiano não pode ser tida como uma evidência para provar a estrutura substancial do tipo tubo dos meridianos. Como a sensação do membro fantasma pode ser induzida pela estimulação do lobo parietal e eliminada pela excisão do giro pós-central, indicando que na produção da sensação do membro fantasma no córtex cerebral, a transmissão no meridiano pode, também, estar relacionada ao córtex cerebral.

Para concluir, estudos modernos podem confirmar somente a transmissão no meridiano, mas não há confirmação sobre a estrutura morfológica dos mesmos.

III. A Composição do Sistema de Meridianos

O sistema de meridianos é composto de: (1) doze meridianos regulares, (2) doze meridianos divergentes, (3) oito meridianos extraordinários, (4) quinze colaterais principais, e (5) colaterais superficiais e colaterais menores, como mostra o diagrama a seguir. Além disso, o sistema de meridiano também inclui a conexão dos doze meridianos com os órgãos *Zang Fu* no interior, e com os músculos, articulações, áreas na pele e pontos de acupuntura, no exterior (Tabela 12-1).

1. Os doze meridianos regulares. O corpo principal do sistema de meridiano consiste nos doze meridianos regulares. A nomenclatura dos doze meridianos regulares está baseada em três fatores: a) mão ou pé (sobre o qual há o trajeto do meridiano); b) o Yin ou Yang (região do membro sobre o qual corre o meridiano) e c) o órgão *Zang* ou *Fu* (ao qual o meridiano pertence). Os nomes dos doze meridianos são mostrados na Tabela 12-2.

Tabela 12-1 – Composição do sistema de meridianos

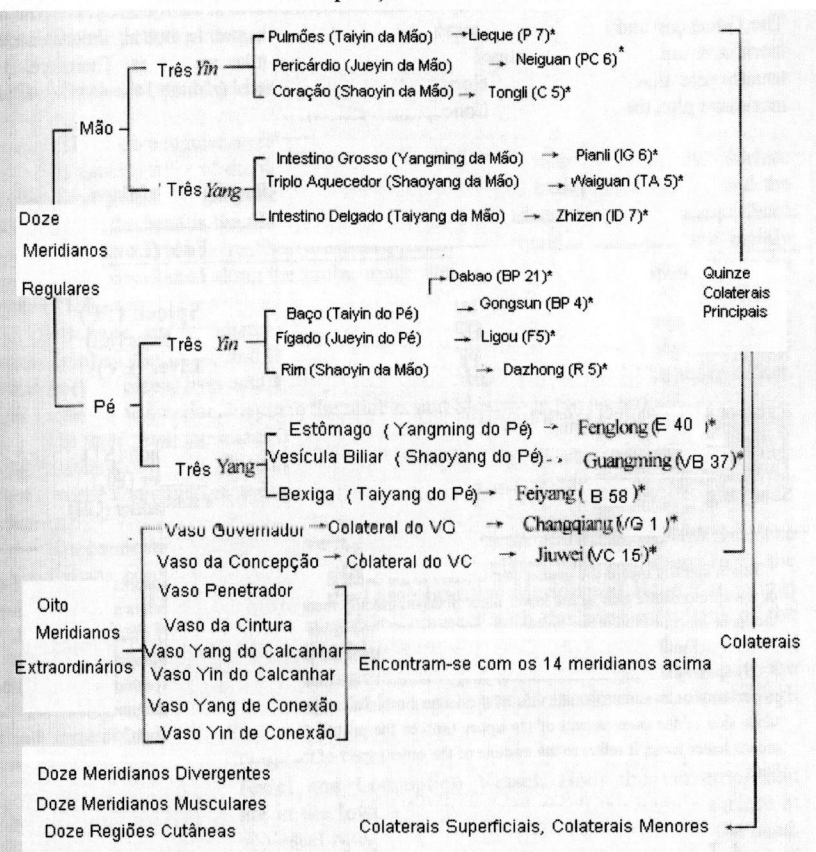

* Ponto do qual o principal colateral começa.

2. As ramificações dos doze meridianos. Cada meridiano regular tem sua ramificação, que vai para dentro do organismo conectando vários órgãos *Zang Fu*.

3. Os oito meridianos extraordinários (vasos). Há oito meridianos que não pertencem diretamente aos órgãos *Zang Fu* nem apresentam seus trajetos sobre os membros. Eles são o Vaso Governador (VG), Vaso da Concepção (VC), Vaso Penetrador (VP), Vaso da Cintura (VC), Vaso Yang do Calcanhar (VYangCal), Vaso Yin do Calcanhar (VYinCal) Vaso Yang de Conexão (VYangCon) e Vaso Yin de Conexão (VYinCon). O Vaso Governador também é chamado de "mar dos vasos Yang", porque ele se conecta com todos dos seis meridianos Yang, e o Vaso da Concepção é chamado de "mar dos vasos Yin", porque se conecta com todos os meridianos Yin. Os vasos Governador e Concepção têm seus próprios pontos de acupuntura, mas todos os outros meridianos extraordinários têm os seus conectados somente com os meridianos regulares. Portanto, diz-se, normalmente, que os pontos de acupuntura pertencem aos quatorze meridianos (a saber, doze meridianos regulares mais os vasos Governador e da Concepção).

Tabela 12- 2 – Nomenclatura dos doze meridianos regulares

	Mão (Membro Superior)	Pé (Membro Inferior)
Flexor ou aspecto interno (*Yin*)		
Tai Yin*	Pulmão (P)	Baço (B)
Shao Yin*	Coração (C)	Rim (R)
Jue Yin*	Pericárdio (PC)	Fígado (F)
Extensor ou aspecto externo (*Yang*)		
Yang Ming**	Intestino grosso (IG)	Estômago (E)
Tai Yang**	Intestino delgado (ID)	Bexiga (B)
Shao Yang**	Triplo Aquecedor (TA)	Vesícula Biliar (VB)

* *Tai Yin* significa, literalmente, Yin maior, e refere-se ao lado radial da face interna do membro superior ou lado ântero-medial do membro inferior. *Shao Yin* significa, literalmente, Yin Menor e refere-se ao lado ulnar da face interna do membro superior ou lado medial do membro inferior. *Jue Yin* significa, literalmente, Yin Reverso, e refere-se à linha média da face interna do membro superior ou o lado póstero-medial do membro inferior.

** *Yang Ming* significa, literalmente, Yang Esplêndido, e refere-se ao lado radial da face externa (extensor) do membro superior ou lado ântero-lateral do membro inferior. *Tai Yang* significa literalmente Yang Maior, e refere-se ao lado ulnar da face externa do membro superior ou lado posterior do membro inferior. *Sh*ao Yang significa, literalmente, Yang Menor, e refere-se à linha média da face externa do membro superior ou lado lateral do membro inferior.

4. Os quinze colaterais principais. Cada um dos catorze meridianos apresenta um colateral principal. Junto com o grande colateral do baço, há um total de quinze que se comunicam com o exterior e interior do organismo.

5. Os colaterais superficiais e os colaterais menores. Os colaterais que se situam sob a pele são denominados colaterais superficiais. Os colaterais menores ou capilares são subdivisões em pequenas ramificações dos colaterais ou capilares. Por meio destes colaterais, *Qi* e sangue dispersam-se por todo o corpo.

6. Os doze meridianos de grupos musculares. Há doze grupos de músculos ao longo dos quais os meridianos circulam. Estes músculos, que ligam as articulações, integram o movimento. As alterações dos meridianos que envolvem os músculos resultam em reumatismo, contratura dos membros e dificuldade de locomoção.

7. As doze zonas cutâneas. As zonas cutâneas acima dos trajetos dos meridianos são áreas superficiais que refletem as condições patológicas dos órgãos internos e são, também, os portais de entrada dos fatores patogênicos.

IV. Distribuição dos Meridianos

1. Os doze meridianos regulares. As regras gerais de distribuição dos meridianos regulares sobre a superfície do corpo são: o interior pertence ao Yin e o exterior pertence ao Yang; o abdome pertence ao Yin e as costas pertencem ao Yang; a cabeça é o local onde todos os meridianos Yang se encontram e nenhuma parte superficial dos meridianos Yin alcança a cabeça. Os doze meridianos regulares são distribuídos longitudinalmente ao longo dos membros, tronco, cabeça e face, simetricamente dos lados direito e esquerdo.

Os três meridianos Yin da mão vão do tórax (pulmão, coração e pericárdio) para a mão, e os três meridianos Yin do pé vão do pé para o abdome (baço, fígado e rim). Dos membros, percorrem a região interna com o Tai Yin na região anterior, Jue Yin na região média e Shao Yin na região posterior.

Os três meridianos Yang da mão vão da mão para a cabeça e os três meridianos Yang do pé vão da cabeça para os pés. Dos membros, percorrem a região externa com o Yang Ming na região anterior, Shao Yang na região média e Tai Yang na região posterior.

As conexões dos doze meridianos regulares são mostradas na Tabela 12-3. Os meridianos Yin conectam-se com seus meridianos Yang interior-exterior relacionados (p.ex., o meridiano do pulmão Tai Yin da mão e o meridiano do intestino grosso Yang Ming da mão) nos dedos da mão ou dos pés. Os meridianos Yang conectam-se com os meridianos Yang de mesmo nome (ou seja, meridianos do intestino grosso Yang Ming da mão e meridiano do estômago Yang Ming do pé) na cabeça ou face. Os meridianos Yin conectam-se com os meridianos Yin no tórax. Assim, os doze meridianos regulares formam um círculo pelo qual o *Qi* circula.

2. Os vasos, Governador e da Concepção. Ambos os vasos originam-se do abdome inferior das costas para a cabeça e, a seguir, para a face. O Vaso da Concepção percorre a linha média do abdome e tórax até o queixo.

V. Funções dos Meridianos

1. As funções fisiológicas. (1) Os meridianos conectam várias partes do corpo em um todo orgânico. (2) Os meridianos são os caminhos dentro dos quais o *Qi* e o sangue circulam para nutrir o organismo. (3) Os meridianos protegem o organismo contra os fatores patogênicos externos.

2. As funções na patologia. (1) As patologias nos órgãos internos são, freqüentemente, refletidas em outros locais do organismo através dos meridianos. Por exemplo, a dor no hipocôndrio na patologia do fígado, dor supraclavicular nas patologias dos pulmões, úlcera na boca na queima do Fogo do coração, olhos congestionados no Fogo exuberante do fígado, dificuldade de audição na deficiência de *Qi* dos rins, tudo

pode ser explicado pelos meridianos. (2) A patologia exógena pode ser transmitida do exterior para o interior ao longo dos meridianos. Por exemplo, quando os patógenos atacam o organismo do exterior, permanecem na primeira porção superficial envolvendo os colaterais menores. Se eles não se dissipam a tempo, penetram nos pulmões pelo meridiano Tai Yang da mão, levando a sintomas no trato respiratório superior. Eles podem ser transmitidos para o intestino grosso por meio do Tai Yang da mão em direção dos meridianos Yang Ming do pé, provocando febre alta com constipação.

3. Funções diagnósticas. (1) As patologias dos órgãos internos podem ser refletidas na superfície do corpo pelos meridianos. A inspeção e a palpação sobre o trajeto do meridiano podem gerar alguns sinais, tais como pontos dolorosos, indicando obstrução dos órgãos internos relacionados. (2) O trajeto dos meridianos pode fornecer informações sobre a diferenciação de diagnóstico. Por exemplo, para o diagnóstico de cefaléia, se esta estiver localizada no vértex, estará relacionada ao meridiano do fígado; se estiver localizada na região occipital envolvendo a nuca, então, estará relacionada com o meridiano da bexiga.

4. Funções no tratamento. Os meridianos servem como base de seleção dos pontos. Há três caminhos comuns para selecionar os pontos de acupuntura de acordo com os meridianos: (1) Tratamento da parte inferior do corpo quando os sintomas aparecem na parte superior, ou seja, usar o Taichong (F3) no pé no tratamento da cefaléia do vértice. (2) Tratamento da parte superior do corpo quando os sintomas aparecem na parte inferior, ou seja, inserção no Baihui (VG20) no topo da cabeça no tratamento do prolapso retal. (3) Selecionar pontos interior-exterior relacionados com os meridianos, ou seja, usar o Yanglingquan (VB34) no tratamento das patologias do fígado, Gungsun (BP4) no tratamento das patologias do estômago.

OS DOZE MERIDIANOS REGULARES

I. Meridiano Tai Yin da Mão (Pulmão) (P) (Fig. 12-1).

Trajeto: O meridiano do pulmão começa internamente no Aquecedor Médio, descende para conectar-se com o intestino grosso, depois ascende para os pulmões e garganta, move-se lateralmente e sai superficialmente no Zhongfu (P1). Depois, desce ao longo da face lateral do braço e antebraço e termina no Shaoshang (P11), na face radial do polegar, onde se conecta com o meridiano do intestino grosso, com 11 pontos de ambos os lados. Apresenta uma ramificação que corre do Lieque (P7) para o lado radial da ponta do dedo indicador.

Sintomatologia: Tosse, asma, dispnéia, hemoptise, dor de garganta, resfriado, sensação de opressão no tórax, dor e parestesia da fossa supraclavicular e região dorsal do antebraço, dor e resfriamento no ombro e costas.

II. Meridiano Yang Ming da Mão (Intestino grosso) (IG) (Fig. 12-2)

Trajeto: O meridiano do intestino grosso corre do ShangYang (IG1) sobre o lado radial do dedo indicador e ascende a superfície dorsal da mão e do antebraço, lateral do braço e lado dorsal do ombro no Jugu (IG16), onde internamente percorre posteriormente o Dazhui (VG14) e, a seguir, move-se anteriormente para a fossa supra-clavicular, onde descende para o diafragma para conectar-se com o intestino grosso. A ramificação superficial supraclavicular ascende a lateral anterior do pescoço e da mandíbula, conecta-se internamente com o dente inferior, circunda os lábios e termina no lado oposto do Yingxiang (IG20). Há 20 pontos de ambos os lados.

Sintomatologia: dor abdominal, borborigmos, diarréia, disenteria, faringite, odon-talgia, rinorréia, epistaxe, dor nos ombros, braços e dedo indicador, febre e calafrios.

III. Meridiano Yang Ming do Pé (Estômago) (E) (Fig. 12- 3).

Trajeto: o meridiano do estômago origina-se internamente na borda lateral do nariz, ascende para a borda do olho, e depois continua para o primeiro ponto superficial Chen *Qi* (E1) na borda inferior da órbita, descende para a gengiva superior, circunda ao redor da boca e percorre o Touwei (E8). De lá continua internamente para terminar no Shenting (VG24). A ramificação facial descende do Daying (E5), vira internamente e descende o diafragma para conectar o estômago e o baço. A ramificação da fossa supraclavicular descende ao longo da linha do meio da clavícula para o Qichong (E30) na região inguinal, a seguir, percorre anteriormente ao longo da margem lateral do fêmur para a patela e termina no Lidui (E45) na face lateral da ponta do segundo dedo. A ramificação gástrica descende internamente, passa ao lado da cicatriz umbilical e

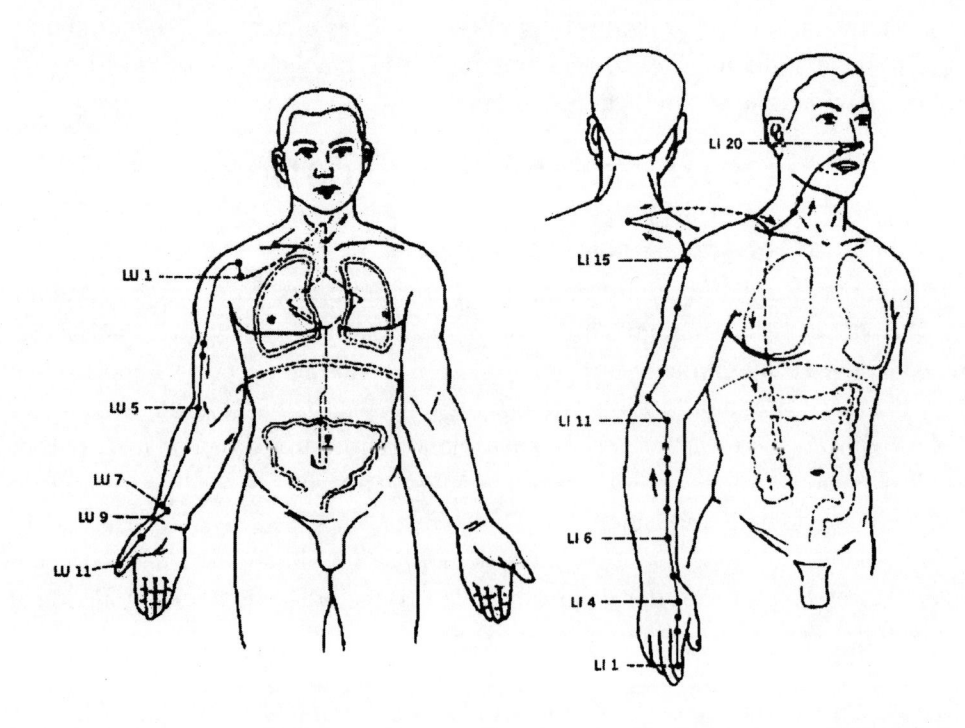

Fig. 12-1 – Meridiano do pulmão   Fig. 12-2 – Meridiano do intestino grosso.

termina no Qinchong (E30). A ramificação tibial deixa o Zusanli (E36) e descende ao longo da fíbula, e termina na face lateral da ponta do dedo médio do pé. O ramo dorsal deixa o ChongYang (E42) e descende a face medial hálux no Yingbai (BP1). Há 45 pontos de cada lado.

Sintomatologia: borborigmos, distensão abdominal, edema, epigastralgia, vômito, epistaxe, paralisia facial, dor e edema na garganta e sensação em queimação nas regiões por onde o meridiano atravessa o tórax, abdome e extremidades inferiores.

IV. Meridiano Tai Yin do Pé (Baço) (BP) (Fig. 12-4)

Trajeto: o meridiano do baço percorre do Yingbai (BP1) sobre a face medial do hálux, ascende ao longo da face medial do pé e região tíbial e face ântero-medial da coxa e abdome, penetra no abdome e conecta-se com o baço e o estômago. O meridiano ascende o abdome a uma distância de 4 *cun* lateral ao Vaso da Concepção e termina superficialmente no Dabao (BP21) no sexto espaço intercostal sobre a linha da metade da axila. O meridiano continua internamente pela fossa supraclavicular e termina na base da língua. A ramificação gástrica deixa o estômago e ascende internamente pelo diafragma e conecta-se com o coração. Há 21 pontos de cada lado.

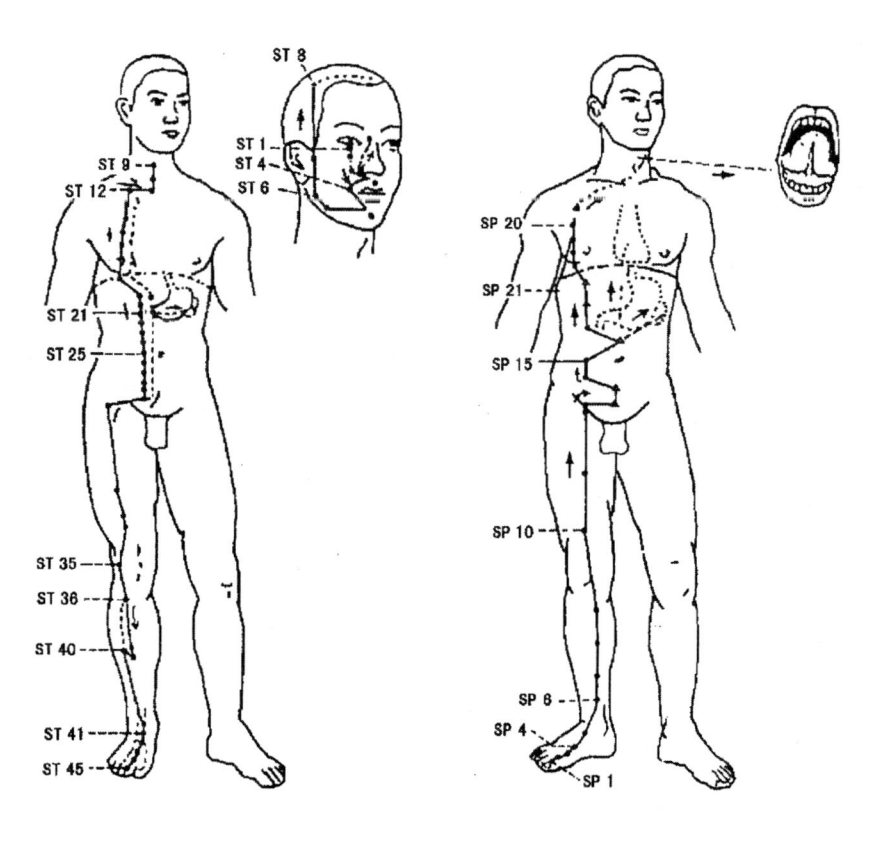

Fig. 12-3 – Meridiano do estômago   Fig. 12-4 – Meridiano do Baço.

Sintomatologia: distensão abdominal, dor epigástrica, náusea e vômito, diarréia, eructação, icterícia, rigidez na língua e dor na face medial do joelho.

V. Meridiano Shao Yin da Mão (Coração) (C) (Fig. 12-5)

Trajeto: o meridiano do coração origina-se no coração, descende internamente pelo diafragma e conecta-se com o intestino delgado. A ramificação cardíaca ascende internamente para a lateral ao esôfago e termina no olho. A ramificação principal deixa o coração, atravessa os pulmões e surge superficialmente na região média axilar no Jiquan (C1) e, a seguir, descende ao longo da face ulnar do antebraço medialmente, e termina no Shaochong (C9), na face radial da ponta do dedo mínimo, com 9 pontos de cada lado.

Sintomatologia: precordialgia, sede, secura na garganta, icterícia, dor na região do hipocôndrio, dor na face medial do braço e sensação febril nas palmas.

VI. Meridiano Tai Yang da Mão (Intestino delgado) (ID) (Fig. 12-6)

Trajeto: o meridiano do intestino delgado percorre do Shaoze (ID1) até o lado ulnar do dedo mínimo, ascende o lado ulnar do antebraço e braço, sobre a escápula para o Dazhui (VG14). O meridiano, a seguir, descende internamente para o coração, passa o diafragma para conectar-se com o Intestino delgado. A ramificação da fossa supraclavicular ascende superficialmente ao longo da face lateral do pescoço, passa a bochecha para a borda lateral do olho e termina no Tinggong (ID19). A ramificação bucal deixa o meridiano principal da bochecha e ascende para a borda do olho. Há 19 pontos de cada lado.

Sintomatologia: surdez, icterícia, edema do pescoço, dor de garganta, dor na porção inferior do abdome, dor no ombro e na face póstero-lateral do braço.

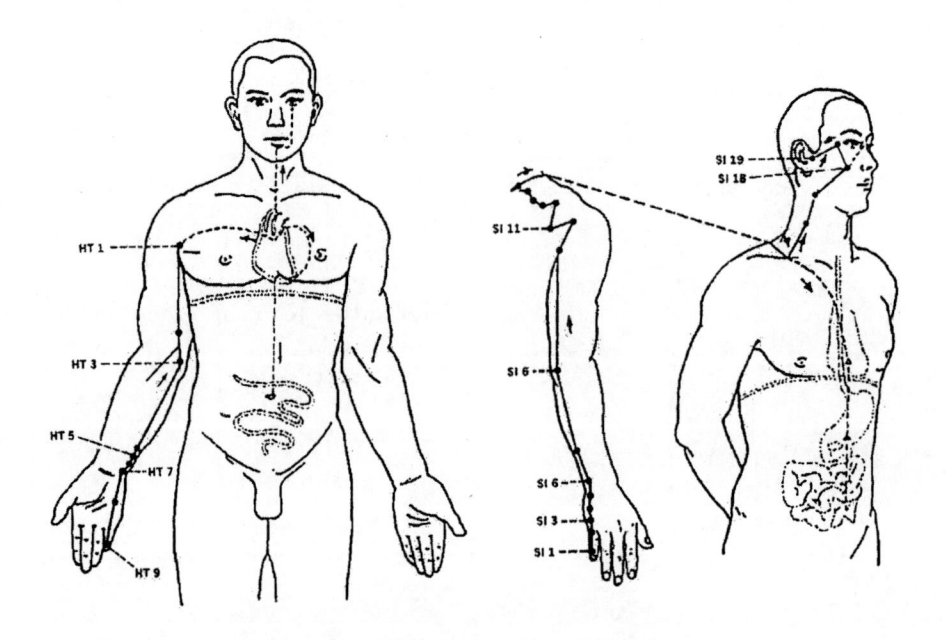

Fig. 12-5 – Meridiano do Coração   Fig. 12-6 – Meridiano do intestino delgado.

VII. Meridiano Tai Yang do Pé (Bexiga) (B) (Fig. 12-7)

Trajeto: o meridiano da bexiga percorre do Jingming (B1) na borda medial do olho, ascende da testa para o vértex e, então, penetra no cérebro e sai na nuca onde se divide em duas ramificações paralelas: a primeira ramificação descende para as costas em uma distância de 1,5 *cun* da coluna. Durante o trajeto, conecta-se com os rins e a bexiga e segue ao longo da face posterior da coxa para a fossa poplítea; a segunda ramificação descende as costas em uma distância de 3 *cun* da coluna, segue ao longo da face ântero-posterior da coxa para a dobra poplítea, onde se encontra com a primeira ramificação. O meridiano continua para descender ao longo da face posterior do músculo gastrocnêmio para o maléolo lateral e termina no Zhiyin (B67), na face lateral da ponta do dedo mínimo. Há 67 pontos de cada lado.

Sintomatologia: alterações oculares, cefaléia, lombalgia, dor na perna e nos pés, espasmos no músculo gastrocnêmico, disúria e enurese.

VIII. Meridiano Shao Yin do Pé (Rim) (R) (Fig. 12-8).

Trajeto: o meridiano do rim começa na região plantar da última falange do dedo mínimo e percorre o Yongquan (R1) no centro da sola, continua ao longo do lado interno do membro inferior para a sínfise púbica, vira internamente para os rins e bexiga, e volta para a sínfise púbica, descende ao longo do abdome e tórax no Shufu (R27) na depressão entre a primeira costela e borda inferior da clavícula, com 27 pontos de cada lado. A ramificação do rim percorre o fígado e o diafragma, entra nos pulmões e segue para a traquéia e laringe na base da língua.

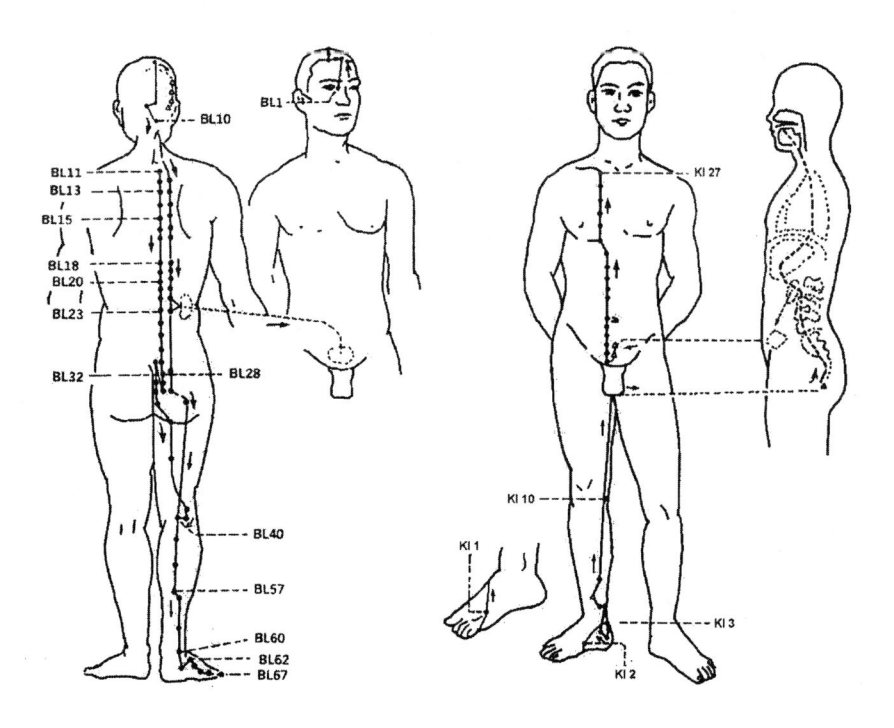

Fig. 12-7 – Meridiano da bexiga   Fig. 12-8 – Meridiano dos rins

Sintomatologia: enurese, irregularidade menstrual, hemoptise, dispnéia, secura na língua, dor de garganta, lombalgia, edema, diarréia, dor e atrofia da face póstero-medial da coxa, dor e sensação febril nas solas dos pés.

IX. Meridiano Jue Yin da Mão (Pericárdio) (PC) (Fig. 12-9)

Trajeto: meridiano do pericárdio origina-se no centro do tórax, conecta-se com o pericárdio e descende para a porção inferior do abdome, conectando todo o Triplo Aquecedor. A ramificação torácica sai superficialmente no Tianchi (PC1) perto do mamilo e descende ao longo da linha média do lado anterior do braço no Zhongchong (PC9), no ponto médio da ponta do dedo médio, com 9 pontos de cada lado.

X. Meridiano Shao Yang da Mão (Triplo Aquecedor) (TA) (Fig. 12-10)

Trajeto: o meridiano do Triplo Aquecedor corre do Guanchong (TA1) no lado ulnar do dedo anular, viaja ao longo da linha média do lado posterior do braço e atravessa as regiões dos ombros, pescoço, orelha e olho, e termina no Sizhukong (TA23), na borda lateral da órbita, com 23 pontos de cada lado. A ramificação torácica percorre da fossa supraclavicular para pericárdio e desce o tórax e abdome, conectando os Aquecedores Superior, Médio e Inferior. A ramificação auricular corre por trás da orelha para terminar na borda lateral da órbita.

Sintomatologia: distensão abdominal, edema, enurese, disúria, cefaléia, surdez, dor de garganta, patologias oculares e dor na face lateral do ombro e braço.

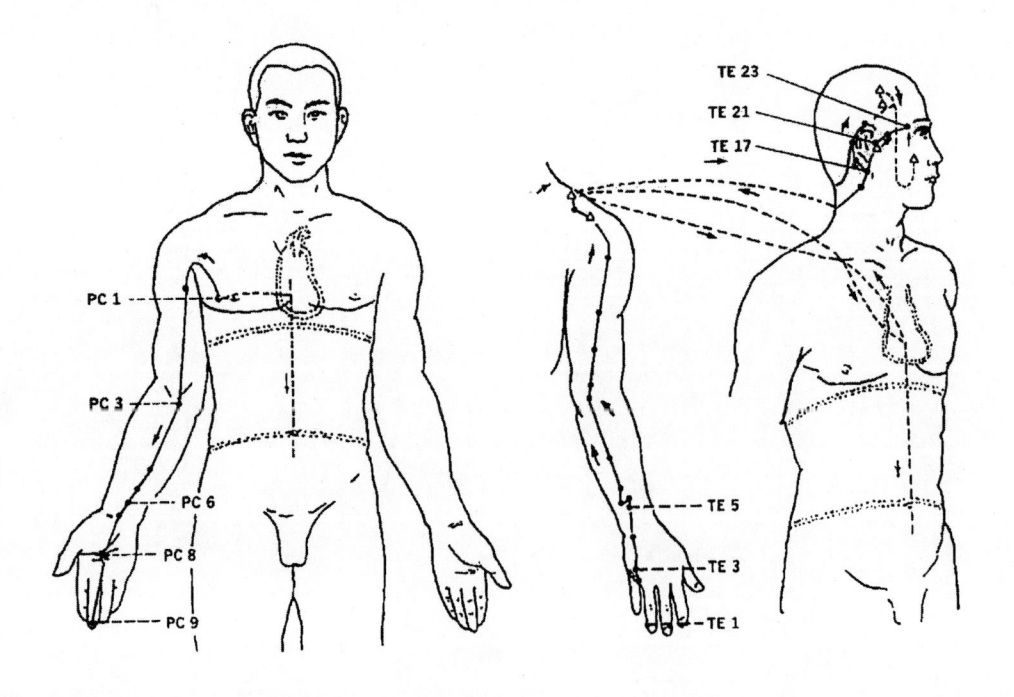

Fig. 12-9 – Meridiano do Pericárdio   Fig. 12-10 – Meridiano do Triplo Aquecedor

XI. Meridiano Shao Yang do Pé (Vesícula biliar) (VB) (Fig. 12-11)

Trajeto: o meridiano da vesícula biliar corre do Tongziliao (VB1), na borda lateral do olho, atravessa as regiões das têmporas, orelhas, pescoço, ombros, flanco e lado exterior do membro inferior, e termina no ZuQiaoyin (VB44), do lado lateral da ponta do quarto dedo do pé, com 44 pontos de cada lado. A ramificação pós-auricular corre dentro do ouvido e descende para a fossa supraclavicular, descende o tórax, passa pelo diafragma, conecta-se com a vesícula biliar e o fígado e continua em descendência para o abdome inferior dentro da fossa inguinal. A ramificação dorsal do pé deixa o meridiano principal no Zulin *Qi* (VB 41) e termina na base da unha do hálux.

XII. Meridiano Jue Yin do Pé (Fígado) (F) (Fig. 12-12)

Trajeto: o meridiano do fígado percorre do Dadun (F1) sobre o hálux atrás da unha, atravessa o lado interior do membro inferior, genitália externa e abdome, no Qimen (F14) por volta de 2 *cun* abaixo dos mamilos, com 14 pontos de cada lado. De Qimen (F14), o meridiano entra no abdome, atravessa o estômago lateralmente para conectar-se com o fígado e a vesícula biliar. Do fígado, o meridiano ascende e passa o diafragma ao longo da traquéia, laringe e cavidade sinusal, e conecta-se com o olho e, a seguir, ascende para o topo da cabeça, onde se encontra com o Vaso Governador.

Sintomatologia: enurese, disúria, dor ginecológica, lombalgia, hérnia inguinal e alterações mentais.

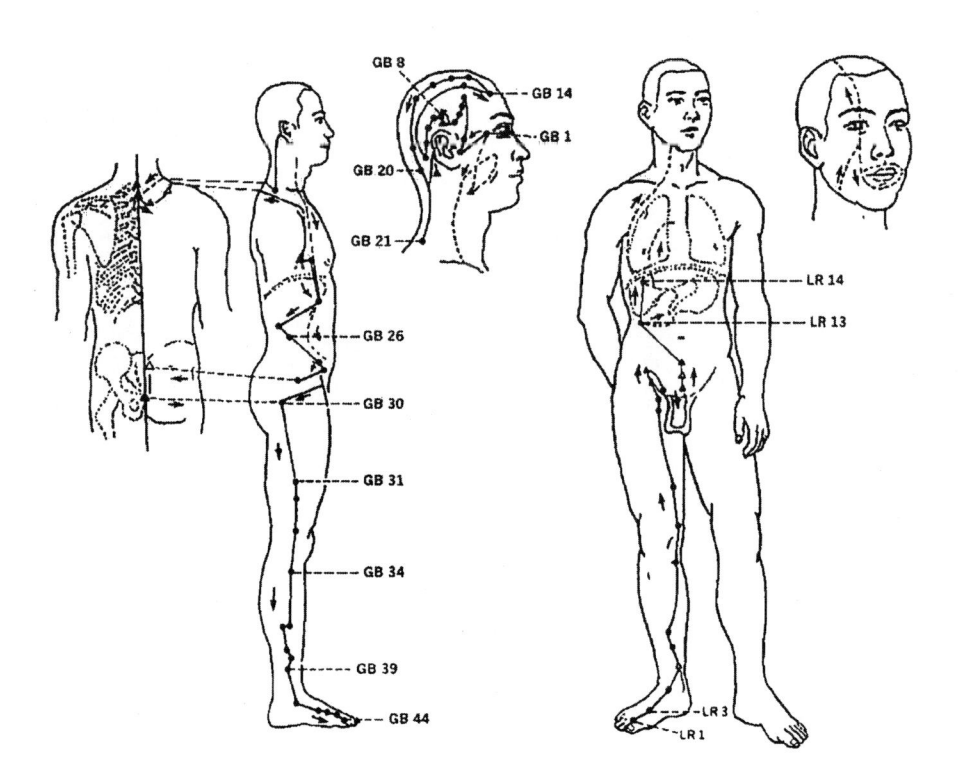

Fig. 12-11 – Meridiano da vesícula biliar   Fig. 12-12 – Meridiano do fígado.

OS OITO MERIDIANOS EXTRAORDINÁRIOS

Vaso Governador (VG) (Fig. 12-13).

Trajeto: o Vaso Governador origina-se do abdome inferior, desce e sai no períneo e percorre do Chang Qiang (VG1), um ponto abaixo do cóccix, ao longo da coluna espinhal para o topo da cabeça e, a seguir, desce ao longo da linha média da face no Yinjiao (VG28), um ponto entre o lábio superior e a gengiva superior no frênulo labial, com 28 pontos.

Sintomatologia: síncope, tontura, cefaléia, lombalgia, opistótono e patologias dos órgãos internos relacionados.

Vaso da Concepção (VC) (Fig. 12-14)

Trajeto: o Vaso da Concepção origina-se no abdome inferior, desce e sai no períneo, e ascende do Huiyin (VC1) no centro do períneo, ao longo da linha média do abdome e tórax no Chengjiang (VC24), o ponto médio do sulco mentolabial, com 24 pontos. A porção interna deste meridiano ascende do Chengjiang (VC24), circunda a boca e corre para os olhos.

Sintomatologia: dor abdominal, retenção urinária, enurese, alterações menstruais, hemorragia uterina, hérnia inguinal, colapso, epigastralgia, diarréia e tosse.

Vaso Penetrador (VP)

Trajeto: O Vaso Penetrador origina no abdome inferior (no útero nas mulheres), conflui com o meridiano do rim e, depois, corre em ascendência ao longo de ambos os lados do abdome para o tórax.

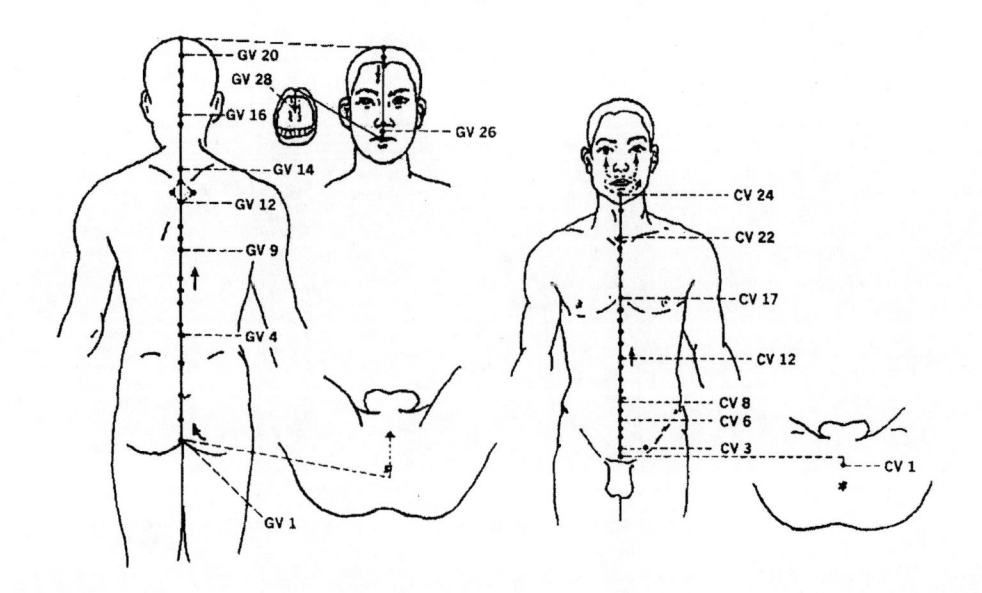

Fig. 12-13 – Vaso Governador   Fig. 12-14 – Vaso da Concepção.

Sintomatologia: alterações menstruais, hemorragia uterina anormal, dor abdominal e infertilidade.

Vaso da Cintura (VCin)

Trajeto: o Vaso da Cintura corre ao redor da cintura em confluência com a parte do meridiano da vesícula biliar.

Sintomatologia: leucorréia, prolapso uterino, distensão abdominal e debilidade da região inferior das costas.

Vaso Yang do Calcanhar (VYangCal)

Trajeto: o Vaso Yang do Calcanhar origina-se no Shen Mai (B62), na lateral do calcanhar, corre em ascendência ao longo do lado exterior do membro inferior pelo abdome, tórax, ombro e bochecha e termina no Fengchi (VB20), na nuca.

Sintomatologia: espasmo muscular na face lateral e flacidez da face medial da extremidade inferior, mania e insônia.

Vaso Yin do Calcanhar (VyinCal)

Trajeto: o Vaso Yin do Calcanhar origina-se no Zhaohai (R6), no lado interno do calcanhar, corre em ascendência ao longo do lado interno do membro inferior, pelos órgãos genitais externos, o abdome, tórax, pescoço, ambos os lados do nariz e termina no Jungming (B1), na borda interna do olho.

Sintomatologia: espasmo muscular da face medial e flacidez da face lateral da extremidade inferior, dor de garganta e sonolência.

Vaso Yang de Conexão (VYangCon)

Trajeto: o Vaso Yang de Conexão origina-se no Zhubin (R9), corre em ascendência ao longo do lado interior do membro inferior para o abdome, onde se encontra com os meridianos do baço, fígado, rim e estômago no Fushe (BP13). Segue em ascendência do tórax para a garganta, onde se encontra com o Vaso da Concepção no Tiantu (VC22) e Lianquan (VC23).

Sintomatologia: dor no tórax, distensão da região do hipocôndrio e edema dos órgãos genitais externos.

CAPÍTULO 13

PONTOS DE ACUPUNTURA

DEFINIÇÃO E NOMENCLATURA

Os pontos de acupuntura estão localizados na superfície do corpo, na qual o *Qi* dos órgãos e os meridianos fluem. Por meio da conexão fisiológica entre os órgãos e o sistema de meridianos, as mudanças patológicas dos órgãos podem ser refletidas nestes pontos. O estímulo dos pontos por meio da inserção, pressão, calor ou massagem pode, portanto, provocar a harmonização e o tratamento destes órgãos. Estes locais de estimulação para "purificar os meridianos", equilibrar o *Qi* e o sangue, eliminar os fatores patogênicos e reforçar a resistência corporal são conhecidos como pontos de acupuntura (pontos de inserção) ou simplesmente pontos. São três categorias de pontos: a) pontos dos catorze meridianos; b) pontos dos extrameridianos ou simplesmente pontos extras, e c) pontos *Ashi* (ou "ai")[1]. Pontos *Ashi* não têm localização fixa nem número fixo. São localizados pela pressão em pontos dolorosos. Há 361 pontos de meridianos e dúzias de pontos extrameridianos. Todos eles apresentam nomes em caracteres chineses, localizações e indicações.

Em 1991, a OMS e as Nações Unidas publicaram a Proposta de Padrão Internacional da Nomenclatura da Acupuntura, onde o código alfanumérico dos pontos de acupuntura em combinação com o alfabeto fonético chinês (*pinyin*) é recomendado. No código alfanumérico, a parte alfabética é derivada da tradução em inglês dos nomes dos meridianos, ao passo que os números seguem a trajetória de cada meridiano. Por exemplo, Hegu é o quarto ponto do meridiano do intestino grosso, então, seu nome padrão é Hegu (IG4) ou, simplesmente, IG4.

Quanto aos pontos extras, 48 foram reconhecidos. O código alfanumérico proposto consiste de um prefixo geral "EX" que significa "pontos extras" seguidos pelo código alfanumérico indicando a região (CP para cabeça e pescoço, TA para tórax e abdome, B para costas, MS para membros superiores e MI para membros inferiores). Os pontos são numerados do nível mais alto para o nível mais baixo da cabeça, pescoço e tronco; e do ponto proximal ao distal para as extremidades. Por exemplo, Sishencong no vértice da cabeça é EX-CP1, Jingbailao, o ponto extraordinário mais baixo no pescoço é EX-CP15.

---

1. *Ashi* significa "É aqui?". Ao buscar o ponto *Ashi*, o médico pergunta ao paciente se este é o ponto mais dolorido enquanto pressiona com o dedo. Quando o paciente responde afirmativamente, o ponto *Ashi* é localizado. Isto pode ser expresso pela exclamação "ai" do paciente.

PONTOS ESPECIALMENTE DESIGNADOS

Os pontos especialmente designados são os que estão nos 14 meridianos e que apresentam efeitos terapêuticos específicos, e são, portanto, agrupados com nomes especiais. São os 5 pontos *Shu* de transporte, pontos *Yuan* – fonte, pontos *Luo* – conexão, pontos *Mu* – alarme, pontos *Shu* dorsais de assentamento, pontos de influência, pontos fenda, pontos de cruzamento, 8 pontos de confluência e pontos mar inferiores.

I. Cinco Pontos *Shu* – Transporte

Cada um dos doze meridianos regulares apresenta cinco pontos específicos distribuídos distalmente para os ombros e joelhos, variando em sua condição de fluxo de *Qi* e de sangue. São os pontos *Jing* nascente, pontos *Ying* manancial, pontos *Shu* riacho, pontos *Jing* rio e pontos *He* mar. Em relação aos nomes dos cinco meridianos *Shu*, o fluxo de *Qi* do meridiano é referido como um fluxo da água. O ponto nascente é o lugar onde o *Qi* do meridiano começa a borbulhar, o ponto manancial é onde o *Qi* do meridiano começa a fluir; o ponto riacho é onde o fluxo do *Qi* do meridiano começa a florescer, o ponto rio é onde o *Qi* do meridiano começa a jorrar; e o ponto mar significa a confluência dos rios. Os cinco pontos *Shu* são listados nas Tabelas 13-1a e 1b.

Ações dos Cinco Pontos *Shu*

1. Pontos nascente (pontos *Jing*): recuperação da consciência nos casos emergência.

2. Pontos manancial (pontos *Ying*): eliminação do Fogo nos casos de patologias febris.

3. Pontos riacho (pontos *Shu*): alivia a artralgia. Os pontos manancial e riacho são usados no tratamento das patologias nos meridianos na porção exterior do corpo.

4. Pontos rio (Pontos *Jing*): aliviam a tosse, asma e alterações da garganta.

5. Pontos mar (Pontos *He*): tratamento das patologias dos órgãos *Fu*.

Tabela 13-1a – Os cinco pontos *Shu* de transportes dos meridianos Yin

Meridiano	Nascente	Manancial	Riacho	Rio	Mar
Tai Yin da mão	Shaoshang	Yuji	Taiyuan	Jingqu	Chize
Pulmão (P)	11	10	9	8	5
Jue Yin da mão	Zhongchong	Laogong	Daling	Jianshi	Quze
Pericárdio (PC)	9	8	7	5	3
Shao Yin da mão	Shaochong	Shaofu	Shenmen	Lingdao	Shaohai
Coração (C)	9	8	7	4	3
Tai Yin do pé	Yinbai	Dadu	Taibai	Shang Qiu	Yinlingquan
Baço (BP)	1	2	3	5	9
Jue Yin do pé	Dadun	Xingjian	Taichong	Zhongfeng	Ququan
Fígado (F)	1	2	3	4	8
Shao Yin do pé	Yongquan	Rangu	Taixi	Fuliu	Yingu
Rim (R)	1	2	3	7	10

Tabela 13-1b – Os cinco pontos *Shu* – transporte dos meridianos Yang

Meridiano	Nascente	Manancial	Riacho	Rio	Mar
Yang Ming da mão	Shangyang	Erjian	Sanjian	Yangxi	Quchi
Intestino Grosso (IG)	1	2	3	5	11
Shao Yang da mão	Guanchong	Yemen	Zhongzhu	Zhigou	Tianjing
Triplo Aquecedor (TA)	1	2	3	6	10
Tai Yang da mão	Shaoze	Qiangu	Houxi	Yanggu	Xiaohai
Intestino Delgado (ID)	1	2	3	5	8
Yang Ming do pé	Lidui	Neiting	Xiangu	Jiexi	Zusanli
Estômago (E)	45	44	43	41	36
Shao Yang do pé	Zu Qiaoyin	Xiaxi	Zulinqi	Yangfu	Yanglingquan
Vesícula Biliar (VB)	44	43	41	38	34
Tai Yang do pé	Zhiyin	Zutonggu	Shugu	Kunlun	Weizhong
Bexiga (B)	67	66	65	60	40

II. Pontos Mar Inferiores dos Seis Órgãos *Fu*

Os pontos mar inferiores são aqueles nos três meridianos Yang do pé correspondentes às seis vísceras *Fu*, conforme listados na Tabela 13-2. Os pontos são utilizados para o tratamento das desarmonias dos *Fu* correspondentes. "Estômago", em seu sentido amplo, inclui o intestino, de modo que os pontos mar inferior dos intestinos grosso e delgado estão no meridiano do estômago. O Triplo Aquecedor controla o metabolismo da água, e elimina a água supérflua por meio da bexiga, de modo que o ponto mar inferior do Triplo Aquecedor está no meridiano da bexiga.

Tabela 13-2

Pontos de Acupuntura	Órgão *Fu* correspondente	Pontos de Acupuntura	Órgão *Fu* correspondente
Zusanli (E36)	Estômago	Shangjuxu (E37)	Intestino Grosso
Xiajuxu (E39)	Intestino Delgado	Yanglingquan (VB34)	Vesícula Biliar
Weizhong (B40)	Bexiga	Weiyang (B39)	Triplo Aquecedor

III. Os Doze Pontos Fonte (Pontos *Yuan*)

Cada um dos doze meridianos regulares tem um ponto fonte (ponto *Yuan*), onde o *Qi* primordial do órgão *Zang Fu* correspondente está contido. Portanto, são usados no tratamento das desarmonias dos órgãos *Zang Fu*. Eles estão listados na Tabela 13-3.

IV. Os Quinze Pontos de Conexão (Pontos Luo)

Os pontos de conexão são aqueles pertencentes aos quatorze meridianos e conectam os meridianos Yin e Yang interna e externamente relacionados, bem como as áreas abastecidas pelos dois meridianos. O meridiano do baço tem dois pontos de conexão, enquanto que os demais têm um ponto só, totalizando quinze ao todo. Os pontos de conexão (listados nas Tabela 13-4a e 4b) são usados no tratamento de desarmonias que envolvem os dois meridianos e áreas correspondentes.

Tabela 13-3 – Os doze pontos fonte

Órgão *Zang Fu*	Ponto Fonte	Órgão *Zang Fu*	Ponto Fonte
Três meridianos Yin da mão		Três meridianos Yang da mão	
Pulmão	Taiyuan (P9)	Intestino Grosso	Hegu (IG4)
Pericárdio	Daling (PC7)	Triplo Aquecedor	Yangchi (TA4)
Coração	Shenmen (C7)	Intestino Delgado	Wangu (ID4)
Três meridianos Yin do pé		Três meridianos Yang do pé	
Baço	Taibai (BP3)	Estômago	Chongyang (E42)
Fígado	Taichong (F3)	Vesícula Biliar	Qiuxu (VB40)
Rim	Taixi (R 3)	Bexiga	Jinggu (B64)

Tabela 13-4a – Pontos de conexão das mãos e dos pés

Meridiano Yin (Interno)	Pontos de Conexão	Pontos de Conexão	Meridiano Yang (Externo)
Tai Yin da mão	Lieque (P7)	Pianli (IG6)	Yang Ming da mão
Jue Yin da mão	Neiguan (PC6)	Waiguan (TA5)	Shao Yang da mão
Shao Yin da mão	Tongli (C5)	Zhizheng (ID7)	Taiyuang da mão
Tai Yin do pé	Gongsun (BP4)	Fenglong (E40)	Yang Ming do pé
Jue Yin do pé	Ligou (F5)	Guangming (VB7)	Shao Yang do pé
Shao Yin do pé	Dazhong (R4)	Feiyang (B58)	Tai Yang do pé

Tabela 13-4b – Pontos de conexão das mãos e dos pés

Área	Nome do colateral	Pontos	Colateral
Frontal do tronco	Colateral do Vaso da Concepção	JiuWei (VC15)	Abdome
Posterior do tronco	Colateral do Vaso Governador	Chang Qinag (VG1)	Cabeça
Lateral do tronco	Grande colateral do baço	Dabao (BP21)	Hipocôndrio

V. Os Dezesseis Pontos Fenda (Pontos Xi)

Os pontos fenda são aqueles onde o *Qi* do meridiano se acumula profundamente. Cada um dos doze meridianos regulares, juntamente com os extraordinários Yin do Calcanhar, Yang do Calcanhar, vasos Yin de Conexão e Vaso Yang de Conexão, têm seu ponto fenda, sendo, portanto, dezesseis no total. São utilizados principalmente no tratamento da dor aguda e desarmonias na área abastecida pelo meridiano pertinente e no exame de áreas doloridas (Tabela 13-5).

Tabela 13-5 – Pontos fenda

Três meridianos Yin da mão		Três meridianos Yang da mão	
Órgão *Zang Fu*	**Pontos fenda**	**Órgão** *Zang Fu*	**Pontos fenda**
Pulmão	Kongzui (P6)	Intestino Grosso	Wenliu (IG7)
Pericárdio	Ximen (PC4)	Triplo Aquecedor	Huizong (TA7)
Coração	Yinxi (C6)	Intestino Delgado	Yanglao (ID6)
Três meridianos Yin do pé		Três meridianos Yang do pé	
Órgão *Zang Fu*	**Pontos fenda**	**Órgão** *Zang Fu*	**Pontos fenda**
Baço	Diji (BP8)	Estômago	Liang Qiu (E34)
Fígado	Zhongdu (F6)	Vesícula Biliar	Wai Qiu (VB36)
Rim	Shuiquan (R5)	Bexiga	Jinmen (B63)
Meridianos Extraordinários			
Vaso	**Ponto**	**Vaso**	**Ponto**
Vaso Yin de Conexão	Zhubin (R9)	Vaso Yang de Conexão	Yangjiao (VB35)
Vaso Yin do Calcanhar	Jiaoxin (R 8)	Vaso Yang do Calcanhar	Fuyang (B59)

VI. Pontos Confluentes dos Oito Vasos[*]

Os oito pontos referem-se aos pontos nos membros onde os meridianos regulares se comunicam com os oitos meridianos extraordinários. Eles são freqüentemente utilizados em pares para tratar as desarmonias relacionadas aos meridianos extraordinários (Tabela 13-6).

Tabela 13-6 – Pontos confluentes dos oito vasos

Pontos de Acupuntura	Meridianos Extraordinários Cruzados	Indicações
Neiguan (PC6)	→ Vaso Yin de Conexão	Alterações no coração, tórax,
Gongsun (BP4)	→ Vaso Penetrador	e estômago.
Houxi (ID3)	→ Vaso Governador	Alterações na nuca, escápula
Shen Mai (B62)	→ Vaso Yang do Calcanhar	e ouvidos.
Waiguan (TA5)	→ Vaso Yang de Conexão	Alterações no pescoço,
LinQi (VB41)	→ Vaso da Cintura	ombro, calcanhar e ouvido.
Lieque (P7)	→ Vaso da Concepção	Alterações na garganta e
Zhaohai (R6)	→ Vaso Yin do calcanhar	diafragma.

VII. Pontos de Assentamento Dorsais (Pontos *Shu* Dorsal) e Pontos de Alarme Frontais (Pontos *Mu* Frontais).

Os pontos específicos nas costas onde o *Qi* dos órgãos *Zang Fu* está localizado são denominados pontos de assentamento dorsais (Pontos *Shu* das costas). São denominados de acordo com seus órgãos *Zang Fu* correspondentes. Se o órgão *Zang Fu* estiver

---

[*] N. do T.: Também conhecidos como pontos de abertura dos meridianos extraordinários.

fraco, seu ponto de assentamento dorsal apresentará reações anormais, tais como dor sob pressão ou presença do nódulo. Os pontos de assentamento dorsais são utilizados principalmente no tratamento de desarmonias dos órgãos *Zang Fu* correspondentes ou alterações dos órgãos dos sentidos e tecidos relacionados.

Os pontos específicos no tórax e abdome onde o *Qi* dos órgãos *Zang Fu* está concentrado são denominados de pontos de alarme frontais (Pontos *Mu* Frontais). Eles estão situados próximo aos órgãos *Zang Fu* relacionados. Como os pontos de assentamento dorsais, os pontos de alarme frontais também demonstram reações anormais, tais como dor, se o órgão *Zang Fu* relacionado estiver em desarmonia. Os pontos de alarme frontais podem ser usados para diagnóstico e tratamento das patologias dos órgãos correspondentes. De acordo com a regra "tratando a patologia do Yin com Yang e vice-versa", costuma-se tratar as desarmonias dos órgãos *Zang* com os pontos de assentamento dorsais e tratar as patologias das vísceras *Fu* com os pontos de alarme frontais.

Os pontos de assentamento dorsais e de alarme frontais e seus órgãos correspondentes são listados na Tabela 13-7.

Tabela 13-7 – Pontos de assentamento dorsais (pontos *Shu* dorsais) e pontos de alarme frontais (pontos *Mu* frontais) e seus órgãos *Zang Fu* correspondentes.

Órgãos *Zang Fu*	Pontos de Assentamento Dorsais	Pontos de Alarme Frontais
Pulmão	Feishu (B13)	Zhongfu (P1)
Pericárdio	Jue Yinshu (B14)	Danzhong (VC17)
Coração	Xinshu (B15)	Juque (VC14)
Fígado	Ganshu (B18)	Qimen (F14)
Vesícula Biliar	Danshu (B19)	Riyue (VB24)
Baço	Pishu (B20)	Zhangmen (F13)
Estômago	Weishu (B21)	Zhongwan (VC12)
Triplo Aquecedor	Sanjiaoshu (B22)	Shimen (VC5)
Rim	Shenshu (B23)	*Jing*men (VB25)
Intestino Grosso	Dachangshu (B25)	Tianshu (E25)
Intestino Delgado	Xiaochangshu (B27)	Guanyuan (VC4)
Bexiga	Pangguangshu (B28)	Zhongji (VC3)

VIII. Os Oito Pontos Influentes

Os oito pontos influentes são os pontos de acupuntura importantes que exercem influência sobre os *Zang, Fu, Qi,* sangue, ossos, tendões e vasos sanguíneos, respectivamente. Eles estão listados na Tabela 13-8.

Tabela 13-8 – Os oito pontos influentes

Pontos de acupuntura	Tecidos	Pontos de acupuntura	Tecido
Zhangmen (F13)	Órgãos *Zang*	Zhongwan (VC12)	Órgãos *Fu*
Danzhong (VC17)	*Qi*	Geshu (B17)	Sangue
Yanglingquan (VB34)	Tendões	Taiyuan (P9)	Vasos
Dazhu (B11)	Ossos	Xuanzhong (VB39)	Medula

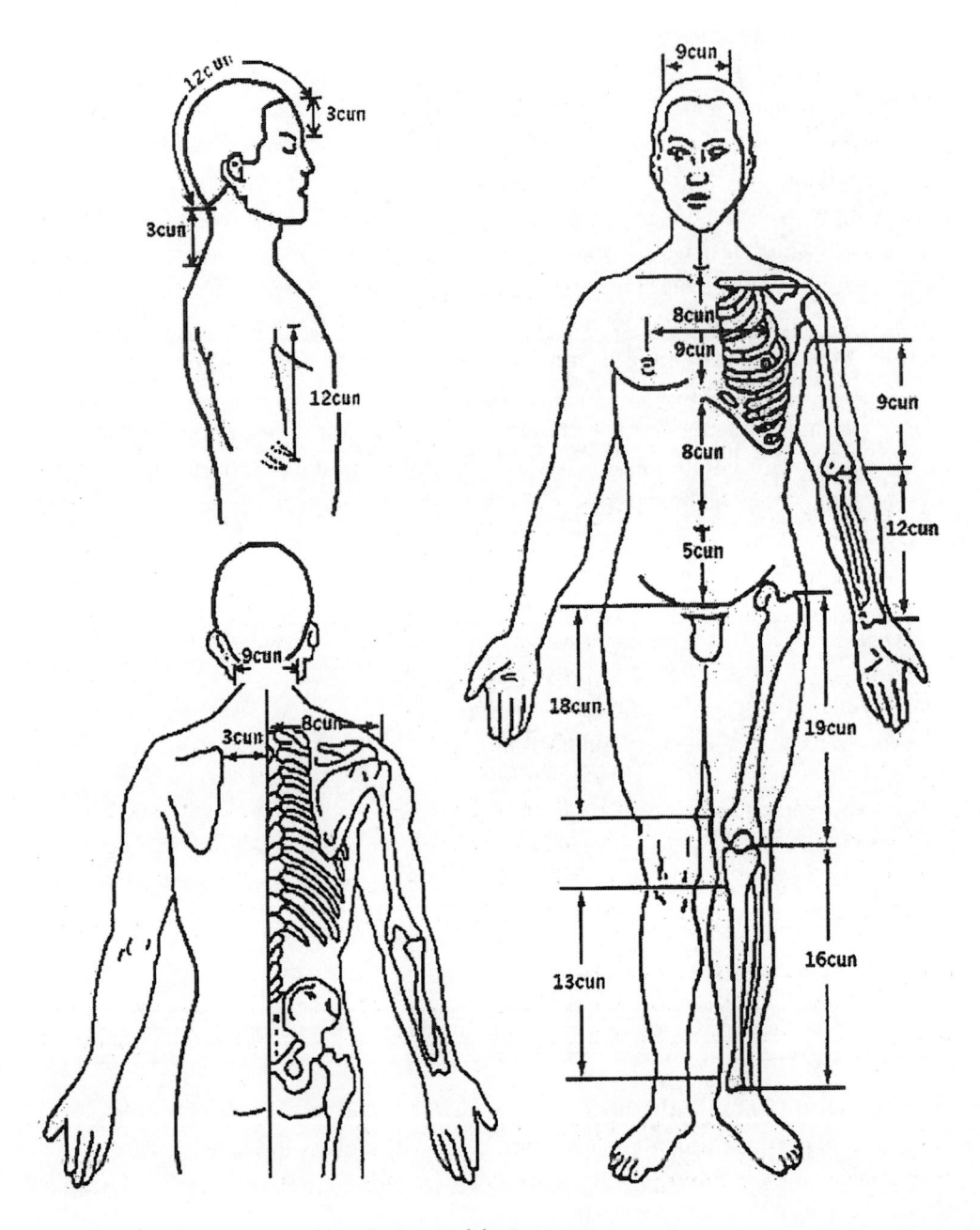

Fig. 13-1 Medidas Proporcionais

IX. Pontos de Cruzamento

Os pontos de cruzamento são aqueles onde dois ou mais meridianos se cruzam. Podem ser usados no tratamento das desarmonias dos meridianos pertinentes e meridianos cruzados. Por exemplo, Sanyinjiao (BP6), ponto de cruzamento dos três meridianos Yin do pé, é eficaz no tratamento das desarmonias de fígado, baço e rins. Há mais de 90 pontos de cruzamento.

Métodos de Localização
dos Pontos de Acupuntura

I. Marcos anatômicos

Os marcos anatômicos na superfície do corpo são a base para a localização dos pontos de acupuntura.

1. Marcos fixos. Marcos fixos são aqueles que não mudam com o movimento do corpo. Eles incluem:

(1) Proeminências e depressões dos ossos, tais como maléolo medial, maléolo lateral, tuberosidade do osso navicular, côndilo medial da tíbia, epicôndilo lateral do úmero e extremidade acromial da clavícula.

(2) Órgãos dos sentidos: olhos, nariz, boca e ouvidos.

(3) Cabelo, principalmente as linhas do cabelo.

(4) Unhas.

(5) Cicatriz umbilical.

(6) Na maioria dos casos, mamilos.

2. Marcos em movimento. Marcos em movimento são aqueles que somente aparecem quando parte do corpo mantém uma posição específica, ou seja, dobra cubital quando o braço está flexionado e dobra palmar transversa quando o punho é dobrado.

II. Medida proporcional (Fig. 13-1)

A largura ou comprimento de várias partes do corpo humano é dividido em um número determinado de unidades iguais como padrões para medidas proporcionais. A unidade é o *cun*, uma unidade chinesa de comprimento que significa, literalmente, uma polegada, mas o *cun* proporcional não tem comprimento definido; ele varia com o tamanho do corpo, sendo, portanto, aplicado em pacientes com diferentes tamanhos.

III. Medida do dedo (Tabela 13-9, Fig. 13-2)

O comprimento e a largura do dedo do paciente são considerados como padrão para localização dos pontos de acupuntura. Os métodos seguintes são usados comumente:

1. Medida do dedo médio: a distância entre as duas extremidades mediais das dobras das articulações interfalangianas tem um *cun* quando o dedo médio do paciente está flexionado.

2. Medida do polegar: a largura da articulação interfalangiana do polegar do paciente mede um *cun*.

3. Medida dos quatro dedos: a largura dos quatro dedos (indicador, médio, anular e mínimo) fechados no nível da dobra da pele dorsal da articulação interfalangiana proximal mede três *cun*.

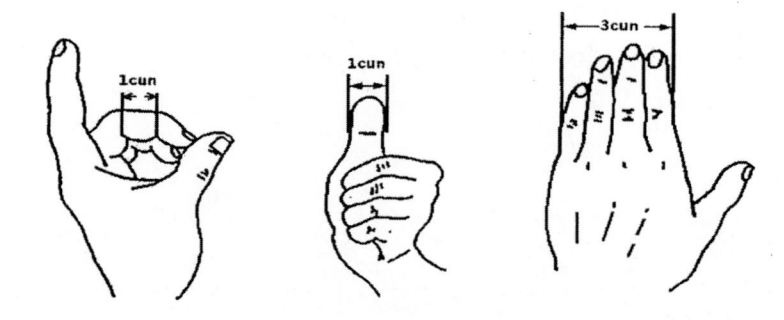

Fig. 13-2 – *Cun* do dedo médio *Cun* do polegar Medida dos quatro dedos

Tabela 13-9 – Medida do dedo

Parte do Corpo	Distância	Medida Proporcional
Cabeça	Da linha anterior do cabelo à linha posterior do cabelo	12 *cun* (longitudinal)
	Entre os dois processos mastóides	9 *cun* (transversal)
Cabeça e abdome	Do ângulo esternocostal ao centro da cicatriz umbilical	8 *cun* (longitudinal)
	Do centro da cicatriz umbilical à borda superior da sínfise púbica	5 *cun* (longitudinal)
	Entre os mamilos	8 *cun* (transversal)
Costas	Entre a borda medial da escápula e a linha média posterior	3 *cun* (transversal)
Região lateral do tórax	Do final da dobra axilar sob a face lateral do tórax até a ponta da décima primeira costela	12 *cun* (longitudinal)
Extremidades superiores	Entre o final da dobra axilar e a dobra transversa cubital	9 *cun* (longitudinal)
	Entre a dobra transversa cubital e a dobra transversa do punho	12 *cun* (longitudinal)
Extremidades inferiores	Da borda superior da sínfise púbica ao epicôndilo medial do fêmur	18 *cun* (longitudinal)
	Da borda inferior do côndilo medial da tíbia à ponta do maléolo medial	13 *cun* (longitudinal)
	Da proeminência do trocanter maior à metade da patela	19 *cun* (longitudinal)
	Entre o centro da patela e a ponta do maléolo lateral	16 *cun* (longitudinal)
	Da ponta do maléolo lateral ao calcanhar	3 *cun* (longitudinal)

Os Pontos de Acupuntura dos Quatorze Meridianos
Pontos do Meridiano Tai Yin da Mão (Pulmão) (P)
(Figs. Coloridas 1 e 7)

1. Zhongfu (P1) (Ponto de alarme frontal do pulmão – cruzamento com BP)

[Localização] na parede torácica anterior, no nível do primeiro espaço intercostal, 6 *cun* lateral para a linha média anterior.

[Efeitos] facilita o fluxo de *Qi* do pulmão e elimina o Calor patogênico do tórax.

[Indicações] tosse, asma e dor torácica, ombro e costas, como ocorre na bronquite, pneumonia, tuberculose pulmonar e angina pectoris.

[Manipulação] inserção oblíqua de 0,5-0,8 *cun* em direção à face lateral do tórax. Nunca inserir profundamente em direção à face medial para evitar danificar o pulmão.

2. Yunmen (P2)

[Localização] na parede torácica anterior, na depressão da fossa infraclavicular, 6 *cun* lateral para a linha média anterior.

[Efeitos] facilita o fluxo de *Qi* do pulmão e elimina o Calor patogênico do braço.

[Indicações] tosse, asma e dor torácica, ombro e braço, como ocorre na bronquite e periartrite do ombro.

[Manipulação] inserção oblíqua 0,5-1 *cun* em direção à face lateral do tórax. Nunca inserir profundamente em direção à face medial para evitar danos ao pulmão.

3. Tianfu (P3)

[Localização] no lado medial do membro superior, 3 *cun* abaixo da borda anterior da dobra axilar.

[Efeitos] facilita o fluxo de *Qi* do pulmão e controla a hemorragia do nariz.

[Indicações] tosse, asma, epistaxe e dor na face medial do membro superior.

[Manipulação] inserção perpendicular de 0,5-1 *cun*.

4. Xiabai (P4)

[Localização] no lado medial do membro superior, 4 *cun* abaixo da borda anterior da dobra axilar.

[Efeitos] facilita o fluxo de *Qi* do pulmão e acalma o coração.

[Indicações] tosse na bronquite, taquicardia, dor na face medial do membro superior.

[Manipulação] inserção perpendicular de 0,5-1 *cun*.

5. Chize (P 5) (Ponto *He* – Mar)

[Localização] na dobra cubital, na depressão do lado radial do tendão do músculo bíceps braquial.

[Efeitos] facilita o fluxo de *Qi* do pulmão e elimina o Fogo.

[Indicações] tosse, asma, hemoptise, dor de garganta, febre vespertina e hipertensão.

[Manipulação] inserção perpendicular de 0,5-1 *cun*.

6. Kongzui (P6) (Ponto fenda)

[Localização] na face radial da superfície palmar do antebraço, 7 *cun* acima da dobra do punho.

[Efeitos] elimina o Calor, induz a diaforese e alivia a garganta.

[Indicações] tosse, asma, dor torácica, hemoptise, dor de garganta, dor no cotovelo e no braço.

[Manipulação] inserção perpendicular de 0,5-1 *cun*.

7. Lieque (P7) (Ponto de conexão, ponto de confluência do Vaso da Concepção)

[Localização] superior ao processo estilóide do rádio, 1,5 *cun* acima da dobra transversa do punho.

[Efeitos] facilita o fluxo de *Qi* do pulmão, alivia a tosse, promove a micção e remove o Vento dos meridianos colaterais.

[Indicações] febre e tosse no resfriado, retenção aguda da urina, lesão do tecido mole do punho e dor e rigidez no pescoço e na nuca.

[Manipulação] inserção perpendicular de 0,3-0,5 *cun* oblíqua para cima.

8. Jingqu (P8) (Ponto *Jing* – rio)

[Localização] 1 *cun* acima da dobra transversa do punho na depressão na face lateral da artéria radial.

[Efeitos] facilita o fluxo do *Qi* do pulmão, suaviza a garganta e restaura o pulso normal.

[Indicações] tosse, asma, dor de garganta, dor torácica, dor no punho, doença da ausência de pulso (doença de Takayasu).

[Manipulação] inserção perpendicular de 0,3-0,5 *cun*. Evitar a inserção da artéria e veia radial.

9. Taiyuan (P9) (Ponto *Shu* – riacho, ponto fonte e ponto influente dos vasos)

[Localização] na borda radial da dobra transversa do punho, na depressão na face lateral da artéria radial

[Efeitos] facilita o fluxo de *Qi* do pulmão, alivia a garganta e restaura o pulso normal.

[Indicações] tosse, asma, hemoptise, dor de garganta, palpitação, patologia da ausência do pulso (doença de Takayasu).

[Manipulação] inserção perpendicular de 0,3-0,5 *cun*. Evitar a inserção da artéria e da veia radial.

10. Yuji (P10) (Ponto *Ying* – manancial)

[Localização] na face radial do ponto médio do primeiro metacarpo, e no limite dorsoventral da mão.

[Efeitos] elimina o Calor do pulmão, controla a tosse e alivia a dor de garganta.

[Indicações] tosse, hemoptise e amigdalite aguda.

[Manipulação] inserção levemente oblíqua de 0,3-0,8 *cun* em direção ao centro da palma.

11. Shaoshang (P11) (Ponto *Jing* – nascente)

[Localização] na face radial do polegar, 0,1 *cun* proximal à borda da unha.

[Efeitos] restaura a consciência, elimina o Calor e alivia a dor de garganta.

[Indicações] febre alta, perda de consciência e infecção respiratória aguda.

[Manipulação] inserção de 0,1 *cun*, ou punção para causar sangramento.

Pontos do Meridiano Yang Ming da mão (intestino grosso) (IG)
(Figs. Coloridas 2, 8, 9 e Fig. 13-3).

1. ShangYang (IG1) (Ponto *Jing* – nascente)

[Localização] na face radial do dedo indicador, 0,1 *cun* proximal à borda da unha.

[Efeitos] elimina o Fogo, restaura a consciência e alivia a dor de garganta.

[Indicações] perda de consciência nos casos de acidente vascular cerebral ou febre alta, patologias febris com anidrose, dor de garganta, odontalgia e edema da região submandibular.

[Manipulação] inserção de 0,1 *cun* ou punção para causar sangramento.

2. Erjian (IG2) (Pontos *Ying* – manancial)

[Localização] na depressão da face radial do dedo indicador, distal à articulação metacarpofalangiana, no limite dorsoventral.

[Efeitos] elimina o Calor, alivia a garganta e melhora a visão.

[Indicações] visão turva, epistaxe, odontalgia, dor de garganta e febre.

[Manipulação] inserção de 0,2-0,3 *cun* quando o dedo indicador do paciente está dobrado.

3. Sanjian (IG3) (Ponto *Shu* – riacho)

[Localização] na depressão da face radial do dedo indicador, proximal à articulação metacarpofalangiana.

[Efeitos] elimina o Calor e alivia a dor de garganta.

[Indicações] odontalgia, dor de garganta e artrite metacarpofalangiana.

[Manipulação] inserção de 0,5-1 *cun* quando o paciente fecha a mão.

4. Hegu (IG4) (Ponto fonte)

[Localização] no dorso da mão, entre o primeiro e o segundo metacarpos, na face radial do ponto médio do segundo metacarpo.

[Efeitos] dissipa o Vento patogênico, elimina o Calor do pulmão, harmoniza o estômago e o intestino, restaura a consciência, regula a menstruação e induz o parto.

[Indicações] febre sem sudorese ou hiperidrose, perda de consciência no acidente vascular cerebral, choque, paralisia facial ou espasmo, trismo, cefaléia, dor de garganta, constipação, disenteria, amenorréia, trabalho de parto retardado, urticária, dor e dificuldade motora do membro superior.

[Manipulação] inserção perpendicular de 0,5-1 *cun.* Evitar lesão dos vasos sanguíneos locais.

[Aviso] É contra-indicado na gravidez.

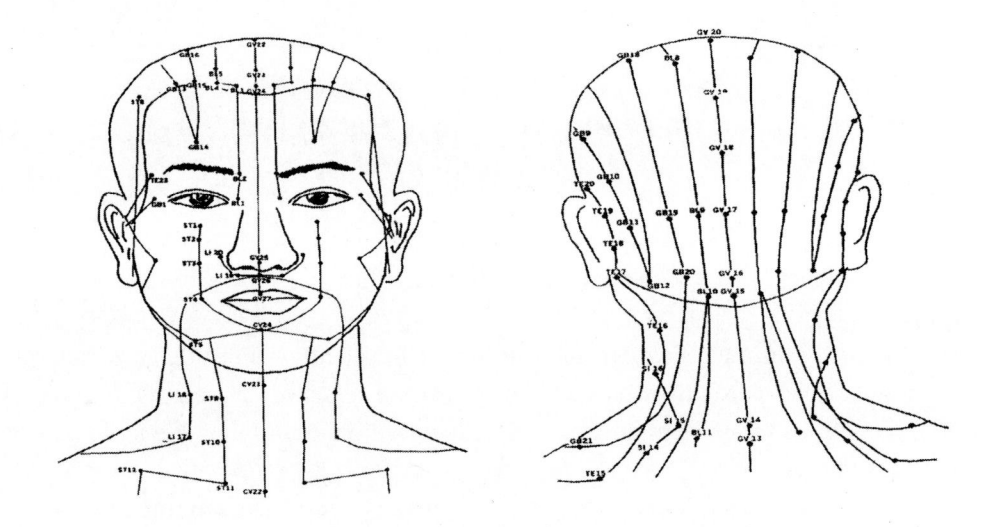

Fig. 13-3 – Pontos na cabeça.

5. Yangxi (IG5) (Ponto Jing – rio)

[Localização] na borda radial da dobra do punho, na depressão entre os tendões dos músculos extensor curto e longo do polegar.

[Efeitos] dissipa o Vento e purga o Fogo.

[Indicações] cefaléia, inflamação ocular, odontalgia, dor no punho.

[Manipulação] inserção perpendicular de 0,3-0,5 *cun.* Evitar lesão dos vasos sanguíneos locais.

6. Pianli (IG6) (Ponto de conexão)

[Localização] na face radial da superfície dorsal do antebraço, 3 *cun* acima da dobra do punho.

[Efeitos] purifica o pulmão, regula o canal das águas e remove obstruções dos colaterais.

[Indicações] epistaxe, dor de garganta, paralisia facial, oliguria com edema, dor no antebraço.

[Manipulação] inserção de 0,5-0,8 *cun* obliquamente, para cima ou para baixo.

7. Wenliu (IG7) (Ponto fenda)

[Localização] na face radial da superfície do antebraço, 5 *cun* acima da dobra do punho.

[Efeitos] remove o Calor patogênico e regulariza a função gastrintestinal.

[Indicações] cefaléia frontal, dor de garganta, estomatite, borborigmos, distensão abdominal, dor no braço e no ombro.

[Manipulação] inserção perpendicular de 0,3-0,5 *cun.*

8. Xialian (IG8)

[Localização] na face radial da superfície dorsal do antebraço, 4 *cun* abaixo da dobra cubital.

[Efeitos] elimina o Calor do meridiano Yang Ming.

[Indicações] dor abdominal, borborigmos, dor no cotovelo e no braço, dificuldade motora do membro superior.

[Manipulação] inserção perpendicular de 0,5-1 *cun.*

9. Shanglian (IG9)

[Localização] na face radial da superfície dorsal do antebraço, 3 *cun* abaixo da dobra cubital.

[Efeitos] elimina o Calor do meridiano Yang Ming.

[Indicações] dor abdominal, borborigmos, dor no braço e ombro, parestesia da mão e do braço e dificuldade motora do membro superior.

[Manipulação] inserção perpendicular de 0,5-1 *cun.*

10. Shousanli (IG10)

[Localização] na face radial da superfície dorsal do antebraço, 2 *cun* abaixo da dobra cubital.

[Efeitos] regula a função gastrintestinal.

[Indicações] dor abdominal, diarréia, odontalgia, dificuldade motora do membro superior e dor no ombro e nas costas.

[Manipulação] inserção perpendicular de 0,8-1,5 *cun.*

11. Quchi (IG11) (Ponto *He* – mar)

[Localização] na borda lateral da dobra cubital, com o cotovelo flexionado.

[Efeitos] dissipa o Calor, alivia as articulações e regulariza o *Qi* e o sangue.

[Indicações] febre, dor de garganta, odontalgia, inflamação ocular, dor abdominal, constipação, diarréia, alterações menstruais, urticária, dor no cotovelo e no braço e dificuldade motora do membro superior.

[Manipulação] inserção perpendicular de 1-1,5 *cun.*

12. Zhouliao (IG12)

[Localização] na face lateral do membro superior, superior ao epicôndilo lateral do úmero quando o cotovelo está flexionado, 1 *cun* superior e lateral ao Quchi (IG11).

[Indicações] dor no cotovelo (epicondilite externa do úmero).

[Manipulação] inserção perpendicular de 0,5-1 *cun*.

13. Shouwuli (IG13)

[Localização] na face lateral do membro superior, na linha de ligação entre Quchi (IG11) e Jianyu (IG15), 3 *cun* acima do Quchi.

[Indicações] dor no cotovelo e no braço.

[Manipulação] inserção perpendicular de 0,5-1 *cun*.

14. Binao (IG14)

[Localização] na face lateral do braço, na linha de ligação entre Quchi (IG11) e Jianyu (IG15), 7 *cun* acima do Quchi.

[Indicações] dor no ombro e no braço e limitação de movimento do pescoço.

[Manipulação] inserção perpendicular ou oblíqua para cima de 0,5-1 *cun*.

15. Jianyu (IG15) (cruzamento com VYangCal)

[Localização] no ombro, na depressão anterior e inferior do acrômio quando o braço está abduzido.

[Efeitos] dissipa o Vento-Umidade dos meridianos, alivia as articulações e reduz o Calor.

[Indicações] dor no ombro e no braço (periartrite do ombro), dificuldade motora do membro superior, urticária e hipertensão.

[Manipulação] inserção perpendicular ou oblíqua de 0,8-1,5 *cun*.

16. Jugu (IG16) (cruzamento com VYangCal)

[Localização] no ombro, na depressão entre a extremidade acromial da clavícula e da espinha escapular.

[Indicações] dor e dificuldade motora do membro superior, dor no ombro e nas costas.

[Manipulação] inserção perpendicular de 0,5-0,8 *cun*. Evitar a inserção profunda.

17. Tianding (IG17)

[Localização] na face lateral do pescoço, 1 *cun* abaixo do Futu (IG18), na margem posterior do músculo esternocleidomastóideo.

[Efeitos] alivia a dor de garganta.

[Indicações] perda repentina da voz, dor de garganta, bócio, parestesia do membro superior.

[Manipulação] inserção perpendicular de 0,3-0,5 *cun*. Evitar a inserção profunda.

18. Futu (IG18)

[Localização] na face lateral do pescoço, ao lado da protuberância da laringe, entre a cabeça do esterno e a cabeça clavicular do músculo esternocleidomastóideo.

[Efeitos] facilita o fluxo de *Qi* dos pulmões, alivia a garganta e dissolve os nódulos.

[Indicações] tosse, asma, dor de garganta, perda repentina da voz e bócio.

[Manipulação] inserção perpendicular de 0,3-0,5 *cun*.

19. Kouheliao (IG 19)

[Localização] no lábio superior, 0,5 *cun* lateral do Shuigou (VG 26).

[Efeitos] remove a obstrução do nariz.

[Indicações] rinite e paralisia facial.

[Manipulação] inserção perpendicular de 0,2-0,3 *cun*.

20. Yingxiang (IG20) (cruzamento com E)

[Localização] dobra nasolabial, ao lado do ponto médio da margem lateral da ala nasal.

[Efeitos] remove a obstrução do nariz, dissipa o Vento e elimina o Fogo.

[Indicações] rinite, sinusite, hiposmia, epistaxe e paralisia facial.

[Manipulação] inserção oblíqua ou subcutânea de 0,3-0,5 *cun*.

Pontos do Meridiano Yang Ming do Pé (Estômago) (E)
(Figs. Coloridas 4, 7,9 e Fig. 13-3)

1. Cheng Qi (E1) (cruzamento com VC, VYangCal)

[Localização] na face, diretamente abaixo da pupila quando os olhos estão retos para frente, entre o globo ocular e o sulco infra-orbital.

[Efeitos] dissipa o Vento e o Fogo e melhora a visão.

[Indicações] inflamação ocular, cegueira noturna, lacrimejamento, mioclonias da pálpebra e paralisia facial.

[Manipulação] empurrar o globo ocular para cima com o polegar esquerdo e inserir a agulha ao longo da parede inferior da órbita, 0,3-0,5 *cun*. É proibido manipular a agulha.

2. Sibai (E2)

[Localização] na face, diretamente abaixo da pupila na depressão do forâmen infra-orbital.

[Efeitos] dissipa o Vento e o Fogo e melhora a visão.

[Indicações] inflamação ocular, visão turva, mioclonias da pálpebra, paralisia facial e dor facial (neuralgia do trigêmeo).

[Manipulação] inserção perpendicular ou oblíqua de 0,3-0,5 *cun*.

3. Juliao (E3) (cruzamento com VYangCal)

[Localização] na face, diretamente abaixo da pupila, no nível da borda inferior da ala nasal.

[Efeitos] dissipa o Vento e remove a obstrução do nariz.

[Indicações] paralisia facial, mioclonias da pálpebra, dor facial (neuralgia do trigêmeo), rinite e epistaxe.

[Manipulação] inserção de 0,3-0,5 *cun* perpendicular ou oblíquo para cima.

4. Dicang (E4) (cruzamento com IG, VYangCal)

[Localização] na face, diretamente abaixo da pupila, lateral ao canto da boca.

[Indicações] paralisia facial, mioclonias da pálpebra e salivação.

[Manipulação] inserção de 1-1,5 *cun* subcutaneamente em direção ao Jiache (E6).

5. Daying (E5)

[Localização] anterior ao ângulo mandibular, na margem anterior do músculo masseter, na depressão em forma de ranhura que aparece quando a bochecha incha.

[Indicações] paralisia facial, trismo, dor facial e odontalgia.

[Manipulação] evitar a inserção da artéria. Inserir obliquamente 0,3-0,5 *cun*.

6. Jiache (E6)

[Localização] na bochecha, um dedo de largura anterior e superior ao ângulo mandibular, na proeminência do músculo masseter quando a mandíbula está fechada.

[Indicações] paralisia facial, odontalgia, edema da bochecha e da face e trismo.

[Manipulação] inserir 0,3-0,5 *cun* perpendicularmente ou 1-1,5 *cun* subcutaneamente em direção do Dicang (E4).

7. Xiaguan (E7) (cruzamento com VB)

[Localização] na face, anterior da orelha, na depressão entre o arco zigomático e o entalhe mandibular.

[Efeitos] dissipa o Vento e melhora a audição.

[Indicações] dificuldade de audição, zumbido, paralisia facial, dor facial, alteração da mobilidade da mandíbula (patologia da articulação temporomandibular).

[Manipulação] inserção perpendicular 0,3-0,5 *cun*.

8. Touwei (E8) (cruzamento com VB, VYangCon)

[Localização] na face lateral da cabeça, 0,5 *cun* acima a linha de cabelo anterior no canto da testa.

[Efeitos] dissipa o Vento da cabeça e melhora a visão.

[Indicações] cefaléia frontal, enxaqueca, visão turva, dor ocular e lacrimejamento.

[Manipulação] inserção de 0,5-1 *cun* subcutaneamente com a ponta da agulha direcionada supraposteriormente ou inferolateralmente.

9. Renying (E9)

[Localização] no pescoço, ao lado da protuberância da laringe e na borda do músculo esternocleidomastóideo no local onde a pulsação da artéria carótida comum é palpável.

[Efeitos] controla a inversão ascendente de *Qi*.

[Indicações] tosse, asma, dor de garganta, bócio, hipertensão e hipotensão.

[Manipulação] evitar a inserção na artéria carótida comum. Inserção perpendicular de 0,3-0,5 *cun* quando o paciente está deitado em supinação.

10. Shuitu (E10)

[Localização] na margem anterior do músculo esternocleidomastóideo, no ponto médio da linha de conexão Renying (E9) e Qishe (E11).

[Efeitos] controla a inversão em ascendência de *Qi*.

[Indicações] tosse, asma, dor de garganta, soluço e bócio.

[Manipulação] evitar a inserção na artéria. Inserção perpendicular de 0,3-0,5 *cun* sem retenção da agulha.

11. Qishe (E11)

[Localização] na margem da borda medial da clavícula, entre a cabeça esternal e a cabeça clavicular do músculo esternocleidomastóideo.

[Efeitos] alivia a dor de garganta e dissipa o bócio.

[Indicações] dor de garganta, asma, soluços e bócio.

[Manipulação] inserção perpendicular de 0,3-0,5 *cun*.

12. Quepen (E12)

[Localização] no centro da fossa supraclavicular, 4 *cun* lateral da linha média anterior.

[Efeitos] elimina o Fogo no tórax.

[Indicações] tosse, asma, dor de garganta e dor na fossa supraclavicular.

[Manipulação] evitar a inserção da artéria. A inserção perpendicular de 0,3-0,5 *cun*. A inserção profunda é proibida.

13. Qishu (E13)

[Localização] no tórax, abaixo do ponto médio da margem inferior da clavícula, 4 *cun* lateral à linha média anterior.

[Efeitos] facilita o fluxo de *Qi* do pulmão.

[Indicações] plenitude torácica, tosse, asma, soluço, dor torácica e no hipocôndrio.

[Manipulação] inserção oblíqua de 0,3-0,5 *cun*, ou subcutaneamente 0,5-0,8 *cun*.

14. Kufang (E14)

[Localização] no tórax, no primeiro espaço intercostal, 4 *cun* lateral à linha média anterior.

[Efeitos] facilita o fluxo de *Qi* do pulmão.

[Indicações] plenitude e dor torácica e tosse.

[Manipulação] inserção oblíqua de 0,3-0,5 *cun*, ou subcutaneamente 0,5-0,8 *cun*.

15. Wuyi (E15)

[Localização] no tórax, no segundo espaço intercostal, 4 *cun* lateral à linha média anterior.

[Efeitos] facilita o fluxo de *Qi* do pulmão.

[Indicações] plenitude e dor torácica, tosse, asma e mastite.

[Manipulação] inserção oblíqua de 0,3-0,5 *cun*, ou subcutaneamente 0,5-0,8 *cun*.

16. Yingchuang (E16)

[Localização] no tórax, no terceiro espaço intercostal, 4 *cun* lateral à linha média anterior.

[Efeitos] regula o fluxo de *Qi* e promove a lactação.

[Indicações] plenitude e dor torácica, tosse, asma, mastite e hiperplasia mamária.

[Manipulação] inserção oblíqua de 0,3-0,5 *cun*, ou subcutaneamente 0,5-0,8 *cun*.

17. Ruzhong (E17)

[Localização] no centro do mamilo.

[Efeitos] serve, somente, como marco para localização dos pontos de acupuntura no tórax. Inserção e moxabustão são proibidas.

18. Rugen (E18)

[Localização] no tórax, no quinto espaço intercostal, 4 *cun* lateral à linha média anterior.

[Efeitos] regulariza o fluxo de *Qi* e promove a lactação.

[Indicações] plenitude e dor torácica, tosse, asma, lactação insuficiente, mastite e hiperplasia das glândulas mamárias.

[Manipulação] inserção oblíqua de 0,3-0,5 *cun*.

19. Burong (E19)

[Localização] no abdome superior, 6 *cun* do centro da cicatriz umbilical e 2 *cun* lateral à linha média anterior.

[Efeitos] harmoniza o estômago e controla o vômito.

[Indicações] distensão abdominal, vômito, epigastralgia e anorexia.

[Manipulação] inserção oblíqua de 0,5-0,8 *cun*.

20. Chengman (E20)

[Localização] no abdome superior, 5 *cun* acima do centro da cicatriz umbilical e 2 *cun* lateral à linha média anterior.

[Efeitos] harmoniza o estômago e controla o vômito.

[Indicações] distensão abdominal, vômito, epigastralgia e anorexia.

[Manipulação] inserção perpendicular ou oblíqua de 0,5-0,8 *cun*.

21. Liangmen (E21)

[Localização] no abdome superior, 4 *cun* do centro da cicatriz umbilical e 2 *cun* lateral à linha média anterior.

[Efeitos] harmoniza o estômago e o intestino e melhora a digestão.

[Indicações] epigastralgia, vômito, anorexia, distensão abdominal e diarréia.

[Manipulação] inserção perpendicular ou oblíqua de 0,5-1 *cun*.

22. Guanmen (E22)

[Localização] no abdome superior, 3 *cun* acima do centro da cicatriz umbilical e 2 *cun* lateral à linha média anterior.

[Efeitos] regulariza o *Qi* do baço e do estômago e melhora a digestão.

[Indicações] distensão e dor abdominal, anorexia, borborigmos, diarréia e edema.

[Manipulação] inserção perpendicular ou oblíqua de 0,5-1 *cun*.

23. Taiyi (E23)

[Localização] no abdome superior, 2 *cun* acima do centro da cicatriz umbilical e 2 *cun* lateral à linha média anterior.

[Indicações] epigastralgia e agitação.

[Manipulação] inserção perpendicular ou oblíqua de 0,5-1 *cun*.

24. Huaroumen (E24)

[Localização] no abdome superior, 1 *cun* acima do centro da cicatriz umbilical e 2 *cun* lateral à linha média anterior.

[Indicações] epigastralgia, vômito e agitação.

[Manipulação] inserção perpendicular ou oblíqua de 0,5-1 *cun*.

25. Tianshu (E25) (Ponto de alarme do intestino grosso)

[Localização] No centro do abdome, 2 *cun* lateral do centro da cicatriz umbilical.

[Efeitos] fortalece o baço, harmoniza o intestino, drena a Umidade, melhora a digestão e regulariza a menstruação.

[Indicações] dor abdominal (ao redor da cicatriz umbilical), borborigmos, constipação, diarréia, disenteria, menstruação irregular e edema.

[Manipulação] inserção perpendicular ou oblíqua de 0,8-1,2 *cun*.

26. Wailing (E26)

[Localização] no abdome inferior, 1 *cun* abaixo do centro da cicatriz umbilical e 2 *cun* lateral à linha média anterior.

[Efeitos] harmoniza o intestino e suaviza o fluxo de *Qi*.

[Indicações] dor abdominal e dismenorréia.

[Manipulação] inserção perpendicular ou oblíqua de 0,8-1,2 *cun*.

27. Daju (E27)

[Localização] no abdome inferior, 2 *cun* abaixo do centro da cicatriz umbilical e 2 *cun* lateral à linha média anterior.

[Indicações] distensão no abdome inferior, disúria, hérnia, emissão seminal e ejaculação precoce.

[Manipulação] inserção perpendicular ou oblíqua de 0,8-1,2 *cun*.

28. Shuidao (E28)

[Localização] no abdome inferior, 3 *cun* abaixo do centro da cicatriz umbilical e 2 *cun* lateral à linha média anterior.

[Efeitos] induz a micção, alivia a distensão abdominal e regulariza a menstruação.

[Indicações] distensão no abdome inferior, retenção urinária, edema e dismenorréia.

[Manipulação] inserção perpendicular ou oblíqua de 0,8-1,2 *cun*.

29. Guilai (E29)

[Localização] no abdome inferior, 4 *cun* abaixo do centro da cicatriz umbilical e 2 *cun* lateral à linha média anterior.

[Efeitos] regulariza o *Qi* e levanta o útero.

[Indicações] dor abdominal e hérnia.

[Manipulação] inserção perpendicular ou oblíqua de 0,8-1,2 *cun*.

30. Qichong (E30)

[Localização] levemente acima da dobra inguinal, 5 *cun* abaixo do centro da cicatriz umbilical e 2 *cun* lateral à linha média anterior.

[Indicações] dor abdominal, borborigmos, hérnia, patologia dos órgãos genitais femininos e masculinos.

[Manipulação] evitar a inserção da artéria. A inserção perpendicular de 0,5-1 *cun*.

31. Biguan (E31)

[Localização] na face anterior da parte superior da coxa, no nível da margem inferior da sínfise púbica, na depressão lateral do músculo sartório.

[Efeitos] dissipa o Vento, remove a obstrução dos colaterais e alivia a parte inferior das costas e joelhos.

[Indicações] dor na coxa, atrofia muscular, parestesia, dor ou paralisia dos membros inferiores.

[Manipulação] inserção perpendicular de 1-1,5 *cun*.

32. Futu (E32)

[Localização] na face anterior da coxa, na linha que conecta a espinha ilíaca anterior superior e a margem lateral da patela, 6 *cun* acima da borda supralateral da patela.

[Efeitos] dissipa o Frio-Umidade e alivia a parte inferior das costas e joelhos.

[Indicações] dor nas regiões lombar e ilíaca, sensação de frio nos joelhos, paralisia ou dificuldade motora e dor nos membros inferiores.

[Manipulação] inserção perpendicular de 1-1,5 *cun*.

33. Yinshi (E33)

[Localização] no lado anterior da coxa, na linha que conecta a espinha ilíaca superior anterior e a margem lateral da patela, 3 *cun* acima da borda supralateral da patela.

[Efeitos] dissipa o Frio-Umidade e alivia os joelhos.

[Indicações] dor, parestesia e dificuldade motora da perna e joelhos e paralisia dos membros inferiores.

[Manipulação] inserção perpendicular de 0,5-1 *cun*.

34. Liang Qiu (E34) (Ponto fenda)

[Localização] no lado anterior da coxa, na linha que conecta a espinha ilíaca superior anterior e margem lateral da patela, 2 *cun* acima da borda supralateral da patela, quando o joelho está flexionado.

[Efeitos] harmoniza o estômago e dissipa o Vento-Umidade.

[Indicações] dor e parestesia do joelho, epigastralgia, mastite e dificuldade motora dos membros inferiores.

[Manipulação] inserção perpendicular de 0,5-1 *cun*.

35. Dubi (E35)

[Localização] no joelho, na depressão lateral da patela e seu ligamento quando o joelho está flexionado.

[Efeitos] dissipa o Vento-Umidade e alivia o joelho.

[Indicações] patologias das articulações dos joelhos e patologias dos tecidos moles ao redor da articulação do joelho.

[Manipulação] inserção perpendicular de 0,5-1 *cun*.

36. Zusanli (E36) (Ponto *He* – mar)

[Localização] na face ântero-lateral da perna, 3 *cun* abaixo do Dubi (E35), um dedo de largura da crista da tíbia.

[Efeitos] regulariza o baço e o estômago, harmoniza o intestino, controla a inversão ascendente de *Qi* e fortalece a resistência corporal.

[Indicações] epigastralgia, vômito, distensão abdominal, borborigmos, diarréia, constipação, dispepsia, tosse, asma, edema, emagrecimento, debilidade generalizada, hipotensão, hipertensão, patologias alérgicas, anemia e leucopenia.

[Manipulação] inserção perpendicular de 1-1,5 *cun*.

37. Shangjuxu (E37) (Ponto mar inferior do intestino grosso)

[Localização] na face ântero-lateral da perna, 6 *cun* abaixo do Dubi (E35), um dedo de largura da crista anterior da tíbia.

[Efeitos] regulariza o baço e o estômago e harmoniza o intestino.

[Indicações] dor e distensão abdominal, borborigmos, diarréia, constipação e paralisia dos membros inferiores.

[Manipulação] inserção perpendicular de 1-1,5 *cun*.

38. Tiaokou (E38)

[Localização] na face ântero-lateral da perna, 8 *cun* abaixo do Dubi (E35), um dedo de largura da crista anterior da tíbia.

[Efeitos] harmoniza o estômago e o intestino.

[Indicações] dor abdominal, dor e parestesia dos joelhos e pernas, debilidade e dificuldade motora dos pés, dor e dificuldade motora dos ombros.

[Manipulação] inserção perpendicular de 0,5-1 *cun*.

39. Xiajuxu (E39) (Ponto mar inferior do intestino delgado)

[Localização] na face ântero-lateral da perna, 9 *cun* abaixo do Dubi (E35), um dedo de largura da crista anterior da tíbia.

[Efeitos] harmoniza o intestino e melhora a lactação.

[Indicações] dor no abdome inferior, lombalgia com dor referida nos testículos, mastite e parestesia e paralisia dos membros inferiores.

[Manipulação] inserção perpendicular de 0,5-1 *cun*.

40. Fenglong (E40) (Ponto de conexão)

[Localização] na face ântero-lateral da perna, 8 *cun* acima da ponta do maléolo externo, um dedo de largura da lateral do Tiaokou (E38) ou dois dedos da crista anterior da tíbia.

[Efeitos] harmoniza o estômago, drena o muco-Umidade e restaura a atividade mental normal.

[Indicações] cefaléia, tontura, tosse, asma, expectoração excessiva, vômito, mania, epilepsia, atrofia muscular e paralisia dos membros inferiores.

[Manipulação] inserção perpendicular de 0,5-1 *cun*.

41. Jiexi (E41) (Ponto *Jing* – rio)

[Localização] no dorso do pé, no ponto médio da crista transversa entre o dorso do pé e a perna, na depressão entre os tendões dos músculos extensores longos do hálux e dos outros dedos.

[Efeitos] regulariza o baço e drena a Umidade.

[Indicações] dor na articulação do tornozelo, dor e paralisia dos membros inferiores, cefaléia, tontura, distensão abdominal e constipação.

[Manipulação] inserção perpendicular de 0,3-0,5 *cun*.

42. Chongyang (E42) (Ponto fonte)

[Localização] na proeminência do dorso do pé, na depressão entre os tendões dos músculos extensores longos do hálux e dos outros dedos, onde a pulsação da artéria dorsal do pé é palpável.

[Efeitos] harmoniza o estômago e acalma a mente.

[Indicações] dor na arcada dentária superior, dor epigástrica, mania, vermelhidão e edema do dorso do pé, paralisia facial, atrofia muscular e dificuldade motora do pé.

[Manipulação] evitar a inserção da artéria. Inserção perpendicular de 0,3-0,5 *cun*.

43. Xiangu (E43) (Ponto *Shu* – riacho)

[Localização] na planta do pé, na depressão distal à comissura do segundo e terceiro metatarsos.

[Efeitos] restaura a diurese e melhora o fluxo do *Qi*.

[Indicações] edema facial ou generalizado, dor abdominal, borborigmos, edema e dor no dorso do pé.

[Manipulação] inserção perpendicular de 0,3-0,5 *cun*.

44. Neiting (E44) (Ponto *Ying* – manancial)

[Localização] na planta do pé, na borda proximal à dobra da pele da membrana entre o segundo e terceiro artelhos.

[Efeitos] elimina o Calor do estômago e melhora a digestão.

[Indicações] odontalgia, dor facial (neuralgia do trigêmeo), paralisia facial, febre, dor de garganta, hálito pútrido, dispepsia, distensão abdominal, diarréia, constipação, edema e dor no dorso do pé.

[Manipulação] inserção perpendicular de 0,3-0,5 *cun*, ou obliquamente 0,5-1 *cun*, com a ponta da agulha direcionada proximalmente.

45. Lidui (E45) (Ponto *Jing* – nascente)

[Localização] na face lateral do segundo artelho, 0,1 *cun* proximal à borda da unha do dedo.

[Efeitos] restaura a consciência, e desobstrui o calor do estômago.

[Indicações] síncope, trata desvio bucal, trismo, febre, dor de garganta, sono com distúrbio dos sonhos e mania.

[Manipulação] inserção de 0,1 *cun* ou punção para causar sangramento.

Os Pontos do Meridiano Tai Yin do pé do Baço (BP)
(Figs. Coloridas 3 e 7)

1. Yinbai (BP1) (Ponto *Jing* – nascente)

[Localização] na face medial do hálux, 0,1 *cun* proximal à borda da unha do dedo.

[Efeitos] regula o baço, acalma a mente e restaura a consciência.

[Indicações] distensão abdominal, enterorragia, hipermenorragia, alterações mentais e síncope.

[Manipulação] inserção de 0,1 *cun* ou punção para causar sangramento.

2. Dadu (BP2) (Ponto *Ying* – manancial)

[Localização] na borda medial do pé, na depressão distal da articulação metatarsofalangiana, no limite dorsoventral.

[Efeitos] revigora o baço e drena a Umidade.

[Indicações] epigastralgia, distensão abdominal, diarréia, constipação e febre sem sudorese.

[Manipulação] inserção perpendicular de 0,1-0,3 *cun*.

3. Taibai (BP3) (Ponto *Shu* – riacho e ponto fonte)

[Localização] na margem medial do pé, na depressão no lado medial da borda distal do primeiro metatarso, no limite dorsoventral.

[Efeitos] Tonifica o baço e melhora a digestão.

[Indicações] epigastralgia, vômito, distensão abdominal, constipação, diarréia e borborigmos.

[Manipulação] inserção perpendicular de 0,3-0,5 *cun*.

4. Gongsun (BP4) (Ponto de conexão, ponto de confluência do Vaso Penetrador)

[Localização] na margem medial do pé, anterior e inferior à borda proximal do primeiro metatarso.

[Efeitos] harmoniza o baço e o estômago e regula o Vaso Penetrador.

[Indicações] epigastralgia, vômito, dor e distensão abdominal, diarréia, borborigmos, dismenorréia e retenção placentária.

[Manipulação] inserção perpendicular de 05-0,8 *cun.*

5. Shang Qiu (BP5) (Ponto *Jing* – rio)

[Indicações] na face medial do tornozelo, na depressão anterior e inferior do maléolo medial, a meio caminho entre a tuberosidade do osso navicular e a ponta do maléolo medial.

[Efeitos] revigora o baço e drena a Umidade.

[Indicações] distensão abdominal, constipação, diarréia, borborigmos, edema das extremidades inferiores.

[Manipulação] inserção perpendicular de 0,2-0,3 *cun.*

6. Sanyinjiao (BP6) (cruzamento com F, R).

[Localização] na face medial da perna, 3 *cun* acima da ponta do maléolo medial, exatamente posterior à tíbia.

[Efeitos] melhora a função do baço, harmoniza o Triplo Aquecedor, regula o útero e dissipa o Vento-Umidade.

[Indicações] dor e distensão abdominal, borborigmos, diarréia, amenorréia, menstruação irregular, hemorragia uterina, leucorréia, prolapso uterino, trabalho de parto prolongado, infertilidade, emissão noturna, impotência, enurese, disúria, edema, hérnia, dor nos órgãos genitais externos, artrite no membro inferior com dor e dificuldade motora, hipertensão, insônia, eczema e urticária.

[Manipulação] inserção perpendicular de 0,5-1 *cun.*

[Aviso] Contra-indicado na gravidez.

7. Lougu (BP7)

[Localização] na face medial da perna, 6 *cun* acima da ponta do maléolo medial, exatamente posterior à tíbia.

[Efeitos] revigora o baço e drena a Umidade.

[Indicações] distensão abdominal, borborigmos, sensação de frio e parestesia no joelho e pernas e artralgias por Umidade.

[Manipulação] inserção perpendicular de 0,5-1 *cun.*

8. Diji (BP8) (Ponto fenda)

[Localização] na face medial da perna, na linha de conexão entre o Yinnlingquan (BP9) e a ponta do maléolo medial, 3 *cun* abaixo do Yinlingquan (BP9).

[Efeitos] harmoniza o baço e regulariza o Triplo Aquecedor.

[Indicações] dor e distensão abdominal, diarréia, edema, disúria, emissão noturna, menstruação irregular e dismenorréia.

[Manipulação] inserção perpendicular de 0,5-1 *cun.*

9. Yinlingquan (BP9) (Ponto *He* – mar)

[Localização] na face medial da perna, na depressão posterior e inferior do côndilo medial da tíbia.

[Efeitos] revigora o baço, drena a Umidade e induz a diurese.

[Indicações] dor e distensão abdominal, diarréia, edema, ascite, icterícia, disúria, retenção urinária, enurese, incontinência urinária, dor nos órgãos genitais externos, dismenorréia e dor no joelho.

[Manipulação] inserção perpendicular de 0,5-1 *cun*.

10. Xuehai (BP10)

[Localização] na face medial da coxa, 2 *cun* acima da borda medial superior da patela, sobre a proeminência da cabeça medial do músculo quadríceps.

[Efeitos] regula o sangue e harmoniza o Aquecedor Inferior.

[Indicações] menstruação irregular, dismenorréia, hemorragia uterina, amenorréia, urticária, eczema, anemia e dor na face medial da coxa.

[Manipulação] inserção perpendicular de 0,5-1,5 *cun*.

11. Jimen (BP11)

[Localização] na face medial da coxa, na linha que conecta Xuehai (BP10) e Chongmen (BP12), 6 *cun* acima do Xuehai (BP10).

[Efeitos] harmoniza o Aquecedor Inferior e induz a diurese.

[Indicações] anúria, disúria, enurese, dor na região inguinal, dor e paralisia do membro inferior.

[Manipulação] inserção perpendicular de 0,5-1 *cun*.

12. Chongmen (BP12) (cruzamento com F)

[Localização] na região inguinal, 3,5 *cun* lateral ao ponto médio da margem superior da sínfise púbica, lateral à artéria ilíaca externa pulsante.

[Indicações] dor abdominal, hérnia e hemorragia uterina.

[Manipulação] evitar a punção da artéria. Inserção perpendicular de 0,5-1 *cun*.

13. Fushe (BP13) (cruzamento com F, VYinCon)

[Localização] no abdome inferior, no nível de 4 *cun* abaixo do centro da cicatriz umbilical, 0,7 *cun* látero-superior ao Chongmen (BP12), e 4 *cun* lateral à linha média anterior.

[Efeitos] regula o Aquecedor Inferior e dissipa as massas acumuladas.

[Indicações] dor no abdome inferior e hérnia.

[Manipulação] inserção perpendicular de 0,5-1 *cun*.

14. Fujie (BP14)

[Localização] no abdome inferior, 1,3 *cun* abaixo do Daheng (BP15) e 4 *cun* lateral à linha média anterior.

[Efeitos] regulariza o intestino.

[Indicações] dor ao redor da cicatriz umbilical, distensão abdominal, hérnia, diarréia e constipação.

[Manipulação] inserção perpendicular de 0,5-1 *cun*.

15. Daheng (BP15) (cruzamento com VYinCon)

[Localização] no centro do abdome, 4 *cun* lateral ao centro da cicatriz umbilical.

[Efeitos] regulariza o intestino.

[Indicações] dor e distensão abdominal, diarréia e constipação.

[Manipulação] inserção perpendicular ou oblíqua de 0,8-1,2 *cun*.

16. Fuai (BP16) (cruzamento com VYinCon)

[Localização] no abdome superior, 3 *cun* acima de Daheng (BP15), e 4 *cun* lateral à linha média anterior.

[Efeitos] aquece o Aquecedor Médio e regula o intestino.

[Indicações] dor abdominal, dispepsia, diarréia e constipação.

[Manipulação] inserção perpendicular ou oblíqua de 0,8-1,2 *cun*.

17. Shidou (BP17)

[Localização] na face lateral do tórax, no quinto espaço intercostal, 6 *cun* lateral à linha média anterior.

[Efeitos] alivia o tórax.

[Indicações] plenitude e dor torácica e região intercostal.

[Manipulação] inserção de 0,3-0,5 *cun* transversalmente ao longo do espaço intercostal.

18. Tianxi (BP18)

[Localização] na face lateral do tórax, no quarto espaço intercostal, 6 *cun* lateral à linha média anterior.

[Efeitos] alivia o tórax e melhora a lactação.

[Indicações] plenitude e dor torácica e na região intercostal, tosse, soluços, mastite e lactação insuficiente.

[Manipulação] inserção de 0,3-0,5 *cun* transversalmente ao longo do espaço intercostal.

19. Xiongxiang (BP19)

[Localização] na face lateral do tórax, no terceiro espaço intercostal, 6 *cun* lateral à linha média anterior.

[Efeitos] alivia o tórax.

[Indicações] plenitude e dor torácica e na região intercostal.

[Manipulação] inserção de 0,3-0,5 *cun* transversalmente ao longo do espaço intercostal.

20. Zhourong (BP20)

[Indicações] na face lateral do tórax, no segundo espaço intercostal, 6 *cun* lateral à linha média anterior.

[Efeitos] alivia o tórax e melhora o fluxo de *Qi*.

[Indicações] plenitude e dor torácica e na região intercostal, tosse e soluço.

[Manipulação] inserção de 0,3-0,5 *cun* transversalmente ao longo do espaço intercostal.

21. Dabao (BP21) (Ponto de conexão)

[Localização] na face lateral do tórax, no sexto espaço intercostal, na linha axilar média.

[Efeitos] alivia o tórax e região intercostal.

[Indicações] dor torácica e na região intercostal, asma e dor generalizada.

[Manipulação] inserção de 0,3-0,5 *cun* transversalmente ao longo do espaço intercostal.

Os Pontos do Meridiano Shao Yin da mão (Coração) (C) (Fig. Colorida. 1)

1. Jiquan (C1)

[Localização] no ápice da fossa axilar, onde a pulsação da artéria axilar é palpável.

[Indicações] dor nas regiões intercostal e cardíaca, dor com sensação fria no cotovelo e no braço.

[Manipulação] evitar a inserção na artéria axilar. Inserção perpendicular de 0,5-1 *cun*.

2. Qingling (C2)

[Localização] na face medial do braço, 3 *cun* acima da dobra cubital, na fenda medial do bíceps braquial.

[Indicações] dor nas regiões cardíaca e intercostal, ombro e braço.

[Manipulação] inserção perpendicular de 0,3-0,5 *cun*.

3. Shaohai (C3) (Ponto *He* – mar)

[Localização] no ponto médio da linha que conecta a borda medial da dobra cubital e o epicôndilo medial do úmero quando o cotovelo está flexionado.

[Indicações] precordialgia, dor e parestesia da mão e do braço, tremor da mão e dor nas regiões da axila e intercostal.

[Manipulação] inserção de 0,5-1 *cun* perpendicularmente ou obliquamente, com a ponta da agulha direcionada distalmente.

4. Lingdao (C4) (Ponto *Jing* – rio)

[Localização] na face palmar do antebraço e face radial do tendão do músculo flexor ulnar do carpo, 1,5 *cun* proximal à dobra do punho.

[Indicações] precordialgia, dor no cotovelo e no braço e perda repentina da voz.

[Manipulação] inserção perpendicular de 0,3-0,5 *cun*.

5. Tongli (C5) (Ponto de conexão)

[Localização] na face palmar do antebraço e na face radial dos tendões do músculo flexor ulnar do carpo, 1 *cun* proximal à dobra do punho.

[Efeitos] acalma o coração e a mente.

[Indicações] palpitação, tontura, dor de garganta, perda repentina da voz, afasia com rigidez da língua e dor no punho e no cotovelo.

[Manipulação] inserção perpendicular de 0,3-0,5 *cun*.

6. Yinxi (C6) (Ponto fenda)

[Localização] na face palmar do antebraço e face radial do tendão do músculo flexor ulnar do carpo, 0,5 *cun* proximal à dobra do punho.

[Efeitos] elimina o Fogo do coração, acalma a mente e protege a superfície.

[Indicações] precordialgia, histeria, sudorese noturna, epistaxe e perda repentina da voz.

[Manipulação] inserção perpendicular de 0,3-0,5 *cun*.

7. Shenmen (C7) (Ponto *Shu* – riacho e ponto fonte)

[Localização] no punho, na depressão da face radial do tendão do músculo flexor ulnar do carpo.

[Efeitos] acalma a mente, elimina o calor do coração.

[Indicações] precordialgia, trata irritabilidade, palpitação, insônia, histeria, mania, epilepsia, dor na região intercostal, sensação de febre na palma e icterícia.

[Manipulação] inserção perpendicular de 0,3-0,5 *cun*.

8. Shaofu (C8) (Ponto *Ying* – manancial)

[Localização] na palma, entre o quarto e quinto metacarpos, na parte da palma tocada pela ponta do dedo mínimo quando a mão está fechada.

[Efeitos] elimina o Fogo do coração.

[Indicações] palpitação (incluindo arritmias), dor torácica, dor no dedo mínimo, sensação febril nas palmas, enurese, disúria e prurido da genitália externa.

[Manipulação] inserção perpendicular de 0,3-0,5 *cun*.

9. Shaochong (C9) (Ponto *Jing* – nascente)

[Localização] na face radial do dedo mínimo, 0,1 *cun* proximal à borda da unha.

[Efeitos] restaura a consciência e elimina o Calor.

[Indicações] palpitação, dor nas regiões do tórax e das costas, mania, febre e perda de consciência.

[Manipulação] inserção de 0,1 *cun* ou punção para causar sangramento.

Os Pontos do Meridiano Tai Yang da mão
(intestino delgado) (ID) (Figs. Coloridas 2, 8 e 9 e Fig. 13-3)

1. Shaoze (ID1) (Ponto *Jing* – nascente)

[Localização] na face ulnar do dedo mínimo, 0,1 *cun* proximal à borda da unha.

[Efeitos] elimina o Calor, alivia a garganta e melhora a lactação.

[Indicações] febre, perda de consciência, lactação insuficiente e dor de garganta.

[Manipulação] inserção de 0,1 *cun* ou punção para causar sangramento.

2. Qiangu (ID2) (Ponto *Ying* – manancial)

[Localização] na intersecção da margem dorsoventral da mão e da borda ulnar da dobra da quinta articulação metacarpofalangiana.

[Efeitos] elimina o Calor e suaviza os tendões.

[Indicações] febre, zumbido, cefaléia, parestesia e prurido dos dedos.

[Manipulação] inserção perpendicular de 0,3 -0,5 *cun*.

3. Houxi (ID3) (Ponto *Shu* – riacho, ponto da confluência do Vaso Governador)

[Localização] na intersecção da margem dorsoventral da mão e da borda ulnar da dobra palmar distal.

[Efeitos] elimina o Calor, suaviza os tendões, protege a superfície e comunica-se com o Vaso Governador.

[Indicações] dor e rigidez no pescoço, zumbido, audição prejudicada, dor de garganta, mania, febre (incluindo a febre na malária), distensão lombar aguda, sudorese noturna, contratura e parestesia dos dedos e dor no ombro e cotovelo.

[Manipulação] inserção de 0,5-0,9 *cun* perpendicular em direção ao Hegu (IG4).

4. Wangu (ID4) (Ponto fonte)

[Localização] na margem ulnar da mão, na depressão entre a borda proximal do quinto metacarpo e do osso hamato.

[Efeitos] dispersa os fatores patogênicos do meridiano do intestino delgado e elimina a Umidade-Calor.

[Indicações] febre sem sudorese, cefaléia, limitação de movimento do pescoço, contratura dos dedos, dor no punho e icterícia.

[Manipulação] inserção perpendicular de 0,3-0,5 *cun*.

5. Yanggu (ID5) (Ponto *Jing* – rio)

[Localização] na margem ulnar do punho, na depressão entre o processo estilóide da ulna e do osso triangular.

[Efeitos] elimina o Calor e suaviza os tendões.

[Indicações] febre, dor nas mãos e punho.

[Manipulação] inserção perpendicular de 0,3-0,5 *cun*.

6. Yanglao (ID6) (Ponto fenda)

[Localização] na face ulnar da superfície posterior do antebraço, na depressão proximal para e na face radial da cabeça da ulna.

[Efeitos] suaviza os tendões.

[Indicações] dor no ombro, cotovelo e braço e rigidez no pescoço.

[Manipulação] inserção perpendicular de 0,3-0,5 *cun*.

7. Zhizheng (ID7) (Ponto de conexão)

[Localização] na face ulnar da superfície posterior do antebraço, na linha que conecta o Yanggu (ID5) e Xiaohai (ID8), 5 *cun* proximal ao Yanggu (ID5).

[Efeitos] restaura a atividade mental normal, alivia a febre da superfície.

[Indicações] cefaléia, tontura, dor no cotovelo e dedos, febre e mania.

[Manipulação] inserção perpendicular de 0,5-0,8 *cun*.

8. Xiaohai (ID8) (Ponto *He* – mar)

[Localização] na face medial do cotovelo, na depressão entre o olécrano da ulna e o epicôndilo medial do úmero.

[Efeitos] remove obstruções do meridiano do intestino delgado, dissipa o Vento e restaura a atividade mental normal.

[Indicações] cefaléia, edema de bochecha, dor na nuca, ombro, braço e cotovelo, epilepsia e mania.

[Manipulação] inserção de 0,5-0,8 *cun* obliquamente, com a ponta da agulha direcionada distalmente.

9. Jianzhen (ID9)

[Localização] posterior e inferior à articulação do ombro, 1 *cun* acima da borda posterior da dobra axilar quando o braço está aduzido.

[Indicações] dor na região escapular e dificuldade motora da mão e do braço.

[Manipulação] inserção perpendicular de 0,5-1 *cun*.

10. Naoshu (ID10) (cruzamento com VYangCon, VYangCal)

[Localização] no ombro, acima da borda posterior da dobra axilar, na depressão abaixo da margem inferior da espinha escapular.

[Indicações] dor e edema nos ombros.

[Manipulação] inserção perpendicular de 0,5-1 *cun*.

11. Tianzong (ID11)

[Localização] na escápula, na depressão do centro da fossa subescapular, no nível da quarta vértebra torácica.

[Efeitos] dissipa o Vento-Umidade e melhora a lactação.

[Indicações] dor no ombro com dificuldade para levantar o braço (periartrite do ombro), rigidez no pescoço, mastite, hiperplasia das glândulas mamárias e lactação insuficiente.

[Manipulação] inserção perpendicular ou oblíqua de 0,5-1 *cun*.

12. Bingfeng (ID12) (cruzamento com VB, TA, IG)

[Localização] na escápula, no centro da fossa supra-escapular, diretamente acima do Tianzong (ID11), na depressão que surge quando o braço é levantado.

[Efeitos] dissipa o Vento e alivia a nuca e o ombro.

[Indicações] dor na região escapular quando a nuca está rígida, parestesia e dor do braço (espondilose cervical).

[Manipulação] inserção perpendicular ou oblíqua de 0,5-0,8 *cun*.

13. Quyuan (ID 13)

[Localização] na escápula, na borda medial da fossa supra-escapular, no ponto médio da linha que conecta Naoshu (ID 10) ao processo espinhoso da segunda vértebra torácica.

[Efeitos] dissipa o Vento e alivia o ombro e as costas.

[Indicações] dor no ombro e região escapular (periartrite do ombro e espondilose cervical).

[Manipulação] inserção perpendicular de 0,3-0,5 *cun* ou obliquamente de 0,5-0,8 *cun*.

14. Jianwaishu (ID 14)

[Localização] nas costas, 3 *cun* lateral ao ponto médio entre o processo espinhoso da primeira e segunda vértebras torácicas.

[Efeitos] dissipa o Vento e alivia o ombro e as costas.

[Indicações] dor no ombro e nas costas, e rigidez no pescoço.

[Manipulação] inserção oblíqua de 0,3-0,8 *cun*.

[Aviso] Inserção profunda pode causar pneumotórax, sendo proibida.

15. Jianzhongshu (ID 15)

[Localização] nas costas, 2 *cun* lateral para o ponto médio entre o processo espinhoso da sétima e primeira vértebras torácicas.

[Efeitos] facilita o fluxo de *Qi* dos pulmões e controla a inversão ascendente.

[Indicações] tosse, asma e dor no ombro e costas.

[Manipulação] inserção oblíqua de 0,3-0,8 *cun*.

[Aviso] A inserção profunda pode causar pneumotórax, sendo proibida.

16. Tianchuang (ID 16)

[Localização] na face lateral do pescoço, na margem posterior do músculo esternocleidomastóideo e no nível da protuberância laríngea.

[Efeitos] alivia a garganta e diminui o edema.

[Indicações] dor de garganta, perda repentina de voz, audição prejudicada, zumbido, rigidez e dor no pescoço.

[Manipulação] inserção perpendicular de 0,3-0,8 *cun*.

17. Tianrong (ID 17)

[Localização] na face lateral do pescoço, posterior ao ângulo mandibular, na depressão da margem anterior do músculo esternocleidomastóideo.

[Efeitos] alivia a garganta e diminui o edema.

[Indicações] dor de garganta, perda repentina de voz, audição prejudicada, zumbido, rigidez e dor no pescoço.

[Manipulação] evitar puncionar a artéria. A inserção perpendicular é de 0,5-0,8 *cun*.

18. Quanliao (ID 18) (cruzamento com TA)

[Localização] na face, diretamente abaixo do canto externo da órbita, na depressão abaixo do osso zigomático.

[Efeitos] dissipa o Vento e alivia a face e a bochecha.

[Indicações] paralisia facial, prurido palpebral, dor facial, odontalgia e edema na bochecha.

[Manipulação] inserção perpendicular de 0,5-0,8 *cun*.

19. Tinggong (ID19) (cruzamento com VB, TA)

[Localização] na face, anterior ao trago e posterior ao processo condilóide mandibular, na depressão que surge quando a boca está aberta.

[Efeitos] melhora a audição e acalma a mente.

[Indicações] audição prejudicada, zumbido, vertigem, otorréia, alterações da articulação temporomandibular e odontalgia.

[Manipulação] inserção perpendicular de 0,5-1 *cun* quando a boca está aberta.

Os Pontos do Meridiano Tai Yang do pé da bexiga (B)
(Figs. Coloridas 5, 8, 9 e Fig. 13-3)

1. Jingming (B1) (cruzamento com ID, E)

[Localização] na face, na depressão por volta de 0,1 *cun* superior ao canto interno da órbita.

[Efeitos] dissipa o Vento e melhora a visão.

[Indicações] várias patologias oculares (conjuntivite, ceratite, dacrioadenite, neurite óptica, atrofia óptica, cegueira noturna, miopia etc.).

[Manipulação] empurrar delicadamente o globo ocular para o lado e inserir lentamente a agulha 0,5-0,8 *cun* perpendicularmente ao longo da parede medial da órbita. É proibido girar ou aprofundar e superficializar a agulha. Pressionar o local da punção um ou dois minutos para hemostasia.

2. Cuanzhu (B2)

[Localização] na face, na depressão da borda medial da sobrancelha, na fenda supra-orbital.

[Efeitos] dissipa o Vento, elimina o Calor e melhora a visão.

[Indicações] cefaléia frontal, patologias oculares (conjuntivite, ceratite, dacrioadenite, neurite ótica, atrofia ótica, miopia etc.), paralisia facial e insônia.

[Manipulação] inserção de 0,3-0,5 *cun* obliquamente ou subcutaneamente ao longo do arco da sobrancelha.

3. Meichong (B3)

[Localização] na cabeça, diretamente acima do Cuanzhu (B2), 0,5 *cun* acima da linha anterior do cabelo.

[Efeitos] dissipa o Vento, remove obstruções do nariz e induz a tranqüilidade.

[Indicações] cefaléia, coriza, vertigem e epilepsia.

[Manipulação] inserção subcutânea de 0,3-0,5 *cun*.

4. Qucha (B4)

[Localização] na cabeça, 0,5 *cun* acima da linha anterior do cabelo e 1,5 *cun* lateral ao Shenting (VG24).

[Efeitos] dissipa o Vento e remove obstruções do nariz.

[Indicações] cefaléia, obstrução nasal e epistaxe.

[Manipulação] inserção subcutânea de 0,3-0,5 *cun*.

5. Wuchu (B5)

[Localização] na cabeça, 1 *cun* acima da linha anterior do cabelo e 1,5 *cun* lateral à linha média.

[Efeitos] dissipa o Vento, elimina o Calor e remove obstruções do nariz.

[Indicações] cefaléia, visão turva, epilepsia e convulsão.

[Manipulação] inserção subcutânea de 0,3-0,5 *cun*.

6. Chengguang (B6)

[Localização] na cabeça, 2,5 *cun* acima da linha anterior do cabelo e 1,5 *cun* lateral à linha média.

[Efeitos] dissipa o Vento e remove obstruções do nariz.

[Indicações] cefaléia e coriza.

[Manipulação] inserção subcutânea de 0,3-0,5 *cun*.

7. Tongtian (B7)

[Localização] na cabeça, 4 *cun* acima da linha anterior do cabelo e 1,5 *cun* lateral à linha média.

[Efeitos] dissipa o Vento e remove obstrução nasal.

[Indicações] cefaléia, tontura, coriza, obstrução nasal e epistaxe.

[Manipulação] inserção subcutânea de 0,3-0,5 *cun*.

8. Luoque (B8)

[Localização] na cabeça, 5,5 *cun* acima da linha anterior do cabelo e 1,5 *cun* lateral da linha média.

[Efeitos] dissipa o Vento, remove obstruções do nariz e acalma a mente.

[Indicações] cefaléia, tontura, coriza e obstrução nasal (rinite, sinusite), hipertensão e mania.

[Manipulação] inserção subcutânea de 0,3-0,5 *cun*.

9. Yuzhen (B9)

[Localização] sobre o occipício, 2,5 *cun* acima da linha posterior do cabelo e 1,3 *cun* lateral à linha média, na depressão ao nível da margem superior da protuberância occipital externa.

[Efeitos] dissipa o Vento, melhora a visão e remove obstruções do nariz.

[Indicações] cefaléia, tontura, oftalmalgia, miopia, obstrução nasal e perda do olfato.

[Manipulação] inserção subcutânea de 0,3-0,5 *cun*.

10. Tianzhu (B10)

[Localização] na nuca, na depressão da margem lateral do músculo trapézio e 1,3 *cun* lateral ao ponto médio da linha posterior do cabelo.

[Efeitos] dissipa o Vento, elimina o Calor e remove obstrução nasal.

[Indicações] cefaléia, obstrução nasal, dor de garganta, rigidez no pescoço e dor no ombro e nas costas.

[Manipulação] inserção perpendicular de 0,5 e 0,8 *cun*.

11. Dazhu (B11) (Ponto influente dos ossos – cruzamento com ID)

[Localização] nas costas, 1,5 *cun* lateral ao ponto médio entre o processo espinhoso da primeira e segunda vértebras torácicas.

[Efeitos] dissipa o Vento e elimina o Calor.

[Indicações] cefaléia, lombalgia e região escapular, rigidez no pescoço e febre sem sudorese.

[Manipulação] inserção de 0,5-0,8 *cun* obliquamente, descendente ou lateralmente. Evitar a inserção profunda, que pode puncionar o pulmão.

12. Fengmen (B12) (cruzamento com VG)

[Localização] nas costas, 1,5 *cun* lateral ao ponto médio entre o processo espinhoso da segunda e terceira vértebras torácicas.

[Efeitos] dissipa o Vento e facilita o fluxo de *Qi*.

[Indicações] resfriado com febre, cefaléia, tosse e lombalgia.

[Manipulação] inserção de 0,5-0,8 *cun* obliquamente, descendente ou lateralmente. Evitar a inserção profunda, que pode puncionar o pulmão.

13. Feishu (B13) (Ponto de assentamento do pulmão)

[Localização] nas costas, 1,5 *cun* lateral ao ponto médio entre o processo espinhoso da terceira e quarta vértebras torácicas.

[Efeitos] regulariza o fluxo de *Qi* do pulmão, tonifica os pulmões e elimina o Calor.

[Indicações] tosse, asma, dor torácica, hemoptise, febre vespertina e sudorese noturna.

[Manipulação] inserção de 0,5-0,8 *cun* obliquamente, descendente ou lateralmente. Evitar a inserção profunda, que pode danificar o pulmão.

14. Jue Yinshu (B14) (Ponto de assentamento do Pericárdio)

[Localização] nas costas, 1,5 *cun* lateral ao ponto médio entre o processo espinhoso da quarta e quinta vértebras torácicas.

[Efeitos] alivia o tórax e acalma a mente.

[Indicações] precordialgia, palpitação, rigidez torácica.

[Manipulação] inserção de 0,5-0,8 *cun* obliquamente, descendente ou lateralmente. Evitar a inserção profunda, que pode puncionar o pulmão.

15. Xinshu (B15) (Ponto de assentamento do Coração)

[Localização] nas costas, 1,5 *cun* lateral ao ponto médio entre o processo espinhoso da quinta e da sexta vértebras torácicas.

[Efeitos] acalma a mente e elimina o Calor.

[Indicações] precordialgia, palpitação, memória fraca, emissão noturna, sudorese noturna, mania e epilepsia.

[Manipulação] inserção de 0,5-0,8 *cun* obliquamente, descendente ou lateralmente. Evitar a inserção profunda, que pode danificar o pulmão.

16. Dushu (B16)

[Localização] nas costas, 1,5 *cun* lateral ao ponto médio entre o processo espinhoso da sexta e sétima vértebras torácicas.

[Efeitos] alivia o tórax e controla a inversão ascendente de *Qi*.

[Indicações] precordialgia, soluços e borborigmos.

[Manipulação] inserção de 0,5-0,8 *cun* obliquamente em descendência ou lateralmente. Evitar a punção profunda, que pode lesionar o pulmão.

17. Geshu (B17) (Ponto influente do Sangue)

[Localização] nas costas, 1,5 *cun* lateral ao ponto médio entre o processo espinhoso da sétima e oitava vértebras torácicas.

[Efeitos] alivia o tórax e o diafragma e elimina o Calor do sangue.

[Indicações] soluços, eructação, vômito, dificuldade para engolir, asma, tosse, hemoptise, febre vespertina e sudorese noturna.

[Manipulação] inserção de 0,5-0,8 *cun* obliquamente em descendência ou lateralmente. Evitar a punção profunda, que pode lesionar o pulmão.

18. Ganshu (B18) (Ponto de assentamento do fígado)

[Localização] nas costas, 1,5 *cun* lateral ao ponto médio do processo espinhoso da nona e décima vértebras torácicas.

[Efeitos] suaviza o fígado e o hipocôndrio, remove a Umidade-Calor e melhora a visão.

[Indicações] icterícia, dor na região do hipocôndrio, hiperemia ocular, visão turva, cegueira noturna, patologias mentais, epilepsia, lombalgia, hemoptise e epistaxe.

[Manipulação] inserção de 0,5 -0,8 *cun* obliquamente em descendência ou lateralmente. Evitar a punção profunda, que pode lesionar o pulmão.

19. Danshu (B19) (Ponto de assentamento da vesícula biliar)

[Localização] nas costas, 1,5 *cun* lateral ao ponto médio entre o processo espinhoso da décima e décima primeira vértebras torácicas.

[Efeitos] regulariza o fígado e a vesícula biliar e alivia o tórax e o hipocôndrio.

[Indicações] icterícia, gosto amargo na boca, dor torácica e na região do hipocôndrio.

[Manipulação] inserção de 0,5-0,8 *cun* obliquamente em descendência ou lateralmente. Evitar a punção profunda, que pode lesionar o pulmão.

20. Pishu (B20) (Ponto de assentamento do Baço)

[Localização] nas costas, 1,5 *cun* lateral ao ponto médio entre o processo espinhoso da décima primeira e décima segunda vértebras torácicas.

[Efeitos] revigora o baço, nutre o sangue e resolve a Umidade.

[Indicações] dor no epigástrio, distensão abdominal, icterícia, vômito, diarréia, hipermenorréia, edema, anorexia e lombalgia.

[Manipulação] inserção de 0,5-0,8 *cun* obliquamente em descendência ou lateralmente. Evitar a inserção profunda, que pode lesionar o pulmão.

21. Weishu (B21) (Ponto de assentamento do estômago)

[Localização] nas costas, 1,5 *cun* lateral ao ponto médio entre o processo espinhoso da décima segunda vértebra torácica e a primeira vértebra lombar.

[Efeitos] revigora o baço e o estômago e remove alimentos não digeridos.

[Indicações] dor no epigástrio, anorexia, distensão abdominal, borborigmos, diarréia, náusea e vômito.

[Manipulação] inserção de 0,5-0,8 *cun* obliquamente em descendência ou lateralmente.

22. Sanjiaoshu (B22) (Ponto de assentamento do Triplo Aquecedor)

[Localização] na parte inferior das costas, 1,5 *cun* lateral ao ponto médio entre o processo espinhoso da primeira e segunda vértebras lombares.

[Efeitos] regulariza o Triplo Aquecedor e induz a diurese.

[Indicações] borborigmos, distensão abdominal, dispepsia, vômito, diarréia, edema, dor e rigidez na parte inferior das costas.

[Manipulação] inserção perpendicular ou oblíqua de 0,5-1 *cun*.

23. Shenshu (B23) (Ponto de assentamento do rim)

[Localização] na parte inferior das costas, 1,5 *cun* lateral ao ponto médio do processo espinhoso da segunda e terceira vértebras lombares.

[Efeitos] tonifica os rins, alivia as costas e melhora a audição e a visão.

[Indicações] impotência, emissão noturna, enurese, menstruação irregular, leucorréia, lombalgia, dor no baixo ventre, debilidade dos joelhos, visão turva, tontura, zumbido, dificuldade na audição, edema, asma e diarréia.

[Manipulação] inserção perpendicular ou oblíqua de 1-1,5 *cun*.

24. Qihaishu (B24)

[Localização] na parte inferior das costas, 1,5 *cun* lateral ao ponto médio do processo espinhoso da terceira e quarta vértebras lombares.

[Efeitos] regulariza o Aquecedor Inferior e fortalece as costas e os joelhos.

[Indicações] dor no baixo ventre, menstruação irregular, dismenorréia e asma.

[Manipulação] inserção perpendicular ou oblíqua de 0,5-1,5 *cun*.

25. Dachangshu (B25) (Ponto de assentamento do intestino grosso)

[Localização] na parte inferior das costas, 1,5 *cun* lateral ao ponto médio do processo espinhoso da quarta e quinta vértebras lombares.

[Efeitos] regulariza o intestino grosso e alivia o abdome inferior e as pernas.

[Indicações] dor no baixo ventre, borborigmos, distensão abdominal, diarréia, constipação, dor e dificuldade motora dos membros inferiores e ciatalgia.

[Manipulação] inserção perpendicular ou oblíqua de 1-1,5 *cun*.

26. Guanyuanshu (B26)

[Localização] nas costas, 1,5 *cun* lateral ao ponto médio entre o processo espinhoso da quinta vértebra lombar e primeira vértebra sacral.

[Efeitos] tonifica o rim e fortalece o abdome inferior.

[Indicações] dor no baixo ventre, distensão abdominal, diarréia, enurese, micção freqüente e ciatalgia.

[Manipulação] inserção perpendicular ou oblíqua de 1-1,5 *cun*.

27. Xiaochangshu (B27) (Ponto de assentamento do intestino delgado)

[Localização] no sacro, no nível do primeiro forâmen sacral, 1,5 *cun* lateral à crista sacral medial.

[Efeitos] regulariza o intestino delgado e remove a Umidade-Calor.

[Indicações] dor e distensão no abdome inferior, disenteria, leucorréia, enurese, emissão noturna, dor na região inferior das costas e ciatalgia.

[Manipulação] inserção perpendicular ou oblíqua de 0,5-1,5 *cun*.

28. Pangguangshu (B28) (Ponto de assentamento da bexiga)

[Localização] no sacro, no nível do segundo forâmen sacral, 1,5 *cun* lateral à crista sacral medial.

[Efeitos] regulariza a bexiga e fortalece a região inferior das costas.

[Indicações] retenção urinária, enurese, micção freqüente, diarréia, constipação e dor e rigidez na região inferior das costas.

[Manipulação] inserção perpendicular de 1-1,5 *cun*.

29. Zhongliishu (B29)

[Localização] no sacro, no nível do terceiro forâmen sacral, 1,5 *cun* lateral da crista sacral medial.

[Efeitos] fortalece a região inferior das costas e controla a diarréia.

[Indicações] diarréia, dor e rigidez na parte inferior das costas.

[Manipulação] inserção perpendicular de 1-1,5 *cun*.

30. Baihuanshu (B30)

[Localização] no sacro, no nível do quarto forâmen sacral, 1,5 *cun* lateral à crista sacral média.

[Efeitos] remove a Umidade-Calor e fortalece a região inferior das costas e pernas.

[Indicações] enurese, disúria, leucorréia, menstruação irregular, dor e sensação de frio na região inferior das costas, paralisia das pernas, constipação com tenesmo e prolapso retal.

[Manipulação] inserção perpendicular de 1-1,5 *cun*.

31. Shangliao (B31)

[Localização] no sacro, no ponto médio entre a espinha ilíaca póstero-superior e a linha média posterior, no primeiro forâmen sacral.

[Efeitos] regulariza o Aquecedor Inferior e fortalece a parte inferior das costas e pernas.

[Indicações] dor na parte inferior das costas, disúria, constipação, menstruação irregular, leucorréia e prolapso de útero.

[Manipulação] inserção perpendicular de 1,0-1,2 *cun*.

32. Ciliao (B32)

[Localização] no sacro, medial ou inferior à espinha ilíaca póstero-superior, justamente no segundo forâmen sacral.

[Efeitos] regulariza o Aquecedor Inferior e fortalece a parte inferior das costas e pernas.

[Indicações] dor na parte inferior das costas, hérnia, menstruação irregular, dismenorréia, leucorréia, impotência, emissão noturna, enurese, disúria, dor e dificuldade motora dos membros inferiores.

[Manipulação] inserção perpendicular de 1,0-1,2 *cun*.

33. Zhongliao (B33)

[Localização] no sacro, medial e inferior ao Ciliao (B32) no terceiro forâmen sacral.

[Efeitos] regulariza o Aquecedor Inferior e fortalece a região inferior das costas e pernas.

[Indicações] dor na região inferior das costas, disúria, constipação, diarréia, menstruação irregular e leucorréia.

[Manipulação] inserção perpendicular de 1,0-1,2 *cun*.

34. Xiliao (B34)

[Localização] no sacro, medial e inferior ao Zhongliao (B33), no quarto forâmen sacral.

[Efeitos] regulariza o Aquecedor Inferior e fortalece a região inferior das costas e pernas.

[Indicações] dor na região inferior das costas, dor na região inferior do abdômen, disúria, constipação e leucorréia.

[Manipulação] inserção perpendicular de 1,0-1,2 *cun*.

35. HuiYang (B35)

[Localização] no sacro, 0,5 *cun* lateral da ponta do cóccix.

[Efeitos] regulariza o Aquecedor Inferior.

[Indicações] diarréia, constipação, retenção urinária, incontinência urinária e hemorróidas.

[Manipulação] inserção perpendicular de 0,5-1 *cun*.

36. Chengfu (B36)

[Localização] na face posterior da coxa, no ponto médio da dobra glútea inferior.

[Efeitos] fortalece a região inferior das costas e das pernas.

[Indicações] dor na região inferior das costas e na região glútea, dor e dificuldade motora da perna.

[Manipulação] inserção perpendicular de 1-2 *cun*.

37. Yinmen (B37)

[Localização] na face posterior da coxa, na linha que conecta Chengfu (B36) e Weizhong (B40), 6 *cun* abaixo do Chengfu (B36).

[Efeitos] fortalece a região inferior das costas e das pernas.

[Indicações] dor na região inferior das costas, dor e dificuldade motora da perna.

[Manipulação] inserção perpendicular de 1-2 *cun*.

38. Fuxi (B38)

[Localização] na borda lateral da dobra poplítea, 1 *cun* acima do Weiyang (B39), medial ao tendão do músculo bíceps crural.

[Efeitos] alivia os tendões.

[Indicações] parestesia das regiões glútea e femoral, contratura dos tendões na fossa poplítea.

[Manipulação] inserção perpendicular de 0,5-1 *cun*.

39. Weiyang (B39) (Ponto mar inferior do Triplo Aquecedor)

[Localização] na borda lateral da dobra poplítea, medial ao tendão do músculo bíceps crural.

[Efeitos] suaviza os tendões e regulariza o Triplo Aquecedor.

[Indicações] rigidez e dor na região inferior das costas, distensão e plenitude da região inferior do abdômen, edema, disúria e cãibra na perna.

[Manipulação] inserção perpendicular de 0,5-1 *cun*.

40. Weizhong (B40) (Ponto *He* – mar)

[Localização] no ponto médio da dobra poplítea, entre o tendão do músculo bíceps crural e o músculo semitendinoso.

[Efeitos] purga o Calor, suaviza os tendões e fortalece a região inferior das costas e pernas.

[Indicações] dor na região inferior das costas, dificuldade motora da articulação do quadril, contratura muscular da fossa poplítea, dor e dificuldade motora dos membros inferiores, dor abdominal, vômito, diarréia, erisipelas e eczema.

[Manipulação] evitar a punção da artéria poplítea. Inserção perpendicular de 0,3-1 *cun* ou puncionar superficialmente para causar sangramento.

41. Fufen (B41) (cruzamento com ID)

[Localização] nas costas, 3 *cun* lateral ao ponto médio entre o processo espinhoso da segunda e terceira vértebras torácicas.

[Indicações] rigidez e dor no ombro, costas e pescoço.

[Manipulação] inserção perpendicular de 0,3-0,5 *cun*.

42. Pohu (B42)

[Localização] nas costas, 3 *cun* lateral ao ponto médio entre o processo espinhoso da terceira e quarta vértebras torácicas.

[Efeitos] regulariza e tonifica os pulmões.

[Indicações] tuberculose pulmonar, hemoptise, tosse, asma, rigidez no pescoço e dor no ombro e nas costas.

[Manipulação] inserção perpendicular de 0,3-0,5 *cun*.

43. Gaohuang (B43)

[Localização] nas costas, 3 *cun* lateral ao ponto médio entre o processo espinhoso da quarta e quinta vértebras torácicas.

[Efeitos] aquece e tonifica os pulmões.

[Indicações] tuberculose pulmonar, tosse, asma, hemoptise e sudorese noturna.

[Manipulação] inserção perpendicular de 0,3-0,5 *cun*.

44. Shentang (B44)

[Localização] nas costas, 3 *cun* lateral ao ponto médio entre o processo espinhoso da quinta e sexta vértebras torácicas.

[Efeitos] suaviza o tórax e acalma a mente.

[Indicações] asma, precordialgia, palpitações, opressão no tórax e rigidez nas costas e lombalgia.

[Manipulação] inserção oblíqua de 0,3-0,5 *cun*.

45. Yixi (B45)

[Localização] nas costas, 3 *cun* lateral ao ponto médio entre o processo espinhoso da sexta e da sétima vértebras torácicas.

[Efeitos] suaviza o tórax.

[Indicações] tosse, asma e dor no ombro e nas costas.

[Manipulação] inserção oblíqua de 0,3-0,5 *cun*.

46. Geguan (B46)

[Localização] nas costas, 3 *cun* lateral ao ponto médio entre o processo espinhoso da sétima e oitava vértebras torácicas.

[Efeitos] controla a inversão ascendente de *Qi*.

[Indicações] disfagia, soluços, vômitos, eructação e dor e rigidez nas costas.

[Manipulação] inserção oblíqua de 0,3-0,5 *cun*.

47. Hunmen (B47)

[Localização] nas costas, 3 *cun* lateral ao ponto médio entre o processo espinhoso da nona e décima vértebras torácicas.

[Efeitos] suaviza o fígado e harmoniza o Aquecedor Médio.

[Indicações] dor torácica e no hipocôndrio, lombalgia, vômito e diarréia.

[Manipulação] inserção oblíqua de 0,3-0,5 *cun*.

48. Yanggang (B48)

[Localização] nas costas, 3 *cun* lateral ao ponto médio entre o processo espinhoso da décima e décima primeira vértebras torácicas.

[Efeitos] suaviza o fígado e harmoniza o Aquecedor Médio.

[Indicações] borborigmos, dor abdominal, diarréia, dor na região do hipocôndrio e icterícia.

[Manipulação] inserção oblíqua de 0,3-0,5 *cun*.

49. Yishe (B49)

[Localização] nas costas, 3 *cun* lateral ao ponto médio entre o processo espinhoso da décima primeira e décima segunda vértebras torácicas.

[Efeitos] revigora o baço, alivia a distensão e remove a Umidade-Calor.

[Indicações] distensão abdominal, borborigmos, vômito, diarréia e dificuldade para engolir.

[Manipulação] inserção oblíqua de 0,3-0,5 *cun*.

50. Weicang (B50)

[Localização] nas costas, 3 *cun* lateral ao ponto médio entre o processo espinhoso da décima segunda vértebra torácica e primeira vértebras lombares.

[Efeitos] revigora o baço e o estômago e alivia a distensão.

[Indicações] distensão abdominal, dor na região do epigástrio e das costas e dispepsia infantil.

[Manipulação] inserção oblíqua de 0,3-0,5 *cun*.

51. Huangmen (B51)

[Localização] na região inferior das costas, 3 *cun* lateral ao ponto médio entre o processo espinhoso da primeira e segunda vértebras lombares.

[Efeitos] regulariza o Aquecedor Médio.

[Indicações] dor abdominal, constipação e massa abdominal (esplenomegalia).

[Manipulação] inserção oblíqua de 0,3 -0,5 *cun*.

52. Zhishi (B52)

[Localização] na parte inferior das costas, 3 *cun* lateral ao ponto médio entre o processo espinhoso da segunda e terceira vértebras lombares.

[Efeitos] tonifica os rins e fortalece a região inferior das costas.

[Indicações] impotência, emissão noturna, enurese, micção freqüente, disúria, menstruação irregular, lombalgia e joelhos e edema.

[Manipulação] inserção perpendicular ou oblíqua para o lado, 0,5-1 *cun*.

53. Baohuang (B53)

[Localização] nas nádegas, no nível do segundo forâmen sacral, 3 *cun* lateral à crista sacral média.

[Efeitos] regulariza o Aquecedor Médio e aumenta a micção.

[Indicações] borborigmos, distensão abdominal, dor na região inferior das costas e retenção urinária.

[Manipulação] inserção perpendicular de 1-1,5 *cun*.

54. Zhibian (B54)

[Localização] nas nádegas, no nível do quarto forâmen sacral, 3 *cun* lateral da crista sacral mediana.

[Efeitos] fortalece a região inferior das costas e pernas e regulariza o Aquecedor Inferior.

[Indicações] dor na região lombossacral, dificuldade motora da perna, disúria, edema ao redor da genitália externa, hemorróidas e constipação.

[Manipulação] inserção perpendicular 1,5-2 *cun*.

55. Heyang (B55)

[Localização] na face posterior da perna, 2 *cun* abaixo do Weizhong (B40).

[Efeitos] fortalece a região inferior das costas e pernas.

[Indicações] dor na região lombar inferior, dor e paralisia dos membros inferiores.

[Manipulação] inserção perpendicular de 1-1,5 *cun*.

56. Chengjin (B56)

[Localização] na face posterior da perna, na linha que conecta Weizhong (B40) e Chengshan (B57), no centro do músculo gastrocnêmico, 5 *cun* abaixo do Weizhong (B40).

[Efeitos] alivia e fortalece a região lombar inferior e pernas.

[Indicações] espasmos do gastrocnêmio e dor aguda da região lombar inferior.

[Manipulação] inserção perpendicular de 1,0-1,5 *cun*.

57. Chengshan (B57)

[Localização] na linha média posterior da perna, entre o Weizhong (B40) e Kunlun (B60), 8 *cun* abaixo do Weizhong (B40), na depressão formada abaixo do músculo gastrocnêmico quando a perna está esticada.

[Efeitos] alivia e fortalece a região lombar inferior e as pernas.

[Indicações] dor na região lombar inferior, espasmo do gastrocnêmico, hemorróidas e constipação.

[Manipulação] inserção perpendicular de 1-1,5 *cun*.

58. Feiyang (B58) (Ponto de conexão)

[Localização] na face posterior da perna, 7 *cun* diretamente acima do Kunlun (B60) e 1 *cun* lateral e inferior do Chengshan (B57)

[Efeitos] purifica a cabeça e os olhos e fortalece a região lombar inferior e as pernas.

[Indicações] cefaléia, visão turva, obstrução nasal, epistaxe, lombalgia, debilidade da perna.

[Manipulação] inserção perpendicular de 1-1,5 *cun*.

59. Fuyang (B59) (Ponto fenda do Vaso Yang do calcanhar – cruzamento com VYangCon, VYangCal)

[Localização] na face posterior da perna, posterior ao maléolo lateral, 3 *cun* diretamente acima do Kunlun (B60).

[Efeitos] purifica a cabeça e os olhos e fortalece a região lombar inferior e as pernas.

[Indicações] sensação de peso na cabeça, cefaléia, dor na região lombar inferior e paralisia dos membros inferiores.

[Manipulação] inserção perpendicular de 0,5-1 *cun*.

60. Kunlun (B60) (Ponto *Jing* – rio)

[Localização] posterior ao maléolo lateral, na depressão entre a ponta do maléolo externo e do tendão de Aquiles.

[Efeitos] dissipa o Vento-Calor, regulariza o útero e alivia a região lombar inferior e as pernas.

[Indicações] cefaléia, visão turva, epistaxe, rigidez no pescoço, dor nos ombros, costas e braços, dor aguda na região lombar (lesão na região lombar), ciatalgia, posição fetal anormal, trabalho de parto prolongado e retenção da placenta.

[Manipulação] inserção perpendicular de 0,5-1 *cun*.

61. Pucan (B61) (cruzamento com VYangCon, VYangCal)

[Localização] na face lateral do pé, na depressão posterior e inferior do maléolo externo, 1,5 *cun* diretamente abaixo do Kunlun (B60).

[Indicações] atrofia muscular e debilidade dos membros inferiores e dor nos calcanhares.

[Manipulação] inserção perpendicular de 0,3-0,5 *cun*.

62. Shen Mai (B62) (Ponto de confluência do Vaso Yang do calcanhar – cruzamento com VYangCon, VYangCal)

[Localização] na face lateral do pé, na depressão diretamente abaixo do maléolo externo.

[Efeitos] purifica a cabeça e fortalece a região lombar inferior e pernas.

[Indicações] cefaléia, tontura, insônia, epilepsia, mania, lombalgia e dor nas pernas.

[Manipulação] inserção perpendicular de 0,3-0,5 *cun*.

63. Jinmen (B63) (Ponto fenda – cruzamento com VYangCon, VYangCal)

[Localização] na face lateral do pé, diretamente abaixo da margem anterior do maléolo externo, na depressão lateral do osso cubóide.

[Efeitos] purifica a mente e alivia os tendões.

[Indicações] mania, epilepsia, lombalgia, dor no maléolo externo, dificuldade motora e dor na região inferior lombar.

[Manipulação] inserção perpendicular de 0,3-0, 5 *cun*.

64. Jinggu (B64) (Ponto fonte)

[Localização] na face lateral do pé, na depressão abaixo do quinto metatarso, na margem dorsoventral.

[Efeitos] purifica a cabeça e fortalece a região lombar inferior e as pernas.

[Indicações] cefaléia, rigidez no pescoço, epilepsia e dor na região lombar inferior e nas coxas.

[Manipulação] inserção perpendicular de 0,3-0,5 *cun*.

65. Shugu (B65) (Ponto *Shu* – riacho)

[Localização] na face lateral do pé, na depressão posterior da quinta articulação metatarsofalangiana, na margem dorsoventral.

[Efeitos] dissipa o Vento e alivia as costas.

[Indicações] cefaléia, rigidez no pescoço, mania e dor nos membros inferiores.

[Manipulação] inserção perpendicular de 0,3-0,5 *cun*.

66. Zutonggu (B66) (Ponto *Ying* – manancial)

[Localização] na face lateral do pé, na depressão anterior da quinta articulação metatarsofalangiana.

[Efeitos] dissipa o Calor e purifica a cabeça.

[Indicações] cefaléia, rigidez no pescoço, visão turva, epistaxe e mania.

[Manipulação] inserção perpendicular de 0,2-0,3 *cun*.

67. Zhiyin (B67) (Ponto *Jing* – nascente)

[Localização] na face lateral do quinto dedo, 0,1 *cun* proximal à borda da unha.

[Efeitos] dissipa o Vento-Calor e facilita o parto.

[Indicações] cefaléia, obstrução nasal, epistaxe, posição fetal anormal, trabalho de parto prolongado e retenção da placenta.

[Manipulação] inserção de 0,1 *cun* ou punção para causar sangramento.

Os Pontos do Meridiano Shao Yin
do pé do rim (R) (Figs. Coloridas 3 e 7)

1.Yongquan (R1) (Ponto *Jing* – nascente)

[Localização] na sola, na depressão quando o pé está em flexão plantar, aproximadamente na junção do terço anterior e dois terços posteriores da sola.

[Efeitos] elimina o Calor e restaura a consciência.

[Indicações] cefaléia, tontura, dor de garganta, perda de voz, sensação febril na sola e perda de consciência.

[Manipulação] inserção perpendicular de 0,3-0,5 *cun*

2. Rangu (R2) (Ponto *Ying* – manancial)

[Localização] na borda medial do pé, na depressão abaixo da tuberosidade do osso navicular.

[Efeitos] elimina o Calor e diminui o edema.

[Indicações] dor de garganta, disúria, edema e dor no dorso do pé.

[Manipulação] inserção perpendicular de 0,3-0,5 *cun*.

3. Taixi (R3) (Ponto *Shu* – riacho, ponto fonte)

[Localização] na face medial do pé, posterior ao maléolo medial, na depressão entre a ponta do maléolo medial e o tendão de Aquiles.

[Efeitos] tonifica os rins e elimina o Fogo.

[Indicações] dor de garganta, odontalgia, audição prejudicada, zumbido, tontura, hemoptise, asma, insônia, emissão noturna, impotência, micção freqüente e dor na região lombar inferior.

[Manipulação] inserção perpendicular de 0,3-0,5 *cun*.

4. Dazhong (R4) (Ponto de conexão)

[Localização] na face medial do pé, posterior e inferior ao maléolo medial, na depressão medial da ligação do tendão de Aquiles.

[Efeitos] tonifica os rins e elimina o Calor.

[Indicações] hemoptise, asma, rigidez e dor na região lombar inferior, disúria e dor nos calcanhares.

[Manipulação] inserção perpendicular de 0,3-0,5 *cun*.

5. Shuiquan (R5) (Ponto fenda)

[Localização] na face medial do pé, 1 *cun* diretamente abaixo do Taixi (R3), na depressão da borda medial da tuberosidade do calcâneo.

[Efeitos] regulariza a menstruação e tonifica os rins.

[Indicações] amenorréia, menstruação irregular, dismenorréia e disúria.

[Manipulação] inserção perpendicular de 0,3-0,5 *cun*.

6. Zhaohai (R6) (Ponto de confluência do Vaso Yin do Calcanhar – cruzamento com VyinCal)

[Localização] na face medial do pé, na depressão 1 *cun* abaixo do maléolo medial.

[Efeitos] tonifica o rim, acalma a mente e alivia a garganta.

[Indicações] menstruação irregular, leucorréia, prolapso uterino, prurido vulvar, micção freqüente, retenção urinária, constipação, epilepsia, insônia, dor de garganta e asma.

[Manipulação] inserção perpendicular de 0,3-0,5 *cun*.

7. Fuliu (R7) (Ponto *Jing* – rio)

[Localização] na face medial da perna, 2 *cun* diretamente acima Taixi (R3), na margem anterior do tendão de Aquiles.

[Efeitos] regulariza o intestino, tonifica os rins, induz a diurese e controla a sudorese.

[Indicações] edema, distensão abdominal, diarréia, borborigmos, sudorese noturna, sudorese espontânea, dor na região lombar inferior, contratura lombar e dor no calcanhar.

[Manipulação] inserção perpendicular de 0,5-0,8 *cun*.

8. Jiaoxin (R8) (Ponto fenda do Vaso Yin do Calcanhar – cruzamento com VyinCal)

[Localização] na face medial da perna, 2 *cun* abaixo do Taixi (R3) e 0,5 *cun* anterior do Fuliu (R7), posterior à margem medial da tíbia.

[Efeitos] regulariza a menstruação e o Aquecedor Inferior.

[Indicações] menstruação irregular, dismenorréia, hemorragia uterina, prolapso do útero, constipação, dor e edema testicular.

[Manipulação] inserção perpendicular de 0,5-0,8 *cun*.

9. Zhubin (R9) (Ponto fenda do Vaso Yin de Conexão – cruzamento com VYinCon)

[Localização] na face medial da perna e na linha que conecta Taixi (R3) e Yingu (R10), 5 *cun* abaixo do Taixi (R3).

[Efeitos] regulariza o Aquecedor Inferior e acalma a mente.

[Indicações] dor decorrente de hérnia, dor no pé e parte inferior da perna e alterações mentais.

[Manipulação] inserção perpendicular de 0,5-0,8 *cun*.

10. Yingu (R10) (Ponto *He* – mar)

[Localização] na face medial da fossa poplítea, entre os tendões dos músculos semitendinoso e semimembranoso quando o joelho está flexionado.

[Efeitos] regulariza o Aquecedor Inferior e acalma a mente.

[Indicações] impotência, hemorragia uterina, disúria, dor decorrente de hérnia, dor no joelho e fossa poplítea e alterações mentais.

[Manipulação] inserção perpendicular de 0,5-1 *cun*.

11. Henggu (R11) (cruzamento com VCin)

[Localização] no abdome inferior, 5 *cun* abaixo do centro da cicatriz umbilical e 0,5 *cun* lateral da linha média anterior.

[Efeitos] regulariza o Aquecedor Inferior e tonifica o rim.

[Indicações] plenitude e dor no baixo ventre, disúria, enurese, impotência, emissão noturna e dor nos órgãos genitais externos.

[Manipulação] inserção perpendicular de 0,5-1 *cun*.

12. Dahe (R12) (cruzamento com VP)

[Localização] no abdome inferior, 4 *cun* abaixo do centro da cicatriz umbilical e 0,5 *cun* lateral da linha média anterior.

[Efeitos] regulariza o Aquecedor Inferior e tonifica os rins.

[Indicações] impotência, emissão noturna, leucorréia, dor nos órgãos genitais externos e prolapso uterino.

[Manipulação] inserção perpendicular de 0,5-1 *cun*.

13. Qixue (R13) (cruzamento com VP)

[Localização] no abdome inferior, 3 *cun* abaixo do centro da cicatriz umbilical e 0,5 *cun* lateral da linha média anterior.

[Efeitos] regulariza a menstruação e controla a diarréia.

[Indicações] menstruação irregular, dismenorréia, disúria, dor abdominal e diarréia.

[Manipulação] inserção perpendicular de 0,5-1 *cun*.

14. Siman (R14) (cruzamento com VP)

[Localização] no abdome inferior, 2 *cun* abaixo do centro do umbigo e 0,5 *cun* lateral à linha média anterior.

[Efeitos] regulariza a menstruação e alivia a distensão.

[Indicações] dor e distensão abdominal, diarréia, menstruação irregular, dismenorréia e dor abdominal puerperal.

[Manipulação] inserção perpendicular de 0,5-1 *cun*.

15. Zhongzhu (R15) (cruzamento com VP)

[Localização] no abdome inferior, 1 *cun* abaixo do centro da cicatriz umbilical e 0,5 *cun* lateral da linha média anterior.

[Efeitos] regulariza o Aquecedor Inferior e desobstrui o intestino.

[Indicações] menstruação irregular, dor abdominal e constipação.

[Manipulação] inserção perpendicular de 0,5-1 *cun*.

16. Huangshu (R16) (cruzamento com VP)

[Localização] no abdome médio, 0,5 *cun* lateral do centro da cicatriz umbilical.

[Efeitos] regulariza o intestino.

[Indicações] dor e distensão abdominal, constipação e diarréia.

[Manipulação] inserção perpendicular de 0,5 *cun*.

17. Shangqu (R17) (cruzamento com VP)

[Localização] no abdome superior, 2 *cun* acima do centro da cicatriz umbilical e 0,5 *cun* lateral da linha média anterior.

[Efeitos] regulariza o intestino.

[Indicações] dor abdominal, diarréia e constipação.

[Manipulação] inserção perpendicular de 0,5-1 *cun*.

18. Shiguan (R18) (cruzamento com VP)

[Localização] no abdome superior, 3 *cun* acima do centro da cicatriz umbilical e 0,5 *cun* lateral da linha média anterior.

[Efeitos] regulariza o estômago, intestinos e útero.

[Indicações] vômito, dor abdominal, constipação, dor abdominal pós-parto e infertilidade.

[Manipulação] inserção perpendicular de 0,5-1 *cun*.

19. Yindu (R19) (cruzamento com VP)

[Localização] no abdome superior, 4 *cun* acima do centro da cicatriz umbilical e 0,5 *cun* lateral da linha média anterior.

[Efeitos] regulariza o estômago e o intestino.

[Indicações] dor abdominal, borborigmos, dor epigástrica, constipação e vômito.

[Manipulação] inserção perpendicular de 0,5-1 *cun*.

20. Futonggu (R20) (cruzamento com VP)

[Localização] no abdome superior, 5 *cun* acima do centro da cicatriz umbilical e 0,5 *cun* lateral da linha média anterior.

[Efeitos] regulariza o estômago e o intestino.

[Indicações] dor e distensão abdominal, vômito e dispepsia.

[Manipulação] inserção perpendicular de 0,5-1 *cun*.

21. Youmen (R21) (cruzamento com VP)

[Localização] no abdome superior, 6 *cun* acima do centro da cicatriz umbilical e 0,5 *cun* lateral da linha média anterior.

[Efeitos] regula o estômago e controla a inversão ascendente de *Qi*.

[Indicações] dor epigástrica, dispepsia, náusea, vômito e mal-estar matutino.

[Manipulação] inserção perpendicular de 0,3-0,8 *cun*.

[Aviso] Inserção profunda pode danificar o fígado.

22. Bulang (R22)

[Localização] no tórax, no quinto espaço intercostal, 2 *cun* lateral à linha média anterior.

[Efeitos] alivia o tórax e controla a inversão ascendente de *Qi*.

[Indicações] tosse, asma, plenitude torácica e costal, vômito e anorexia.

[Manipulação] inserção oblíqua de 0,3-0,8 *cun*.

[Aviso] Inserção profunda pode lesionar o coração.

23. Shenfeng (R23)

[Localização] no tórax, no quarto espaço intercostal, 2 *cun* lateral à linha média anterior.

[Efeitos] facilita o fluxo de *Qi* e melhora a lactação.

[Indicações] tosse, asma, plenitude torácica e costal e mastite.

[Manipulação] inserção oblíqua de 0,3-0,8 *cun*.

24. Lingxu (R24)

[Localização] no tórax, no terceiro espaço intercostal, 2 *cun* lateral da linha média anterior.

[Efeitos] alivia o tórax e facilita o fluxo de *Qi*.

[Indicações] tosse, asma e plenitude torácica e costal.

[Manipulação] inserção oblíqua de 0,3-0,8 *cun*.

25. Shencang (R25)

[Localização] no tórax, no segundo espaço intercostal, 2 *cun* lateral à linha média anterior.

[Efeitos] alivia o tórax e facilita o fluxo de *Qi*.

[Indicações] tosse, asma e dor torácica.

[Manipulação] inserção oblíqua de 0,3-0,8 *cun*.

26. Yuzhong (R26)

[Localização] no tórax, no primeiro espaço intercostal, 2 *cun* lateral à linha média anterior.

[Efeitos] facilita o fluxo de *Qi* e alivia a asma.

[Indicações] tosse, asma e plenitude torácica e costal.

[Manipulação] inserção oblíqua de 0,3-0,8 *cun*.

27. Shufu (R27)

[Localização] no tórax, abaixo da margem inferior da clavícula, 2 *cun* lateral à linha média.

[Efeitos] facilita o fluxo de *Qi* e alivia a asma.

[Indicações] tosse, asma e dor torácica.

[Manipulação] inserção oblíqua de 0,3-0,8 *cun*.

Os Pontos do Meridiano Jue Yin
da mão (Pericárdio) (Figs. Coloridas 1 e 7)

1. Tianchi (PC1) (cruzamento com VB)

[Localização] no tórax, no quarto espaço intercostal, 1 *cun* lateral ao mamilo e 5 *cun* lateral à linha média anterior.

[Efeitos] alivia o tórax e reduz o edema.

[Indicações] sensação de sufocamento, precordialgia (angina pectoris), dor na região intercostal (neuralgia intercostal), edema e dor da região axilar.

[Manipulação] inserção oblíqua de 0,3-0,8 *cun*.

[Aviso] Inserção profunda pode causar pneumotórax.

2. Tianquan (PC2)

[Localização] na face medial do braço, 2 *cun* abaixo da borda anterior da dobra axilar, entre as cabeças longa e curta do músculo bíceps braquial.

[Efeitos] alivia o coração e o tórax.

[Indicações] precordialgia, palpitação, sensação de plenitude na região intercostal, dor torácica, nas costas e na face medial do braço.

[Manipulação] inserção perpendicular de 0,5-0,8 *cun*.

3. Quze (PC3) (Ponto *He* – mar)

[Localização] no ponto médio da dobra cubital, na face ulnar do tendão do músculo bíceps braquial.

[Efeitos] alivia o coração, elimina o Calor e é sedativo.

[Indicações] precordialgia, palpitação, febre, irritabilidade, epigastralgia, vômito, dor no cotovelo e no braço e tremor na mão e no braço.

[Manipulação] inserção perpendicular de 0,5-0,8 *cun*.

4. Ximen (PC4) (Ponto fenda)

[Localização] na face palmar do antebraço e na linha que conecta Quze (PC3) a Daling (PC7), 5 *cun* acima da dobra do punho.

[Efeitos] alivia o coração, elimina o Calor e é sedativo.

[Indicações] precordialgia, palpitação, epistaxe, hemoptise, dor torácica e epilepsia.

[Manipulação] inserção perpendicular de 0,5-1 *cun*.

5. Jianshi (PC5) (Ponto *Jing* – rio)

[Localização] na face palmar do antebraço, 3 *cun* acima da dobra do punho, entre os tendões do músculo palmar longo e do músculo flexor radial do carpo.

[Efeitos] alivia o coração e o tórax, acalma a mente, harmoniza o estômago e cura a malária.

[Indicações] precordialgia, palpitação, epigastralgia, vômito, febre, irritabilidade, malária, alterações mentais, epilepsia, edema de axila e contratura do cotovelo e do braço.

[Manipulação] inserção perpendicular de 0,5-1 *cun*.

6. Neiguan (PC6) (Ponto de conexão, ponto de confluência do Vaso Yin de Conexão)

[Localização] na face palmar do antebraço, 2 *cun* acima da dobra do punho, entre os tendões do músculo palmar longo e do músculo flexor radial do carpo.

[Efeitos] alivia o coração e o tórax, acalma a mente, harmoniza o estômago, controla a inversão ascendente de *Qi* e cura a malária.

[Indicações] precordialgia, palpitação, plenitude torácica, dor na região intercostal, dor de estômago, náusea, vômito, soluço, alterações mentais, epilepsia, insônia, febre, irritabilidade, malária, contratura e dor no cotovelo e no braço.

[Manipulação] inserção perpendicular de 0,5-1 *cun*.

7. Daling (PC7) (Ponto *Shu* – riacho e ponto fonte)

[Localização] no ponto médio da dobra do punho, entre os tendões do músculo palmar longo e do músculo flexor radial do carpo.

[Efeitos] alivia o coração e acalma a mente.

[Indicações] precordialgia, palpitação, epigastralgia, vômito, alterações mentais, epilepsia, sensação de plenitude torácica, dor na região intercostal, insônia e irritabilidade.

[Manipulação] inserção perpendicular de 0,3-0,5 *cun*.

8. Laogong (PC8) (Ponto *Ying* – manancial)

[Localização] no centro da palma, entre o segundo e o terceiro metacarpos, na região tocada pela ponta do dedo médio quando a mão está fechada.

[Efeitos] elimina o Fogo do coração e acalma a mente.

[Indicações] precordialgia, alterações mentais, epilepsia e hálito pútrido.

[Manipulação] inserção perpendicular de 0,3-0,5 *cun*.

9. Zhongchong (PC9) (Ponto *Jing* – nascente)

[Localização] no centro da ponta do dedo médio.

[Efeitos] elimina o Calor e restaura a consciência.

[Indicações] precordialgia, palpitação, perda de consciência, afasia, febre, insolação e convulsão.

[Manipulação] inserção de 0,1 *cun* ou punção para causar sangramento.

Os Pontos do Meridiano Shao Yang da mão do Triplo Aquecedor (TA)
(Figs. Coloridas 2, 8 e 9 e Fig. 13-3)

1. Guanchong (TA1) (Ponto *Jing* – nascente)

[Localização] na face ulnar do dedo anular, 0,1 *cun* proximal à borda da unha.

[Efeitos] elimina o Calor e alivia a garganta e a língua.

[Indicações] cefaléia, vermelhidão ocular, dor de garganta, rigidez lingual, febre e irritabilidade.

[Manipulação] inserção de 0,1 *cun* ou punção para causar sangramento.

2. Yemen (TA2) (Ponto *Ying* – manancial)

[Localização] no dorso da mão, entre os dedos anular e mínimo, 0,5 *cun* proximal à margem da membrana interdigital.

[Efeitos] elimina o Calor e melhora a audição.

[Indicações] cefaléia, vermelhidão ocular, surdez repentina, dor de garganta e dor no braço.

[Manipulação] inserção oblíqua de 0,3-0,5 *cun*.

3. Zhongzhu (TA3) (Ponto *Shu* – riacho)

[Localização] no dorso da mão, proximal à quarta articulação metacarpofalangiana, na depressão entre o quarto e o quinto metacarpos.

[Efeitos] elimina o Calor e melhora a audição.

[Indicações] cefaléia, vermelhidão ocular, surdez, zumbido, dor de garganta, febre, dor no cotovelo e no braço e dificuldade motora dos dedos.

[Manipulação] inserção perpendicular ou oblíqua de 0,3-0,5 *cun*.

4. Yangchi (TA4) (Ponto fonte)

[Localização] no ponto médio da dobra dorsal do punho, na depressão na face ulnar do tendão do músculo extensor comum dos dedos.

[Efeitos] regula o *Qi* primordial do Triplo Aquecedor.

[Indicações] dor no punho, braço e ombro e dificuldade auditiva.

[Manipulação] inserção perpendicular de 0,3-0,5 *cun*.

5. Waiguan (TA5) (Ponto de conexão, ponto de confluência do Vaso Yang de Conexão)

[Localização] na face dorsal do antebraço, 2 *cun* proximal à dobra dorsal do punho, entre o rádio e a ulna.

[Efeitos] dissipa o Vento e elimina o Calor.

[Indicações] febre, cefaléia, dor na bochecha, dificuldade de audição, zumbido, dificuldade motora do cotovelo e do braço, dor nos dedos e tremor da mão.

[Manipulação] inserção perpendicular de 0,5-1 *cun*.

6. Zhigou (TA6) (Ponto *Jing* – rio)

[Localização] na face dorsal do antebraço, 3 *cun* proximal à dobra dorsal do punho, entre o rádio e a ulna.

[Efeitos] elimina o Calor e abre o intestino.

[Indicações] zumbido, dificuldade de audição, febre, constipação, rouquidão repentina, dor e sensação de peso no ombro e nas costas.

[Manipulação] inserção perpendicular de 0,5-1 *cun*.

7. Huizong (TA7) (Ponto fenda)

[Localização] na face dorsal do antebraço, 3 *cun* proximal à dobra dorsal do punho, na face ulnar do Zhigou (TA6) e na margem radial da ulna.

[Efeitos] purifica a mente e melhora a audição.

[Indicações] dor de ouvido, epilepsia e dor no braço.

[Manipulação] inserção perpendicular de 0,5-1 *cun*.

8. Sanyangluo (TA8)

[Localização] na face dorsal do antebraço, 4 *cun* proximal à dobra dorsal do punho, entre o rádio e a ulna.

[Efeitos] melhora a audição.

[Indicações] surdez, rouquidão repentina, dor torácica e na região intercostal, dor na mão e no braço e odontalgia.

[Manipulação] inserção perpendicular de 0,5-1 *cun*.

9. Sidu (TA9)

[Localização] na face dorsal do antebraço, 5 *cun* lateral da ponta do olécrano, entre o rádio e a ulna.

[Efeitos] melhora a audição e alivia a garganta.

[Indicações] surdez, odontalgia, enxaqueca, rouquidão repentina e dor no antebraço.

[Manipulação] inserção perpendicular de 0,5-1 *cun*.

10. Tianjing (TA10) (Ponto *He* – mar)

[Localização] na face lateral do membro superior, na depressão 1 *cun* proximal à ponta do olécrano.

[Efeitos] dissipa o Vento, elimina o Calor e dissolve nódulos.

[Indicações] enxaqueca, dor no pescoço, ombro e braço, epilepsia, escrófula e bócio.

[Manipulação] inserção perpendicular de 0,3-0,5 *cun*.

11. Qinglengyuan (TA11)

[Localização] na lateral do membro superior, 2 *cun* acima da ponta do olécrano e 1 *cun* acima do Tianjing (TA10).

[Efeitos] remove a Umidade-Calor.

[Indicações] dor e dificuldade no ombro e no braço, enxaqueca e icterícia.

[Manipulação] inserção perpendicular de 0,3-0,5 *cun*.

12. Xiaoluo (TA12)

[Localização] na face lateral do membro superior, no ponto médio da linha de conexão de Qinglengyuan (TA11) e Naohui (TA13).

[Indicações] cefaléia, rigidez no pescoço e dificuldade motora e dor no braço.

[Manipulação] inserção perpendicular de 0,5-0,8 *cun*.

13. Naohui (TA13)

[Localização] na face lateral do membro superior e na linha que conecta a ponta do olécrano e do Jianliao (TA14), 3 *cun* abaixo do Jianliao (TA14), e na margem póstero-inferior do músculo deltóide.

[Efeitos] dissolve nódulos.

[Indicações] bócio e dor no ombro e no braço.

[Manipulação] inserção perpendicular de 0,5-0,8 *cun*.

14. Jianliao (TA14)

[Localização] no ombro, posterior ao Jianyu (IG15), na depressão inferior e posterior do acrômio quando o braço está abduzido.

[Indicações] dor e dificuldade motora do ombro e do braço.

[Manipulação] inserção perpendicular ou oblíqua em descendência de 0,8-1,2 *cun*.

15. Tianliao (TA15)

[Localização] na escápula, no ponto médio entre Jianjing (VB21) e Quyuan (ID13), no ângulo superior da escápula.

[Indicações] dor no ombro e no cotovelo e rigidez no pescoço.

[Manipulação] inserção perpendicular de 0,3-0,5 *cun*.

16. Tianyou (TA16)

[Localização] na face lateral do pescoço, diretamente abaixo da margem posterior do processo mastóide, no nível do ângulo mandibular e na margem posterior do músculo esternocleidomastóideo.

[Efeitos] elimina o Vento na cabeça e melhora a visão e a audição.

[Indicações] cefaléia, rigidez no pescoço, edema facial, visão turva e surdez repentina.

[Manipulação] inserção perpendicular de 0,3-0,5 *cun*.

17. Yifeng (TA17) (cruzamento com VB)

[Localização] posterior ao lóbulo da orelha, na depressão entre o processo mastóide e o ângulo mandibular.

[Efeitos] alivia a bochecha e melhora a audição.

[Indicações] surdez, zumbido, otorréia, paralisia facial, odontalgia, edema da bochecha, escrófula e trismo.

[Manipulação] inserção perpendicular de 0,5-1 *cun*.

18. Chimai (TA18)

[Localização] na cabeça, no centro do processo mastóide e na junção entre o terço médio e o terço inferior da linha que conecta Jiaosun (TA20) a Yifeng (TA17) ao longo da curva da hélice da orelha.

[Efeitos] melhora a audição e é sedativo.

[Indicações] cefaléia, zumbido, surdez e convulsão infantil.

[Manipulação] inserção oblíqua de 0,3-0,5 *cun* ou punção para causar sangramento.

19. Luxi (TA19)

[Localização] na cabeça, na junção do terço superior e médio da linha que conecta Jiaosun (TA20) a Yifeng (TA17), ao longo da curva da hélice da orelha.

[Efeitos] melhora a audição e é sedativo.

[Indicações] cefaléia, zumbido, surdez e dor na orelha e convulsão infantil.

[Manipulação] inserção oblíqua de 0,3-0,5 *cun* ou punção para causar sangramento.

20. Jiaosun (TA20) (cruzamento com VB, IG)

[Localização] na cabeça, diretamente acima do ápice da orelha e na linha do cabelo.

[Efeitos] elimina o Calor da cabeça e dos olhos e melhora a audição.

[Indicações] zumbido, inflamação ocular, edema da gengiva, odontalgia e parotidite.

[Manipulação] inserção subcutânea de 0,3-0,5 *cun*.

21. Ermen (TA21)

[Localização] na face, anterior ao nó supratrágico, na depressão atrás da margem posterior do processo condilóide da mandíbula.

[Efeitos] elimina o Calor da cabeça e do olho e melhora a audição.

[Indicações] cefaléia, inflamação ocular, visão turva, mioclonia da pálpebra, odontalgia e paralisia facial.

[Manipulação] inserção perpendicular de 0,3-0,5 *cun*.

22. Erheliao (TA22) (cruzamento com ID, VB)

[Localização] na margem posterior da têmpora, anterior à raiz do pavilhão auricular, na linha do cabelo, e posterior à artéria superficial temporal.

[Efeitos] melhora a audição.

[Indicações] enxaqueca e zumbido.

[Manipulação] evitar a inserção da artéria superficial temporal. A inserção oblíqua é de 0,1-0,3 *cun.*

23. Sizhukong (TA23)

[Localização] na face, na depressão da borda lateral da sobrancelha.

[Efeitos] dissipa o Vento e melhora a visão.

[Indicações] cefaléia, inflamação ocular, visão turva, mioclonia da pálpebra, odontalgia e paralisia facial.

[Manipulação] inserção perpendicular de 0,3-0,5 *cun.*

Os Pontos do Meridiano Shao Yang
do pé da vesícula biliar (VB)
(Figs. Coloridas 6, 7, 8 e 9 e Fig. 13-3)

1. Tongziliao (VB1) (cruzamento com ID, TA)

[Localização] na face, 0,5 *cun* lateral do canto externo da órbita, na margem lateral da órbita.

[Efeitos] dissipa o Vento-Calor e melhora a visão.

[Indicações] cefaléia, inflamação ocular (ceratite, rinite), falha da visão (atrofia ocular), lacrimejamento e paralisia facial.

[Manipulação] inserção subcutânea de 0,3-0,5 *cun* em direção ao Tai Yang (EX-CP5).

2. Tinghui (VB2)

[Localização] na face, anterior ao nó intertrágico, na depressão posterior ao processo condilóide da mandíbula quando a boca está aberta.

[Efeitos] dissipa o Vento e melhora a visão.

[Indicações] surdez, zumbido, odontalgia, alterações da articulação temporomandibular e paralisia facial.

[Manipulação] inserção perpendicular de 0,5-0,8 *cun.*

3. Shangguan (VB3) (cruzamento com TA, E)

[Localização] anterior ao ouvido, diretamente acima da Xiaguan (E7), na depressão acima da margem superior do arco zigomático.

[Efeitos] dissipa o Vento e melhora a audição.

[Indicações] cefaléia, surdez, zumbido, paralisia facial e odontalgia.

[Manipulação] inserção perpendicular de 0,3-0,5 *cun* quando a boca está levemente aberta.

4. Hanyan (VB4) (cruzamento com TA, E)

[Localização] dentro da linha do cabelo, na região temporal, na junção do quarto superior e dos três quartos inferiores da linha curva de conexão Touwei (E8) e Qubin (VB7).

[Efeitos] dissipa o Vento e é sedativo.

[Indicações] enxaqueca, vertigem, zumbido, odontalgia, convulsão e epilepsia.

[Manipulação] inserção subcutânea de 0,3-0,5 *cun.*

5. Xuanlu (VB5)

[Localização] dentro da linha de cabelo na região temporal, no ponto médio da linha de conexão curva do Touwei (E8) e Qubin (VB7).

[Indicações] enxaqueca e edema facial.

[Manipulação] inserção subcutânea de 0,3-0,5 *cun.*

6. Xuanli (VB6) (cruzamento com B)

[Localização] dentro da linha de cabelo na região temporal, na junção dos três quartos superiores e do quarto inferior da linha curva que conecta Touwei (E8) a Qubin (VB7).

[Efeitos] dissipa o Vento e é sedativo.

[Indicações] enxaqueca, zumbido e espirro freqüente.

[Manipulação] inserção subcutânea de 0,3-0,5 *cun.*

7. Qubin (VB7) (cruzamento com B)

[Localização] na cabeça, no ponto de cruzamento da linha de cabelo temporal vertical e posterior e a linha horizontal do ápice da orelha.

[Efeitos] dissipa o Vento e é sedativo.

[Indicações] cefaléia, edema da bochecha, trismo, dor na região temporal e convulsão infantil.

[Manipulação] inserção perpendicular de 0,3-0,5 *cun.*

8. Shuaigu (VB8) (cruzamento com B)

[Localização] na cabeça, diretamente acima do ápice da orelha, 1,5 *cun* da linha de cabelo.

[Efeitos] dissipa o Vento-Calor e é sedativo.

[Indicações] enxaqueca, vertigem, vômito e convulsão infantil.

[Manipulação] inserção subcutânea de 0,3-0,5 *cun.*

9. Tianchong (VB9)

[Localização] na cabeça, diretamente acima da margem posterior da raiz do pavilhão auricular, 2 *cun* acima da linha de cabelo e 0,5 *cun* posterior ao Shuaigu (VB8).

[Efeitos] dissipa o Vento e é sedativo.

[Indicações] cefaléia, epilepsia e convulsão.

[Manipulação] inserção subcutânea de 0,3-0,5 *cun.*

10. Fubai (VB10) (cruzamento com B)

[Localização] na cabeça, posterior e superior ao processo mastóide, na junção do terço médio e do terço superior da linha curva que conecta Tianchong (VB9) a Wangu (VB12).

[Indicações] cefaléia, zumbido e surdez.

[Manipulação] inserção subcutânea de 0,3-0,5 *cun*.

11. Touqiaoyin (VB11) (cruzamento com B)

[Localização] na cabeça, posterior e superior ao processo mastóide, na junção do terço médio e do terço inferior da linha curva que conecta Tianchong (VB9) a Wangu (VB12).

[Indicações] cefaléia, zumbido e surdez.

[Manipulação] inserção subcutânea de 0,3-0,5 *cun*.

12. Wangu (VB12) (cruzamento com B)

[Localização] na cabeça, na depressão posterior e inferior ao processo mastóide.

[Efeitos] dissipa o Vento, elimina o Calor e acalma a mente.

[Indicações] cefaléia, insônia, edema de bochecha, dor retroauricular, paralisia facial e odontalgia.

[Manipulação] inserção oblíqua de 0,3-0,5 *cun*.

13. Benshen (VB13) (cruzamento com VYangCon)

[Localização] na cabeça, 0,5 *cun* acima da linha anterior do cabelo, 3 *cun* lateral ao Shenting (VG24).

[Efeitos] dissipa o Vento e é sedativo.

[Indicações] cefaléia, insônia, tontura e epilepsia.

[Manipulação] inserção subcutânea de 0,3-0,5 *cun*.

14. Yangbai (VB14) (cruzamento com VYangCon)

[Localização] na testa, diretamente acima da pupila, 1 *cun* acima da sobrancelha.

[Efeitos] dissipa o Vento da cabeça e do olho.

[Indicações] cefaléia frontal, dor na órbita, tontura, mioclonia da pálpebra, ptose dos cílios e lacrimejamento.

[Manipulação] inserção subcutânea de 0,3-0,5 *cun*.

15. Toulin *Qi* (VB15) (cruzamento com B, VYangCon)

[Localização] na cabeça, diretamente acima da pupila e 0,5 *cun* acima da linha anterior do cabelo, a meio caminho entre Shenting (VG24) e Touwei (E8).

[Efeitos] dissipa o Vento da cabeça e do nariz.

[Indicações] cefaléia, tontura, lacrimejamento, rinorréia e obstrução nasal.

[Manipulação] inserção subcutânea de 0,3-0,5 *cun*.

16. Muchuang (VB16) (cruzamento com VYangCon)

[Localização] na cabeça, 1,5 *cun* acima da linha anterior do cabelo e na linha de junção do Toulin *Qi* (VB15) e Fengchi (VB20).

[Efeitos] elimina o Calor da cabeça e dos olhos.

[Indicações] cefaléia, tontura, inflamação ocular e obstrução nasal.

[Manipulação] inserção subcutânea de 0,3-0,5 *cun*.

17. Zhengying (VB17) (cruzamento com VYangCon)

[Localização] na cabeça, 2,5 *cun* posterior à linha anterior do cabelo e na linha que conecta Toulinqi (VB15) a Fengchi (VB20).

[Indicações] enxaqueca e tontura.

[Manipulação] inserção subcutânea de 0,3-0,5 *cun*.

18. Chengling (VB18) (cruzamento com VYangCon)

[Localização] na cabeça, 4 *cun* acima da linha anterior do cabelo e na linha que conecta Toulinqi (VB15) a Fengchi (VB20).

[Efeitos] dissipa o Vento e remove a obstrução nasal.

[Indicações] cefaléia, tontura, epistaxe e obstrução nasal.

[Manipulação] inserção subcutânea, 0,3-0,5 *cun*.

19. Naokong (VB19) (cruzamento com VYangCon)

[Localização] na cabeça, diretamente acima do Fengchi (VB20) e no nível da margem superior da protuberância occipital externa.

[Efeitos] dissipa o Vento e é sedativo.

[Indicações] cefaléia, tontura, limitação de movimento do pescoço e epilepsia.

[Manipulação] inserção subcutânea de 0,3-0,5 *cun*.

20. Fengchi (VB20) (cruzamento com VYangCon)

[Localização] na nuca, abaixo do osso occipital, no nível do Fengfu (VG16), na depressão entre a borda superior dos músculos esternocleidomastóideo e trapézio.

[Efeitos] dissipa o Vento, induz a diurese e elimina o Calor dos olhos.

[Indicações] cefaléia, tontura, insônia, dor e rigidez no pescoço, visão turva, inflamação ocular, zumbido, convulsão, epilepsia, convulsão infantil, febre sem sudorese, obstrução nasal e rinorréia.

[Manipulação] inserção de 0,5-0,8 *cun* em direção à ponta do nariz.

[Aviso] A inserção profunda em direção ao pavilhão auricular contralateral é perigosa, pois a agulha pode penetrar a cavidade craniana e lesionar o cérebro.

21. Jianjing (VB21) (cruzamento com VYangCon)

[Localização] no ombro, a meio caminho entre Dazhui (VG14) e o acrômio.

[Efeitos] alivia o ombro e as costas e melhora a lactação.

[Indicações] dor e limitação de movimento do pescoço, dor no ombro e nas costas, dificuldade motora do braço, lactação insuficiente e mastite.

[Manipulação] inserção perpendicular de 0,3-0,5 *cun*.

22. Yuanye (VB22)

[Localização] na linha média axilar quando o braço está levantado, 3 *cun* abaixo da axila, no quarto espaço intercostal.

[Indicações] plenitude torácica, edema da região axilar, dor na região intercostal, dor e dificuldade motora do braço.

[Manipulação] inserção de 0,3-0,5 *cun* transversalmente ao longo do espaço intercostal.

23. Zhejin (VB23)

[Localização] na face lateral do tórax, 1 *cun* anterior ao Yuanye (VB22), no quarto espaço intercostal.

[Indicações] plenitude torácica e dor na região intercostal.

[Manipulação] inserção de 0,3-0,5 *cun*, subcutaneamente ao longo do espaço intercostal.

24. Riyue (VB24) (Ponto de alarme da vesícula biliar – cruzamento com BP)

[Localização] no sétimo espaço intercostal, 4 *cun* lateral à linha média anterior.

[Efeitos] controla a inversão ascendente de *Qi* e melhora a secreção da bile e da lactação.

[Indicações] dor na região do hipocôndrio, regurgitação ácida, soluço, vômito, icterícia e mastite.

[Manipulação] inserção oblíqua de 0,3-0,5 *cun*.

25. Jingmen (VB25) (Ponto de alarme do rim)

[Localização] na face lateral da cintura, justamente abaixo da borda livre da décima segunda costela.

[Efeitos] alivia a distensão e fortalece a parte inferior das costas.

[Indicações] distensão abdominal, borborigmos, diarréia e dor na região do hipocôndrio e da parte inferior das costas.

[Manipulação] inserção perpendicular de 0,3-0,5 *cun* ou obliquamente 0,5-1 *cun*.

26. Daimai (VB26) (cruzamento com VCin)

[Localização] na face lateral do abdome, no ponto de cruzamento entre a linha vertical que sai da borda livre da décima primeira costela e da linha horizontal que passa sobre cicatriz umbilical.

[Efeitos] regula o Vaso da Cintura e fortalece a parte inferior das costas.

[Indicações] menstruação irregular, amenorréia, leucorréia, hérnia e dor na região do hipocôndrio e parte inferior das costas.

[Manipulação] inserção oblíqua de 0,5-1 *cun*.

27. Wushu (VB27) (cruzamento com VCin)

[Localização] na face lateral do abdome, anterior à espinha ilíaca ântero-superior, 3 *cun* abaixo do nível da cicatriz umbilical.

[Efeitos] regula o Vaso da Cintura e o Aquecedor Inferior.

[Indicações] leucorréia, dor abdominal inferior, constipação, hérnia e dor na região inferior do abdome.

[Manipulação] inserção perpendicular de 0,5-1 *cun.*

28. Weidao (VB28) (cruzamento com VCin)

[Localização] na face lateral do abdome, anterior e inferior à espinha ilíaca ântero-superior, 0,5 *cun* anterior e inferior ao Wushu (VB27).

[Efeitos] regula o Vaso da Cintura e o Aquecedor Inferior.

[Indicações] leucorréia, dor na região inferior do abdome, hérnia e prolapso uterino.

[Manipulação] inserção perpendicular de 0,5-1 *cun.*

29. Juliao (VB29) (cruzamento com VYangCal)

[Localização] no quadril, no ponto médio da linha que conecta a espinha ilíaca ântero-superior e a proeminência do trocanter maior.

[Efeitos] Alivia o abdome inferior e a costela e dissipa o Vento-Umidade.

[Indicações] dor e parestesia na coxa e na região lombar e paralisia do membro inferior.

[Manipulação] inserção perpendicular de 0,5-1 *cun.*

30. Huantiao (VB30) (cruzamento com B)

[Localização] na junção do terço médio e terço lateral da linha que conecta a pro-eminência do trocanter maior e o hiato sacral quando o paciente está em decúbito lateral e quando a coxa está flexionada.

[Efeitos] alivia a região lombar e pernas e dissipa o Vento-Umidade.

[Indicações] dor na região lombar e coxa, e paralisia do membro inferior.

[Manipulação] inserção perpendicular de 1,5-2,5 *cun.*

31. Fengshi (VB31)

[Localização] na linha média lateral da coxa, 7 *cun* acima da dobra poplítea ou no lugar em que a ponta do dedo médio toca quando o paciente está ereto com os braços para baixo.

[Efeitos] dissipa o Vento-Umidade e alivia as pernas e os pés.

[Indicações] dor na coxa e na região lombar, paralisia dos membros inferiores e prurido generalizado.

[Manipulação] inserção perpendicular de 1-1,5 *cun.*

32. Zhongdu (VB32)

[Localização] na face lateral da coxa, 2 *cun* abaixo do Fengshi (VB31)

[Efeitos] dissipa Vento-Umidade e alivia as pernas e os pés.

[Indicações] dor na coxa e nos joelhos e paralisia dos membros inferiores.

[Manipulação] inserção perpendicular de 1-1,5 *cun.*

33. Xiyangguan (VB33)

[Localização] na face lateral do joelho, 3 *cun* acima do Yanglingquan (VB34), na depressão acima do epicôndilo externo do fêmur.

[Indicações] edema e dor no joelho e parestesia na perna.

[Manipulação] inserção perpendicular de 0,5-1 *cun*.

34. Yanglingquan (VB34) (Ponto He – mar e ponto influente dos tendões)

[Localização] na face lateral da perna, na depressão anterior e inferior da cabeça da fíbula.

[Efeitos] purga a Umidade-Calor do fígado e da vesícula biliar e alivia os joelhos.

[Indicações] paralisia dos membros inferiores, edema e dor do joelho, icterícia com dor no hipocôndrio, gosto amargo na boca e vômitos.

[Manipulação] inserção perpendicular de 1-1,5 *cun*.

35. Yangjiao (VB35) (Ponto fenda do Vaso Yang de Conexão)

[Localização] na face lateral da perna, 7 *cun* acima do ápice do maléolo externo, na margem posterior da fíbula.

[Indicações] paralisia da perna.

[Manipulação] inserção perpendicular de 0,5-1 *cun*.

36. WaiQiu (VB36) (Ponto fenda)

[Localização] na face lateral da perna, 7 *cun* acima do ápice do maléolo externo, na margem anterior da fíbula.

[Indicações] dor no pescoço, tórax, hipocôndrio e coxa.

[Manipulação] inserção perpendicular de 0,5-1 *cun*.

37. Guangming (VB37) (Ponto de conexão)

[Localização] na face lateral da perna, 5 *cun* acima do ápice do maléolo externo, na margem anterior da fíbula.

[Efeitos] remove obstruções dos meridianos colaterais e melhora a visão.

[Indicações] dor nos joelhos, dor e paralisia do membro inferior, visão turva, cegueira noturna e dor em distensão nos seios.

[Manipulação] inserção perpendicular de 0,5-1 *cun*.

38. Yangfu (VB38) (Ponto *Jing* – rio)

[Localização] na face lateral da perna, 4 *cun* acima do ápice do maléolo externo, levemente anterior da margem anterior da fíbula.

[Efeitos] purga o Fogo da vesícula biliar.

[Indicações] enxaqueca, dor nas regiões do tórax, axilas e hipocôndrio e face lateral da perna.

[Manipulação] inserção oblíqua de 0,5-1 *cun*.

39. Xuanzhong (VB39) (Ponto influente da medula)

[Localização] na face lateral da perna, 3 *cun* acima do ápice do maléolo externo, na margem anterior da fíbula.

[Efeitos] purga o Fogo da vesícula biliar.

[Indicações] apoplexia com hemiplegia, dor na região do hipocôndrio, dor espástica na perna.

[Manipulação] inserção perpendicular de 0,3-0,5 *cun*.

40. Quixu (VB40) (Ponto fonte)

[Localização] anterior e inferior do maléolo externo, na depressão lateral do tendão do músculo extensor longo dos dedos dos pés.

[Efeitos] purga o Fogo da vesícula biliar.

[Indicações] dor na região do hipocôndrio com vômitos (colecistite e colelitíase), paralisia do membro inferior e dor e edema no maléolo externo.

[Manipulação] inserção perpendicular de 0,5-1 *cun*.

41. Zulinqi (VB41) (Ponto *Shu* – riacho, ponto confluente do Vaso da Cintura)

[Localização] na face lateral do dorso do pé, proximal à quarta articulação metatarsofalangiana, na depressão lateral do tendão do músculo extensor do quinto dedo.

[Efeitos] purifica a cabeça, alivia as regiões torácicas e do hipocôndrio e elimina o Fogo.

[Indicações] cefaléia, tontura, escrófula, dor na região do hipocôndrio, dor em distensão nas mamas, menstruação irregular, dor e edema do dorso do pé e dor espástica no pé e no dedo.

[Manipulação] inserção perpendicular de 0,3-0,5 *cun*.

42. Diwuhui (VB42)

[Localização] na face lateral do dorso do pé, proximal à quarta articulação metatarsofalangiana, na depressão entre o quarto e quinto metatarsos, medial ao tendão do músculo extensor do quinto dedo.

[Efeitos] alivia a região torácica.

[Indicações] dor em distensão nas mamas e edema e dor do dorso do pé.

[Manipulação] inserção perpendicular de 0,3-0,5 *cun*.

43. Xiaxi (VB43) (Ponto *Ying* – manancial)

[Localização] na face lateral do dorso do pé, entre o quarto e o quinto dedos, proximal à margem da membrana.

[Efeitos] elimina o Calor da cabeça e alivia as regiões torácica e do hipocôndrio.

[Indicações] cefaléia, vertigem, zumbido, dificuldade de audição, edema da bochecha, plenitude torácica, dor na região do hipocôndrio, dor em distensão das mamas e febre.

[Manipulação] inserção perpendicular de 0,3-0,5 *cun*.

44. Zuqiaoyin (VB44) (Ponto *Jing* – nascente)

[Localização] na face lateral do quarto dedo, 1 *cun* proximal da borda da unha do dedo do pé.

[Efeitos] elimina o Calor, melhora a audição e alivia a região do hipocôndrio.

[Indicações] enxaqueca, audição prejudicada, sono com sonhos perturbados, dor no hipocôndrio e febre.

[Manipulação] inserção superficial de 0,1-0,2 *cun*.

Os Pontos do Meridiano Jue Yin do pé do fígado (F)
(Figs. Coloridas 3 e 7)

1. Dadun (F1) (Ponto *Jing* – nascente)

[Localização] na face lateral do hálux, 0,1 *cun* proximal à borda do dedo do pé.

[Efeitos] alivia o fígado e regula o sangue.

[Indicações] hérnia, enurese noturna, hemorragia uterina, prolapso uterino e trabalho de parto prolongado.

[Manipulação] inserção perpendicular de 0,1-0,2 *cun* ou punção para provocar sangramento.

2. Xingjian (F2) (Ponto *Ying* – manancial)

[Localização] no dorso do pé entre o hálux e o segundo dedo do pé, proximal à margem da membrana.

[Efeitos] elimina o Calor do fígado e dos olhos e é sedativo.

[Indicações] dor no hipocôndrio, distensão abdominal, cefaléia, tontura, vertigem, inflamação ocular, desvio da boca, hérnia, micção com dor, retenção urinária, menstruação irregular, insônia e convulsão.

[Manipulação] inserção oblíqua de 0,3-0,5 *cun*.

3. Taichong (F3) (Ponto *Shu* – riacho, ponto fonte)

[Localização] no dorso do pé, na depressão da borda proximal ao primeiro espaço interósseo do metatarso.

[Efeitos] elimina o Calor do fígado e dos olhos e é sedativo.

[Indicações] cefaléia, tontura, vertigem, inflamação ocular, depressão, convulsão, epilepsia, desvio da boca, dor no hipocôndrio, hemorragia uterina, hérnia, enurese noturna, retenção urinária e dor na face anterior do maléolo medial.

[Manipulação] inserção perpendicular de 0,3-0,5 *cun*.

4. Zhongfeng (F4) (Ponto *Jing* – rio)

[Localização] no dorso do pé, 1 *cun* anterior ao maléolo medial, a meio caminho entre o Shangqiu (BP5) e Jiexi (E41), na depressão medial do tendão do músculo tibial anterior.

[Efeitos] alivia o fígado e elimina o Calor do Aquecedor Inferior.

[Indicações] hérnia, dor na genitália externa, retenção uterina e dor em distensão no hipocôndrio.

[Manipulação] inserção perpendicular de 0,3-0,5 *cun*.

5. Ligou (F5) (Ponto de conexão)

[Localização] na face medial da perna, 5 *cun* acima do ápice do maléolo medial na margem medial da tíbia.

[Efeitos] regula o Aquecedor Inferior e a menstruação.

[Indicações] retenção urinária, enurese noturna, hérnia, menstruação irregular, leucorréia, prurido vulvar e fraqueza nas pernas.

[Manipulação] inserção perpendicular de 0,3-0,5 *cun*.

6. Zhongdu (F6) (Ponto fenda)

[Localização] na face medial da perna, 7 *cun* acima do ápice do maléolo medial, na margem medial da tíbia.

[Efeitos] alivia o fígado e regula o Aquecedor Inferior e a menstruação.

[Indicações] dor da região do abdome e do hipocôndrio, diarréia, hérnia, e hemorragia uterina.

[Manipulação] inserção perpendicular de 0,5-0,8 *cun*.

7. Xiguan (F7)

[Localização] na face medial da perna, posterior e inferior do epicôndilo medial da tíbia, 1 *cun* posterior do Yinlingquan (BP9), na borda superior da cabeça medial do músculo gastrocnêmio.

[Indicações] dor no joelho.

[Manipulação] inserção perpendicular de 0,5-1 *cun*.

8. Ququan (F8) (Ponto *He* – mar)

[Localização] na face medial do joelho, na borda medial da dobra poplítea quando o joelho está flexionado, posterior ao epicôndilo medial da tíbia, na depressão da margem anterior das inserções dos músculos semimembranoso e semitendinoso.

[Efeitos] elimina o Fogo e a Umidade-Calor do fígado.

[Indicações] prolapso uterino, dor na região abdominal inferior, retenção urinária, dor na genitália externa, prurido vulvar e dor na face medial do joelho e da coxa.

[Manipulação] evitar a inserção na artéria poplítea. A inserção perpendicular é de 0,5-1 *cun* quando o joelho está dobrado.

9. Yinbao (F9)

[Localização] na face medial da coxa, 4 *cun* acima do epicôndilo medial do fêmur, entre o músculo vasto medial e o músculo sartório.

[Efeitos] regula urina e menstruação.

[Indicações] dor na região lombossacral, dor na região do abdome inferior, enurese noturna, retenção urinária e menstruação irregular.

[Manipulação] inserção perpendicular 0,5-1,0 *cun*.

10. Zuwuli (F10)

[Localização] na face medial da coxa, 3 *cun* diretamente abaixo do Qichong (E30), na margem lateral do músculo abdutor longo da coxa.

[Efeitos] facilita a micção.

[Indicações] distensão no abdome inferior e plenitude e retenção urinária.

[Manipulação] inserção perpendicular de 0,5-1 *cun*.

11. Yinliao (F11)

[Localização] na face medial da coxa, 2 *cun* diretamente abaixo do Qichong (E30), na margem lateral do músculo abdutor longo da coxa.

[Efeitos] regula a menstruação.

[Indicações] menstruação irregular, leucorréia, dor na parte inferior do abdome e nas coxas e pernas.

[Manipulação] inserção perpendicular de 0,5-1 *cun*.

12. Jimai (F12)

[Localização] no canal inguinal, lateral e inferior ao Qichong (E30), 2,5 *cun* lateral à linha média anterior.

[Efeitos] regula o Aquecedor Inferior.

[Indicações] dor na região do abdome inferior, hérnia e dor na genitália externa.

[Manipulação] evitar a inserção da artéria. Inserção perpendicular de 0,3-0,5 *cun*.

13. Zhangmen (F13) (Ponto de alarme e ponto influente dos órgãos *Zang*)

[Localização] na face lateral do abdome, abaixo da borda livre da décima primeira costela e no nível da cicatriz umbilical.

[Efeitos] alivia o fígado, revigora o baço e melhora a digestão.

[Indicações] distensão abdominal, borborigmos, dor no hipocôndrio, vômitos, diarréia e dispepsia.

[Manipulação] inserção perpendicular de 0,3-0,5 *cun* ou oblíqua de 0,5-1 *cun*.

[Aviso] A inserção profunda é perigosa; pode lesionar o fígado no lado direito e o baço no lado esquerdo.

14. Qimen (F14) (Ponto de alarme do fígado)

[Localização] no tórax, diretamente abaixo do mamilo, no sexto espaço intercostal, 4 *cun* lateral à linha média anterior.

[Efeitos] alivia o fígado e a estagnação e a depressão do *Qi*.

[Indicações] dor no hipocôndrio, distensão abdominal, soluço, regurgitação ácida, mastite e depressão.

[Manipulação] inserção oblíqua de 0,3-0,5 *cun*.

Os Pontos do Vaso do Governador (VG)
(Figs. Coloridas 8 e 9 e Fig. 13-3)

1. Changqiang (VG1) (Ponto de conexão – cruzamento com R)

[Localização] no ponto médio da linha que conecta a ponta do cóccix e do ânus.

[Efeitos] levanta o ânus, regulariza os movimentos intestinais e é sedativo.

[Indicações] prolapso de reto, constipação, diarréia, fezes com sangue, hemorróidas, dor na parte inferior das costas e epilepsia.

[Manipulação] inserção perpendicular de 0,5-1 *cun*.

2. Yaoshu (VG2)

[Localização] no hiato sacral.

[Efeitos] regula o sangue e alivia a região lombossacral.

[Indicações] menstruação irregular, dor e rigidez na parte inferior das costas, hemorróidas e fraqueza nos membros inferiores.

[Manipulação] inserção oblíqua em ascendência de 5,0-1 *cun*.

3. YaoYangguan (VG3)

[Localização] na linha média da parte inferior das costas, na depressão abaixo do processo espinhoso da quarta vértebra lombar.

[Efeitos] alivia a região lombar e pernas e aquece os rins.

[Indicações] menstruação irregular, impotência, dor na região lombossacral, dor, parestesia e dificuldade motora dos membros inferiores.

[Manipulação] inserção perpendicular de 0,5-1 *cun*.

4. Mingmen (VG4)

[Localização] na linha média das costas, na depressão abaixo do processo espinhoso da segunda vértebra lombar.

[Efeitos] alivia as costas, aquece os rins e regula a menstruação.

[Indicações] dor e rigidez na região inferior das costas, impotência, menstruação irregular, diarréia, dispepsia e leucorréia.

[Manipulação] inserção perpendicular de 0,5-1 *cun*.

5. Xuanshu (VG5)

[Localização] na linha média das costas, na depressão abaixo do processo espinhoso da primeira vértebra lombar.

[Efeitos] alivia as costas e melhora a digestão.

[Indicações] dor e rigidez na parte inferior das costas, diarréia e dispepsia.

[Manipulação] inserção perpendicular de 0,5-1 *cun*.

6. Jizhong (VG6)

[Localização] na linha média das costas, na depressão abaixo do processo espinhoso da primeira vértebra torácica.

[Efeitos] revigora o baço e remove a Umidade.

[Indicações] epigastralgia, diarréia, icterícia, rigidez e dor nas costas.

[Manipulação] inserção perpendicular de 0,5-1 *cun*.

7. Zhongshu (VG7)

[Localização] na linha média das costas, na depressão abaixo do processo espinhoso da décima vértebra torácica.

[Indicações] dor epigástrica e dor e rigidez nas costas.

[Manipulação] inserção perpendicular de 0,5-1 *cun*.

8. Jinsuo (VG8)

[Localização] na linha média das costas, na depressão abaixo do processo espinhoso da nona vértebra torácica.

[Efeitos] induz a sedação.

[Indicações] epilepsia, rigidez das costas e epigastralgia.

[Manipulação] inserção perpendicular de 0,5-1 *cun*.

9. Zhiyang (VG9)

[Localização] na linha média das costas, na depressão abaixo do processo espinhoso da sétima vértebra torácica.

[Efeitos] elimina o Calor do fígado e da vesícula biliar e alivia o tórax.

[Indicações] icterícia, tosse, asma, rigidez das costas e dor nas regiões das costas e tórax.

[Manipulação] inserção oblíqua em ascendência de 0,5-1 *cun*.

10. Lingtai (VG10)

[Localização] na linha média das costas, na depressão abaixo do processo espinhoso da sexta vértebra torácica.

[Efeitos] elimina o Calor do tórax.

[Indicações] tosse, asma, lombalgia e rigidez no pescoço.

[Manipulação] inserção oblíqua em ascendência de 0,5-1 *cun*.

11. Shendao (VG11)

[Localização] na linha média das costas, na depressão abaixo do processo espinhoso da quinta vértebra torácica.

[Efeitos] alivia o coração e acalma a mente.

[Indicações] precordialgia, palpitação, ansiedade e dor e rigidez nas costas.

[Manipulação] inserção oblíqua em ascendência de 0,5-1 *cun*.

12. Shenzhu (VG12)

[Localização] na linha média das costas, na depressão abaixo do processo espinhoso da terceira vértebra torácica.

[Efeitos] facilita o fluxo do *Qi* do pulmão e é sedativo.

[Indicações] tosse, asma, epilepsia e dor e rigidez nas costas.

[Manipulação] inserção oblíqua em ascendência de 0,5-1 *cun*.

13. Taodao (VG13) (cruzamento com B)

[Localização] na linha média das costas, na depressão abaixo do processo espinhoso da primeira vértebra torácica.

[Efeitos] dissipa o Vento e elimina o Calor.

[Indicações] cefaléia, febre, malária e rigidez nas costas.

[Manipulação] inserção oblíqua em ascendência de 0,5-1 *cun*.

14. Dazhui (VG14) (cruzamento com B, VB, E)

[Localização] na linha média, na depressão abaixo da sétima vértebra cervical.

[Efeitos] tonifica o *Qi* e alivia a febre.

[Indicações] febre, malária, tosse, asma e rigidez do pescoço e costas.

[Manipulação] inserção oblíqua em ascendência de 0,5-1 *cun*.

15. Yamen (VG15) (cruzamento com VYangCon)

[Localização] na nuca, 0,5 *cun* diretamente abaixo do ponto médio da linha posterior do cabelo, na depressão abaixo da primeira vértebra cervical.

[Efeitos] purifica a mente e facilita o movimento da língua.

[Indicações] alterações mentais, epilepsia, surdez, mudez, rouquidão repentina, afasia com rigidez da língua, cefaléia occipital e rigidez no pescoço.

[Manipulação] inserção perpendicular de 0,5-0,8 *cun*.

[Aviso] Inserção oblíqua ascendente ou profunda é estritamente proibida, pois pode causar hemorragia subaracnoideana ou lesão do bulbo.

16. Fengfu (VG16) (cruzamento com VYangCon)

[Localização] na nuca, 1 *cun* diretamente acima do ponto médio da linha posterior do cabelo, diretamente abaixo da protuberância occipital externa.

[Efeitos] dissipa o Vento, purifica a mente e facilita o movimento da língua.

[Indicações] cefaléia, rigidez no pescoço, epistaxe, dor de garganta, afasia pós-apoplética e alterações mentais.

[Manipulação] inserção perpendicular de 0,5-0,8 *cun*.

[Aviso] Inserção profunda é estritamente proibida, pois pode causar hemorragia subaracnóidea ou lesionar o bulbo.

17. Naohu (VG17) (cruzamento com B)

[Localização] na linha média da cabeça, 2,5 *cun* acima da linha posterior do cabelo e 1,5 *cun* acima do Fengfu (VG16), na depressão na margem superior da protuberância occipital externa.

[Efeitos] dissipa o Vento e é sedativo.

[Indicações] cefaléia, tontura, dor e rigidez no pescoço e epilepsia.

[Manipulação] inserção subcutânea de 0,3-0,5 *cun*.

18. Qiangjian (VG18)

[Localização] na linha média da cabeça, 1,5 *cun* acima do Naohu (VG17), a meio caminho entre o Fengfu (VG16) e Baihui (VG20).

[Efeitos] dissipa o Vento e elimina o Calor da cabeça e dos olhos.

[Indicações] cefaléia, rigidez no pescoço, visão turva e mania.

[Manipulação] inserção subcutânea de 0,3-0,5 *cun*.

19. Houding (VG19)

[Localização] na linha média da cabeça, 3 *cun* acima do Naohu (VG17).

[Efeitos] dissipa o Vento e é sedativo.

[Indicações] cefaléia, vertigem, mania e epilepsia.

[Manipulação] inserção subcutânea de 0,3-0,5 *cun*.

20. Baihui (VG20) (cruzamento com B)

[Localização] na linha média da cabeça, 7 *cun* acima da linha posterior do cabelo, no ponto médio da linha de conexão de ambas as orelhas.

[Efeitos] elimina o Vento do fígado, acalma a mente, restaura a consciência e eleva o *Qi*.

[Indicações] cefaléia, vertigem, zumbido, obstrução nasal, afasia apoplética, perda de consciência, alterações mentais e prolapso uterino e retal.

[Manipulação] inserção subcutânea de 0,3-0,5 *cun*.

21. Qianding (VG21)

[Localização] na linha média da cabeça, 1,5 *cun* anterior ao Baihui (VG20).

[Efeitos] dissipa o Vento e melhora a visão.

[Indicações] cefaléia vertical, tontura e visão turva.

[Manipulação] inserção subcutânea de 0,3-0,5 *cun*.

22. Xinhui (VG22)

[Localização] na linha média da cabeça, 2 *cun* posterior à linha anterior do cabelo, 3 *cun* anterior ao Baihui (VG20).

[Efeitos] dissipa o Vento e melhora a visão.

[Indicações] cefaléia, tontura e visão turva.

[Manipulação] inserção subcutânea de 0,3-0,5 *cun*.

[Aviso] Inserção neste ponto é proibida em crianças com metopismo.

23. Shangxing (VG23)

[Localização] na linha média da cabeça, 1 *cun* acima da linha anterior do cabelo.

[Efeitos] purifica a cabeça, acalma a mente e remove obstrução do nariz.

[Indicações] cefaléia, epistaxe, rinorréia e alterações mentais.

[Manipulação] inserção subcutânea de 0,3-0,5 *cun*.

[Aviso] Inserção neste ponto está proibida em crianças com metopismo.

24. Shenting (VG24) (cruzamento com B, E)

[Localização] na linha média da cabeça, 0,5 *cun* acima da linha anterior do cabelo.

[Efeitos] acalma a mente, dissipa o Vento e remove a obstrução do nariz.

[Indicações] epilepsia, ansiedade, palpitação, insônia, cefaléia, tontura e rinorréia.

[Manipulação] inserção subcutânea de 0,3-0,5 *cun* ou punção para causar sangramento.

25. Suliao (VG25)

[Localização] na ponta do nariz.

[Efeitos] restaura a consciência e remove a obstrução do nariz.

[Indicações] perda de consciência, obstrução nasal, rinorréia, epixtase e rosácea.

[Manipulação] inserção perpendicular de 0,2-0,3 *cun* ou punção para causar sangramento.

26. Shuigou (VG26) (cruzamento com E, IG)

[Localização] na face, na junção do terço superior e do terço médio do filtro nasal.

[Efeitos] restaura a consciência, purifica a mente e alivia a região lombar.

[Indicações] alterações mentais, epilepsia, histeria, convulsão infantil, desmaio, perda de consciência, trismo, desvio da boca, dor e rigidez na parte inferior das costas.

[Manipulação] inserção oblíqua ascendente de 0,3-0,5 *cun*.

27. Duiduan (VG27)

[Localização] na face, sobre o tubérculo mediano do lábio superior, na junção da pele e do lábio superior.

[Efeitos] purifica a mente e elimina o Calor.

[Indicações] alterações mentais, contratura do lábio, dor e edema das gengivas.

[Manipulação] inserção oblíqua ascendente de 0,2-0,3 *cun*.

28. Yinjiao (VG28)

[Localização] na parte interna do lábio superior, na junção do freio labial e da gengiva superior.

[Efeitos] purifica a mente e elimina o Calor.

[Indicações] alterações mentais, dor e edema das gengivas e coriza.

[Manipulação] punção para causar sangramento.

Os Pontos do Vaso da Concepção (VC)
(Figs. Coloridas 7 e 9 e Fig. 13- 3)

1. Huiyin (VC1) (cruzamento com VP)

[Localização] no períneo, no ponto médio entre a margem posterior do saco escrotal e o ânus nos homens, e entre a comissura dos grandes lábios e do ânus nas mulheres.

[Efeitos] eleva o ânus e restaura a consciência.

[Indicações] prolapso de reto, hemorróidas, retenção urinária, enurese noturna e perda de consciência.

[Manipulação] inserção perpendicular de 0,5-1 *cun*.

2. Qugu (VC2) (cruzamento com F)

[Localização] na linha média da região inferior do abdome, no ponto médio da margem superior da sínfise púbica.

[Efeitos] facilita a micção, fortalece a essência e controla a leucorréia.

[Indicações] retenção e gotejamento urinário, enurese noturna, impotência, emissão noturna, leucorréia, menstruação irregular, dismenorréia e hérnia.

[Manipulação] inserção perpendicular de 0,5-1 *cun*.

3. Zhongji (VC3) (Ponto de alarme da bexiga – cruzamento com BP, F, R)

[Localização] na linha média da região inferior do abdome, 4 *cun* abaixo do centro da cicatriz umbilical.

[Efeitos] facilita a micção, fortalece a essência e regula a menstruação.

[Indicações] freqüência urinária, enurese noturna, retenção urinária, impotência, emissão noturna, hemorragia uterina, menstruação irregular, dismenorréia, leucorréia e prolapso uterino.

[Manipulação] inserção perpendicular de 0,5-1 *cun*.

4. Guanyuan (VC4) (Ponto de alarme do intestino delgado – cruzamento com BP, F, R)

[Localização] na linha média do abdome inferior, 3 *cun* abaixo do centro da cicatriz umbilical.

[Efeitos] tonifica os rins e regula o Triplo Aquecedor.

[Indicações] enurese noturna, retenção urinária, freqüência urinária, menstruação irregular, dismenorréia, hemorragia uterina, hemorragia puerperal, leucorréia, dor na região inferior do abdome, diarréia e prolapso uterino.

[Manipulação] inserção perpendicular de 0,5-1 *cun*.

5. Shimen (VC5) (Ponto de alarme do Triplo Aquecedor)

[Localização] na linha média da região inferior do abdome, 2 *cun* abaixo do centro da cicatriz umbilical.

[Efeitos] regula o Aquecedor Inferior.

[Indicações] dor abdominal, diarréia, edema, anuria, enurese noturna, amenorréia, hemorragia uterina, hemorragia puerperal e leucorréia.

[Manipulação] inserção perpendicular de 0,5-1 *cun*.

6. Qihai (VC6)

[Localização] na linha média do abdome inferior, 1,5 *cun* abaixo do centro da cicatriz umbilical.

[Efeitos] complementa e regula o *Qi*.

[Indicações] dor abdominal, diarréia, constipação, hérnia, edema, enurese noturna, impotência, menstruação irregular, dismenorréia, amenorréia, hemorragia puerperal, leucorréia e asma.

[Manipulação] inserção perpendicular de 0,8-1,2 *cun*.

7. Yinjiao (VC7) (cruzamento com VP)

[Localização] na linha média do abdome inferior, 1 *cun* abaixo do centro da cicatriz umbilical.

[Efeitos] induz a diurese e regula a menstruação.

[Indicações] distensão abdominal, edema, hérnia, menstruação irregular, hemorragia uterina, hemorragia puerperal, leucorréia, prurido vulvar e dor abdominal ao redor da cicatriz umbilical.

[Manipulação] inserção perpendicular de 0,8-1,2 *cun*.

8. Shenque (VC8)

[Localização] no centro da cicatriz umbilical.

[Efeitos] aquece o Aquecedor Médio e controla a diarréia.

[Indicações] dor abdominal, borborigmos e diarréia.

[Manipulação] a inserção é proibida.

9. Shuifen (VC9)

[Localização] na linha média do abdome superior, 1 *cun* acima do centro da cicatriz umbilical.

[Efeitos] induz a diurese e alivia o espasmo.

[Indicações] dor abdominal, borborigmos, diarréia, edema e retenção urinária.

[Manipulação] inserção perpendicular de 0,5-1 *cun*.

10. Xiawan (VC10) (cruzamento com BP)

[Localização] na linha média do abdome superior, 2 *cun* acima do centro da cicatriz umbilical.

[Efeitos] regula o Triplo Aquecedor.

[Indicações] epigastralgia e dor abdominal, borborigmos, dispepsia, vômitos e diarréia.

[Manipulação] inserção perpendicular de 0,5-1,2 *cun*.

11. Jianli (VC11)

[Localização] na linha média do abdome superior, 3 *cun* acima do centro da cicatriz umbilical.

[Efeitos] regula o Triplo Aquecedor.

[Indicações] epigastralgia, distensão abdominal, borborigmos e anorexia.

[Manipulação] inserção perpendicular de 0,5-1,2 *cun*.

12. Zhongwan (VC12) (Ponto de alarme do estômago, ponto influente dos órgãos *Fu* – cruzamento com E, ID, TA)

[Localização] na linha média do abdome superior, 4 *cun* acima do centro da cicatriz umbilical.

[Efeitos] regula o Aquecedor Médio.

[Indicações] epigastralgia, regurgitação ácida, náusea, vômitos, distensão abdominal, borborigmos, diarréia, dispepsia e insônia.

[Manipulação] inserção perpendicular de 0,5-1,2 *cun*.

13. Shangwan (VC13) (cruzamento com E, ID)

[Localização] na linha média do abdome superior, 5 *cun* acima do centro da cicatriz umbilical.

[Efeitos] regula o Triplo Aquecedor.

[Indicações] epigastralgia, náusea, vômitos, distensão abdominal e insônia.

[Manipulação] inserção perpendicular de 0,5-1,2 *cun*.

14. Juque (VC14) (Ponto de alarme do coração)

[Localização] na linha média do abdome superior, 6 *cun* acima do centro da cicatriz umbilical.

[Efeitos] alivia o coração, acalma a mente e harmoniza o estômago.

[Indicações] dor precordial e epigástrica, dificuldade para engolir, náusea, vômitos, regurgitação ácida, alterações mentais e palpitação.

[Manipulação] inserção perpendicular de 0,3-0,5 *cun* ou obliquamente, descendente de 0,5-0,8 *cun*.

15. Jiuwei (VC15) (Ponto de conexão)

[Localização] na linha média do abdome superior, 7 *cun* acima do centro da cicatriz umbilical, na depressão abaixo do processo xifóide.

[Efeitos] alivia o coração e purifica a mente.

[Indicações] dor precordial, alterações mentais e epilepsia.

[Manipulação] inserção oblíqua descendente de 0,3-0,5 *cun*.

16. Zhongting (VC16)

[Localização] na linha média anterior do tórax, no nível do quinto espaço intercostal.

[Efeitos] alivia o tórax e controla a inversão ascendente do *Qi*.

[Indicações] distensão e plenitude no tórax e na região costal, soluços e náusea.

[Manipulação] inserção subcutânea de 0,3-0,5 *cun*.

17. Danzhong (VC17) (Ponto de alarme do pericárdio, ponto influente do *Qi*)

[Localização] na linha média anterior, no nível do quarto espaço intercostal.

[Efeitos] facilita o fluxo do *Qi*, alivia o tórax e melhora a lactação.

[Indicações] asma, dor e plenitude torácica, palpitação, dificuldade de engolir, soluços e deficiência de lactação.

[Manipulação] inserção perpendicular de 0,3-0,5 *cun*.

18. Yutang (VC18)

[Localização] na linha média do tórax, no nível do terceiro espaço intercostal.

[Efeitos] alivia o tórax e controla a inversão em ascendência do *Qi*.

[Indicações] dor torácica, tosse, asma e vômitos.

[Manipulação] inserção perpendicular de 0,3-0,5 *cun*.

19. Zigong (VC19)

[Localização] na linha média anterior do tórax, no nível do segundo espaço intercostal.

[Efeitos] alivia o tórax e controla a inversão ascendente do *Qi*.

[Indicações] dor torácica, tosse e asma.

[Manipulação] inserção perpendicular de 0,3-0,5 *cun*.

20. Huagai (VC20)

[Localização] na linha média do tórax, no nível do primeiro espaço intercostal.

[Efeitos] alivia o tórax e controla a inversão ascendente do *Qi*.

[Indicações] dor torácica e região costal, tosse e asma.

[Manipulação] inserção perpendicular de 0,3-0,5 *cun*.

21. Xuanji (VC21)

[Localização] na linha média anterior, no centro do manúbrio esternal, 1 *cun* abaixo do Tiantu (VC22).

[Efeitos] alivia o tórax e controla a inversão do *Qi*.

[Indicações] dor e plenitude torácica, tosse, asma e dificuldade para engolir (espasmo de esôfago e da cárdia).

[Manipulação] inserção subcutânea de 0,3-0,5 *cun*.

22. Tiantu (VC22) (cruzamento com VYinCon)

[Localização] na linha média anterior do pescoço, no centro da fossa supra-esternal.

[Efeitos] facilita o fluxo do *Qi* e alivia a garganta.

[Indicações] asma, tosse, dor de garganta, rouquidão repentina, soluços, dificuldade em engolir.

[Manipulação] primeiro, inserir perpendicularmente 0,1-0,2 *cun* e, a seguir, inserir a agulha em descendência ao longo da face posterior do esterno 0,5-1 *cun*. Evitar a punção da traquéia.

23. Lianquan (VC23) (cruzamento com VYinCon)

[Localização] na linha média do pescoço, na protuberância laríngea, na depressão acima da margem superior do osso hióide.

[Efeitos] restaura a função normal da língua e da garganta.

[Indicações] afasia com rigidez da língua na apoplexia, rouquidão repentina e dificuldade para engolir.

[Manipulação] inserção oblíqua de 0,5-1 *cun* em direção à raiz da língua.

24. Chengjiang (VC24) (cruzamento com E)

[Localização] na face, na depressão no ponto médio do sulco mentolabial.

[Efeitos] dissipa o Vento e alivia a boca e o dente.

[Indicações] edema das gengivas, odontalgia, salivação, alterações mentais e desvio do olho e da boca.

[Manipulação] inserção oblíqua em ascendência de 0,2-0,3 *cun*.

PONTOS EXTRAS (EX)

Os Pontos da Cabeça e do Pescoço (CP)
(Fig. 13-4)

1. Sishencong (EX-CP1)

[Localização] quatro pontos no vértice da cabeça, 1 *cun* anterior, posterior e lateral ao Baihui (VG20).

[Indicações] cefaléia, vertigem, insônia, memória fraca e epilepsia.

[Manipulação] inserção perpendicular de 0,5-1 *cun*.

2. Dangyang (EX-CP2)

[Localização] na parte frontal da cabeça, diretamente acima da pupila, 1 *cun* acima da linha anterior do cabelo.

[Indicações] cefaléia, tontura e inflamação ocular.

[Manipulação] inserção subcutânea de 0,5-1 *cun*.

3. Yintang (EX-CP3)

[Localização] na testa, no ponto médio entre as sobrancelhas.

[Indicações] cefaléia frontal, rinorréia, epistaxe e insônia.

[Manipulação] inserção perpendicular de 0,3-0,5 *cun*.

4. Yuyao (EX-CP4)

[Localização] na testa, diretamente acima da pupila, na sobrancelha.

[Indicações] dor na região supra-orbital, mioclonia na pálpebra, ptose palpebral, opacificação da córnea e inflamação ocular.

[Manipulação] inserção subcutânea de 0,3-0,5 *cun*.

5. Tai Yang (EX-CP5)

[Localização] na parte temporal da cabeça, na depressão com um dedo de largura atrás do ponto médio entre a borda lateral da sobrancelha e do canto externo da órbita.

[Indicações] enxaqueca, cefaléia temporal, patologias oculares e desvio do olho e da boca.

[Manipulação] inserção perpendicular de 0,3-0,5 *cun* ou punção para causar sangramento.

6. Erjian (EX-CP6)

[Localização] na parte temporal da cabeça, onde a ponta do pavilhão auricular toca quando a orelha está dobrada para frente.

[Indicações] inflamação ocular, nébula e febre.

[Manipulação] inserção perpendicular de 0,1-0,2 *cun* ou punção para causar sangramento.

7. Qiuhou (EX-CP7)

[Localização] na face, na junção do quarto lateral e do três quartos mediais da margem infra-orbital.

[Indicações] patologias oculares.

[Manipulação] empurrar o globo ocular para frente delicadamente e, a seguir, inserir perpendicularmente 0,5-1 *cun* ao longo da margem infra-orbital lentamente, sem levantar, empurrar, torcer ou girar a agulha.

8. Shangyingxiang (EX-CP8)

[Localização] na face, na junção da cartilagem alar do nariz e da concha nasal, perto da borda superior da dobra nasolabial.

[Indicações] rinite alérgica, atrófica ou hipertrófica.

[Manipulação] Inserção subcutânea ascendente de 0,5 *cun*.

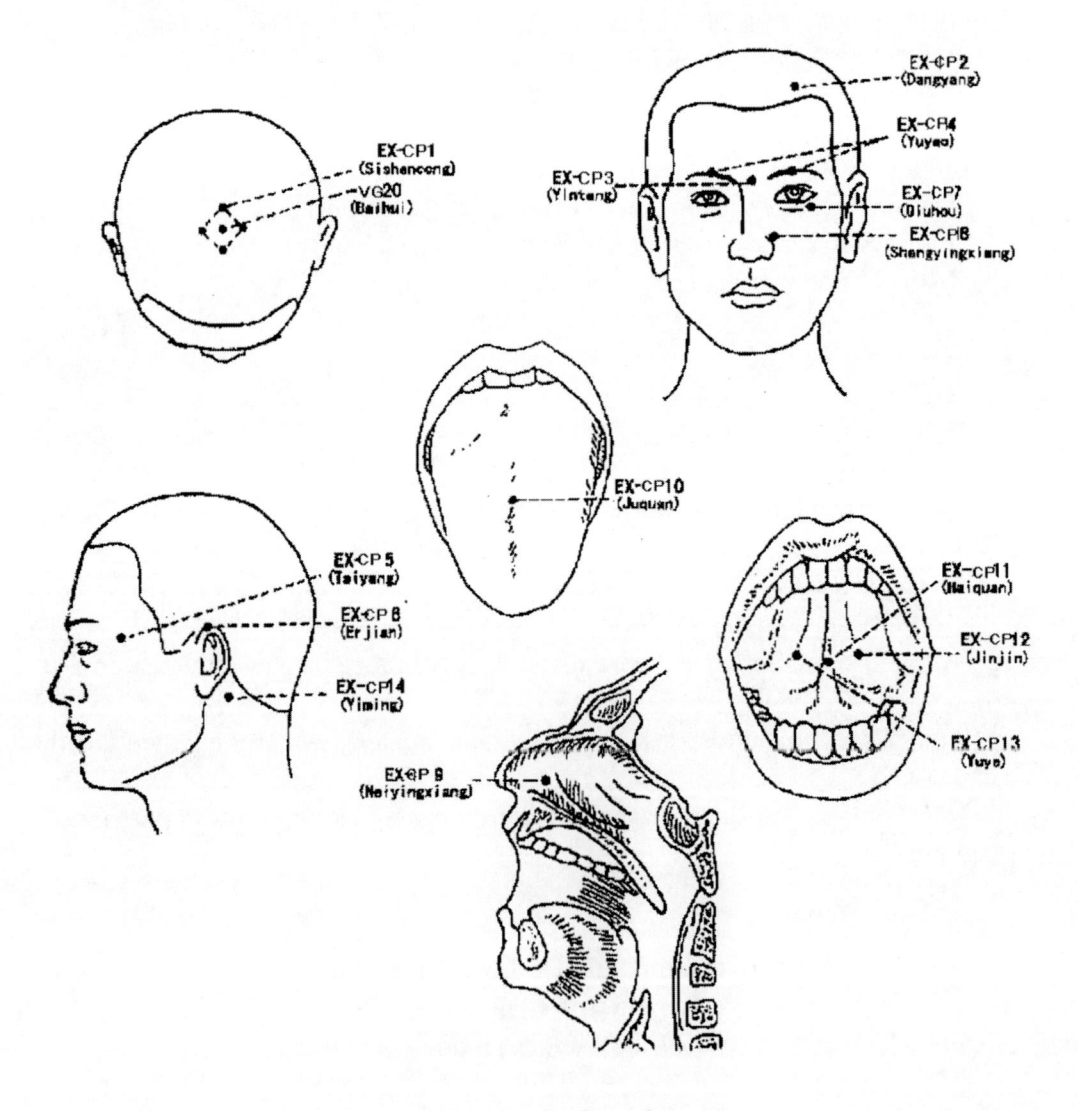

Fig. 13-4 Pontos extras da cabeça e do pescoço

9. Neiyingxiang (EX-CP9)

[Localização] nas narinas, na junção entre a mucosa da cartilagem alar do nariz e da concha nasal.

[Indicações] inflamação ocular, insolação e síncope.

[Manipulação] puncionar para causar sangramento.

10. Juquan (EX-CP10)

[Localização] na boca, no ponto médio da linha média dorsal da língua.

[Indicações] afasia com rigidez da língua na apoplexia e protuberância da língua.

[Manipulação] punção para causar sangramento.

11. Haiquan (EX-CP11)

[Localização] na boca, no ponto médio do freio da língua.

[Indicações] edema ou protuberância da língua e soluços.

[Manipulação] punção para causar sangramento.

12. Jinjin (EX-CP12)

[Localização] na boca, na veia do lado esquerdo do freio da língua.

[Indicações] edema de língua, vômitos e afasia com rigidez da língua.

[Manipulação] punção para causar sangramento.

13. Yuye (EX-CP13)

[Localização] na boca, na veia do lado direito do freio da língua.

[Indicações] edema da língua, vômitos e afasia com rigidez da língua.

[Manipulação] punção para sangrar.

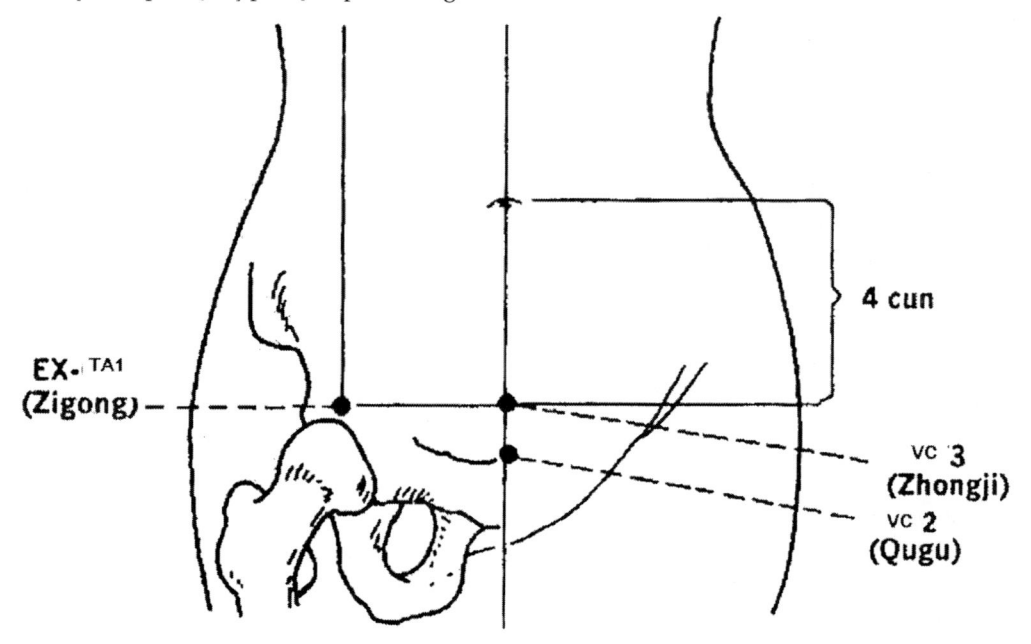

Fig. 13-5 – Pontos extras do abdome

14. Yiming (EX-CP14)

[Localização] na nuca, 1 *cun* posterior ao Yifeng (TA17).

[Indicações] patologias oculares, tontura, cefaléia e insônia.

[Manipulação] inserção perpendicular de 0,5-0,8 *cun*.

15. Jingbailao (EX-CP15)

[Localização] na nuca, 2 *cun* diretamente acima da Dazhui (VG14) e 1 *cun* lateral à linha média posterior.

[Indicações] escrófula, tosse, asma e rigidez do pescoço.

[Manipulação] inserção perpendicular de 0,3-0,5 *cun*.

Os Pontos do Tórax e do Abdome (TA)
(Fig. 13-5)

1. Zigong (EX-TA1)

[Localização] no abdome inferior, à altura de 4 *cun* abaixo do centro da cicatriz umbilical e 3 *cun* lateral à linha média.

[Indicações] prolapso de útero e menstruação irregular.

[Manipulação] inserção perpendicular de 0,8-1,2 *cun*.

Os Pontos Dorsais (D)
(Fig. 13-6)

1. Dingchuan (EX-D1)

[Localização] nas costas, abaixo do processo espinhoso da sétima vértebra cervical, 0,5 *cun* lateral à linha média posterior.

[Indicações] asma, tosse, urticária e rigidez no pescoço.

[Manipulação] inserção perpendicular de 0,5-0,8 *cun*.

2. Jiaji (EX-D2)

[Localização] 17 pontos de cada lado das costas, abaixo do processo espinhoso da primeira vértebra torácica e quinta vértebra lombar, 0,5 *cun* lateral à linha média posterior.

[Indicações] pontos à altura da vértebra torácica superior para patologias dos membros superiores, coração e pulmão; pontos no nível da vértebra torácica inferior das patologias do estômago e intestino; pontos no nível da vértebra lombar para patologias do abdome e membros inferiores.

[Manipulação] inserção perpendicular de 0,5-1 *cun* nas regiões cervical e torácica e 1-1,5 *cun* na região lombar.

3. Weiwanxiashu (EX-D3)

[Localização] nas costas, abaixo do processo espinhoso da oitava vértebra torácica, 1,5 *cun* lateral à linha média posterior.

[Indicações] epigastralgia e dor abdominal, dor nas regiões do tórax e hipocôndrio e vômitos.

[Manipulação] inserção oblíqua de 0,5-0,8 *cun*.

4. Pigen (EX-D4)

[Localização] nas costas, abaixo do processo espinhoso da primeira vértebra lombar, 3,5 *cun* lateral da linha média posterior.

[Indicações] hepatoesplenomegalia e lombalgia.

[Manipulação] inserção perpendicular de 0,5-0,8 *cun*.

5. Xiajishu (EX-D5)

[Localização] na linha média da região lombar, abaixo do processo espinhoso da terceira vértebra lombar.

[Indicações] lombalgia, dor abdominal, dor devido a hérnia, diarréia e enurese noturna.

[Manipulação] inserção perpendicular de 0,5-1 *cun*.

6. Yaoyi (EX-D6)

[Localização] na região lombar, entre o processo espinhoso da quarta e quinta vértebras lombares, 3,0 *cun* lateral, na linha média posterior.

[Indicações] lumbago e hemorragia uterina.

[Manipulação] inserção perpendicular de 0,5-1,0 *cun*.

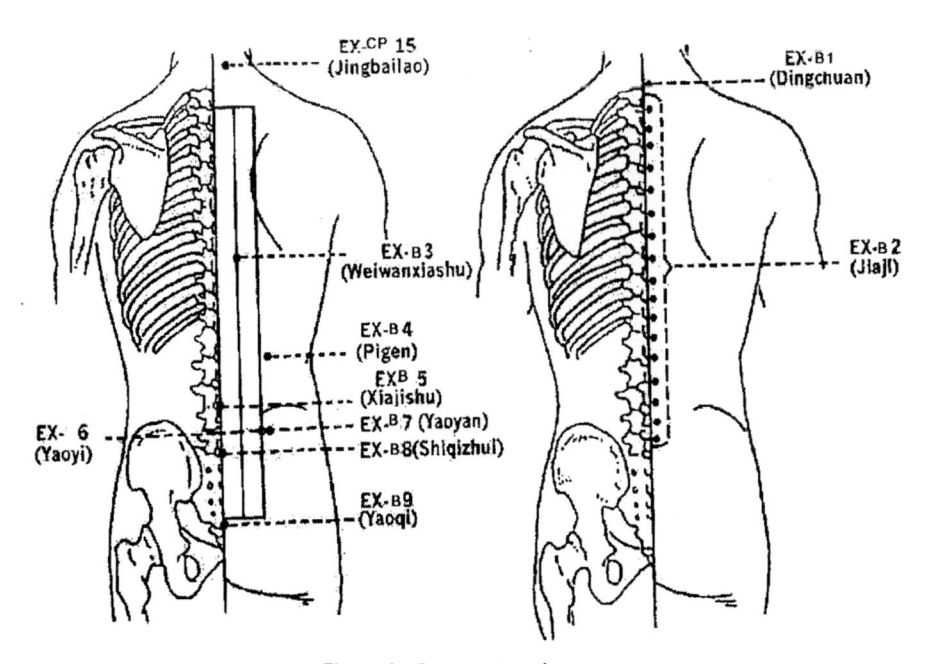

Fig. 13-6 – Pontos extras dorsais

7. Yaoyan (EX-D7)

[Localização] na região lombar, abaixo do processo espinhoso da quarta vértebra lombar na depressão 3,5 *cun* lateral da linha média posterior.

[Indicações] dor lombar, freqüência urinária e menstruação irregular.

[Manipulação] inserção perpendicular de 0,8-1,2 *cun*.

8. Shiqizhui (EX-D8)

[Localização] na linha média posterior da região lombar, abaixo do processo espinhoso da quinta vértebra lombar.

[Indicações] dor lombossacral, dismenorréia, hemorragia uterina e enurese noturna.

[Manipulação] inserção perpendicular de 0,8-1,2 *cun*.

9. Yaoqi (EX-D9)

[Localização] na linha média posterior, 2 *cun* diretamente acima da ponta do cóccix.

[Indicações] cefaléia, insônia e epilepsia.

[Manipulação] inserção subcutânea ascendente 1-2 *cun*.

Os Pontos dos Membros Superiores (MS)
(Fig. 13-7)

1. Zhoujian (EX-MS1)

[Localização] na face posterior do cotovelo, na ponta do olécrano quando o cotovelo está flexionado.

[Indicações] escrófula.

[Manipulação] aplicação somente de moxabustão.

2. Erbai (EX-MS2)

[Localização] dois pontos na face palmar de cada antebraço, 4 *cun* proximal à dobra do punho, de cada lado do tendão do músculo flexor radial do carpo.

[Indicações] hemorróidas e prolapso de reto.

[Manipulação] inserção perpendicular de 0,5-1 *cun*.

3. Zhongquan (EX-MS3)

[Localização] na dobra dorsal do punho, na depressão na face radial do tendão do músculo extensor comum dos dedos.

[Indicações] rigidez no tórax, epigastralgia e sensação de calor na palma.

[Manipulação] inserção perpendicular de 0,3-0,5 *cun*.

4. Zhongkui (EX-MS4)

[Localização] na face dorsal do dedo médio, no centro da articulação interfalangiana proximal.

[Indicações] náusea, vômitos e soluços.

[Manipulação] aplicação de moxabustão.

5. Dagukong (EX-MS5)

[Localização] na face dorsal do dedo polegar, no centro da articulação interfalangiana.

[Indicações] patologias oculares, epistaxe, vômitos e diarréia.

[Manipulação] aplicação de moxabustão.

6. Xiaogukong (EX-MS6)

[Localização] na face dorsal do dedo mínimo, no centro da articulação interfalangiana proximal.

[Indicações] patologias oculares, dor de garganta e dor no dedo.

[Manipulação] aplicação de moxabustão.

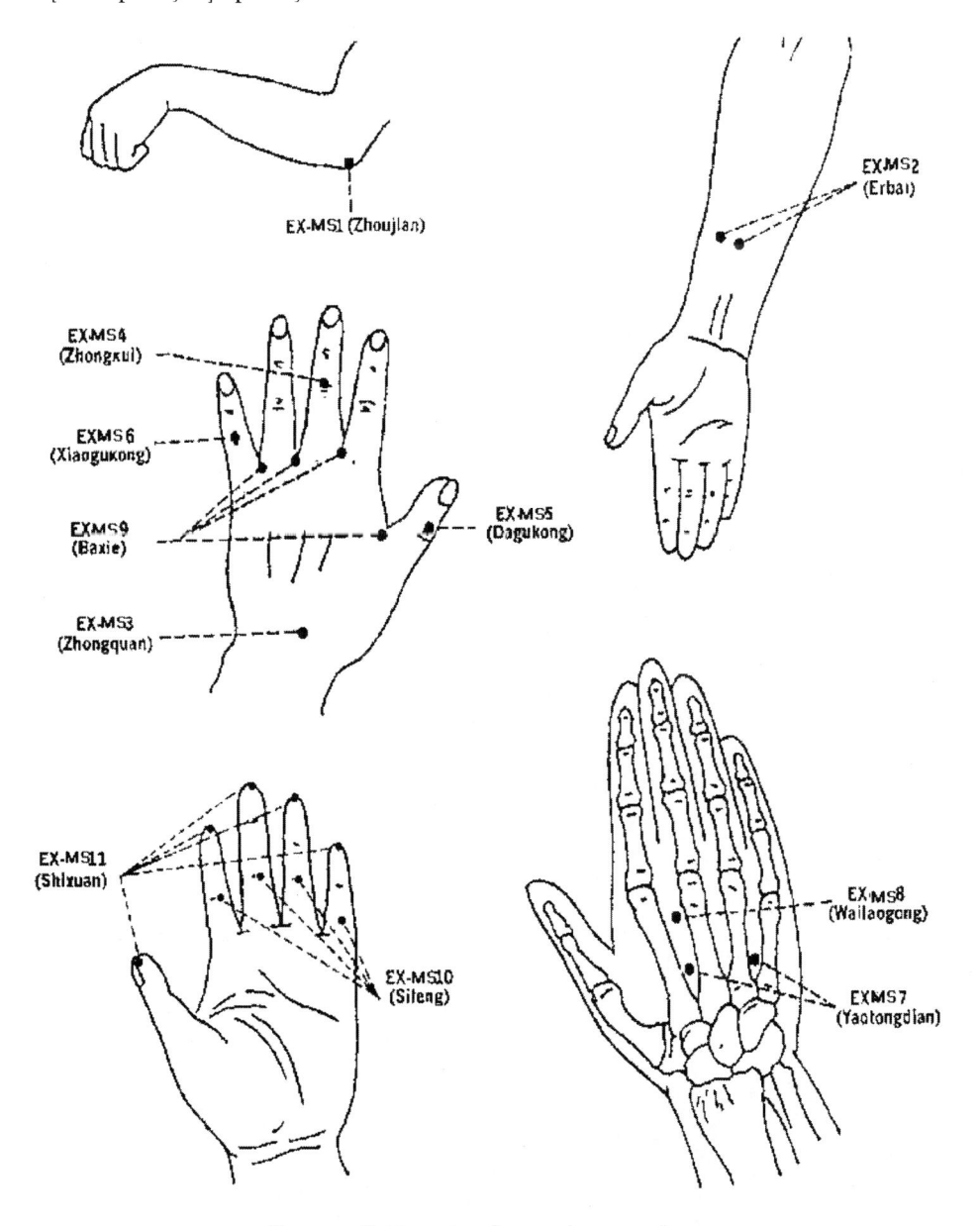

Fig. 13-7 – Pontos extras dos membros superiores.

7. Yaotongdian (EX-MS7)

[Localização] dois pontos do dorso de cada mão, entre o segundo e terceiro e entre o quarto e quinto metacarpos, a meio caminho entre a dobra dorsal do punho e a articulação metacarpofalangiana.

[Indicações] contratura lombar aguda.

[Manipulação] inserção de 0,3-0,5 *cun* perpendicular ou oblíqua em direção ao centro da palma.

8. Wailaogong (EX-MS8)

[Localização] no dorso da mão, entre o segundo e terceiro metacarpos, e 0,5 *cun* proximal à articulação metacarpofalangiana.

[Indicações] parestesia e contratura dos dedos, dispepsia e rigidez do pescoço.

[Manipulação] inserção oblíqua de 0,5-1 *cun*.

9. Baxie (EX-MS9)

[Localização] quatro pontos no dorso de cada mão, na membrana entre cada dedo.

[Indicações] febre, parestesia e contratura do dedo e eritema e edema do dorso da mão.

[Manipulação] inserção oblíqua de 0,3-0,5 *cun* ou punção para causar sangramento.

10. Sifeng (EX-MS10)

[Localização] quatro pontos em cada mão, na face palmar do dedo indicador, médio, anular e mínimo e no centro das articulações interfalangianas proximais.

[Indicações] dispepsia e desnutrição infantil.

[Manipulação] punção para causar sangramento.

11. Shixuan (EX-MS11)

[Localização] dez pontos em ambas as mãos, na ponta dos dez dedos, 0,1 *cun* da margem das unhas.

[Indicações] perda de consciência, desmaio, febre alta, insolação e convulsões infantis.

[Manipulação] inserção superficial de 0,1-0,2 *cun* ou punção para causar sangramento.

Os Pontos dos Membros Inferiores (MI)
(Fig. 13-8)

1. Kuangu (EX-MI1)

[Localização] dois pontos em cada coxa, na parte inferior da superfície anterior, 1,5 *cun* lateral e medial ao Liangqiu (E34)

[Indicações] dor nos joelhos e dor e paralisia na perna.

[Manipulação] inserção perpendicular de 0,5-1 *cun*.

2. Heding (EX-MI2)

[Localização] acima dos joelhos, na depressão do ponto médio da margem superior da patela.

[Indicações] dor nos joelhos, debilidade e dificuldade motora da perna.

[Manipulação] inserção perpendicular de 0,3-0,5 *cun*.

3. Baichongwo (EX-MI3)

[Localização] na face medial da coxa, 3 *cun* acima da margem medial superior da patela quando o joelho está flexionado, ou seja, 1 *cun* acima do Xuehai (BP10).

[Indicações] urticária, eczema e parasitose intestinal.

[Manipulação] inserção perpendicular de 1-1,2 *cun*.

4. Neixiyan (EX-MI4)

[Localização] na depressão medial do ligamento da patela quando o joelho está flexionado.

[Efeitos] dor no joelho e debilidade da perna.

[Indicações] dor no joelho e fraqueza nas pernas.

[Manipulação] inserção perpendicular de 0,5-1 *cun*.

5. Xiyan (EX-MI5)

[Localização] na depressão na face lateral do ligamento patelar quando o joelho está flexionado.

[Indicações] dor no joelho e fraqueza nas pernas.

[Manipulação] inserção perpendicular de 0,5-1 *cun*.

6. Dannang (EX-MI6)

[Localização] na parte superior da face lateral da perna, 2 *cun* diretamente abaixo da depressão anterior e inferior da cabeça da fíbula.

[Indicações] colecistite crônica e aguda, colelitíase, ascaríase biliar e debilidade e parestesia dos membros inferiores.

[Manipulação] inserção perpendicular de 1-1,5 *cun*.

7. Lanwei (EX-MI7)

[Localização] na parte superior da face anterior da perna, 5 *cun* abaixo da Dubi (E35), um dedo de largura lateral à crista anterior da tíbia.

[Indicações] apendicite aguda e crônica e paralisia do membro inferior.

[Manipulação] inserção perpendicular de 1-1,5 *cun*.

8. Neihuaijian (EX-MI8)

[Localização] na face medial do pé, no ápice do maléolo medial.

[Indicações] odontalgia, apendicite e cãibras.

[Manipulação] somente usado para moxabustão.

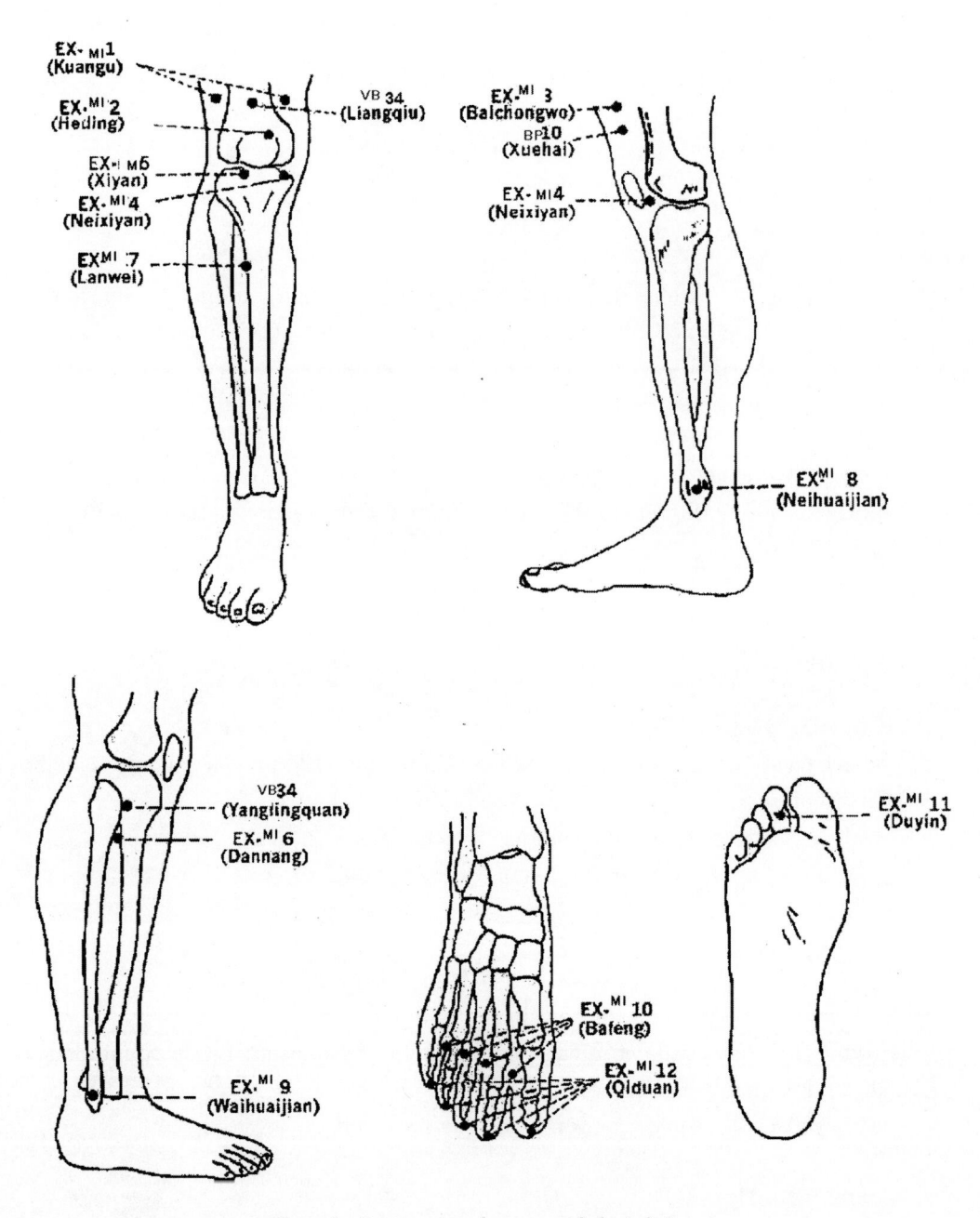

Fig. 13-8 – Pontos extras das extremidades inferiores.

9. Waihuaijian (EX-MI9)

[Localização] na face lateral do pé, no ápice do maléolo lateral.

[Indicações] odontalgia, apendicite e cãibras.

[Manipulação] punção para provocar sangramento.

10. Bafeng (EX-MI10)

[Localização] oito pontos na planta do pé de ambos os pés, 0,5 *cun* proximal à margem da membrana entre dois dedos vizinhos.

[Indicações] dor nos dedos e eritema e edema no dorso do pé.

[Manipulação] inserção perpendicular de 0,5-0,8 *cun*.

11. Duyin (EX-MI11)

[Localização] na face plantar do segundo dedo, no centro da articulação distal interfalangiana.

[Indicações] dor abdominal, vômitos, retenção e sangramento oligomenorréia.

[Manipulação] inserção perpendicular de 0,1 -0,2 *cun*.

12. Qiduan (EX-MI12)

[Localização] dez pontos na ponta dos dedos de ambos os pés, 0,1 *cun* da margem de cada unha do dedo do pé.

[Indicações] síncope e parestesia dos dedos dos pés.

[Manipulação] inserção perpendicular de 0,1-0,2 *cun* ou punção para causar sangramento.

CAPÍTULO 14

TÉCNICAS DE ACUPUNTURA E MOXABUSTÃO

Acupuntura

As agulhas filiformes são as mais comumente usadas como agulhas de acupuntura. São feitas de aço inoxidável, com comprimento que varia de 0,5 (13 mm) a 5 *cun* (125 mm) e calibre que varia de 26 (0,45 mm de diâmetro) a 33 (0,26 mm de diâmetro). A agulha filiforme contém as seguintes partes: ponta, corpo, raiz e cabo, como demonstra a Fig. 14-1. O uso de agulhas descartáveis e do mandril é recomendado.

O processo da operação da acupuntura inclui inserção, manipulação, retenção e retirada da agulha.

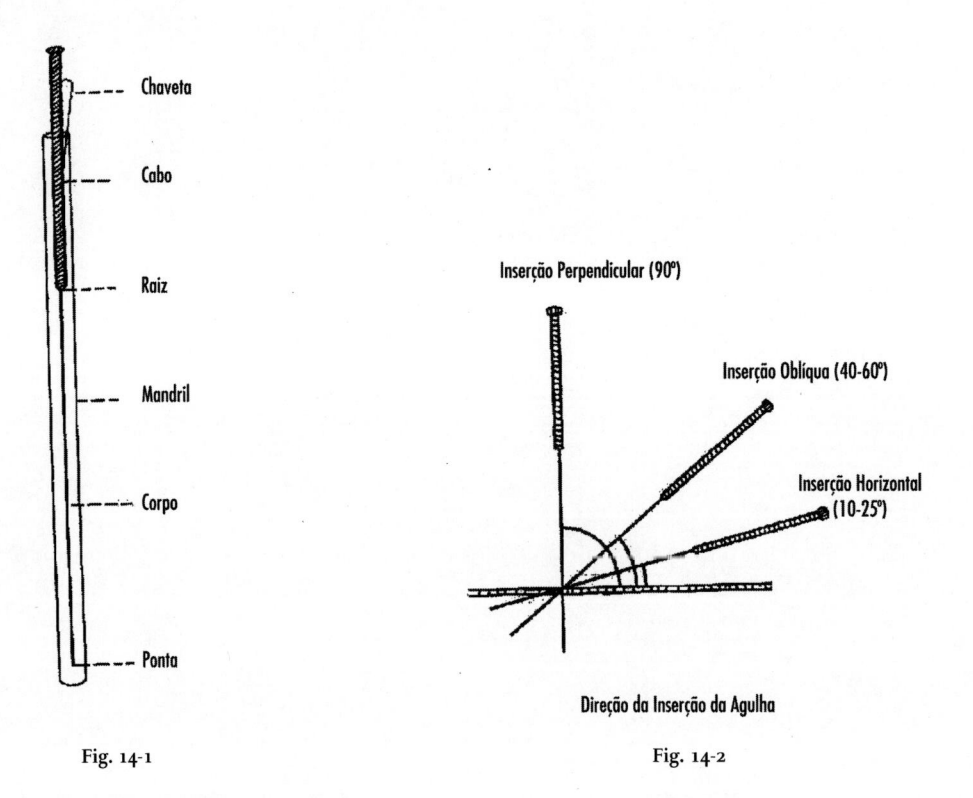

Fig. 14-1   Fig. 14-2

1. Inserção da agulha

(1) Método de inserção da agulha

É preferível utilizar agulhas de acupuntura com mandril, e que sejam esterilizadas e seladas. Tire a cunha que fixa a agulha em seu mandril e coloque o tubo com a ponta da agulha tocando levemente o ponto de acupuntura. Segure o tubo com os dedos de uma das mãos e dê um tapinha de leve na borda superior do cabo da agulha com o dedo indicador ou médio. A agulha será rapidamente inserida na pele sem causar dor. Remova o mandril e insira a agulha na profundidade desejada.

(2) Direção da inserção da agulha (Fig. 14-2)

De modo geral, uma das três direções seguintes é usada para inserir a agulha: inserção perpendicular, inserção oblíqua e inserção transversa.

Na inserção perpendicular, a agulha é inserida perpendicularmente, formando um ângulo de 90° com a superfície da pele. A maioria dos pontos do corpo pode ser puncionada perpendicularmente.

Na inserção oblíqua, a agulha é inserida obliquamente para formar um ângulo de aproximadamente 45° com a superfície da pele. Isto é indicado para os pontos localizados nas regiões onde o músculo é fino ou próximo aos órgãos internos.

Na inserção horizontal, a agulha é inserida quase horizontalmente para formar um ângulo de 15°-25° com a superfície da pele. É a inserção preferida para os pontos na face e cabeça, onde o músculo é fino.

(3) Profundidade da inserção

A profundidade da inserção é diferente nos diferentes pontos. Uma inserção mais profunda é recomendada no tratamento dos pacientes com constituição forte e, também, quando uma estimulação forte é requerida. A inserção mais profunda da agulha é estritamente proibida se um vaso sanguíneo calibroso ou se órgãos internos importantes estão localizados abaixo do ponto de acupuntura.

2. Manipulação da agulha após a inserção

Uma sensação especial, tal como dor, formigamento, distensão ou peso, pode ser experimentada pelo paciente após a agulha ser inserida em determinada profundidade. Isto é chamado de "*deqi*" ("ter uma sensação de acupuntura"). Na maioria dos casos, a manipulação da agulha é necessária para ter a sensação de acupuntura. Como *The Canon of Medicine* afirma, "a chave para um efetivo tratamento por acupuntura consiste em obter a sensação de acupuntura".

Há dois caminhos diferentes para a manipulação da agulha após a inserção para obtenção da sensação e produção do efeito desejado. A manipulação básica consiste em levantar-empurrar e girar a agulha. Por meio do uso de diferentes níveis de força e velocidade, o efeito de tonificação ou sedação pode ser alcançado.

Se não houver sensação de acupuntura após a inserção, levante-empurre a agulha delicadamente ou gire-a com os dedos polegar e indicador, em uma direção, com uma amplitude de 360° ou mais e repita a manipulação, se necessário.

Quando a manipulação de levantar-empurrar é aplicada, após a sensação de acupuntura ser alcançada, a tonificação pode ser conseguida por meio de um empurrão rápido e firme e de um levantamento delicado da agulha; a sedação pode ser obtida por meio de um empurrão delicado e lento e de um levantamento rápido e firme. A manipulação de tonificação é indicada nos casos de deficiência e a manipulação de sedação é recomendada nos casos de excesso.

Quando a manipulação de girar é realizada, após a sensação de acupuntura ser alcançada, a diferenciação da tonificação e da sedação é baseada no grau de giro e na força com que a agulha é girada. Para a sedação, o grau do giro deve ser acima de 360°, com manipulação firme ou com alta freqüência. Para a tonificação, o grau de giro deve ser menos que 180° com manipulação leve ou com baixa freqüência.

Além da tonificação e da sedação, a manipulação para induzir a uniforme "tonificação-sedação" é sempre usada. Está é uma forma de manipulação de agulha na qual esta é levantada, empurrada e girada com a amplitude adequada e com o ângulo favorável, sendo indicada quando o excesso ou a deficiência não está nítido.

3. Retenção da agulha

Após obter a sensação de acupuntura, a agulha permanece na posição, normalmente por 20 minutos. Durante este período, a manipulação da agulha pode ser repetida. Para aliviar a dor severa, é preferível deixar a agulha na posição por um período mais longo, com repetição da manipulação.

4. Retirada da agulha

Após girar a agulha para frente e para trás delicadamente, retira-se a agulha e pressiona-se o local da acupuntura com um pedaço de algodão esterilizado para prevenir sangramento.

5. Prevenção e tratamento das reações adversas

A acupuntura pode ser comparada à injeção subcutânea ou intramuscular. Embora haja risco em potencial de transmissão de infecção de um paciente para outro ou introdução de organismos patogênicos, a acupuntura é, de modo geral, um procedimento seguro se for cercada de um nível seguro de higiene e esterilização e se forem usadas técnicas de assepsia.

A fim de evitar a infecção por meio da acupuntura deve-se tomar cautela nos seguintes aspectos: (1) ambiente de trabalho higienizado e livre de impurezas e poeiras com ventilação adequada e iluminação necessária; (2) o médico deve lavar cuidadosamente suas mãos imediatamente antes do tratamento por acupuntura. Se o médico quiser palpar o ponto de acupuntura após o local da inserção ter sido preparado, seus dedos devem ser higienizados com algodão embebido em álcool; (3) o local da inserção deve ser higienizado e estar livre de feridas ou infecções. O ponto deve ser higienizado com álcool 70% do centro para a área periférica e com movimentos rotatórios; (4) a haste da agulha deve ser mantida esterilizada e os dedos do médico não a devem tocar. Quando se faz inserção com agulha longa, o médico deve segurar a haste utilizando um algodão esterilizado; (5) em relação à retirada da agulha, o local da inserção deve ser pressionado com o uso de algodão esterilizado. Uma vez que agulhas e algodão foram utilizados, deve-se descartá-los em um recipiente especial para dejetos infecciosos.

Além da infecção, alguns outros riscos precisam ser prevenidos. Isso inclui agulhas quebradas, desmaios, dor e lesões a órgãos importantes.

Para evitar agulhas quebradas, cada uma deve ser cuidadosamente checada antes de ser utilizada. Agulhas defeituosas, com hastes desgastadas ou pontas danificadas ou embotadas devem ser descartadas. O paciente deve ser colocado em uma posição confortável e ser informado para permanecer quieto e sem mudanças bruscas de posição durante a acupuntura.

Uma reação desagradável que ocasionalmente acontece durante a acupuntura é o desmaio. Para aqueles que recebem a acupuntura pela primeira vez, é preferível que o tratamento seja feito na posição deitada, com uma manipulação delicada. Se houver sintomas de desmaio iminente, tais como sentir-se mal, tontura, sensação de opressão no tórax ou palidez, as agulhas devem ser removidas imediatamente e o paciente deve se deitar com a cabeça mais para baixo e com as pernas levantadas, já que os sintomas decorrem, provavelmente, de suprimento insuficiente de sangue no cérebro. Líquidos mornos também ajudam. Os sintomas normalmente desaparecem em poucos minutos. Nos casos mais severos, pode-se aplicar o seguinte tratamento: a) pressionar o Shuigou (VG26) com a unha; b) aplicar moxabustão no Baihui (VG20) e/ ou Guanyuan (VC4) e Qihai (VC6). Se os sintomas não melhorarem, serão necessários cuidados médicos emergenciais.

Para prevenir desmaios, a acupuntura não deve ser feita quando o paciente estiver em estado de extrema fadiga ou com fome ou excitação excessivas.

Dor durante a inserção da agulha normalmente decorre de técnica inadequada ou devido a agulhas defeituosas. A técnica de "dar uma pancadinha leve" com o mandril normalmente não causa dor. As sensações da acupuntura como dor, formigamento, distensão e peso que indicam a chegada do *Qi* no ponto não devem ser confundidas com dor.

A dor ocorre quando a agulha é inserida profundamente nos tecidos e pode ser decorrente do contato com a dor no receptor das fibras nervosas. Neste caso, deve-se levantar a agulha na porção superficial e inserir cuidadosamente em outra direção.

A dor após a retirada da agulha decorre normalmente devido ao excesso de estímulo. A pressão e a massagem sobre a área afetada podem aliviar a dor.

Após a inserção, pode se tornar difícil girar, levantar ou empurrar a agulha, ou até mesmo retirá-la. Isto ocorre por causa de espasmo muscular ou porque as fibras musculares se enrolam ao redor da haste quando a agulha é girada em uma amplitude muito grande, ou quando há rotação em uma única direção ou, ainda, devido a movimento do próprio paciente.

Se a agulha ficar retida devido à rotação, deve-se girá-la delicadamente na direção oposta. Se isto for causado por um espasmo muscular, deixe-a por um momento e, depois, retire a agulha por meio de movimentos giratórios ou massagens em volta do ponto. Algumas vezes, é necessário inserir outra agulha em volta para distrair a atenção do paciente. Se a agulha estiver retida devido a movimentos do paciente, a posição original deve ser retomada.

A agulha pode quebrar. Isto ocorre por causa de manipulação muito forte, baixa qualidade da agulha, erosão entre a haste e o cabo, espasmo muscular forte ou movimento repentino do paciente.

Nunca tente inserir a agulha se ela estiver torta. Não se deve empregar muita força na manipulação da agulha. A junção entre o cabo e a haste é uma parte possível de se quebrar. Portanto, de um quarto a um terço da agulha deve ser mantida para fora da pele.

Se a agulha se quebrar, avise o paciente para que não se mova, de modo a impedir que a parte quebrada da agulha penetre o tecido. Se a agulha quebrada se projetar para fora da pele, remova-a com uma pinça. Caso contrário, pressiona em volta do local, delicadamente, até que a agulha quebrada esteja exposta para, então, removê-la com uma pinça. Se a agulha quebrar por causa de movimento do paciente, peça a ele para que retome a posição original, e assim, a ponta da agulha quebrada ficará exposta. Se as medidas acima falharem, recomenda-se uma cirurgia.

Quanto a lesão de órgãos importantes, na acupuntura isso não deve acontecer. Para evitar a lesão aos órgãos, certas áreas não devem ser puncionadas, por exemplo, a fontanela dos bebês, genitália externa, mamilos, cicatriz umbilical e globo ocular. Precauções devem ser tomadas quando os pontos a serem puncionados estiverem próximos a órgãos vitais. Quando os pontos do tórax, costas e abdome são puncionados, deve-se prestar atenção quanto à profundidade e direção da inserção da agulha. A manipulação imprópria destes pontos pode causar pneumotórax traumático por lesão dos pulmões, sangramento decorrente da punção do fígado ou baço ou hemorragia por causa da lesão dos rins. A manipulação inadequada dos pontos entre ou ao lado da vértebra cervical superior, tal como Yamen (VG15) e Fengfu (VG16), é perigosa. Pode causar lesão no tronco cerebral.

Muitos outros pontos próximos ao globo ocular, traquéia e artérias são potencialmente perigosos, sendo necessárias habilidades e experiência especiais. Cuidado deve ser tomado para evitar riscos, como os descritos no capítulo anterior sob o título de cada ponto.

6. Contra-indicações

As condições seguintes são contra-indicadas para acupuntura, mas, na maioria delas, não há contra-indicações absolutas:

(1) Na gravidez: é contra-indicado puncionar pontos na porção inferior do abdome e região lombossacral durante os três primeiros meses. Após esse período, os pontos da porção superior do abdome e aqueles que causam forte sensação, tais como Hegu (IG4), Sanynjiao (BP6), Kunlun (B60) e Zhiyin (B67) devem ser evitados. A inserção destes pontos pode causar fortes contrações uterinas e induzir o aborto. Porém, estes mesmos pontos podem ser usados na gravidez para induzir o trabalho de parto.

(2) Desordens de coagulação: muito cuidado deve ser tomado quando a acupuntura é aplicada em pacientes com distúrbios de coagulação. Na hemofilia, a inserção é absolutamente contra-indicada.

(3) Tumores malignos: a punção do tumor maligno é estritamente proibida, e a acupuntura não deve ser usada para tratar tumores malignos isoladamente. Porém, a acupuntura pode ser aplicada como medida complementar na combinação com outros tratamentos para alívio da dor ou outros sintomas, e aliviar os efeitos colaterais da quimioterapia e radioterapia.

MOXABUSTÃO

A moxabustão é um tipo de medida preventiva e terapêutica que envolve a aplicação de calor em determinados pontos do corpo. O material usado consiste, principalmente, de moxa* na forma de cones ou cigarros. O estímulo dos pontos pelo calor com o cone de moxa aquece o meridiano em questão, expele Frio e Umidade, induz o fluxo livre do *Qi* e do sangue, fortalece o Yang, trata e previne as patologias.

Várias técnicas de moxabustão são usadas clinicamente. Elas são listadas na Tabela 14-1.

Tabela 14-1 – Técnicas de moxabustão normalmente utilizadas

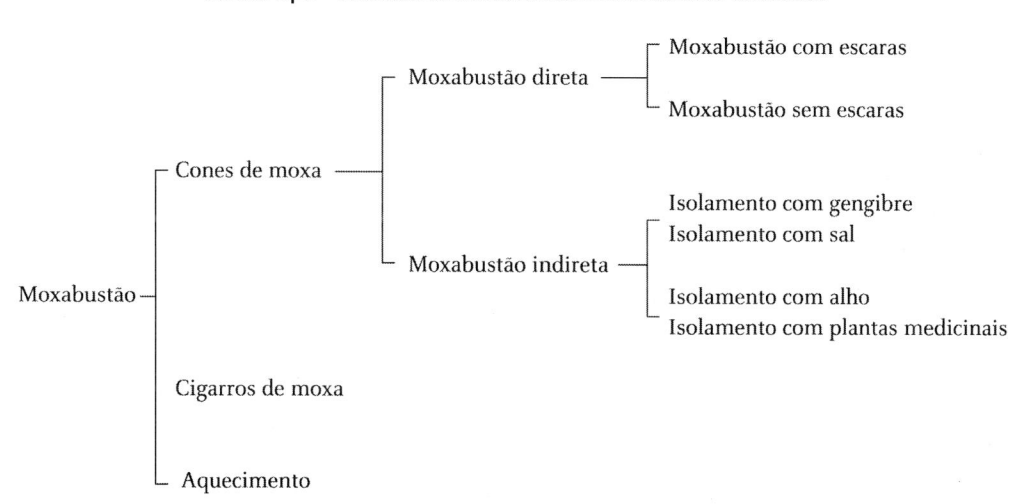

1. Moxabustão com cones de moxa

Amassamos uma pequena quantidade de folhas secas de moxa dentro de um cone do tamanho de um grão de trigo (cone pequeno) ou do tamanho da metade de um caroço de tâmara. Para fazer a aplicação direta, coloque o cone de moxa diretamente sobre a pele e acenda. A moxa indireta envolve a colocação do cone de moxa isolado com alguma substância medicinal (fatia de gengibre, pedaço de alho ou ervas medicinais), isolando o moxa da pele. Diferentes nomes são dados para a moxabustão indireta com diferentes isolantes; por exemplo, quando um pedaço de gengibre for utilizado como isolante, chama-se moxabustão com gengibre ou, simplesmente, moxabustão gengibre. Um cone de moxa usado em determinado ponto é chamado de unidade.

A moxabustão direta pode ser dividida em moxabustão com escara e sem escara. A primeira também é chamada de moxabustão supurativa. Quando a moxabustão está sendo aplicada, coloque um pouco de vaselina no local onde o cone será aderido e, depois, coloque uma moxa grande sobre o local, acenda e deixe queimar. (De preferência, use um acendedor de incenso para acender a moxa grande). Quando

---

* N. do T.: São utilizadas folhas secas da erva *Artemisia sinensis*.

o cone houver queimado sua base e o paciente sentir a sensação de queimação, dê tapinhas ao redor da área para aliviar a dor. Geralmente, 5-7 unidades são aplicadas. Uma vez que este procedimento pode provocar queimaduras, lesões, supuração e cicatriz, sua aplicação é, atualmente, limitada. Somente é indicada no tratamento das patologias crônicas prolongadas, tais como asma brônquica, com o consentimento do paciente.

A moxabustão sem escara também é chamada de moxabustão não supurativa. Após aplicar vaselina no local, coloque um pequeno cone de moxa e acenda. Quando o cone houver queimado pela metade e o paciente sentir a sensação de queimação, remova-o imediatamente. Isto causa somente eritema local, mas não queimaduras e, portanto, não há supuração nem cicatrizes. Este procedimento é freqüentemente usado no tratamento da deficiência de *Qi* e sangue.

A moxabustão indireta não causa nenhuma queimadura. O gengibre e o alho são cortados em fatias e com o pó medicinal (por ex., *pinellia tuber*) formam-se umas bolinhas, tudo com 3 mm de espessura. A queimação dos cones de moxa provoca somente eritema local, mas não causa lesões. Clinicamente, a moxabustão de gengibre é freqüentemente usada no tratamento da dor abdominal e vômitos decorrentes de Frio; moxabustão alho é usada no tratamento de picadas de inseto e infecção subcutânea em seu estágio inicial; e moxabustão com pó medicinal é usada no tratamento de artrite crônica. A moxabustão de isolamento de sal é aplicada, normalmente, na cicatriz umbilical para tratar debilidades generalizadas.

2. Moxabustão com cigarros de moxa

Cigarros de moxabustão são feitos com rolinhos de folhas de moxa na forma de cigarros, embrulhados com papel feito de casca de amora. Quando a moxabustão é aplicada, coloca-se o cigarro aceso do moxa em um ponto determinado. É mais conveniente usar o cigarro de moxa do que o cone, sendo fácil controlar o calor e o tempo de duração do moxabustão com o cigarro de moxa.

Dois métodos são usados freqüentemente com cigarros de moxa: um consiste em aquecer a moxa e o outro consiste em "bicadas de pássaro" (Fig. 14-3). Para aquecer, um cigarro de moxa é aceso e aplicado no ponto para trazer o aquecimento na área aplicada, de 5 a 10 minutos, com eritema no local. O calor pode ser ajustado por meio da variação da distância entre o cigarro aceso e a superfície do corpo para manter a vermelhidão local da pele. Na "bicadas de pássaro", o cigarro aceso da moxabustão é rapidamente movimentado acima do ponto. O calor pode ser ajustado de acordo com a variação da distância entre o cigarro aceso e a superfície da pele, bem como a freqüência de movimentação rápida. Em ambos os procedimentos, deve-se tomar cuidado para não causar queimaduras, principalmente por caírem cinzas acesas do cigarro de moxa. A qualidade do cigarro de moxa deve ser cuidadosamente examinada antes do uso. Clinicamente, a moxabustão com cigarros de moxa é usada, normalmente, no tratamento de artrite de natureza fria, e também para correção de posição fetal anormal.

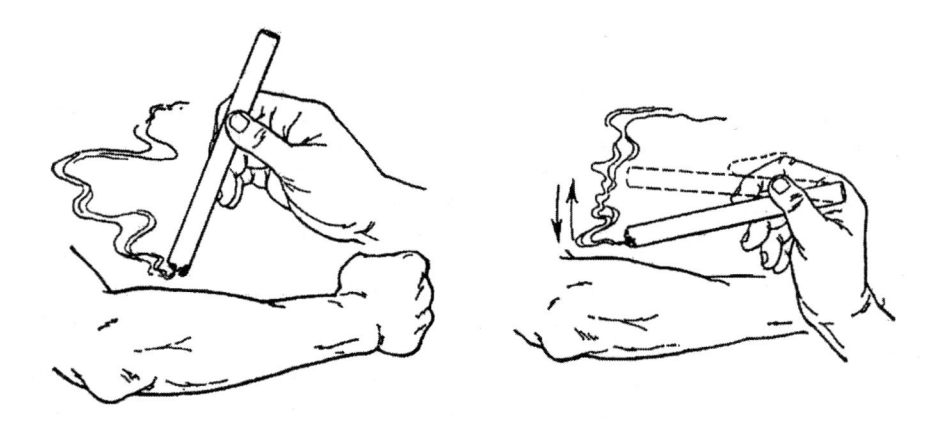

Fig. 14-3 – Moxabustão com cigarros de moxa.

3. Moxabustão com aquecimento de agulhas

A moxabustão com aquecimento de agulhas é um procedimento que combina a acupuntura com a moxabustão. Durante a acupuntura, quando o *Qi* chega e a agulha está retida, o cigarro de moxa é aceso, e um pedaço de 1-2 cm de comprimento é colocado no topo da agulha, com o cabo da agulha inserido dentro das folhas de moxa. Um dos três segmentos pode ser usado para cada sessão de tratamento. Clinicamente, este procedimento é normalmente usado na artralgia do tipo Umidade-Frio ou patologias gastrintestinais do tipo Frio-Deficiência.

ELETROACUPUNTURA

A eletroacupuntura é uma forma modificada de terapia por acupuntura que combina estímulo com agulhas e estímulo elétrico.

Procedimento: de um a três pares de pontos de acupuntura são selecionados. Após a ocorrência do *Qi* com a inserção, as agulhas são conectadas a um estimulador elétrico. Seleciona-se o padrão e a freqüência de onda adequados e coloca-se a corrente no mínimo. Aumenta-se, gradualmente, a potência, tanto quanto o paciente agüentar ou até que as contrações musculares locais apareçam. O estímulo elétrico normalmente dura de 5-20 minutos, mas se a finalidade for analgesia, um período prolongado de estímulo forte é necessário. Quando o tratamento estiver terminado, desliga-se o estimulador, desconectam-se as agulhas e removem-se.

Indicações: a eletroacupuntura é indicada em uma grande variedade de patologias, principalmente no tratamento de dor, doenças reumáticas e paralisia decorrente de trauma.

Precauções: o estimulador deve ser cuidadosamente examinado antes do uso. A potência da corrente deve ser aumentada gradualmente. O aumento repentino da corrente é estritamente proibido, porque pode causar uma contração muscular violenta resultando em agulhas quebradas ou tortas, ou o paciente pode não tolerar e ocorrer desmaio. A eletroacupuntura é contra-indicada em pacientes com patologia severa do coração ou na gravidez.

HIDROACUPUNTURA

A hidroacupuntura é um tipo de terapia em que o medicamento é injetado dentro dos pontos de acupuntura, sendo também chamado de injeção do ponto. O efeito terapêutico é baseado na combinação do estímulo mecânico e ação farmacológica da injeção dos pontos. Os medicamentos normalmente usados para este propósito incluem injeções de ervas (tais como *Radix Angelicae Sinensis, Radix Astragali, Flos Carthami, Radix Salviae Miltiorrhizae ou Radix Bupleuri*), vitaminas (Vitamina B1, B6 ou B12), hidrocloreto de procaína, atropina e adenosina trifosfato.

Procedimento: selecionar pontos de acupuntura, medicamentos, seringa e agulha. Após esterilizar a pele no local da aplicação, segurar a seringa e inserir a agulha no ponto de acupuntura dentro do tecido subcutâneo até a ocorrência do *Qi*. Se não houver fluxo de sangue dentro da seringa após sucção, injetar a solução medicamentosa lentamente 1-2 ml em cada ponto, ou 2-5 ml nos locais com musculatura espessa.

Indicações: a hidroacupuntura tem um campo amplo de indicações nas patologias neurológicas, respiratórias, digestivas, locomotoras e reprodutoras. Clinicamente, é sempre usada no tratamento da ciatalgia, neuralgia do trigêmeo, bronquite crônica, asma brônquica, gastrite crônica, enterocolite crônica, lesão traumática, síndrome dolorosa miofacial, impotência e inflamação pélvica crônica.

Precauções: utilizar técnicas de assepsia é estritamente necessário para evitar infecções. Injeções profundas devem ser evitadas quando os pontos nas costas são utilizados, para evitar lesão de órgãos internos. Quando a injeção estiver próxima ao tronco nervoso, a agulha deve ser mantida afastada deste nervo. Se a ponta da agulha tocar o tronco nervoso e o paciente reclamar de uma sensação similar ao choque elétrico, retire imediatamente a agulha e insira novamente em outra direção. Nenhum medicamento deve ser injetado dentro de uma cavidade articular, espaço subaracnóide ou em vasos sanguíneos. A injeção em ponto na região lombossacral é contra-indicada na gravidez.

CAPÍTULO 15

PRINCÍPIOS BÁSICOS DO TRATAMENTO POR ACUPUNTURA

O tratamento bem-sucedido por acupuntura depende dos seguintes fatores: a) seleção apropriada dos casos com diagnóstico correto; b) seleção adequada dos pontos de acupuntura com combinações apropriadas e c) seleção correta da manipulação, intervalos das sessões e procedimentos terapêuticos.

INDICAÇÃO E DIAGNÓSTICO

É difícil listar as indicações do tratamento por acupuntura. Nos livros antigos sobre acupuntura nos países orientais, este método terapêutico podia ser usado no tratamento de quase todos os tipos de patologias. Devido ao mecanismo regulador da acupuntura, era razoável sua utilização em um vasto campo de aplicação. Atualmente, mesmo para patologias que possuem tratamento específico e efetivo, a acupuntura ainda é usada tanto como terapia auxiliar quanto para alívio sintomático. Por exemplo, nos pacientes com câncer, a acupuntura não é indicada para tratar a doença em si, e a punção direta sobre o câncer é absolutamente proibida; mas ela pode ser usada para alívio da dor causada pelo tumor e redução dos efeitos colaterais da quimioterapia e radioterapia (tais como vômitos e leucopenia).

Classicamente, a acupuntura deve ser aplicada de acordo com o diagnóstico tradicional chinês, principalmente no diagnóstico da deficiência *versus* excesso e Frio *versus* Calor. Como afirma o *Classic of Acupuncture*, "a sedação é indicada para o excesso e o tonificação para a deficiência"; rapidez para o Calor e retenção para o Frio". A sedação significa o uso de pontos de acupuntura que apresentam a ação de eliminar os fatores patogênicos, por exemplo, os 12 pontos nascente e Quchi (IG11) para febre alta, Shixuan (EX-MS11) para insolação e Weizhong (B40) para lombalgia severa; isto também significa usar a sedação por manipulação. A tonificação significa o uso de pontos de acupuntura que possuem ação de tonificação, tais como pontos de assentamento, Qihai (VC6), Guanyuan (VC4) e Zusanli (E36); isto também significa o uso de tonificação por manipulação. A rapidez significa inserir e empurrar a agulha sem retenção. Isto é usado quando Shixuan (EX-MS11) e os pontos nascente são puncionados no tratamento de febre alta e insolação. A retenção prolongada é necessária no tratamento das Síndromes de Frio. Por exemplo, no tratamento da deficiência do Yang do rim com sensação de frio na região inferior do abdome, ao puncionar no Guanyuan (VC4) por um curto período de tempo, pode não ser efetivo, mas a retenção por um período mais prolongado e, a seguir, a manipulação com a agulha freqüentemente causam aquecimento.

Além disso, se não há manifestação importante de deficiência ou excesso, a seleção dos pontos de acupuntura é, normalmente, feita de acordo com o meridiano envolvido com a patologia. Por exemplo, para patologias digestivas, os pontos dos meridianos do baço e do estômago são sempre usados; para patologias respiratórias, os pontos dos meridianos do pulmão e do intestino grosso são os preferidos.

SELEÇÃO DOS PONTOS DE ACUPUNTURA

O tratamento bem-sucedido de acupuntura, primeiramente, depende da seleção adequada dos pontos. Os pontos de acupuntura podem ser selecionados da seguinte maneira:

1. Seleção local dos pontos de acupuntura ou adjacente

Os pontos de acupuntura locais ou adjacentes são sempre usados no tratamento das patologias dos membros e das partes superficiais do corpo; por exemplo, os pontos de acupuntura ao redor do olho para patologias oculares, pontos de acupuntura na região auricular nas patologias do ouvido; e Xiyan (EX-MI5) para dor no joelho. Todos são seleções locais dos pontos de acupuntura. Porém, se houver lesão inflamatória local, os pontos adjacentes são preferíveis aos pontos locais envolvidos na inflamação. Por exemplo, para artrite do cotovelo, Shousanli (IG10) é sempre usado em vez de Quchi (IG11) ou Chize (P5).

Tabela 15-1 – Seleção dos pontos de acupuntura remotos de acordo com os meridianos

Meridianos & Seleção dos Pontos de Acupuntura	Indicações
Meridianos Yin da mão	**Desordens do Tórax**
P Taiyuan (P9), Chize (P5)	Desordens respiratórias
PC Neiguan (PC6), Daling (PC7)	Desordens cardiovasculares e mentais
C Shenmen (C7), Shaohai (C3)	Desordens cardiovasculares e mentais
Meridianos Yang da mão	**Desordens motoras e sensoriais dos membros superiores**
IG Hegu (IG4), Quchi (IG11)	Desordens da cabeça, olhos, nariz, boca e garganta.
TA Zhongzhu (TA3) Waiguan (TA5)	Desordens da cabeça, ouvido e pescoço.
ID Houxi (ID3) Yanglao (ID6)	Desordens do occipício, nuca e temporal
Meridianos Yin do pé	**Desordens do Abdome**
BP Gongsun (BP4), Sanyinjiao (BP6)	Desordens digestivas e hemorrágicas
F Taichong (F3)	Desordens do fígado, vesícula biliar e genitália.
R Taixi (R3)	Desordens urogenitais
Meridianos Yang do pé	**Desordens motoras e sensoriais dos membros inferiores**
E Zusanli (E36)	Desordens digestivas e debilidade generalizada
VB Yanglingquan (VB34)	Desordens do fígado e da vesícula biliar
B Weizhong (B40)	Desordens das costas

2. Seleção dos pontos remotos de acupuntura

Os pontos de acupuntura nos membros abaixo do cotovelo e do joelho são selecionados normalmente no tratamento das patologias da cabeça, tronco e órgãos internos. Por exemplo, Zusanli (E36) é usado no tratamento das patologias abdominais, Hegu (IG4) nas patologias da face, Houxi (ID3) na dor de pescoço. Tradicionalmente, os pontos de acupuntura remotos são selecionados de acordo com a teoria dos meridianos. De modo geral, isto pode ser demonstrado na Tabela 15-1.

3. Seleção dos pontos para o alívio sintomático

Alguns pontos de acupuntura são usados especificamente para alívio de certos sintomas, como demonstra a Tabela 15-2. Portanto, eles são selecionados sempre que houver tais sintomas. Porém, deve-se notar que a punção de tais pontos pode, tão-somente, provocar alívio sintomático, e o uso de outros pontos de acupuntura ou outro tratamento é necessário.

Tabela 15-2 – Pontos de acupuntura para alívio de sintomas comuns

Sintomas	Pontos de Acupuntura
Febre	Dazhui (VG14), Quchi (IG11), Hegu (IG4)
Desmaio	Shuigou (VG26), Shixuan (EX-MS11)
Insônia	Shenmen (C7), Sanyinjiao (BP6)
Sono com distúrbio de sonhos	Xinshu (B15), Shenmen (C7)
Palpitação	Neiguan (PC6), Ximen (PC4)
Dor precordial	Danzhong (VC17), Neiguan (PC6)
Tosse	Tiantu (VC22), Licque (P7)
Opressão no tórax	Zhongwan (VC12), Neiguan (PC6)
Náusea, vômitos	Neiguan (PC6), Zusanli (E36)
Soluços	Geshu (B17), Neiguan (PC6)
Constipação	Tianshu (E25), Zhigou (TA6)
Distensão abdominal	Tianshu (E25), Qihai (VC6), Zusanli (E36)
Retenção urinária	Sanyinjiao (BP6), Yinlingquan (VC2)
Incontinência urinária	Sanyinjiao (BP6), Qugu (VC2)
Cãibras	Chengshan (B57)
Coceira na pele	Xuehai (BP10), Sanyinjiao (BP6)

COMBINAÇÃO DOS PONTOS DE ACUPUNTURA

Um único ponto de acupuntura pode ser suficiente no tratamento. Porém, na maioria das vezes, vários pontos de acupuntura são utilizados em combinação para alcançar um efeito terapêutico melhor. Os pontos de acupuntura podem ser combinados das seguintes maneiras:

1. Combinação dos pontos de assentamento (*Shu* dorsais) e de alarme (*Mu* frontais).

A patologia de um órgão interno é normalmente refletida nos pontos de assentamento e de alarme. Eles podem ser selecionados em combinação para alcançar um efeito melhor, por exemplo, combinados com o uso do Weishu (B21) e Zhongwan (VC12) para patologias gástricas; Pangguangshu (B28) e Zhongji (VC3) para disúria.

2. Combinação dos pontos de acupuntura dos membros inferiores e superiores.

Uma das combinações mais comuns consiste no uso do ponto de acupuntura do membro superior juntamente com outro ponto de acupuntura do membro inferior, por exemplo, o uso combinado do Neiguan (PC6) e Zusanli (E36) para patologias gástricas; Hegu (IG4) e Neiting (E44) para dor de garganta ou odontalgia.

Tabela 15-3 – Exemplos de uso combinado dos pontos locais, adjacentes e remotos

Áreas da Patologia	Pontos Locais ou Adjacentes	Pontos Remotos
Testa	Yintang (EX-CP3), Baihui (VG20)	Hegu (IG4), Neiting (E44)
Têmpora	TaiYang (EX-CP5), Shuaigu (VB8)	Zhongzhu (TA3), Zulinqi (VB41)
Occipício	Fengchi (VB20), Tianzhu (B10)	Houxi (ID3), Kunlun (B60)
Vértice	Baihui (VG20)	Taichong (F3)
Olhos	Jingming (B1), Chengqi (E1)	Hegu (IG4), Guangming (VB37)
Nariz	Yingxiang (IG20), Yintang (EX-CP3)	Hegu (IG4)
Boca e dentes	Xiaguan (E7), Jiache (E6)	Hegu (IG4), Neiting (E44)
Ouvidos	Yifeng (TA17), Tinggong (ID19), Tinghui (VB2)	Zhongzhu (TA3), Waiguan (TA5)
Garganta	Tianrong (ID17)	Hegu (IG4), ShangYang (IG1)
Traquéia	Tiantu (VC22)	Lieque (P7), Zhaohai (R6)
Pulmões	Feishu (B13), Danzhong (VC17)	Lieque (P7), Chize (P5)
Coração	Xinshu (B15), Danzhong (VC17)	Neiguan (PC6), Shenmen (C7)
Estômago	Weishu (B21), Zhongwan (VC12)	Neiguan (PC6), Zusanli (E36)
Fígado	Ganshu (B18)	Taichong (F3), Xingjian (F2), Dannang (EX-MI6)
Vesícula Biliar	Danshu (B19)	Yanglingquan (VB34)
Intestinos	Dachangshu (B25), Tianshu (E25)	Shangjuxu (E37), Zusanli (E36)
Rins	Shenshu (B23)	Taixi (R3), Fuliu (R7)
Bexiga	Ciliao (B32), Zhongji (VC3)	Sanyinjiao (BP6)
Útero	Zhongji (VC3), Guanyuan (VC4)	Sanyinjiao (BP6)
Genitália	Zhongji (VC3), Gugu (VC2)	Sanyinjiao (BP6)
Ânus	ChangQiang (VG1), Zhibian (B54)	Chengshan (B57)
Próstata	ChangQiang (VG1), Guanyuan (VC4)	Sanyinjiao (BP6)

3. Combinação dos pontos de acupuntura dos lados direito e esquerdo.

Os pontos dos doze meridianos regulares são distribuídos de ambos os lados do corpo, simetricamente. São freqüentemente usados bilateralmente para conseguir-se um resultado melhor. Se não houver uma indicação especial, os pontos de acupuntura listados em uma fórmula referem-se, normalmente, a ambos os lados.

4. Combinação dos pontos de acupuntura do exterior e do interior.

O exterior refere-se aos meridianos Yang, e o interior aos meridianos Yin. Acredita-se que o uso combinado dos pontos exterior-interior dos meridianos relacionados possa mostrar um efeito sinérgico. Por exemplo, para aliviar a tosse, Hegu (IG4) do meridiano Yang Ming (exterior) é freqüentemente utilizado em combinação com o Taiyuan (P9) do meridiano Tai Yin (interior).

5. Combinação dos pontos de acupuntura remotos, adjacentes ou locais.

Exemplos são mostrados na Tabela 15-3.

PARTE 4

PATOLOGIAS COMUNS

CAPÍTULO 16

PATOLOGIAS RESPIRATÓRIAS

RESFRIADO E GRIPE

O resfriado e a gripe são infecções respiratórias agudas virais. O resfriado começa com rinorréia e espirros, acompanhado de congestão nasal. Na maioria dos casos, a dor de garganta está presente, e há sintomas sistêmicos tais como indisposição, cefaléia e febre baixa, mas em alguns casos a febre pode ser alta e os sintomas podem ser generalizados e severos. A severidade varia amplamente dentro de uma epidemia, sendo presumivelmente dependente do grau de imunidade do indivíduo. Embora o rinovírus seja a causa mais freqüente do resfriado comum, o enterovírus pode também ser a causa da patologia respiratória aguda acompanhada de rinite, dor de garganta e febre. As infecções respiratórias causadas pelo enterovírus ocorrem com freqüência nos meses de verão, sendo descritas como "gripes de verão". A gripe, na maioria dos casos, é reconhecida pelo início repentino dos sintomas sistêmicos, tais como cefaléia, febre, calafrios, mialgia ou indisposição acompanhada de sintomas do trato respiratório, principalmente tosse e dor de garganta. Porém, pode ocorrer um amplo espectro de quadros clínicos. Em alguns casos, a gripe é tão somente uma patologia respiratória leve similar ao resfriado. Portanto, é conveniente abordar estas patologias sob a mesma categoria. Isto é particularmente verdade do ponto de vista da MTC.

A MTC diz que os ataques do Vento patogênico podem causar o resfriado. A expressão adequada na linguagem chinesa para gripe comum é "pegar Vento", e quando isto ocorre em surtos epidêmicos, acredita-se que se deve a patógenos sazonais, sendo chamado de "patologia sazonal".

Etiologia e Etiopatogenia

Vento patogênico e patógenos sazonais são fatores etiológicos predominantes neste grupo de patologias. Eles invadem o trato respiratório superior e a superfície do corpo quando a resistência do organismo está debilitada e quando há mudança climática repentina. A patologia começa com sintomas e manifestações clínicas no trato respiratório superior, indicando que a parte externa do corpo foi invadida e formou-se uma síndrome do exterior.

O Vento patogênico combina com o Frio no inverno, Calor na primavera, Umidade-Calor no verão e Secura no outono, obtendo vantagem das mudanças climáticas repentinas que atacam o corpo humano. Portanto, os padrões diferentes de Síndromes

Exteriores podem ser assim produzidos nas diferentes estações climáticas. Os patógenos sazonais também pertencem a estas categorias, mas envolvem, normalmente, Calor tóxico, produzindo Síndrome Exterior com febre alta.

Esta patologia é, geralmente, autolimitada e, em casos menos graves, os patógenos são eliminados quando estão na parte externa do corpo e não há invasão do interior. Em casos mais severos, porém, os patógenos entram nos órgãos internos, principalmente nos pulmões, transformando as manifestações clínicas da síndrome do exterior em síndrome do interior. Em alguns casos, os patógenos podem invadir diretamente o interior, tais como o trato gastrintestinal.

Diferenciação das Síndromes

Eis as chaves para o diagnóstico tradicional do padrão das síndromes no resfriado e na gripe:

1. Diferenciação entre natureza fria e quente da síndrome: De modo geral, as patologias Vento-Frio são caracterizadas por calafrio importante, febre branda e coriza com secreção de muco fino (síndrome Frio-exterior ou Vento-Frio), ao passo que as patologias Vento-Calor são caracterizadas por febre com calafrios suaves e dor de garganta com eritema local e edema (síndrome Calor-exterior ou Vento-Calor). Uma Síndrome de Vento-Frio pode se transformar em uma Síndrome de Vento-Calor em um estágio tardio, marcada por dor de garganta e secreção nasal mucopurulenta, mesmo que não haja mais febre.

2. Reconhecimento dos fatores patogênicos combinados: Se o Vento patogênico invade o corpo humano em combinação com a Secura, como ocorre na estação seca, o paciente normalmente experimenta uma sensação seca na boca e na garganta e tosse seca. Se o Vento patogênico está combinado com Umidade de verão, o paciente freqüentemente se queixa de cefaléia, como se a cabeça estivesse fortemente amarrada, acompanhada de náusea ou mesmo vômitos.

3. Determinação de deficiência ou excesso: Na maioria dos casos, o resfriado e a gripe agudos e que possuem curta duração são do tipo excesso. Porém, quando o resfriado ou a gripe ocorre em pacientes com uma constituição de deficiência, as manifestações clínicas e o tratamento serão modificados. As manifestações seguintes indicam uma Síndrome de Deficiência: sudorese espontânea e aversão ao Vento durante os calafrios; duração prolongada da patologia; ataques repetidos por um curto período de tempo. Além disso, a denominada "astenia pós-influenza" na Medicina Ocidental também pode ser considerada como uma Síndrome de Deficiência na MTC.

I. Síndromes do Tipo Excesso

1. Patologia Vento-Frio: calafrios e febre branda sem sudorese ou sede, dor generalizada e nariz obstruído e com coriza, espirros, prurido na garganta, tosse com expectoração fina ou tosse seca, língua com saburra fina e de cor branca e pulso tenso e flutuante.

2. Patologia Vento-Calor: febre com calafrios suaves, sudorese, sede, cefaléia, eritema e dor na garganta, tosse com expectoração mucopurulenta, língua com saburra fina e amarelada e pulso flutuante e rápido.

3. Patologia de Vento combinado com Umidade de verão: calafrios com febre incubada que persiste apesar da sudorese, lassidão, cefaléia como se a cabeça estivesse fortemente amarrada, dor generalizada ou mesmo vômitos, plenitude torácica e língua com saburra amarela e oleosa.

II. Síndromes do Tipo Deficiência

1. Patologia de Vento na deficiência de *Qi*: calafrio e febre prolongados que ocorrem e se agravam com o cansaço, acompanhado de cefaléia, coriza, tosse com expectoração esbranquiçada, dispnéia, sudorese espontânea, lassidão, língua pálida com saburra branca e pulso flutuante e debilitado.

2. Patologia de Vento com deficiência do Yang: calafrios importantes com febre, cefaléia, dor generalizada, sudorese espontânea ou ausência de sudorese, compleição pálida, língua pálida e inchada com saburra branca e fina e pulso profundo e debilitado.

Medicamentos Fitoterápicos

I. Síndrome de Excesso

1. Patologia Vento-Frio

Princípio do tratamento: aliviar a síndrome do exterior por meio de indicação de diaforéticos de natureza morna e pungente.

Opção de fórmula: *Jing Fang Bai Du San*. No caso da cefaléia, adição de *Radix Angelicae Dahuricae*; se o paciente se queixar de dor occipital com rigidez no pescoço, adição de *Radix Puerariae*.

2. Patologia Vento-Calor

Princípio do tratamento: aliviar a síndrome do exterior por meio da administração de diaforéticos de natureza pungente e fria.

Opção de fórmula: *Yin Qiao San*. Para tosse com expectoração mucopurulenta, adição de *Semen Armeniacae Amarum* e *Fructus Trichosanthis*.

3. Patologia de Vento combinada com Umidade de verão

Princípio do tratamento: dissipar o Vento e remover a Umidade de verão.

Opção de fórmula: *Hou Xiang Zheng Qi San*.

II. Síndromes de deficiência

1. Patologia de Vento na deficiência de *Qi*

Princípio do tratamento: complementar o *Qi* e aliviar a síndrome do exterior.

Opção de fórmula: *Shen Su Yin*[1]. Para sudorese espontânea, adição de *Yu Ping Feng* (Pó de tela de Jade).

---

1. *Shen Su Yin: Radix Ginseng, Folium Perillae, Radix* Peucedani, *Rhizoma Pinelliae*, Poria, *Pericarpium Citri Reticulatae, Radix Glycyrrhizae, Radix Platycodi, Fructus Auranti* e *Radix Aucklandiae*, a serem misturada na proporção de 3:3:3:3:3:3:2:2:2:2:2 de peso e transformadas em pó, 12 g cada dose, após ser feita a decocção com três pedaços de *fresh ginger* e três pedaços de *Chinese date*. Sua preparação pronta para o uso é chamada de *Shen Su Wan*.

2. Patologia de Vento com Deficiência do Yang

Princípio do tratamento: reforçar o Yang e aliviar a síndrome do exterior.

Opção de fórmula: *Ma Huang Fu Zi Xi Xin Tang*[2].

Medicamentos Patenteados

Patologia Vento-Frio: *Gan Mao Qing Re Chong Ji*.

Patologia Vento-Calor: *Yin Qiao Jie Du Wan* (ou *Pian ou Chong Ji*).

Patologia do Vento combinado com Umidade de verão: *Huo Xiang Zheng Qi Pian* ou *Shui*.

Patologia do Vento na deficiência de *Qi: Shen Su Wan*.

Para a prevenção durante uma epidemia: *Ban Lan Gen Chong Ji*.

Para a prevenção de resfriados repetidos e gripes em pacientes com resistência superficial baixa: *Yupingfeng Wan*, a ser ingerida por um longo período de tempo.

Acupuntura

Patologia Vento-Frio: para dispersão do Vento-Frio, punção dos seguintes pontos: Dazhui (VG14), Fengchi (VB20), Fengmen (B12), Hegu (IG4). Adição de TaiYang (EX-CP5) e Yintang (EX-CP3) para cefaléia, Yingxiang (IG20) para obstrução nasal, Quchi (IG11) e Waiguan (TA5) para febre.

Patologia do Vento-Calor: para dispersão do Vento-Calor, punção do Dazhui (VG14), Quchi (IG11), Waiguan (TA5), Hegu (IG4). Adição de Shaoshang (P11) para dor de garganta. Manipulação por sedação com retenção das agulhas por 20-30 minutos.

Prevenção da influenza: punção bilateral do Zusanli (E36) com manipulação para tonificação e retenção das agulhas no local por 15 minutos durante a epidemia. A sensação de acupuntura requerida é a transmitida para o dorso do pé.

BRONQUITE

A bronquite aguda provavelmente tem origem viral e freqüentemente surge após o resfriado ou a gripe. Sob a perspectiva da MTC, a patologia varia de acordo com as condições de tempo e com os fatores patogênicos, bem como de acordo com a constituição do paciente e sua reação aos patógenos. Portanto, a patologia pode ser classificada em vários padrões de síndrome e tratada de maneiras diversas.

A bronquite crônica é uma condição caracterizada por tosse persistente ou recorrente com produção de muco excessivo por um longo período de anos. A Medicina Chinesa diz que, além dos pulmões, outros órgãos estão envolvidos e a condição básica é de deficiência. Então, há uma série de métodos de tonificação para melhorar a condição, o que, em muitos casos, são mais vantajosos do que o tratamento da Medicina Ocidental.

---

2. *Ma Huang Fu Zi Xi Xin Tang* (Decocção de *Ephedrae* e *Asarum*): *Herba Ephedrae* 5 g; *Radix Aconiti Lateralis Preparata* 3 g; *Herba Asari* 3 g; a ser feita na forma de decocção.

Etiologia e Etiopatogenia

A bronquite aguda é, normalmente, decorrente do ataque por Vento, Frio, Calor ou Secura. Estes fatores patogênicos podem dificultar o fluxo normal do *Qi* do pulmão, provocando tosse. Além disso, Frio pode originar a produção de muco com catarro e o Calor a produção de muco purulento.

Na bronquite crônica, os pulmões, baço e rins estão envolvidos. Do ponto de vista tradicional, a tosse é um sintoma comum de patologia do pulmão, mas a produção do muco não é necessariamente limitada às desordens dos pulmões. O muco purulento ocorre, normalmente, quando a produção do muco volumoso, não purulento, é freqüentemente atribuída à disfunção do baço. Neste último caso, os pulmões simplesmente estocam o muco e a tosse aparece. De acordo com os clássicos da MTC, "O baço é a fonte do muco, ao passo que os pulmões são o local onde o muco é estocado". Dispnéia com dificuldade de expiração ocorre no estágio tardio da bronquite crônica, indicando que o rim está envolvido. Os rins auxiliam o pulmão a respirar, e a obstrução deste órgão pode ser manifestada por falta de ar com expiração prolongada.

Diferenciação da Síndrome

O ponto crucial para o diagnóstico tradicional dos padrões da síndrome na bronquite consiste em diferenciar a deficiência do excesso. Na maioria dos casos de bronquite aguda, há Síndromes de Excesso causadas por Vento patogênico, Frio, Calor ou Secura, e na maioria dos casos de bronquite crônica há Síndromes de Deficiência. Como o pulmão, baço e rins podem estar envolvidos, é importante diferenciar qual órgão é o principal prejudicado para que tônicos adequados possam ser selecionados.

Porém, há casos complicados – excesso agravado por deficiência ou deficiência agravada por excesso. Por exemplo, se a bronquite aguda ocorre em um indivíduo debilitado com deficiência de *Qi*, Yin ou Yang, a condição é complicada. Com mais freqüência, uma síndrome complicada ocorre em pacientes que sofrem de bronquite crônica com exacerbação aguda decorrente de ataque dos fatores patogênicos. Nestes casos, a Síndrome de Excesso deve ser inicialmente tratada. Em um sentido mais tradicional, a maioria dos pacientes que sofre de bronquite crônica é tida como caso complicado porque o muco é um produto do baço com função deficiente e pode, por sua vez, tornar-se um fator patogênico que produz tosse. Portanto, a expulsão do muco é considerada sempre uma conduta importante no tratamento.

I. Bronquite Aguda

1. Obstrução dos pulmões por Vento-Frio: tosse freqüente com expectoração branca e fina, calafrios, febre, cefaléia, dores generalizadas, coriza, congestão nasal, saburra lingual de cor branca e fina e pulso flutuante.

2. Invasão dos pulmões por Vento-Calor: tosse com muco pegajoso e de cor amarelada de difícil expectoração, boca seca e dor de garganta, febre, calafrios suaves; saburra lingual fina e de cor amarelada e pulso flutuante e rápido.

3. Debilitação do pulmão por Vento-Secura: tosse seca ou muco escasso de difícil expectoração, prurido na garganta, boca seca, dor torácica ao tossir, língua com ponta avermelhada, saburra lingual de cor amarelada e seca e pulso filiforme e rápido.

II. Bronquite Crônica

1. Deficiência do baço e pulmões: tosse e expectoração espumosa com respiração deficiente, suor espontâneo, vulnerabilidade a gripes, língua com saburra branca e pulso fraco.

2. Deficiência de Yin nos pulmões e rins: tosse seca com expectoração escassa, secura na garganta e na boca, sensação de calor nas palmas das mãos e solas dos pés, sudorese noturna, língua avermelhada com saburra escassa e pulso filiforme e rápido.

3. Deficiência do Yang do baço e dos rins: tosse crônica e dispnéia com expiração prolongada agravada por esforço físico, acompanhadas por expectoração espumosa, aversão ao frio e extremidades frias, língua com saburra úmida e branca e pulso profundo e deslizante.

III. Bronquite crônica com exacerbação aguda

1. Acúmulo de muco-Umidade nos pulmões: tosse com expectoração fina e volumosa, muco esbranquiçado acompanhado de sensação de opressão torácica, distensão epigástrica e anorexia, saburra lingual oleosa e branca e pulso deslizante. É sempre precipitada pelo resfriado, de modo que os sintomas podem indicar patologia Vento-Frio.

2. Ataque aos pulmões por muco-Calor: tosse severa com expectoração de muco pegajoso e de cor amarelada, sensação de opressão torácica, gosto amargo na boca e garganta seca, algumas vezes acompanhada de febre, saburra lingual de cor amarelada e oleosa e pulso rápido e deslizante.

Medicamentos Fitoterápicos

I. Bronquite aguda

1. Deficiência dos pulmões por Vento-Frio

Princípio do tratamento: dissipar Vento–Frio e ventilar os pulmões.

Opção de fórmula: *Ma Huang Tang* menos *Ramulus Cinnamomi* e com adição da *Radix Platycodi, Radix Peucedani, Pericarpium Citri Reticulatae* e *Folium Perillae*.

2. Invasão dos pulmões por Vento-Calor

Princípio do tratamento: dissipar o Vento-Calor e ventilar os pulmões.

Opção de fórmula: *Sang Ju Yin*.

3. Deficiência dos pulmões por Vento-secura

Princípio do tratamento: hidratar os pulmões e aliviar a tosse.

Opção de fórmula: *Zhi Sou San*[3] mais *Fructus Trichosanthis, Bulbus Fritillariae Cirrhosae, Radix Adenophorae* e *Folium Eriobotryae*.

---

3. *Zhisou San: Radix Platycodi, Herba Schizonepetae, Radix Asteris, Radix Glycyrrhizae, Radix Stemonae, Rhizoma Cynanchi Stauntonii, Pericarpium Citri Reticulatae*, a serem misturadas a uma razão de 4:4:4:4:4:1:5:2 de peso, transformadas em pó. Ingerir 6 g (após misturar com água quente) três vezes ao dia. Ou a ser feita na forma de decocção com uma dose adequada.

II. Bronquite Crônica

1. Deficiência de *Qi* no baço e pulmões

Princípio do tratamento: complementar o *Qi*, drenar o muco e aliviar a tosse.

Opção de fórmula: *Si Jun Zi Tang* mais *Yu Ping Fen San, Radix Asteris* e *Flos Farfarae*.

2. Deficiência de Yin dos pulmões e rins

Princípio do tratamento: complementar o Yin, hidratar os pulmões e aliviar a tosse.

Opção de fórmula: *Liu Wei Di Huang Tang* mais *Radix Stemonae, Radix Adenophorae, Radix Ophiopogonis, Radix Asteris* e *Flos Farfarae*.

3. Deficiência do Yang do baço e dos rins

Princípio do tratamento: aquecer os rins para receber ar e revigorar o baço e eliminar o muco.

Opção de fórmula: *Gui Fu Ba Wei Wan* mais *Radix Astragali, Rhizoma Atractylodis Macrocephalae, Fructus Schisandrae* e *Herba Asari*.

III. Bronquite crônica com exacerbação aguda

1. Acúmulo de muco-Umidade nos pulmões

Princípio do tratamento: remover a Umidade e o muco.

Opção de fórmula: *Er Chen Tang* mais *Rhizoma Atractylodis, Cortex Magnoliae Officinalis, Frucutus Aurantii e Radix Asteris*.

2. Ataque dos pulmões por muco-Calor

Princípio do tratamento: eliminar o Calor dos pulmões e o muco.

Opção de fórmula: *Qing Jin Hua Tan Tang*[4].

Medicamentos Patenteados

Vento-Frio: *Tongxuan Lifei Wan*[5].
Vento-Calor: *Chuan Bei Pipa Tang Jiang*.
Muco-Calor: *Qing Qi Hua Tan Wan*[6].
Deficiência de *Qi*: *Gui Shao Liu Jun Wan*[7].
Deficiência de Yin: *Yang Yin Qing Fei Gao*.

---

4. *Qing Jin Hua Tan Tang*: *Radix Scutellariae* 9 g, *Fructus Gardeniae* 9 g; *Radix Platycodi* 9 g; *Bulbus Fritillariae Thumbergii* 12 g; *Radix Ophiopogonis* 12 g; *Cortex Mori* 9 g; *Semen Trichosanthis* 15 g; *Exocarpium Citri Rubrum* 6 g; *Poria* 9 g; *Radix Glycyrrhizae* 6 g; na forma de decocção.

5. *Tongxuan Lifei Wan*: *Folium Perillae, Radix Peucedani, Radix Platycodi, Herba Ephedrae, Radix Scutellariae, Pericarpium Citri Reticulatae, Poria e Fructus Aurantii, Rhizoma Pinelliae, Semen Armeniacae Amarum e Radix Glycyrrhizae*, misturadas em uma proporção de 6:4:4:4:4:4:4:4:3:3:3 de peso, transformadas em pó e em pílulas de mel (para cada 100 g de ingredientes, adicionar 150 g de mel), 12 g de pílulas, 2 a 3 vezes ao dia.

6. *Qing Qi Hua Tan Wan*: *Rhizoma Pinellilae, Arisema cum bile, Radix Scutellariae, Semen Trichosanthis, Pericarpium Citri Reticulatae, Semen Armeniacae Amarum, Fructus Aurantii Immaturus e Poria* a uma razão de 1,5:1,5:1:1:1:1:1:1 de peso, transformadas em pó, misturadas e transformadas em pílulas, 6-9 g, 2 vezes ao dia.

7. *Gui Shao Liu Jun Wan*: os ingredientes da *Liu Jun Zi Wan* mais *Radix Angelicae Sinensis* e *Radix Peoniae Alba*, transformadas em pílulas, 9 g, 2 vezes ao dia.

Acupuntura

I. Bronquite aguda
Pontos comuns: Dazhui (VG14), Fengmen (B12), Feishu (B13) e Zusanli (E36).
Pontos adicionais de acordo com a diferenciação da síndrome:
Vento-Frio: adicionar Fengchi (VB20), Chize (P5) e Hegu (IG4).
Vento-Calor: adicionar Yuji (P10), Quchi (IG11) e Fenglong (E40).
Vento-secura: adicionar Kongzui (P6), Yinlingquan (BP9) e Zhaohai (R6).

II. Bronquite crônica
Pontos comuns: Danzhong (VC17), Feishu (B13),Shenzhu (B23), Xuanji (VC21) e Gaohuangshu (B43).
Pontos adicionais de acordo com a diferenciação da síndrome:
Muco-Umidade: Zhongfu (P1), Fenglong (E40), Yinlingquan (BP9) e Gongsun (BP4).
Muco-Calor: Yuji (P10), Sanyinjiao (BP6) e Taixi (R_3).
Deficiência do Yang: Adicionar Dazhui (VG14), Pishu (B20) e Shenshu (B23).

ASMA BRÔNQUICA

Asma brônquica pode ser alérgica ou idiossincrásica. É difícil, normalmente, eliminar o agente causador da alergia asmática do meio ambiente. O tratamento medicamentoso na Medicina Ocidental é efetiva, por exemplo, agonistas beta-adrenérgicos, metilxantinas e anticolinérgicos podem levar à dilatação das vias respiratórias e os glicocorticóides reduzem a inflamação das vias aéreas, mas nenhum deles pode modificar, permanentemente, a alergia ou o estado idiossincrásico do paciente. Além disso, todos apresentam efeitos colaterais. Portanto, o uso da Medicina Chinesa ou da acupuntura como terapia alternativa ou complementar é aconselhável para esta patologia.

Etiologia e Etiopatogenia

Na Medicina Tradicional Chinesa, a asma é considerada o resultado da produção anormal do muco. Isto porque se acredita que os sibilos que se ouvem decorrem da obstrução da passagem de ar pelo muco, e a remissão é normalmente precedida da expectoração abundante do muco.

O defeito constitucional que resulta na produção abundante de muco é sempre enfatizado. A existência de muco insidioso nos pulmões é considerada o mecanismo básico da asma. A variedade de fatores extrínsecos, tais como frio, infecções, distúrbios emocionais, dieta inadequada e esforço físico podem ser o gatilho de um episódio asmático ao estimular o muco a obstruir as passagens aéreas.

Embora a asma seja uma desordem respiratória, suas mudanças patológicas não estão restritas aos pulmões. Como regra, o defeito constitucional está associado à disfunção do rim e do baço, já que os rins são a fundação da constituição nativa e o baço é a fonte da constituição adquirida.

Diferenciação das Síndromes

A chave para o diagnóstico tradicional dos padrões das síndromes na asma brônquica é a seguinte: uma vez que a patologia é a condição pelo qual o muco-Frio ou o muco-Calor afeta uma pessoa com deficiência constitucional, durante o episódio o diagnóstico deve-se focar a diferenciação entre Frio e Calor, ao passo que durante a remissão é importante determinar qual órgão *Zang* está envolvido na deficiência funcional.

I. Durante o Episódio

1. Muco-Frio: dispnéia com tosse e respiração precedida de espirros, rinorréia aquosa e prurido na garganta, possivelmente acompanhada de calafrios ou aversão ao frio e seguida de expectoração fina e espumosa; língua com saburra escorregadia e esbranquiçada e pulso tenso e flutuante.

2. Muco-Calor: ataque asmático precedido de febre e tosse, acompanhado de sede, rubor facial e constipação, seguido de expectoração amarelada e pegajosa, língua avermelhada com saburra oleosa e amarelada e pulso deslizante e rápido.

II. Durante a Remissão

1. Deficiência dos pulmões: sudorese espontânea e suscetibilidade de pegar resfriados que induzem a ataques asmáticos.

2. Deficiência do baço: expectoração freqüente, lassidão, anorexia, distensão abdominal após as refeições e aumento da freqüência intestinal. Os ataques asmáticos são normalmente precipitados pela dieta inadequada.

3. Deficiência dos rins: dispnéia, agravada por esforço físico, acompanhada de dor lombar e debilidade nas pernas. Garganta seca, língua avermelhada e pulso filiforme indicam deficiência de Yin dos rins. Deficiência do Yang dos rins caracterizada por extremidades frias, aversão ao frio, língua pálida e pulso profundo e debilitado.

Medicamentos Fitoterápicos

I Durante uma Crise

1. Muco-Frio
Princípio do tratamento: dissipar o Frio, elimina o muco e alivia a asma.
Opção de fórmula: *Xiao Qing Long Tang*.
2. Muco-Calor
Princípio do tratamento: remover o Calor, eliminar o muco e aliviar a asma.
Opção de fórmula: *Ding Chuan Tang*.

II. Durante a Remissão

1. Deficiência do pulmão
Princípio do tratamento: complementar o *Qi* e consolidar a resistência superficial do corpo.
Opção de fórmula: *Yupingfeng San*.

2. Deficiência do baço

Princípio do tratamento: revigorar o baço e eliminar o muco.

Opção de fórmula: *Liu Jun Zi Tang.*

3. Deficiência de Yin do rim

Princípio do tratamento: complementar o Yin do rim.

Opção de fórmula: *Liu Wei Di Huang Tang.*

4. Deficiência do Yang dos rins

Princípio do tratamento: tonificar o Yang do rim.

Opção de fórmula: *Shen Qi Wan.*

Medicamentos Patenteados

1. Durante o episódio: *Xiao Qing Long Chong Ji* para asma do tipo muco-Frio; *Ding Chuan Wan* para asma do tipo muco-Calor.

2. Durante a remissão: *Yu Ping Feng Wan* para a deficiência do pulmão, *Liu Jun Zi Wan* para deficiência do baço, *Liu Wei Di Huang Wan* para deficiência de Yin do rim e *Sheng Qi Wan* para deficiência do Yang do rim.

Acupuntura

I. Durante o Episódio

Pontos comuns: Dingchuan (EX-D 1), Chize (P5), Lieque (P7), Tiantu (VC22) e Fenglong (E40).

Pontos adicionais de acordo com a diferenciação da síndrome:

Muco-Frio: adição de Dazhui (VG14) e Fengmen (B12).

Muco-Calor: adição de Yuji (P10) e Hegu (IG4).

II. Durante a Remissão

Pontos comuns: Dingchuan (EX-D 1), Feishu (B13), Gaohuang (B43), Guanyuan (VC4) e Taiyuan (P9).

Deficiência do pulmão e do baço: adição de Pishu (B20) e Zusanli (E36).

Deficiência do baço e do rim: adição de Shenshu (B23) e Taixi (R3).

CAPÍTULO 17

PATOLOGIAS CARDIOVASCULARES

HIPERTENSÃO

Sob a ótica da MTC, a hipertensão é uma desordem do equilíbrio Yin e Yang e o tratamento é focado na restauração do equilíbrio normal. Como a restauração do equilíbrio leva um tempo o tratamento não tem efeito imediato, uma vez que haja resultado terapêutico este efeito pode durar por um longo período de tempo, mesmo após a interrupção do tratamento. Além disso, o desequilíbrio Yin-Yang não significa desequilíbrio da pressão sanguínea e o equilíbrio Yin-Yang não significa, necessariamente, pressão sanguínea normal. Portanto, durante o tratamento da Medicina Chinesa há, inicialmente, melhora da condição geral do paciente, e depois, ocorre a redução da pressão sanguínea.

Etiologia e Etiopatogenia

Os fatores etiológicos comuns são os distúrbios emocionais, estresse e dieta inadequada. Nos diferentes padrões ou estágios da hipertensão, os fatores patogênicos podem ser diferentes.

1. Hiperatividade do Yang do fígado e elevação do Fogo do fígado

O fígado está intimamente relacionado às atividades psíquicas e emocionais. O estresse mental ou estados de raiva pode causar a hiperatividade do Yang do fígado, resultando em irritabilidade, cefaléia e tontura. A hiperatividade severa do Yang do fígado pode transformar-se em Fogo do fígado, que resulta em irascibilidade marcada por cefaléia ou tontura, rubor facial e eritema ocular. Isto ocorre com freqüência nos estágios iniciais da hipertensão essencial.

2. Deficiência de Yin do fígado e dos rins, deficiência de Yin com exuberância do Yang

O estresse consome o Yin do rim. Os rins utilizam sua essência para produzir a medula e o cérebro é o "mar da medula". Na deficiência de Yin do rim, a nutrição do cérebro é prejudicada e resulta em tontura. Pode haver outros sintomas, tais como sensação quente nas palmas das mãos e solas dos pés, dor nos calcanhares que indicam a deficiência de Yin dos rins. Como os rins e o fígado têm a mesma fonte em seus materiais essenciais, a deficiência de Yin dos rins está, normalmente, acompanhada por deficiência de Yin do fígado juntamente com o Yang exuberante deste órgão. Neste caso, o excesso de Yang, embora relativo e não absoluto, pode, ainda, conduzir a irritabilidade e a cefaléia, agravando a tontura. Este é o importante mecanismo na maioria dos casos crônicos de hipertensão essencial.

3. Deficiência de ambos, Yin e Yang

A deficiência prolongada do Yin pode envolver o Yang e, além da tontura, pode haver outros sintomas que indicam a deficiência, tais como aversão ao frio ou edema. Isto é freqüentemente encontrado no estágio tardio da hipertensão essencial, hipertensão do climatério e na hipertensão renal.

4. Retenção interior do muco-Umidade

A dieta inadequada, excesso de trabalho, estresse ou curso prolongado de patologias podem prejudicar o baço nas funções de transporte e transformação, resultando na produção de Umidade e muco. O muco-Umidade retido origina não só a tontura, como também, algumas vezes, parestesia de membros. Isto ocorre no estágio tardio da hipertensão, bem como da hipertensão com apoplexia.

Diferenciação das Síndromes

O ponto crucial do diagnóstico da síndrome tradicional na hipertensão consiste em determinar os tipos diferentes de desequilíbrio Yin e Yang: deficiência ou excesso de Yin ou Yang. Pode haver deficiência de Yin (Yin do rim e do fígado) ou excesso de Yin (muco e Umidade como fatores patogênicos Yin). Pode haver, também, deficiência do Yang (Yang do rim) ou excesso de Yang (Fogo do fígado). A duração da patologia, causas precipitadas, sintomas, aspectos da língua e condições do pulso são os itens principais nos quais o diagnóstico diferencial é baseado. A hipertensão com a hiperatividade do Yang do fígado, deficiência de Yin ou deficiência de Yin com Yang exuberante podem ser assintomáticas. Nestes casos, os exames da língua e do pulso podem oferecer pistas importantes na diferenciação dos padrões da síndrome.

1. Fogo do fígado queimando em ascendência: cefaléia, tontura, rubor facial e eritema ocular, irritabilidade, gosto amargo na boca, zumbido, aversão ao calor, insônia, urina concentrada, constipação, língua vermelha com saburra amarela e pulso em corda, rápido e vigoroso. A hiperatividade do Yang do fígado e o Fogo do fígado queimando em ascendência só se diferenciam em grau. Neste último caso, há sintomas de Fogo mais significativos, tais como rubor facial e eritema ocular, principalmente quando os sintomas são precipitados pela raiva. Se a síndrome ocorre em uma pessoa obesa, pode haver a sensação de peso e distensão da cabeça, além de saburra oleosa da língua, o que indica a presença de muco-Fogo.

2. Deficiência de Yin com Yang exuberante: na deficiência de Yin do fígado e do rim, há tontura com visão turva e sensação de peso na região superior, zumbido, insônia, lombalgia, dor nos calcanhares e pulso filiforme. Mas a deficiência de Yin é sempre acompanhada por Yang relativamente exuberante manifestado por irritabilidade, rubor facial, língua vermelha com saburra escassa e pulso em corda.

3. Deficiência de ambos, Yin e Yang: além das manifestações de deficiência de Yin do fígado e dos rins, há membros frios e aversão ao frio, palpitação, dispnéia, edema, língua com saburra de cor branca e pulso profundo, filiforme e debilitado na sessão *chi* ou pulso irregular.

4. Retenção de Umidade-muco: cefaléia com sensação de pressão na cabeça, tontura, sensação de opressão no tórax, náusea e até vômitos e, algumas vezes, parestesia dos membros; língua corpulenta com saburra oleosa e pulso em corda e deslizante.

Medicamentos Fitoterápicos

1. Fogo do fígado queimando em ascendência
Princípio do tratamento: eliminar o Fogo do fígado.
Opção de fórmula: *Long Dan Xie Gan Tang* mais *Spica Prunellae* e *Flos Chrysanthemi.*
2. Deficiência de Yin com Yang exuberante
Princípio do tratamento: nutrir o Yin e dominar o Yang.
Opção de fórmula: *Qi Ju Di Huang Tang* mais *Concha Haliotidis e Ramulus Uncariae cum Unis.*
3. Deficiência de ambos, Yin e Yang
Princípio do tratamento: reforçar tanto o Yin quanto o Yang.
Opção de fórmula: *Er Xian Tang.*
4. Retenção do muco-Umidade
Princípio do tratamento: remover o muco-Umidade.
Opção de fórmula: *Er Chen Tang* mais *Rhizoma Gastrodiae e Ramulus Uncariae cum Unis.*

Medicamentos Patenteados

1. Fogo do fígado queimando em ascendência: *Long Dan Xie Gan Wan* ou *Ju Ming Jian Gya Wan.*[1]
2. Deficiência de Yin com Yang exuberante: *Qi Ju Di Huang Wan.*
3. Deficiência de ambos, Yin e Yang: *Gui Lu Er Xian Jiao.*[2]
4. Retenção do muco-Umidade: *Ban Xia Tian Ma Wan.*[3]

Acupuntura

Pontos comuns: Baihui (VG20), Fengchi (VB20), Zusanli (E36) e Quchi (IG11).
Pontos adicionais de acordo com a diferenciação da síndrome:
1. Fogo do fígado queimando em ascendência: Xingjian (F2) e TaiYang (EX-CP5).

---

1. *Ju Ming Jian Gya Wan: Flos Chrysanthemi Indici e Semen Cinnamone* feitas na forma de pílulas; 4,5 g, 3 vezes ao dia.

2. *Gui Lu Er Xian Jiao: Carapax et Plastrum Testudinis, Cornu Cervi, Fructus Lycii e Radix Ginseng* em uma proporção de 2:1:0,6:0,3 de peso, feitas na forma de goma; 6 g a serem ingeridos após misturar com água quente, 2 vezes ao dia.

3. *Ban Xia Tian Ma Wan: Rhizoma Pinelliae, Rhizoma Gastrodiae, Pericarpium Citri Reticulatae, Rhizoma Atractylodis Macrocephalae, Massa Fermentata Medicinalis, Radix Codonopsis, Rhizoma Atractylodis, Radix Astragali, Poria, Semen Sinapis Albae e Rhizoma Alismatis* misturadas em uma proporção de 2:1:3:2:2:1:1:2:2:1:1 na forma de pílulas de mel; 10 g, duas vezes ao dia.

2. Deficiência de Yin com Yang exuberante: Sanynjiao (BP6) e Taixi (R3).

3. Deficiência de ambos, Yin e Yang: Qihai (VC6) e Guanyuan (VC4).

4. Retenção do muco-Umidade: Neiguan (PC6) e Fenglong (E40).

As agulhas devem permanecer no local por 30 minutos.

PATOLOGIAS CORONÁRIAS (ANGINA PECTORIS)

A fitoterapia chinesa tradicional é útil para aliviar a angina pectoris na patologia coronária. Isto tem demonstrado que alguns fitoterápicos não só reduzem os ataques de dores precordiais, mas também melhoram a função cardíaca e a circulação sanguínea, reduzem o consumo de oxigênio miocardial e melhoram as características físicas e químicas do sangue. Portanto, a fitoterapia pode ser utilizada como uma terapia efetiva alternativa ou adjuvante ao tratamento ocidental moderno.

No infarto do miocárdio, a fitoterapia pode também auxiliar, mas não pode ser utilizada como terapia alternativa atualmente. Então, esta parte não será discutida neste livro.

Etiologia e Etiopatogenia

A característica comum da angina pectoris é o fluxo prejudicado de sangue nos vasos do coração. Os fatores etiológicos que podem resultar nesta mudança patológica incluem dieta inadequada, idade avançada e depressão emocional. Alimentação excessivamente rica prejudica o baço e o estômago e produz muco-Umidade endógeno ou conduz a deficiência de *Qi*. Por outro lado, quando o muco-Umidade invade o coração, isto impede o fluxo do Yang *Qi* e do sangue no órgão, resultando em angina pectoris. Por outro lado, o *Qi* é a força motora do fluxo sanguíneo, e a deficiência de *Qi* pode ser seguida por estase de sangue. A depressão emocional ou ansiedade excessiva causa, com freqüência, fígado afetado com estagnação de *Qi* e do sangue. Quando a estagnação de *Qi* com a estase de sangue envolve os vasos do coração, a angina pectoris surge. A deficiência do rim em pessoas idosas representa um papel importante na ocorrência da angina pectoris. Se o Yin do rim for deficiente, há, com freqüência, deficiência de Yin do fígado e Yang exuberante do fígado que perturba o fluxo sanguíneo. O Yang deficiente do rim que falha para promover o Yang do coração pode, também, conduzir à estagnação de *Qi* e à estase de sangue. Além disso, o Frio causa o congelamento do sangue, então, Frio Exógeno pode ser um fator de precipitação da angina pectoris.

Porém, na angina pectoris, o coração, o baço e os rins podem estar envolvidos; a deficiência de *Qi*, Yin e Yang são mudanças patológicas fundamentais e a estase de sangue, estagnação de *Qi*, acúmulo do muco-Umidade e Frio congelante são fatores de precipitação.

Diferenciação das Síndromes

I. Síndromes de Excesso (Deficiência na origem)

1. Frio congelante: dor precordial severa, precipitada por exposição ao Frio, língua pálida e pulso profundo, em corda ou lento.

2. Estase de sangue: dor precordial com local fixo, língua escura ou roxa ou com pontos de cor púrpura e pulso em corda, hesitante ou irregular.

3. Opacidade do muco: dor precordial acompanhada por opressão no tórax, língua com saburra oleosa e pulso deslizante.

II. Síndromes de Deficiência

1. Deficiência de *Qi* e do Yin: dor precordial com sensação de opressão, dispnéia, sudorese espontânea, secura na boca, língua vermelha com saburra escassa e pulso em corda, filiforme e debilitado.

2. Deficiência de Yin com Yang exuberante: dor precordial com sensação de opressão, palpitação, tontura, cefaléia, zumbido, lombalgia, secura na boca, sensação de calor nas palmas das mãos e solas dos pés, língua vermelha com saburra escassa e pulso em corda e filiforme.

3. Deficiência de ambos, Yin e Yang: dor precordial com sensação de opressão, dispnéia, palpitação, dor e debilidade nas costas e joelhos, aversão ao frio com membros frios e sensação de calor nas palmas das mãos e solas dos pés, enurese noturna, secura na boca, língua de cor vermelha escura com saburra branca e pulso profundo, filiforme e debilitado ou irregular.

Medicamentos Fitoterápicos

I. Síndrome de Excesso

1. Frio congelante

Princípio do tratamento: aquecer e liberar o Yang do coração

Opção de fórmula: *Gua Luo Xie Bai Ban Xia Tang*[4].

2. Estase de sangue

Princípio do tratamento: promover o fluxo do *Qi* e do sangue.

Opção de fórmula: *Tao Hong Si Wu Tang* mais *Radix Salviae Miltiorrhiazae* e *Rhizoma Corydalis.*

3. Muco turvo

Princípio do tratamento: eliminar o muco.

Opção de fórmula: *Er Chen Tang* mais *Fructus Trichosanthis, Radix Salviae Miltiorrhizae, Rhizoma Acori Tatarinowii* e *Radix Curcumae.*

II. Síndromes de Deficiência

1. Deficiência de *Qi* e do Yin

Princípio do tratamento: complementar o *Qi* e o Yin e ativar o sangue.

Opção de fórmula: *Sheng Mai Yin* mais *Radix Astragali, Radix Angelicae Sinensis* e *Radix Salviae Miltiorrhizae.*

2. Deficiência de Yin com Yang exuberante

---

4. *Gua Lou Xie Bai Ban Xia Tang: Fructus Trichosanthis* 12 g; *Bulbus Allii Macrostemomi* 9 g; *Rhizoma Pinelliae* 9 g; *Spiritus* em quantidade adequada; a ser preparada em decocção.

Princípio do tratamento: nutrir o Yin, dominar o Yang e ativar o sangue.

Opção de fórmula: *Qi Ju Di Huang Wan* mais *Concha Haliotidis, Radix Salviae Miltiorrhizae e Fructus Trichosanthis.*

3. Deficiência de Yin e de Yang

Princípio do tratamento: nutrir o Yin, liberar o Yang e ativar o sangue.

Opção de fórmula: *Sheng Mai Yin* mais *Ramulus Cinnamomi, Fructus Trichosanthis e Radix Salviae Miltiorrhizae.*

Medicamentos Patenteados

Durante o ataque da angina e para promover o alívio da dor:

Su Xiao Jiu Xin Wan, 10-15 pílulas, uso sublingual.

Guan Xin Su He Wan: 1 pílula mastigável a ser ingerida.

Após o ataque de angina para melhorar a circulação miocardial:

Pílulas compostas *Dan Shen,* que contêm *Radix Salviae Miltiorrhizae, Radix Notoginseng e Borneolum Syntheticum,* 10 pílulas para serem ingeridas três vezes ao dia – uso oral ou sublingual – por 4 semanas.

PATOLOGIAS CARDIOPULMONARES

A discussão seguinte é limitada à patologia cardiopulmonar secundária à bronquite crônica, asma crônica e enfisema. O tratamento chinês tradicional desta patologia baseada em outras causas está fora da abordagem deste livro.

Etiologia e Etiopatogenia

A patologia cardiopulmonar ocorre, com freqüência, como seqüela de ataques prolongados e repetidos de tosse e asma. Sua patogênese inclui o consumo do *Qi* genuíno e doenças dos fatores patogênicos tais como fluido retido, muco e estase de sangue. Dentre os órgãos *Zang Fu,* pulmão, coração, baço e rins estão envolvidos.

Na patologia respiratória crônica, o *Qi* deficiente do pulmão em combinação com a obstrução da passagem de ar pelo fluido e muco retidos causam tosse e asma. Neste caso, o pulmão falha para regular a passagem da água e o sangue dos vasos dos pulmões não pode retornar ao coração. Portanto, o *Qi* do coração fica prejudicado. Como o baço está encarregado da transformação e do transporte, quando o Yang do baço se encontra deficiente, a essência e o *Qi* não podem ser absorvidos adequadamente e transportados para o pulmão, e a Água-Umidade, bem como o muco, são produzidos e penetram o pulmão. O Yang deficiente do rim também conduz à retenção de água. Quando a água retida invade o pulmão, isto não só agrava a tosse e a asma, mas também causa edema; quando isto interfere com o coração, palpitação e cianose surgem.

A descrição acima sobre a patogênese do quadro clínico atual nos pacientes com patologias cardiopulmonar é muito diferente da perspectiva médica ocidental moderna, mas é útil na medicação fitoterápica que auxilia, com freqüência, os pacientes.

Diferenciação das Síndromes

I. Durante a exacerbação

1. Fluido retido nos pulmões: tosse com expectoração profusa, dispnéia, sensação de opressão no tórax, distensão abdominal, lassidão, fraqueza, anorexia, sensação de peso nos membros, língua com saburra amarela e oleosa e pulso em corda e deslizante.

2. Deficiência de *Qi* com estase de sangue: dispnéia, tosse com pouca expectoração, apatia, sudorese espontânea, sensação de opressão no tórax, lábios cianóticos, língua de cor escura ou pontos roxos, saburra fina e pulso filiforme e hesitante.

3. Deficiência de Yin no pulmão e rim: tosse com dificuldade na expectoração, dispnéia com expiração prolongada agravada pelo esforço físico, rubor facial, sensação de calor nas palmas das mãos e solas dos pés, garganta seca, língua vermelha e saburra escassa, e pulso filiforme e rápido.

4. Deficiência de Yang do baço e rim: tosse, dispnéia, expectoração espumosa e profusa, ortopnéia, compleição escura, membros frios, edema das pernas, língua pálida e inchada com saburra escorregadia e oleosa e pulso profundo e filiforme.

II. Durante a remissão

1. Deficiência de *Qi* com muco-Umidade: tosse com expectoração profusa, sensação de opressão no tórax, sudorese espontânea, vulnerabilidade a resfriados, fraqueza, língua pálida ou inchada com saburra escorregadia e oleosa e pulso em corda e filiforme.

2. Deficiência de Yin do pulmão e rim: tosse com expectoração escassa, dispnéia decorrente de esforço físico, rubor facial, boca e garganta secas, língua vermelha com saburra escassa e pulso filiforme e rápido.

3. Deficiência de *Qi* e Yin: respiração rápida, sudorese espontânea, lassidão, voz debilitada, boca seca, rubor facial, sensação de calor nas palmas das mãos e solas dos pés, língua vermelha com saburra escassa e pulso profundo, filiforme e rápido.

4. Deficiência do Yang do baço e rins: respiração rápida com expiração prolongada e agravada por esforço físico, aversão ao frio com membros frios, fraqueza, sudorese espontânea, dor e debilidade nas costas e joelhos, enurese noturna, edema das pernas, língua pálida e pulso profundo e filiforme.

Medicamentos Fitoterápicos

I. Durante a exacerbação

1. Fluido retido nos pulmões

Princípio do tratamento: purificar o pulmão e aliviar a dispnéia.

Opção de fórmula: *Qing Fei Yin*[5] mais *Rhizoma Pinelliae, Herba Houttuyniae e Fructus Perillae.*

2. Deficiência de *Qi* com estase de sangue

---

5. *Qing Fei Yin: Poria* 6 g, *Radix Scutellariae* 6 g, *Cortex Mori* 6 g, *Radix Ophiopogonis* 6 g, *Semen Plantaginis* 6 g, *Fructus Gardeniae* 6 g e *Caulis Clematidis Armandii* 6 g, em decocção.

Princípio do tratamento: purificar o pulmão, remover o muco, complementar o *Qi* e ativar o sangue.

Opção de fórmula: *Qing Fei Yin* e *Si Wu Tang* mais *Radix Astragali e Semen Persicae.*

3. Deficiência de Yin dos pulmões e rins

Princípio do tratamento: purificar os pulmões, remover o muco e complementar o *Qi* e o Yin.

Opção de fórmula: *Qing Fei Yin* e *Sheng Mai Yin.*

4. Deficiência do Yang do baço e rim

Princípio do tratamento: aquecer o Yang, induzir a diurese e remover o muco.

Opção de fórmula: *Xiao Qing Long Tang* mais *Rhizoma Pinelliae e Pericarpium Citri Reticulatae.*

II. Durante a remissão

1. Deficiência de *Qi* com muco-Umidade

Princípio do tratamento: complementar o *Qi* e remover o muco.

Opção de fórmula: *Si Jun Zi Tang* e *Er Chen Tang.*

2. Deficiência de Yin dos pulmões e rins

Princípio do tratamento: complementar o pulmão e o rim.

Opção de fórmula: *Liu Wei Di Huang Wan* mais *Sheng Mai Yin.*

3. Deficiência de *Qi* e de Yin

Princípio do tratamento: complementar o *Qi* e o Yin.

Opção de fórmula: *Si Jun Zi Tang* mais *Liu Wei Di Huang Wan.*

4. Deficiência do Yang do baço e rins

Princípio do tratamento: aquecer o rim e revigorar o baço.

Opção de fórmula: *Gui Fu Ba Wei Wan* mais *Si Jun Zi Tang.*

Medicamentos Patenteados

Durante a exacerbação aguda:

1. Patologia Vento-Frio manifestada por calafrios e febre: *Xiao Qing Long Chong Ji.*

2. Tosse, dispnéia e expectoração profusa, acompanhadas de lombalgia, tontura e zumbido: *Su Zi Jiang Qi Wan*[6].

3. Aversão ao frio com extremidades frias, oliguria e edema: *Ji Sheng Shen Qi Wan.*

Durante a remissão:

1. Deficiência de *Qi* com muco-Umidade: *Si Jun Zi Wan* e *Er Chen Wan.*

2. Deficiência de Yin dos pulmões e rins: *Qi Wei Du Qi Wan*[7].

3. Deficiência de *Qi* e Yin: *Si Jun Zi Wan* mais *Liu Wei Di Huang Wan.*

4. Deficiência do Yang do baço e rins: *Gui Fu Ba Wei Wan* mais *Si Jun Zi Wan.*

---

6. *Su Zi Jiang Qi Wan: Fructus Perillae, Rhizoma Pinelliae, Cortex Magnoliae Officinalis, Radix Peucedani, Pericarpium Citri Reticulatae, Lignum Aquilariae Resinatum, Radix Angelicae Sinensis, Rhizoma Zingiberis Recens, Fructus Jujubae e Radix Glycyrrhizae,* misturadas em uma proporção de 1:1:1:1:1:0,7:0,7:1:1:1 de peso, na forma de pílulas, de 3-6 g, duas vezes ao dia.

7. *Qi Wei Du Qi Wan:* pílulas feitas de *Liu Wei Di Huang Wan* mais *Fructus Schisandrae.*

MIOCARDITE VIRAL

Muitas ervas podem inibir o crescimento de alguns tipos de vírus, incluindo o vírus coxsackie, que pode causar a miocardite. Como a Medicina Ocidental moderna ainda não possui um tratamento seguro e efetivo para a miocardite aguda, o medicamento fitoterápico vale a pena ser usado. Para a miocardite viral crônica, o medicamento fitoterápico também é útil se for administrado de acordo com a condição do paciente.

Etiologia e Etiopatogenia

A patologia é causada pela invasão do Calor patogênico que consome o Yin-sangue e conduz à deficiência de sangue no coração ou deficiência de Yin com preponderância de Fogo. Em um estágio tardio, os rins também são envolvidos.

O sintoma principal da patologia é a palpitação. Isto pode ser decorrente da deficiência de sangue do coração, *Qi* do coração ou Yin do coração, ou devido à deficiência de Yin do rim com preponderância de Fogo do coração.

Diferenciação das Síndromes

I. Estágio Agudo

Retenção do Calor patogênico: febre com dores generalizadas, dor de garganta, sensação de opressão no tórax, palpitação, língua vermelha com saburra seca e fina ou amarela e pulso filiforme e rápido; ocorre com freqüência no estágio inicial.

II. Estágio Crônico

Deficiência de sangue no coração: palpitação, tontura, palidez, fraqueza, língua pálida e pulso filiforme e debilitado.

Deficiência de ambos, Yin e *Qi*: palpitação. Agitação, tontura, insônia, lassidão, fraqueza, sensação de opressão no tórax e pulso filiforme e debilitado.

Deficiência de Yin com preponderância de Fogo: palpitação, agitação, insônia, tontura, zumbido, lombalgia, língua vermelha e pulso filiforme e rápido.

Medicamentos Fitoterápicos

I. Estágio Agudo com Retenção do Calor Patogênico

Princípio do tratamento: eliminar o Calor patogênico e nutrir o coração.

Opção de fórmula: *Yin Qiao San* mais *Radix e Folium Isatidis, Radix Salviae Miltiorrhizae e Semen Platycladi*.

II. Estágio Crônico

1. Deficiência de sangue no coração

Princípio do tratamento: complementar o *Qi* e o sangue e induzir a tranqüilidade.

Opção de fórmula: *Gui Pi Tang*.

2. Deficiência de ambos, Yin e *Qi*

Princípio do tratamento: complementar o *Qi*, nutrir o Yin e induzir a tranqüilidade.

Opção de fórmula: *Si Jun Zi Tang* e *Sheng Mai Yin* mais *Radix Rehmanniae, Radix Salviae Miltiorrhizae, Fructus Schisandrae e Semen Platycladi*.

3. Deficiência de Yin com preponderância de Fogo

Princípio do tratamento: nutrir o Yin, eliminar o Fogo e induzir a tranqüilidade.

Opção de fórmula: *Zhi Bai Di Huang* mais *Radix Salviae Miltiorrhizae, Semen Platycladi e Fructus Schisandrae*.

Medicamentos Patenteados

I. Estágio Agudo com Retenção do Calor Patogênico

   Yin Qiao Jie Du Wan mais *Ban Lan Gen Chong Ji*.

II. Estágio Crônico

   1. Deficiência de sangue no coração: *Ren Shen Gui Pi Wan*.
   2. Deficiência de Qi e Yin: *Si Jun Zi Wan* mais *Shen Mai Yin*.
   3. Deficiência de Yin com preponderância de Fogo: *Zhi Bai Di Huang Wan*.

ARRITMIAS

As arritmias são atribuídas ao desequilíbrio do Yin e Yang do coração, desordens na nutrição do coração ou distúrbios do coração provocados por muco-Fogo ou estase de sangue. Porém, o tratamento difere de acordo com as diferentes condições. Em geral, a fitoterapia e a acupuntura, embora não sendo tão efetivas quanto a Medicina Ocidental, não apresentam efeitos colaterais sérios ou tóxicos, de modo que vale aplicá-las nos pacientes que se queixam de palpitação, mas não apresentam lesões orgânicas sérias no coração.

Etiologia e Etiopatogenia

Os fatores etiológicos incluem debilidade constitucional, estimulação psíquica, excesso de ansiedade e fatores patogênicos exógenos. Todos estes fatores podem levar a desordens funcionais devido à deficiência de *Qi*, Yin ou sangue ou do muco-Fogo, estagnação de *Qi* ou estase de sangue.

Diferenciação das Síndromes

I. Síndromes de Deficiência

   1. Deficiência de *Qi* e sangue: palpitação e dispnéia, agravadas pelo esforço físico, tontura, insônia, lassidão, visão turva, possível sudorese espontânea, compleição pálida, língua pálida e pulso irregular.

2. Deficiência de Yin com Yang exuberante: palpitação e agitação, inquietude, acompanhadas de tontura, zumbido, gosto amargo na boca, sono com sonhos ou insônia, rubor malar, língua vermelha com saburra amarelada e pulso filiforme e rápido ou irregular.

II. Síndromes de Excesso

1. Muco-Fogo: Palpitação, agitação e sentimento de opressão no tórax, excitação, acompanhados de tontura, expectoração de muco pegajoso, sono com sonhos agitados ou insônia, secura e gosto amargo na boca, língua com saburra amarelada e oleosa e pulso deslizante e rápido.

2. Estagnação de *Qi* e estase de sangue: Palpitação e sensação de opressão no tórax, que podem ser acompanhadas de dor precordial ou cianose, língua com cor púrpura ou pontos de coloração púrpura e pulso hesitante ou irregular.

Medicamentos Fitoterápicos

I. Síndromes de Deficiência

1. Deficiência de *Qi* e sangue

Princípio do tratamento: nutrir o *Qi* e o sangue.

Opção de fórmula: *Gui Pi Tang* ou *Zhi Gan Cao Tang*[8].

2. Deficiência de Yin com Yang exuberante

Princípio do tratamento: nutrir o Yin e induzir a tranqüilidade.

Opção de fórmula: *Tian Wang Bu Xin Dan.*

II. Síndromes de Excesso

1. Muco-Fogo

Princípio do tratamento: reduzir o Calor e eliminar o muco.

Opção de fórmula: *Wen Dan Tang* (Decocção para aquecimento da vesícula biliar)[9] mais *Rhizoma Coptidis.*

2. Estagnação de *Qi* e estase de sangue

Princípio do tratamento: remover a estase de sangue.

Opção de fórmula: *Xue Fu Zhu Yu Tang.*

Acupuntura

Pontos comuns: Xinshu (B15), Jue Yinshu (B14), Neiguan (PC6), Shenzhu (VG12) e Shendao (VG11).

Pontos adicionais de acordo com a diferenciação da síndrome:

---

8. *Zhi Gan Cao Tang: Radix Glycyrrhizae Preparata* 12 g, *Rhizoma Zingiberis Recens* 9 g, *Radix Ginseng* 6 g, *Radix Rehmanniae* 30 g, *Ramulus Cinnamomi* 9 g, *Colla Corri Asini* 6 g, *Radix Ophiopogonis* 9 g, *Fructus Cannabis* 9 g e *Fructus Jujubae,* 5 pedaços, na forma de decocção.

9. *Wen Dan Tang: Rhizoma Pinelliae* 6 g, *Pericarpium Citri Reticulatae* 6 g, *Poria* 9 g, *Caulis Bambusae in Taeniam* 3 g, *Fructus Aurantii Immaturus* 6 g, e *Radix Glycyrrhizae* 3 g, na forma de decocção.

Deficiência de *Qi* e do sangue: adição de Danzhong (VC17), Guanyuan (VC4), Zusanli (E36), Sanynjiao (BP6), Pishu (B20) e Geshu (B17).

Deficiência de *Qi* e do Yin: adição de Qihai (VC6), Yinlingquan (BP9), Zusanli (E36) e Taixi (R3).

Muco-Fogo: Adição de Chize (P5), Feishu (B13) e Fenglong (E40).

Estagnação de *Qi* e estase de sangue: adição de Qihai (VC6), Xuehai (BP10), Danzhong (VC17) e Ximen (PC4).

Em todos os padrões de síndromes, utilizar tonificação-sedação uniforme com 30 minutos de retenção da agulha.

CAPÍTULO 18

PATOLOGIAS DIGESTIVAS

GASTRITE CRÔNICA

A gastrite crônica pode ser assintomática, mas muitos pacientes se queixam de anorexia crônica, dispnéia e epigastralgia persistente. A experiência da terapêutica tradicional chinesa no alívio destes sintomas por meio do método de diagnóstico da síndrome é útil no tratamento da gastrite crônica. De acordo com pesquisas modernas, o sucesso do tratamento destes sintomas também produz uma melhora histológica do estômago.

Etiologia e Etiopatogenia

Na Medicina Tradicional Chinesa, as manifestações clínicas da gastrite crônica são normalmente consideradas como resultado dos fatores seguintes:

1. Dieta inadequada

Alimentação irregular, excesso de alimentação ou fome, abusar de alimentos crus e frios e consumo de alimentos muito oleosos ou bebidas alcoólicas podem prejudicar o *Qi* no baço e no estômago. Estes fatores patogênicos podem perturbar o *Qi* do estômago, que falha para descender e resulta na estagnação, e provoca anorexia, dispepsia e epigastralgia.

2. Distúrbios emocionais

Distúrbios emocionais dificultam freqüentemente a função normal do *Qi*. Por exemplo, a ansiedade provoca a depressão do *Qi*, a raiva causa o fluxo inversamente ascendente do *Qi* e preocupação provoca a estagnação de *Qi*. Todas estas desordens podem conduzir a anorexia, dispepsia e epigastralgia, como ocorre na gastrite crônica.

3. Constituição debilitada

As funções do baço e do estômago ficam debilitadas com a idade, durante uma patologia crônica ou devido à ingestão excessiva de medicamentos de natureza fria ou de propriedades frias. Estes indivíduos são capazes de desenvolver gastrite crônica com dispepsia e anorexia. Quando os fatores acima prejudicam o baço e o estômago, vários mecanismos e mudanças patológicas podem provocar a ocorrência da gastrite crônica. Primeiro, estes fatores podem causar diretamente, estagnação ou deficiência de *Qi* no baço e no estômago. Segundo, o *Qi* estagnado do fígado pode ser transformado em Calor, resultando em Calor retido no estômago. Além disso, a deficiência de *Qi* do baço pode desenvolver-se até deficiência do Yang com manifestações de Frio ou produzir Umidade e, a seguir, muco, e como resultado, a retenção de muco-Umidade no baço e no estômago. A estagnação prolongada do *Qi* do estômago pode prejudicar o Yin do estômago e, portanto, causa deficiência de Yin no estômago, que é, algumas vezes, acompanhado de sintomas de Calor.

Diferenciação das Síndromes

A chave para o diagnóstico tradicional dos padrões das síndromes na gastrite crônica, bem como na diferenciação da síndrome em muitas outras patologias, está na diferenciação entre excesso e deficiência e Calor *versus* Frio. De modo geral, a maioria dos pacientes com doenças crônicas está em estado de deficiência (deficiência de *Qi*, Yin ou Yang), mas em muitos casos, a condição é agravada pelo excesso (estagnação de *Qi*, muco-Umidade, alimentos não digeridos). A diferenciação é importante porque o estado de deficiência deve ser tratado com tônicos, ao passo que a presença de fatores patogênicos excessivos deve ser eliminada com as terapias correspondentes.

É igualmente importante a diferenciação entre Frio e Calor. A diferenciação depende, principalmente, de sintomas como aversão ao frio ou calor, cor da língua e sua saburra. Medicamentos quentes ou de natureza quente são adequados para as Síndromes de Frio e medicamentos frios ou de natureza fria são adequados para Síndromes de Calor.

I. Síndromes de Excesso

1. Estagnação de *Qi* no fígado e no estômago: distensão epigástrica e sensação de opressão no tórax aliviado pela eructação, anorexia, dificuldade para evacuar; língua com saburra fina e oleosa e pulso em corda.

2. Calor retido no fígado e no estômago: distensão epigástrica e dor em queimação, irritabilidade, regurgitação ácida, secura e gosto amargo na boca, constipação, língua vermelha, saburra amarela e pulso em corda e rápido.

3. Retenção de alimentos não digeridos: distensão e epigastralgias, hálito pútrido, regurgitação ácida, náusea ou mesmo vômito; língua com saburra espessa e oleosa e pulso em corda e deslizante.

II. Síndromes de Deficiência

1. Deficiência de *Qi* do baço e do estômago: plenitude epigástrica, anorexia, agitação, fraqueza, compleição pálida, língua com saburra branca e pulso debilitado.

2. Deficiência de Yin do estômago: epigastralgia com sensação em queimação, ingestão decrescente de alimentos apesar de haver fome, preferência por líquidos frios, língua vermelha com saburra escassa e pulso em corda, filiforme e rápido.

3. Deficiência do Yang do baço e do estômago: (Frio-deficiência no baço e no estômago): distensão e epigastralgia aliviadas por aquecimento, preferência por líquidos e alimentos quentes, vômitos de fluidos aquosos, perda de apetite, lassidão, membros frios, língua pálida e flácida com saburra branca e pulso debilitado e filiforme.

Medicamentos Fitoterápicos

I. Síndrome de Excesso

1. Estagnação de *Qi* no fígado e no estômago

Princípio do tratamento: suavizar o fígado, regular o *Qi*, harmonizar o estômago.

Opção de fórmula: *Chai Hu Shu Gan San.*

2. Calor retido no estômago e no fígado

Princípio do tratamento: remover o Calor do fígado e harmonizar o estômago.

Opção de fórmula: *Zuo Jin Wan* mais *Radix Paeonia Alba* e *Radix Glycyrrhizae.*

3. Retenção interior de muco-Umidade

Princípio do tratamento: eliminar o muco-Umidade e regular o baço e o estômago.

Opção de fórmula: *Ping Wei San* mais *Radix Scutellariae e Caulis Bambusae in Taeniam.*

4. Retenção de alimentos não digeridos

Princípio do tratamento: promover a digestão e harmonizar o estômago.

Opção de fórmula: *Bao He Wan* mais *Rhizoma Atractylodis Macrocephalae, Fructus Aurantii Immaturus e Cortex Magnoliae Officinalis.*

II. Síndromes de Deficiência

1. Deficiência de *Qi* do baço e do estômago

Princípio do tratamento: complementar o *Qi* do baço e harmonizar o estômago.

Opção de fórmula: *Xiang Sha Liu Jun Zi Tang.*

2. Deficiência de Yin do estômago

Princípio do tratamento: nutrir o Yin e regular o estômago.

Opção de fórmula: *Yi Guan Jian.*

3. Deficiência do Yang do baço e do estômago (Frio-deficiência no baço e no estômago)

Princípio do tratamento: tonificar o baço e o estômago para expelir o Frio.

Opção de fórmula: *Huang Qi Jian Zhong Tang.*

Medicamentos Patenteados

Estagnação de Qi no fígado ou estômago: *Chai Hu Shu Gan Wan* ou *Si Ni San* 6-9 g, 3 vezes ao dia.

Calor retido no fígado e estômago com regurgitação ácida: *Zuo Jin Wan* 3-6 g, 3 vezes ao dia.

Deficiência de Qi do baço e estômago: *Xiang Sha Liu Jun Zi Wan* 9 g, 2 vezes ao dia.

Retenção de alimentos não digeridos: *Jia Wei Bao He Wan*[1], 6-12 g, 3 vezes ao dia.

Deficiência do Yang do baço e do estômago: *Huang Qi Jian Zhong Wan* 9 g, 3 vezes ao dia.

---

1. *Jia Wei Bao He Wan,* pílula feita de *Bao He Wan* mais *Rhizoma Atractylodis Macrocephalae, Fructus Aurantii Immaturus e Cortex Magnoliae Officinalis.*

Acupuntura

Seleção de pontos: Pishu (B20), Weishu (B21), Zhongwan (VC12), Zhangmen (F13), Qihai (VC6) e Zusanli (E36).

Usar de dois ou três pontos de cada vez. A manipulação por tonificação com inserção por aquecimento é o indicado. Tratar o paciente uma vez ao dia. O tratamento dura 30 sessões.

ÚLCERA PÉPTICA

Por causa dos sintomas característicos desta patologia, principalmente epigastralgia recorrente e crônica relacionada aos alimentos, muitos pacientes, embora o diagnóstico não tenha sido feito com o auxílio das técnicas modernas, foram, no passado, tratados pela MTC, e uma rica experiência tem sido, assim, acumulada. A introdução dos antagonistas H2 e inibidores da H+-K+-ATPase na Medicina Ocidental para o tratamento das úlceras pépticas tem melhorado, enormemente, os efeitos terapêuticos, mas a experiência clássica adquirida pela Medicina Chinesa ainda é utilizada, especialmente para aqueles que se preocupam com os efeitos colaterais dos agentes químicos.

Etiologia e Etiopatogenia

Como a úlcera péptica apresenta manifestações similares à gastrite crônica, a etiologia e a etiopatogenia destas duas patologias são consideradas similares. Os fatores etiológicos incluem dieta inadequada, distúrbios emocionais e debilidade constitucional, e as mudanças fisiopatológicas comuns são a estagnação de *Qi* do fígado que envolve o baço e o estômago, deficiência de *Qi* do baço e do estômago, deficiência de Yin do baço e do estômago e deficiência do Yang do baço e do estômago. Nos casos de úlceras pépticas, deficiência do Yang do baço e do estômago (Frio-deficiência no baço e no estômago) é a mais encontrada.

Diferenciação das Síndromes

Os pontos cruciais do diagnóstico padrão da úlcera péptica são a diferenciação do excesso *versus* deficiência, Frio *versus* Calor e o envolvimento do *Qi versus* o envolvimento do sangue. O ataque ao estômago pelo *Qi* estagnado do fígado e a retenção de sangue estagnado são padrões de excesso ou excesso como fator incidental e a deficiência como fator fundamental. Deficiência de Yin do estômago e deficiência do Yang do estômago (Frio-deficiência no estômago) são padrões de deficiência.

1. Desarmonia do fígado e do estômago: distensão e epigastralgias, referentes às regiões do hipocôndrio, acompanhadas de eructação freqüentes e agravadas, com freqüência, por raiva; língua com saburra branca e fina e pulso em corda e tenso.

2. Frio-deficiência do baço e do estômago: epigastralgia aliviada por pressão e por aquecimento ou, ainda, por ingestão de alimentos, e precipitada por Frio ou fadiga,

vômitos, fluido aquoso, lassidão, membros frios, extremidades frias, aumento da freqüência intestinal, língua pálida com saburra e pulso debilitado e filiforme.

3. Deficiência de Yin do estômago: dor epigástrica em queimação, agravada no período vespertino, acompanhada de secura na boca e garganta, diminuição de apetite, ingestão reduzida de alimentos, língua vermelha com saburra descascando e escassa e pulso filiforme e rápido.

4. Retenção de sangue estagnado: dor em punhalada no epigástrio com pontos dolorosos, agravada após as refeições, e pode ser acompanhada de melena, língua de cor púrpura ou escura e pulso hesitante ou profundo e em corda.

Medicamentos Fitoterápicos

1. Desarmonia do fígado e do estômago
Princípio do tratamento: aliviar o *Qi* estagnado do fígado e harmonizar o estômago.
Opção de fórmula: *Chai Hu Shu Gan San.*

2. Frio-deficiência no baço e estômago
Princípio do tratamento: fortalecer o Aquecedor Médio e aquecer o estômago.
Opção de fórmula: *Huang Qi Jiangzhong Tang* mais *Liang Fu Wan*[2].

3. Deficiência de Yin do estômago
Princípio do tratamento: complementar o Yin do estômago.
Opção de fórmula: *Yin Guan Jian.*

4. Retenção do sangue estagnado
Princípio do tratamento: remover a estase de sangue e aliviar a dor.
Opção de fórmula: *Shi Xiao San*[3].

Medicamentos Patenteados

Desarmonia entre o fígado e o estômago: *Xiao Yao Wan* 5 g, 2 vezes ao dia.

Frio-deficiência do baço e do estômago: *Huang Qi Jian Zhong Wan* 9 g, 3 vezes ao dia.

Dor epigástrica decorrente do Frio-deficiência: *Liang Fu Wan* 5 g, 3 vezes ao dia.

Epigastralgia decorrente de Frio-deficiência: *Fuzi Li Zhong Wan* 5 g, 3 vezes ao dia.

Regurgitação ácida: *Zuo Jin Wan* 3-6 g, 3 vezes ao dia.

Epigastralgia decorrente da estagnação de *Qi* e estase de sangue: *Yuan Hu Zhi Tong Pian*[4], 4-6 tabletes, 3 vezes ao dia.

---

2. *Liang Fu Wan: Rhizoma Galangae e Rhizoma Cyperi*, transformadas em pó e misturadas em pesos iguais, e transformadas em pílulas.

3. *Shi Xiao San: Pollen Typhae e Feces Trogopteronri* transformadas em pó e misturadas em pesos iguais. *Shi Xiao* significa "não posso evitar sorrir", o que descreve o efeito importante do pó que pode interromper a dor severa nos pacientes que estão gemendo.

4. *Yuan Hu Zhi Tong Pian: Rhizoma Corydalis* 445 g e *Radix Angelicae Dahuricae* 223 g, transformadas em 1000 tabletes: 4-6 tabletes, 2-3 vezes ao dia.

Deficiência do estômago com estagnação de *Qi*: *Xiang Sha Yang Wei Wan*[5] 6 g, 3 vezes ao dia.

Acupuntura

Pontos comuns: Pishu (B20), Weishu (B21), Zhongwan (VC12), Zhangmen (F13), Zusanli (E36) e Neiguan (PC6).

Pontos adicionais de acordo com a diferenciação da síndrome:

Desarmonia entre o fígado e o estômago: Adição de Yanglingquan (VB34) e Taichong (F3). É usada a manipulação de tonificação-sedação.

Frio-deficiência no baço e estômago: adição da Guanyuan (VC4) e Qihai (VC6). Manipulação de tonificação com aquecimento da agulha é indicada.

Retenção de sangue estagnado: adição da Geshu (B17), Sanyinjiao (BP6) e Gongsun (BP4). É preferível a manipulação por sedação.

ENTEROCOLITE

Enterocolite é um termo genérico para um grupo de doenças inflamatórias do cólon. Seu sinal clínico é a diarréia. A enterocolite aguda pode ser causada por uma variedade de agentes infecciosos e, a maior parte deles, pode ser tratada satisfatoriamente com a Medicina Ocidental e com antibióticos associados. As patologias intestinais inflamatórias crônicas, tais como enterocolite ulcerativa e doença de Crohn, normalmente apresentam problemas complexos. No tratamento médico ocidental de tais patologias, a administração contínua de corticosteróides pode ser útil, mas os pacientes podem desenvolver complicações com a terapia crônica de esteróides. Acredita-se que um número considerável de pacientes requeira uma intervenção cirúrgica. Porém, mesmo após a enterocolectomia, é comum a recorrência, principalmente nos casos da Doença de Crohn. A MTC apresenta uma vasta experiência no tratamento dos vários tipos de diarréia, incluindo diarréia em condições complicadas. Parece razoável oferecer a estes pacientes uma terapia alternativa antes de o cólon ser retirado. Como a experiência da terapêutica chinesa não está limitada à enterocolite crônica e as patologias intestinais inflamatórias crônicas acima mencionadas também podem revelar sintomas agudos, a discussão abordada nesta seção abrangerá os vários aspectos da doença.

Etiologia e Etiopatogenia

A enterocolite aguda é uma doença decorrente da patologia exógena do baço e do estômago, principalmente a patologia da Umidade. A Umidade patogênica é freqüentemente combinada com o Calor ou Frio patogênico, que causam os padrões Umidade-Calor

---

5. *Xiang Sha Yang Wei Wan*: *Radix Codonopsis* 60 g, *Rhizoma Atractylodis Macrocephalae* 60 g, *Rhizoma Atractylodis* 40 g, *Poria* 40 g, *Herba Pogostemonis* 40 g, *Cortex Magnoliae Officinalis* 24 g, *Fructus Amomi Rotundus* 24 g, *Rhizoma Pinelliae* 20 g, *Fructus Amomi* 16 g *Rhizoma Cyperi* 40 g, *Pericarpium Citri Reticulatae* 40 g, *Radix Aucklandiae* 16 g, *Massa Fermentata Medicinalis* 24 g, *Fructus Hordei Germinatus* 24 g e *Radix Glycyrrhizae* 10 g, transformadas em pó, misturada e transformadas em pílulas 6-9 g, 2 vezes ao dia.

ou Frio-Umidade na enterocolite. A diarréia aguda que decorre do excesso de ingestão de alimentos e a dispepsia também podem ser discutidas na abordagem da enterocolite.

Na enterocolite crônica, a deficiência do baço normalmente representa um papel importante. A Umidade também existe, mas é endógena e decorre da função reduzida do baço. Os fatores causais da insuficiência do baço incluem dieta inadequada, distúrbios emocionais e uma patologia crônica que impede a função do baço. Na maioria dos casos, porém, a enterocolite surge da diarréia aguda que não recebeu um tratamento adequado, já que a diarréia prolongada pode lesionar o baço.

Diferenciação das Síndromes

I. Enterocolite Aguda

1. Patologia Frio-Umidade: diarréia líquida acompanhada de dor abdominal e borborigmos, perda de apetite, calafrios, febre e cefaléia, sede sem a vontade de ingerir líquidos, quantidade reduzida de urina, língua com saburra branca e oleosa e pulso macio.

2. Patologia Umidade-Calor: diarréia acompanhada de dor abdominal e tenesmo, sensação de queimação no ânus, urina concentrada, língua vermelha com saburra amarela e oleosa e pulso deslizante e rápido.

3. Estagnação de alimentos: diarréia com fezes que contêm alimentos não digeridos e odor desagradável, hálito pútrido, distensão epigástrica e dor abdominal aliviada por movimentos intestinais, perda de apetite, língua com saburra espessa e oleosa e pulso deslizante e rápido.

II. Enterocolite Crônica

1. Deficiência do baço e do estômago: episódios recorrentes de diarréia agravada por uma dieta rica, e acompanhados de anorexia, compleição pálida, apatia, lassidão, língua pálida com saburra branca e pulso debilitado e filiforme.

2. Dificuldade do baço devido à estagnação de *Qi* do fígado: diarréia precedida de dor abdominal e borborigmo, acompanhada de distensão no tórax e flancos, eructação e perda de apetite, língua com saburra fina e pulso em corda. Episódios de diarréia são normalmente precipitados pelo estresse ou tensão emocional.

3. Deficiência de Yang do baço e do rim: diarréia antes do amanhecer acompanhada de borborigmos e dor ao redor da cicatriz umbilical, que é aliviada após movimentos intestinais, preferência por calor aplicado no abdome, aversão ao frio com membros frios, dor e debilidade das juntas e joelhos, língua pálida com saburra branca e pulso profundo, filiforme e debilitado.

Medicamentos Fitoterápicos

I. Enterocolite Aguda

1. Patologia Frio-Umidade
Princípio do tratamento: dissipar o Frio-Umidade e revigorar o baço.
Opção de fórmula: *Hou Xiang Zheng Qi San.*

2. Patologia Umidade-Calor

Princípio do tratamento: eliminar a Umidade-Calor.

Opção de fórmula: *Ge Gen Qin Lian Tang.*

3. Estagnação de alimentos

Princípio do tratamento: promover a digestão e remover a estagnação de alimentos.

Opção de fórmula: *Bao He Wan* mais *Rhizoma Coptidis.*

II. Enterocolite Crônica

1. Deficiência do baço e do estômago

Princípio do tratamento: revigorar o baço e remover a Umidade.

Opção de fórmula: *Shen Ling Bai Zhu Wan.*

2. Obstrução do baço pelo *Qi* estagnado do fígado

Princípio do tratamento: aliviar o fígado e revigorar o baço.

Opção de fórmula: *Tang Xie Yao Fang.*

3. Deficiência do Yang do baço e do rim

Princípio do tratamento: aquecer os rins, revigorar o baço e aliviar a diarréia.

Opção de fórmula: *Si Shen Wan.*

Medicamentos Patenteados

Enterocolite aguda decorrente da patologia Frio-Umidade: *Huo Xiang Zheng Qi Shui* 10 ml, 3 vezes ao dia.

Diarréia crônica decorrente da deficiência do baço e do estômago: *Xiang Sha Liu Jun Zi Wan*, 6 g, 2 vezes ao dia.

Diarréia crônica decorrente de deficiência do baço e do estômago: *Shen Ling Baizhu Wan*, 6 g, 2 vezes ao dia.

Diarréia crônica decorrente de Frio-deficiência do baço e estômago: *Fu Zi Li Zhong Wan*, 6 g, 2 vezes ao dia.

Deficiência do Yang do baço e dos rins: *Si Shen Wan*, 6 g, 2 vezes ao dia.

Acupuntura

I. Enterocolite Aguda

Seleção dos pontos: Shangjuxu (E37), Xiajuxu (E39), LiangQiu (E34), Tianshu (E25) e Ynlingquan (BP9).

Pontos adicionais de acordo com a diferenciação da síndrome:

Patologia Frio-Umidade, adição de Shenque (VC8 – moxabustão), Liangmen (E21) e Guanmen (E22).

Patologia Umidade-Calor, adição de Quchi (IG11), Dazhui (VG14) e Neiting (E44).

Estagnação de alimentos, adição de Shanglian (IG9), Xialian (IG8) e Zhongwan (VC12).

II. Enterocolite Crônica

Seleção de pontos: Zhongwan (VC12), Tianshu (E25), Guanyuan (VC4) e Zusanli (E36).

Pontos adicionais de acordo com a diferenciação da síndrome:

Deficiência do baço e do estômago, adição de Pishu (B20), Weishu (B21) e Gongsun (BP4).

Qi estagnado do fígado, adição da Ganshu (B18), Xingjian (F2) e Yanglingquan (VB34).

Deficiência do Yang do baço e do rim, adição de Pishu (B20), Zhangmen (F13), Mingmen (VG4 – moxabustão) e Guanyuan (VC4 – moxabustão).

Apêndice

A terapia fitoterápica por enema para enterocolite ulcerativa pode ser aplicada em pacientes após a evacuação do cólon e limpeza com 500 ml de infusão de folhas de chá a 5%. Todos os constituintes do enema devem ser mantidos na mesma temperatura do corpo, sendo preferível três horas de retenção.

1. Enema de uso genérico: *Radix Angelicae Sinensis, Calamina, Radix Angelicae Dahuricae, Talcum, Succinum, Sanguis Draconis, Radix Glycyrrhizae e Borneolum.*

2. Enema para padrão Umidade-Calor: *Radix Scutellariae, Rhizoma Coptidis, Radix Angelicae, Flos Sophorae, Os Sepiae, Herba Patriniae e Radix Glycyrhizae.*

3. Enema para condições que envolvem Qi estagnado do fígado e obstrução do baço: *Radix Saposhnikoviae, Rhizoma Atractylodis Macrocephalae, Radix Peoniae Alba, Radix Bupleuri, Pericarpium Citri Reticulatae, Radix Linderae e Radix Curcumae.*

4. Enema para deficiência do baço e do estômago: *Radix Astragali, Radix Glycyrrhizae, Rhizoma Atractylodis Macrocephalae, Radix Angelicae Sinensis, Radix Codonopsis, Radix Bupleuri, Rhizoma Cimicifugae, Pericarpium Citri Reticulatae, Resina Olibani e Myrrha.*

5. Enema para deficiência do Yang do rim: *Sulfur, Radix Aconiti Lateralis Preparata, Fructus Psoraleae, Herba Epimedii, Radix Angelicae Dahuricae, Radix Glycyrrhizae e Pericarpium Granati.*

HEPATITE VIRAL

Embora diferentes tipos de hepatite viral, tais como Hepatite A, B, C, D e Hepatite B associada ao agente Delta tenham sido reconhecidas, todas produzem patologias clinicamente similares. Os sintomas precoces de hepatite aguda incluem mal-estar, fadiga, anorexia, náusea, vômitos, icterícia e dor na área do fígado. Pode ocorrer febre baixa. As lesões morfológicas típicas de todos os tipos de hepatite são freqüentemente similares e consistem de inflamação panlobular, necrose de células hepáticas e vários graus de colestase. Se a necrose dos hepatócitos e a inflamação persistirem por mais de 6 meses, a hipótese de hepatite crônica é considerada.

A hepatite crônica refere-se a hepatite crônica persistente e hepatite crônica ativa. A maioria dos pacientes com hepatite crônica prolongada é assintomática, embora possa haver queixa de anorexia, fadiga e, ocasionalmente, náusea e vômitos. Há normalmente um aumento leve do fígado com elevação das aminotransferases séricas. A hepatite crônica ativa é caracterizada por necrose contínua, inflamação ativa e fibrose que pode conduzir a falência hepática, cirrose e morte.

Baseada nestes sintomas, a experiência terapêutica com hepatite pela MTC tem sido realizada em associação com o tratamento da icterícia, dor no hipocôndrio e Síndrome de Estagnação.

Etiologia e Etiopatogenia

Patógenos epidêmicos ou Umidade-Calor patogênicos são considerados a principal causa de hepatite, principalmente no estágio agudo, não importando se há icterícia ou não.

Patógenos epidêmicos infectam o fígado e a vesícula biliar, resultando em Umidade-Calor que afetam o fluxo suave do *Qi* no fígado e secreção da bile, e conduzem a icterícia, anorexia e mal-estar. Uma dieta inadequada ou alterações climáticas causam disfunção no transporte e transformação do baço, resultando em retenção da Umidade-Calor no baço e no estomago, o que pode danificar, posteriormente, o fígado e a vesícula biliar.

Umidade-Calor patogênico exuberante acumulada no interior do corpo por longo período prejudica a essência vital; como resultado, síndromes como deficiência de Yin, Yang, *Qi* e de sangue podem acontecer.

A estagnação prolongada do *Qi* do fígado pode conduzir a estase de sangue, manifestada por dor em punhalada e fígado aumentado e rígido, e outros sinais relacionados.

Diferenciação das Síndromes

1. Diagnóstico da icterícia Yang *versus* icterícia Yin: Patologia aguda decorrente de Umidade-Calor sempre resulta em icterícia Yang, caracterizada por coloração amarela brilhante da pele e esclera. Nos casos crônicos, especialmente quando o Yang *Qi* do corpo está prejudicado, a icterícia conduz a coloração amarela escura da esclera e cor esfumaçada da pele. Acredita-se que a Umidade-Calor transforma-se em Frio-Umidade, e a icterícia será do tipo Yin.

2. Determinação da preponderância do Calor sobre a Umidade ou vice-versa: Os patógenos da hepatite viral são normalmente considerados Umidade-Calor na Medicina Chinesa. Por causa dos diferentes tipos de vírus e rotas de infecção, em alguns pacientes a Umidade patogênica pode ser preponderante; em outros pacientes o Calor patogênico pode ser preponderante e outros podem apresentar ambos, Calor e Umidade preponderantes. Se o Calor for preponderante, há Calor marcado por manifestações como febre, sede, constipação, língua vermelha com saburra amarela e pulso rápido. Se a Umidade for preponderante, há manifestações importantes da Umidade, como sensação de peso no corpo, anorexia, sensação de plenitude no tórax, distensão abdominal, língua com saburra oleosa e pulso deslizante.

3. Diferenciação da deficiência e do excesso: A maioria dos casos de hepatite aguda é do tipo excesso, ao passo que a maioria dos casos de hepatite crônica apresenta condições de deficiência ou deficiência complicada com excesso.

4. Reconhecimento da estagnação de Qi versus estase de sangue: A estagnação do *Qi* e a estase de sangue são dois tipos comuns de mudanças patológicas na hepatite, principalmente na hepatite crônica. A estagnação de *Qi* é caracterizada por dor na área do fígado sem local fixo e acompanhada de sensação de distensão, mas sem pontos dolorosos importantes. A estase de sangue normalmente se desenvolve mais tarde, sendo caracterizada por dor em punhalada ou dor em picada, localizada e acompanhada por hepatoesplenomegalia e compleição escura, presença de petéquias, língua púrpura ou com pontos de cor púrpura sobre ela.

I. Hepatite Aguda

1. Hepatite aguda com icterícia

A hepatite aguda com icterícia é, normalmente, considerada uma patologia de Umidade-Calor. O Calor patogênico pode ser preponderante sobre a Umidade e a Umidade patogênica pode ser preponderante sobre o Calor, mas em casos severos, ambos, Calor e Umidade patogênicos, podem ser preponderantes.

(1) Preponderância do Calor sobre a Umidade: febre, icterícia, anorexia, urina escura, constipação, secura e gosto amargo na boca, fadiga, língua vermelha, língua com saburra amarela e pulso rápido ou em corda e rápido.

(2) Preponderância da Umidade sobre o Calor: febre, icterícia, lassidão, distensão no estômago, anorexia, náusea, vômitos, aumento da freqüência intestinal, língua com saburra oleosa e branca e pulso macio e deslizante.

(3) Proeminência de ambos, Umidade e Calor: febre, icterícia profunda e persistente, anorexia, náusea, vômitos, lassidão, constipação, língua com saburra amarela e oleosa e pulso em corda ou deslizante e rápido. Nos casos severos, pode haver coma, hemorragia e ascite, como na hepatite fulminante.

2. Hepatite aguda sem icterícia

A hepatite aguda sem icterícia é normalmente considerada uma infecção Umidade-Calor branda, na qual o fluxo normal do *Qi* do fígado é obstruído, ao passo que a secreção da bile ainda está intacta. O diagnóstico da síndrome depende da estagnação de *Qi* do fígado, manifestada por dificuldade de apetite, fadiga, dor na área do fígado e pulso em corda.

II. Hepatite Crônica

1. Estagnação de Qi do fígado com insuficiência do baço: dor na área do fígado e distensão no epigástrio, falta de apetite, aumento da freqüência alternando para obstipação intestinal, fadiga, fraqueza, língua inchada e com uma saburra fina e esbranquiçada.

2. Deficiência de ambos, Qi e Yin: dor na área do fígado, sensação de calor nas palmas das mãos e solas dos pés, sudorese noturna, tontura, fraqueza, língua vermelha com saburra fina, pulso em corda ou filiforme e rápido.

3. Acúmulo interior de Frio-Umidade: icterícia crônica com coloração escura, distensão epigástrica, anorexia, membros frios com aversão ao frio, fadiga e fraqueza, aumento da freqüência intestinal, língua com saburra oleosa e branca e pulso profundo e macio.

4. Estagnação de Qi e estase de sangue: compleição pálida, dor no hipocôndrio, hepatoesplenomegalia, emagrecimento, lassidão, anorexia, distensão abdominal, algumas vezes com petéquias, língua com saburra púrpura e branca e pulso em corda e filiforme.

Medicamentos Fitoterápicos

I. Hepatite Aguda

1. Hepatite aguda com icterícia

Princípio do tratamento: eliminar a Umidade-Calor.

Opção de fórmula: *Yin Chen Hao Tang* mais *Radix Isatidis*.

Modificações da fórmula de acordo com a diferenciação da síndrome: para a preponderância do Calor sobre a Umidade, adição de *Cortex Phellodendri e Radix Glycyrrhizae*. Para preponderância da Umidade sobre o Calor, subtração da *Radix et Rhizoma Rhei* e adição da *Wu Ling San*. Para preponderância de ambos, Umidade e Calor, adição da *Radix Scutellariae, Rhizoma Coptidis, Cortex Moutan e Pulvis Cornus Bubali Concentratus*.

2. Hepatite aguda sem icterícia

Princípio do tratamento: restaurar o fluxo normal do *Qi* do fígado.

Opção de fórmula: *Xiao Chai Hu Tang*.

II. Hepatite Crônica

1. Estagnação de Qi do fígado com deficiência do baço

Princípio do tratamento: suavizar o fígado e revigorar o baço.

Opção de fórmula: *Chai Hu Shu Gan San*.

2. Deficiência de ambos, Qi e Yin

Princípio do tratamento: complementar o *Qi* e nutrir o Yin.

Opção de fórmula: *Yi Guan Jian* mais *Si Jun Zi Tang*.

3. Acúmulo interior de Frio-Umidade

Princípio do tratamento: remover a Umidade com medicamentos que aquecem.

Opção de fórmula: *Ping Wei San* mais *Yin Chen Hao Tang* e *Radix Aconiti Lateralis Preparata*.

4. Estagnação de Qi e estase de sangue

Princípio do tratamento: regular o *Qi* e remover a estase de sangue.

Opção de fórmula: *Xiao Yao San* mais *Tao Hong Siwu Tang*.

Medicamentos Patenteados

Hepatite aguda e crônica: *Chui Pen Cao Chong Ji*[6], 10 g, 3 vezes ao dia, ou *Chui Pen Cao Tang Jiang*, 10-30 ml, 3 vezes ao dia.

---

6. *Chui Pen Cao Chong Ji* ou *Chui Pen Cao Tang Jiang* é composta de *Herba Sedi, Folium Ardisiae Japonicae* e açúcar.

Hepatite crônica: *Jigucao Wan.*

Hepatite crônica com estagnação de Qi do fígado: *Chai Hu Shu Gan Wan*, 6-9 g, 3 vezes ao dia.

Difenildiester, uma substância extraída da *Fructus Schisandrae*, é efetiva para redução das transaminases séricas na hepatite, mas pode ocorrer uma recaída após a interrupção do tratamento.

Injeção de *Radix Sophorae Tonkinensis*: injetar 10 ml (contendo 50 mg total de alcalóides da *Sophorae Tankinensis*) intramuscular diariamente por 2 meses. Pode transformar o sangue HBV-DNA e HBeAG negativo em casos crônicos ativos.

CIRROSE HEPÁTICA

Na Medicina Ocidental, a cirrose é considerada uma mudança patológica irreversível e o cuidado consiste principalmente no tratamento limitado das complicações da hipertensão portal. Na MTC, o aumento e a rigidez do fígado e do baço são consideradas um tipo de estagnação, e acredita-se que algumas ervas que eliminem a estase de sangue são capazes de suavizar as massas rígidas.

Etiologia e Etiopatogenia

Os fatores mais comuns são a dieta inadequada e a infecção. Dieta inadequada, principalmente a ingestão excessiva de álcool, dificulta a função do baço de transportar e transformar a água-Umidade, de modo que a Umidade retida é transformada em muco, que impede o fluxo normal do *Qi* e do sangue no fígado. A estase de sangue prolongada produz as mudanças patológicas no fígado.

A infecção crônica por hepatite viral ou esquistossomose também causa a estagnação prolongada do *Qi* e do sangue no fígado e no baço.

Os órgãos *Zang Fu* envolvidos na patologia são o fígado, baço e rins. A estagnação de *Qi* do fígado conduz a estase de sangue e a deficiência do baço produz Umidade. O acúmulo prolongado da Umidade produz ascite. As desordens prolongadas do fígado e do baço envolvem normalmente os rins. Se o Yang do rim está prejudicado, a eliminação da água na urina é reduzida, e a ascite é agravada. Se o Yin do rim estiver prejudicado haverá deficiência de Yin tanto nos rins como no fígado, com preponderância de Fogo que causa hemorragia. Como último estágio, a falência do fígado, baço e rins perturba o coração (atividades mentais), resultando em coma.

Diferenciação das Síndromes

No estágio precoce da patologia, estagnação do *Qi* do fígado com a deficiência de *Qi* do baço, estagnação de *Qi* e estase de sangue são os principais padrões para o diagnóstico tradicional dos padrões da síndrome na cirrose hepática. Quando a ascite é formada, há acúmulo de água-Umidade. No estágio tardio da patologia, os rins são comumente envolvidos, e a deficiência do Yang do baço e dos rins ou a deficiência de

Yin do fígado e dos rins, ou ambos, podem ocorrer. Na maioria dos casos, a síndrome é de deficiência (deficiência de fígado, baço e rins) complicada por excesso (estagnação de *Qi*, estase de sangue, acúmulo de água).

1. Estagnação do Qi do fígado com deficiência do baço: dor em distensão na região do hipocôndrio, plenitude epigástrica, algumas vezes náusea, diarréia e fadiga, principalmente após a ingestão inadequada de alimentos, língua pálida com saburra branca e fina e pulso em corda.

2. Estagnação de Qi com estase de sangue: sensação de distensão na região do hipocôndrio com hepatoesplenomegalia e dor fixa, compleição escura, língua púrpura com saburra fina e pulso em corda.

3. Retenção de sangue estagnado no fígado: distensão abdominal com ascite tensa, veias abdominais distendidas, petéquias na face, pescoço e tórax, movimentos palmares do fígado, lábios escuros, língua púrpura ou pontos roxos com saburra fina e pulso profundo, em corda ou em corda e hesitante.

4. Acúmulo de água-Umidade: distensão abdominal com alternância de dor surda ou sensação fluída, edema das extremidades inferiores, epigastralgia, anorexia, oligúria, diminuição dos movimentos intestinais, língua vermelha escura ou pontos púrpura na língua e pulso em corda e filiforme.

5. Deficiência do Yang do baço e dos rins: distensão abdominal com ascite, edema na região lombar e pernas, anorexia, membros frios, aversão ao frio, urina clara e escassa, compleição pálida, língua pálida e de coloração púrpura e pulso profundo e filiforme.

6. Deficiência de Yin do fígado e dos rins: distensão abdominal com membros finos, compleição escura, lábios roxos, secura na boca, sensação de calor nas palmas e pés, epistaxe, urina escassa, língua vermelha ou de cor púrpura escura com saburra escassa ou sem saburra e pulso em corda ou filiforme.

Medicamentos Fitoterápicos

1. Estagnação do *Qi* do fígado com deficiência do baço
Princípio do tratamento: aliviar o fígado, revigorar o baço e complementar o *Qi*.
Opção de fórmula: *Xiao Yao San* mais *Liu Jun Zi Tang*.

2. Estagnação de *Qi* com estase de sangue
Princípio do tratamento: promover o fluxo livre de *Qi* e eliminar a estase de sangue.
Opção de fórmula: *Ge Xia Zhu Yu Tang*[7].

3. Retenção do sangue estagnado no fígado
Princípio do tratamento: promover o *Qi* e o fluxo do sangue, remover a estase de sangue e induzir a diurese.
Opção de fórmula: *Xue Fu Zhu Yu Tang* mais *Wu Ling San*.

---

7. *Ge Xia Zhu Yu Tang: Feces Trogopterorum* 9 g, *Radix Angelicae Sinensis* 9 g, *Rhizoma Chuan Xiong* 6 g, *Semen Persicae* 9 g, *Cortex Moutan* 6 g, *Radix Peoniae Rubra* 6 g, *Radix Linderae* 6 g, *Rhizoma Corydalis* 3 g, *Radix Glycyrrhizae* 9 g, *Rhizoma Cyperi* 3 g, *Flos Carthami* 9 g, na forma de decocção.

4. Acúmulo de água-Umidade

Princípio do tratamento: reduzir a ascite para o alívio sintomático e tratar a retenção do sangue estagnado no fígado.

Opção de fórmula: *Semen Pharbitis* 3 g, reduzida a pó para ser ingerida de manhã antes do desjejum, diariamente, 2-3 dias. (Para ser administrada somente quando a ascite for importante e estiver causando desconforto para o paciente, mas seu *Qi* genuíno não está extremamente deficiente).

5. Deficiência do Yang do baço e dos rins

Princípio do tratamento: aquecer e tonificar o baço e os rins e induzir a diurese.

Opção de fórmula: *Fu Zi Li Zhong Wan* mais *Wu Ling San*.

6. Deficiência de Yin do fígado e dos rins

Princípio do tratamento: nutrir o Yin do fígado e dos rins e induzir a diurese.

Opção de fórmula: *Yi Guan Jian* mais *Zhu Ling Tang*.[8]

COLECISTITE E COLELITÍASE

Na maioria dos casos, a colecistite está associada a cálculos na vesícula biliar. Antibióticos e tratamentos de suporte podem conduzir à remissão da colecistite sem complicações severas tais como empiema, mas a colecistectomia é freqüentemente um tratamento de opção para a colecistite e para o cálculo no ducto biliar. Após a colecistectomia, porém, alguns pacientes continuam se queixando dos sintomas similares àqueles que ocorrem na colecistite crônica. A litotripsia extracorporal agora é um tratamento efetivo em pacientes selecionados com cálculo na vesícula biliar, mas permanecem os problemas severos, por exemplo, expelir todos os fragmentos das pedras e prevenir a reincidência. Portanto, apesar da conquista da Medicina moderna, há muito espaço para a Medicina complementar e alternativa.

Etiologia e Etiopatogenia

Do ponto de vista da MTC, a colecistite é uma patologia relacionada principalmente à disfunção do fígado, vesícula biliar, baço e estômago causada por dieta inadequada e perturbações emocionais. Como o fígado é responsável por suavizar e regular o fluxo do *Qi* para promover o fluxo da bile, o *Qi* estagnado do fígado podem interferir com a secreção biliar normal da vesícula biliar. A bile retida na vesícula biliar transforma-se em Umidade-Calor e conduz a icterícia e dor na região superior direita do abdome.

A função alterada do baço e do estômago pode resultar no acúmulo de Umidade-Calor no Aquecedor Médio. Quando a Umidade-Calor invade o fígado e a vesícula biliar, sempre causa dor e icterícia. Portanto, as mudanças fisiopatológicas comuns na colecistite são consideradas estagnação de *Qi* do fígado e da vesícula biliar e Umidade-Calor no fígado e na vesícula biliar.

---

8. *Zhu Ling Tang*: *Polyporus, Poria, Rhizoma Alismatis, Colla Cori Asini* e *Talcum*, 9 g cada, na forma de decocção.

Quando a bile estagnada é condensada pela Umidade-Calor, o cálculo é formado. A existência do cálculo agrava a condição mórbida do fígado e da vesícula biliar com reiteração freqüente.

Diferenciação das Síndromes

Na colecistite, o ponto crucial no diagnóstico tradicional consiste em diferenciar a estagnação da Umidade-Calor. A primeira corresponde a colecistite crônica e a última a inflamação piogênica aguda da vesícula biliar.

1. Estagnação do Qi do fígado da vesícula biliar: dor leve e transitória na região superior do abdome acompanhada de gosto amargo na boca, náusea, anorexia ou epigastralgia após as refeições; língua com saburra branca e fina e pulso em corda. Não há febre, calafrio, icterícia ou dor durante a remissão, mas os sintomas são freqüentemente recorrentes.

2. Umidade-Calor no fígado e na vesícula biliar: início repentino da dor severa na região posterior do abdome, acompanhada de calafrios e febre, icterícia, náusea, anorexia, sede, constipação e língua vermelha com saburra oleosa. A vesícula biliar pode ser palpável com pontos dolorosos.

Medicamentos Fitoterápicos

1. Estagnação de *Qi* do fígado e da vesícula biliar
Princípio do tratamento: aliviar o fígado e a dor.
Opção de fórmula: *Chai Hu Shu Gan San*.
2. Umidade-Calor no fígado e na vesícula biliar
Princípio do tratamento: purgar o fígado e a vesícula biliar da Umidade-Calor.
Opção de fórmula: *Chai Hu Tang*.

Para expelir o cálculo, alguns medicamentos fitoterápicos têm sido usados. A fórmula seguinte pode ser um exemplo: *Herba Lysimachiae* 30 g, *Herba Artemisae Scopariae* 15 g, *Radix Curcumae* 15 g, *Fructus Aurantii* 10 g, *Radix Aucklandiae* 10 g e *Radix et Rhizoma Rhei* 10 g, na forma de decocção.

Medicamentos Patenteados

Colecistite crônica com ataques freqüentes de dor na região abdominal superior: *Dan Zhi Xiao Yao Wan* 6 g, duas vezes ao dia.

Colecistite com patologia de Umidade-Calor: *Long Dan Xie Gan Wan* 6 g, duas vezes ao dia.

Acupuntura

A acupuntura pode ser usada como medida complementar para alívio sintomático da colecistite.

Seleção de pontos: Ganshu (B18), Danshu (B19), Riyue (VB24), Qimen (F14) e Dannang (EX-MI 6).

Pontos adicionais de acordo com a diferenciação da síndrome:

Umidade-Calor, adição da Dazhui (VG14), Quchi (IG11) e Waiguan (TA5).

Estagnação de *Qi*, adição da Neiguan (PC6) e Gongsun (BP4).

Manipulação repetida das agulhas ou a aplicação de eletroacupuntura é recomendável.

PANCREATITE

Além do uso de analgésicos, a proibição da alimentação oral e a aplicação de sonda nasogástrica são duas medidas ocidentais convencionais usadas para tratar a pancreatite aguda. Ambas as medidas têm como objetivo a redução da secreção pancreática. A Medicina Chinesa tem um ponto de vista diferente: dor abdominal na pancreatite é normalmente decorrente de obstrução, e o caminho efetivo para tratar esta condição consiste em remover a obstrução e promover o fluxo do suco pancreático. O fitoterápico mais comum utilizado com este objetivo é a *Radix et Rhizoma Rhei*. Pesquisa recente revela que a *Radix Rhei* pode aumentar a secreção do suco pancreático, mas sua ação principal consiste na inibição das atividades de várias enzimas pancreáticas, incluindo a amilase pancreática, tripsina, quimotripsina, elastase, lipase e calicreína.

Etiologia e Etiopatogenia

Os fatores etiológicos mais comuns da pancreatite são a perturbação emocional (particularmente raiva) e dieta inadequada (alimentação excessiva em uma única dieta e excessiva ingestão de álcool). A etiopatogenia é muito complicada sob a perspectiva da MTC. As conexões patogênicas incluem depressão da função do *Qi*, acúmulo dos fatores patogênicos, exuberância do Calor ou Umidade-Calor, estase de sangue e fluxo inverso do *Qi* e do sangue. Na Medicina Ocidental, eles correspondem às desordens funcionais, obstrução, inflamação, distúrbios circulatórios e choque tóxico, respectivamente.

O desenvolvimento da pancreatite pode ser dividido em três estágios. Nos estágios iniciais, o *Qi* genuíno é forte e as mudanças patológicas são suaves, manifestadas principalmente por função deprimida do *Qi* e dos fatores patogênicos acumulados. No estágio intermediário, o *Qi* genuíno ainda é adequado, mas as mudanças patológicas tornam-se mais severas, normalmente manifestadas por acúmulo de fatores patogênicos, Calor exuberante ou Umidade-Calor e estase de sangue. No estágio tardio, o *Qi* genuíno é inadequado. Se os fatores patogênicos penetrarem profundamente, choque e outras complicações podem ocorrer; e se os fatores patogênicos persistirem, a patologia torna-se crônica, com repetidas recorrências.

Diferenciação das Síndromes

Pancreatite é um diagnóstico da Medicina Ocidental. Após o diagnóstico ser estabelecido, o ponto crucial consiste em determinar se o caso é agudo ou crônico, ou severo ou brando. Os casos moderados ou brandos (normalmente denominados "pancreatite edematosa" na Medicina Ocidental) podem ser tratados com a Medicina Chinesa isoladamente, mas nos casos severos ("pancreatite necrotizante" na Medicina Ocidental) a fitoterapia não deve ser utilizada para substituir a intervenção cirúrgica.

A pancreatite aguda de severidade leve ou moderada e a pancreatite crônica podem ser classificadas da seguinte forma:

1. Estagnação de Qi do fígado: dor e distensão no epigástrio ou no hipocôndrio acompanhados de eructação, náuseas e constipação ou calafrios alternados com febre, língua com saburra amarela e fina e pulso em corda ou em corda e tenso. Este padrão freqüentemente ocorre em casos brandos de pancreatite aguda ou pancreatite crônica.

2. Calor excessivo no baço ou no estômago: dor abdominal em forma de facada com pontos dolorosos, acompanhada de náuseas, vômitos, calafrios, febre alta, sede, urina concentrada, constipação, língua vermelha com saburra espessa, seca e amarela e pulso cheio e rápido, como se observa na pancreatite aguda de severidade moderada.

3. Umidade-Calor no fígado e na vesícula biliar: dor severa na porção superior do abdome com calafrios alternados com febre, icterícia, náusea, vômitos, língua vermelha com saburra amarela e oleosa e pulso em corda, deslizante e rápido. Este padrão corresponde a pancreatite aguda agravada com infecção biliar.

4. Deficiência do baço e do estômago: ataques repetidos de dor abdominal acompanhada de lassidão, eructação, distensão abdominal, aumento da freqüência intestinal, emagrecimento, língua inchada com saburra branca e oleosa e pulso macio e debilitado. A síndrome é normalmente encontrada na pancreatite crônica ou no estágio de convalescença da pancreatite aguda.

Medicamentos Fitoterápicos

1. Estagnação de *Qi* do fígado
Princípio do tratamento: aliviar a estagnação de *Qi*
Opção de fórmula: *Da Chai Hu Tang*.
2. Calor excessivo no baço e no estômago
Princípio do tratamento: purgar o Calor tóxico.
Opção de fórmula: *Da Cheng Qi Tang* mais *Radix Scutellariae, Rhizoma Coptidis e Caulis Bambusae in Taeniam*.
3. Calor-Umidade no fígado e na vesícula biliar
Princípio do tratamento: eliminar a Umidade-Calor.
Opção de fórmula: *Long Dan Xie Gan Tang* mais *Da Chai Hu Tang*.
Em todos os três padrões acima as fórmulas contêm *Radix et Rhizoma Rhei*.
4. Deficiência do baço e do estômago
Princípio do tratamento: revigorar o baço, complementar o *Qi* e reter a diarréia.
Opção de fórmula: *Shen Ling Bai Zhu San*.

Acupuntura

Seleção de pontos: Zusanli (E36), Xiajuxu (E39), Zhongwan (VC12), Sanyinjiao (BP9).

Pontos adicionais de acordo com os sintomas: para vômitos adicionar Neiguan (PC6) e Yanglingquan (VB34); para febre adicionar Quchi (IG11) e Hegu (IG4).

Aplicar uma estimulação forte em todos os pontos e reter as agulhas.

CAPÍTULO 19

DESORDENS DO SANGUE

ANEMIA

Entre os vários tipos de anemias, o tratamento da anemia aplástica é um dos aspectos mais desafiadores da Medicina moderna ocidental. A testosterona é eficaz somente nos casos brandos. O uso combinado dos medicamentos fitoterápicos chineses pode melhorar o efeito da testosterona. Vários tipos de anemias mostram sintomas similares e a abordagem seguinte não está limitada à anemia aplástica.

Etiologia e Etiopatogenia

A formação do sangue está relacionada à função do coração, baço e rins. A deficiência do baço exaure a fonte do *Qi* e do sangue. O fracasso do baço em controlar o sangue causa perda persistente de sangue, agravando a anemia. Os rins governam os ossos e a produção da medula óssea. A deficiência da essência do rim dificulta a formação da medula e a regeneração do sangue. O coração governa o sangue. A deficiência do coração também pode conduzir à anemia.

Diferenciação das Síndromes

1. Deficiência de ambos, Qi e sangue: palidez ou compleição pálida, tontura, visão turva, palpitações, dispnéia, anorexia, atraso menstrual com secreção pálida, língua pálida com saburra branca e pulso debilitado.

2. Deficiência de ambos, coração e baço: palidez, lassidão, falta de força, distensão abdominal, diminuição dos movimentos peristálticos, palpitações, insônia, anorexia, língua pálida e pulso filiforme e rápido.

3. Deficiência de ambos, baço e rins: tontura, zumbido, palpitações, dispnéia, aversão ao frio com extremidades frias, dor e fraqueza nas costas e joelhos, distensão abdominal, diminuição dos movimentos peristálticos, língua pálida e pulso profundo e filiforme.

4. Deficiência de Yin do fígado e do rim: palidez, febre baixa à tarde, tontura, visão turva, zumbido, insônia, dor e fraqueza nas costas e joelhos, secura da garganta e da boca, sudorese noturna, sensação quente nas palmas das mãos e solas dos pés, metrorragia ou fluxo menstrual incessante nas mulheres e língua pálida com saburra escassa e pulso em corda e filiforme.

5. Deficiência de ambos, Yin e Yang: palidez, tontura, zumbido, dor e fraqueza das costas e joelhos, aversão ao frio com extremidades frias, sudorese espontânea, língua pálida e pulso profundo e filiforme ou profundo, filiforme e rápido.

Medicamentos Fitoterápicos

1. Deficiência de ambos: sangue e *Qi*

Princípio do tratamento: complementar o *Qi* e o sangue.

Opção de fórmula: *Ba Zhen Tang* mais *Radix Astragali*.

2. Deficiência de ambos: coração e baço

Princípio do tratamento: revigorar o baço, complementar o *Qi* e nutrir o sangue do coração.

Opção de fórmula: *Gui Pi Tang*.

3. Deficiência de ambos: baço e rins

Princípio do tratamento: revigorar o baço e reforçar os rins.

Opção de fórmula: *Si Jun Zi Tang* e *Zuo Gui Yin* mais *Rhizoma Curculiginis e Herba Epimedii*.

4. Deficiência de Yin do fígado e do rim

Princípio do tratamento: nutrir o Yin do fígado e do rim.

Opção de fórmula: *Da Bu Yuan Jian*[1].

5. Deficiência de ambos, Yin e Yang

Princípio do tratamento: tonificar Yin e Yang.

Opção de fórmula: *Shi Chuan Ta Pu Wan* mais *Radix Polygoni Multiflori e Radix Morindae Officinalis*.

Medicamentos Patenteados

Deficiência de *Qi* e sangue: *Ba Zhen Wan*.

Insuficiência de coração e baço: *Ren Shen Gui Pi Wan*.

Deficiência de baço e rins: *Si Jun Zi Wan* mais *Zuo Gui Wan*.

Deficiência de Yin do fígado e do rim: *Da Bu Yuan Jian Wan*.

Deficiência de Yin e Yang: *Shi Chuan Ta Pu Wan*.

Acupuntura

Acupuntura pode ser útil em casos brandos de anemia. Os pontos seguintes são freqüentemente usados: Zusanli (E36), Hegu (IG4), Gaohuangshu (B43), Geshu (B17) e Xuanzhong (VB39), com estimulação moderada e 30-60 minutos de retenção de agulhas.

---

1. *Da Bu Yuan Jian: Fructus Corni* 9 g, *Rhizoma Dioscorea* 9 g, *Cortex Eucommiae* 9 g, *Radix Angelicae Sinensis* 9 g, *Fructus Lycii* 9 g, *Radix Codonopsis* 15 g, *Radix Rehmanniae Preparata* 15 g e *Radix Glycyrrhizae* 6 g, em decocção. Também podem ser feitas pílulas de mel prontas para o uso, denominadas *Da Bu Yuan Jian Wan*.

LEUCOPENIA

Na MTC não existe este diagnóstico de leucopenia. A diminuição dos leucócitos somente pode ser reconhecida por meio de técnicas laboratoriais modernas, mas os pacientes com leucopenia podem ser efetivamente tratados com terapias tradicionais.

Etiologia e Etiopatogenia

De acordo com o conceito médico chinês, a produção de leucócitos pode estar intimamente relacionada ao baço e rins. A deficiência congênita, estresse excessivo e excesso sexual podem dificultar a função do rim, resultando na produção reduzida do *Qi* e do sangue. Uma dieta inadequada origina disfunção do baço e do estômago. E ocorrem desordens no sangue. Nas patologias exógenas quando o fator patogênico invade o Sistema Sanguíneo ou a medula óssea, a leucopenia ocorre. O uso de substâncias tóxicas pode dificultar o baço e os rins, conduzindo à inibição da produção de sangue. Estudos recentes têm revelado que os tônicos são úteis para a prevenção e o tratamento da leucopenia causada por quimioterapia e radioterapia em pacientes com câncer.

Diferenciação das síndromes

1. Deficiência de ambos, coração e baço: lassidão, ausência de força, tontura, visão turva, insônia, palpitações, anorexia, distensão abdominal, aumento da freqüência intestinal, língua pálida com saburra branca e fina e pulso filiforme e debilitado.

2. Deficiência de Qi e sangue: palpitações, insônia, sensação quente nas palmas das mãos e solas dos pés, tontura, visão turva, ausência de força, sudorese espontânea ou sudorese noturna, língua pálida e pulso filiforme e debilitado.

3. Deficiência do Yang do baço e do rim: lassidão, ausência de força, tontura, zumbido, distensão abdominal, aumento da freqüência intestinal, dor na região inferior das costas e nos joelhos, aversão ao frio com membros frios, língua pálida e inchada com marcas de dentes e pulso profundo e filiforme.

Medicamentos Fitoterápicos

1. Insuficiência de ambos: coração e baço
Princípio do tratamento: tonificar o coração e o baço.
Opção de fórmula: *Gui Pi Tang* mais *Caulis Spatholobe*.
2. Deficiência de *Qi* e sangue.
Princípio do tratamento: complementar o *Qi* e o sangue.
Opção de fórmula: *Ba Zhen Tang* mais *Radix Astragali e Caulis Spatholobe*.
3. Deficiência do Yang do baço e do rim
Princípio do tratamento: aquecer e tonificar o baço e os rins.

Opção de fórmula: *You Gui Yin*.

A leucopenia, por si só, não produz tais sintomas. Nos casos assintomáticos, ela é tratada com tônicos do baço ou do *Qi*. A leucopenia é mais freqüentemente encontrada em pacientes com câncer que recebem quimioterapia e/ou radioterapia, uma vez que os agentes da quimioterapia e irradiação normalmente causam reações adversas gastrintestinais e ocorre debilidade generalizada. Tônicos do baço e do *Qi* juntos com ervas pacificadoras do estômago são indicados. Pacientes com leucopenia são vulneráveis a infecções. Se houver tal complicação, o tratamento deve, inicialmente, controlar a infecção.

Medicamentos Patenteados

Ling Zhi Pian 1g, 3 vezes ao dia ou *Lingzhi Jiaonang* 2 g, 3 vezes ao dia. E *Ci Wu Jia Jin Gao* 0,3 g, 3 vezes ao dia.

Acupuntura

Princípio do tratamento: revigorar o baço e complementar o *Qi*.

Seleção de pontos: Zusanli (E36), Sanynjiao (BP6), Dazhui (VG14), Xuehai (BP10), Pishu (B20), Shenshu (B23) e Geshu (B17).

Manipulação: tonificação ou moxabustão.

CAPÍTULO 20

PATOLOGIAS RENAIS

GLOMERULONEFRITE AGUDA

O prognóstico da glomerulonefrite aguda é sempre bom, mas em alguns pacientes pode desenvolver-se uma proteinúria intensa, conduzindo a síndrome nefrótica. Nem esteróides nem medicamentos citotóxicos são adequados. A fitoterapia chinesa é útil e raramente causa efeitos colaterais.

Etiologia e Etiopatogenia

Na maioria dos casos, a glomerulonefrite aguda surge após uma infecção, principalmente uma infecção da faringe ou cutânea. Sob a ótica da Medicina Tradicional Chinesa, a infecção é considerada uma invasão do Vento, Frio, Umidade ou Calor tóxicos. Ordinariamente, são fatores patogênicos comuns que causam patologia exógena dos pulmões. Uma vez que os pulmões são os responsáveis pela regulação da passagem das águas, os patógenos exógenos podem interferir com o fluxo em descendência dos rins e da bexiga e, portanto, desenvolver edemas importantes na parte superior do corpo. A Umidade patogênica que causa a infecção cutânea pode, também, dificultar a função do rim e induzir o edema. Em ambos os casos, o edema é decorrente de fatores patogênicos em Excesso sendo chamado de "edema Yang" para diferenciar do "edema-Yin" que ocorre na glomerulonefrite crônica e em outras condições caracterizadas por estado de deficiência.

Diferenciação das Síndromes

Como uma patologia de Excesso, o ponto crucial do diagnóstico consiste em diferenciar a propriedade do fator patogênico. Os fatores patogênicos comuns incluem Vento-Frio, Vento-Calor, Vento-Umidade e Umidade-Calor.

1. Vento-Frio: calafrio, febre, tosse, oliguria e edema generalizado mais importante na cabeça e na face, língua com saburra branca e fina e pulso flutuante e tenso, mas pulso profundo se o punho é edematoso.

2. Vento-Calor: oliguria e edema nas pálpebras após um ataque de dor de garganta com febre; saburra lingual fina e pulso deslizante e rápido.

3. Frio-Umidade: edema importante nos membros, oliguria, lassidão, distensão abdominal e aumento da freqüência intestinal, língua com saburra branca e oleosa e pulso profundo e macio.

4. Umidade-Calor: anasarca, oliguria, secura e gosto amargo na boca, angústia torácica, distensão abdominal após a ocorrência de uma infecção piogênica da pele ou após uma infecção respiratória do trato superior quando a síndrome do exterior desaparece, e língua com saburra amarela, oleosa e pulso deslizante e rápido.

Medicamentos Fitoterápicos

1. Vento-Frio

Princípio do tratamento: dissipar o Vento-Frio e induzir a diurese.

Opção de fórmula: *Yue Bi Tang*[1], retirando-se o *gypsum* e adicionando *Rhizoma seu Radix Notopterygii e Radix Saposhnikoviae*.

2. Vento-Calor

Princípio do tratamento: dissipar o Vento-Calor e induzir a diurese.

Opção de fórmula: *Yue Bi Tang* mais *Flos Lonicerae e Fructus Forsythiae*.

3. Frio-Umidade

Princípio do tratamento: remover o Frio-Umidade e induzir a diurese.

Opção de fórmula: *Wu Ling San*.

4. Umidade-Calor

Princípio do tratamento: remover a Umidade-Calor.

Opção de fórmula: *Xiao Ji Yin Zi*[2].

GLOMERULONEFRITE CRÔNICA

A glomerulonefrite crônica é a maior causa de morte decorrente de doenças renais, sendo que pelo menos um terço dos pacientes com insuficiência renal terminal necessita de diálise ou transplante. O tratamento da glomerulonefrite crônica na Medicina Ocidental é somente paliativo e sintomático. Embora tentativas com esteróides, agentes citotóxicos, agentes não esteroidais e antiinflamatórios e anticoagulantes estejam sendo usadas por muitos anos, uma evidência inequívoca de efeito favorável não tem sido demonstrada. A fitoterapia chinesa é recomendada no tratamento da patologia crônica do rim, não somente em uso independente, mas também em uso combinado com esteróides, para minimizar os efeitos colaterais destes.

Etiologia e Etiopatogenia

Sob a ótica da MTC, a glomerulonefrite crônica decorre de estresse e fadiga, na maioria dos casos, e uma condição de deficiência do rim e/ou baço é o ponto crucial desta patogenia.

---

1. *Yue Bi Tang: Herba Ephedrae* 9 g, *Gypsum Fibrosum* 180 g, *Rhizoma Zingerberis Recens* 9 g, *Radix Glycyrrhizae* 5 g e *Fructus Jujubae* 6 g, em decocção.

2. *Xiao Ji Yin Zi: Radix Rehmanniae* 30 g, *Herba Cirsii* 15 g, *Talcum* 15 g, *Caulis Aristolochiae Manshuriensis* 9 g, *Pollen Typhae* 9 g, *Nodus Nelumbinis Rhizomatis* 9 g, *Herba Lophatheri* 9 g, *Radix Angelicae Sinensis* 6 g, *Fructus Gardeniae* 9 g e *Radix Glycyrrhizae* 6 g, em decocção.

A formação do edema na glomerulonefrite crônica é atribuída à deficiência do Yang do rim ou Yang do baço, mas não à disfunção do pulmão. Somente durante a exacerbação conseqüente a uma infecção respiratória do trato superior o envolvimento do pulmão na formação do edema é considerado.

A proteína presente na urina é considerada perda da essência que deve ser normalmente estocada pelos rins. Portanto, a proteinúria é atribuída à deficiência dos rins. Porém, o baço tem a função de enviar a essência em ascendência. A deficiência do baço também conduz ao despejo em descendência da essência.

A hipertensão é também encontrada na glomerulonefrite crônica. Na maioria dos casos, a hipertensão decorre da deficiência de Yin com Yang exuberante.

A hematúria é considerada uma manifestação resultante do Calor-Umidade retido internamente que danifica os pequenos vasos renais.

Embora a etiopatogenia fundamental da glomerulonefrite crônica seja deficiência do baço e do rim, a presença dos fatores patogênicos exógenos não deve ser negligenciada, principalmente se o paciente é tratado com uma grande dose de esteróides.

Diferenciação da Síndrome

1. Deficiência de *Qi* do baço com edema: edema crônico, oliguria, compleição pálida, lassidão, ausência de força, anorexia, perda de fezes, língua pálida com saburra fina e pulso profundo e macio.

2. Deficiência Yang do baço e dos rins com anasarca: edema generalizado com ascite, oliguria e compleição pálida, lassidão, ausência de força, aversão ao frio com membros frios, língua pálida e inchada com marcas de dentes e pulso profundo e filiforme.

3. Deficiência de *Qi* e Yin: ausência de edema ou edema suave, compleição pálida, ausência de força, dor nas costas e nos joelhos, tontura, zumbido, sensação de calor nas palmas das mãos e solas dos pés, língua com saburra funda e pulso filiforme e rápido.

4. Deficiência de Yin do fígado e dos rins com Yang exuberante: rubor malar, tontura, zumbido, dor e debilidade nas costas e pernas, sensação de calor nas palmas das mãos e solas dos pés, secura na boca e pulso em corda e filiforme.

5. Acúmulo de Umidade-Calor: rubor facial, obesidade, gosto amargo na boca e secura na garganta, língua com saburra amarela e oleosa e pulso deslizante e rápido; normalmente ocorrem em pacientes com nefrite tratados com esteróides por longo período.

Medicamentos Fitoterápicos

1. Deficiência de *Qi* do baço com edema
Princípio do tratamento: revigorar o *Qi* do baço e induzir a diurese.
Opção de fórmula: *Fang Ji Huang Qi Tang*[3].

---

3. *Fang Ji Huang Qi Tang: Radix Stephaniae Tetrandrae* 12 g, *Radix Astragali* 15 g, *Radix Glycyrrhizae* 6 g, *Rhizoma Atractylodis Macrocephalae* 9 g, em decocção.

2. Deficiência do Yang do baço e dos rins com anasarca

Princípio do tratamento: aquecer o Yang do rim e induzir a diurese.

Opção de fórmula: *Zhen Wu Tang*[4]. Adição da *Radix Astragali* para albuminúria intensa.

3. Deficiência de *Qi* e Yin

Princípio do tratamento: complementar o *Qi* do baço e o Yin do rim.

Opção de fórmula: *Da Bu Yuan Jian*[5]. Adição da *Radix Astragali* para albuminúria intensa.

4. Deficiência de Yin do fígado e do rim com Yang exuberante

Princípio do tratamento: complementar o Yin e dominar o Yang exuberante.

Opção de fórmula: *Qi Ju Di Huang Tang* mais *Ramulus Uncariae cum Uncis e Spika Prunellae.*

5. Acúmulo de Umidade-Calor

Princípio do tratamento: remover a Umidade-Calor.

Opção de fórmula: *Zhi Bai Di Huang* Tang e *Long Dan Xie Gan Tang.*

Em todos estes padrões, *Herba seu Radix Cirsii Japonici, Herba Cirsii e Rhizoma Imperatae* são adicionadas na presença de hematúria.

Medicamentos Patenteados

Glomerulonefrite crônica com deficiência de Yin: *Liu Wei Di Huang Wan.*
Glomerulonefrite crônica com hipertensão renal: *Qi Ju Di Huang Wan.*
Glomerulonefrite crônica com deficiência do Yang: *Jin Gui Sheng Qi Wan.*
Glomerulonefrite crônica com edema e proteinúria: *Shen Yuan Si Wei Pian*[6].

Apêndice:
Uso da Fitoterapia em Conjunto
com a Terapia Esteróide

Os efeitos colaterais e as complicações são inevitáveis quando esteróides são usados continuamente em grandes doses. Os efeitos colaterais e as complicações podem ser divididos em duas grandes categorias: os originários do uso prolongado de grandes doses e os originários da interrupção do tratamento, que resulta na supressão do eixo do hipotálamo-pituitária-adrenal.

Os pertencentes à primeira categoria envolvem principalmente o sistema endocrinológico (ganho de peso com distribuição cushingóide, face em lua, hirsutismo e diabetes mellitus), sistema esquelético (osteoporose), mudanças neuropsiquiátricas (insônia, agitação e depressão), retenção de sódio com hipertensão e vulnerabilidade a infecções. Da ótica da Medicina Chinesa, a maioria destes efeitos colaterais pode ser

---

4. *Zhen Wu Tang: Poria* 9 g, *Rhizoma Atractylodis Macrocephalae* 9 g, *Radix Peoniae Alba* 6 g, *Rhizoma Zingiberis Recens* 9 g e *Radix Aconiti Lateralis Preparata* 9 g, em decocção.

5. Ver nota de rodapé 1 da Anemia no Capítulo 19.

6. *Shen Yuan Si Wei Pian: Fructus Gardeniae, Folium Pyrrosiae, Radix Astragali, Radix Scutellariae.*

considerada como deficiência de Yin dos rins com Yang exuberante ou Fogo. Ervas que nutrem o Yin e purgam o Fogo, por exemplo, *Zhi Bai Di Huang Tang*, são efetivas para minimizar os efeitos colaterais. No curso da terapia esteróide, é melhor começar com a decocção da erva na segunda semana.

Durante a retirada dos esteróides, as manifestações de Fogo acima mencionadas desaparecem espontaneamente e a deficiência de Yin transforma-se em deficiência do Yang. Tônicos do *Qi*, por exemplo, *Radix Astragali e Radix Codonopsis*, tônicos de Yang, por exemplo, *Herba Epimedii e Fructus Psoraleae* e ervas dissipadoras de Frio, tais como *Radix Aconiti Lateralis Preparata* e *Cortex Cinnamomi* são indicados. O uso combinado destas ervas não somente facilita a retirada dos esteróides, como também previne a supressão do eixo hipotálamo-pituitária-adrenal.

A administração subseqüente de tônicos do rim e do baço pode prevenir a recorrência após a descontinuidade dos esteróides. A fórmula fitoterápica comum usada para este propósito é *Da Bu Yuan Jian*[7] mais *Si Jun Zi Tang*.

INFECÇÕES DO TRATO URINÁRIO

As infecções do trato urinário consistem em uma fonte comum de morbidade e, embora a introdução de antibióticos e agentes químicos antibacterianos apresente uma morbidade reduzida, a mortalidade decorrente destas infecções permanece alta. Muitos pacientes com insuficiência renal terminal sofrem de pielonefrite crônica.Os mecanismos de defesa reduzidos podem representar um papel importante no surgimento das infecções persistentes. A Medicina Chinesa enfatiza o tonificação do *Qi* genuíno nas infecções crônicas, de modo que a fitoterapia ou a acupuntura, ou ambas, podem ser usadas como terapia complementar no tratamento das infecções do trato urinário, principalmente quando se tornam crônicas.

Etiologia e Etiopatogenia

Os patógenos que infectam o trato urinário são normalmente tidos como Umidade-Calor, porque febre, disúria e urina turva são características clínicas comuns. As condições que precipitam a infecção incluem ausência de higiene da genitália externa, atividades sexuais, gravidez e parto.

No estágio inicial, os patógenos invadem a bexiga e conduzem à disfunção da mesma, manifestada por freqüência e urgência urinária e disúria. A Umidade-Calor origina febre e piúria. Se a Umidade-Calor patogênica é transformada em Fogo que danifica os vasos sanguíneos, ocorre hematúria. A infecção persistente normalmente envolve o rim e resulta na deficiência deste. Quando a infecção não é adequadamente tratada no estágio agudo, torna-se crônica. A persistência da Umidade-Calor dificulta o *Qi* genuíno e a condição torna-se uma mistura de excesso e deficiência. Pode ocorrer deficiência do Yin do rim, deficiência de *Qi* e sangue e deficiência do Yang do baço e

---

7. Ver nota de rodapé 1 da Anemia no Capítulo 19.

rim. Nos casos crônicos, a exacerbação repetida ocorre, sendo decorrente, principalmente, da fadiga.

Diferenciação das Síndromes

A patologia envolve principalmente o rim e a bexiga e a etiopatogenia principal é a Umidade-Calor na bexiga com ou sem deficiência do rim. Durante o estágio agudo, a condição é, normalmente, um caso de excesso decorrente do acúmulo da Umidade-Calor. Nos casos crônicos, os patógenos estão ainda presentes, mas com base na deficiência.

1. Despejo em descendência da Umidade-Calor: febre com disúria, freqüência e urgência urinária, dor em queimação na uretra, dor suprapúbica ou lombar, língua avermelhada com saburra amarela e pulso deslizante e rápido.

2. Deficiência de Yin do rim com persistência da Umidade-Calor: disúria com freqüência urinária, lombalgia, tontura, zumbido, secura na boca e na garganta, algumas vezes acompanhada de febre baixa, língua levemente avermelhada com saburra amarela e pulso em corda e filiforme.

3. Deficiência de *Qi* e do Yin com Umidade-Calor remanescente: lombalgia, distensão abdominal na região inferior, lassidão, ausência de força, algumas vezes acompanhada de febre baixa, disúria e freqüência urinária, insônia, secura na boca, ponta da língua avermelhada e pulso profundo e filiforme.

4. Deficiência do Yang do baço e do rim com Umidade-Calor remanescente: disúria com gotejamento urinário, enurese noturna, frio e dor nas juntas e nos joelhos, face e tornozelos edemaciados, lassidão, ausência de força, anorexia, distensão abdominal, aumento da freqüência intestinal, língua pálida com saburra branca e fina e pulso profundo, filiforme e debilitado.

Medicamentos Fitoterápicos

1. Despejo em descendência da Umidade-Calor
Princípio do tratamento: eliminar o Calor tóxico e aliviar a disúria.
Opção de fórmula: *Ba Zheng San* mais *Cortex Phellodendri*.
2. Deficiência de Yin do rim com Umidade-Calor persistente
Princípio do tratamento: complementar o Yin do rim, eliminar o Calor e induzir a diurese.
Opção de fórmula: *Zhi Bai Di Huang Wan* mais *Rhizoma Imperata e Semen Plantaginis*.
3. Deficiência de *Qi* e do Yin com Umidade-Calor remanescente
Princípio do tratamento: complementar o *Qi* e o Yin e eliminar o Calor.
Opção de fórmula: *Bu Zhong Yiqi Tang* mais *Zhi Bai Di Huang Wan*.
4. Deficiência do Yang do baço e do rim com Umidade-Calor remanescente
Princípio do tratamento: aquecer e tonificar os rins e o baço e aliviar a disúria.
Opção de fórmula: *Ji Sheng Shen Qi Wan* mais *Radix Astragali e Rhizoma Atractylodis Macrocephalae*.

Medicamentos Patenteados

Infecção aguda do trato urinário com Síndromes de Umidade-Calor: *Gan Luo Xiao Du Wan* (Pílula do orvalho doce antiflogístico)[8].

Durante a remissão com deficiência de Yin e Umidade-Calor remanescente: *Zhi Bai Di Huang Wan* (Pílula de *Rehmannia* com *Anemarrhena* e *Phellodendro*).

Acupuntura

1. Estágio agudo

Seleção de pontos: Weizhong (B40), Xialiao (B34), Yinlingquan (BP9) e Shugu (B65).

Pontos adicionais de acordo com os sintomas: para febre, adição de Quchi (P11); para hematúria, adição de Xuehai (BP10) e Sanyinjiao (BP6); para gotejamento uriná-rio, adição da Guanyuan (VC4) e Qihai (VC6); para a distensão e dor abdominais na porção inferior, adição de Ququan (F8).

2. Estágio crônico

Seleção de pontos: Weizhong (B40), Yingu (R10), Fuliu (R7), Zhaohai (R6) e Taixi (R3).

Pontos adicionais de acordo com os sintomas: para lombalgia, adição de Guanyuan (VC4) e Shenshu (B23); para sudorese noturna, adição de Fuliu (R7, tonificação) e Hegu (IG4, sedação); para freqüência urinária e disúria, adição da Zhongji (VC3) e Yinlingquan (BP9).

Pontos adjuvantes de acordo com a diferenciação da síndrome: para deficiência de *Qi* e do Yin com Umidade-Calor remanescente, adição de Qihai (VC6) e Zhongwan (VC12); para deficiência do Yang do baço e do rim com Umidade-Calor remanescente, adição da Guanyuan (VC4) e Shenshu (B23) para moxabustão.

CÁLCULO E CÓLICA RENAIS

Antigamente, o cálculo renal somente poderia ser removido por meio de proce-dimento cirúrgico, se não fosse eliminado espontaneamente. Na Medicina Ocidental, a passagem espontânea das pedras é auxiliada pela manutenção de alta ingestão de fluido e uma terapia diurética vigorosa. Agora, a litotripsia extracorporal pode causar a fragmentação das pedras dos rins ou no ureter proximal. Isto implica um avanço no tratamento não cirúrgico da urolitíase. Mesmo agora, o tratamento da Medicina Chinesa ainda é usado. A acupuntura normalmente oferece um auxílio na cólica renal causada por cálculo renal; a fitoterapia melhora a passagem das pedras pequenas ou fragmentos de pedras após a litotripsia, dissolve os cálculos renais de determinados padrões e previne a recorrência.

---

8. *Gan Luo Xiao Du Wan*: *Talcum, Herba Artemisiae Scopariae, Radix Scutellariae, Rhizoma Acori Tatarinowii, Bulbus Fritillariae Cirrhosae, Caulis Aristolochiae Manshuriensis, Rhizoma Belamcandae, Fructus Forsythiae, Herba Menthae, Frucutus Amomi Rotundus e Herba Agastachis* misturadas em uma proporção de 3:2:2:2:1:2:1:1:0,8:0,8:0,8: 0,8:0,8 de peso e transformadas em pílulas, 9 g, 2 vezes ao dia.

Etiologia e Etiopatogenia

A Umidade-Calor acumulada no Aquecedor Inferior evapora o fluido, fazendo com que as substâncias impuras da urina se precipitem e formem o cálculo. Quando o cálculo obstrui o trato urinário e dificulta a função do *Qi*, a estagnação de *Qi* causa uma dor em cólica. A estagnação de *Qi* pode conduzir a estase de sangue, o que agrava a dor. Além disso, o Calor danifica os vasos, conduzindo ao movimento frenético do sangue e, portanto, a hematúria. Durante o curso da patologia, o baço e o rim são prejudicados, o que se manifesta por dor surda lombar, apatia e pulso filiforme.

Diferenciação das Síndromes

1. Despejo em descendência da Umidade-Calor: início repentino de dor severa ou em cólica na região lombar ou nos flancos, que se irradia em descendência, acompanhada por freqüência e urgência da micção dolorida, hematúria, gosto amargo na boca, febre, língua com saburra amarela e oleosa e pulso deslizante e rápido.

2. Estagnação de *Qi* e estase de sangue: dor em distensão na região lombar e flancos, em cólica, e fixa em uma região, acompanhada de hematúria, compleição escura e língua com saburra escura e púrpura ou pontos púrpura, e pulso filiforme e hesitante.

3. Deficiência do rim: dor monótona ou cólica lombar ou no flanco, agravada por fadiga, acompanhada de gotejamento urinário após a micção, dor e debilidade nas costas e joelhos ou menstruação irregular, compleição apática e pulso profundo e filiforme.

Medicamentos Fitoterápicos

1. Despejo em descendência da Umidade-Calor
Princípio do tratamento: eliminar a Umidade-Calor e expelir as pedras.
Opção de fórmula: *Niao Dao Pai Shi Tang*[9].
2. Estagnação de *Qi* e estase de sangue
Princípio do tratamento: regular o *Qi*, ativar o sangue e expelir o cálculo.
Opção de fórmula: *Shao Fu Zhu Yu Tang* mais *Herba Lysimachiae*.
3. Insuficiência do baço e dos rins
Princípio do tratamento: tonificar o baço e o rim e expelir o cálculo.
Opção de fórmula: *Bu Zhong Yi Qi Tang* e/ou *Liu Wei Di Huang Tang* mais *Herba Lysimachiae e Spora Lygodii*.
4. Deficiência do Yang do rim
Princípio do tratamento: aquecer o rim e expelir o cálculo.
Opção de fórmula: *You Gui Yin* mais *Herba Lysimachiae e Spora Lygodii*.

---

9. *Niao Dao Pai Shi Tang*: *Herba Lysimachiae* 30 g, *Spora Lygodii* 18 g, *Folium Pyrrosiae* 15 g, *Rhizoma Sparganii* 9 g, *Otolithum Pseudosciaenae* 15 g, *Semen Persicae* 9 g, *Radix Cyathulae* 9 g, *Talcum* 18 g, *Semen Vaccariae* 9 g, em decocção.

Medicamentos Patenteados

Previnir a recorrência do cálculo: *Jin Qian Cao Chong Ji*[10].

Dissolver os cálculos de fosfato e oxalato: *Herba Lysimachiae* 30 g, ingerida diariamente na forma de chá.

Acupuntura

Pontos comuns: Shenshu (B23), *Jing*men (VB25), Pangguangshu (B28) e Zhongji (VC3).

Pontos adjuvantes de acordo com o diagnóstico da síndrome:

Despejo em descendência de Umidade-Calor: Yinlingquan (BP9), Sanyinjiao (BP6) e Weiyang (B39) e Taichong (F3).

Estagnação de *Qi* e estase de sangue: Qihai (VC6), Xuehai (BP10) e Zusanli (E36).

Deficiência do baço e dos rins: Pishu (B20) e Guanyuan (VC4).

Pontos adicionais de acordo com a localização do cálculo:

Rim ou a porção superior da uretra: adição de Sanjiaoshu (BP6), Tianshu (E25) e Qihai (VC6).

Porção média ou inferior da uretra: adição de Shuidao (E28) e Ciliao (B32).

A manipulação por sedação com estímulo forte e repetitivo é recomendada. É aconselhável reter as agulhas no mínimo 30 minutos após a condição da cólica ter melhorado.

RETENÇÃO URINÁRIA

A retenção não obstrutiva da urina, tal como ocorre nas condições pós-cirúrgicas ou pós-parto, é imediatamente aliviada pela acupuntura, mas na retenção da urina decorrente da obstrução por lesões orgânicas a acupuntura não é recomendável.

Acupuntura

Os pontos recomendados são: Ciliao (B32), Zhongliao (B33), Baihuanshu (B30), Shenshu (B23), Sanjiaoshu (B22), Zhongji (VC3), Qugu (VC2), Sanyinjiao (BP6) e Yinlingquan (BP9).

Na inserção dos pontos na porção inferior do abdome e das costas, é preferível direcionar a sensação de acupuntura em descendência para a uretra ou o períneo.

INCONTINÊNCIA URINÁRIA

A incontinência urinária é freqüentemente decorrente da função deficiente do rim ou da submersão do *Qi* do baço, que faz a bexiga se tornar incapaz de reter a eliminação natural da urina. Além disso, a incontinência urinária também ocorre na paraplegia.

---

10. *Jin Qian Cao Chong Ji: Herba Lysimachiae, Folium Pyrrosiae e Herba Plantaginis.*

Acupuntura

O princípio de tratamento consiste em revigorar o baço e reforçar o rim para melhorar a função da bexiga.

Os pontos selecionados são: Zhongji (VC3), Guanyuan (VC4), Qihai (VC6), Dahe (R12), Sanyinjiao (BP6), Taixi (R3), Fuliu (R7), Mingmen (VG4), Shenshu (B23) e Qihaishu (B24).

A manipulação de tonificação uniforme com 20-30 minutos de retenção da agulha é aconselhável. Selecionar três ou quatro pontos acima em uma sessão de tratamento todos os dias. O tratamento consiste em dez sessões.

INFERTILIDADE MASCULINA

As causas da infertilidade masculina são multifacetadas, variando de anormalidades dos órgãos a anormalidades da relação sexual. Infelizmente, na Medicina Ocidental é raro achar uma causa remediável de infertilidade masculina e o tratamento da causa pode ocorrer somente em poucos casos. A Medicina Chinesa vê o problema por uma ótica diferente, e isto auxilia algumas pessoas que não foram beneficiadas pela Medicina Ocidental.

Etiologia e Etiopatogenia

Anormalidades da espermatogênese (tal como oligozoospermia e azoospermia) e a maioria das anormalidades da relação sexual (tais como impotência e ejaculação retrógrada) são atribuídas à deficiência do rim, tanto do Yin quanto do Yang do rim. Como a essência do rim (o que inclui o esperma) e o sangue são da mesma fonte, anormalidades da espermatogênese também podem estar relacionadas à deficiência de *Qi* e sangue. Além disso, a infecção dos órgãos genitais e a varicocele que causa anormalidades seminais são consideradas patologia Umidade-Calor e estase dos vasos do fígado, respectivamente.

Diferenciação das Síndromes

1. Deficiência de Yin do rim: dor nas costas e debilidade nas pernas, secura da boca, sensação de calor nas palmas das mãos e solas dos pés, constipação, língua avermelhada com saburra escassa e pulso filiforme e rápido; anormalidades do esperma, incluindo volume decrescente de ejaculação, ausência de liquefação, aspermia ou oligospermia.

2. Deficiência do Yang do rim: dor nas costas e fraqueza nas pernas, aversão ao frio com membros frios, desejo de ingerir líquidos quentes, impotência ou inabilidade para manter uma ereção, aumento da freqüência intestinal, micção diluída freqüente, língua edemaciada com saburra branca e fina, e úmida, e pulso profundo e debilitado; o fluido seminal fino com número decrescente e motilidade reduzida de espermas.

3. Deficiência de *Qi* e sangue: lassidão e ausência de força, língua pálida com saburra escassa e pulso profundo e filiforme, ou anormalidades do esperma sem sintomas subjetivos.

4. Despejo descendente da Umidade-Calor: dor na região inferior do abdome, sensação de peso nas pernas, lassidão, ausência de força, secura na boca, micção turva e freqüente, Umidade no escroto, língua avermelhada com saburra amarela e oleosa e pulso deslizante e rápido, leucócitos no fluido seminal com número decrescente e motilidade reduzida de esperma.

5. Estase dos vasos do fígado: varicocele, normalmente do lado esquerdo, acompanhada de dor na região inferior do abdome, oligospermia e motilidade baixa dos espermas.

Medicamentos Fitoterápicos

1. Deficiência de Yin do rim
Princípio do tratamento: complementar o Yin do rim.
Opção de fórmula: *Zuo Gui Yin*.
2. Deficiência do Yang do rim
Princípio do tratamento: revigorar o Yang do rim.
Opção de fórmula: *You Gui Yin*.
3. Deficiência de *Qi* e sangue
Princípio do tratamento: complementar o *Qi* e o sangue e tonificar o rim.
Opção de fórmula: *Gui Lu Er Xian Jiao*[11] mais *Wu Zi Yang Zong Wan*.
4. Despejo em descendência da Umidade-Calor
Princípio do tratamento: remover a Umidade-Calor do Aquecedor Inferior.
Opção de fórmula: *Long Dan Xie Gan Tang* mais *Semen Cuscutae, Radix Dipsaci e Radix Morindae Officinalis*.
5. Estase dos vasos do fígado
Princípio do tratamento: aquecer o fígado e melhorar a circulação de seus vasos.
Opção de fórmula: *Nuan Gan Jian*[12].

Medicamentos Patenteados

1. Deficiência de Yin do rim: *Zuo Gui Wan* ou *Zhi Bai Di Huang Wan*, 6-9 g, duas vezes ao dia.

2. Deficiência do Yang do rim: *You Gui Wan* ou *Jin Suo Gu Jing Wan*, 6-9 g, duas vezes ao dia.

3. Deficiência de *Qi* e sangue: *Gui Lu Er Xian Jiao*, 3 g, ingerido de manhã após misturar com vinho e água fervente. *Wu Zi Yan Zong Wan*, 6 g, duas vezes ao dia.

---

11. *Gui Lu Er Xiang Jiao: Glutinun Plastri Testudinis* 12 g, *Gelatinum Cornu Cervi* 9 g, *Fructus Lycii* 15 g, *Radix Ginseng* 9 g, na forma de decocção.

12. *Nuan Gan Jian: Radix Angelicae Sinensis* 9 g, *Fructus Lycii* 9 g, *Poria* 6 g, *Fructus Foeniculi* 6 g, *Cortex Cinnamomi* 6 g, *Radix Linderae* 6 g e *Lignum Aquilariae Resinatum* 3 g, na forma de decocção.

4. Despejo descendente da Umidade-Calor: *Long Dan Xie Gan Wan*, 5 g, 3 vezes ao dia, até que a síndrome Umidade-Calor desapareça, e então tratar de acordo com um dos outros sintomas.

5. Estase dos vasos do fígado: *Ju He Wan*[13], 6-9 g, duas vezes ao dia.

Acupuntura

Seleção de pontos: Taixi (R3), Sanyinjiao (BP6), Zusanli (E36), Qihai (VC6), Shenshu (B23); Também Fuliu w(R7), Gongsun (BP4), Lieque (P7), Guanyuan (VC4) e Mingmen (VG4).

Manipulação: Alternadamente, usar os dois grupos de pontos acima. Puncionar Taixi (R3), Sanyinjiao (BP6), Zusanli (E36), Fuliu (R7), Gongsun (BP4) e Lieque (P7), com aplicação tipo sedação-tonificação uniforme com estímulo moderado e retenção da agulha por 20 minutos. Puncionar o Qihai (VC6) ou Guanyuan (VC4), direcionar a ponta da agulha em descendência para causar a transmissão da sensação de acupuntura em descendência para a genitália externa, e depois, retirar a agulha imediatamente. Aplicar a moxabustão no Shenshu (B23) e Mingmen (VG4) e também Qihai (VC6) e Guanyuan (VC4) após a punção.

---

13. *Ju He Wan*: *Semen Citri Reticulatae, Sargassum, Thallus Laminariae, Fructus Toosendan, Semen Persicae, Cortex Magnoliae Officinalis, Caulis Aristolochiae Manshuriensis, Fructus Aurantii Immaturus, Rhizoma Corydalis, Cortex Cinnamomi e Radix Aucklandiae*, transformadas em pó e misturadas em quantidade igual de peso e transformadas em pílulas; 5 g, 3 vezes ao dia.

CAPÍTULO 21

PATOLOGIAS ENDÓCRINAS E METABÓLICAS

HIPERTIREOIDISMO

O hipertireoidismo pode ser tratado adequadamente com terapia antitireoideana (por exemplo, propiltiuracil) na Medicina Ocidental moderna. Porém, a leucopenia é um efeito colateral comum e indesejável dos medicamentos antitireoideanos e, em raras ocasiões, ocorre agranulocitose. Reações alérgicas, tais como prurido, febre induzida por drogas e artralgia não são muito incomuns. Além disso, a terapia antitireoideana ocidental normalmente não apresenta efeito na oftalmopatia; ao contrário, pode, algumas vezes, aumentá-la. A medicação fitoterápica chinesa e a acupuntura, embora não tão efetivas quanto o propiltiuracil, não apresentam efeitos colaterais indesejáveis e podem ser usadas como tratamento complementar. Seu efeito sobre a oftalmopatia vale uma investigação especial.

Etiologia e Etiopatogenia

O hipertireoidismo está normalmente associado às emoções. Na maioria dos casos, ocorre após um trauma ou estresse emocional. O fígado é o primeiro a ser afetado. O *Qi* estagnado do fígado transforma-se em Fogo. Fogo acumulado no meridiano do fígado obstrui o Yin do fígado e, subseqüentemente, o Yin do rim, "atiça" o Fogo do coração, conduzindo à lesão do Yin do coração. A deficiência origina a preponderância de Fogo, fazendo, assim, com que a patologia persista, mesmo que o trauma emocional passe. Portanto, a principal etiopatogenia deste estágio inicial é a deficiência de Yin com preponderância de Fogo, com o envolvimento do fígado, rim e coração.

Porém, a obstrução do Yin afeta o Yang e o Yang do baço é sempre obstruído neste caso. A obstrução do Yang do baço conduz à produção da Umidade, que se transforma em muco após retenção prolongada. A Umidade-muco acumulada no pescoço forma o bócio ou o alargamento da glândula da tireóide. A Umidade-muco pode ascender para os olhos e causar a protrusão ocular (exoftalmia). O Fogo atinge o coração, causando palpitação. Se ele afeta o fígado, torna o paciente irascível, e se afetar o estômago, conduz ao aumento do apetite com emagrecimento.

Diferenciação das Síndromes

Na maioria dos casos, a patologia é confundida entre deficiência e excesso. A condição de deficiência envolve o fígado, rim e baço; a condição de excesso está relacionada com a estagnação de *Qi*, preponderância de Fogo e muco acumulado.

1. Deficiência de Yin com preponderância de Fogo: rubor facial com exoftalmia, tremores nas mãos, palpitações, sudorese excessiva, irascibilidade, gosto amargo na boca e secura na garganta, aumento anormal de apetite, ingestão de alimentos sem ganho de peso, olhos congestionados com fotofobia, insônia, sono com sonhos, glândula tireóide aumentada, língua vermelha com saburra amarela e pulso em corda ou deslizante e pulso rápido.

2. Deficiência de Yin e *Qi*: sensação de opressão no tórax, dispnéia, palpitação, aversão ao calor, sudorese excessiva, agitação, insônia, lassidão, ausência de força, emagrecimento, aumento da glândula da tireóide, língua levemente avermelhada com saburra branca e fina e pulso filiforme e rápido.

3. Estagnação do *Qi* do fígado com deficiência do baço: sensação de distensão no tórax e no abdome, ausência de gosto na boca, anorexia, lassidão, ausência de força, aumento da freqüência intestinal, exoftalmia, tremores na língua e nas mãos, menstruação irregular, glândula tireóide aumentada, língua pálida com saburra branca e pulso em corda e filiforme.

4. Acúmulo de muco com *Qi* estagnado: irritabilidade e irascibilidade, aversão ao calor, sudorese excessiva, distensão abdominal, anorexia, dor e distensão no hipocôndrio, glândula tireóide aumentada, língua pálida e inchada com saburra branca e oleosa e pulso deslizante e rápido.

Medicamentos Fitoterápicos

1. Deficiência de Yin com preponderância de Fogo
Princípio do tratamento: nutrir o Yin e purgar o Fogo.
Opção de fórmula: *Zhi Bai Di Huang* Tang.
2. Deficiência de *Qi* e Yin
Princípio do tratamento: complementar o *Qi*, nutrir o Yin e dominar o Yang do fígado.
Opção de fórmula: *Sheng Mai Yin* mais *Qi Ju Di Huang Wan*.
3. Estagnação do *Qi* do fígado com deficiência do baço
Princípio do tratamento: aliviar o fígado, revigorar o baço e eliminar o muco.
Opção de fórmula: *Xiao Yao San* mais *Liu Jun Zi Tang* ou *Liu Jun Zi Wan*.
4. Acúmulo do muco com *Qi* estagnado
Princípio do tratamento: aliviar o fígado, regular o fluxo do *Qi* e eliminar o muco.
Opção de fórmula: *Chai Hu Shu Gan San*.

Medicamentos Patenteados

Xia Ku Cao Gao 9 g, duas vezes ao dia.

Acupuntura

Seleção de pontos: Neiguan (PC6), Jianshi (PC5), Shenmen (C7), Zusanli (E36), Sanyinjiao (BP6), Taixi (R3), Fuliu (R7), Taichong (F3), Zhaohai (R6) e Guanyuan (VC4). Usar 4-5 pontos a cada vez e puncionar com a manipulação por sedação.

Pontos auxiliares selecionados de acordo com os sintomas: adição de Tianzhu (B10) e Fengchi (VB20) para exoftalmia (preferencialmente, direcionar a sensação de acupuntura para os olhos); adição da Zhongwan (VC12) para polifagia.

DIABETES MELLITUS

Na MTC, o diabetes é chamada de *xiaoke*, que significa emagrecimento e sede. No início do século II d.C, foi feita uma fórmula para tratar esta patologia que ainda é usada no tratamento de determinados padrões de diabetes mellitus. Em 752 d.C, foi registrada a ocorrência de urina adocicada. Então, por um longo período, foram feitas muitas experiências terapêuticas com o diabetes mellitus.

Etiologia e Etiopatogenia

Os fatores causais da patologia são as características congênitas (hereditária) ou adquiridas. Os fatores adquiridos incluem dieta inadequada, principalmente a ingestão de alimentos doces, trauma emocional, estresse e patologias exógenas. Qualquer um destes fatores pode conduzir à produção de Calor que consome o Yin, de modo que a Secura-Calor impede a função do pulmão, estômago e rins, resultando em diabetes mellitus. Portanto, as mudanças patológicas principais são deficiência de Yin e Secura-Calor.

Diferenciação das Síndromes

1. Secura-Calor no pulmão: sede intensa com desejo forte por líquidos, poliúria, aumento da ingestão de alimentos, perda de peso, língua avermelhada com saburra seca e amarela e pulso deslizante e rápido.

2. Secura-Calor no estômago: aumento do apetite e da ingestão de alimentos, sede, constipação, língua seca e avermelhada e pulso vigoroso.

3. Deficiência de Yin dos pulmões e dos rins: poliúria com apetite aumentado e emagrecimento, acompanhada algumas vezes de tontura e visão turva, língua avermelhada com pouca saburra e pulso filiforme e rápido.

4. Deficiência de Yin e Yang: poliúria com urina cremosa e turva, compleição escura, secura na boca e na garganta, dor e debilidade nas costas e joelhos, aversão ao frio, língua pálida com saburra seca e pulso profundo, filiforme e debilitado.

5. Deficiência de *Qi* com estase de sangue: sede sem desejo de ingerir líquidos, parestesia dos membros com alteração da sensibilidade, lassidão, ausência de força, língua escura com pontos púrpura ou veias sublinguais congestionadas e pulso profundo e hesitante.

Medicamentos Fitoterápicos

1. Secura-Calor nos pulmões
Princípio do tratamento: purgar o Calor do pulmão e aliviar a secura.

Opção de fórmula: *Bai Hu Jia Ren Shen Tang.*

2. Secura-Calor no estômago

Princípio do tratamento: purgar o Calor do estômago e complementar o fluido.

Opção de fórmula: *Yu Nu Jian*[1] mais *Rhizoma Coptidis.*

3. Deficiência de Yin dos pulmões e dos rins

Princípio do tratamento: nutrir o Yin do rim.

Opção de fórmula: *Liu Wei Di Huang Wan.*

4. Deficiência de Yin e Yang

Princípio do tratamento: tonificar o Yin e o Yang

Opção de fórmula: *Jin Gui Shen Qi Wan.*

5. Deficiência de *Qi* com estase de sangue

Princípio do tratamento: complementar o *Qi* e remover a estase de sangue.

Opção de fórmula: *Bu Yang Huan Wu Tang.*

Medicamentos Patenteados

Secura nos pulmões e no estômago: *Yu Quan Wan*[2].
Deficiência de Yin do rim: *Liu Wei Di Huang Wan.*
Deficiência do Yang do rim: *Jin Qui Shenai Wan.*

Acupuntura

Pontos comuns: Feishu (B13), Pishu (B20), Shenshu (B23), Zusanli (E36) e Taxi (R3). Pontos adjuvantes de acordo com a diferenciação da síndrome:

Para secura-Calor no pulmão, adição de Shaoshang (P11), Yuji (P10), Geshu (B17) e Xinshu (B15).

Secura-Calor no estômago, adição da Zhongwan (VC12), Weishu (B21), Neiting (E44) e Sanyinjiao (BP6).

Para deficiência de Yin dos rins, adição da Guanyuan (VC4), Fuliu (R7), Shuiquan (R5) e Mingmen (VG4).

OBESIDADE

Limitação das Calorias é sempre difícil por causa das mudanças metabólicas que ocorrem como resposta à restrição calórica. Anorexígenos são freqüentemente usados no tratamento ocidental da obesidade. Porém, problemas de hábitos, vícios e abuso medicamentoso limitam sua eficácia. O uso suplementar de hormônio da tireóide também produz efeitos colaterais, particularmente complicações cardiovasculares.

---

1. *Yu Nü Jian: Gypsum Fibrosum* 15-30 g, *Rhizoma Anemarrhenae* 4,5 g, *Radix Rehmanniae Preparata* 9-30 g, *Radix Ophiopogonis* 6 g, *Radix Achyranthis Bidentatae* 4,5 g, na forma de decocção.

2. *Yu Quan Wan: Radix Trichosanthis, Radix Puericae, Radix Ophiopogonis, Radix Ginseng, Poria, Fructus Mume, Radix Glycyrhizae, Radix Astragali e Radix Astragali Preparata* misturadas em uma proporção de 3:3:2:2:2:2:2:1:1 de peso e transformadas em pílulas, de 6 g, 2-3 vezes ao dia.

Portanto, os medicamentos fitoterápicos e a acupuntura podem servir como uma terapia complementar ou alternativa qualquer que seja a restrição alimentar necessária.

Etiologia e Etiopatogenia

A obesidade pode ser classificada como excesso e como deficiência. Nas condições de excesso, a dieta inadequada, com alimentos ricos age sobre o baço produzindo muco-Umidade, que se acumula no corpo e conduz à obesidade. A dieta inadequada pode prejudicar a função do baço, originando deficiência de *Qi*. Neste último caso, embora obeso, o paciente tem uma condição de deficiência.

Diferenciação das Síndromes

1. Acúmulo interior de muco-Umidade: obesidade acompanhada de muito apetite, tontura, sonolência, salivação, sensação de opressão no tórax, dispnéia, movimentos vagarosos, língua com saburra oleosa e pulso deslizante.

2. Deficiência do baço e do estômago (deficiência de *Qi*): obesidade acompanhada de indolência, lassidão, distensão abdominal, perda de apetite, edema suave nas pernas, saburra fina e branca e pulso filiforme.

Medicamentos Fitoterápicos

1. Acúmulo interior de muco-Umidade
Princípio do tratamento: remove o muco e a Umidade.
Opção de fórmula: *Dao Tan Tang*[3].
2. Deficiência de *Qi*
Princípio do tratamento: revigorar o baço e complementar o *Qi*.
Opção de fórmula: *Liu Jun Zi Tang*.

Medicamentos Patenteados

Muco-Umidade: *Fang Feng Tong Sheng Wan*.
Deficiência de *Qi*: *Jiang Zhi Jian Fei Chong Ji*[4].

Acupuntura

Para a obesidade de padrão muco-Umidade, o princípio de tratamento consiste em dissipar a Umidade e dissolver o muco. Os pontos usados são principalmente o

---

3. *Dao Tan Tang: Poria* 9 g, *Rhizoma Pinnelliae* 12 g, *Pericarpium Citri Reticulatae* 6 g, *Radix Glycyrrhizae* 3 g, *Rhizoma Arisaematis* 5 g, *Fructus Aurantii Immaturus* 6 g e *Rhizoma Zingiberis Recens* 3 fatias, na forma de decocção.

4. *Jiang Zhi Jian Fei Chong Ji: Radix Salviae Miltiorrhizae, Rhizoma Alismatis, Radix Polygoni Multiflori, Fructus Crataegi, Radix Astragali, Radix Ophiopogonis, Rhizoma Dioscoreae e Folium Theae*.

Zhongwan (VC12), Weishu (B21), Zusanli (E36), Fenglong (E40) e Neiguan (PC6), sendo preferível a aplicação de estímulo forte com manipulação por sedação. Para a obesidade de deficiência do tipo *Qi*, o tratamento é focado no revigoramento do baço e complemento do *Qi*. Os pontos usados são Pishu (B20), Zusanli (E36), Qihai (VC6), Liangqiu (E34) e Lieque (P7), sendo indicada a aplicação de estímulo fraco com manipulação por tonificação.

CAPÍTULO 22

PATOLOGIAS GINECOLÓGICAS

FISIOLOGIA FEMININA TRADICIONAL CHINESA

Útero: é um importante órgão feminino onde se origina a menstruação e no qual se desenvolve a prole antes do nascimento. É considerado um "órgão extraordinário" porque funciona como uma víscera *Fu* quando elimina o fluxo menstrual e expele o feto e a placenta durante o parto, mas também age como um órgão *Zang* quando abriga o feto, a essência e o sangue durante a gravidez e o período intermenstrual.

Menstruação: é a eliminação de sangue mensal peculiar das mulheres. Começa na puberdade (13-15 anos) e estende-se até a menopausa (por volta de 49 anos). Normalmente, o ciclo menstrual dura cerca de 28 dias e o período menstrual dura 3-7 dias. O sangue menstrual não coagula e pode haver somente dor suave durante a eliminação menstrual.

Secreção vaginal: é uma secreção esbranquiçada, viscosa e sem odor eliminada pela vagina. Sob a ótica da MTC, a secreção vaginal é um tipo de fluido Yin estocado nos rins e governado pelo Vaso da Concepção, restrito pelo Vaso da Cintura. A secreção umedece a vagina e aumenta em quantidade por volta do período menstrual, durante a ovulação e na gravidez.

Gravidez: é a condição de gerar uma criança, marcada pelo cessar da menstruação, náusea matutina e aumento progressivo do abdome. A duração da gravidez dura cerca de 280 dias. Após o parto, a mama secreta leite para alimentar a criança. Menstruação, secreção leucorréica, gravidez e lactação estão todos relacionados com a função dos órgãos *Zang Fu*, meridianos, *Qi* e sangue, *tiankui* (essência do estímulo sexual) e o útero.

Qi e sangue: são a matéria básica onde a menstruação, gravidez e lactação se originam. O produto principal da menstruação é o sangue. Durante a gravidez, a essência e o sangue são necessários para nutrir o feto. O leite é produzido do sangue. Porém, a produção, circulação e regulação do sangue dependem da função do *Qi*. Então, diz-se na MTC que a fisiologia feminina está baseada no *Qi* e no sangue.

Fígado, baço e rins: são órgãos *Zang* intimamente relacionados à fisiologia feminina. Os rins estocam a essência e são responsáveis pela reprodução. Somente quando o *Qi* dos rins é exuberante e o *tiankui* é suficiente para produzir no tempo devido; e os vasos Penetrador e da Concepção estão cheios, a menstruação, secreção vaginal e a gravidez serão normais.

O baço tem a função da digestão e do transporte, e o estômago recebe os alimentos ingeridos. Os dois órgãos são a fonte do *Qi* e do sangue e, assim, encontram-se intimamente relacionados com a menstruação, gravidez e lactação.

O fígado, reserva do sangue, tem a função de suavizar e regular o fluxo do *Qi* e do sangue e, portanto, ajusta o ciclo menstrual e a quantidade de menstruação.

Os vasos Penetrador, Concepção, Governador e da Cintura são os meridianos relacionados diretamente com a fisiologia feminina. O Vaso Penetrador, também chamado de "mar de sangue", origina-se no útero. O sangue de todos os órgãos *Zang Fu* convergem para o Vaso Penetrador. Quando o Vaso Penetrador fica cheio em períodos regulares, o ciclo menstrual está formado. Durante a gravidez, a menstruação cessa e o sangue no Vaso Penetrador é usado para nutrir o feto.

O Vaso da Concepção, "Mar dos meridianos Yin", também se origina no útero e domina todos, essência, sangue e fluido, e proporciona a fonte principal de nutrição do feto.

O Vaso Governador "Mar dos meridianos Yang", rege o Yang *Qi* do corpo humano. Os vasos Governador e da Concepção comunicam-se mutuamente e regulam o *Qi* e o sangue, mantendo a fisiologia normal nas mulheres.

O Vaso da Cintura corre em volta da cintura e encontra-se com os vasos Penetrador, Concepção e Governador, e restringe a função destes três de modo que o *Qi* e o sangue que fluem para o útero possam ser mantidos em proporção normal.

Tiankui é um nome chinês para a essência de estímulo sexual tanto no homem quanto na mulher. É uma essência produzida e estocada nos rins e tem a ação de promoção e desenvolvimento, regulando a menstruação e facilitando a reprodução.

PATOLOGIAS TRADICIONAIS CHINESAS FEMININAS

A etiologia e a etiopatogenia das patologias ginecológicas são as mesmas que as das patologias internas, mas os pontos seguintes devem ser enfatizados:

1. Fator patogênico exógeno, especialmente o Frio, Calor e Umidade são capazes de envolver o sangue da mulher, conduzindo à estase de sangue.

2. Fatores emocionais facilmente causam sempre perturbações dos órgãos *Zang Fu* nas mulheres.

3. Disfunção dos órgãos *Zang Fu*, principalmente a disfunção do fígado, baço e rins, é a patogênese primitiva das patologias ginecológicas. Os rins governam o Vaso da Concepção, o fígado regula o Vaso Penetrador e o baço está encarregado do Vaso da Cintura. A deficiência dos rins origina a menstruação irregular, ameaça de aborto, infertilidade ou amenorréia; a estagnação do *Qi* do fígado causa a dismenorréia, polimenorréia ou amenorréia; a insuficiência do baço conduz ao prolapso do útero, metrorragia ou escape.

4. Desordens do *Qi* e do sangue são uma conexão patogênica importante nas patologias ginecológicas. A maioria dos fatores etiológicos acima age sobre o *Qi* e o sangue e conduz à estagnação de *Qi*, deficiência de *Qi*, deficiência de sangue, estase de sangue, Frio ou Calor no sangue e, portanto, várias patologias são marcadas por menstruação irregular, leucorréia, infertilidade ou parto pós-termo.

5. Obstrução dos vasos da Concepção, Penetrador e Governador causa patologias ginecológicas, já que os três vasos se originam no útero, sendo que o último regulariza todos eles.

DISMENORRÉIA

A dismenorréia é uma queixa comum nas mulheres em idade precoce. Embora as patologias orgânicas possam ser encontradas em uma proporção considerável de pacientes, não é incomum a dismenorréia decorrente apenas de desordens funcionais. Nestes casos, a Medicina Chinesa, incluindo a acupuntura, pode ser muito útil.

Etiologia e Etiopatogenia

A dismenorréia decorre, principalmente, do fluxo obstruído do *Qi* e do sangue que pode ser causado pelos fatores seguintes:

Nos distúrbios emocionais, a estagnação de *Qi* e do sangue no útero produzem dor durante a menstruação.

Viver em lugares frios e úmidos ou a exposição ao frio ao atravessar um rio, ou a ingestão excessiva de alimentos frios e crus pode conduzir à retenção de Frio no útero. O congelamento do sangue pelo Frio impede o fluxo do sangue e causa dor.

Nos indivíduos com patologias crônicas ou constituição debilitada, *Qi* e sangue são normalmente inadequados. Quando o suprimento de sangue nos vasos do útero for insuficiente, o fluxo sanguíneo também será obstruído, causando dor.

Diferenciação das Síndromes

1. Estagnação de *Qi*: dor abdominal na região inferior do abdome antes ou durante o período menstrual irradiando para flancos e tórax, diminuição da quantidade de fluxo menstrual com coágulos, irritabilidade, língua com saburra branca e fina e pulso em corda.

2. Estase de sangue: cólicas na região inferior do abdome antes ou durante o período menstrual, em forma de punhalada e agravadas com a pressão, redução da quantidade de sangue menstrual escuro misturado com coágulo e alívio da dor após a eliminação dos coágulos, língua púrpura ou com pontos púrpura e pulso profundo e hesitante.

3. Frio congelante: dor na região inferior do abdome acompanhada por sensação de frio e pontos dolorosos antes ou durante a menstruação, aliviada com o aquecimento, menstruação retardada e escassa e presença de coágulos de sangue, língua escura com saburra branca e oleosa e pulso profundo e tenso.

4. Deficiência de *Qi* e sangue: dor contínua durante e após o período menstrual, aliviada por aquecimento e pressão, fluxo menstrual escasso e de coloração pálida, palidez, lassidão, ausência de força, palpitação, dispnéia, língua pálida com saburra fina e pulso filiforme e debilitado.

Medicamentos Fitoterápicos

1. Estagnação de *Qi*

Princípio do tratamento: suavizar o fluxo do *Qi* e aliviar a dor.

Opção de fórmula: *Xiao Yao San* mais *Rhizoma Corydalis*.

2. Estase de sangue

Princípio do tratamento: remover a estase de sangue e aliviar a dor.

Opção de fórmula: *Shao Fu Zhu Yu Tang* mais *Rhizoma Corydalis.*

3. Frio congelante

Princípio do tratamento: dissipar o Frio-Umidade, regular o fluxo de *Qi* e remover a estase de sangue.

Opção de fórmula: *Wen Jing Tang*[1] mais *Rhizoma Coridalis.*

4. Deficiência de *Qi* e de sangue

Princípio do tratamento: reforçar o *Qi* e o sangue.

Opção de fórmula: *Shi Chuan Da Bu Wan.*

Medicamentos Patenteados

Estagnação de *Qi* e estase de sangue: *Yi Mu Wan*[2].

Frio congelante com deficiência de sangue: *Ai Fu Nuan Gong Wan.*

Deficiência de *Qi* e sangue: *Ba Zhen Yi Mu Wan*[3].

Acupuntura

Pontos comuns: Guanyuan (VC4), Zhongji (VC3), Ciliao (B32), Diji (BP8) e Xuehai (BP10).

Pontos adicionais de acordo com a diferenciação da síndrome:

Para a estagnação do *Qi* e da estase de sangue, adição da Taichong (F3) e Qichong (E30).

Para Frio congelante, adição da Shuidao (E28) e Dahe (R12).

Para deficiência de *Qi* e do sangue, adição da Pishu (B20) e Sanyinjiao (BP6).

O início das sessões de acupuntura deve ser uma semana antes do início do período menstrual, diariamente.

HEMORRAGIA UTERINA DISFUNCIONAL

A hemorragia uterina disfuncional consiste em sangramento anormal do útero que não está relacionado a ameaça de abortamento ou abortamento incompleto, ou a uma patologia hemorrágica generalizada. As causas da hemorragia uterina disfuncional podem ser divididas em associadas aos ciclos ovulatórios e aos anovulatórios. Na Medicina Chinesa, porém, os fatores desta patologia são abordados de maneira diversa.

---

1. *Wen Jing Tang: Fructus Evodiae* 9 g, *Radix Angelicae Sinensis* 9 g, *Radix Peoniae Rubra* 6 g, *Rhizoma Chuan Xiong* 6 g, *Radix Ginseng* 6 g, *Ramulus Cinnamomi* 6 g, *Colla Corii Asini* 9 g, *Cortex Moutan* 6 g, *Rhizoma Zingiberis Recens* 6 g, *Radix Glycyrrhizae* 6 g, *Rhizoma Pinelliae* 6 g e *Radix Ophiopogonis* 9 g, em decocção.

2. *Yi Mu Wan: Herba Leonuri, Radix Angelicae Sinensis, Rhizoma Chuan Xiong* e *Radix Aucklandiae*, misturadas a uma razão de 8:4:2:0,75 de peso, transformadas em pílulas de mel, 9 g, 3 vezes ao dia.

3. *Ba Zhen Yi Mu Wan*: pílulas de mel da *Ba Zhen Wan* mais *Herba Leonuri*, 9 g, a ser ingerida 2 vezes ao dia, com início uma semana antes do período menstrual.

Etiologia e Etiopatogenia

Esta patologia é sempre atribuída aos quatro seguintes fatores:

1. Calor no sangue: O Calor invade os vasos Penetrador e da Concepção e causa um movimento frenético do sangue e, portanto, ocorre a hemorragia. Nas condições de excesso, o Calor sempre se origina da constituição exuberante de Yang, alimentos quentes e condimentados, Fogo transformado da estagnação do *Qi* do fígado, ou patologia por Calor impuro. Nas condições de deficiência, o Calor pode derivar de uma constituição deficiente do Yin, patologias crônicas ou alteração do Yin após uma hemorragia intensa.

2. Deficiência do rim: A deficiência de *Qi* do rim pode conduzir à disfunção dos vasos Penetrador e da Concepção, manifestada por hemorragia uterina. Deficiência de Yin do rim pode originar Calor endógeno ou Fogo que ocasiona a hemorragia uterina. Nestes casos, insuficiência constitucional, mudanças climáticas e patologias crônicas que envolvem o rim são os fatores etiológicos comuns.

3. Deficiência de *Qi*: dieta inadequada, estresse ou preocupação e ansiedade excessivas que diminuem o *Qi* do baço, de modo que o sangue não pode fluir dentro deles, resultando em hemorragia.

4. Estase de sangue: Estagnação do *Qi* do fígado decorrente de trauma emocional ou psíquico sempre conduz a estase de sangue. Se o sangue estagnado estiver retido nos vasos Penetrador e da Concepção ou durante a menstruação, isto impedirá a circulação sanguínea de fluir nos vasos e, portanto, causará hemorragia.

Diferenciação das Síndromes

1. Hemorragia decorrente de Calor excessivo no sangue: menstruação irregular com diminuição do intervalo entre os ciclos e sangue vermelho escuro e profuso, menstruação espessa, rubor facial, cefaléia, irritabilidade, secura na garganta e gosto amargo na boca, constipação, língua avermelhada com saburra amarela e seca e pulso deslizante e vigoroso.

2. Hemorragia decorrente de deficiência de Yin com Calor no sangue: hemorragia intensa e prolongada com menstruação vermelha viva, rubor malar, agitação, insônia, lábios secos e vermelhos, dor e debilidade nas costas e pernas, sensação quente nas palmas das mãos e solas dos pés, língua avermelhada com pouco ou nenhuma saburra e pulso profundo e filiforme.

3. Hemorragia decorrente de deficiência de *Qi* do rim: hemorragia profusa e incessante com menstruação de coloração pálida, dor e debilidade nas costas e joelhos, aversão ao frio com membros frios, língua pálida com saburra fina e pulso filiforme, principalmente debilitado na seção *chi*.

4. Hemorragia decorrente da deficiência de *Qi*: hemorragia incessante e profusa com menstruação fina e de cor pálida, compleição pálida, lassidão, ausência de força, palpitação, sudorese espontânea, perda de apetite, distensão abdominal, aumento da freqüência intestinal, língua pálida com saburra fina e pulso filiforme e debilitado.

5. Hemorragia decorrente da estagnação do sangue: hemorragia incessante e profusa com menstruação vermelha escura misturada com coágulos, acompanhada de dor na região inferior do abdome que é aliviada após a eliminação dos coágulos, língua escura ou com pontos púrpura e pulso filiforme e hesitante.

Medicamentos Fitoterápicos

1. Hemorragia decorrente de Calor excessivo no sangue
Princípio do tratamento: remover o Calor do sangue.
Opção de fórmula: *Qing Jing Tang*[4].
2. Hemorragia decorrente da deficiência de Yin com Calor no sangue
Princípio do tratamento: nutrir o Yin, eliminar o Calor e conter a hemorragia.
Opção de fórmula: *Gu Jin Wan*[5].
3. Hemorragia decorrente da deficiência de *Qi* do rim
Princípio do tratamento: tonificar o *Qi* do rim.
Opção de fórmula: *You Gui Yin*.
4. Hemorragia decorrente da deficiência de *Qi*
Princípio do tratamento: complementar o *Qi*.
Opção de fórmula: *Gui Pi Tang*.
5. Hemorragia decorrente da estagnação do sangue
Princípio do tratamento: remover a estagnação do sangue e conter a hemorragia.
Opção de fórmula: *Si Wu Tang* mais *Shi Xiao San* e *Radix Notoginseng*.

Medicamentos Patenteados

Os medicamentos patenteados somente podem ser usados como tratamento de manutenção após a hemorragia já ter cessado.

Hemorragia decorrente de Calor excessivo no sangue: *Gu Jing Wan*.
Deficiência de Yin com Calor no sangue: *Er Zhi Wan*[6].
Hemorragia decorrente da deficiência de *Qi*: *Gui Pi Wan* ou *Bu Zhong Yi Qi Wan*.

Acupuntura

Pontos comuns: Qihai (VC6), Sanyinjiao (BP6), Pishu (B20), Ganshu (B18), Yinbai (BP1) e Jiaoxin (R8).

---

4. *Qing Jing Tang*: Cortex Moutan 6 g, Radix Peoniae Alba 6 g, Radix Rehmanniae Preparata 6 g, Cortex Lycii 15 g, Herba Artemisae Annuae 6 g, Poria 3 g, Cortex Phellodendri 1,5 g, na forma de decocção.

5. *Gu Jing Wan*: Radix Scutellariae 30 g, Radix Peoniae Alba 30 g, Plastrum Testudinis 30 g, Cortex Ailanthi 21 g, Cortex Phellodendri 9 g, Rhizoma Cyperi 7,5 g a serem transformadas em pílula, 9 g, 1-2 vezes ao dia.

6. *Er Zhi Wan*: Fructus Ligustri Lucidi e Folium Camptothecae misturadas e transformadas em pílulas, 15 g, 2 vezes ao dia. A *Fructus Ligustri Lucidi* deve ser colhida no solstício de inverno e a *Folium Camptothecae* no solstício de verão, motivo do nome "Pílula dos dois solstícios".

Pontos adicionais de acordo com a diferenciação da síndrome:

Para a deficiência de *Qi*, adição de Yinjiao (VC7), Zusanli (E36) e Gaohuang (B43).

Para Calor no sangue, adição da Xuehai (SP10) e Dadun (F1) e Shuiquan (R5).

Para estase de sangue, adição da Qichong (E30), Taichong (F3) e Diji (BP8).

Para deficiência de Yin, adição da Taixi (R3) e Yingu (R10).

AMENORRÉIA

Amenorréia fisiológica ocorre durante a gravidez, a lactação e após a menopausa. A amenorréia patológica é definida como ausência de menarca por volta dos 16 anos (amenorréia primária) ou a ausência da menstruação por 6 meses em mulheres com menstruações prévias (amenorréia secundária). O principal distúrbio fisiológico inclui: a) defeitos anatômicos, b) falência ovariana e c) anovulação crônica com ou sem presença de estrógeno. Com exceção do defeito anatômico, os outros distúrbios podem ser tratados com medicamentos fitoterápicos e/ou com acupuntura.

Etiologia e Etiopatogenia

Na MTC, a amenorréia é classificada em duas categorias: deficiência e excesso. A primeira normalmente é atribuída à deficiência de *Qi* e sangue do fígado e dos rins, ao passo que a última ocorre da estagnação de *Qi*, estase de sangue e acúmulo de muco. Os fatores causais mais comuns no primeiro caso são aborto, hemorragia puerperal e patologias crônicas, e as do último caso são normalmente patologias exógenas tipo Vento-Frio ou Frio-Umidade e alterações internas decorrente de estresse emocional.

Diferenciação das Síndromes

I. Síndromes de Deficiência

1. Deficiência de *Qi* e de sangue: amenorréia com tontura, zumbido, palpitação, dispnéia, lassidão, língua pálida e pulso profundo e filiforme.

2. Deficiência do Yang do rim: amenorréia com compleição envelhecida, atrofia das mamas, lombalgia, aversão ao frio, membros frios, língua pálida com saburra branca e pulso macio e profundo.

3. Deficiência de Yin do rim: amenorréia com compleição envelhecida, atrofia da mama, emagrecimento, sensação de calor nas palmas das mãos e solas dos pés, sudorese noturna, língua descascada e pulso filiforme e rápido.

II. Síndrome de Excesso

1. Estagnação de *Qi* e estase de sangue: amenorréia com depressão, irritabilidade, opressão no tórax, dor nos flancos, distensão na região inferior do abdome, língua com bordas de cor púrpura ou pontos púrpura e pulso em corda ou hesitante.

2. Obstrução por muco: amenorréia com obesidade, sensação de opressão no tórax, distensão abdominal, náusea, expectoração, ausência de gosto na boca, língua com saburra oleosa e branca e pulso filiforme e deslizante.

Medicamentos Fitoterápicos

I. Síndromes de Deficiência

1. Deficiência de *Qi* e sangue
Princípio do tratamento: complementar o *Qi* e o sangue.
Opção de fórmula: *Ba Zhen Yi Mu Wan*[7].
2. Deficiência do Yang do rim
Princípio do tratamento: aquecer e tonificar o rim.
Opção de fórmula: *You Gui Yin*.
3. Deficiência de Yin do rim
Princípio do tratamento: complementar o Yin do rim.
Opção de fórmula: *Liu Wei Di Huang Tang*.

II. Síndromes de Excesso

1. Estagnação do *Qi* e estase de sangue
Princípio do tratamento: regular o *Qi* e remover a estase de sangue.
Opção de fórmula: *Shao Fu Zhu Yu Tang*.
2. Obstrução por muco
Princípio do tratamento: eliminar o muco.
Opção de fórmula: *Cang Fu Dao Tan Tang*[8].

Medicamentos Patenteados

As preparações prontas para o uso usadas no tratamento da amenorréia de padrão de deficiência são as seguintes: *Ba Zhen Yi Mu Wan, Dang Gui Wan* e *Ji Xue Teng Cao*.

As preparações prontas para o uso usadas no tratamento da amenorréia de padrão de excesso são as seguintes: *Xiao Yao Wan* para aliviar a estagnação de *Qi, Yue Ju Wan* para eliminar o muco e *Yi Mu Cao Gao* para remover a estase de sangue.

Acupuntura

I. Síndromes de deficiência

Seleção de pontos: Pishu (B20), Shenshu (B23) e Zusanli (E36).
Manipulação: tonificação com moxabustão.

---

7. *Ba Zhen Yi Mu Wan*: pílulas de mel que contêm *Ba Zhen Wan* e *Herba Leonuri*, 6 g, 2 vezes ao dia.

8. *Cang Fu Dao Tan Tang*: *Poria* 9 g, *Rhizoma Pinelliae* 9 g, *Pericarpium Citri Reticulatae* 5 g, *Radix Glycyrrhizae* 3 g, *Rhizoma Arisaematis* 9 g, *Rhizoma Atractylodis* 9 g, *Rhizoma Cyperi* 12 g, *Fructus Aurantii* 9 g, *Rhizoma Zingiberis Recens*, 3 fatias e *Massa Fermentata Medicinalis* 9 g, na forma de decocção.

II. Síndromes de excesso

Seleção de pontos: Zhongji (VC3), Hegu (IG4), Sanyinjiao (BP6), Xuehai (BP10) e Fenglong (E40).

Manipulação: sedação. Moxabustão não é indicada.

SÍNDROME PRÉ-MENSTRUAL

A síndrome pré-menstrual é um complexo de sintomas, como irritabilidade e depressão cíclicas acompanhadas de edema, ingurgitação das mamas e do abdome que ocorre durante alguns dias antes do período menstrual. Na Medicina Ocidental, como a causa desta síndrome ainda não está esclarecida, não há consenso sobre a terapêutica. Na Medicina Chinesa, porém, há muita experiência no tratamento da patologia embora não haja um termo diagnóstico como "síndrome pré-menstrual".

Etiologia e Etiopatogenia

A patologia está relacionada, principalmente, a distúrbios emocionais e disfunção do fígado e do baço. O *Qi* estagnado do fígado, que é transformado em Fogo, deficiência de sangue que conduz à preponderância de Fogo do fígado e deficiência do Yang do baço e do rim que conduz a edema são os maiores fatores patogênicos.

Diferenciação das Síndromes

1. Estagnação de *Qi* do fígado: menstruação irregular com ingurgitação das mamas, sensação de opressão no tórax, irritabilidade e insônia que precede o período menstrual, língua normal e pulso em corda.

2. Deficiência de sangue no fígado com preponderância de Fogo: diminuição do intervalo entre os ciclos menstruais com menstruação profusa, seguida de tontura, cefaléia, irritabilidade e insônia, emagrecimento, língua avermelhada e pulso em corda e rápido.

3. Deficiência do Yang do baço e rins: aumento do intervalo entre os ciclos menstruais, com menstruação escassa, precedida de edema na face e nos membros, ou diarréia, edema ou desconforto abdominal, lassidão, língua com saburra escorregadia e branca e pulso profundo ou filiforme e debilitado.

Tratamento Fitoterápico

1. Estagnação de *Qi* do fígado
Princípio do tratamento: aliviar o fígado.
Opção de fórmula: *Xiao Yao San* mais *Rhizoma Cyperi, Radix Curcumae e Radix Salviae Miltiorrhizae*.
2. Deficiência de sangue do fígado com preponderância de Fogo
Princípio do tratamento: nutrir o fígado e eliminar o Fogo.

Opção de fórmula: *Qi Ju Di Huang Wan* mais *Ramulus Uncariae cum Uncis e Fructus Tribuli.*

3. Deficiência do Yang do baço e dos rins

Princípio do tratamento: aquecer os rins e revigorar o baço.

Opção de fórmula: *Jian Gu Tang*[9] mais *Rhizoma Zingiberis e Radix Aucklandiae.*

Medicamentos Patenteados

1. Estagnação de *Qi* do fígado: *Xiao Yao Wan* 6 g, duas vezes ao dia, com início uma semana antes da menstruação até seu término.

2. Deficiência de sangue no fígado com preponderância de Fogo: *Qi Ju Di Huang Wan*, com início uma semana antes do período menstrual até seu término.

3. Deficiência do Yang do baço e dos rins: *Fu Zi Li Zhong Wan* 6 g, duas vezes ao dia, com início uma semana antes do período menstrual até seu término.

Acupuntura

Seleção de pontos: Hegu (IG4), Sanyinjiao (BP6), Shenmen (C7), Qihai (VC6) e Yintang (EX-CP3).

Manipulação: por tonificação uniforme 3-5 dias antes do período menstrual, uma vez ao dia.

SÍNDROME DA MENOPAUSA

Um número considerável de mulheres, no período do climatério, desenvolve sintomas tão sérios que necessitam de auxílio médico. Os sintomas incluem ondas de calor, irritabilidade, ansiedade e nervosismo. Como estes sintomas estão relacionados, principalmente, à deficiência de estrógeno, o tratamento por meio da Medicina Ocidental consiste na administração deste hormônio. Porém, esta terapia tem suas limitações, pois o tratamento prolongado com o estrógeno pode induzir mudanças nos tecidos estrógeno-sensíveis. Portanto, a Medicina Chinesa é útil como terapia alternativa no tratamento desta síndrome.

Etiologia e Etiopatogenia

O desequilíbrio Yin e Yang na síndrome da menopausa está relacionado, principalmente, ao declínio do *Qi* do rim e à deficiência do *Tiankui* ao longo das mudanças fisiológicas. Além disso, os fatores psíquicos, tais como excesso de tensão e estresse emocional, podem, também, ser responsáveis pela ocorrência desta síndrome.

---

9. *Jian Gu Tang*: *Radix Codonopsis* 10 g, *Rhizoma Atractylodis Macrocephalae* 10 g, *Poria* 10 g, *Semen Coicis* 10 g e *Radix Morindae Officinalis* 10 g, na forma de decocção.

Diagnóstico e Tratamento das Síndromes

1. Deficiência de Yin do rim: rubor facial, sudorese, agitação, irritabilidade, ansiedade, cefaléia, tontura, zumbido, dor nas costas, sensação de calor nas palmas das mãos e solas dos pés, menstruação irregular com secreção de cor vermelha viva, língua avermelhada com saburra escassa e pulso filiforme e rápido.

2. Deficiência do Yang do rim: compleição escura, apatia, aversão ao frio com membros frios, dor e sensação de frio nas costas e joelhos, anorexia, distensão abdominal, aumento da freqüência intestinal, que pode ser acompanhada de hemorragia uterina profusa ou de leucorréia fina e excessiva, língua pálida ou edemaciada com saburra branca e fina e marcas de dentes, e pulso profundo, filiforme e debilitado.

3. Deficiência de Yin e Yang do rim: algumas vezes, rubor facial com sensação de calor e sudorese, e outras com aversão ao frio com membros frios, tontura, zumbido e dor nas costas, língua com saburra fina e pulso profundo e filiforme.

Medicamentos Fitoterápicos

1. Deficiência de Yin do rim
Princípio do tratamento: nutrir o Yin do rim.
Opção de fórmula: *Zuo Gui Yin*.
2. Deficiência do Yang do rim
Princípio do tratamento: aquecer os rins e o baço.
Opção de fórmula: *You Gui Yin* mais *Li Zhong Wan*.
3. Deficiência de Yin e Yang do rim
Princípio do tratamento: tonificar o Yin e o Yang.
Opção de fórmula: *Er Xiang Tang*.

Medicamentos Patenteados

Deficiência de Yin do rim: *Qi Ju Di Huang Wan*.
Deficiência de Yin do rim ou de ambos, Yin e Yang: comprimido de *Gen Gian'an*[10].
Deficiência do Yang do rim: comprimido de *Geng Nian Kang*[11].

Acupuntura

Seleção de pontos: Baihuiu (VG20), Neiguan (PC6), Shenmen (C7), Zusanli (E36), Sanyinjiao (BP6) e Taichong (F3).

---

10. *Gengnian'an Tablet: Radix Rehmanniae, Radix Polygoni Multiflori, Rhizoma Alismatis, Poria, Fructus Schisandrae, Radix Scrophulariae, Concha Margaritifera Usta, Fructus Tritici Levis*, etc. misturadas e transformadas em comprimidos.

11. *Gengniankang Tablet (Health Tablet for Menopause)*: composto de Extractum Schisandrae Liquidum (magnoliavine extract), Extractum Acanthopanacis Liquidum (acanthopanax extract), e Extractum Cornis Cervi Pantitrichi (antler extract); 0.9 g, 2-3 vezes ao dia.

Manipulação: tonificação-sedação uniforme com 20 minutos de retenção da agulha.

INFERTILIDADE

A infertilidade, que consiste no insucesso da gravidez após dois anos de tentativas, é um dos motivos mais comuns pelos quais as mulheres procuram auxílio médico. Aqui, os fatores masculinos estão excluídos Dentre os fatores femininos, a anovulação e a insuficiência luteínica causam infertilidade em um número considerável de mulheres. Nestes casos, a Medicina Chinesa pode fornecer resultados benéficos. Mesmo na infertilidade decorrente de fatores pélvicos, a terapêutica da Medicina Chinesa deve ser considerada.

Etiologia e Etiopatogenia

Infertilidade feminina sem defeitos congênitos decorre principalmente da deficiência do rim, já que este órgão é responsável pela reprodução, mas alguns outros fatores, tais como estagnação do *Qi* do fígado, muco-Umidade e estase de sangue podem, também, apresentar um impacto sobre a infertilidade.

Se o Yang do rim é deficiente, ele falha para aquecer o útero, de modo que a fertilidade torna-se impossível. Na deficiência de Yin do rim, os vasos da Concepção e Penetrador não podem ser preenchidos com a essência e o sangue adequados, e o útero torna-se mal nutrido, de modo que a fertilidade fica prejudicada. A deficiência de Yin do rim freqüentemente produz preponderância de Fogo, o que pode também interferir com a fertilidade.

A estagnação do *Qi* do fígado decorrente de distúrbios emocionais pode conduzir à desarmonia entre o *Qi* e o sangue, má coordenação entre os vasos Penetrador e Concepção e, conseqüentemente, a infertilidade.

Nos indivíduos obesos e naqueles que ingerem quantidades de alimentos muito ricos, a função do baço é sempre obstruída e há produção de muco-Umidade. O muco-Umidade pode obstruir os vasos uterinos, tornando a fertilidade impossível.

O ataque do Frio patogênico durante a menstruação pode resultar em estase de sangue nos vasos uterinos, interferindo na fusão do óvulo com o esperma.

Diferenciação das Síndromes

De acordo com a etiopatogenia, a infertilidade pode ser classificada de acordo com os seguintes padrões de síndromes:

1. Deficiência do Yang do rim: infertilidade com atraso menstrual, menstruação fina e pálida ou mesmo amenorréia, compleição pálida, dor e debilidade nas costas

e pernas, frigidez, língua pálida com saburra branca e pulso profundo, filiforme ou lento.

2. Deficiência de Yin do rim: infertilidade nas mulheres de temperamento irritadiço com menstruação adiantada, menstruação fina e vermelha ou fluxo menstrual normal, emagrecimento, dor e debilidade das costas e pernas, tonturas, visão turva, palpitação, insônia, boca seca, sensação de calor nas palmas das mãos e solas dos pés, língua avermelhada com saburra escassa e pulso filiforme e rápido.

3. Estagnação do *Qi* do fígado: infertilidade em mulheres deprimidas e irritadiças com menstruação irregular e dismenorréia, distensão nas mamas antes do período menstrual, língua normal ou levemente escura e pulso em corda.

4. Muco-Umidade: infertilidade em mulheres obesas com menstruação atrasada ou mesmo amenorréia, leucorréia profusa, compleição pálida e edemaciada, tontura, palpitação, língua com saburra branca e oleosa e pulso deslizante.

5. Estase de sangue: infertilidade em mulheres com menstruação atrasada, menstruação fina e escura contendo coágulos vermelhos e acompanhada de dor na região inferior do abdome, pontos dolorosos abdominais, língua púrpura ou com pontos púrpura nas bordas e pulso filiforme e em corda.

Medicamentos Fitoterápicos

1. Deficiência do Yang do rim

Princípio do tratamento: aquecer os rins, complementar o *Qi* e o sangue e regular os vasos Penetrador e da Concepção.

Opção de fórmula: *Ba Zhen Tang* mais *Semen Cuscutae, Cortex Eucommiae e Cornu Cervi Degelatinatum.*

2. Deficiência de Yin do rim

Princípio do tratamento: nutrir a essência Yin e o sangue.

Opção de fórmula: *Yang Jing Zhong Yu Tang*[12].

3. Estagnação do *Qi* do fígado

Princípio do tratamento: aliviar a estagnação e nutrir o sangue.

Opção de fórmula: *Kaiyu Zhong Yu Tang*[13].

4. Muco-Umidade

Princípio do tratamento: eliminar o muco-Umidade e regular a menstruação.

Opção de fórmula: *Qi Gong Wan*[14].

5. Estase de sangue

Princípio do tratamento: remover estase de sangue.

Opção de fórmula: *Shao Fu Zhu Yu Tang.*

---

12. *Yang Jing Zhong Yu Tang: Radix Peoniae Alba* 12 g, *Radix Angelicae Sinensis* 12 g, *Radix Rehmannia Preparata* 15 g e *Fructus Corni* 9 g, na forma de decocção.

13. *Kaiyu Zhong Yu Tang: Rhizoma Atractylodis Macrocephalae* 9 g, *Radix Angelicae Sinensis* 12 g, *Radix Peoniae Alba* 9 g, *Poria* 9 g, *Cortex Moutan* 9 g, *Rhizoma Cyperi* 9 g e *Radix Trichosanthis* 9 g, na forma de decocção.

14. *Qi Gong Wan: Rhizoma Pinelliae* 12 g, *Rhizoma Atractylodis* 9 g, *Rhizoma Cyperi* 9 g, *Pericarpium Citri Reticulatae* 6 g, *Massa Fermentata Medicinalis* 9 g, *Poria* 9 g e *Rhizoma Chuan Xiong* 6 g, na forma de decocção.

Medicamentos Patenteados

Infertilidade decorrente de insuficiência do rim: *Shen Gui Lu Rong Wan*[15], 9 g, duas vezes ao dia, com interrupção durante o período menstrual.

Infertilidade decorrente de estagnação do *Qi* do fígado: *Xiao Yao Wan*, 4 g, duas vezes ao dia.

Infertilidade decorrente de estase de sangue: *Gui Zhi Fu Ling Wan*[16], 3 g, duas vezes ao dia.

Acupuntura

Infertilidade decorrente da deficiência de Yin do rim: Shenshu (B23), Hegu (IG4) e Qihai (VC6).

Infertilidade decorrente da deficiência do Yang do rim: Sanyinjiao (BP6), Mingmen (VG4) e Qihai (VC6).

Infertilidade decorrente da estagnação do *Qi* do fígado: Guanyuan (VC4), Yanglingquan (VB34) e Zusanli (E36).

Infertilidade decorrente do muco-Umidade: Zhongji (VC3), Sanyinjiao (BP6) e Taichong (F3).

Retenção das agulhas de 10 a 20 minutos e aplicação da moxabustão nos pontos do abdome após a inserção.

LACTAÇÃO DEFICIENTE

Na MTC, a lactação deficiente é considerada resultado tanto da produção insuficiente de leite quanto da obstrução do fluxo. Em ambos os casos, a acupuntura pode ser útil.

Etiologia e Etiopatogenia

A secreção insuficiente da lactação pode ser classificada em dois padrões, de acordo com a etiopatogenia:

1. Deficiência de *Qi* e sangue: o leite é derivado de sangue, e sua secreção necessita da ação do *Qi*. Assim, se o *Qi* e o sangue forem deficientes, a secreção do leite será prejudicada.

2. Estagnação de *Qi* do fígado: para o fluxo do leite nos dutos lactíferos também é necessária a ação do *Qi*. Se as influências emocionais ou psíquicas tornam o fígado

---

15. *Shen Gui Lu Rong Wan*: *Radix Ginseng, Cornu Cervi Pantotrichum, Radix Glycyrhizae, Radix Dipsaci, Cortex Cinnamomi, Radix Astragali, Radix Codonopsis, Rhizoma Atractylodis Macrocephalae, Radix Peoniae Alba, Radix Angelicae Sinensis, Radix Polygalae, Fructus Lycii, Herba Cistanchis, Pericarpium Citri Reticulatae, Poria e Radix Rehmanniae Preparata* misturadas em uma razão de 1:1:1:1:1:2:2:2:2:2:2:2:2:1,6:1,6:2,4 de peso, transformadas em pó e transformadas em pílulas de mel, 9 g, 2 vezes ao dia.

16. *Gui Zhi Fu Ling Wan*: *Ramulus Cinnamomi, Poria, Cortex Moutan, Radix Peoniae Rubra e Semen Persicae*, misturadas em quantidades iguais, transformadas em pó e em pílulas, 3-5 g, 2 vezes ao dia.

deprimido o *Qi* fica estagnado, de modo que o fluxo de leite será prejudicado, resultando na lactação deficiente.

Diferenciação das Síndromes

É de crucial importância a diferenciação entre excesso e deficiência. A lactação deficiente decorrente da produção inadequada de leite é uma condição de deficiência, ao passo que a estagnação de *Qi* do fígado é uma condição de excesso. Os tratamentos das duas condições devem ser, a princípio, diferentes.

1.Deficiência de *Qi* e do sangue: ausência de secreção ou secreção insuficiente de leite ralo após o parto, mamas macias sem distensão, compleição pálida, lassidão, anorexia, língua pálida com saburra fina e pulso filiforme e fino.

2. Estagnação de Qi do fígado: secreção insuficiente ou ausente após o parto, acompanhada de distensão no tórax e nos flancos, depressão, anorexia, língua com saburra amarela e fina e pulso em corda, filiforme ou rápido.

Acupuntura

Pontos comuns: Danzhong (VC17), Shaoze (ID1) e Rugen (E18).

Pontos adicionais de acordo com a diferenciação das síndromes:

Deficiência de *Qi* e de sangue: Pishu (B20) e Zusanli (E36).

Estagnação de *Qi* do fígado: Ganshu (B18) e Taichong (F3).

Quanto à inserção, no Danzhong (VC17) a agulha é direcionada transversalmente em direção à mama.

POSIÇÃO FETAL ANORMAL

A posição fetal anormal refere-se às posições occipital posterior, pélvica, transversal e oblíqua após a vigésima oitava semana de gravidez. Pode causar dificuldades no parto se não for tratada antes. A posição "joelho no tórax" pode oferecer algum auxílio na correção, mas a moxabustão é mais efetiva, no ponto Zhiyin (B67).

A manipulação é a seguinte: pede-se à paciente que esvazie sua bexiga, solte o cinto e deite em decúbito dorsal com as pernas fletidas. Os pés são expostos a moxabustão. Tanto a moxabustão direta (3-5 unidades) ou a moxabustão com o bastão de moxa (15-30 minutos) podem ser aplicadas uma vez ao dia até que a posição fetal seja corrigida. A moxabustão a laser também pode ser usada.

CAPÍTULO 23

PATOLOGIAS DERMATOLÓGICAS

As patologias da pele, embora localizadas na porção superficial do corpo, não são diagnosticadas, na maior parte das vezes, como Síndrome Exterior; são freqüentemente consideradas distúrbios dos órgãos *Zang Fu* com mudanças patológicas na pele. As causas destas patologias são as mesmas daquelas dos órgãos internos, por exemplo, patógenos exógenos e lesões internas.

Os sintomas comuns dessas patologias incluem edema, dor, prurido e supuração. O edema é normalmente atribuído à obstrução dos meridianos com acúmulo de *Qi* e sangue.

A dor é normalmente decorrência do fluxo estagnado do *Qi* e do sangue. A dor acompanhada por pontos dolorosos é do tipo excesso, ao passo que a dor aliviada pela pressão é do tipo deficiência. A dor que não é acompanhada por eritema na pele e pode ser aliviada pelo calor é do tipo Frio, ao passo que a dor que é acompanhada por eritema da pele e pode ser aliviada por compressa fria é do tipo Calor. A dor que migra de um lugar para outro é causada pelo Vento, ao passo que a dor localizada em uma determinada região decorre da estase de sangue.

O prurido é um sintoma que indica Vento, Umidade, Calor, parasitas ou deficiência de sangue. O prurido generalizado é freqüentemente decorrente do Vento; o prurido acompanhado de exsudação significa Umidade; o prurido acompanhado de pele seca e descamativa resulta, normalmente, de deficiência de sangue.

A supuração decorre tanto do Calor interno, que provoca a necrose no tecido, como da estagnação de *Qi* e do sangue, que priva o tecido da nutrição.

URTICÁRIA

A urticária é uma das patologias relacionadas com a hiper-sensibilidade do tipo imediata. A identificação dos fatores etiológicos e sua eliminação proporcionam resultados terapêuticos satisfatórios. Porém, isto pode não acontecer em muitos casos. Anti-histamínicos e agentes simpatomiméticos provocam alívio sintomático, mas a persistência ou a recorrência desta patologia desagradável da pele não é difícil de ser encontrada. Algumas terapias alternativas são, portanto, necessárias.

Etiologia e Etiopatogenia

A urticária caracterizada por aparecimento e desaparecimento de máculas, acompanhada de prurido severo, é considerada uma patologia pelo Vento tanto exógeno quanto endógeno.

Nos casos agudos, o Vento exógeno é o fator causal principal que ataca os indivíduos constitucionalmente debilitados. O Vento que invade o corpo humano está normalmente combinado com o Frio ou Calor. Nos casos crônicos, o Vento que causa a recorrência repentina da urticária é, na maior parte das vezes, endógeno, provocado por deficiência de sangue.

Diferenciação das Síndromes

1. Vento-Calor: máculas eritematosas acompanhadas por um prurido severo e sensação em queimação agravada pelo calor e aliviada pelo frio, língua vermelha e pulso flutuante e rápido (freqüentemente observado na urticária aguda).

2. Vento-Frio: máculas pálidas acompanhadas de prurido severo que ocorre após a exposição ao frio ou ao vento, aliviado pelo calor, língua com saburra branca e fina e pulso flutuante e tenso (normalmente observado na urticária do Frio).

3. Vento-secura: ataques repetidos de urticária que persistem por meses ou anos agravada à noite ou durante a fadiga, acompanhada por distúrbios de sono e tontura, língua com saburra branca e fina e pulso filiforme (normalmente observado na urticária crônica).

Medicamentos Fitoterápicos

1. Vento-Calor
Princípio do tratamento: dissipar o Vento-Calor.
Opção de fórmula: *Jing Fang Tang*[1].
2. Vento-Frio
Princípio do tratamento: dissipar o Vento-Frio.
Opção de fórmula: *Ma Huang Tang*.
3. Vento-secura
Princípio do tratamento: nutrir o sangue e dissipar o Vento.
Opção de fórmula: *Dang Gui Yin Zi*[2].

Medicamentos Patenteados

Urticária decorrente do Vento-Calor: *Fang Feng Tong Shen Wan*.

Acupuntura

Seleção de pontos: Quchi (IG11), Hegu (IG4), Xuehai (BP10) e Sanyinjiao (BP6).
Manipulação: método de sedação.

---

1. *Jing Fang Tang*: *Herba Schizonepetae* 9 g, *Radix Saposhnikoviae* 9 g, *Periostracum Cicadae* 6 g, *Cortex Phellodendri* 9 g, *Fructus Forsythiae* 12 g, *Gypsum Fibrosum* 30 g, *Radix Sophorae Flavescentis* 9 g, *Cortex Dictamni* 9 g, *Rhizoma Cimicifugae* 3 g, *Radix Glycyrrhizae* 6 g e *Radix Scutellariae* 9 g, na forma de decocção.

2. *Dang Gui Yin Zi*: *Radix Angelicae Sinensis* 6 g, *Radix Rehmanniae* 6 g, *Radix Peoniae Alba* 6 g, *Rhizoma Chuan Xiong* 6 g, *Radix Polygoni Multiflori* 6 g, *Herba Schizonepetae* 6 g, *Radix Saposhnikoviae* 6 g, *Fructus Tribuli* 6 g e *Radix Astragali* 3 g e *Radix Glycyrrhizae* 3 g, na forma de decocção.

ECZEMA

O eczema normalmente refere-se à dermatite endógena ou constitucional. É uma patologia multifatorial, e evitar todos os fatores que causam irritação da pele é uma tarefa difícil. Em alguns pacientes, a terapia prolongada com corticosteróide é requerida, de acordo com a Medicina Ocidental. A Medicina Chinesa possui grande valor como uma terapia alternativa.

Etiologia e Etiopatogenia

Eczema é uma patologia de pele causada por Vento, Umidade e Calor patogênicos. O Vento induz o prurido, a Umidade-Calor afeta a pele originando o aparecimento de vesículas e, depois, a secreção aquosa. No eczema crônico, a condição normalmente é complicada pela deficiência de sangue.

Diferenciação das Síndromes

I. Eczema Agudo
1. Vento-Umidade-Calor: início agudo de eritema, infiltração e vesículas acompanhadas de prurido severo, erosão e exsudação após coçar a lesão, língua com saburra amarela e oleosa e pulso em corda e rápido.
2. Vento-secura: lesão localizada na pele com infiltração, escamas e crostas acompanhadas de queimação e pruridos localizados.

II. Eczema Crônico
Lesão localizada da pele caracterizada por característica espessa e áspera da pele com alterações liquenóides, marcas de feridas, escamas aderente ao epitélio descamativo, crostas de sangue, pigmentação, e acompanhados de vários graus de eritema, erosão e exsudação. Se o Vento é preponderante, há prurido severo; se a Umidade é preponderante, há exsudato, e se há Calor (Fogo) preponderante, há um importante eritema localizado.

Medicamentos Fitoterápicos

I. Eczema Agudo
1. Vento-Umidade-Calor
Princípio do tratamento: dissipar o Vento, remover a Umidade e eliminar o Calor.
Opção de fórmula: *Bi Xie Shen Shi Tang*[3].
2. Vento-secura
Princípio do tratamento: dissipar o Vento, remover o Calor e conter o prurido.
Opção de fórmula: *Xiao Feng San*[4].

---

3. *Bi Xie Shen Shi Tang: Rhizoma Dioscoreae Hypoglaucae* 15 g, *Semen Coicis* 15 g, *Poria* 9 g, *Cortex* Moutan 9 g, *Rhizoma Alismatis* 6 g, *Talcum* 12 g e *Medulla Tetrapanacis* 3 g, na forma de decocção.

4. *Xiao Feng San: Radix Angelicae Sinensis* 3 g, *Radix Saposhnikoviae* 3 g, *Radix Rehmanniae* 3 g, *Periostracum Cicadae* 3 g, *Rhizoma Anemarrhenae* 3 g, *Radix Sopohorae Flavescentis* 3 g, *Semen Sesami Nigrum* 3 g, *Herba Schizonepetae* 3 g, *Rhizoma Atractylodis* 3 g, *Fructus Arctii* 3 g, *Gypsum Fibrosum* 3 g, *Radix Glycyrrhizae* 1,5 g e *Caulis Aristolochiae Manshuriensis* 3 g, na forma de decocção.

II. Eczema Crônico

Princípio do tratamento: nutrir o sangue e dissipar o Calor.

Opção de fórmula: *Si Wu Tang* mais *Radix Saposhnikoviae, Cortex Dictamni, Fructus Tribuli e Periostracum Cicadae.*

Ingredientes adicionais: para Vento preponderante, adição da *Fructus Xanthii*; para Umidade preponderante, adição da *Cortex Dictamni*; para Fogo preponderante, adição da *Radix Scutellariae.*

Medicamentos Patenteados

I. Eczema Agudo

Xiao Feng Zhi Yang Chong Ji, 1 pacote, 3-4 vezes ao dia. (A composição de *Xiao Feng Zhi Yang Chong Ji* é a mesma da *Xiao Feng San*).

Fang Feng Tong Shen Wan, 5 g, 3 vezes ao dia.

II. Eczema Crônico

Long Dan Xie Gan Wan, 5 g, 3 vezes ao dia.

Acupuntura

Pontos comuns: Dazhui (VG14), Quchi (IG11), Zusanli (E36), Sanyinjao (BP6) e Shenmen (C7).

Pontos adicionais de acordo com a diferenciação da síndrome:

Para Umidade-Calor, adição da Yinlingquan (BP9) e Feishu (B13).

Para deficiência de sangue, adição da Ximen (PC4) e Xuehai (BP10).

Manipulação: método de sedação aplicado em 3-5 pontos cada vez, todos os dias por um período de 6 dias de tratamento. Quando da punção no Xuehai (BP10), direcionar a ponta da agulha obliquamente em ascendência para induzir a sensação de acupuntura para o abdome.

HERPES ZÓSTER

Herpes Zóster ou "cobreiro" é uma inflamação aguda causada por vírus caracterizada por um grupo de pequenas vesículas de base inflamatória que ocorrem nas áreas cutâneas abastecidas por certos troncos nervosos e freqüentemente associadas com dor nevrálgica severa. Embora a quimioterapia antiviral, tal como a administração parental do acyclovir ou vidarabina sejam efetivas no herpes Zóster, está associada a efeitos colaterais. Portanto, o tratamento médico chinês ainda é usado.

Etiologia e Etiopatogenia

Herpes Zóster é freqüentemente causado pela invasão dos meridianos do fígado e da vesícula biliar por parte do Vento-Fogo patogênico ou pelo acúmulo da Umidade-Calor no baço e no estômago. No primeiro caso, o Vento-Fogo corre ao longo dos meridianos do fígado e da vesícula biliar e causa vesículas na pele. No último caso, a Umidade-Calor retida em combinação com o patógeno virulento invade a pele e conduz à formação das vesículas. Em ambos os casos, há obstrução do *Qi* e do fluxo do sangue e, portanto, dor severa.

Diferenciação das Síndromes

1. Fogo do fígado: lesões da pele normalmente localizadas nos flancos com inflamação local e grupos de vesículas associadas à sensação em queimação e dor em facada, mas sem ruptura, língua avermelhada e pulso rápido e em corda.

2. Umidade do baço: lesões da pele localizadas sempre no tórax ou face com vesículas esparsas tão grandes quanto grãos de soja, que freqüentemente eclodem e são associadas com dor severa, língua com saburra oleosa e amarela e pulso deslizante e rápido.

Medicamentos Fitoterápicos

1. Fogo do fígado
Princípio do tratamento: purgar o Fogo do fígado.
Opção de fórmula: *Long Dan Xie Gan Tang* ou *Long Dan Xie Gan Wan* mais *Radix Isatidis.*
2. Umidade do baço
Princípio do tratamento: eliminar a Umidade do baço.
Opção de fórmula: *Chu Shi Wei Ling Tang*[5] mais *Radix Isatidis.*

Medicamentos Patenteados

Para ambos os padrões, *Ban Lan Gen Chong Ji* pode ser usada.

Acupuntura

Pontos distantes: Nieguan (PC6), Hegu (IG4), Zusanli (E36), Yanglingquan (VB34) e Xuehai (BP10), para serem puncionados com manipulação por sedação.
Pontos locais: pontos ao redor da lesão da pele, a serem puncionados centrípeta e transversalmente.

NEURODERMATITE

Neurodermatite é um prurido crônico de erupção liquenóide decorrente de desordem nervosa que ocorre freqüentemente nas regiões púbica e axilar, consistindo em

---

5. *Chu Shi Wei Ling Tang: Rhizoma Atractylodis* 12 g, *Cortex Magnoliae Officinalis* 12 g, *Pericarpium Citri Reticulatae* 12 g, *Poria* 9 g, *Polyporus* 9 g, *Rhizoma Alismatis* 12 g, *Talcum* 12 g, *Radix Saposhnikoviae* 9 g, *Fructus Gardeniae* 9 g, *Caulis Aristolochiae Manshuriensis* 5 g, *Cortex Cinnamomi* 6 g e *Radix Glycyrrhizae* 5 g, na forma de decocção.

uma patologia clínica comum. Esteróides locais são úteis, mas a acupuntura pode promover a cura.

Etiologia e Etiopatogenia

No estágio precoce, o prurido é causado por retenção de Vento-Calor patogênico no tecido cutâneo. Mais tarde, quando o Vento conduz à Secura no sangue obstruindo a nutrição da pele, a erupção liquenóide aparece e a pele torna-se espessa e áspera.

Diferenciação das Síndromes

1. Vento-Calor: no estágio precoce da neurodermatite, algumas erupções e eritemas leves localizados na pele acompanhados de prurido.

2. Secura do sangue: lesões da pele seca com espessamento localizado, descamação e prurido intenso que conduz a lesões persistentes com infiltração.

Acupuntura

Pontos selecionados: Fengchi (VB20), Dazhui (VG14), Xuehai (BP10), Quchi (IG11), Neiguan (PC6), Weizhong (B40), Zhohai (R6) e Ashi.

Pontos adicionais de acordo com a diferenciação da síndrome:

Para Vento-Calor, adição da Yinlingquan (BP9), Taibai (BP3) e Taiyuan (P9).

Para secura do sangue, adição da Sanyinjiao (BP6), Zusanli (E36) e Geshu (B17).

Manipulação: punção em 4-5 dos pontos supramencionados por vez com estimulação forte. Os pontos ashi são selecionados ao redor da lesão da pele e a punção é direcionada ao centro da lesão.

PRURIDO

Prurido é um termo usado quando a coceira consiste em uma queixa primária desacompanhada de lesões visíveis da pele ou de patologias sistêmicas predispostas ao prurido. Normalmente é decorrente da secura de desidratação do estrato córneo. O uso de anti-histamínicos é freqüentemente limitado por causa do efeito sedativo.

Etiologia e Etiopatogenia

O prurido normalmente ocorre antes do sono, precipitado por estresse, mudanças climáticas, bebidas alcoólicas ou alimentos condimentados. De acordo com a Medicina Chinesa, deve-se a uma anormalidade constitucional do tipo Calor no sangue e ataque por Vento-Calor que invade a pele, ou é decorrente de deficiência de sangue com *Qi* exuberante do fígado, que se transforma em Vento e causa secura obstruindo a nutrição cutânea.

Diferenciação das Síndromes

1. Vento-secura e sangue-Calor: prurido de curta duração, que ocorre normalmente em jovens adultos, com pele seca e descamante.

2. Deficiência de sangue com fígado exuberante: prurido de longa duração que normalmente ocorre em pessoas idosas, precipitado por estresse emocional ou mudanças climáticas, com pele avermelhada com fissuras.

Medicamentos Patenteados

Xiao Feng Zhi Yang Chong Ji, 1 pacote, 3 vezes ao dia. (A composição da *Xiao Feng Zhi Yang Chong Ji* é a mesma da *Xiao Feng San* para eczema).

Acupuntura

Pontos principais: (1) Quchi (IG11), Hegu (IG4) e Fengmen (B12); (2) Xuehai (BP10), Geshu (B17) e Zusanli (E36).

Pontos adicionais de acordo com a diferenciação da síndrome:

Para secura-Vento e sangue-Calor, adição da Fengchi (VB20), Taixi (R3) e Sanyinjiao (BP6).

Para deficiência de sangue com exuberância de fígado, adição da Ganshu (B18) e Taichong (F3).

Manipulação: usar os pontos principais do grupo 1 e 2 alternadamente e aplicar a manipulação por sedação com retenção das agulhas por 15 minutos.

CAPÍTULO 24

PATOLOGIAS NEUROLÓGICAS E PSIQUIÁTRICAS

CEFALÉIA

A cefaléia é um dos sintomas mais comuns que fazem os pacientes procurarem auxílio médico. Na maioria dos casos, a dor não está relacionada com o cérebro ou a meninge. Muitos dos órgãos extracranianos são propensos a originar dor, mas os músculos e artérias do couro cabeludo são a fonte mais comum da cefaléia. No último caso, a acupuntura mostra-se a terapia mais satisfatória embora os medicamentos, tanto os químicos da Medicina Ocidental quanto os fitoterápicos da Medicina Chinesa, sejam freqüentemente usados.

Diferenciação das Síndromes

I. Cefaléia Decorrente das Patologias Exógenas

1. Vento-Frio

Cefaléia precipitada ou agravada pela exposição ao vento e ao frio, com irradiação para a nuca e aliviadas pelo calor, ausência de sede, acompanhada de obstrução nasal e coriza. Língua com saburra fina e branca e pulso flutuante e tenso.

2. Vento-Calor

Cefaléia acompanhada por sensação de distensão, agravada pelo calor, rubor facial, sede, acompanhada de febre e constipação, saburra amarela e fina e pulso flutuante e rápido.

3. Vento-Umidade

Cefaléia que provoca a sensação de que a cabeça está amarrada com uma faixa apertada, sensação de peso por todo o corpo, sensação de opressão, apetite prejudicado, aumento da freqüência intestinal, língua com saburra oleosa e branca e pulso macio.

II. Cefaléia Decorrente de Alterações Endógenas

1. Yang exuberante do fígado

Cefaléia que atinge a região temporal, agravada por raiva e acompanhada por tontura, irritabilidade, irascibilidade, insônia, ou dor no hipocôndrio, gosto amargo na boca, língua com saburra amarela e fina e pulso em corda ou rápido.

2. Deficiência de *Qi*

Dor surda na cabeça agravada por fadiga e acompanhada de lassidão, fraqueza, anorexia, palpitação, dispnéia, às vezes com aversão ao frio com membros frios, língua com saburra fina e branca e pulso filiforme e debilitado.

3. Deficiência de sangue

Tontura, palpitação, insônia, sono com distúrbios de sonhos, visão turva, parestesia dos membros, língua pálida e pulso filiforme.

4. Deficiência do rim

Cefaléia com sensação de vazio acompanhada de tontura, zumbido, dor e debilidade na região lombar, língua avermelhada e pulso profundo, filiforme e debilitado.

5. Muco-Umidade

Cefaléia com confusão mental, opressão no tórax, náusea, vômitos, língua com saburra oleosa e branca e pulso em corda e deslizante.

6. Estase de sangue

Cefaléia com dor em punhalada ou em pontada com localização fixa, língua púrpura ou com pontos de coloração púrpura e pulso deslizante e hesitante.

Medicamentos Fitoterápicos

I. Cefaléia Decorrente de Patologia Exógena

1. Vento-Frio

Princípio do tratamento: dissipar o Vento-Frio.

Opção de fórmula: *Chuan Xiong Cha Tiao San*[1].

2. Vento-Calor

Princípio do tratamento: dissipar o Vento-Calor.

Opção de fórmula: *Sang Ju Yin*.

II. Cefaléia Decorrente de Alterações Endógenas

1. Yang exuberante do fígado

Princípio do tratamento: suavizar o fígado e dominar o Yang exuberante.

Opção de fórmula: *Tian Ma Gou Teng Yin*.

2. Deficiência de *Qi*

Princípio do tratamento: complementar o *Qi*.

Opção de fórmula: *Bu Zhong Yi Qi Tang*; e adicionar *Rumulus Cinnamomi* 9 g e *Herba Asari* 1,5 g na decocção se houver aversão ao frio com membros frios.

3. Deficiência de sangue

Princípio do tratamento: nutrir o sangue.

Opção de fórmula: *Si Wu Tang* mais *Flos Chrysanthemi* 9 g e *Fructus Viticis* 9 g.

4. Deficiência do rim

Princípio do tratamento: complementar o Yin do rim.

Opção de fórmula: *Qi Ju Di Huang Tang*.

5. Muco-Umidade

Princípio do tratamento: remover a Umidade e eliminar o muco.

Opção de fórmula: *Er Chen Tang* mais *Radix Angelicae Dahuricae*.

---

1. *Chuan Xiong Cha Tiao San: Rhizoma Chuan Xiong* 12 g, *Herba Schizonepetae* 12 g, *Radix Angelicae Dahuricae* 6 g, *Rhizoma Notopterygii* 6 g, *Radix Glycyrrhizae* 6 g, *Herba Asari* 3 g, *Radix Saposhnikoviae* 4,5 g e *Herba Menthae* 24 g, misturadas e transformadas em pó, 6 g de pó misturado com chá verde a ser ingerido 2 vezes ao dia.

6. Estase de sangue

Princípio do tratamento: remover a estase de sangue.

Opção de fórmula: *Tao Hong Si Wu Tang* mais *Radix Angelicae Dahuricae*.

Medicamentos Patenteados

Cefaléia de Vento-Frio: *Chuan Xiong Cha Tiao San*, 6 g, duas vezes ao dia.

Cefaléia de Vento-Calor: *Xiong Ju Shang Qing* Wan[2], 6 g, duas vezes ao dia.

Cefaléia do muco-Umidade: *Ban Xia Tian Ma Wan*[3], 6 g, duas vezes ao dia.

Cefaléia do Yang do fígado: *Long Dan Xie Gan Wan*, 6 g, duas vezes ao dia.

Cefaléia decorrente do *Qi* do fígado estagnado: *San Zhi Xiao Yao Wan*, 6 g, duas vezes ao dia.

Cefaléia decorrente da deficiência de Yin do rim: *Qi Ju Di Huang Tang*, 6 g, duas vezes ao dia.

Cefaléia decorrente de deficiência de *Qi* e de sangue: *Ren Shen Gui Pi Wan*, 6 g, duas vezes ao dia.

Acupuntura

I. Tratamento de Acordo com a Diferenciação da Síndrome

Vento-Frio: Fengfu (VG16), Fengchi (VB20), Waiguan (TA5) e Dazhui (VG14), com manipulação de sedação.

Vento-Calor: Fengmen (B12), Tai Yang (EX-CP5), Quchi (IG11), Shaoshang (P11), Dazhui (VG14) e Hegu (IG4), com manipulação por sedação.

Yang exuberante do fígado: Taichong (F3), Tai Yang (EX-CP5), Xingjian (F2), Fengchi (VB20), Ganshu (B18) e Taixi (R13), com manipulação por sedação.

Deficiência de *Qi* e de sangue: Baihui (VG20), Pishu (B20), Qihai (VC6), Guanyuan (VC4) e Zusanli (E36), com manipulação por tonificação.

Deficiência do rim: Shenshu (B23), Mingmen (VG4), Taixi (R3) e Guanyuan (VC4), com manipulação por tonificação.

Muco-Umidade: Fengchi (VB20), Zhongwan (VC12), Fenglong (E40), Lieque (P7) e Weishu (B21), com manipulação por sedação.

Estase de sangue: Xuehai (BP10), Geshu (B17), pontos dolorosos locais e pontos distantes selecionados de acordo com o meridiano afetado, com manipulação por sedação.

---

2. *Xiong Ju Shang Qian Wan*: *Flos Chrysanthemi, Radix Scutellariae, Radix Platycodi, Fructus Gardeniae, Fructus Forsythiae, Radix Saposhnikoviae, Fructus Viticis, Herba Schizonepetae, Radix Glycyrrhizae, Rhizoma Coptidis, Rhizoma seu Radix Notopterygii, Herba Menthae, Rhizoma et Radix Ligustici* e *Radix Angelicae Dahuricae*, transformadas em pó, misturadas a uma razão de 12:6:1,5:1,5:1,5:1,5:1,5:1:1:1:1:1:2:4 de peso e transformadas em pílulas, 6 g, 2-3 vezes ao dia.

3. *Ban Xia Tian Ma Wan* (Pílula de Pinellia-Gastrodia): *Rhizoma Pinelliae, Rhizoma Gastrodiae, Radix Astragali, Radix Ginseng, Rhizoma Atractylodis Macrocephalae, Rhizoma Atractylodis, Poria, Rhizoma Alismatis, Massa Fermentata Medicinalis, Fructus Hordei Germinatus, Pericarpium Citri Reticulatae* e *Cortex Phellodendri*.

II. Tratamento de Acordo com o Meridiano Afetado

Cefaléia occipital (meridiano Tai Yang do pé): Fengfu (VG16), Tianzhu (B10), Fengchi (VB20), Houding (VG19) e Kunlun (B60).

Cefaléia temporal (meridiano Shao Yang do pé): Shuaigu (VB8), Tai Yang (EX-CP5), Xuanzhong (VB39), Zulinqi (VB41) e Touwei (E8).

Cefaléia frontal (meridiano Yang Ming do pé): Yintang (EX-CP3), Shangzing (VG23), Hegu (IG4) e Neiting (E44).

Cefaléia vertical (meridiano Jue Yin do pé): Baihui (VG20), Taichong (F3), Xingjian (F2) e Fengfu (VG16).

ENXAQUECA

A enxaqueca é um sintoma complexo caracterizado por episódios de cefaléia, normalmente limitados a uma metade da cabeça, precedidos por distúrbios visuais, náusea e vômitos como sintomas prodrômicos. A instabilidade vascular é a causa provável da enxaqueca. A ergotamina é considerada um agente específico para provocar a constrição das artérias dilatadas, mas é menos eficaz do que se supõe. Particularmente, se a enxaqueca é freqüente, a administração crônica da ergotamina é desaconselhável, já que há possibilidade de resultar em ergotismo com gangrena nos membros. Outros medicamentos, tais como agentes anti-serotonina e betabloqueadores podem ser eficazes, mas têm efeitos limitados ou colaterais quando usados continuamente. A acupuntura é recomendada para a enxaqueca crônica.

Etiologia e Etiopatogenia

O padrão mais comum da enxaqueca decorre do Yang exuberante do fígado. A depressão emocional com a estagnação de *Qi* do fígado que se transforma em Fogo do fígado (Yang exuberante do fígado) ou deficiência de Yin do rim ou do fígado com Yang relativamente exuberante do fígado podem conduzir a alterações na cabeça manifestadas por enxaqueca. Em outros casos, a enxaqueca é causada por retenção de Frio-Umidade ou estase de sangue. O fluido retido decorrente da deficiência de Yang do baço ou do sangue estagnado na depressão prolongada do fluxo do *Qi* pode interferir com o fluxo livre do Yang puro nos meridianos e colaterais da cabeça, resultando na enxaqueca.

Diferenciação das Síndromes

1. Enxaqueca de padrão Yang do fígado: cefaléia tipo hemicrania periódica com dor em distensão, tontura, irritabilidade, insônia, secura na boca, olhos congestionados, língua avermelhada com saburra escassa e pulso em corda ou rápido.

2. Enxaqueca de padrão fluido retido: cefaléia periódica tipo hemicrania com sensação de peso na cabeça, plenitude torácica, náusea, vômitos, membros frios, saburra oleosa e branca e pulso em corda e deslizante.

3. Enxaqueca de padrão estagnação de sangue: enxaqueca tipo hemicrania periódica, crônica e de localização fixa, acompanhada de língua púrpura e pulso em corda ou profundo, e hesitante.

Acupuntura

Princípio do tratamento: regular o fluxo do *Qi* nos meridianos locais. Além disso, pacificar o Yang do fígado se este for exuberante, revigorar o baço e o estômago se houver fluido retido e normalizar o fluxo de sangue se houver estagnação.

Pontos comuns: pontos locais dolorosos, Sizhukong (TA23), Shuaigu (VB8), Hanyan (VB4), Xuanlu (VB5), Hegu (IG4), Lieque (P7) e Zulinqi (VB41).

Pontos adicionais de acordo com a diferenciação das síndromes:

Yang do fígado, adição de Sishencong (EX-CP1), Yifeng (TA17) e Fengchi (VB20).

Fluido retido, adição da Zhongwan (VC12).

Manipulação: inserção horizontal das agulhas com estímulo forte aplicado nos pontos da cabeça. A inserção combinada é usada para o Sizhukong (TA23) e Shuaigu (VB8) e Hanyan (VB4) e Xuanlu (VB5), isto é, inserção de dois pontos adjuntos, com uma única inserção da agulha. A eletroacupuntura normalmente proporciona um efeito satisfatório. O melhor resultado é alcançado se o paciente for tratado no estágio prodrômico do episódio.

NEVRALGIA DO TRIGÊMEO

A nevralgia do trigêmeo é caracterizada por uma breve, mas freqüente, dor intensa paroxística confinada estritamente na distribuição do nervo trigeminal. A dor é insuportável, sendo normalmente descrita como "perfurante". O ataque pode ser espontâneo ou provocado pelo toque de determinadas áreas da face, lábios ou língua (a denominada zona gatilho) ou pelo movimento destas áreas. Alimentar-se ou falar pode ser algo extremamente difícil. Analgésicos ou sedativos são freqüentemente necessários. A carbamazepina é uma opção medicamentosa, mas, infelizmente, um número considerável de pacientes não tolera este medicamento na dosagem recomendada para aliviar a dor. Se o tratamento medicamentoso falhar, a terapia cirúrgica pode ser uma solução.

Como a acupuntura pode proporcionar um alívio aos pacientes nevrálgicos, a aplicação desta terapia simples e segura é recomendada antes da cirurgia ou até mesmo antes da administração de medicamentos.

Etiologia e Etiopatogenia

Na Medicina Chinesa, esta patologia foi tradicionalmente chamada de "dor facial". Como a dor ocorre normalmente em ataques passageiros, considera-se como principal causa o Vento patogênico em combinação com Frio que invade e obstrui os meridianos relacionados. Porém, a invasão ascendente do Fogo excessivo do fígado ou do estômago ou Fogo secundário à deficiência de Yin também pode interferir com a clareza da cabeça, resultando em dor facial paroxística.

Diferenciação das Síndromes

De acordo com a etiopatogenia, a nevralgia do trigêmeo pode ser classificada em três padrões de síndrome: Vento-Frio, Fogo excessivo do fígado e do estômago e deficiência de Yin com preponderância de Fogo. No padrão Vento-Frio, o ataque é precipitado ou agravado por exposição ao frio, a dor pode ser acompanhada de sensação de frio e a língua tem saburra normalmente fina e branca. No padrão de Fogo excessivo do fígado e do estômago, a dor é acompanhada de irritabilidade, sede, constipação, língua avermelhada com saburra amarela e pulso rápido. No padrão de deficiência de Yin com preponderância de Fogo, o paciente é normalmente edemaciado, com rubor malar e pulso filiforme, rápido e debilitado.

Acupuntura

Manipulação por sedação, normalmente com rotação e retenção das agulhas são necessários. A seleção de pontos pode seguir um dos programas mencionados abaixo:

I. Tratamento de Acordo com a Diferenciação da Síndrome
Pontos comuns: Xiaguan (E7), Fengchi (VB20), Zulinqi (VB41) e Zhiyin (B67).

Pontos adicionais: na patologia Vento-Frio, adição de Fengchi (VB20), Fengmen (B12) e Waiguan (TA5); no Fogo do fígado, adição da Ganshu (B18), Shenshu (B23) e Taichong (F3); na deficiência de Yin, adição da Sanyinjiao (BP6), Taixi (R3) e Xuehai (BP10).

II. Tratamento de Acordo com o Ramo Nervoso Afetado
Pontos distantes comuns: Hegu (IG4), Zulinqi (VB41) e Neiting (E44).
Pontos locais:
Patologia do ramo oftálmico. Cuanzhu (B2), Yangbai (VB14) e Yuyao (EX CP4).
Patologia do ramo maxilar: Sibai (E2), Juliao (E3) e Quanliao (ID18).
Patologia do ramo mandibular: Xiaguan (E7), Jiache (E6) e Chengjiang (VC24).
Para alívio da dor, manipulação por sedação é requerida.

NEVRALGIA INTERCOSTAL

A dor intercostal decorrente da nevrite primária é rara. Na maioria dos casos, a nevralgia intercostal é secundária, principalmente pós-herpética. Quando lesões orgânicas, tais como pleurisia e câncer são excluídas, a acupuntura pode ser o tratamento principal desta patologia.

Etiologia e Etiopatogenia

De acordo com a Medicina Chinesa, a nevralgia intercostal pode ser resultante do ataque dos meridianos colaterais por Vento-Calor ou causado pela lesão traumática com sangue estagnado. Em alguns casos, a indisposição emocional pode conduzir à estagnação de *Qi* e, a seguir, à estase de sangue no meridiano do fígado, que também causa a dor intercostal.

Diferenciação das Síndromes

1. Vento-Calor: dor intercostal acompanhada de calafrios e febre e pulso flutuante e rápido.

2. Estagnação de *Qi*: dor intercostal acompanhada de sensação de distensão nos flancos que ocorre após um estresse emocional, e pulso em corda.

3. Estase de sangue: dor intercostal em forma de punhalada ou picada que ocorre após lesão traumática.

Acupuntura

Princípio de tratamento: regular o *Qi* e ativar o sangue.

Pontos comuns: Zhigou (TA6), Taichong (F3), Xingjian (F2) e Yanglingquan (VB34).

Pontos adicionais de acordo com a síndrome:

Vento-Calor: Fengchi (VB20), Quchi (IG11) e Waiguan (TA5).

Estagnação de *Qi*: Guangming (VB37), Ligou (F5) e Qiuxu (VB40).

Estase de sangue: Ganshu (B18), Qimen (F14) e Geshu (B17).

CIATALGIA

A ciatalgia pode ser atribuída à nevrite inflamatória do nervo ciático, mas na maioria dos casos a causa consiste em uma pressão sobre a raiz ou tronco desse nervo. O tratamento por acupuntura é normalmente recomendado se não houver urgência cirúrgica.

Etiologia e Etiopatogenia

A ciatalgia primária (nevrite ciática) é atribuída à invasão do meridiano relacionado por Vento-Frio-Umidade patogênico. A ciatalgia secundária (pressão sobre o nervo ciático) é normalmente decorrente do trauma ou excesso de tensão.

Acupuntura

Ciatalgia primária: Huantiao (VB30), Weizhong (B40), Chengshan (B57), Kunlun (B60), Fengshi (VB31), Zhibian (B54) e Yanglinquan (VB34).

Ciatalgia secundária: Dachangshu (B25), Qihaishu (B24), Zhibian (B54), Huantiao (VB30), Weizhong (B40), Yanglingquan (VB34) e Kunlun (B60).

Ao puncionar os pontos nas regiões lombar e glútea, é preferível direcionar a sensação de acupuntura em descendência. Porém, a manipulação não deve ser repetida na mesma sessão do tratamento para evitar a lesão do nervo.

HEMIPLEGIA PÓS-AVC

A reabilitação após um Acidente Vascular Cerebral (AVC) apresenta grande complexidade. A acupuntura é uma das inúmeras medidas. Quanto mais cedo a terapia for aplicada, melhor o resultado.

Etiologia e Etiopatogenia

O acidente vascular cerebral é chamado de "ataque de Vento" na Medicina Chinesa. Isto significa que o AVC é causado por Vento endógeno, e não exógeno. Como o Vento endógeno, em combinação com o muco, invade o cérebro e os meridianos colaterais, há perda transitória de consciência seguida de hemiplegia. Após o início agudo, o *Qi* e o fluxo de sangue nos colaterais são obstruídos e os distúrbios motores e sensores do lado envolvido persistem.

Acupuntura

Princípio do tratamento: dissipar o Vento, ativar o sangue e remover obstrução dos meridianos colaterais.

Pontos principais:

Afasia: Yamen (VG15) e Lianquan (VC23).

Paralisia facial: Xianguan (E7), Dicang (E4), Jiache (E6), Yifeng (TA17), Sibai (E2),Hegu (IG4), Yingxiang (IG20), Cuanzhu (B2), Yangbai (VB14), Quanliao (ID18) e Changjiang (VC24).

Paralisia dos membros superiores: Tianding (IG17), Quchi (IG11), Xiaoluo (TA12), Sidu (TA9), Jianyu (IG15), Shousanli (IG10), Hegu (IG4), Quze (PC3), Neiguan (PC6) e Sanjian (IG3).

Paralisia dos membros inferiores: Huantiao (VB30), Fengshi (VB31), Weiyang (B39), Chongmen (BP12), Biguan (E31), Zusanli (E36), Yanglingquan (VB34), Futu (E32), Xuanzhong (VB39) e Jiexi (E41).

Pontos adicionais de acordo com o padrão da síndrome ou outros sintomas:

Pacientes obesos com muco, adição de Tiantu (VC22), Neiguan (PC6), Fenglong (E40) e Gongsun (BP4).

Preponderância de Fogo do fígado, adição da Taichong (F3), Ganshu (B18).

Deficiência de Yin com língua avermelhada e secura na boca, adição da Taixi (R3), Zhaohai (R6).

Atividades mentais lentas, adição de Sishencong (EX-CP1), Qiangjian (VG18) e Naohu (VG17).

Na maioria dos casos, a manipulação por tonificação é indicada.

PARALISIA DE BELL

Sob a ótica da MTC, a paralisia de Bell (ou paralisia facial periférica) é uma condição de paralisia decorrente do ataque de Vento-Frio aos meridianos na face. A acupuntura é normalmente efetiva quando utilizada em um estágio precoce.

Acupuntura

Princípio do tratamento: dissipar o Vento-Frio dos meridianos. O uso combinado dos pontos distantes e locais é preferível.

Pontos principais: Fengchi (VB20), Dicang (E4), Jieche (E6), Sibai (E2), Hegu (IG4), Zusanli (E36) e Neiting (E44).

Pontos adicionais:

Salivação, adição do Shuigou (VG26) e Heliao (IG19).

Dor na região mastóide, adição de Yifeng (TA17).

Desvio do sulco nasolabial adição da Chengjiang (VC24).

No início do tratamento por acupuntura, somente estímulo leve em alguns pontos superficiais é recomendável. O número de pontos puncionados e a estimulação podem ser aumentados gradualmente no curso do tratamento.

INSÔNIA

A insônia é uma queixa comum. As causas físicas da insônia são poucas. Na maioria dos casos, a insônia é uma desordem psicofisiológica resultante, principalmente, do auto-estímulo ocasionado por ansiedade, preocupação ou depressão. Soníferos são rotineiramente utilizados no tratamento desta patologia, mas seu uso continuado nos casos crônicos pode causar efeito adverso ou efeito tóxico. A fitoterapia e a acupuntura podem ser efetivamente utilizadas como medidas alternativas.

Etiologia e Etiopatogenia

A insônia é normalmente causada por distúrbios emocionais ou psíquicos. A ansiedade e a raiva tornam o fígado deprimido, e o *Qi* estagnado do fígado pode ser transformado em Fogo, que interfere com as funções normais do coração. A ansiedade excessiva pode, também, prejudicar o coração (mente) e o baço, e a insônia ocorre devido ao fornecimento inadequado de nutrientes e de sangue ao coração.

Nos pacientes idosos e naqueles que sofrem de patologias crônicas, o *Qi* e o sangue são deficientes para nutrir o coração, conduzindo, assim, a palpitação e a insônia. A deficiência de *Qi* pode, também, envolver, o coração e a vesícula biliar, dificultando o sono e induzindo o paciente ao medo. O consumo da essência do rim pode romper o equilíbrio normal entre o coração e o rim, e a descoordenação entre o coração e o rim pode, também, ser manifestada por insônia.

Diferenciação das Síndromes

De acordo com a etiopatogenia, a insônia pode ser classificada em padrões diferentes de síndrome:

1. Estagnação do *Qi* do fígado com preponderância de Fogo: insônia acompanhada de irritabilidade, irascibilidade, sede, saburra amarela e pulso rápido e em corda.

2. Descoordenação entre o coração e o rim: insônia acompanhada de tontura, zumbido, secura na boca, sensação de calor nas palmas das mãos e solas dos pés, palpitação, memória fraca, lombalgia, língua avermelhada e pulso filiforme e rápido.

3. Deficiência de ambos, coração e baço: sono com distúrbios de sonhos acompanhado de despertar em horas precoces, palpitação, memória fraca, tontura, lassidão, fraqueza, anorexia, compleição pálida e pulso filiforme e fraco.

4. Deficiência do coração e da vesícula biliar: sono com distúrbios de sonhos acompanhado de despertar em horas precoces, suscetibilidade ao medo e pulso em corda e filiforme.

Medicamentos Fitoterápicos

1. Estagnação do *Qi* do fígado com preponderância de Fogo
Princípio do tratamento: purgar o Fogo do fígado.
Opção de fórmula: *Long Dan Xie Gan Tang*.
2. Descoordenação entre o coração e o rim
Princípio do tratamento: coordenar o coração e o rim.
Opção de fórmula: *Liu Wei Di Huang Wan* mais *Rhizoma Coptidis e Cortex Cinnamomi*.
3. Deficiência de ambos, coração e baço.
Princípio do tratamento: nutrir o coração e o baço.
Opção de fórmula: *Gui Pi Tang*.
4. Deficiência do coração e da vesícula biliar
Princípio do tratamento: complementar o *Qi* e induzir a tranqüilidade.
Opção de fórmula: *An Shen Wan*[4].

Medicamentos Patenteados

1. Estagnação do *Qi* do fígado com preponderância de Fogo: *Long Dan Xie Gan Wan*.
2. Descoordenação entre o coração e o rim: *Tian Wang Bu Xin Dan*.
3. Deficiência de ambos, coração e baço: *Ren Shen Gui Pi Wan*.
4. Deficiência do coração e da vesícula biliar: *An Shen Wan*.

Acupuntura

Pontos comuns: Shenmen (C7) e Sanyinjiao (BP6) para induzir a tranqüilidade.

---

4. *An Shen Wan: Radix Ginseng, Radix Angelicae Sinensis, Poria, Semen Ziziphi Spinosae, Semen Armeniacae Amarum, Radix Peoniae Rubra, Exocarpium Citri* Rubrum, *Fructus Schisandrae, Rhizoma Pinelliae, Radix Glycyrrhizae* e *Rhizoma Zingiberis.*

Pontos adicionais de acordo com a diferenciação da síndrome:

1. Estagnação do *Qi* do fígado com preponderância de Fogo: Ganshu (B18) e Jianshi (PC5), Taichong (F3).

2. Descoordenação entre o coração e o rim: Xinshu (B15), Shenshu (B23) e Taixi (R3).

3. Deficiência de ambos, coração e baço: Xinshu (B15) e Jue Yinshu (B14).

4. Deficiência do coração e da vesícula biliar: Xinshu (B15), Danshu (B19) e Dailing (PC7).

5. Manipulação: tonificação-sedação uniforme ou tonificação.

NARCOLEPSIA

Narcolepsia é uma patologia crônica caracterizada por episódios de sono diurno involuntário. Os sintomas variam de sonolência suave em conferências ou eventos sociais a sonolência severa, quando o paciente passa a maior parte do dia incapaz de trabalhar.

O início é, normalmente, insidioso, na segunda década de vida. Uma vez que predisposição à sonolência excessiva tem início, pode durar por toda a vida se não for tratada. Na Medicina Ocidental, o tratamento é sintomático, com uso de estimulantes como anfetamina, metilfenidato e pemoline. O uso combinado destes medicamentos é limitado por causa dos efeitos colaterais. A experiência clínica da Medicina Chinesa pode ser útil às pessoas que sofrem de narcolepsia.

Etiologia e Etiopatogenia

O despertar é um atributo do Yang e sonolência é do Yin. Narcolepsia é uma condição caracterizada por Yin excessivo com Yang deficiente. A deficiência do baço pode originar muco-Umidade, retido que inibe o Yang puro. Além disso, a deficiência de *Qi* do baço, ou do Yang por si só, pode conduzir diretamente à sonolência.

Diferenciação das Síndromes

A narcolepsia pode ser dividida em três padrões: retenção de muco-Umidade, deficiência do *Qi* do baço e deficiência do Yang do baço.

1. Retenção de muco-Umidade: sonolência diurna excessiva acompanhada de sensação de peso no corpo, plenitude torácica, falta de apetite, língua com saburra branca e oleosa e pulso macio.

2. Deficiência do *Qi* do baço: sonolência diurna excessiva acompanhada de lassidão, principalmente após as refeições.

3. Deficiência do Yang do baço: sonolência diurna excessiva acompanhada por lassidão, aversão ao frio, membros frios, sudorese espontânea e pulso debilitado.

Medicamentos Fitoterápicos

1. Retenção do muco-Umidade
Princípio do tratamento: eliminar o muco-Umidade e revigorar o baço.
Opção de fórmula: *Ping Wei San* mais *Herba Pogostemonis, Herba Eupatorii e Semen Coicis.*
2. Deficiência do *Qi* do baço
Princípio do tratamento: complementar o *Qi* e revigorar o baço.
Opção de fórmula: *Liu Jun Zi Tang.*
3. Deficiência do Yang do baço
Princípio do tratamento: aquecer e tonificar o Yang *Qi.*
Opção de fórmula: *Li Zhong Tang.*

Medicamentos Patenteados

Retenção do muco-Umidade: *Er Chen Wan.*
Deficiência do *Qi* do baço: *Bu Zhong Yi Qi Wan.*
Deficiência do Yang do baço: *Fu Zi Li Zhong Wan*

Acupuntura

Seleção de pontos: Xinshu (B15), Pishu (B20), Shenmen (C7), Neiguan (PC6) e Zusanli (E36).
Manipulação: quando puncionar os pontos *shu* dorsais, direcionar a ponta da agulha para a coluna espinhal e girar para provocar a transmissão da sensação de acupuntura para o tórax. Quando inserir os pontos, girar a agulha para provocar a transmissão proximal da sensação de acupuntura.

EPILEPSIA

A epilepsia consiste em um grupo de patologias caracterizadas por ataques crônicos e recorrentes, que podem ser acompanhados de manifestações motoras ou mudanças sensoriais, cognitivas ou emocionais. Nesta última seção, porém, somente a epilepsia com convulsões tônico-clônicas será abordada.

Etiologia e Etiopatogenia

A epilepsia é um grupo de patologias causadas por múltiplos fatores. Fatores emocionais, nutricionais e constitucionais que conduzem à disfunção dos órgãos *Zang Fu* (principalmente o fígado) com retenção do muco turvo e transtorno do *Qi* que podem resultar na obstrução dos "orifícios mentais" pelo Vento do fígado combinado com o muco e, portanto, ataques epilépticos.

Diferenciação das Síndromes

I. Durante as Convulsões

1. Vento do fígado com muco turvo: a convulsão é normalmente precedida de tontura, uma sensação de opressão no tórax e fraqueza.

2. Fogo no fígado com muco-Calor: ataques similares como o descrito acima, mas nos períodos entre as crises de convulsão podem ocorrer irascibilidade, insônia, gosto amargo e secura na boca, constipação, língua avermelhada com saburra amarela e pulso em corda e rápido.

II. Período entre Ataques

1. Deficiência de Yin do fígado e dos rins: temperamento forte, distúrbios de sono, memória prejudicada, lombalgia, tontura, dificuldade para esvaziar o intestino, língua avermelhada e pulso rápido e filiforme.

2. Deficiência do baço e do estômago: lassidão, apatia, perda de apetite, compleição pálida, emaciação, aumento da freqüência intestinal, língua pálida e pulso macio e filiforme.

Medicamentos Fitoterápicos

I. Durante os Ataques

1. Vento do fígado com muco turvo

Princípio do tratamento: extinguir o Vento, eliminar o muco e induzir a tranqüilidade.

Opção de fórmula: *Ding Xian Wan*[5].

2. Fogo do fígado com muco-Calor

Princípio do tratamento: purgar o Fogo do fígado e eliminar o muco.

Opção de fórmula: *Long Dan Xie Gan Tang* acrescida de *Di Tan Tang*.

II. Período entre os Ataques

1. Deficiência de Yin do fígado e dos rins

Princípio do tratamento: nutrir o fígado e os rins e induzir a tranqüilidade.

Opção de fórmula: *Zuo Gui Wan* mais *Semen Platycladi e Magnetitum*.

2. Deficiência do baço e do estômago

Princípio do tratamento: revigorar o baço, complementar o *Qi* e harmonizar o estômago.

Opção de fórmula: *Liu Jun Zi Tang*.

---

5. *Ding Xian Wan*: *Rhizoma Gastrodia* 30 g, *Bulbus Fritillariae Cirrhosae* 30 g, *Rhizoma Pinelliae* 30 g, *Poria* 30 g, *Poria cum Radice Pino* 30 g, *Rhizoma Arisematis cum Felle Bovis* 15 g, *Rhizoma Acori Tatarinowii* 15 g, *Scorpio* 15 g, *Radix Glycyrrhizae* 15 g, *Bombyx Batryticatus* 15 g, *Succinum* 15 g, *Medulla Junci* 15 g, *Pericarpium Citri Reticulatae* 20 g, *Radix Polygalae* 20 g, *Radix Salviae Miltiorrhizae* 60 g, *Radix Asparagi* 60 g e *Cinnabaris* 9 g, transformadas em pó, misturadas e transformadas em pílula, 6 g, duas vezes ao dia.

Medicamentos Patenteados

Vários padrões de epilepsia: Yi Xian Wan[6].

Padrão de muco-Calor: *Ding Xian Wan*.

Epilepsia decorrente do Fogo e do muco: *Meng Shi Gun Tan Wan*[7].

Período de ataques com deficiência de Yin: *He Che Wan* ou *He Che Da Zao Wan*[8].

Período entre os ataques com deficiência do baço: *Liu Jun Zi Wan*.

Acupuntura

Princípio do tratamento: extinguir o Vento e eliminar o muco.

Pontos utilizados durante os ataques: Baihui (VG20), Shuigou (VG26), Houxi (ID3) e Yongquan (R1).

Pontos utilizados nos períodos entre os ataques: Jiuwei (VC15), Dazhui (VG14), Yaoqi (EX-D 9), Jianshi (PC5) e Fenglong (E40).

DEPRESSÃO

"Depressão" na MTC é definida como uma patologia causada por estresse emocional com estagnação do *Qi*, manifestada por diminuição do ânimo, preocupação, irritabilidade, irascibilidade ou tendência para soluçar ou chorar, distensão e dor na região do hipocôndrio, insônia ou sensação de corpo estranho na garganta. Não é o equivalente à depressão na Medicina Ocidental, mas são patologias que dividem características comuns, de modo que a abordagem da primeira será aplicada à última.

Etiologia e Etiopatogenia

A raiva impede o fluxo suave do *Qi* do fígado resultando em estagnação. A estagnação prolongada do *Qi* pode ser transformada em Fogo ou obstruir o baço com a produção de muco, originando irritabilidade, distensão e dor na região do hipocôndrio e sensação de corpo estranho na garganta.

Distúrbios emocionais e ansiedade que afetam o fígado e o baço podem dificultar o *Qi* e o sangue do coração (mente), conduzindo à diminuição do ânimo, preocupação e insônia.

---

6. *Yi Xian Wan*: *Rhizoma Typhonii* 40 g, *Rhizoma Arisematis* 80 g, *Rhizoma Pinelliae* 80 g, *Fructus Gleditsiae Abnormalis* 400 g, *Bombyx Batryticatus* 80 g, *Zaocys* 80 g, *Scolopendra* 2 g, *Scorpio* 16 g, *Alumen* 120 g, *Realgar* 12 g e *Cinnabaris* 16 g, transformadas em pó, misturadas e transformadas em pílulas de 3 g, 2-3 vezes ao dia.

7. *Meng Shi Gun Tan Wan*: *Radix et Rhizoma Rhei, Radix Scutellariae, Lapis Micae Aureae* e *Lignum Aquilariae Resinatum*, misturadas a uma razão de 16:16:2:1 de peso e transformadas em pílulas de 6 g, duas vezes ao dia.

8. *He Che Wan* ou *He Che Da Zao Wan*: *Placenta Hominis, Radix Asparagi, Radix Ophiopogonis, Radix Achysanthis Bidentatae, Cortex Eucommiae, Cortex Phellodendri, Radix Rehmanniae, Carapax et Plastrum Testudinis*, transformadas em pó, misturadas em uma razão de 1:1:1:1:1,5:1,5:2:2 e transformadas em pílulas de 6 g, duas vezes ao dia.

Diferenciação das Síndromes

1. Estagnação do *Qi* do fígado: desânimo, preocupação, distensão e dor na região do hipocôndrio, distensão epigástrica, eructação, anorexia, movimentos anormais do intestino, língua com saburra oleosa e fina e pulso em corda.

2. Transformação do *Qi* estagnado em Fogo: irritabilidade e irascibilidade, distensão e plenitude na região do hipocôndrio, gosto amargo e secura na boca, acompanhada de cefaléia, olhos congestionados e zumbido, ou regurgitação ácida e constipação, língua avermelhada e saburra amarela e pulso rápido e em corda.

3. Acúmulo de muco com estagnação do *Qi*: depressão, sensação de sufocamento no tórax, distensão e dor nos flancos, sensação de corpo estranho na garganta que não se consegue expelir nem engolir, língua com saburra branca e escorregadia e pulso em corda e escorregadio.

4. Deficiência de Yin do coração: memória fraca, insônia, sono com distúrbios do sono, sensação de calor nas palmas das mãos e solas dos pés, sudorese noturna, secura na garganta e na boca, língua avermelhada e seca e pulso filiforme e rápido.

5. Deficiência de ambos, coração e baço: ansiedade com paranóias, fraqueza, palpitação, insônia, memória fraca, anorexia, compleição pálida, língua pálida com saburra branca e fina e pulso filiforme.

Medicamentos Fitoterápicos

1. Estagnação do *Qi* do fígado
Princípio do tratamento: suavizar o fígado, regular o fluxo do *Qi* e aliviar a depressão.
Opção de fórmula: *Chai Hu Shu Gan San*.

2. Transformação do *Qi* estagnado em Fogo
Princípio do tratamento: suavizar o fígado, limpar o Fogo do fígado e aliviar a depressão.
Opção de fórmula: *Dan Zhi Xiao Yao San*.

3. Acúmulo de muco com estagnação do *Qi*.
Princípio do tratamento: remover o *Qi* estagnado, eliminar o muco e aliviar a depressão.
Opção de fórmula: *Ban Xia Hou Po Tang*.

4. Deficiência de Yin do coração
Princípio do tratamento: complementar o Yin-sangue do coração e acalmar a mente.
Opção de fórmula: *Tian Wang Bu Xin Dan*.

5. Deficiência de ambos, coração e baço
Princípio do tratamento: revigorar o baço, nutrir o coração e complementar o *Qi* e o sangue.
Opção de fórmula: *Gui Pi Tang*.

Medicamentos Patenteados

Yue Ji Wan, para a depressão decorrente da estagnação do *Qi* do fígado.

Xiao Yao Wan, para a depressão decorrente da estagnação do *Qi* do fígado com deficiência do baço.

Dan Zhi Xiao Yao Wan, para a depressão decorrente da estagnação do *Qi* com Fogo.

Tian Wang Bu Xin Dan, para depressão com deficiência de Yin do coração.

Ren Shen Gui Pi Wan, depressão com deficiência de ambos, coração e baço.

Acupuntura

1. Estagnação do *Qi* do fígado

Seleção de pontos: Ganshu (B18), Danzhong (VC17), Zhongwan (VC12), Zusanli (E36), Gongsun (BP4) e Taichong (F3).

Manipulação: tonificação-sedação uniforme.

2. Transformação da estagnação do *Qi* em Fogo

Seleção de pontos: Shangwan (VC13), Zhigou (TA6), Yanglingquan (VB34), Xingjian (F2) e Xiaxi (VB43).

Manipulação: sedação para dissipar o Fogo.

3. Acúmulo de muco com estagnação do *Qi*

Seleção dos pontos: Tiantu (VC22), Danzhong (VC17), Neiguan (PC6), Fenglong (E40) e Taichong (F3).

Manipulação: tonificação-sedação uniforme.

4. Deficiência de Yin do coração

Seleção de pontos: Xinshu (B15), Juque (VC14), Shenmen (C7), Sanyinjiao (BP6) e Taichong (F3).

Manipulação: tonificação-sedação.

5. Deficiência de ambos, coração e baço

Seleção de pontos: Xinshu (B15), Genshu (B17), Pishu (B20), Juque (VC14), Shenmen (C7) e Zusanli (E36).

Manipulação: tonificação ou tonificação-sedação uniforme.

CAPÍTULO 25

PATOLOGIAS DO SISTEMA LOCOMOTOR

ENTORSE

No entorse há lesão dos tendões e dos meridianos, o que causa dificuldade no fluxo do *Qi* nos meridianos e estagnação local do *Qi* e do sangue. A acupuntura, ao regular o fluxo do *Qi* e do sangue, não só alivia a dor, como também auxilia na recuperação do paciente que sofreu o entorse.

Acupuntura

Ombro: Jianyu (IG15), Jianliao (TA14) e Jianzhen (ID9).
Cotovelo: Quchi (IG11), Xiaohai (E8) e Tianjin (TA10).
Pulso: Yangchi (TA4), Yangxi (IG5), Yanggu (ID5) e Yaotongdian (EX-MS7).
Cintura: Shenshu (B23), YaoYangguan (VG3) e Weizhong (B40).
Quadril: Huantiao (VB30), Zhibian (B54) e Chengfu (B36).
Joelho: Liangqiu (E34), Xiyan (EX-MI5), Yinlingquan (BP9) e Yanglingquan (VB34).
Tornozelo: Jiexi (E41), Kunlun (B60), Qiuxu (VB40) e Sanyinjiao (BP6).
Em todas as condições acima, os pontos dolorosos locais podem ser adicionados.

Na redução do entorse agudo, a manipulação é indicada, ao passo que nos casos crônicos é preferível adicionar a moxabustão à acupuntura ou aplicar punção com aquecimento.

CERVICALGIA

A posição inadequada durante o sono, virar o pescoço com uma sobrecarga de peso ou a invasão de Vento-Frio pela nuca podem causar a cervicalgia. A acupuntura pode aliviar a dor e a rigidez nos músculos rapidamente.

Acupuntura

Pontos principais: pontos dolorosos, Laozhen (ponto extra localizado no dorso da mão entre os segundo e terceiro metacarpos, 0,5 *cun* proximal à articulação metacarpofalangiana).

Pontos adicionais: adicionar Houxi (ID3) se a rigidez muscular e a dor forem do lado póstero-lateral do pescoço; adição do Zhongzhu (TA3) e Xuanzhong (VB39) se a face lateral do pescoço for afetada; adição do Hegu (IG4) e Lieque (P7) se a face anterior do pescoço estiver envolvida.

Manipulação: a sedação é indicada. Enquanto se aplica a manipulação em pontos distantes, pede-se ao paciente que tente virar o pescoço.

DOR NO CALCÂNEO

A dor no calcâneo pode ser decorrente da hiperosteogênese ou deficiência do rim. O primeiro caso é uma alteração degenerativa, ao passo que o último é normalmente acompanhado por dor e fraqueza nas costas e pernas. Em ambos os casos, a acupuntura-moxabustão é útil, mas o princípio de tratamento e os pontos puncionados são diferentes.

Acupuntura

Dor no calcâneo decorrente da hiperosteogênese: moxabustão aplicada nos pontos dolorosos, Kunlun (B60) e Taixi (R3).

Dor no calcâneo decorrente da deficiência do rim: acupuntura ou moxabustão aplicada ao Zhaohai (R6), Taixi (R3), Shenshu (B23) e Fuliu (R7).

OMBRO CONGELADO

O ombro congelado é causado por trauma, excesso de tensão ou ataque de Vento-Frio-Umidade, o que dificulta a função dos tendões e do fluxo do *Qi* e do sangue nos meridianos e colaterais acima do ombro.

Acupuntura

Princípio do tratamento: aliviar os tendões e suavizar o fluxo do *Qi* e do sangue no meridiano e nos colaterais.

Pontos: Jianyu (IG15), Jianliao (TA14), Hegu (IG4), Tianding (IG17), Jugu (IG16), Jianzhen (ID9), Binao (IG 14), Tianzong (ID11) e Quyuan (ID13).

Manipulação: a inserção com aquecimento é a preferível.

LOMBALGIA

A lombalgia ou dor lombar é comum na maioria das pessoas. Há muitas causas possíveis: mecânicas, inflamatórias, neurológicas etc. Se não houver necessidade de um tratamento específico (por exemplo, antibióticos para infecções ou intervenção cirúrgica urgente para as anomalias estruturais), a acupuntura tem um efeito terapêutico efetivo. Isto foi até registrado em livros médicos ocidentais há algumas décadas.

Etiologia e Etiopatogenia

Dentre as várias categorias de lombalgia, somente as três seguintes são discutidas nesta seção: lombalgia Frio-Umidade, distensão dos músculos da região lombar e lombalgia decorrente da deficiência do rim.

A lombalgia Frio-Umidade normalmente é atribuída às patologias de Vento-Frio ou à permanência em local úmido, quando o Vento-Frio-Umidade aloja-se nos meridianos relacionados obstruindo o fluxo normal do *Qi*.

A distensão dos músculos da região lombar resulta de trauma que danifica os músculos relacionados e os meridianos. Nos casos crônicos, a estase do sangue representa, normalmente, um papel importante na origem da dor.

A lombalgia decorrente da deficiência do rim é resultado de excesso de tensão, excesso de atividade sexual ou patologias crônicas.

Diferenciação das Síndromes

1. Lombalgia do tipo Frio-Umidade: dor lombar com sensação de peso e sem possibilidade de movimentar-se, algumas vezes com dor crônica e intermitente, agravada por exposição ao frio ou mudanças repentinas de clima.

2. Distensão dos músculos da região lombar: dor lombar crônica, de localização fixa, precipitada por excesso de esforço físico ou fadiga, agravada por movimento de rotação, e acompanhada por contratura local.

3. Lombalgia decorrente da deficiência do rim: início gradual de dor lombar surda, persistente e contínua, acompanhada de fraqueza e debilidade nas pernas.

Acupuntura

Pontos comuns: Shenshu (B23), Weizhong (B40) e Jiaji (EX-D2).
Pontos adicionais de acordo com a diferenciação das síndromes:
Para Frio-Umidade, adição da Fengfu (VG16).
Para distensão, adição da Geshu (B17) e Ciliao (B32).
Para deficiência de rim, adição da Zhishi (B52) e Taixi (R3).
Manipulação: sedação na lombalgia do tipo Frio-Umidade; tonificação-sedação para a distensão e tonificação para a deficiência do rim.

ARTRITE E ARTRITE REUMATÓIDE

As patologias caracterizadas por dor nas articulações com processo inflamatório e acompanhadas por ancilose, deformidades, parestesia ou atrofia muscular são chamadas de "síndrome *bi*" na Medicina Chinesa. *Bi* significa obstrução dos meridianos e colaterais dos membros por fatores patogênicos resultando em artralgia, parestesia e diminuição da mobilidade. A síndrome *Bi* inclui uma variedade de patologias articulares e músculo-esqueléticas, tais como artrite reumatóide, artrose e nevrite periférica. Para evitar confusão na terminologia, o termo "artrite" será usado no lugar de "síndrome *Bi*".

Etiologia e Etiopatogenia

1. Constituição fraca vulnerável às patologias exógenas. Uma pessoa com constituição debilitada pode ser invadida por Vento, Umidade, Frio ou Calor vindos do exterior. Devido à falta de resistência corporal adequada, os patógenos penetram os músculos, tendões e ossos resultando em artrite. Se um paciente já apresentar uma deficiência do Yang, o resultado será, normalmente, obstrução do fluxo do *Qi* e do sangue nos colaterais por Vento, Frio e Umidade (artrite do tipo Vento-Frio-Umidade). Se o paciente apresentar uma deficiência de Yin, seu Yang estará relativamente exuberante e o resultado pode ser a obstrução dos colaterais por Vento, Calor e Umidade (artrite do tipo Vento-Calor-Umidade).

2. Invasão por patógenos exógenos. Os patógenos exógenos mais comuns são Vento, Frio, Umidade e Calor. Embora os patógenos tenham a tendência de atacar as pessoas com constituição debilitada, também afetam indivíduos saudáveis que tenham sido expostos ao frio e à umidade por um longo período de tempo (p. ex., permanecer em local frio sem as precauções necessárias para se manter aquecido, operações submarinas, adormecer em local aberto ou sob exposição a corrente de ar, chuva ou neve). O resultado será uma patologia tipo Vento, Frio e Umidade, mas os patógenos podem ser transformados em calor, originando a artrite do tipo Vento-Calor-Umidade.

3. Retenção do muco e estagnação do sangue. Nos casos crônicos, a obstrução persistente do fluxo do *Qi* e do sangue conduz a estase do sangue e a condensação da Umidade em muco. O sangue estagnado e o muco combinados mutuamente ou com patógenos exógenos obstruem os colaterais profundos nos ossos, provocando uma patologia persistente. A articulação edemaciada com deformidades que ocorre no estágio tardio da patologia é normalmente atribuída à retenção do muco e ao sangue estagnado.

Além disso, embora a patologia envolva principalmente os colaterais dos membros, os patógenos podem ser transmitidos interiormente produzindo desordens nos órgãos *Zang Fu*. Por exemplo, o coração pode estar envolvido, manifestando palpitação e dispnéia.

Diferenciação das Síndromes

Os pontos-chave para o diagnóstico sindrômico tradicional são:

1. Diferenciação entre excesso e deficiência

Similar às outras patologias, a artrite deve, inicialmente, ser classificada como de tipo excesso ou deficiência. De modo geral, a maioria das artrites nos estágios iniciais é de excesso. Após ataques repetidos, as obstruções persistentes dos colaterais por patógenos diminuem o suprimento nutritivo e a energia defensiva por um lado, e por outro, ocorre formação do muco e sangue estagnado. Porém, a artrite é normalmente caracterizada por deficiência de *Qi* genuíno, juntamente com os fatores patogênicos.

No estágio tardio, quando há consumo do *Qi* e do sangue com ausência de nutrição nos tendões e ossos, a artrite entra, normalmente, no estado de deficiência. Portanto, a duração da patologia não é o único critério para a diferenciação entre excesso e deficiência. Em alguns casos, uma patologia aguda ocorre em um paciente com deficiência de *Qi* e de sangue e há estado de deficiência desde o início. Por outro lado, se o Frio-Umidade ou Umidade-Calor persistirem ou houver muco com sangue estagnado em um caso crônico, os sintomas serão de natureza de excesso.

2. Diferenciação acerca da constituição do paciente

A diferenciação acerca da constituição do paciente também é de grande importância. Uma constituição com deficiência do Yang normalmente é caracterizada por obesidade, compleição edemaciada, pálida e amarelada, aversão ao vento, fraqueza, aumento da freqüência intestinal, língua inchada e pálida e pulso debilitado. A artrite nos pacientes com deficiência de Yang normalmente é do tipo Vento-Frio-Umidade.

A constituição com deficiência do tipo Yin é caracterizada por emagrecimento, compleição escura, rubor malar, sudorese noturna, insônia, constipação e língua fina e avermelhada e pulso filiforme e rápido. A artrite nos pacientes com deficiência de Yin é, normalmente, do tipo Vento-Calor-Umidade.

3. Reconhecimento dos fatores patogênicos

Os fatores patogênicos comuns da artrite são Vento, Frio, Umidade e Calor. Cada um deles apresenta suas próprias características. O Vento é caracterizado por dor migratória que se move de um lado para outro sem local fixo em combinação com a língua que apresenta saburra branca e fina e pulso flutuante. O Frio apresenta uma ação congelante que causa dor severa de localização fixa e acompanhada de contratura muscular. A dor é agravada por exposição ao frio e aliviada por calor. A língua apresenta saburra branca e pulso tenso. A Umidade é caracterizada por curso persistente da patologia. Isto afeta normalmente as articulações da parte inferior do corpo, com sensação de peso e edema importantes. A língua apresenta saburra branca e oleosa e o pulso é macio. O Calor causa dor na articulação com rubor, edema, calor e dor. Pode haver sintomas gerais, tais como febre alta e sede. A língua é avermelhada, com saburra amarela e seca e pulso escorregadio e rápido.

Nos casos crônicos, a presença de muco e de sangue estagnado deve ser cuidadosamente considerada, especialmente quando o tratamento ordinário para o Vento, Frio e Umidade ou Vento, Calor e Umidade falhar. A articulação edemaciada decorrente de Umidade é normalmente difusa e macia sem dor severa, ao passo que a articulação edemaciada decorrente de muco e sangue estagnado em combinação é rígida, acompanhada de dor severa e parestesia dos membros. Na estagnação do sangue, o pulso é filiforme e hesitante, a língua é de coloração púrpura com pontos púrpura. Na retenção do muco, o pulso é macio e relaxado e a língua apresenta saburra branca e oleosa.

I. Artrite do Tipo Excesso

1. Artrite decorrente de Vento, Frio e Umidade: Este tipo de artrite normalmente é encontrado nos estágios iniciais de artrite reumatóide e da artrose sem manifestações inflamatórias agudas. Isto pode ser dividido em três padrões:

(1) Artrite do tipo Vento (artralgia migratória): dor no músculo e na articulação que migra de uma região a outra e que envolve, normalmente, articulações múltiplas, principalmente dos dedos, punhos, cotovelos, joelhos e tornozelos. A dor pode ser acompanhada de uma Síndrome Exterior caracterizada por aversão ao frio e febre alta. A língua apresenta uma saburra fina e branca e o pulso é lento.

(2) Artrite do tipo Frio (artralgia agonizante): dor severa nos músculos e nas articulações, de localização fixa, aliviada por calor e agravada por exposição ao frio, com dificuldade de motilidade articular e sem rubor ou calor locais. A língua apresenta saburra de cor branca e o pulso é em corda e tenso.

(3) Artrite do tipo Umidade (artralgia opressiva): dor nos músculos e articulações, de localização fixa, acompanhada por dificuldade de motilidade da articulação, edema e parestesia. A língua apresenta saburra de coloração branca e oleosa e o pulso é macio e lento.

2. Artrite decorrente de Vento, Umidade e Calor (artrite do tipo Calor). Este tipo de artrite é normalmente encontrado nas artrites reumáticas agudas ou na exacerbação aguda da artrite reumatóide manifestada por início repentino de um ponto de dor com rubor local, calor e edema, aliviada por frio e agravada por exposição ao calor, acompanhada por perda de motilidade da articulação. Pode haver febre, sudorese, sede, eritema ou nódulos subcutâneos. A língua apresenta saburra de cor amarela e o pulso é rápido.

3. Artrite persistente. Artrite crônica com recorrências repetidas, manifestadas por ancilose e deformidades das articulações, dor severa de localização fixa, coloração escura da região da pele ao redor, perda da motilidade da articulação ou presença de parestesia. A articulação afetada pode estar com uma cor avermelhada e edemaciada, associada com sintomas gerais tais como febre e sede, ou pode ser acompanhada de sensação de frio com piora da dor durante as mudanças climáticas e aliviadas pelo calor. O pulso normalmente é filiforme e hesitante e pode haver pontos púrpura na língua.

II. Artrite do Tipo Deficiência

1. Artrite com deficiência de Qi e de sangue: artrite crônica com dor na articulação que varia em severidade, sendo agravada por flexão e extensão da articulação, que pode ser acompanhada por mioclonias ou contratura muscular; compleição pálida, palpitação, fraqueza, falta de ar, sudorese espontânea, emaciação, anorexia, aumento da freqüência intestinal, língua pálida com saburra branca ou sem saburra e pulso macio e debilitado ou filiforme e fraco.

2. Artrite com deficiência de Yang: artrite crônica com dor na articulação, rigidez e deformidades, acompanhadas por sensação de frio e atrofia muscular, compleição pálida, aversão ao frio, membros frios, aumento da freqüência intestinal, língua pálida e pulso profundo e debilitado.

3. Artrite com deficiência de Yin: artrite crônica com dor na articulação e contratura muscular, agravada com movimento; lassidão, fraqueza, sudorese noturna, tontura, zumbido, constipação ou febre baixa persistente, língua avermelhada sem saburra e pulso filiforme.

Medicamentos Fitoterápicos

I. Artrite do Tipo Excesso

1. Artrite decorrente do Vento, Frio e Umidade

(1) Artrite do tipo Vento

Princípio do tratamento: remover o Vento dos colaterais e dissipar o Calor e a Umidade.

Opção de fórmula: *Juanbi Tang*[1] mais *Radix Saposhnikoviae*.

(2) Artrite decorrente do Frio

Princípio do tratamento: aquecer os meridianos por meio da dissipação do Frio e eliminar o Vento e a Umidade.

Opção de fórmula: *Juan Bi Tang* mais *Radix Aconiti Lateralis*.

(3) Artrite decorrente da Umidade

Princípio do tratamento: eliminar a Umidade por meio da tonificação do baço e dissipar o Vento e o Frio.

Opção de fórmula: *Juan Bi Tang* mais *Radix Stephaniae Tetrandrae* e *Semen Coicis*.

2. Artrite decorrente do Vento, Umidade e Calor (artrite de Calor)

Princípio do tratamento: eliminar o Calor, Vento e Umidade dos colaterais.

Opção de fórmula: *Bai Hu Jia Gui Zhi Tang*.

3. Artrite persistente

Princípio do tratamento: eliminar o sangue estagnado e o muco retido decorrente dos colaterais.

Opção de fórmula: *Xiao Huo Luo Wan*.

II. Artrite do Tipo Deficiência

1. Artrite com deficiência de *Qi* e de sangue

Princípio do tratamento: complementar o *Qi* e o sangue, aquecer os meridianos e aliviar a artralgia.

Opção de fórmula: *Huang Qi Gui Zhi Wuwu Tang*[2] mais *Radix Angelicae Sinensis*.

2. Artrite com deficiência do Yang

Princípio do tratamento: tonificar o Yang.

Opção de fórmula: *Zhen Wu Tang*[3].

3. Artrite com deficiência de Yin

Princípio do tratamento: complementar o fígado e o Yin do rim.

Opção de fórmula: *Liu Wei Di Huang Tang* mais *Radix Angelicae Sinensis e Radix Peoniae Alba*.

---

1. *Juan Bi Tang*: *Rhizoma Notopterygii* 3 g, *Radix Angelicae Pubescentis* 3 g, *Cortex Cinnamomi* 1,5 g, *Radix Gentianae Macrophyllae* 3 g, *Radix Angelicae Sinensis* 9 g, *Rhizoma Chuan Xiong* 2 g, *Radix Glycyrrhizae* 1,5 g, *Caulis Piperis Kadsurae* 6 g, *Ramulus Mori* 9 g, *Resina Olibani* 1,5 g e *Radix Aucklandiae* 1,5 g, em decocção.

2. *Huang Qi Gui Zhi Wuwu Tang*: *Radix Astragali* 12 g, *Radix Peoniae Alba* 9 g, *Ramulis Cinnamomi* 9 g, *Rhizoma Zingiberis Recens* 12 g, *Fructus Jujubae* 4 pedaços na forma de decocção.

3. Ver a nota de rodapé número 4 sobre Glomerulonefrite Crônica do Capítulo 20.

Artrite com Deficiência de *Qi* e de sangue associada à deficiência de Yin do fígado e rim é a mais comum dentre os casos crônicos do tipo deficiência. *Du Huo Ji Sheng Tang* é uma fórmula popular para o tratamento.

Medicamentos Patenteados

Xiaohuoluo Wan, para a artrite do tipo Frio.

Duohuo Jisheng Wan, para tratar artrite com deficiência de *Qi* e sangue associada a deficiência de Yin do fígado e do rim.

Mugua Wan, para tratar artrite crônica com dor articular.

Wangbi Chong Ji[4], para tratar a artrite reumatóide crônica com deformidades.

Leigongteng Pian[5], para tratar a artrite reumatóide.

Acupuntura

Seleção de pontos de acordo com as articulações afetadas:

Ombro: Jianyu (IG15), Jianliao (TA14), Jianzhen (ID9) e Naoshu (ID10).

Escápula: Tianzong (ID11), Bingfeng (ID12), Jianwaishu (ID14) e Gaohuangshu (B43).

Cotovelo: Quchi (IG11), Chize (P5), Tianjing (TA10), Waiguan (TA5) e Hegu (IG4).

Pulso: Yangchi (TA4), Yangxi (IG5), Yanggu (ID5) e Waiguan (TA5).

Dedos: Houxi (ID3), Sanjian (IG3) e Baxie (EX-MS9).

Quadril: Huantiao (VB30), Yinmen (B37) e Juliao (VB29).

Joelho: Liangqiu (E34), Dubi (E35), Neixiyan (EX-MI4), Yanglingquan (VB34), XiYangguan (VB33) e Yinglingquan (BP9).

Perna: Chengshan (B57) e Feiyang (B58).

Tornozelo: Jiexi (E41), Shanqiu (BP5), Qiuxu (VB40), Kunlun (B60) e Taixi (R3).

Dedos dos pés: Gongsun (BP4), Shugu (B65) e Bafeng (EX-MI10).

Costas: Shuigou (VG26), Shenzhu (VG12) e YaoYangguan (VG3).

Dor generalizada: Houxi (ID3), Shen Mai (B62), Dabao (BP21) e Geshu (B17).

Pontos adicionais de acordo com a diferenciação das síndromes:

Artrite decorrente do Vento: Fengmen (B12) e Geshu (B17).

Artrite decorrente da Umidade-Frio: Zusanli (E36) e Shangqiu (BP5).

Artrite decorrente do Calor: Dazhui (VG14) e Quchi (IG11).

Artrite persistente: Yanglingquan (VB34), Xuanzhong (VB39) e Dazhu (B11).

Deficiência de *Qi* e de sangue: Pishu (B20), Geshu (B17), Guanyuan (VC4) e Zusanli (E36).

---

4. *Wang Bi Chong Ji: Radix Rehmanniae, Radix Aconitii Lateralis, Rhizoma Drynariae, Herba Epimedii, Radix Angelicae Pubescentis, Ramulus Cinnamomi, Radix Saposhnikoviae, Rhizoma Anemarrhenae, Spina Gleditsiae, Radix Peoniae Alba, Flos Carthami, Radix Clematidis, Herba Lycopodii* e *Fructus Psoraleae*, transformadas em pó e em grânulos e ingeridas 10-20 g misturado com água fervendo.

5. *Tripterygium wilfordii Hook f.* foi considerada efetiva no tratamento da artrite reumatóide em 1969. Seu uso clínico foi limitado devido aos diversos efeitos colaterais, principalmente sobre os sistemas digestório e reprodutor causados por seu conteúdo de diterpeno e de alcalóides. Posteriormente, seus multi-glicosídeos foram considerados tão efetivos quanto a erva inteira e com menos efeitos colaterais. Agora, *Lei Gong Teng Pian* é preparada somente com os multiglicosídeos. A dosagem recomendada é de 30 mg diariamente.

Deficiência de Yin do fígado e do rim: Shenshu (B23) e Taixi (R3).

Deficiência do Yang do rim: Shenshu (B23) e Guanyuan (VC4).

Manipulação: a artrite decorrente do Vento é tratada com inserção e a artrite resultante do Frio é tratada com moxabustão ou inserção com aquecimento. Para a artrite por Calor, a manipulação por sedação é indicada; para a artrite por Umidade, a inserção superficial com manipulação por tonificação é aconselhável.

APÊNDICE 1

PRINCIPAIS REFERÊNCIAS

Parte Um

(1) 季钟朴主编 (Ji Zhongpu, editor-chefe): 现代中医生理学基础 (Physiological Basis of Modernized TCM) (em chinês), Beijing, Xueyuan Press, 1991.

(2) 彭瑞聰主编 (Peng Ruicong, editor-chefe): 医学辨证法 (Medical Dialectics) (em chinês), Shangai, Shangai Science and Technology Press, 1995.

(3) 沈自尹主编 (*Shen* Ziyin, editor-chefe): 中医学 (Traditional Chinese Medicine) (em chinês), Shangai, Shangai Science and Technology Press, 1984.

(4) 印会河主编 (Yin Huihem editor-chefe): 中医基础理论 (Basis Theories of Traditional Chinese Medicine) (em chinês), Shangai, Science and Technology Press, 1984.

(5) 李德新 (Li Dexin): 实用中医基础学 (Basis Studies in Practincal Traditional Chinese Press) (em chinês), ShenYang, Liaoning Science and Technology Press, 1985.

(6) 邓铁涛主编 (Deng Tietao, editor-chefe) 实用中医诊断学 (Practical Traditional Chinese Diagnosis) (em chinês), Shangai, Shangai Science and Technology Press, 1988.

(7) 梁云通 (Liang Youtong):黄帝内经类析 (Classified Analysis of Huangdi's Internal Classic) (em chinês), Huhhot, Inner Mongolia Peolple's Publishing House, 1986.

(8) Xie Zhufan, Lou Zhicen e Huang Xiaokai: Classified Dicitionary of Traditional Chinese Medicine, Beijing, New World Press, 1994.

Parte Dois

(1) 凌一揆主编 (Ling Yikui, editor-chefe):中药学 (Traditional Chinese Pharmaceutics) (em chinês), Shangai Science and Technology Press, 1984.

(2) 沈映君主编 (Shen Yingjun, editor-chefe): 中药药理学 (Pharmacology of Traditional Chinese Medicines) (em chinês), Shanghai, Shanghai Science and Technology Press, 1997.

(3) 王筠默主编 (Wang Junmo, editor-chefe): 中药药理学 (Pharmacology of Traditonal Chinese Medicine) (em chinês), Shanghai, Shanghai Science and Technology Press, 1985.

(4)许济群主编 (Xu Jiqun, editor-chefe):方剂学 (Traditional Chinese Formulary) (em chinês), Shanghai, Shanghai Science and Technology Press, 1985.

(5) 傅衍魁, 尤荣辑主编 (Fu Yankui e You Rongji, editor-chefe):医方发挥 (Elaborations on Traditional Chinese Formulas) (em chinês), ShenYang, Liaoning Science e Technology Press, 1984.

(6) Pharmacology of the People's Republic of China (Edição em inglês, 1992).

Parte Três

(1) (Cheng Xinnong, editor-chefe): Chinese Acupunture and Moxibustion, Berijing, Foreign Languages Press, 1992.

(2) 裘沛然, 陈汉平主編 (Qiu Peiran e Chen Hanping, editor-chefe): 新編中国针灸学 Science e Technology Press, 1992.

(3) State Standard of the People's Republic of China: The Location of Acupoints, Beijing, Foreign Languages Press, 1990.

(4) 张香桐, 季钟朴, 黄家驷主編 (Zhang Xiangtong, Ji Zhongpu e Huang Jiasi, editor-chefe):针灸针麻研究 (Researchers on Acupuncture-Moxibustion e Acupunture-Anesthesia) (em chinês), Beijing, Science Press, 1986.

(5) 府强主編 (*Fu* Qiang, editor-chefe):实用针灸疗法临床大全 (A Complete Book of Tractical Acupunture-Moxibustion) (em chinês), Beijing, Press of Traditional Chinese Medicine, 1991).

(6) 孙国杰主編 (Sun Guojie, editor-chefe): 针灸学 Acupuncture and Moxibustion), Shanghai, Shanghai Science and Technology Press, 1997.

Parte Quatro

(1) Xie Zhufan e Liao Jiazhen: Traditional Chinese Internal Medicine, Beijing, Foreign Languages Press, 1993.

(2) 王永炎主編 (Wang Yongyan, editor-chefe):中医内科学 (Traditional Chinese Internal Medicine) (em chinês), Shanghai Science e Technology Press, 1997.

(3)罗元凯主編 (Luo Yuankai, editor-chefe): 中医妇科学 (Traditional Chinese Gynecology), Shanghai Science e Technology Press, 1994.

(4) 沈自尹主編 (Shen Ziyin, editor-chefe) (Traditional Chinese Medicine) (em chinês), Shanghai, Shanghai Scinece and Technology Press, 1995.

(5) 王显明 (Wang Xianming): 中医内科辨证学 (Traditional Differential Diagnosis of Internal Diseases) (em chinês), People's Medical Publishing House, 1984.

(6) 孙国杰, 涂晋文主編 (Sun Guojie e Tu Jinwen, editor-chefe): 中医治疗学 (Therapeutics of Traditional Chinese Medicine) (em chinês), Beijing, Press of Medicine Medical Sciences, 1992.

APÊNDICE 2

CITAÇÃO DA LITERATURA
CLÁSSICA MÉDICA CHINESA

Ben Cao Gang Mu (本草纲目) (Compedium of Materia Medica) compilada por Li Shizen, o trabalho de maior abordagem já publicado com descrição detalhada da aparência, propriedades, métodos de coleta, preparação e uso de cada substância.

Bin Hu Mai Xue (濒湖脉学) (Binhu's Pulse Studies), uma monografia sobre o diagnóstico de pulso escrita por Li Shizen (também denominado Li Binhu) em 1564.

Gu Shi Yi Jing (顾氏医镜) (Gu's Mirros of Medicine), um livro abrangente sobre a Medicina clínica e teórica compilada por Gu Jing e publicada em 1718.

Huang Di Nei Jing (黄帝内经) (Huangdi's Canon of Medicine) ou *Nei Jing* (内经) (The Canon of Medicine), também conhecido como *The Yellow Emperor's Internal Classic*, que são os maiores e mais antigos trabalhos clássicos existentes na China, um produto de autores desconhecidos no Período de Guerra entre Estados (475-221 d. C.). O livro consiste em duas partes: *Su Wen* (素问) (Plain Questions) e *Ling Shu* (灵枢) (Miraculous Pivot). O primeiro inclui vários temas médicos, tais como anatomia e fisiologia, etiologia, etiopatologia, sintomatologia, diagnóstico, tratamento e prevenção das patologias, prevenção da saúde, integração entre o homem e a Natureza, aplicação das teorias do *Qi*, Yin e Yang e cinco elementos na Medicina. O último também é conhecido como *Zhen Jing* (针经) (Canon of Acupuncture). Também cobre vários aspectos da Medicina e apresenta uma abordagem mais detalhada sobre os meridianos e a punção de agulhas.

Jing Yue Quan Shu (景岳全书) (Jingyue's Complete Works), um livro escrito por Zhang Jiebin, também chamado de *Zhang Jingyue* e publicado em 1624. Ele extraiu a essência de várias escolas e transformou-as em uma análise sistemática do diagnóstico e do tratamento tradicional chinês.

Lei Jing (类经) (Classified Canon), um replanejamento de *Nei Jing* (The Canon of Medicine) compilado por Zhang Jiebin e publicado em 1624.

Mai Jing (脉经) (The Pulse Classic), escrito por Wang Shuhe no século III, consiste em um dos primeiros trabalhos abrangentes e criteriosos que tratam da esfigmologia.

Mai Jue (脉决) (Key to Pulse-Taking), escrito em rimas por Wang Shuhe, no século III.

Nan Jing (难经) (Classified of Difficulties), um livro que apareceu por volta do primeiro ou segundo século a.C. Trata das teorias médicas fundamentais e descreve os principais pontos de *Nei Jing* (The Canon of Medicine) na forma de perguntas e respostas.

Nan Jing Ji Zhu (难经集注) Collection of Annotations on Classics of Difficulties), compilado por Wang Jiusi, Wang Weiyi *et al.* no século II.

Nei Jing (内经) (The Canon of Medicine), similar ao Huang Di Nei Jing (黄帝内经).

Shang Han Za Bing Lun (伤寒杂病论) (Treatise on Febrile and Miscellaneous Diseases), escrito por Zhang Zhongjing, no início do Século III. O livro foi replanejado por Wang Shuhe e, mais tarde, foi dividido em dois outros livros: Shang Han Lun (Treatise on Febrile Deseases) e Jin Gui Yao Lue Fang Lun (Synopsis of Prescriptions of the Golden Chamber). Ambos os livros baseiam-se nos fundamentos da Medicina Tradicional Chinesa, principalmente na síndrome de diferenciação e no tratamento.

Shi Si Jing Fa Hui (十四经发挥) (Expostion of the Fourteen Meridians), escrito em 1341 por Hua Shou, que propiciou um desenvolvimento importante da teoria do meridiano.

Yi Lin Gai Cuo (医林改错) (*Errors in Medicine Corrected*), um livro escrito em 1830 por Wang Qingren, que insistiu em apontar observações anatômicas sobre os órgãos do corpo humano. No livro, o autor corrigiu determinados equívocos preconcebidos e sugeriu novos métodos de tratamento da estase do sangue.

Yi Guan (医贯) (*Key Link of Medicine*), um livro sobre as teorias médicas, escrito por Zhao Xianke, em 1687.

Yi Xue Ru Men (医学入门) (*The ABC of Medicine*), um livro elementar importante da Medicina escrito em prosa rítmica por Li Yan, em 1575.

Zhen Jing (针经) (The Canon of Acupunture), outro nome do livro de Ling Shu (Miracullous Pivot), uma das duas partes do *Nei Jing* (The Canon of Medicine).

Zhen Jiu Jia *Yi* Jing (针灸甲乙经) (ABC Classic of Acupunture and Moxibustion), o livro mais exclusivo e sistematizado sobre a acupuntura e moxabustão, escrito por Huangfu Mi, por volta de 259.

Zhen Jiu Feng Yuan (针灸逢源) (Source of Acupunture and Moxibustion), uma monografia compilada por Li Xuechuan em 1815. No livro, são catalogados 361 pontos dos quatorze meridianos e 96 pontos extras.

RECONHECIMENTOS

O autor agradece ao Senhor Li Ning, Dr. Zhang Xuezhi e outros colegas do Institute of Integration of Chinese and Western Medicine, Primeira Escola de Clínica Médica da Universidade de Pequim, por seus préstimos no preparo de tão relevante material.